和解・調停の
手法と実践

田中　敦〔編〕

発行 民事法研究会

推 薦 の 辞

　訴訟上の和解の評価には変遷があり、明治時代には当時のドイツ法の影響もあって和解を勧試することができない時期があったものの、その後は裁判実務として一般化している。とはいえ、かねてより「和解判事となるなかれ」「和解は権道である」といった警句が伝えられ、また、判決による規範（判例）形成の契機と和解の選択のあり方、公害・薬害訴訟における和解による一律的な（判決を超える）救済の是非といった批判的視座はつねに存在する（し、存在し続けるべきであろう）。近時は、本書でも引用されるように、和解勧試における裁判所の手続裁量のあり方を実務的・規範的に論ずる研究も蓄積されている。

　これらの指摘に対応して、実務の現状と工夫、和解の理論的意義と限界を実務家の視点で論ずる優れた書籍も多く、裁判実務の伝統を形成してきた。たとえば古典といってよいものとして、後藤勇＝藤田耕三編『訴訟上の和解の理論と実務』（1987年）を挙げることができよう。和解の同時代的意義を広く論じ、また、事件類型別に和解勧試と判決の関係を具体的に検討する構成をとって、裁判所の紛争解決機能を正面から認めつつ、研究を深められた。

　また、民事調停は、簡裁における手続と地裁での付調停による手続に実務上・理論上の相違があることに加えて、手続運営に関しても調停委員との協働のあり方、評議の実務、不調の場合の調停資料の裁判手続における位置付けなどさまざまな論点が存在する。この分野に関しても、実務家の編によるものとして日本法律家協会編『民事調停の研究』（1991年）が浩瀚な検討を加えており、さらに近時は評議における法的評価のあり方の再検討が提言されるなど議論が続いている。

　本書は、訴訟上の和解と民事調停のあり方について長く研究を続け実務への応用を重ねてこられた田中敦判事が、気鋭の裁判官とともに、現時点での実務および研究の到達点を総合的に論じられた書である。和解・調停の実務上の重要性はいうまでもないが、実定手続規範が少なく個別性も高いため、手続運営がアドホックになったり、身近で見聞した例に倣うにとどまる実務家も少なく

推薦の辞

ないと聞く。本書は、上記の事情を踏まえて、事件類型や手続種類に応じた手続のあり方を実務と理論の双方から説得的に論ずる良書であり、まずは、平成8年改正民事訴訟法の実務の定着を前提に、ADRとしての和解・調停をも論ずるべき令和時代を担う裁判官にとって、自己の手続運営を客観化し向上させるヒントに満ちているといえよう。また、弁護士にとっても、自由度が高く当事者の意向を反映しやすい和解・調停をどのように利用するかは腕の見せ所であり、本書は裁判所の手の内を惜しみなく提供するであろう。そして研究者も、本書により実務的な英知を知るとともにより良い手続規律を検討するための手掛かりを得ることができ、三者にとり必読の書と考えられる。

ところで、日本は、欧米からはADR先進国といわれ、アジアからも緻密な裁判手続と和解的手続の融合を成功させた国と評されているように思われる。その鍵の一つが裁判所の和解（調停）案提示と説得といった主導性・後見性にあるのだとすれば、進行する国際化や法化の進展の下で、手続の透明性や当事者の手続的地位の要請、インフォームド・デシジョンのあり方の変化と呼応して、和解や調停手続の実務もさらに進化を遂げるべきことが求められよう。

本書は、そのような展望においても有益な手掛かりを提供するものと考えられる。将来の古典の一つとなる可能性を秘めることを指摘して、本書を実務家・研究者および法曹をめざす方々に広く推薦したい。

令和元年8月

京都大学大学院法学研究科教授　山　田　　　文

は し が き

　和解と調停は、裁判所の設営する訴訟や調停の各手続において、裁判官や調停委員会の主宰のもとで、合意により紛争の解決を図る制度である。これらは、裁判所が公権的な判断を示す判決と同じく、紛争解決にとって重要な位置を占め、司法ADRとして、裁判外紛争手続の一翼を担ってきた。

　編者は、35年余の裁判官生活のほとんどで民事事件を担当し、この間、東京地方裁判所および大阪地方裁判所では、建築・調停事件専門部に合計約5年半在籍し、調停事件および建築専門訴訟を担当してきた。今回、民事法研究会から書籍の編集・刊行の依頼を受け、和解と調停を、理論と実務の両面から俯瞰しようとの意図のもとに、『和解・調停の手法と実践』の名称で、書籍の刊行を企画する機会をいただいた。折しも、現民事訴訟法の施行後20年が経過し、平成から令和へと時代が移り、令和4年（2022年）には、調停制度発足100周年という佳節を迎えようとしている。こうした時期に本書を刊行することは、意義深いことと考えられたため、大阪地方裁判所などの専門部や最高裁判所調査官など、民事事件等について、豊富な実務経験を有する裁判官や元民事調停官である弁護士に執筆を呼びかけたところ、多くの方々が趣旨に賛同され、それぞれの専門分野ないし得意分野に参加していただいた。

　本書は大別すると、和解・調停に関する理論および実務上の問題についての論考並びに座談会からなる。論考については、各項目ごとに分量や体裁について一定の基準を設け、執筆をお願いした。執筆者のみなさんには、お忙しい中をいろいろな注文や多大の無理を申し上げ、脱稿後にも、適宜の修正をお願いした。そのため、各項目は、執筆者の個性や対象項目の内容により、完全な統一がとれていないかもしれないが、最低限の統一は図ることができた。また、座談会は、それぞれの専門分野等で活躍された知識・経験豊富な裁判官や元民事調停官にお集まり願い、日頃なかなか公表されることのない和解・調停手続の進め方、説得の技法等に関するノウハウや留意事項について、類書にはない数多くの内容を盛り込んだのではないかと思う。さらに、長年にわたって、国内外のADRの研究に携わってこられ、現在はこの分野の第一人者で、編者も

はしがき

　日頃御交誼をいただいている京都大学大学院法学研究科・山田文教授からは、研究者としてのお立場から本書に対し、御懇篤な推薦文をいただいた。心から御礼申し上げたい。

　このように、本書は、限られた紙数ながら、和解・調停の両面にわたり、理論面、日頃生起しあるいは直面する種々の実務上の問題に対する解説、運用面における留意事項など多岐にわたる内容を盛り込むことができ、手続を主宰する裁判官等や代理人となる弁護士・司法書士等の専門家にとって、参考になるものと思われる。本書が、これら和解・調停に関与する方々が、制度や手続についての知識を習得し、事案の適正・妥当な解決に向けた活動をする際の手がかりとなり、ひいては、和解・調停の実務の運用の充実・改善にいささかでも寄与できれば、編者としては、この上ない喜びである。

　なお、民事法研究会に元在籍された安倍雄一氏には、本書の企画・具体化、座談会の開催について多大のお世話になった。同氏の精緻な企画力と、旺盛な情熱・行動力がなければ、本書が実現することはなかったとも考えられる。また、同社の南伸太郎氏には、安倍氏のあとを引き継がれるとともに、内容・用語等の調整・統一を行うという困難な作業をしていただいた。両氏に対しては、この場をお借りして、心からお礼を述べさせていただきたい。

　令和元年8月

田　中　　敦

『和解・調停の手法と実践』

●目　　次●

第1編　総　論

第1章　紛争解決手続としての和解・調停……………………………3
　Ⅰ　はじめに………………………………………………………………3
　Ⅱ　制度の異同等…………………………………………………………4
　　1．紛争解決手続としての和解／4
　　2．紛争解決手続としての調停／5
　Ⅲ　和解と調停の課題……………………………………………………7
　　1．はじめに／7
　　2．説得のあり方等／7
　　3．専門的知見の導入／8
　　4．手続の透明性／8
　Ⅳ　裁判官・代理人として留意すべき事項……………………………9
　　1．はじめに／9
　　2．裁判官として留意すべき事項／10
　　3．代理人に求めること／12
　Ⅴ　まとめ………………………………………………………………14
第2章　和解手続に関する基本問題……………………………………15
　Ⅰ　はじめに……………………………………………………………15
　　1．和解手続の分類／15
　　2．訴訟上の和解の法的性質／15
　Ⅱ　和解の要件…………………………………………………………16
　　1．訴訟物を対象とすること／16
　　2．譲　歩／17
　　3．合意の客体──訴訟物は当事者が自由に処分できる権利関係で
　　　あること／17

目　次

　　4．法律行為の一般的な有効要件を満たしていること／19
　　5．和解の成立に条件を付することの可否／20
　　6．訴訟要件の具備の要否／20
　Ⅲ　和解の手続……………………………………………………………21
　　1．和解の主体と手続／21
　　2．和解に関与する当事者等／21
　　3．和解の場所／22
　　4．和解の時期と裁判所の関与の態様／22
　　5．和解における手続裁量ないし手続保障／23
　Ⅳ　その他…………………………………………………………………26
　Ⅴ　まとめ…………………………………………………………………27

第3章　民事調停手続に関する基本問題……………………………………29
　Ⅰ　民事調停における互譲の趣旨………………………………………29
　　1．字義どおりの互譲／29
　　2．判例・学説／29
　　3．条理にかない実情に即した解決との関係での互譲／30
　　4．互譲の趣旨にかなった調停運営／31
　　5．紛争解決の主体／32
　Ⅱ　利用者のニーズに応える民事調停の運営…………………………33
　　1．民事調停制度の特徴／33
　　2．当該事件の利用者のニーズと調停運営／35
　Ⅲ　民事調停における説得・調整の基礎………………………………37
　　1．当事者双方が調停委員会の働きかけを受け入れやすいような関
　　　係の整備／37
　　2．民事調停と訴訟上の和解の異同／37
　　3．当事者双方と調停委員会との信頼関係／38
　Ⅳ　民事調停の本質──調停合意説と調停裁判（公権的判断）説…………41
　　1．調停合意説／41
　　2．調停裁判（公権的判断）説／42
　Ⅴ　まとめ…………………………………………………………………43

第4章　和解の進め方……………………………………………45
Ⅰ　和解の時期等……………………………………………45
1．和解の時期／45
2．和解の進行（導入・展開・成立）／46
Ⅱ　和解における裁判官の役割と当事者の意向………………47
1．裁判官の役割／47
2．当事者の意向／47
Ⅲ　和解手続…………………………………………………49
1．対席方式と交互面接方式／49
2．争点整理手続と和解手続／49
3．一方当事者の欠席と和解手続／49
4．現地における和解手続／50
5．関連事件も含めて一挙解決を図る場合に留意すべき事項／51
6．控訴審における和解の特徴／51
7．簡易裁判所における和解の特徴／51
8．和解の効力が争われる場合／51
Ⅳ　心証開示…………………………………………………52
1．心証開示にあたって留意すべき事項／52
2．早期段階から和解を見据えた訴訟進行／53
Ⅴ　和解における「説得」…………………………………53
1．「説得」の技法（ノウハウ）／53
2．「説得」に関する知見／54
3．「説得」に用いることが相当でないフレーズ／54
4．「説得」の実情／54
5．和解の「説得」に行き詰まった場合／55
6．「説得」における代理人と本人との関係／57
7．「説得」における当事者以外の利害の考慮／57
Ⅵ　和解案の作成・提示……………………………………58
1．和解案の考慮要素／58
2．和解案の説明／58

目　次

　　　3．和解案の示し方／58
　　　4．和解案を一方当事者が断った場合／59
　　　5．和解成立までの留意事項／59
　　　6．裁判所書記官の役割／59
　Ⅶ　和解における裁量・手続規制……………………………………60
　Ⅷ　和解における専門委員・司法委員の活用………………………60
　　　1．専門委員／60
　　　2．司法委員／61
　Ⅸ　まとめ……………………………………………………………61

第5章　調停の進め方……………………………………………………63
　Ⅰ　調停の実際………………………………………………………63
　　　1．はじめに／63
　　　2．調停の流れ／63
　Ⅱ　調停委員…………………………………………………………66
　　　1．選任過程／66
　　　2．評　議／67
　　　3．期日における進行／68
　Ⅲ　事実の調査………………………………………………………69
　　　1．聴取り／69
　　　2．証拠調べ／70
　　　3．事実認定／71
　Ⅳ　調停案……………………………………………………………72
　　　1．策　定／72
　　　2．提　示／73
　　　3．条　項／73
　　　4．説　得／74
　　　5．17条決定の検討／74
　Ⅴ　まとめ……………………………………………………………76
　　　1．10民の課題／76
　　　2．その他の課題／77

第6章　調停に代わる決定………………………………………79
Ⅰ　調停に代わる決定とは………………………………………79
1．はじめに／79
2．制度の沿革／80
3．運用にあたって／82
Ⅱ　要　件………………………………………………………83
1．調停が成立する見込みがない場合／83
2．裁判所が相当と認める場合／83
3．調停委員の意見を聴くこと／85
4．当事者双方の申立ての趣旨に反しない限度／86
5．当事者から異議がないこと／86
Ⅲ　実務上の問題点………………………………………………87
1．裁判官単独で決定ができるか／87
2．調停に代わる決定に付すべき理由／87
3．調停に代わる決定と公示送達／89
4．運用上の隘路／89
5．調停に代わる決定と錯誤／93
Ⅳ　具体的な場面…………………………………………………93
1．建築関係事件／93
2．借地借家事件／94
3．十分な審理・意向聴取をした事件／94
4．感情面での対立が背景となっている事件／95
Ⅴ　運用上の工夫…………………………………………………96
1．理由の記載／96
2．表現上の工夫／96
3．労働審判との関係／97
Ⅵ　まとめ…………………………………………………………97

第7章　和解条項………………………………………………99
Ⅰ　はじめに………………………………………………………99
Ⅱ　和解条項の分類………………………………………………99

目　次

　　1．効力条項と任意条項／99
　　2．その他の条項／105
　　3．前　文／107
　Ⅲ　条項の内容面での留意点……………………………………………108
　　1．総　論／108
　　2．和解条項の要件／108
　　3．訴訟物以外の権利、法律関係／109
　　4．利害関係人の参加／110
　Ⅳ　具体例………………………………………………………………110
　　1．和解条項の例1／110
　　2．例1についての説明／112
　　3．和解条項の例2／116
　　4．例2についての説明／117
　Ⅴ　まとめ………………………………………………………………119

第8章　和解の効力………………………………………………………121
　Ⅰ　訴訟上の和解の効力…………………………………………………121
　　1．訴訟上の和解の効力／121
　　2．訴訟上の和解の効力が争われる場面／121
　Ⅱ　意思の瑕疵があったことを理由に訴訟上の和解の効力を否定する
　　ことの当否……………………………………………………………122
　　1．学　説／122
　　2．判　例／123
　Ⅲ　訴訟上の和解と既判力………………………………………………125
　　1．学　説／125
　　2．判　例／126
　Ⅳ　訴訟上の和解の効力を争う方法……………………………………127
　　1．学　説／127
　　2．判　例／128
　Ⅴ　和解成立後の事情により、和解の解除を主張する場合……………130
　　1．学　説／130

2．判　例／131
　Ⅵ　まとめ……………………………………………………………131

第2編　各論——和解

第1章　借地借家関係事件と和解……………………………………135
　Ⅰ　借地借家関係事件の特徴…………………………………………135
　　　1．紛争類型／135
　　　2．借地借家関係事件と和解／135
　Ⅱ　和解の方向性………………………………………………………137
　　　1．和解における裁判所の役割／137
　　　2．紛争類型ごとの和解の進め方／140
　Ⅲ　和解が円滑に進まないケースとその対応………………………145
　Ⅳ　和解条項……………………………………………………………146
　　　1．明渡し猶予期間を認定する条項／146
　　　2．立退料の支払による明渡しの条項／147
　　　3．将来の賃料滞納に備える条項／147
　Ⅴ　まとめ………………………………………………………………148

第2章　建築関係事件と和解…………………………………………151
　Ⅰ　建築関係事件の特徴——紛争類型………………………………151
　　　1．建築関係事件の特徴／151
　　　2．建築関係事件における和解の意義／152
　　　3．建築関係事件における和解の活用場面／152
　　　4．建築関係事件における和解の留意点（取組姿勢・心構えを含む）
　　　　／154
　Ⅱ　紛争類型ごとの和解の方向性……………………………………158
　　　1．施工者の施主に対する請求その1（追加変更工事）／158
　　　2．施工者の施主に対する請求その2（施工が途中で頓挫した場合）
　　　　／160

目　次

　　　3．施主の施工者に対する請求／161
　　　4．施工者と施主との間での本訴・反訴／164
　　　5．設計者の施主に対する請求／164
　　　6．施主の設計者に対する主張ないし請求／165
　　　7．設計者と施主との間での本訴・反訴／165
　　　8．第三者の施行者・設計者に対する請求／165
　　　9．第三者の施工者・設計者に対する請求（隣地工事型）／166
　　Ⅲ　和解がスムーズに進まないケースとその対応……………………166
　　Ⅳ　和解条項……………………………………………………………166
　　Ⅴ　まとめ………………………………………………………………167
第3章　医療関係事件と和解………………………………………………169
　　Ⅰ　医療関係事件の特徴………………………………………………169
　　　1．複雑困難訴訟／169
　　　2．専門訴訟としての側面／170
　　　3．人格訴訟としての側面／170
　　Ⅱ　医療訴訟における和解の特徴……………………………………171
　　　1．患者側にとっての和解のメリット／171
　　　2．医療側にとっての和解のメリット／171
　　　3．医療訴訟の和解適合性／172
　　　4．医療訴訟の和解内容の特徴／173
　　Ⅲ　医療訴訟における和解勧試の技法………………………………173
　　　1．和解を念頭において審理すること／173
　　　2．和解勧試のタイミング／174
　　　3．和解勧試の手法等／175
　　Ⅳ　和解条項……………………………………………………………176
　　　1．金銭債務の確認条項、給付条項／177
　　　2．謝罪等条項／178
　　　3．再発防止等条項／179
　　　4．口外禁止条項／180
　　　5．責任不追及条項／181

6．接触禁止等条項／181
　　7．請求放棄条項、清算条項／181
　　8．訴訟費用負担条項／181
　　9．前　文／182
　Ⅴ　まとめ………………………………………………………………………183
第4章　交通事件と和解……………………………………………………………185
　Ⅰ　はじめに……………………………………………………………………185
　Ⅱ　交通事件の特徴および基本的事項………………………………………186
　　1．概　要／186
　　2．基準化・類型化の要請と定着／187
　　3．各種保険および公的給付等／188
　Ⅲ　交通事件の和解の実情および留意点……………………………………195
　　1．概　要／195
　　2．和解勧試の時期／195
　　3．和解協議の進め方／198
　　4．和解における遅延損害金・弁護士費用の取扱い／202
　　5．和解案の提示方法等／203
　　6．和解案提示から和解成立まで／203
　　7．和解条項についての留意点／203
　Ⅳ　まとめ………………………………………………………………………207
第5章　相続等関係事件と和解……………………………………………………209
　Ⅰ　相続等関係事件の特徴──紛争類型……………………………………209
　Ⅱ　具体的紛争類型……………………………………………………………210
　　1．遺産分割の前提問題／210
　　2．相続に付随する問題／212
　　3．遺留分に関する紛争／215
　Ⅲ　紛争類型ごとの和解の方向性と和解条項………………………………216
　　1．遺産分割の前提問題／216
　　2．相続に付随する問題／221
　　3．遺留分に関する紛争／224

13

Ⅳ　まとめ……………………………………………………………………… 226
第6章　集団訴訟事件と和解…………………………………………………… 227
　Ⅰ　総　論……………………………………………………………………… 227
　Ⅱ　原告側の諸問題…………………………………………………………… 228
　　1．組織の属性／228
　　2．裁判の政治的利用／228
　　3．和解に対する姿勢／229
　Ⅲ　被告側の諸問題…………………………………………………………… 231
　　1．被告側の属性／231
　　2．国、地方公共団体／231
　　3．企　業／232
　　4．複数の企業が相被告の場合の相互の関係／233
　　5．複数の企業と国などとが相被告の場合／234
　　6．和解に対する姿勢／234
　Ⅳ　裁判所側の工夫…………………………………………………………… 235
　　1．審理を進めること／235
　　2．情報を収集、整理、共有、管理すること／235
　　3．他の裁判所と協力すること（他地裁係属型の場合）／239
　Ⅴ　和解の内容等……………………………………………………………… 241
　　1．金銭給付／241
　　2．その他の条項／242
　　3．前文、任意条項等／242
　　4．口外禁止条項／243
　　5．和解のための期日の進行／244
　　6．書記官事務／244
　Ⅵ　まとめ……………………………………………………………………… 245
第7章　消費者関係事件と和解………………………………………………… 247
　Ⅰ　消費者関係事件の特徴——紛争類型…………………………………… 247
　　1．消費者関係事件の意義／247
　　2．消費者関係事件の特徴／248

3．消費者と事業者の法律関係を規律する特別法／248
　　4．典型的な紛争類型／250
　Ⅱ　紛争類型ごとの和解の方向性……………………………………253
　　1．消費者関係事件における和解の特殊性／253
　　2．紛争類型ごとに考えられる和解／253
　　3．消費者裁判手続特例法の特殊性／255
　Ⅲ　和解がスムーズに進まないケースとその対応……………………256
　　1．和解のあり方／257
　　2．結論の見通し（判決を見据えた和解）／257
　　3．解決策の提示（事案に即した妥当な和解）／258
　　4．説得の手法（当事者が納得する和解）／259
　Ⅳ　消費者関係事件における留意点…………………………………260
　　1．消費者保護・公益性／260
　　2．社会的影響・波及効／261
　　3．和解条項／262
　Ⅴ　まとめ………………………………………………………………263

第8章　会社関係事件と和解……………………………………………265
　Ⅰ　はじめに………………………………………………………………265
　Ⅱ　会社関係事件の特徴…………………………………………………265
　　1．紛争の類型と種類／265
　　2．紛争の特徴／266
　　3．和解のメリット／270
　Ⅲ　各種事件ごとの検討…………………………………………………270
　　1．株主総会決議無効確認の訴え等／270
　　2．取締役の地位不存在確認訴訟、同存在確認訴訟／271
　　3．株主権確認訴訟／272
　　4．任務懈怠に係る損害賠償請求訴訟／273
　　5．退職慰労金請求訴訟／274
　　6．会計帳簿閲覧等請求訴訟、計算書類閲覧等請求訴訟／274
　　7．株式売買価格決定申立事件／275

目　次

　　　8．役員の地位を仮に定める仮処分申立事件／275
　Ⅳ　まとめ………………………………………………………………276
第9章　労働事件と和解………………………………………………277
　Ⅰ　労働事件における和解とその特徴………………………………277
　　　1．和解・調停成立率の高さ／277
　　　2．その背景事情／277
　　　3．最近の傾向／279
　Ⅱ　和解の技法──和解勧試の時期・方法…………………………280
　　　1．和解勧試の時期／280
　　　2．人証調べ前の和解勧試／280
　　　3．人証調べ後の和解勧試／282
　Ⅲ　労働審判における調停……………………………………………283
　　　1．調停成立率の高さとその背景／283
　　　2．労働審判における調停成立率を高めるポイント／283
　Ⅳ　紛争類型ごとの和解（調停）……………………………………286
　　　1．総　論／286
　　　2．各種紛争類型における和解／289
　Ⅴ　まとめ………………………………………………………………304
第10章　労働災害事件と和解…………………………………………305
　Ⅰ　はじめに……………………………………………………………305
　Ⅱ　労働災害事件における訴訟上の和解……………………………305
　　　1．労働災害に関する訴訟事件／305
　　　2．労働災害事件の和解の特徴／307
　　　3．労働災害事件の審理と和解勧告のタイミング／308
　　　4．和解において裁判所に期待される役割／308
　Ⅲ　類型別にみた和解において留意すべき点………………………309
　　　1．一般的な事件の場合／309
　　　2．被告が複数の事件の場合／311
　　　3．じん肺関係等の大規模事件の場合／312
　Ⅳ　和解条項作成上の留意点…………………………………………313

16

1．意見の表明などの条項を設ける場合／313
　　2．原告である労働者が引き続き被告に在籍する場合／314
　　3．労災保険給付との調整／314
　Ⅴ　まとめ……………………………………………………………………315

第11章　近隣事件と和解……………………………………………………317
　Ⅰ　はじめに…………………………………………………………………317
　Ⅱ　和解を行うに際しての基本的な考え方………………………………318
　Ⅲ　隣接する土地の境界や所有権の範囲をめぐる紛争…………………318
　　1．境界確定の訴えの法的性質等／318
　　2．審理の進め方／321
　　3．和解条項の作成等に関する注意点／322
　Ⅳ　通行権をめぐる紛争……………………………………………………323
　　1．通行の根拠となる権利等／323
　　2．審理の進め方／328
　　3．和解条項の作成等に関する注意点／329
　Ⅴ　その他の相隣関係および近隣関係に関する紛争……………………330
　　1．導管設置権をめぐる紛争／330
　　2．境界付近の利用の仕方に関する紛争／332
　　3．近隣騒音等に関する紛争／332
　　4．審理の進め方／333
　　5．和解条項の作成等に関する注意点／334
　Ⅵ　まとめ……………………………………………………………………335

第12章　保全関係事件と和解………………………………………………337
　Ⅰ　保全事件における和解の活用…………………………………………337
　　1．保全事件における和解／337
　　2．保全事件の和解における2つの方向性／338
　Ⅱ　和解の進め方と留意点…………………………………………………339
　　1．申立て当初の段階の進行／339
　　2．その後の進行／342
　　3．和解条項の事前検討／343

4．事実上の解決に基づく取下げ／344
　Ⅲ　和解成立と和解条項 ·· 345
　　1．和解成立と保全事件の終了／345
　　2．和解条項における留意点／345
　　3．紛争類型に応じた和解内容および和解条項の留意点／347
　Ⅳ　まとめ ·· 351

第13章　執行関係事件と和解 ·· 353
　Ⅰ　執行関係事件の特徴——紛争類型 ··· 353
　　1．民事執行をめぐる手続の概要／353
　　2．執行関係事件において和解が問題となる手続／354
　　3．執行関係事件における和解のメリット／355
　Ⅱ　執行関係等訴訟における和解の方向性等 ··································· 355
　　1．当事者が執行関係等訴訟を提起した目的や関心を有する事項／355
　　2．執行手続との関係について留意すべき点／356
　Ⅲ　訴訟の進行や受訴裁判所の心証形成に応じた和解のポイント、ノウハウ ··· 357
　　1．取立訴訟以外の執行関係等訴訟／357
　　2．取立訴訟／359
　Ⅳ　和解条項等 ··· 359
　　1．請求異議訴訟／359
　　2．執行文付与に対する異議訴訟／363
　　3．第三者異議訴訟／363
　　4．配当異議訴訟／364
　　5．抵当権不存在確認訴訟、抵当権設定登記抹消登記請求訴訟／367
　　6．執行文付与訴訟／369
　　7．取立訴訟／370
　Ⅴ　まとめ ·· 371

第14章　倒産事件と和解 ·· 373
　Ⅰ　倒産手続の類型と倒産手続にかかわる和解の特徴 ······················ 373
　　1．法的倒産手続の概要／373

2．破産事件において和解がされる場面／373
　　3．和解についての法的倒産手続上の規制／376
　Ⅱ　倒産事件における和解の方向性……………………………………378
　　1．総　論／378
　　2．類型ごとの留意事項／382
　Ⅲ　和解がスムーズに進まないケースとその対応……………………385
　　1．和解になじまない類型／385
　　2．立証が困難な類型、相手方の資力が問題となる類型／385
　　3．破産財団に属する財産の換価を早期にすべき類型／386
　　4．否認請求手続、役員責任査定手続等の類型／386
　Ⅳ　和解条項………………………………………………………………387
　　1．破産手続への考慮／387
　　2．財産処分の場面／387
　Ⅴ　まとめ…………………………………………………………………388

第15章　簡易裁判所事件と和解…………………………………………389
　Ⅰ　総　論…………………………………………………………………389
　　1．はじめに／389
　　2．簡易裁判所の役割、審理の特色等／390
　　3．簡易裁判所事件の和解の手法と実践／394
　　4．まとめ／403
　Ⅱ　各論――交通事件……………………………………………………403
　　1．簡易裁判所の交通事件の特徴／403
　　2．簡易裁判所の交通事件の和解の方向性／404
　　3．和解勧告の実施／406
　　4．少額訴訟や本人訴訟の場合／409
　　5．司法委員制度の活用／410
　　6．和解条項その他和解について注意する事項／412
　　7．まとめ／414

目次

第3編　各論——調停

第1章　借地借家関係事件と調停……………………………………417
Ⅰ　借地借家関係事件……………………………………………417
1．借地借家関係事件とは／417
2．典型事例と特色／417
3．調停をもってのみ解決できる借地借家関係事件の類型／418
Ⅱ　典型事例の調停の進め方1——賃料増減額請求のケース………419
1．調停前置主義／419
2．調停委員の選定／423
3．解決案の提示／425
Ⅲ　典型事例の調停の進め方2——賃貸不動産の明渡しに関する事件…427
1．立退料の算定が問題となる紛争類型／428
2．賃貸借契約終了に伴う原状回復範囲が問題となる紛争類型／430
Ⅳ　まとめ……………………………………………………433

第2章　建築関係事件と調停……………………………………435
Ⅰ　建築関係事件の特徴…………………………………………435
Ⅱ　建築関係事件における調停の方向性………………………436
1．合理的期間内に合意による紛争の全体的抜本的解決をめざすべきこと／436
2．当該事案に適切な調停委員を選任すること／437
3．調停委員の負担軽減への配慮の重要性／438
4．訴訟手続の中止等／439
5．現地調停の積極的な活用／439
6．調停案の提示／440
7．調停と訴訟の架橋的運用／441
Ⅲ　調停がスムーズに進まないケースとその対応……………443
1．当事者が付調停に反対する場合／443
2．中小規模庁で適切な専門家調停委員がみあたらない場合／444

3．調停案自体は受け入れる姿勢を示しているものの、調停の成立
　　　　に踏み切れないとの意向が示される場合／445
　　　4．合意の成否に関する心証について納得が得られない場合／446
　　Ⅳ　調停条項……………………………………………………………446
　　　1．典型例／446
　　　2．補修工事を約する条項／447
　　　3．清算条項／448
　　Ⅴ　まとめ………………………………………………………………449

第3章　地方裁判所における相続等関係事件と調停……………451
　　Ⅰ　はじめに……………………………………………………………451
　　Ⅱ　各種調停……………………………………………………………452
　　　1．共通する審理／452
　　　2．共有物分割／453
　　　3．遺言の有効性／457
　　　4．遺産分割／462
　　　5．遺留分減殺／463
　　　6．本人訴訟／464
　　Ⅲ　まとめ………………………………………………………………464

第4章　近隣事件と調停……………………………………………465
　　Ⅰ　はじめに……………………………………………………………465
　　Ⅱ　実例の紹介…………………………………………………………465
　　　1．境界確定（筆界特定）／466
　　　2．連棟長屋の一部取壊し／467
　　　3．マンションのリフォーム／468
　　　4．マンション敷地内の樹木／469
　　Ⅲ　隣人訴訟の衝撃……………………………………………………470
　　　1．隣人訴訟の概要／470
　　　2．隣人訴訟の評価／473
　　　3．調停利用に関する提言／475
　　Ⅳ　まとめ………………………………………………………………476

第5章　特殊調停事件 477
Ⅰ　はじめに 477
1．特殊調停事件／477
2．特殊調停事件の沿革／477
3．本章の概要／478
Ⅱ　各種調停 478
1．農事調停／478
2．公害等調停／481
3．交通調停／485
4．特定調停／487
5．その他／489
6．特殊調停事件の位置づけ／491
Ⅲ　まとめ 493

第6章　地方裁判所における調停事件 495
Ⅰ　はじめに 495
1．地方裁判所に調停が申し立てられる場合（申立調停事件）／495
2．地方裁判所に係属する訴訟事件が調停に付される場合（付調停事件）／496
3．高い解決率／496
Ⅱ　近時の地裁調停事件の特徴──大阪地方裁判所第10民事部の実例から 497
1．申立調停事件の特徴／497
2．付調停事件の実情／499
3．IT関係／500
4．農業関係／504
5．中古物件関係／504
6．ペット関係／505
Ⅲ　まとめ 506

第7章　簡易裁判所における調停事件 509
Ⅰ　簡易裁判所の調停事件の特徴 509

1．総　論／509
　　2．大阪簡易裁判所の取組み／510
　Ⅱ　紛争類型ごとの調停運営……………………………………………511
　　1．総　論／511
　　2．事実認定等の争いが調停活動のポイントとなるもの／512
　　3．当事者が法的知識に乏しいので、必要な主張や立証が尽くされ
　　　ないもの／517
　　4．申立書には表れてこない困難な紛争が背景にあるもの／518
　　5．申立ての趣旨に沿った解決だけでは当事者間の紛争解決につな
　　　がらないもの／518
　　6．実体法上の権利、義務に関する紛争でないもの／519
　Ⅲ　調停条項……………………………………………………………520
　Ⅳ　まとめ………………………………………………………………521

第4編　座談会

第1章　和解の実際と今後の展望……………………………………525
　Ⅰ　はじめに……………………………………………………………525
　Ⅱ　和解について――総論……………………………………………527
　　1．和解のメリット／527
　　2．和解の限界／528
　Ⅲ　和解について――各論……………………………………………532
　　1．和解の進め方／532
　　2．裁判所書記官の役割／537
　　3．和解手続／537
　　4．紛争類型ごとの和解／548
　　5．和解における説得／562
　　6．和解における専門委員、司法委員の利用／580
　　7．和解案の作成・提示／582

目　次

　　　8．和解における裁量・手続規制／590
　Ⅳ　和解のノウハウ……………………………………………………597
　Ⅴ　まとめ………………………………………………………………600
第2章　調停の実際と今後の展望………………………………………603
　Ⅰ　はじめに……………………………………………………………603
　Ⅱ　調停制度……………………………………………………………606
　　　1．調停の位置づけ／606
　　　2．調停のメリット／607
　　　3．現行の調停／610
　　　4．民事調停官／612
　Ⅲ　調停の進め方………………………………………………………614
　　　1．調停手続／614
　　　2．調停における説得活動／627
　　　3．調停案の策定・提示／631
　　　4．17条決定／634
　Ⅳ　個別事件の特性——専門調停……………………………………643
　　　1．医事調停／643
　　　2．借地借家調停／645
　　　3．IT調停／645
　　　4．交通調停／647
　　　5．農事調停・その他の調停／649
　Ⅴ　調停のあり方および改善に関する実践…………………………650
　　　1．手続上の問題点／650
　　　2．運用改善の実情／651
　　　3．平成23年法改正に基づく実践／656
　Ⅵ　まとめ………………………………………………………………659

・事項索引／662
・判例索引／667

●凡　　例●

〔法令等〕

民	民法
民訴	民事訴訟法
民訴規	民事訴訟規則
民調	民事調停法
民調規	民事調停規則
民執	民事執行法
民執規	民事執行規則
民保	民事保全法
民保規	民事保全規則
家事	家事事件手続法
家事規	家事事件手続規則
人訴	人事訴訟法
会社	会社法
非訟	非訟事件手続法
不登	不動産登記法
借地借家	借地借家法
自賠	自動車損害賠償保障法
自賠令	自動車損害賠償保障法施行令
消契	消費者契約法
特商	特定商取引に関する法律
割販	割賦販売法
金商	金融商品取引法
特例	消費者の財産的被害の集団的な回復のための民事の裁判手続の特例に関する法律
労契	労働契約法
労基	労働基準法
労審	労働審判法

凡　例

労審規	労働審判規則
労災	労働者災害補償保険法
弁護士	弁護士法
雇保	雇用保険法
破	破産法
破規	破産規則
民再	民事再生法
民再規	民事再生規則
裁	裁判所法
農地	農地法

〔判例集〕

民集	最高裁判所民事判例集（大審院民事判例集）
裁判集民	最高裁判所裁判集民事編
高民集	高等裁判所民事判例集
下民集	下級裁判所民事裁判例集
行集	行政事件裁判例集
評論	法律学説判例評論全集
最判解民	最高裁判所判例解説民事篇
判時	判例時報
判タ	判例タイムズ
ジュリ	ジュリスト
曹時	法曹時報
民訴雑誌	民事訴訟雑誌
法協	法学協会雑誌
民商	民商法雑誌
銀法	銀行法務21
ひろば	法律のひろば
労判	労働判例
自正	自由と正義

●執筆者一覧●

（執筆順。肩書は発刊時現在）

田中　　敦（大阪高等裁判所部総括判事）〔第1編第1章・第6章、第3編第5章、第4編第1章・第2章〕

德岡由美子（神戸地方・家庭裁判所姫路支部長判事）〔第1編第2章、第2編第2章、第4編第2章〕

本多　俊雄（大阪高等裁判所部総括判事）〔第1編第3章〕

山地　　修（大阪地方裁判所部総括判事）〔第1編第4章、第4編第1章〕

杉浦　德宏（大阪法務局長・前大阪地方裁判所部総括判事）〔第1編第5章、第4編第2章〕

福田　修久（大阪地方裁判所部総括判事）〔第1編第7章、第2編第6章、第4編第1章〕

齋藤　　聡（神戸地方裁判所部総括判事）〔第1編第8章、第4編第1章〕

宮﨑　朋紀（最高裁判所調査官）〔第2編第1章〕

野田　恵司（京都地方裁判所部総括判事）〔第2編第3章〕

濱本　章子（大阪地方裁判所部総括判事）〔第2編第4章、第4編第1章〕

永井　尚子（神戸家庭裁判所部総括判事）〔第2編第5章〕

小池　明善（神戸地方裁判所部総括判事）〔第2編第7章〕

谷村　武則（広島地方裁判所部総括判事）〔第2編第8章〕

中垣内健治（大阪地方裁判所堺支部長判事）〔第2編第9章〕

池町知佐子（岐阜地方裁判所部総括判事）〔第2編第10章〕

金地　香枝（大阪地方裁判所部総括判事）〔第2編第11章〕

谷口　哲也（大阪地方裁判所判事）〔第2編第12章〕

黒野　功久（神戸地方裁判所部総括判事）〔第2編第13章〕

川畑　正文（大阪国税不服審判所長・前大阪地方裁判所部総括判事）〔第2編第14章〕

檀上　信介（津地方・家庭裁判所判事補）〔第2編第14章〕

加藤　　優（小浜簡易裁判所判事）〔第2編第15章Ⅰ〕

執筆者一覧

西田　文則（枚方簡易裁判所判事）〔第2編第15章Ⅱ〕

山浦　美紀（弁護士・元大阪地方裁判所民事調停官）〔第3編第1章、第4編第2章〕

窪田　俊秀（鳥取地方裁判所米子支部長判事）〔第3編第2章、第4編第2章〕

澤田　博之（京都地方・家庭裁判所宮津支部判事）〔第3編第3章〕

髙嶋　　卓（法務省訟務局付・前大阪地方裁判所判事）〔第3編第4章〕

中村　仁子（鹿児島地方・家庭裁判所判事）〔第3編第5章、第4編第2章〕

向　　健志（福岡地方・家庭裁判所久留米・八女支部判事）〔第3編第6章〕

神山　義規（大阪簡易裁判所判事）〔第3編第7章、第4編第2章〕

中武　由紀（司法研修所民事裁判教官）〔第4編第1章〕

増田　輝夫（大阪簡易裁判所判事）〔第4編第1章〕

第1編

総論

第1章 紛争解決手続としての和解・調停

Ⅰ　はじめに

　裁判所が設営する民事紛争解決の制度は、裁判所が公権的に判断を行うものと、当事者の自主的・主体的な合意に基礎をおくものとがある。前者の典型は判決であり、後者の典型は、和解および調停（民事調停）である。和解と調停は、当事者の合意に基礎をおく紛争解決の制度として、共通する面が少なくない（両者をあわせて司法ADRともいう）うえ、後述するように、近時は、和解と調停について、それぞれ他方において規定されていた制度を参考にした新しい制度が導入されている。その一方で、相違点もある。何よりも手続の主体は、和解が訴訟の係属する裁判所であるのに対し、調停が調停主任（裁判官または民事調停官）および民事調停委員（以下、本書では単に「調停委員」ともいう）からなる調停委員会である。この違いが、各手続、説得の方法を規律し、ひいては、合意の成立にあたって留意すべき事項を決定づけることになる。

　本書は、紛争解決手続である和解と調停を、理論上や実務の運用上の問題、さらには和解条項や調停条項の記載上の留意点など種々の観点から論じようとするものであるが、本稿は、本書の冒頭でこれらを簡単に概説しようとするものである。まず、紛争解決手段である和解と調停について、それぞれの特質およびこれを前提として、合意形成に至るまでの手続の概要を述べ、次に、制度の異同を踏まえたうえで、今後の課題や、和解・調停の主体である裁判所または調停委員会（これらをあわせて以下、「裁判所等」ともいう）あるいは代理人に求められるべき事項を取り上げることとする。

1　和解は起訴前の和解（民訴275条）と訴訟上の和解（民訴267条）とがあるが、ここでは後者を念頭においている。

Ⅱ 制度の異同等

1. 紛争解決手続としての和解

(1) 和　解
　和解は、訴訟の係属中に当事者間に合意が形成されて行われる訴訟終了の一態様である。すなわち、訴訟は、当事者間の紛争について、判決という国家機関による判断を求めて提起される行為であるが、審理の過程で、当事者間で解決の意向がある場合には、裁判所が関与して、和解による解決が行われる。民事訴訟法89条は、裁判所は、訴訟がいかなる程度にあるかを問わず、和解を試みることができるとする。こうした合意形成の契機としては、当事者双方が、審理の経過で合意に達する場合や、裁判所が、審理の過程で事案に対する心証を得たりしたときに、その主導の下に、当事者双方を説得して和解に至ることがあげられる。和解を調書に記載したときは、確定判決と同一の効力を有する（民訴267条）。

　基本的には、判決を求めた訴訟物そのものが和解の対象となるが、それだけにとどまらず、関連する他の紛争についても、あわせて解決を図ることが相当である。他の裁判所や裁判体に係属するもの、審級を異にする訴訟も解決が可能であるし、原告・被告に関係のある者を利害関係人として、和解に登場させることも可能である。こうして、和解は、訴訟における解決とはいえ、関連する紛争もまとめて、解決することができるものである。

(2) 判決と和解
　以前は、裁判所の役割としては、判決による解決が主流であるとの考え方、すなわち、裁判所は、当事者が求めるように、判決によって紛争に対する解決を示すべきであって、和解は、安易な事件処理であるなどとして、和解に熱心な裁判官を「和解判事」と評することもあった。しかし、現在では、このような考え方は採用されておらず、判決・和解のいずれもが、紛争解決にとって重要な手段である、むしろ、和解のほうが判決よりも実効性が高いなど、種々のメリットがあるとの見解が一般となってきている。現に、平成29年の統計をみ

ると、和解は、既済事件数に占める割合では、地方裁判所の第1審民事通常訴訟事件では36.3％（5万3032件）、簡易裁判所事件では11.1％（3万7672件）と、判決と並んで大きな役割を占めている。簡易裁判所事件での和解の割合が少ないのは、欠席判決などの占める割合が大きいことによるものと考えられる。

(3) 和解の特質

和解は、訴訟の審理を行った裁判官自らが、心証や審理の経過を踏まえて、当事者に対し、直接説得を行っていくことになる。このように、最終的に判決が控えていることは、当事者が和解による解決を選択するうえでの一つの大きな動機であるともいえる。ただし、それだけに、後述するように、和解手続の運用にあたっては、留意が必要である。

2. 紛争解決手続としての調停

(1) 調　停

調停は、民事調停法1条が規定するように、民事に関する紛争につき、当事者の互譲により、条理にかない実情に即した解決を図ることを目的とする制度である。調停は原則として、裁判官の中から地方裁判所が選任した調停主任および2名以上の民事調停委員からなる調停委員会（民調6条）という組織が行う。調停手続において、当事者間で合意が成立し、これが調書に記載されると、裁判上の和解と同一の効力を有する（民調16条）。

(2) 調停における互譲

ところで、調停における上記「互譲」とは、どのように理解すべきであろうか。以前は、互譲とは、単に譲ることであると理解されてきたため、調停に対するイメージも、調停委員会がひたすら当事者双方に譲歩を求めて解決を図ること、いわば「足して二で割る」、「まあまあ」という形式で譲歩を求め、これによって収れんする内容をめざし、合意形成を図るものであるとして、批判がされてきた。

2　後藤勇＝藤田耕三編『訴訟上の和解の理論と実務』（西神田編集室・1987年）126頁〔大石忠生〕。
3　平成29年の司法統計（「裁判所データブック2018」35頁）。
4　和解に関する種々の問題については、本書第1編第2章参照。

しかし、そのような見解は正当ではない。民事調停法が当事者の合意の前提とする互譲は、あくまでも、調停主任が主宰する調停委員会が、記録や当事者からの事情聴取の結果を検討し、事案の解決に必要かつ相当な一定の解決を想定し、これに向けた合意形成を目標として、これに収れんすべく、当事者に対し、一定の譲歩を求めるものと解するのが相当である。同法14条は、当事者間に合意が成立した場合であっても、当該合意の内容が相当でないと認めるときには、調停を成立させない措置をとることもできることを明文で規定し、調停委員会に合意内容の相当性についてチェック機能を付与している。この規定は、上記を念頭においた規定であるといえよう。[5]

(3) 調停委員会

調停は、調停主任が、手続に関与することが特色である。なお、民事調停官は、弁護士で5年以上その職にあった者のうちから最高裁判所が任命し、調停事件の処理に必要な職務を行う（民調23条の2第1項、2項）。これは、裁判官と同じく法律の専門家であり、豊富な法的素養をもって民事事件を扱う弁護士が、裁判官と同等の権限をもって調停手続を主宰する制度であり、手続の主宰者を多様化することによって、調停の紛争解決機能を充実強化することなどを目的として創設された制度である。

調停委員は、弁護士となる資格を有する者、民事紛争の解決に有用な専門的知識経験を有する者または社会生活のうえで豊富な知識経験を有する者で、人格識見の高い者の中等から、最高裁判所によって任命され、調停委員会で行う調停に関与するほか裁判所の命を受けて、他の調停事件について、専門的な知識経験に基づく意見を述べ、嘱託に係る紛争の解決に関する事件につき意見の聴取を行ったりする（民調8条1項）。

(4) 調停に代わる決定

調停に代わる決定（民調17条）は、裁判所が事案の解決のために一定の見解を示す制度である。特定調停事件では以前、大量に調停に代わる決定が活用されていたが、同事件の大幅な減少などにより、現在では、必ずしも広く活用されているとはいいがたい。しかし、当事者からの異議がない限り決定の内容が

---

5 互譲に関する考え方を含め、調停に関する種々の問題については、本書第1編第3章参照。

確定し、調停と同じ効力を有するという制度設計は、妙味であり、現に、この制度を盛り込んで創設された労働審判は、労働関係事件の早期かつ円満な解決に大きく寄与しているほか、簡易裁判所事件については、和解に代わる決定（民訴275条の2）として、同旨の制度が盛り込まれた。調停に代わる決定は、別の項目で述べるように、その活用を図るべきであろう。

III 和解と調停の課題

1. はじめに

以上述べたように、和解と調停とは、中立・公正な裁判所で実施され、法律の専門家である裁判官が関与する手続として、制度的には類似した面がある反面、異なるところもあるから、和解と調停に言及する場合には、その違いを理解しておく必要がある。とはいえ、両者は、基本的には共通する面が多い。和解に代わる決定と調停に代わる決定、裁判所の定める和解条項と調停委員会の定める調停条項など、共通するような制度もあるし、非訟事件手続法の改正により、非訟事件においても、調停とともに和解をすることや、専門委員も活用できるようになった。したがって、事案に応じて、適した手続が選択されるべきである。

2. 説得のあり方等

和解と調停の手続では、当事者に対する説得活動が重要な位置を占めているが、この説得は、必ずしも容易ではない。近時は、代理人と本人との関係が以前からやや変化してきたようにも思われる。以前は、代理人が、本人を強力に説得して、和解や調停に至ることが少なくなかったが、最近は、裁判所や調停委員会の意向をそのまま本人に伝えたり、裁判所や調停委員会に本人の説得を委ねる事案が、決して珍しくないように思われる。このことと関連するかもしれないが、平成12年に司法制度改革審議会が実施した民事訴訟の利用者調査に

---

6 本書第1編第6章参照。

引き続き、民事訴訟制度研究会が、継続して実施してきた利用者調査のうち、直近の平成28年に実施した、三度目の利用者調査である「日本の民事裁判制度についての意識調査」で、和解に対する満足度が、判決事件と比べて低いとの結果が得られた。その原因については、現在研究会内で分析が行われているが、今後の説得のあり方を考えるうえで重く受け止めるべき問題であろう。

3. 専門的知見の導入

　和解・調停のいずれの手続についても、専門的知見を有する専門家の関与が得られる。そして、調停においても非訟事件手続法33条1項により、専門委員を活用することが可能となった。

　もっとも、専門的知見の導入にあたっては、留意すべき点がある。和解と調停は、前記のとおりその手続が明らかに峻別されているはずである。しかし、訴訟事件を付調停にしたうえで、当該訴訟と調停とを同時に実施するという、いわゆる並進方式をとった場合には、調停で選任された専門家調停委員が、和解にも出頭しているかのような外観を呈する。また、訴訟係属中に訴訟事件を調停に付する付調停（民調20条）では、裁判官が単独あるいは専門家委員1名の2名で、調停手続を行うという運用もないではない。しかし、このような運用では、外見上和解と調停との区別が判然とせず、当事者、時には当該専門家にとってすら、現在いかなる手続が行われているのかが明らかではないことがある。この点は、手続を主宰する者として、心しなければならない。

4. 手続の透明性

　和解と調停は、いずれも当事者による合意形成をめざし、柔軟な手続で紛争を解決しようというものである。しかし、前述した和解・調停における合意の

7　今回の調査では、和解の肯定割合が判決のそれを上回る項目が初めてなくなり、特に、「法律の公正さ」の項目では、和解が12ポイント以上低いという、大幅な差が生じている（満足度調査212頁）。

8　この調査を踏まえた関係者の分析として、「2016年民事訴訟利用者調査の分析」論究ジュリ28号（2019年）158頁以下がある。この中では、裁判手続に対する当事者の期待が変わったのではないか、事件類型の変化が何か関係しているのはないかという意見も出されている（同178頁〔垣内秀介発言〕）。

相当性に照らしても、双方の意見ないし考え方を単純に足して二で割るというのではなく、あくまでも、めざすべき一定の解決内容を念頭におき、これに向かって説得を行うべきである。その際には、当事者それぞれに対して行うという交互方式の慣行がある。しかし、このような手続については、裁判官や調停委員会が相手方に何を話しているのか不明であり、手続の透明性を欠くのではないかとの指摘もあり、こうした懸念を踏まえて、近時は、当事者双方が同席する場で和解・調停を進める同席和解・調停という手法もある。また、海外のADRの中には、その主宰者と裁判所の判断者や手続を峻別するなどの手続準則を定めているものもあるようである。そのため、わが国における現行の和解・調停の説得のあり方について、交互面接方式などに典型的にみられるような、外部から可視化できない、いわゆるブラックボックスであるとして、改善方を求める指摘もある。

しかし、法制度は、普遍性が求められる一方で、各国の社会制度に即したものである必要もある。上記のような準則は、わが国におけるADRにおいても、いまだ確立していない。また、裁判所の和解・調停は、それなりの実績があるところ、事案によっては、従前の紛争の経緯などから、当事者の対立が激しかったり、不測の事故防止という観点から、同席和解・調停を全面的には実施できない案件も存在する。他方、次回の手続説明等、当事者双方が理解を共通にするのが望ましい場面と、個別の説得の場面とで、相互立会と交互立会とを使い分けるという工夫も行われている。このように、手続を主宰する裁判所としては、手続の公正・透明性にも留意し、できるところから改善を図っていくことが望ましいであろう。

Ⅳ 裁判官・代理人として留意すべき事項

1. はじめに

民事訴訟法2条は、裁判所および当事者双方の責務として、「裁判所は、民事訴訟が公正かつ迅速に行われるように努め、当事者は、信義に従い誠実に民事訴訟を追行しなければならない」と規定し、民事調停法22条が準用する非訟

事件手続法4条は、非訟事件の手続についても、同旨の規定をおく。

筆者は、東京地方裁判所と大阪地方裁判所の各調停専門部（後者は建築・調停部）で調停事件を通算約5年半、他の分野との兼任を合わせて地方裁判所と高等裁判所で民事訴訟を35年以上、それぞれ担当してきた。その経験および前記Ⅲで言及したところに基づき、以下、和解と調停について、裁判官等および当事者として、それぞれ留意すべきと思われる基本的な事項を、いくつか取り上げてみたい。

2．裁判官として留意すべき事項

(1) 制度に対する理解

和解と調停は、各裁判官が各自の経験に応じ、それぞれのスタイルを確立していると考えられるが、他面、自己流になるおそれもなくもない。また、和解・調停とも、民事訴訟法や民事調停法の改正などにより、種々の制度や手続が創設されている。したがって、これら新しい手続にも関心をもって、積極的に活用していくことが大切である。

このほか、和解・調停手続では、手続に関与する裁判所書記官の協力が不可欠である。裁判官としては、裁判所書記官と緊密な連携の下、情報と認識の共有化を図るべきである。このことは、和解・調停の成立にとって有益であるとともに、裁判所書記官にとっても、自らが作成する和解・調停調書の完成度を高めることに資することになろう。

(2) 和　解

和解は、裁判官自らが当事者に説得を行う。時として、判決をする以上に裁判官にとって大きな労力を要することもあるが、最終的に判決が控えていることは、当事者に対して強い説得力をもつことになる。現に、証拠調べの終了後等の訴訟の終盤では、裁判官が心証を開示して説得にあたることも広く行われ、和解成立の大きな契機ともなっている。しかしそれだけに、心証開示の時期や方法などについては、押し付けなどにならないよう留意が必要である。

なお、簡易裁判所の和解では、司法委員（民訴279条）が大きな役割を占めている。この司法委員の制度は、単に裁判官の多忙を埋めるのにとどまらず、合議体のない簡易裁判所で、裁判官が事件について、司法委員の良識に基づいた

助言を得るという観点からも、有益であるといえよう。
(3) 調　停
　調停のメリットは、調停委員の専門的知見ないし良識を調停の解決に活かすことである。また昨今、民事訴訟における合議の重要性が強調されているが、調停委員会は、いわば、裁判所が合議体で審理するのと似た面があるようにも思える。調停主任たる裁判官にとっては、合議体の裁判長を務めているようなものともいえる。裁判官は、調停委員との評議を通じて、事件に対するものの見方、見通しなどについて、有益な知見を得ることができるが、規模等によって合議体が構成できない裁判所や、そもそも合議体による審理がない簡易裁判所では、裁判官にとって、貴重な経験を得る機会であるともいえる。

　こうして、調停委員会における調停手続を指揮する立場にある調停主任（民調12条の2）は、日頃から調停の進行に責任をもち、十分な評議を行うとともに、事案によっては自らが立ち会い、調停委員の策定した調停案に対しても、専門家調停委員の知見に基づくものであっても、当事者にわかりやすい表現としたり、当事者の納得を得るために一定の修正を行うことが相当な場合もある。

　なお、調停では、これまでは、合意形成に主眼がおかれるあまり、当事者は主張立証を必ずしも十分に尽さず、一方、調停委員会側も、合意が形成する余地がない、あるいは、事案の心証がとれないことを理由に、比較的早い段階で調停を不成立とすることがあったとも思われる。しかし、現在では、証拠取得のための規定が整備されてきたから、これらの規定の趣旨を十分に理解して、これを活用すべきであろう。

　さらに、調停に代わる決定（民調17条）や、調停委員会が定める調停条項（民調24条の3）を活用すべきである。後者は、賃料増減額請求事件等について、調停委員会が事件の解決のために適当な調停条項を定めることができ、これが調書に記載されたときには、調停が成立したものとみなし、裁判上の和解と同一の効力を有するものとされる制度である。この制度は、当事者双方が調停委員会の定める調停条項に服する旨の書面による合意を必要とするという、高いハードルがあるものの、いわば仲裁のようなものである。制度として存在することは、知っておきたいものである。

(4) ADRに対する関心・理解

　現在のところ、紛争が発生したときに選択される合意による紛争解決手続は、圧倒的に和解・調停であるが、ADRは、専門化された分野においては、その力を発揮している。ところが、裁判所は、裁判外紛争解決手続の利用の促進に関する法律施行後においても、交通事故紛争処理センターや、建築工事紛争審査会等特定の機関を除き、これまでは、こうしたADRに対してあまり関心を払ってこなかったのではなかっただろうか。

　裁判官としては、先輩が営々と築いてきたこれまでの和解・調停の運用と実績を大切にすべきであるものの、同じ紛争処理機関であるADRの存在、運用、手続、解決の実績などの諸点についても関心をもち、社会の進展とともに、今後新たに生ずるであろう紛争についても、和解・調停手続によって適切に対応できるよう、留意しておくことが重要であろう。

3．代理人に求めること

(1) はじめに

　和解と調停は、紛争解決における重要性に照らし、利用者である当事者、特に弁護士や司法書士等、司法ADRの当事者代理人としての地位を与えられる専門家代理人としては、これらが適切に運用されることに関心をもつことが求められるともいえよう。それぞれ業法に規定された、職種の専門性、公益性からみて、当事者に対しても、これらの手続に可能な限り協力するよう働きかけを行うことが求められる。

　こうした観点から、これまでの経験を踏まえて、あえて代理人に対して希望する事項を取り上げてみたい。なお、以下の内容は、全くの私見であることをお断りしておきたい。

(2) 制度に対する理解

　和解、調停については、制度の異同を理解し、それぞれがその利点を発揮できるよう、適切な対応をお願いしたい。賃料増減額調停における調停前置の制度（民調24条の2）は、これが規定された趣旨を活かし、可能な限り、調停で一定の審理を行い、できれば合意に達することが望ましい。以前は、調停委員会は、調停前置事件であっても、争いのある事案で事実認定をすることに消極

的であったため、当事者も調停を早期に不成立として、訴訟で本格的に主張立証をする傾向がなくもなかった。しかし、調停についての調停委員会の意識は変わりつつある。したがって、調停においても、可能な限りは主張立証をしていただくことが望ましい。

(3) 必要な情報の提供

当事者からは、往々にして裁判所等が、事案や紛争の実相を十分に把握せずに、手続に臨んでいるという批判を受ける。いうまでもなく、裁判所等が記録を十分に検討せずに、和解や調停手続に臨むことは、厳に避けなければならない。しかし、和解・調停事案を担当する裁判所ないし調停主任として感ずることは、過去の紛争などの当該紛争の背景、現在係属している別件紛争の存在はわかるものの、その概要が掴めないことが少なくないことである。これらの事情は、時には、争点とは関連性のない単なる事情にすぎない場合もあろうし、裁判所等が、紛争の対象を、当事者が設定した当該申立ての枠組みからむやみに拡大することは、争点整理を散漫にするおそれがあるばかりか、当該事案の解決を遅らせることにもなりかねない。とはいえ、裁判所等が和解・調停で紛争の全体的な解決を図ろうとする際に、これらを把握しておく必要のある事案もあろうかと思われる。その意味で、代理人には紛争解決のために、必要な情報は、ある程度、裁判所等に伝えていただきたいと考える。

(4) 和解・調停に対する協力

いうまでもなく、和解・調停は、あくまでも当事者の合意を前提とする紛争解決手続であるから、当事者は、その前提として和解・調停の手続に入ることや、和解案・調停案を受諾することを強制されるものではない。したがって、代理人としては、本人が和解・調停による解決に対して否定的ないし消極的な立場をとる場合には、最終的には、これに従わざるを得ないことになるのかもしれない。

とはいえ、代理人としては、和解・調停制度が、判決に比して一定のメリットを有していることは理解しているはずである。そうであれば、代理人が個別

---

9 代理人は、多くの場合、紛争の実態を把握しながら種々の理由により、その中で一定の訴訟の提起や調停の申立てを行っているのであるから、まずはこの判断を尊重すべきことになろうかと思われる。

の事件についても、こうした手続をとることについて本人に対し、一定の理解、協力を求めることも、許容されてもよいのではないだろうか。

$\boxed{V}$ まとめ

　このように、和解と調停とは、司法 ADR として、民事紛争の解決において、大きな位置を占めている。前述したように、これらは、相違点はあるものの、同じく当事者の合意を基礎としており、各運用は、相互に影響を及ぼしあっているといえよう。その意味では、それぞれの手続は、いずれも互いにとって参考になりうる。

　また、和解・調停は、わが国で現在運用されている他の裁判外紛争処理機関と比しても、司法委員や調停委員の存在等の制度基盤、申立件数および全国の裁判所で利用可能であることに照らしても、その優位性は、今後とも動かないと思われる。とはいえ、和解・調停については、前述したように、いろいろな課題があろうかと思われる。したがって、今後、これらを改善していく必要があろう。その際には、手続の主宰者である裁判所や調停委員会のみならず、当事者、とりわけ専門家である代理人の役割は、大きいものと考えられる。

　本章は、現状を踏まえつつ、やや踏み込んだ提言をも含むものとなったが、和解・調停に関して基本的な視点と課題を提供し、各手続に携わる関係者の共通認識となり、今後、制度に関する改善、改革を考える際のきっかけや、本書における以下の各論考を読まれる際の俯瞰になれば幸いである。

（田中　敦）

第2章
和解手続に関する基本問題

　本章は、「和解」の実務を検証する前提として、民事訴訟における和解について、特に手続面において実務家として押さえておくべき基本的な問題に関して説明するものである。[1]

Ⅰ　はじめに

1. 和解手続の分類

　和解には、裁判外でされる和解（和解契約。民695条）と、裁判所の面前でされる裁判上の和解とがあり、後者には、訴え提起前の和解（民訴275条）と訴訟係属後にされる訴訟上の和解（民訴89条）とがある。このうち、本章では、主として訴訟上の和解を取り上げる。

2. 訴訟上の和解の法的性質

　訴訟上の和解とは、訴訟の係属中に裁判所が関与して、訴訟当事者が互譲により訴訟物に関して和解の合意をし、これによって訴訟を終結させるものである。訴訟上の和解の法的性質に関しては、学説上、私法行為説、訴訟行為説、

---

[1] 本章全般にわたって、秋山幹男ほか『コンメンタール民事訴訟法Ⅱ〔第2版〕』（日本評論社・2014年）199～210頁、同『コンメンタール民事訴訟法Ⅴ』（同・2012年）303～309頁、中野貞一郎ほか編『新民事訴訟法講義〔第3版〕』（有斐閣・2018年）432～446頁、伊藤眞『民事訴訟法〔第5版〕』（有斐閣・2016年）475～491頁、高橋宏志『重点講義民事訴訟法(上)〔第2版〕』（有斐閣・2011年）757～784頁、裁判所職員総合研修所監『書記官事務を中心とした和解条項に関する実証的研究〔補訂版・和解条項記載例集〕』（法曹会・2010年）1～12頁、田中豊『和解交渉と条項作成の実務』（学陽書房・2014年）31～94頁を参照した。

両行為併存説（私法行為としての和解契約と訴訟行為としての合意（特に訴訟終了の合意）とが併存しているとする説。両者はそれぞれ独立に存在し、独立に規律されると考える）、両性説（私法上の性質と訴訟法上の性質との両面を有するとする説。私法上の側面と訴訟法上の側面との牽連を認め、私法上無効原因があれば、訴訟法上も無効と考える）が唱えられている。判例は、両性説によるものが多いといわれているが、両行為併存説をとっても、両行為の牽連性を認め、一方の有効性が他方の合意の前提となっている関係にあると解する（新併存説）ならば、いずれの説も説明の仕方に違いがあるにすぎない。

Ⅱ 和解の要件

1. 訴訟物を対象とすること

　訴訟上の和解では、訴訟の対象となっていない法律関係のみについて和解をする（訴訟は終了しない）ことは許されず、必ず訴訟物について和解することが必要である。したがって、訴訟物について訴えの取下げまたは請求の放棄・認諾をするとともに、訴訟費用は各自の負担とする旨の和解をする（これにより訴訟は終了する）ことは許容されるが、訴訟費用についてのみ和解し、訴訟物について訴訟を続行する（訴訟は終了しない）ことは許されない。また、訴訟終了のみの合意は、通常、訴え取下げの合意、または訴え取下げとこれに対する被告の同意と解される。なお、主観的・客観的併合を問わず、請求が併合されている場合のその一部の請求や、一部判決をすることができる場合の当該一部についても和解をすることができる。

　一方、当事者は、訴訟物以外の権利関係を含めて和解をすることができる。また、1つの訴訟手続において、ほかの裁判所または部に係属する訴訟とあわせて和解することもある。その際、弁論の併合や移送（ただし審級が同じ場合）により、和解を主宰する裁判所に関連事件を集めて一括して和解する場合は、当該事件全部が和解により終了するが、弁論の併合や移送をせずに一括して和解する場合は、手続を明確にするべく、他に係属する訴訟については、その終了を明らかにするために、訴えの取下げをしておくのが相当である。

2. 譲歩

　訴訟上の和解に譲歩（民695条）が必要か否かに関し、判例は、一応当事者の互譲が必要と解しつつ、この互譲を広く解している。すなわち、法律上は、譲歩の方法につき制限を設けていないので、譲歩の方法として、係争物に関係ないものの給付を約することは和解の本質に反するものではなく（最判昭和27・2・8民集6巻2号63頁）、請求につき全面的に譲歩しても、訴訟費用につき一部の譲歩を相手方から得れば、和解は有効に成立するとしている（大判昭和15・6・8民集19巻975頁）。[2]

3. 合意の客体——訴訟物は当事者が自由に処分できる権利関係であること

　訴訟上の和解には、訴訟物である権利関係についての私法上の合意が含まれるから、和解の対象である訴訟物その他の権利関係は、私的自治に服し、当事者が自由に処分することができるものでなければならない。以下、問題となる主な訴訟を取り上げる。

(1) 人事訴訟

　人事訴訟に関しては、私的自治とこれに基づく処分権主義を認めるのは適当ではないとの考え方から、請求の放棄・認諾と同様に、和解も排除されている（人訴19条2項）。しかし、離婚訴訟および離縁訴訟については、協議離婚・協議離縁が認められており、請求の放棄・認諾とともに和解も認められている（人訴37条1項本文、44条）。ただし、当事者の意思確認を慎重に行う必要があるから、民事訴訟法264条および265条の規定による和解はできない（人訴37条2項、44条）し、電話会議システムによる弁論準備手続期日に不出頭の当事者は、和解をすることができない（人訴37条3項、44条）。

---

[2] 原告が請求をすべて放棄して訴えを取り下げ、被告がこれに同意する旨、逆に、被告が請求をすべて認諾し、原告がこれを承諾する旨の和解を当事者が希望した場合、通常、前者は請求の放棄や訴えの取下げ、後者は請求の認諾で訴訟を終了させるであろうが、当事者が上記のような内容の「和解」による終了を望んだ場合は、実体上の判決ないし勝訴判決を受ける可能性ないし見込みを放棄する点において譲歩があるとみれば、このような和解も不可能ではないといえる（秋山ほか編・前掲書（注1）コンメンタール民事訴訟法Ⅱ207頁）。

(2) 形成訴訟

　形成訴訟は、判決によってのみ形成力を生じるとされる訴訟[3]であるから、判決主文によって形成されるのと同一内容の創設的効果を当事者の合意内容とする訴訟上の和解をすることはできない。しかし、訴訟物自体については請求権の放棄の合意、訴えの取下げの合意、訴訟終了の合意をする一方、訴訟物以外の権利関係や訴訟費用について譲歩する内容の訴訟上の和解をすることはできる。たとえば、筆界（境界）確定の訴え（訴えの性質は形式的形成訴訟）に関しては、これが実質的には所有権の範囲についての紛争であることに照らし、係争当事者の土地の所有権の範囲の確認や係争地の所有権確認の合意をし、訴訟物自体については、訴えの取下げの合意または訴訟終了の合意をしている。また、共有物分割訴訟（民258条。訴えの性質は上記と同じ）に関しては、共有物の分割が本来当事者の自由処分に委ねられているものであることや分割の効力は第三者に及ばないことから、訴訟上の和解はできるものと解される。

　他に形成訴訟の性質を有し、訴訟法上の異議権を訴訟物とする執行関係訴訟（請求異議の訴え（民執35条）、第三者異議の訴え（民執38条、194条）、執行文付与に対する異議の訴え（民執34条））においても、たとえば、請求異議の訴えで、債務名義に表示された実体法上の権利関係の存否を確認する合意をするなど、当事者が自由処分できる、訴訟物以外の実体法上の権利関係について合意する（訴訟物については訴えの取下げの合意をする）内容の訴訟上の和解は可能である。

　会社関係訴訟（会社828条1項、830条、831条等）も、訴えをもって請求するものとされ、認容判決には対世効が与えられている（会社838条）から、認容判決によって形成されるべき法律効果を内容とする認諾的な和解は許されないとされているが、対世効のない請求放棄的な合意や、訴え取下げまたは訴訟終了の合意を内容とする訴訟上の和解は可能である[4]。

---

[3] 当事者だけでなく第三者にもその効力が及び、公益性が強いことから、当事者の自由な処分が禁じられている。

[4] なお、株主代表訴訟（会社847条）における和解に関しては立法的解決が図られ、株式会社が和解の当事者でない場合は、当該訴訟の訴訟物について和解できないが、株式会社の承認がある場合は和解が許され、その場合、裁判所が株式会社に対し、和解の内容を通知し、当該和解の内容に異議があるときは2週間以内に異議を述べるよう催告し、株式会社が期間内に異議を述べな

(3) 法定訴訟担当

　法定訴訟担当の例として、債権者代位訴訟においては、代位債権者は、債務者の権利を代位行使するものであるから、権利実現を目的とする行為や被代位債権の保存行為を超えて、被代位債権の全部または一部についての処分行為（免除、放棄、譲渡等）を内容とする訴訟上の和解はできない。このことは、取立訴訟（民執157条）においても、差押債権者は差押債権を取り立てることができるだけで、債権自体を処分する権限はないので、同様である。

(4) 行政訴訟

　行政事件訴訟法には訴訟上の和解に関する定めがないので、同法7条によって民事訴訟の例によることになり、抽象的には、同条を根拠に行政事件訴訟の特質に反しない限度で和解もできることになる。行政訴訟のうち当事者の自由処分の余地がある当事者訴訟を除く抗告訴訟等に関しては、訴訟上の和解の可否は、和解における合意の内容が行政庁に許される裁量の幅の範囲内にあるか否かによることになる。そうすると、行政処分は、法規に基づき公権力の行使として権限のある行政庁の一方的判断によってされるものであるから、特定の行政処分を取り消す、あるいは特定の行政行為をするという行政処分の効力に直接かかわる内容の訴訟上の和解は、行政庁に許される裁量の範囲を超えるものと考えるならば、そのような和解については消極と解することになる。[5]

　なお、いずれにせよ、訴訟物につき請求権放棄の合意や訴えの取下げの合意をして、訴訟費用の点で互譲するなどの和解は可能である。

4．法律行為の一般的な有効要件を満たしていること

　訴訟上の和解は、私法上の契約としての性質も有しているから、法律行為の一般的な有効要件を満たしていることが必要である。したがって、合意内容の実現可能性、確定（特定）はもちろんのこと、合意内容が適法（強行法規に反しない）であり、かつ、公序良俗に反しないことが求められる。

　　　かったときは、上記通知の内容で和解を承認したものとみなされる（会社850条）。
　5　裁判所職員総合研修所監・前掲書（注1）10頁、司法研修所編『行政事件訴訟の一般的問題に関する実証的研究〔改訂版〕』（法曹会・2000年）232頁以下、南博方ほか編『条解行政事件訴訟法〔第4版〕』（弘文堂・2014年）209頁以下、松原有里「租税法上の和解・仲裁手続」金子宏編『租税法の発展』（有斐閣・2010年）433頁以下。

5. 和解の成立に条件を付することの可否

　たとえば、対象物件を第三者に売却できることを条件に和解するというように、停止条件を付けて訴訟上の和解をするとなると、停止条件が成就しない間はいまだ和解は成立せず、訴訟も終了しないので、停止条件付和解はすべきではない。また、たとえば、弁済の有無をめぐる争いで、請求額の半分を返すと和解するが、領収書が出てきた場合には解除し、再度交渉するなど、争いの対象自体を条件に係らしめることも、これでは紛争を最終的に解決したことにならず、裁判上の和解としては不適法といわざるを得ない[6・7]。

6. 訴訟要件の具備の要否

　訴訟要件は、一般に本案判決の要件であり、和解による解決はその前提がないので、訴訟上の和解をする場合に訴訟要件の具備は不要と考えられる。ただし、訴訟要件のうち、当事者の実在や訴訟能力の存在等は、訴訟上の和解でも不可欠の前提要件であるから、必要である。当事者適格は基本的には不要であるが、当事者に処分権限があるかという実体法上の観点からの規制はありうる。また、当事者能力は微妙であり、和解内容が給付条項を含んでいるか、確認条項のみかなど、個別的に判断する必要がある[8]。

6　高橋・前掲書（注1）767～768頁。
7　これに対し、たとえば、原告が残代金を支払ったときは、被告が原告に所有権移転登記手続をする（停止条件）とか、被告が原告に移転登記をするが、原告が残代金を支払わなかったときは、原告が被告に移転登記をする（登記を元に戻す）（解除条件）というように、和解条項の中でその内容を条件に係らせるものは、和解の安定性を害せず、適法である。また、たとえば、被告は貸金残金につき分割弁済するが、2回分遅滞したときは、和解自体を解除するというように、和解に解除条件を付けることは、和解の安定性を害するけれども、和解条項上の義務の不履行を理由とする和解の不履行解除と同様であり、適法といってよい（高橋・前掲書（注1）767頁）。
8　高橋・前掲書（注1）766頁。

Ⅲ 和解の手続

1. 和解の主体と手続

　訴訟上の和解を試みるのは受訴裁判所であるが、受命裁判官（合議体の場合）や受託裁判官にも和解を試みさせることができ（民訴89条）、訴訟上の和解を試みる旨の訴訟指揮に関する決定（民訴120条。不服申立ては許されず、いつでも取消し可能である）に基づいて行う。この決定は、口頭弁論・弁論準備手続期日のほか期日外でもすることができ、当事者に告知すべきである。

　和解が成立した場合は、裁判所書記官がその内容を調書に記載し（民訴160条1項、民訴規67条1項1号等）、当該調書の記載は、確定判決と同一の効力（少なくとも執行力）を生じることになる。なお、調書の作成は訴訟上の和解の成立要件ではなく、効力発生要件と解されている。

2. 和解に関与する当事者等

　訴訟上の和解の当事者は当該訴訟の当事者であるが、訴訟係属していない権利関係の主体である第三者を参加させて、和解することも可能である。その場合は、第三者が利害関係人として参加する旨の申立てをして参加するほか、当事者から求められて、裁判所が第三者を利害関係人として呼び出して参加させることもある。

　訴訟代理人は、特別に委任（授権）を受けて、訴訟上の和解の代理権を取得する（民訴55条2項2号）。訴訟代理人の和解の権限の範囲は、原則として訴訟物に関する権利関係であるが、訴訟物に通常付随する事項（最判昭和38・2・21民集17巻1号182頁参照）や、訴訟の対象物の権利関係に関して同一当事者間に生じた一連の紛争に起因するもの（最判平成12・3・24民集54巻3号1126頁参照）も含まれると解される。訴訟代理人の権限の範囲に疑義がある場合は、裁判所としては当該事項についての特別の授権を求めるべきであろう。

　裁判所は、和解のため、当事者本人または法定代理人の出頭を命じることができる（民訴規32条1項）。訴訟代理人が和解の授権を受けていても、自分の事

件につき、自ら背景事情や心情、人的関係等を語り、裁判所の説明も聴いて意思決定をしていくほうが、話合いがより実効的に進むことが多いので、裁判所が本人または法定代理人の出頭を求めることも少なくない。

3. 和解の場所

通常、訴訟上の和解は裁判所で行われるが、裁判所が相当と認めるときは、裁判所外で和解することも可能である（民訴規32条2項）。たとえば、いずれも裁判所が当事者とともに、筆界（境界）確定訴訟や建築関係訴訟等で現場や係争物の状況を見分したうえで、また、交通事故に関する損害賠償請求訴訟で被害者宅で介護や自宅の改造状況をみたうえで、現地で和解協議することが望まれる場合に有益である。

4. 和解の時期と裁判所の関与の態様

訴訟上の和解は、訴訟係属後事件が係属する限りいつでも（第1回口頭弁論期日の前、口頭弁論終結後、判決言渡し後（ただし確定前）、控訴審・抗告審、上告審・再抗告審）することができる（民訴89条）。また、民事執行手続、民事保全手続、証拠保全手続等、判決手続以外の手続が係属する裁判所でも、本案も含めてこれらの手続に係る和解をすることができる。なお、進行協議期日においては、和解は同期日にできる行為から除かれている（民訴規95条2項）ので、和解を成立させる場合には和解期日を指定し、同期日において成立させるべきである。

上記のとおり、実務上さまざまな時期に和解が行われているが、第1審の裁判所に係属する訴訟事件に関しては、裁判所によって和解勧告がされる典型的な時期として、①第1回口頭弁論期日の前後等、訴訟係属後ごく初期の時点、②争点整理中またはその終了後人証調べ前、③人証調べ終了後口頭弁論終結前があげられる。そのうち、①については、訴訟提起をきっかけとして、当事者双方に自主的に紛争解決の機運が生まれ、当事者から裁判所に対し和解勧告の上申がある場合や、第1回口頭弁論期日で事実関係に争いがないことが確認され、債務の履行方法のみが問題となる場合等があり、基本的には当事者主導で和解条件の提示・交渉が行われる。これに対し、②は、争点整理（＝主張と証

拠の整理）の結果、裁判所が人証調べを経なくても争点に関する心証を一応もつことができた場合に勧告しており、裁判所は、当事者双方に対し、暫定的と断りながらも、争点整理の結果を踏まえ、根拠を示して心証を開示して、人証調べ前に和解で解決することのメリットを説明し、和解手続を進めることになる。また、③は、裁判所は、人証調べも経て判決を控えているので、判決する場合と同じレベルの心証を開示し、第1審判決前の最後の機会として和解勧告をしている。このように、和解の進め方として、上記①は当事者主導であるのに対し、②と③は裁判所が主導し、かつ、一般的に主導の度合いも、心証の確度が高くなるのに比例して、より大きくなるといえる。

5. 和解における手続裁量ないし手続保障

(1) 問題の所在

訴訟上の和解は、前記のとおり、裁判所の訴訟指揮上の決定により開始するが、その手続の態様について民事訴訟法は何ら規定しておらず、手続を主宰する裁判所に委ねられており、裁判所には手続裁量があるといえる。

ところで、訴訟上の和解も、まさしく民事訴訟手続の一環として行われるものであるから、裁判所の上記手続裁量も手続保障の観点に十分留意して運用することが求められる。この点に関しては、特に、以下の3点が問題となる。

(2) 争点整理手続と和解手続との峻別

平成8年6月26日法律第109号による改正前の民事訴訟法下で、昭和50年代以降実務上行われていた「弁論兼和解」[9]には手続上の根拠があったわけではなく、内容面でも和解手続との区別が明確でないため、当事者の対席が必ずしも保障されておらず、期日に行われる行為の範囲も不明確であるといった問題点が指摘されていた。そこで、上記法改正により新設された弁論準備手続は、「弁論兼和解」が争点整理手続に純化して立法化されたものであり、対席による当事者双方の手続関与の原則が注意的に定められている（民訴169条1項）。

---

9 「弁論兼和解」は、裁判所と当事者が法廷以外の準備室等において非公式に和やかな雰囲気の中で争点整理をしながら、和解手続への乗入れも可能なものとして、争点整理と和解手続とを融合し、柔軟で融通無碍な実務上の工夫として行われていた。「弁論兼和解」については、中野ほか編・前掲書（注1）287頁、秋山ほか編・前掲（注1）コンメンタール民事訴訟法Ⅱ493頁、521頁、532頁参照。

このような経緯に鑑みると、現行法下で弁論準備手続期日に和解をする場合には、裁判所は、和解勧告をして和解手続に入ることを明言することにより、争点整理手続と和解手続を峻別する運用をするのが相当である。

(3) **一方当事者から得た情報の開示ないし共有**

ところで、実務上和解手続の方式には、当事者双方が同席した場で和解手続を進める方式である「対席方式」と、当事者に交替してもらいながら、裁判所が個別に一方当事者と面接し、他方当事者は同席しない方式である「交互面接方式」とがある。交互面接方式は、和解のプロセスとして、当事者が裁判所に対し、相手方当事者の面前では言いづらい背景事情や心情等を吐露したり、裁判所も当該当事者に適した説明・説得をしたりすることにより、和解の成立に向けて導くのに適している。しかし、その長所と裏腹に、一方当事者が相手方当事者のいないところで、裁判所の心証に影響するような和解の前提となる事実を告げることがあれば、相手方当事者としては、これを吟味・反論する機会がないまま手続が進行するので、手続の透明性ないし手続保障、裁判所の中立・公平性の観点に配慮する必要がある。裁判所は、裁判所の心証に影響するような事実を告げられた場合は、相手方当事者にもそれを適時適切に告げて真否を確認し、反論の機会を与えるなどの措置を講じるのが相当である。また、和解のプロセスに応じて、裁判所は、当事者の意向も踏まえつつ、①当事者双方と認識を共有すべき裁判所の心証は対席の場で説明し、②それを踏まえて、交互面接により当事者の意向や条件を確認し、③和解期日の最後に、対席で当該期日における到達点、今後調整すべき事項等を確認して次回につなげるなど、両方式を使い分け、手続保障に配慮した進行を図ることが望ましい。

(4) **和解が不成立になった場合における規制**

裁判所は、和解の過程で、特に交互面接の機会に新たに知り得た事実ないし証拠を、相手方の吟味・反論を経ずして判決に用いてはならず、客観的にみて心証に影響を与えるような新しい事実ないし証拠については、和解不成立後、当該事実ないし証拠をその重要性(和解の当初明らかにした心証が変わる可能性があるのであればその旨)を含めて伝えたうえで、あらためて相手方に反論・反証の機会を与えた後、判決をすべきである。

(5) **和解における専門委員の活用**

裁判所は、和解手続においても、専門委員[10]の関与の必要性が認められるときは、当事者の同意を得て、当事者双方が立ち会うことができる和解勧試の期日において、専門委員を和解手続に関与させることができる（民訴92条の2第3項）。「当事者の同意」が要件とされるのは、訴訟上の和解の本質は当事者の合意にあるから、合意形成過程のあり方の選択についても、当事者の意向を尊重すべきとの考え方による。関与の必要性が認められる場合として、たとえば、①和解の前提となる事実関係につき、専門的知見に基づき説明を受ける場合、②当事者が和解の場で述べる主張・反論や、当事者が希望する和解条件等の趣旨ないし意義、効果等につき、説明を受ける場合、③和解条件ないし和解条項を詰める際に専門的知見に基づき助言を受ける場合等があげられる。

　また、「当事者双方が立ち会うことができる期日」に関しては、和解の方式として、当該期日に対席方式をとっていれば問題ない。これに対し、当該期日における和解の方式として、交互面接方式を選択していても、当事者双方が立ち会う機会が保障されている場合、すなわち、当事者が自分が同席しない場でも、専門委員が裁判所および相手方に対して説明をして構わず、後にどのような説明をしたか聴かされればよいとの意向を表明している場合は、専門委員が交互面接方式の和解に関与し、個別に説明することも許されるものと解される。

　実務では、専門委員が和解にいきなり関与する態様は考えにくく、その前の争点整理段階から専門的知見に基づく説明を受けていて、当事者双方の同意を得たうえで引き続き和解にも関与し、上記場面で活用することが行われている。ただし、専門委員の役割はあくまで「説明」であるので、調停委員のように当事者を「説得」する役割を求めることはできないことに留意すべきである。

10　専門委員制度は、専門的な知見が問題となる事件（医事関係事件、建築関係事件、IT関係事件等が典型）の審理において、裁判所が特殊な分野の専門家に専門委員として関与を求めることができる制度である。和解における専門委員関与に係る参考文献は、秋山ほか編・前掲（注1）コンメンタール民事訴訟法Ⅱ254〜256頁。

Ⅳ その他

　なお、和解の基本問題のうち、「和解の効力」、「和解条項」という重要な論点についての詳細はそれぞれ独立の別項目に委ねるが、ここでは前者に関して、実務家の心得に結びつく要点のみ触れておくことにする。

　訴訟上の和解には、訴訟終了効や執行力がある（民訴267条）が、同条の解釈をめぐり、①訴訟上の和解が既判力を有するか否か、②和解の無効、取消しの主張が許されるか、③許されるとしていかなる方法で主張するかにも関連して、学説は分かれている。この点に関する判例は、既判力肯定説を前提とするもの（最判昭和31・10・31民集10巻10号1355頁、最判昭和33・3・5民集12巻3号381頁）もあるが、訴訟上の和解の実体は当事者の意思表示であって、判決と異なり、意思表示に存する瑕疵のため、和解の当然無効な場合もあるとするもの（最判昭和31・3・30民集10巻3号242頁）や、仮差押えの目的となっているジャムが一定の品質を有することを前提として訴訟上の和解をしたところ、同ジャムが粗悪品であったとして、原告が和解は要素に錯誤があって無効である旨主張し、期日指定の申立てをして、その後訴訟手続が進められた事案において、上記和解は要素に錯誤があるものとして無効と解すべきであり、訴訟上の和解が実質的確定力を有しないことは論をまたないとするもの（最判昭和33・6・14民集12巻9号1492頁）がある。そうすると、判例は、上記①の論点に関する態度は必ずしも明らかではないものの、②意思表示に瑕疵がある場合は和解の無効の主張を許し、③その場合、当事者は期日指定の申立てをなしうるという実務上の取扱いを事実上承認しているものとみられる。

　したがって、実務家としては、訴訟上の和解を成立させる場合、当事者双方において意思表示に瑕疵はないか、とりわけ、錯誤との関係では、争いの対象（互譲の内容）そのものではないが、争いの対象である事項の前提ないし基礎として当事者双方が予定した事項について、錯誤がないか否かについては、十分注意を払う必要があるといえる。

Ⅴ　まとめ

　以上、本章で説明した手続面での基本的な問題に関してみても、和解が、いかに理論上も実務上も非常に奥の深いものであるかは明らかである。日常的に和解に関与している民事実務家としては、個別の事件の合意による解決を志向することは当然であるが、それだけにとどまらず、常に上記問題における基本を念頭において、和解手続を適正に実践していく責務を負っていることを肝に銘じたい。

（德岡由美子）

第3章

民事調停手続に関する基本問題
——紛争解決のための調停運営

Ⅰ 民事調停における互譲の趣旨

　民事調停は、「民事に関する紛争について、当事者の互譲により条理にかない実情に即した解決を図ることを目的とする」（民調1条）手続・制度である。

1. 字義どおりの互譲

　ここで「互譲」とは、字義どおりには、当事者双方が互いに譲歩することである。これをそのまま形式的に解すると、当事者双方の求める解決内容に開きがある場合には、お互いに譲り合って解決するということであり、この点を中心に据える調停モデルでは、調停手続を主宰する調停委員会の働きかけや調整活動の内容も、おのずと双方にそれぞれ譲歩を求めることに力点をおきそうである。しかし、このような譲歩ありきの解決が、「条理にかない実情に即した解決」になるだろうか。なかには、不必要な譲歩を求められてモラルハザードを引き起こすことにつながるケースも出てくるのではないか。

2. 判例・学説

　それでは、「互譲」とはどのように解すればよいのであろうか。判例・学説[1]は、譲歩は実体面のみならず手続費用など手続面に関するものでよいとしているし、調停の対象外の事項に関する譲歩も互譲たりうるとしている。相手方が申立人の請求を全部認めて即時に履行することとしながら、「当事者双方は、本調停条項に定めるもののほかに、当事者間に何ら債権債務が存在しないこと

1　長野地飯田支判昭和31・4・9下民集7巻4号903頁、東京高判昭和35・3・31下民集11巻3号631頁、小山昇『民事調停法〔新版〕（法律学全集）』（有斐閣・1977年）107頁。

29

を確認する」という条項を入れることによって、申立人との関係を清算して、今後のかかわりを一切断つというのもよくある解決であり、これも互譲の趣旨に反するものとはいえないであろう。裁判例には、民事調停法1条にいう互譲は、当事者一方の譲歩で足りるというものもある。

　そうすると、上記裁判例や学説の立場からすると、調停において合意をした以上常に互譲があると認めるに等しいといってもよいということになりそうである。それでは、互譲とは空虚な概念なのであろうか。

3. 条理にかない実情に即した解決との関係での互譲

　民事調停法1条にいう「互譲」は、「条理にかない実情に即した解決」を図るうえで、当事者双方および調停委員会に向けられた手続運営・手続遂行の指針としての意味づけが重要であると考える。

　すなわち、当事者双方がそれぞれ自己の事実認識や主張を基本におきつつも、相手の事実認識や主張を聴き、第三者で仲介者である調停委員会による条理や実情に照らした解決への働きかけを受け、双方ともに納得できるあるべき解決をめざす姿勢そのものを、互譲という言葉で表したのではないだろうか。これを調停委員会側からみれば、当事者からの聴取や事実の取調べにより、法的観点を含む条理や紛争の実情に照らして、あるべき解決が何かを探求して、その結果を当事者双方に働きかけることと、当事者双方がその働きかけを受け入れやすいような関係を整備することが、調停による解決をサポートし、「互譲」の趣旨にかなった運営といえるのではないかと思われる。

2　前掲東京高判昭和35・3・31は「苟も当事者間に争いを消滅させる合意の存する以上、双方に互譲ありと認め得るのであって、必ずしも調停の目的たる権利関係について直接の譲歩あることを必要とするものでない」と判示する。もっとも当該事案の調停条項は係争地の所有権が全部申立人に帰属するとしながら、申立人が相手方に対する森林窃盗の告訴を取り下げ、有体動産差押えの解除をするなどの条項も含まれていたものであった。

3　同旨石川明＝梶村太市編『注解民事調停法——民事調停規則（注解民事手続法）〔改訂版〕』（青林書院・1993年）59頁〔萩原金美〕、宮崎澄夫「調停の理念」民事訴訟法学会編『民事訴訟法講座第5巻』（有斐閣・1956年）1381頁。

4　このような働きかけを軽視して、当事者間の互譲による合意さえできればよいという調停運営を行うことは、「成立した合意が相当でないと認める場合」には調停が成立しないものとして事件を終了させることができると規定し、実体要件の面でも調停による紛争解決を公的・司法的な紛争解決制度と位置づけている民事調停法14条の趣旨にも沿わないことになろう。

その意味で、互譲の趣旨による調停運営は、当事者それぞれ（およびその代理人）と調停委員会（これを構成する調停主任、調停委員のみならず裁判所書記官も）による「条理にかない実情に即した解決」をめざす協働作業でもあるといえる。

4. 互譲の趣旨にかなった調停運営

しかし、一口に、当事者が調停委員会の働きかけを受け入れやすいような関係を整備するといっても、容易なことではない。調停手続の最初の段階では、当事者双方ともに対立姿勢を鮮明にしていることが多く、なかにはいたずらに感情的な態度でのぞんでいる事案もあり、この段階では、合意など成立しそうにないと思えることが少なくない。これを解きほぐして、当事者が調停委員会の働きかけを受け入れやすいような関係を整備する調停運営が、調停の手法と実践の核心の問題の一つであろう。その中で特に重要なのが、当事者双方と調停委員会の間で信頼関係を構築することである。この点については、項を改めて論じることにする。

調停委員会、特に調停委員としては、対決姿勢を前面に出している当事者であっても、調停期日に出席している以上、今は対決姿勢の陰に隠れて見えないが、未来永劫争いを続けるのでなく、条理に反しない内容の解決案であれば、これを受け入れて解決したいという気持をあわせもっているということを信じて、また、調停による解決が、後記5のとおり、法的のみならず、現実的な紛争の解決制度であり、最良の解決方法であるとの確信をもって、粘り強く信頼関係の構築に努め、条理と実情に照らし、客観的に妥当な解決案の策定をめざすことが肝要であろう。

ただ、相手方当事者が、紛争解決のためには判決などの公権的判断が必要な事情があるとして、調停には応じられないとする場合もある。その事情が相当である場合は、粘り強く調停解決に向けて説得するより、早期に不成立にしたほうが紛争解決に資すると思われるが、この場合でも、調停不成立にする前に、調停に代わる決定（民調17条）による解決が可能かどうかを打診するなどの工夫をすることが考えられる。

5. 紛争解決の主体

　私たちは、「紛争解決」という語をよく用いるが、ほとんどの場合、「誰が」紛争を解決するのかという紛争の解決主体を意識せずに用いているように思われる。

　法的な意味では、訴訟による紛争解決では、裁判所が判決で判断を下し、その判断が確定することにより、当該訴訟上の請求に関して既判力が生じて、その当事者間では蒸し返しが許されなくなるのであるから、裁判所（およびその手続に関与する法曹等）が、紛争解決の主体ということもできる。しかし、たとえ裁判所の判断が確定したとしても、当事者が納得せず、これに従おうという気にならなければ、心情面や生活現象面での紛争が解決したといえない。法は強制履行の手続を用意してはいるものの、これにより心情面を含めた紛争が解決したということには直ちにならない。このような心情や生活現象まで広げて考えた現実の紛争は、当事者双方が当該解決内容に納得して、自らの紛争に終止符を打つことができて初めて解決したということができる。そうすると、このような現実の紛争の解決主体は当事者本人というべきであろう。

　訴訟に対して、調停では、多くの場合は心情面や生活現象面を含んだ現実の紛争そのものを直接の対象として、当事者双方が納得して、自ら自己の紛争に終止符を打つために、合意による解決を行うのであるから、法的解決と現実の解決が一致することがほとんどである。その意味で、訴訟は法的紛争解決の制度であるが、調停は法的かつ現実的な紛争の解決制度であるということができる。

　そうすると、少なくとも調停（訴訟上の和解の場合も同様であろう）においては、紛争解決の主体は、自ら自己の紛争に終止符を打とうとしている当事者本人であり、調停運営にあたっては、紛争解決の主体が当事者本人であることを意識して進めることが、紛争解決手段としての調停の本質に迫るものであるということができよう[5]。

---

[5] 紛争解決の主体が当事者であるとしても、調停運営の主体は調停委員会であるというべきであるから、当事者の意向を汲み取りながらも、当事者をリードする調停運営をすることが望まれる。

Ⅱ 利用者のニーズに応える民事調停の運営

1. 民事調停制度の特徴

　民事の紛争解決制度には、調停のほか、訴訟や他の ADR などさまざまなものがある。その紛争解決制度が国民から信頼されるためには、その紛争解決方式が解決される紛争に整合的な合理性をもつことが必要である。前項で取り上げた互譲の趣旨にかなった調停運営もその一つであるが、民事調停制度が国民から信頼され、広く利用に供されるためには、数ある紛争解決制度の中から調停制度を選択した利用者のニーズに応える調停運営をすることが重要になってくる。

　調停制度を選択する利用者のニーズがどこにあるかは、他の紛争解決方式との違いなどから、調停の特徴を整理しておくことにより、うかがい知ることができよう。

(1) 民事訴訟との異同

　民事訴訟と民事調停は、ともに民事紛争を裁判手続で解決し、その解決内容に執行力などの効果が伴うものであるが、その性質は異なる。

　民事訴訟は、第三者機関である裁判所が、実体法に基づく判決を下すことによって紛争を解決する制度であり、被告が応訴しなくても、また納得しなくても、判決に拘束されるという意味で強制的、裁判所が判断を下すことにより紛争に終止符が打たれるという意味で他律的な解決方式である。

　これに対し、民事調停は、調停主任たる裁判官または民事調停官と2名以上の民間の有識者である調停委員とにより構成される調停委員会の仲介と助力を受けて、当事者間の話し合いにより任意に紛争を解決する制度であり、相手が応じないときは不成立に終わり、当事者自らの判断で紛争に終止符を打つかどうかを決められるという意味で、任意的で自主的な解決方式である。

　このような性質の相違から、民事訴訟では、口頭弁論を公開し、弁論主義の厳格な手続の下で、原告が訴訟物として提示した権利や法律関係のみを判決という最も慎重な形式の裁判で判断するのに対し、民事調停では、非公開の手続

で、調停委員会が職権で事実の調査を行うなど簡易迅速な非訟手続によるので、当事者の手続負担は訴訟に比べて軽いし、手続費用も廉価である。当事者は、申立てに限定されず、合意さえあれば関連する一切の紛争を一括して解決することができるし、当事者間で新たな法律関係を形成することもできる。また、解決基準は実体法が唯一ではなく、条理にかない実情に即したものである限り、実体法と異なることも妨げられないという柔軟なものである。

(2) 他のADRとの異同

民間型・行政型ADRと裁判所の民事調停を比較すると、手続費用はADR機関によって異なり一概に比較することはできないが、手続の柔軟さや簡易迅速さに大きな差はない。調停調書が債務名義になることは、他のADRにない特徴であるが、これは立法政策の問題であり、認証ADRの手続で成立した合意に執行力を付与するとの制度設計が不可能なわけではない。

調停とその他のADRの最も大きな違いは、調停が中立公平な裁判所で実施され、法律専門家である裁判官が関与する手続であるという点にあると思われる。調停では、裁判官とともに民間の有識者である調停委員が調停委員会を構成し、法的観点だけでなく社会常識も加味した、柔軟で落ち着きのよい解決をめざしているという点も、他のADRにはない特徴である。

(3) 専門的知見を要する法的紛争についての調停

民事調停制度は、専門的知見を要する法的紛争の解決にも有用な制度である。民事調停委員は、弁護士となる資格を有する者、社会生活のうえで豊富な知識経験を有する者のほか、民事紛争の解決に有用な専門的知識経験を有する者の中から任命されるのであり（民事調停委員及び家事調停委員規則1条）、各裁判所には、建築、化学、医療、情報工学、税務、不動産鑑定などの専門的知識経験を有する調停委員が配置されていることが多い。こういった調停委員の専門性を活用すべく調停が利用されることもある（申立てによる場合のほか、専門的知見を要する訴訟の係属している受訴裁判所が調停に付する形（民調20条）で係属することも多い）。

(4) 民事調停の特徴から考えられる利用者のニーズ

以上の民事調停の特徴からうかがえる利用者のニーズとしては、

① 費用が安い、手続が簡単、非公開であり秘密が守られる

②　早く解決ができる
③　話をじっくり聞いてもらえる、話し合いにより円満な解決ができる、民間の有識者である調停委員が関与するため社会常識にかなった柔軟な解決ができる
④　裁判所で行われる手続なので公正な解決（法律に基づく解決）ができる
⑤　専門的知見を要する紛争について、専門家の仲介、助力による解決ができる

などが考えられる。

このうち、①は制度自体の問題であり、調停運営と大きく関係するのは②ないし⑤になる。

2.　当該事件の利用者のニーズと調停運営

　仮に、こうした利用者のニーズに応じられない調停運営をしたなら、利用者は、調停に対して期待外れの感情を抱いたり、調停委員会からの働きかけを押しつけと受け止めたりして、調停制度に対する信頼感自体を毀損することになりかねない。

　利用者のニーズに応える調停運営をするためには、まず、当該利用者が調停を利用しようとした目的がどこにあるのかなど、利用者のニーズを把握しておくことが必要である。申立書に記載された内容、申立て時に窓口で聴取した事情、第1回期日前に照会書を発送し、これに対する回答書を提出させる運用をしている場合にはその回答内容などから、事案の概要や紛争の要点のほか申立人および相手方のニーズを把握し、まずは、事案や当事者のニーズにふさわしい調停委員を選任することが求められる。

　民事調停に対する利用者のニーズとしては、かつては、譲り合いによる解決を求めることもあったと思われるが、社会経済情勢の変化に伴って、法的判断や専門的知見に裏付けられた合理的な斡旋を求める傾向（上記1④および⑤）が強まっていると思われる。また、弁護士人口の増加により弁護士の関与が増えることが予想されるが、弁護士が関与する調停事件では、当事者が法的な根拠を明示した主張を行い、これに対する調停委員会の判断を求めるような事案も多い。このような当事者のニーズに適正に応えていくためには、民事調停に

おいても、法的観点を踏まえた紛争解決機能を高めていくことが必要となる。[6]

　そのためには、評議が何より重要である。法律専門家で調停委員会のリーダーシップをとるべき調停主任と、民間の有識者や専門家であり、当事者から事情を聴いたり、働きかけたりする衝にあたる調停委員が、判断の分かれ目になるポイントがどこで、そのポイントに関し、事情聴取や調査の結果どのような事実が認定できるかを多角的に検討し、認定した事実に法令をあてはめるとどのような解決になるのかなどの意見交換をするとともに、期日間の進行管理等にあたる裁判所書記官もその役割を果たしつつ、連携協働して調停委員会としてのチーム力を向上させることが重要である。

　それだけでなく、調停運営にあたっては、利用者の多様なニーズ、すなわち、話をじっくり聞いてもらい、話し合いによる円満かつ社会常識にかなった柔軟な解決を求めるニーズ（上記1③）や、迅速な解決を求めるニーズ（上記1②）などにも応えるべきである。当該事案で当事者にどのようなニーズがあるのかを把握し、そのニーズに応える調停運営をするためにも、調停委員の得た情報等を基に、意見交換をして、どのような方針で調停を運営するかを定める評議は重要である。

　具体的には、第1回期日前に評議を行い、調停主任と調停委員の間で、紛争解決に必要な法的観点（要件事実や抗弁等の整理による争いのない事実と争点の把握）を共有するとともに、当事者の幅広いニーズに応じた進行のあり方（解決のためには、十分話を聴くことが重要な案件か、紛争の背景や経緯が解決のためにどの程度重要なのか、法的観点からのアプローチのみで解決の見通しが立つ案件か、専門的知見の提示が必要とすればどのようなタイミングで提示していくのが相当な案件かなど）についての意見交換をしておくことが望ましい。そして、調停委員が当事者から事情聴取を行う際には、法的観点を意識するとともに、当事者の幅広いニーズに応じて効果的に行うことが求められる。また、期日を重ねる中で、これらの点が明確になっていったり、変化したりすることが想定されるので、各調停期日の前や途中にそのつど評議を行って、調停委員会として認定すべき事実に関する認識の共有や、調停運営の方針の確認に常に努めて、当事

---

[6] この点については司法研修所編『簡易裁判所における民事調停事件の運営方法に関する研究』（法曹会・2013年）が詳細に研究しているところである。

者への効果的な働きかけに結びつけるようにすることが必要であろう[7]。

III 民事調停における説得・調整の基礎

1. 当事者双方が調停委員会の働きかけを受け入れやすいような関係の整備

　上記のとおり、民事調停においては、評議の充実など調停の機能を強化したうえ、調停委員会が、法的観点や当事者のニーズを踏まえながら事情聴取等により収集した情報を多角的に検討して行った事実認定を下に、法令のほか条理や実情に照らして相当な解決の方向性を提示して当事者に働きかけることで、その紛争解決を図ることが肝要であるが、その前提として、調停委員会において、当事者双方がその働きかけを受け入れやすいような関係を整備しておくこともあわせて重要である。この点、民事調停と訴訟上の和解では、必ずしも条件が同一ではない。

2. 民事調停と訴訟上の和解の異同

　民事調停と訴訟上の和解を比較すると、いずれも当事者の自主的紛争解決の手段であるという点、和解調書や調停調書に債務名義性が認められるという点において共通性がある。

　両者の最も大きな相違点は、訴訟上の和解は、当該事件の判決を行う判断権者たる裁判官が説得・調整にあたるのに対し、民事調停においては、判決を行う判断権者ではない調停委員会が説得・調整にあたるという点であろう。訴訟上の和解では、裁判官は判決を見据えた心証を開示して和解勧告をすることが少なくなく、当事者としても当該裁判官の心証や予想される判決内容を意識して和解交渉にのぞまざるを得ないところがある。訴訟上の和解においては、この関係性だけでも、説得・調整の基礎として相当大きな重みがあるといえる。

　他方、調停の場合には、合意が成立しなかったときに判決が控えているわけ

---

[7] なお、評議の運営の詳細は、本書第3編第7章を参照されたい。

ではないので、紛争の背景事情や関連事項を踏まえたより柔軟な解決をすることができる反面、訴訟上の和解のような「判断権者による説得・調整」という要素がないので、説得・調整の基礎としては別のものに求めざるを得ない（ただし、付調停で受訴裁判所自ら処理する場合（民調20条参照）には、調停であっても訴訟上の和解と同様の要素があることになる）。

3. 当事者双方と調停委員会との信頼関係

調停委員会として、当事者が働きかけを受け入れやすい関係を整備するにあたって、調停運営上特に重要なのは、上述（Ⅰ4）のとおり、当事者双方と調停委員会の間で信頼関係を構築することであろう。

当事者との信頼関係というのは、当事者と調停委員との個人的な信頼関係を指すのではなく、調停委員会による調停運営に対して、当事者から寄せられる信頼感や安心感を指すものであり、中立で真摯に傾聴し、事案の全体像や自己の心情を理解してくれたこの調停委員会であれば、その働きかけを受け入れてもよいと思えるような信頼関係である。このような調停委員会への信頼関係があれば、当事者間の合意形成を促進することにも資する。信頼関係確保にあたって、調停委員としては、それぞれの当事者の立場に立って、ともに解決を見出そうとする姿勢をもつことが重要である。この姿勢を失うと、当事者から、解決を押しつけられたと思われることになりかねない。

当事者からしてみれば、裁判所の調停委員というだけで、一定の信頼を寄せているとは考えられるが、それに甘んじることなく、調停委員としては、双方当事者との信頼関係を確保する調停運営を心がけるべきである。

以下では、調停委員が当事者との面接に主としてあたる運営（簡易裁判所の調停では、調停主任が同時に複数の調停事件の期日を担当することが多い）を前提に、上記観点から、調停運営にあたっての留意点を述べる。

(1) **中立・公平であること＝当事者から中立・公平にみえること**

自ら中立・公平でないと思っている調停委員はいない。問題は、相手からどうみえるかであり、そのことを意識した調停運営を心がけるべきである。当事者は、調停委員の片言隻語まで真剣に聴いている。陥りがちなのが、初回の交互面談で、一方当事者の話に共感できるところがあり、そのまますぐに他方当

事者と面談すると、ついつい前の心証を引きずった発言をしてしまい、予断をもっているように映ってしまうことがある。意識して、いったん白紙の状態に戻さないと中立にみられないことがある。また、一方当事者にのみ代理人弁護士がついている事件で、他方当事者の前で、弁護士を「先生」と呼ぶことが当事者からどのようにみえるかも、意識する必要がある。交互面談の面談時間は、できるだけ同じようにすることが望ましいが、長短をつけざるを得ないときには、長く待たされた側に丁寧に説明する配慮も求められよう。いくつか例示したが、当事者は、自分が不利に扱われているのではないかについて敏感になっているので、言動には細心の注意が必要であろう。

(2) **中立性と専門性**

専門家調停委員には、「専門家の目からみると一見するだけで白黒がついているのに、どうやって中立性を保てばよいのか」という疑問をもつ人もいると思われる。「中立性」を解決内容や結論の中立性ととらえれば、このような疑問も生じるのであろうが、ここでの「中立性」は、説得・調整の基礎としての信頼関係を築くための中立性、手続や調停の進め方の中立性である。専門的意見を発言するにあたって、しっかり当事者の言い分を聴いたか、当事者から求められる形で意見を言うことができたかなどが重要ではないかと思われる。

(3) **聴き上手であること**

聴き上手であることは、当事者から多くの情報を引き出し、紛争の背景や実情を知るうえで重要であるが、それだけでなく、当事者に対し、話を聴いてもらえたという満足感や安心感を与え、心を開かせることになる。また、当事者が自ら語ることにより、紛争解決に向けた思いの整理をすることにもつながる重要な要素である。事案にもよるが、記録を読んで思ったこと、最初に話を聴いて感じたことをそのまま決めつけのように言ってしまうと、ここは聴いてもらえないところと思われかねず、上記の効用が得られない。

(4) **期日準備**

調停の審理を充実させるためだけでなく、当事者との信頼関係を確保するためにも、期日準備は重要である。期日間に提出した主張書面や証拠書類を調停委員が十分に閲読していないようであれば、調停委員としての姿勢を疑われる。また、当事者として、前回の期日で述べたことと同じことを調停委員から

漫然と再度質問されたりすると、調停委員は前回心を込めて聴いてくれたのかという不信感を抱いたりする。事前の記録の検討のみならず、期日ごとにその終了時には当日の面談内容をまとめたメモを作成しておき、期日前には、前回期日終了後に作成したメモに基づいて、前回期日のやりとりの記憶を喚起しておくことも、当事者から信頼されるためには必要であろう。

(5) 透明性

調停期日における手続は、通常交互面接方式で行われることが多いが、漫然と交互面接を行っていると、相手当事者がどのような主張や陳述をしているのか、調停委員会が双方の主張をどのようにとらえて、事案をどのように把握しているのか、十分に知らされないままに、調停委員会から調停案の提示を受けることになりかねない。このような経緯での働きかけでは、当事者としては、調停委員の理解の程度も確認できず、その働きかけを受ける素地が整った状態になっていない。

調停委員会としては、交互面接方式を基本としつつも、たとえば、調停期日ごとに、その最後に、双方当事者同席のうえ、法的観点を踏まえて、調停委員会の理解している当事者双方の主張の概要を整理し、争点の所在および紛争の背景や実情についての調停委員会の理解を披瀝し、その理解が間違いないか確認するとともに、次回期日までに準備を求める事項を告げるなど、透明性を確保する運用を工夫することが望ましい。

さらに、争点に関する判断について、評議により一定の方向性が打ち出された場合には、当事者に対して、調停委員会としてどのような心証を抱いているか、どのような証拠資料によってどのような事実を認定したかなどについての説明をしておくことも、当事者が納得するうえで必要な場合が多いと思われる。これについては、同席の場で説明するのが相当でないことが少なくないであろうが、当事者双方に対して、少なくとも個別には説明しておくことが求められる。

この透明性は、現在の調停の状況に関することだけでなく、今後の進行予定、進行方針に関することについてもあてはまるであろう。当事者にとってみれば、現在の状況のほか、今後のスケジュール感がわかることによる安心感が、説得・調整を受け入れる基礎につながるものと思われる。

(6) 調停主任としての把握

事情聴取や働きかけの衝にあたる調停委員は、以上にあげた例のほか、あらゆる場面で、自己の言動等が、調停運営に対する当事者の信頼感や安心感を増進するものか否かを意識して調停期日にのぞむことが望ましい。

以上は、調停委員に望まれることではあるが、調停主任である裁判官や民事調停官も、評議等を通じて、調停委員と当事者双方との間に信頼関係が構築されているかを把握しておく必要がある。もし信頼関係の構築が困難な状況であるとすれば、そのような状態ではたして紛争の実態が聞き出せているのだろうか、このような状態で解決案を提示しても、受け入れられがたいのではないかということに思いを致し、信頼関係を築けない原因が何か、調停主任として助言すべきことはないか、調停主任として期日立会いをすることで打開できることかなどを検討する必要があろう。

(7) 合意が不成立の場合

そして、調停委員会と当事者双方の間で信頼関係が保たれ、十分に事情の聴取ができた状態で、法的観点等を踏まえた調停委員会案が提示されたのであれば、仮に双方の主張の隔たりが大きく、当事者の一方または双方が受け入れられないという回答をして、最終的に調停不成立となっても、紛争解決の過程の中で事案の整理や心情の整理などの面で調停を利用した意味は、少なからずあるはずであり、訴訟等に場を変えても、最終的な紛争解決に貢献することが多いと思われる。なお、調停が成立する見込みがない場合には、調停委員会案の提示に代えまたは提示後に、調停に代わる決定（民調17条。なお、適法な異議の申立てがあれば失効する）をすることにより紛争が解決することもあるので、その利用も検討すべきである。

Ⅳ 民事調停の本質——調停合意説と調停裁判（公権的判断）説

1. 調停合意説

民事調停の本質を何に求めるかについての学説には、調停合意説と調停裁判

（公権的判断）説がある[8]。

　調停合意説は、文字どおり民事調停の本質は当事者間の合意であり、当事者間の合意を形成することが民事調停手続の目標であるとするものである[9]。

　この立場は、民事調停が当事者間の任意的かつ主体的な紛争解決制度であることを重視するものである。民事調停法16条が「当事者間に合意が成立し」、これを調書に記載したときは「調停が成立」したものとするとしていることにも違和感のない解釈である。

2．調停裁判（公権的判断）説

　この立場は、調停の本質を裁判所（調停委員会）の公権的判断に求めるものであり、たとえば代表的論者の佐々木吉男教授は次のとおり説明する[10]。

　「民事訴訟と民事調停は当事者間では解決しえない民事紛争を国家の紛争解決機関の公正なる公権的判断によって解決することを目的とする国家的制度であるという点においては何ら異なるものではなく、単にその公権的判断の判断対象・判断基準・判断主体・判断手続において技術的な相違があるにすぎない」。民事訴訟は「紛争解決のための公権的判断に公正を期しその強制的通用力に合理性を担保するため、民事紛争自体を直接の対象とすることを避け、それを原告被告間の権利あるいは法的関係の問題として構成することを要求し、かくして技術的に構成された権利あるいは法律関係を、実体法を判断基準として、この判断をなさしめるのに適合した判断主体（＝裁判官）に、その判断をなすに適した手続法（＝民事訴訟法）に従って判断せしめるという方式を取っている。したがって、この解決方式によれば、恣意や主観を排してその判断に公正を期しその強制通用力に合理性を担保することができるのであるが、その反面、この方式による解決は、民事紛争自体からいえば、相対的かつ間接的であり、この方式によって招来される解決は、構成された権利あるいは法律関係

8　調停合意説と調停裁判説など民事調停の本質については、梶村太市＝深沢利一『和解・調停の実務〔補訂版〕』（新日本法規出版・2007年）194頁以下に詳細に整理されている。

9　宮崎・前掲論文（注3）1380頁、司法研修所編・前掲書（注6）81頁、伊藤眞ほか「〈座談会〉簡裁民事調停の機能強化について」判タ1383号（2013年）12頁〔笠井正俊発言〕。

10　佐々木吉男「民事調停における事案の解明」『民事調停の諸問題（別冊判タ4号）』（判例タイムズ社・1977年）52頁。

の存否の判断に法律上関係のない事実関係（換言すれば要件事実以外の事実関係）がすべて捨象されているという意味において、生活現象たる民事紛争自体から言えば部分的である」。民事調停においては、公権的判断による民事紛争の公正なる解決という同一の理念を有しつつも、「判断対象は、広くかつ直接的に生活現象としての民事紛争自体であり、法のみならず条理が積極的な判断基準となり、判断主体はこの判断対象に対しこの判断基準による判断をなさしめるのに適合した調停委員会であることを原則とし、またかかる判断をなさしめるのに適合した民事調停法という手続法に従ってなされるべきものとされている。したがって、この方式による解決は、生活現象としての民事紛争自体の直接的全体的根本的な解決を図り得るのであるが、その反面、この方式による解決においては、特に判断基準たる条理の性質上、恣意主観の制度的排除が十分担保されていないので、国家の紛争解決機関の判断とはいえ、当事者に当然に強制することは避けられるべきである。そこで、調停における公権的判断は、当事者双方が積極的に同意しなければ強制的通用力が生じないこととし、あるいは当事者一方の単なる異議申立（調停に代わる決定の場合）によって強制的通用力の発生を阻止しうるとすることによって、公権的判断に客観的公正を期するとともに、その強制的通用力に合理性を担保しようとされているのである。すなわち、民事調停における紛争解決の本質は、当事者間の合意にではなく、調停機関の紛争解決のための公権的判断に求めるべく、また、民事調停の存在理由は、その解決の円満性や簡易迅速低廉性にではなく、民事紛争自体の全体的根本の解決を図ることに求めなければならない」とするものである。[11]

V まとめ

これまで論じてきたように、民事調停においては、双方にそれぞれ譲歩を求めることに力点をおくような運用ではなく、調停委員会として、法的観点を含

---

11 「成立した合意が相当でないと認める場合」には調停が成立しないものとして事件を終了させることができるとする民事調停法14条の規定は、調停合意説の立場からすると、合意内容の実体的な限界や調停委員会の裁量とその限界を示した規定と理解されることになると思われ、調停裁判（公権的判断）説の立場からすると、公権的判断によって紛争を解決する民事調停の本質を示すものと理解されることになると思われる。

む条理や紛争の実情に照らして、あるべき解決が何かを探求して、その結果を当事者双方に働きかけることを重視する運用を行うことは、調停裁判（公権的判断）説の説くところと親和的なところがあり、同説は重要な指摘を含んでいるということができる。

　しかし、前述のとおり、民事調停における紛争解決の主体は当事者本人であるというべきであり、当事者の主体的な紛争解決のための民事調停の運営の目標は、当事者それぞれが、自ら納得して選択した解決内容に関する意思の合致である「合意」の成立にならざるを得ないであろう。また、法的観点を踏まえた解決を当事者双方に働きかけるといっても、これは、あくまでも当事者の合意を促進し、サポートするためのものであり、訴訟におけるそれと同様の意味での公権的判断とは異なるというべきである。さらに、法的観点を踏まえた解決は、利用者のニーズの大きな柱ではあるが、利用者のニーズはこれにとどまらない多様なものがあり、こうした多様なニーズに応じた運用を調停裁判（公権的判断）説で一元的に説明できるものではない。

　これらのことを考えると、調停委員会としては、基本的に調停合意説の立場に立ちつつ、単に合意が成立すればよいという運用でなく、当事者に寄り添いつつ働きかけ、紛争解決の主体である当事者と協働して、法的観点のみならず、条理や実情に照らして、あるべき解決内容による合意をめざすという調停運用を心がけるべきであろう。

（本多俊雄）

第4章

和解の進め方

わが国の民事訴訟における和解の重要性は、つとに指摘されているところである[1]。本章では、和解の進め方に着目して、実務上の留意点等を検討する[2]。

Ⅰ　和解の時期等

1．和解の時期

裁判所は、訴訟がいかなる程度にあるかを問わず、和解を試みることができる（民訴89条）。一般的に、第1審手続における和解勧試の時期としては、①第1回口頭弁論期日後、②争点整理終了後、③人証調べ後（口頭弁論終結前後）の3つの段階がある[3]。①の第1回口頭弁論期日後に直ちに和解勧試がされるの

---

[1]　武藤春光「民事訴訟における訴訟指揮について」司法研修所論集56号（1976年）73頁、プラクティス研究会「和解(1)(2)」法の支配41号（1979年）75頁、42号（1980年）50頁、竜嵜喜助「市民のための民事訴訟(下)」判タ452号（1981年）13頁、西理「民事裁判における訴訟運営の理論と実際(中)」判時1104号（1984年）9頁、伊藤博「和解勧試の技法と実際」司法研修所論集73号（1984年）22頁、大石忠生ほか「〈座談会〉和解と訴訟運営」後藤勇＝藤田耕三編『訴訟上の和解の理論と実務』（西神田編集室・1987年）125頁、司法研修所編『民事訴訟のプラクティスに関する研究』（法曹会・1989年）141頁、草野芳郎『和解技術論〔第2版〕』（信山社・2003年）等。もっとも、和解については、那須弘平「謙抑的和解論」木川統一博士古稀祝賀『民事裁判の充実と促進（上巻）』（判例タイムズ社・1994年）692頁に代表されるような謙抑的な見方もあることに留意する必要がある。

[2]　本章における検討は、合目的的な観点からの検討が中心となる。もっとも、和解勧試の法的規律が重要であることはいうまでもない。垣内秀介「裁判官による和解勧試の法的規律(1)」法協117巻6号（2000年）761頁、778頁、795頁参照。

[3]　司法研修所編・前掲書（注1）162頁、那須弘平「和解の在り方」西口元編『現代裁判法大系13民事訴訟』（新日本法規出版・1998年）316頁、草野・前掲書（注1）29頁、大江忠「和解の勧試」ジュリ1267号（2004年）143頁、鶴岡稔彦「和解」髙橋譲編著『医療訴訟の実務』（商事法務・

45

は、事実関係に争いがなく当事者双方が和解を希望する場合が多い。これに対し、②の争点整理終了後や、③の人証調べ後（口頭弁論終結前後）に和解勧試がされるのは、事実関係に争いがある場合である。そのような場合であっても、争点整理終了後、人証調べ後（口頭弁論終結前後）といった、ある程度事案の把握や心証形成が進んだ時点で、かつ、審理の節目にあたる場面においては、和解勧試に適していることが多い[4]。②と③を比較すると、②のほうが、柔軟性が相対的に高く、当事者等の人証調べの負担を回避できるという利点がある反面で、争点に関する認定判断が人証調べの結果に依拠する度合いが強い事件では、共通認識が得られにくく心証開示も限定的なものにとどまるという難点もある。最終的には、事案ごとにさまざまな事情を考慮して、②と③を使い分けていくことになる（併用する場合もある）。本章では、実務上問題になることが多い②、③の場合を念頭において検討する。

2．和解の進行（導入・展開・成立）

和解の進行は、①導入、②展開、③成立という段階をたどることが一般的である[5]。①導入とは、和解勧試前後の段階である。この段階では、円滑な和解の進行という観点から、いつどのようなタイミングで和解勧試を行うことが適切であるか、和解勧試に先立ってどのような準備をしておくことが相当であるかなどを検討することになる。②展開とは、和解案の提示に向けた当事者双方の意向聴取・調整等の段階であり、③成立とは、和解案の作成・提示からその受諾にかけての段階である。②展開、③成立の段階は、和解の進行の中心的な部分である。その際の留意事項等について、以下検討する。

2013年）602頁。
4 伊藤・前掲論文（注1）29頁。
5 伊藤・前掲論文（注1）27頁、司法研修所編・前掲書（注1）187頁。

II 和解における裁判官の役割と当事者の意向

1. 裁判官の役割

　わが国の訴訟上の和解における裁判官の役割は大きいものがある[6]。裁判官にとって、和解に際しては、和解期日での当事者からの意向聴取が重要であるが、その前提として、訴訟記録（主張・証拠等）の精査が必須であることはいうまでもない[7]。

2. 当事者の意向

(1) 当事者の意向の重要性

　和解に対する当事者の意向を折に触れて確認し、これを踏まえて和解を進めていくことは、重要である[8]。当事者の意向としては、次のようなものがある。

　第1に、和解を希望するかしないかという点に関する当事者の意向である。ただし、代理人としては和解を相当と考えているものの、当事者の意向等もあり自分から積極的に和解を申し出ることをためらっており、裁判所が和解勧試をすればこれに応じるという場合もあることに留意すべきである[9]。

　第2に、和解を希望するとして、どの時期に希望するかという点に関する当事者の意向である。たとえば、争点整理終了後、人証調べ後、控訴審、あるいは別訴等の次の裁判手続といったものである[10]。時期の関係では、「機が熟しているか否かを見極める」、あるいは「機を逸しないようにする」といった観点

　6　田中豊「民事第一審訴訟における和解について」民訴雑誌32号（1986年）133頁。

　7　後藤＝藤田編・前掲書（注1）39頁〔大石忠生・加藤新太郎〕は、「和解判事となるなかれ」という戒めは、裁判官としては、訴訟記録を精査し、「事件に対する的確な見通しを持った上で和解の勧試をすることが必要不可欠なのであって、その前提を欠き、ただ判決書の起案を避けるために和解により事件を終了させることに終始してはいけない」ということを教える限度では、今日でも十分意義を有すると指摘する。司法研修所編・前掲書（注1）178頁、188頁も参照。

　8　大石ほか・前掲座談会（注1）192頁〔三宅弘人発言〕。

　9　大江・前掲論文（注3）141頁。

　10　仮に、ある段階で和解が不成立になったとしても、その後の手続における和解協議につながるという側面があることにも留意すべきである。

も重要である。この点については、和解のタイミングに関する裁判所の認識と当事者の認識が常に一致するとは限らないので、さまざまな機会に当事者の意向を聴取することが重要である。

　第3に、和解を希望するとして、どのような内容の和解を希望するかという点に関する当事者の意向である[11]。

　いずれの点についても、当事者・代理人の意向をさまざまな機会に聴取して（参考事項の聴取（民訴規61条）、期日での聴取等）、これを勘案していくことが重要である。

(2) 「和解」自体に抵抗感がある場合

　「和解」という言葉に当事者・代理人が抵抗感を示す場合には、「進行について協議する」、「進行についてご意見をお聞きする」といった言い方をすることもある。もっとも、事案によっては、当事者・代理人の意向を聴取することなく和解を勧告する場面もないわけではない。

(3) 訴訟記録に現れていない和解情報

　当事者・代理人は、訴訟記録に現れていない和解に関する情報を有していることが相当多いと思われる。裁判官としては、あまり思い込みをもたずに、謙虚に当事者・代理人の声に耳を傾けるという姿勢が重要である。

(4) 当事者の意向の理由の聴取

　和解においては、当事者の表面的な意向・希望だけでなく、その理由・背景、さらには真意まで丹念に聴取していくことが重要である。記録検討に加えて、そのような聴取を通じて事案の核心に近づいていき、和解による解決に至ることも少なくない[12]。

(5) 受容と反論のバランス

　そして、和解においては、「受容（当事者の言い分を傾聴すること）と反論（相手方からの見方や裁判所の客観的視点を示すこと）のバランス」が大切であるといわれる[13]。ただ、その見極め、バランスのとり方は、個別事件ごとに考えていかなければならず、実際には非常に難しい。

---

11 和解案の引き出し方およびその聴き方につき、司法研修所編・前掲書（注1）187頁。
12 小久保孝雄「調停のこころ、知識、技法」調停時報196号（2017年）44頁。
13 伊藤・前掲論文（注1）37頁。

Ⅲ 和解手続

1. 対席方式と交互面接方式

　和解手続としては、大別して、対席方式（当事者双方が同席した場で和解期日を進める手続）と交互面接方式（当事者に交替してもらいながら個別に話を聞く方式）とがある[14]。

2. 争点整理手続と和解手続

　争点整理手続と和解手続との関係に関して、旧民事訴訟法下におけるいわゆる「弁論兼和解」に対する批判を踏まえて現行民事訴訟法の争点整理手続が規定されたことを踏まえ、弁論準備手続期日において和解勧試がされる場合であっても、争点整理手続と和解手続とは明確に区別されているのが一般的である[15]。

3. 一方当事者の欠席と和解手続

　一方当事者または当事者双方が遠方であるために期日に出頭することが困難であるが、当事者間に和解が調っているときは、電話会議の方法による弁論準備手続期日における和解、受諾和解（民訴264条）、裁定和解（民訴265条）、和解に代わる決定（民訴275条の2）等の活用が考えられる[16]。これらを活用する場合には、当事者の真意の確認に留意する必要がある。

14　司法研修所編・前掲書（注1）187頁。
15　秋山幹男ほか『コンメンタール民事訴訟法Ⅲ〔第2版〕』（日本評論社・2018年）494頁。
16　受諾和解、裁定和解につき、法務省民事局参事官室編『一問一答新民事訴訟法』（商事法務研究会・1996年）307頁、和解に代わる決定につき、小野瀬厚＝武智克典編著『一問一答平成15年改正民事訴訟法』（商事法務・2004年）83頁。なお、事件を民事調停法20条に基づき調停に付したうえで、直ちに同法17条に基づく決定を行うという運用については、本来の制度趣旨から外れている旨の指摘がされてきたところであって、本文記載の各制度との関係を慎重に検討する必要があるように思われる。

4．現地における和解手続

(1) 現地和解に適した事件類型

現地における和解手続に適した事件類型としては、建築関係事件、土地境界関係事件、近隣関係事件、不動産関係事件、労災事件、その他現地に赴く必要性が高い事件があげられる。[17]裁判所から当事者・代理人に対して現地における手続について提案すると、当事者・代理人に協力してもらえることがほとんどである。

(2) 現地和解のメリット

現地和解のメリットとしては、当事者双方と裁判所との間に共通認識が得られ、当事者双方に協調的雰囲気が形成されやすく、現地をみたうえでの和解案であれば当事者の納得も得られやすいということ、裁判官としても、記録や裁判所での手続からは理解しにくい事柄を、現地で五官の作用を用いて理解でき、それによって、紛争の実情にかなった和解案を考えやすくなること等があげられる。[18]

(3) 現地和解で用いられる手続

現地和解で用いられる手続としては、和解期日（民訴規32条1項）もあるが、進行協議期日（民訴規97条）が多いと思われる。後者の場合、現地でそのまま和解協議に入ることもあれば、現地における手続の結果を踏まえて後日和解協議に入ることもある。

(4) 現地和解の留意事項

現地における手続の実施にあたって留意すべき事項としては、事前準備がある。どの程度の時間で、誰が立ち会って、どの順序で何を見て、どのような指示説明をしてもらって、どのように記録化するか、当事者、裁判所が準備しておく機材等は何か、当事者のプライバシーへの配慮等留意すべき事項は何かなどを事前に当事者・代理人とよく打ち合わせておく必要がある。

---

[17] たとえば、人身被害の事案の和解協議の中で、被害者本人が後遺障害のために外出が困難な場合に、被害者宅に赴いて、本人から現在の生活状況や被害感情について事情を聴取するというようなことが考えられる。

[18] 草野・前掲書（注1）78頁参照。

当事者間の対立が激しい事案では、現地で「論争」にならないよう留意することも必要である。記録化をどこまで行うかというのは事案によるが、共通認識が事後的、客観的に検証できるかどうかという観点、当事者に対する透明性の確保という観点、それから裁判官の異動や控訴審のことを考慮したうえで、必要かつ相当な記録化を図っていくことになる。

5. 関連事件も含めて一挙解決を図る場合に留意すべき事項

和解のため必要がある場合は、訴訟物以外の法律関係も加えて和解をすることができる。訴訟物以外の紛争も含めて一挙に紛争を解決することができることは、判決と比較した場合の和解のメリットの一つである。もっとも、訴訟物以外の紛争も含めて和解するのが相当であるかどうか、相当であるとしてどの範囲まで取り込むべきかについては、当事者・代理人の意向や和解成立の可能性等をも確認しながら、慎重に見極めていく必要がある。

6. 控訴審における和解の特徴

控訴審における和解の特徴としては、第1審判決が存在すること、不意打ち防止機能が存すること、事実審の最終審としての重みがあることがあげられる。[19]

7. 簡易裁判所における和解の特徴

簡易裁判所における和解の特徴としては、和解に代わる決定の制度があること（民訴275条の2）、司法委員の活用がされていること（民訴279条）があげられる。

8. 和解の効力が争われる場合

訴訟上の和解が成立すると訴訟終了の効果が生じ、また、その和解調書が一定の給付義務を記載したものであれば、執行力が生じて債務名義となる（民訴267条、民執22条7項）。訴訟上の和解が成立した後に、当事者の一方が要素の

---

[19] 司法研修所編『民事控訴審における審理の充実に関する研究』（法曹会・2004年）143頁。

第1編　第4章　和解の進め方

錯誤等の理由をあげてその無効を主張し、和解の効力が争われることがある。判例上は、和解の効力を争う方法として、期日指定の申立て、和解無効確認の訴え、請求異議の訴えがある[20]。以上の点を踏まえ、和解を進めるにあたっては、後日和解の効力が争われることのないように留意しなければならない。

Ⅳ　心証開示

和解における心証開示については、積極的な見解と消極的な見解とがある[21]。裁判上の和解である以上、心証開示は常にありうるところである[22]。ただ、心証開示の程度・方法は、訴訟の時期によっても異なり、事案の内容、当事者・代理人の意向によっても異なる[23]。

1.　心証開示にあたって留意すべき事項

一般的には、和解の方向づけ、条件の調整、和解案の提示という一連の流れの中で、適時適切な心証開示がされることが望ましいといえる。心証開示にあたって留意すべき事項としては、裁判官による和解勧試には、制度的に強制の契機が内在していることを踏まえ、現段階の暫定的な心証であることを示すこと（もっとも、その場合であっても、事前の検討はできる限り厳密にされることが望ましい[24]）や、当事者・代理人の意向、受け止め方を常に意識しておくこと等があげられる。一般化することは難しいが、最初から明確な心証開示をするよりは、まずは、当事者双方の意向聴取・調整（自主的な解決を促すための調整）を進めていき[25]、次第に、和解案の提示も含め、必要に応じた心証開示をしてい

20　岩松三郎＝兼子一編『法律実務講座民事訴訟編第3巻』（有斐閣・1959年）148頁、後藤＝藤田編・前掲書（注1）479頁〔藤原弘道〕、高橋宏志『重点講義民事訴訟法(上)〔第2版補訂版〕』（有斐閣・2013年）781頁。
21　司法研修所編・前掲書（注1）173頁。
22　平林慶一「消費者信用事件における和解・調停の進め方」園部秀穂＝田中敦編『現代裁判法大系(23)消費者信用取引』（新日本法規出版・1998年）350頁。
23　司法研修所編・前掲書（注1）179頁は、「心証の形成は厳格に。しかし、開示はおおまかに」という気持ちが大切であると指摘する。
24　垣内・前掲論文（注2）759頁、垣内秀介「裁判官による和解勧試の法的規律」民訴雑誌49号（2003年）233頁。
25　司法研修所編・前掲書（注1）178頁。

くというほうが、和解成立に至ることが多いように思われる。[27]

2. 早期段階から和解を見据えた訴訟進行

また、民事訴訟における和解の重要性に鑑みると、事案にもよるが、訴訟の早期の段階から、最終的なゴールを和解に見据えたうえで審理を進めていくといった観点も、有益であると思われる（なお、代理人においても、受任段階から事件の見通しを立てて依頼者に説明しておくことが重要であるとされている）。

Ⅴ 和解における「説得」

1. 「説得」の技法（ノウハウ）

「説得」の技法（ノウハウ）に関して、説得技法、和解技術などとしてさまざまなスキルが紹介されている。[28]この点に関しては、スキルとマインドは、いわば車の両輪の関係に立つといった意識が重要であろう。[29]スキルを知っていれば解決のための引き出しは増えるという面がある一方で、それだけでは、目の前の事件が直ちに解決できるというものではなく、小手先のスキルにとらわれないことも重要である。[30]

和解に関する技法（ノウハウ）として、ことわざと同じように、一見すると

---

26 大石ほか・前掲座談会（注1）192頁〔三宅弘人発言〕。
27 伊藤・前掲論文（注1）33頁参照。
28 草野・前掲書（注1）。司法研修所編・前掲書（注1）191頁には、昭和61年に行われた東京地方裁判所の新任判事補のアンケート結果のうち「先輩裁判官の和解の進め方で感心したこと」として、①代理人や本人の個性を正確につかみ、それにマッチした進め方をする、②記録をよく読み、根気よく言い分を聞く、③法律以外の知識が豊富で、当事者のよい話相手になっている、④双方の案が近づいてきたときは短い期間で次回期日を入れ、期日前に電話するなどして、積極的に和解の意向を打診している、⑤和解案を示すタイミングがうまく、安易に提示しない、⑥時には強い説得をし、時には場を和らげて、緩急自在に対応しながら、いつの間にか和解をリードして成立させてしまう、といったことが紹介されている（また、「経験上工夫した点、和解のノウハウと思われること」として紹介されていることも参考になる）。
29 司法研修所編・前掲書（注1）193頁は、結局は、記録を精査し、事件についての確かな見通しをもちながら、熱意と誠意をもって和解にのぞむことに尽きると指摘する。
30 司法研修所編・前掲書（注1）189頁、194頁。

矛盾するようなことがいわれることがある。たとえば、上記のとおり、「受容（傾聴）」が重要であるといわれることもあれば、「反論（別の視点の提示）」も重要であるといわれることもある。どちらも一面の真実であるが、時と場合によって両者を適切に使い分けることになる。ただ、実際にはその使い分けは難しい[31]。

2.　「説得」に関する知見

「説得」に関しては、面接技法の知見に加えて、行動経済学、社会心理学等で議論されているような各種の知見を自覚しておくと、影響力を他者に行使して「説得」するという自らの行為を、そこに内在する危険性も含めて、客観視するための１つの手がかりになる[32]。

3.　「説得」に用いることが相当でないフレーズ

「説得」に用いるのが相当でないフレーズとしては、一般論では、当事者・代理人の、裁判所に対する不信感を生じさせるようなものが考えられる。

裁判所が紛争解決のためには裁判所の和解案が合理的であると確信しているのに、当事者が当該和解案に消極的な場合において、時として強引な「説得」になりやすいという指摘もある[33]。そのような場合には、少し視点を変えて、当該当事者の立場で考えた場合の和解案受諾の支障の原因を考え、その解消方法を考えてみるといった工夫も考えられる（後記5(3)）。

4.　「説得」の実情

「説得」という言葉からは、裁判所から当事者・代理人に対する一方的な働きかけという印象を抱きがちであるが、実際の和解は、双方向の意見交換（対話）によって進んでいくことが多いであろう。また、それぞれの当事者に対

---

[31] 草野・前掲書（注1）26頁は、原則型と応用型という枠組みで整理している。
[32] たとえば、「ヒューリスティック」、「返報性」、「コミットメントと一貫性」、「フット・イン・ザ・ドア・テクニック」等の知見がある。行動経済学、社会心理学の知見を紹介したものとして、司法研修所編『現代型民事紛争に関する実証的研究——現代型契約紛争(1)消費者紛争』（法曹会・2011年）がある。
[33] 鶴岡・前掲論文（注3）600頁。

し、和解と他の解決方法との比較をして、そのメリット・デメリットをわかりやすく説明して、和解するかどうかの判断に必要な情報を提供する側面もあるように思われる。[34]

なお、当事者・代理人と「論争」になってしまうと、和解としては良い結果につながらないことが多いと思われる。あらかじめ「論争」をする趣旨ではないということを断ってから発言する、「仮に原告（被告）の見解を前提としても、こういう考え方もできるのではないか」というように話すなどの工夫も考えられる。

5.　和解の「説得」に行き詰まった場合

和解の「説得」に行き詰まった場合にどうするかは、実務上の困難な問題である。さまざまな対応が考えられるが、例として次のような視点が考えられる。

(1)　訴訟記録に戻る、同僚らと議論する

訴訟記録に立ち戻ることや、事案を一般化したうえで同僚や先輩裁判官と議論してみることで、和解の状況を客観視する契機となり、新たな発想が生まれることがある。[36]

(2)　時間をおく、一段階進めてみる

時間をおくこと（期日の途中で少し休廷を入れてみること、次回期日までにそれぞれ持ち帰って検討すること等）により、発想を転換する契機となり、状況が好転することもある。[37] また、いったん和解を打ち切って手続を進め、次の手続が一段落した際にあらためて和解勧試をすることによって、和解が成立することもある。

(3)　拒否の理由を確認する

34　平林・前掲論文（注22）352頁。
35　大石ほか・前掲座談会（注1）192頁〔畑郁夫発言〕は、和解に至るためには地味で誠実な努力が不可欠である旨指摘する。
36　たとえば、自分自身にさまざまな私意がないかを自省する機会にもなるように思われる。
37　大石ほか・前掲座談会（注1）183頁〔川口冨男発言、畠山保雄発言、山口和男発言〕は、和解に行き詰ったときは、ウイットや、息を抜いてもう1回発想を変えるという方法が必要である旨指摘する。草野・前掲書（注1）84頁も、間をおくことや発想を転換することの重要性を指摘する。

当事者が和解をすること自体や裁判所の和解案を拒否している場合には、拒否の理由を確認して、その原因の解消方法があるのであれば、それをさらに考えていくということが考えられる[38]。他方で、その拒否の原因の解消が難しいのであれば、和解については打ち切らざるを得ないのではないかと考えられる[39]。もっとも、実際にはその見極めは難しい。

(4) それぞれの当事者の立場に身をおいて考えてみる

それぞれの当事者の立場に身をおいて考えてみることは、自らの視点を相対化することにつながり、これによって新たな糸口を見出すことができる場合もある[40]。また、法律以前の各種の紛争の原因（歴史的原因、経済的原因、社会的原因等）を把握したうえで、法律論を使わないで当事者を「説得」できることも重要である[41]。

(5) 当事者の意向の背景にある法律問題等を深める

当事者の意向の背景にある法律問題等に着目することにより、和解の枠組みについて新たな視点が提供されることがある[42]。この点は、「和解の法補完機能」にも関連する[43]。

(6) 二者択一的な発想から脱却する

二者択一的な発想から脱却することも大切である。たとえば、口外禁止条項を入れるか入れないかで当事者双方の見解が激しく対立した場合に、仮に一応入れたとする前提で、口外禁止の対象を何にするか、例外をどのように設ける

---

38 たとえば、金員請求事件で、当事者双方の希望する和解金額に開きがあっても、原告が被告に責任を認めさせることに重きをおき、被告が実際の支払を最小化させることに重きをおいている場合には、請求額の支払義務を認めたうえで、一定額を支払えば残りを免除するといった内容で和解が成立することがある。草野・前掲書（注１）114頁。

39 大石ほか・前掲座談会（注１）192頁〔三宅弘人発言〕は、和解の成否という結果そのものには決して固執しないことが大事である旨指摘する。

40 司法研修所編・前掲書（注１）194頁、草野・前掲書（注１）63頁。

41 大石ほか・前掲座談会（注１）190頁〔川口冨男発言〕。

42 たとえば、セクハラを理由とする損害賠償請求訴訟において、原告がその提訴理由の１つが同種被害をなくすことにあると述べたとする。この点は、一般化すると、不法行為の目的論として、損害の塡補か違法行為の制裁・抑止かとして近時議論されている問題に関連するともいえる（窪田充見編『新注釈民法(15)』（有斐閣・2017年）261頁〔橋本佳寿〕参照）。この点を和解の中で正面から勘案することによって、解決金の額や謝罪条項等を検討していくというアプローチが考えられる。

43 大石ほか・前掲座談会（注１）130〜131頁〔川口冨男発言、大石忠生発言〕。

か等の協議をしていく中で、当事者双方が合意に達することもある。

(7) 複数の選択肢を考えておく

和解において複数の選択肢を考えておくことは重要である[44]。そして、手持ちの「説得」材料を最初から全部出し尽くしてしまうと、それを拒否された場合、次の「説得」が難しくなることもあるので、どういった順番でどのように「説得」していくかということも考えておくことも有益である。

(8) 総論と各論のバランスを考えてみる

総論（訴訟提起した理由、和解で最も優先する事項、和解の枠組み等）と各論（具体的な条件・条項等）のバランスを考えてみることが有益である場合がある。大まかにいえば、総論→各論という流れをたどることが多いが、総論で大きな対立がある場合にまず各論から入ってみる、各論の議論の中で一度総論に立ち戻ってみるといったことで、局面が進展することもあるように思われる。

(9) 訴訟類型の特質を考えてみる

この点については、第2編を参照されたい。

6. 「説得」における代理人と本人との関係

代理人と本人との関係は、和解を進めるうえでは重要なポイントの1つである[45]。さまざまな情報から両者の関係を注意深くみていって、それを踏まえながら和解を進めているというのが実情であろう。そのような観点から、本人同行の適否とか時期というのも、よく考えていく必要があると思われる。

本人と代理人の関係だけではなく、代理人と裁判所、本人と裁判所といった関係者それぞれの信頼関係が、和解を進めていく際には鍵になる[46]。

7. 「説得」における当事者以外の利害の考慮

和解の実質的な決定権限が当事者ではなく別の関係者にあることもある。そのような場合には、実質的な決定権者である関係者にどのように働きかけてい

---

44 たとえば、人身損害賠償請求事件で、表計算ソフトで損害項目ごとにいくつかの金額を記入した複数の考え方を準備することや、建物明渡請求事件で、明渡時期、立退料の額・支払時期、原状回復の程度、敷金返還の処理、未払賃料の処理等で複数の考え方を準備することが考えられる。
45 司法研修所編・前掲書（注1）185頁。
46 司法研修所編・前掲書（注1）183頁。

くかを考える必要がある[47]。この関連で、当事者以外の第三者が利害関係人として和解に加わる場合もある[48]。

Ⅵ 和解案の作成・提示

1. 和解案の考慮要素

どのタイミングで、どのような内容の和解案を、どのような方法で提示するかは、当事者の意向、事案の性質、合議体の議論（合議事件の場合）等を踏まえ、多角的な見地から、慎重に検討することになる。

2. 和解案の説明

和解案の提示は、和解手続の中の最重要局面ともいえる場面である。そこで、和解案提示の際には、裁判官がこの和解案を提示するにあたってどのように考えたのかが、各当事者に十分に伝わるように丁寧に説明をしていく必要がある[49]。

3. 和解案の示し方

和解案の示し方については、口頭の場合と書面の場合がある。書面で示す場合においても、簡潔に記載する場合、理由も含めて詳細に記載する場合（その際には、調停に代わる決定（いわゆる17条決定）が参考になる[50]）、裁判所の所見も示す場合[51]、決定の方式をとる場合[52]等さまざまである。

また、まず口頭で示したうえで、次に書面で示すといった形で段階的な提示がされることもある。

---

47 伊藤・前掲論文（注1）34頁、司法研修所編・前掲書（注1）186頁。
48 秋山幹男ほか編『コンメンタール民事訴訟法Ⅱ〔第2版〕』（日本評論社・2009年）204頁。
49 司法研修所編・前掲書（注1）188頁。
50 調停に代わる決定（いわゆる17条決定）の実例として、大阪地決平成13・3・30判タ1083号276頁、東京地決平成16・10・25判時1884号144頁参照。
51 たとえば、スモン訴訟における所見が有名である（判タ359号143頁）。
52 横浜地川崎支決平成30・2・8判時2369号12頁。

4. 和解案を一方当事者が断った場合

　裁判所の和解案を一方当事者が断った場合に、新しい事情も出ていないのに、裁判所がそれを踏まえて次の和解案を出すということは、裁判所の和解案を受諾した他方の当事者との関係では問題となることが多い[53]。すなわち、そのような対応は、裁判所案であるということで検討した相手方当事者に対する信頼を損なうおそれがある。もっとも、当初の和解案の枠組みの中での若干の修正という形で最終的な調整ができる場合や、和解案は和解案で維持したうえで、相手方当事者に、それとやや異なる観点から任意の検討を促すといった場合は考えられる。言い換えれば、和解案については原則的な考え方を重視しながらも、一定範囲の柔軟性を確保しておくということが考えられる。

5. 和解成立までの留意事項

　和解案の提示後、和解成立に至るまでは、直ちにまとまる場合もあれば、紆余曲折を経る場合もある。和解条項を読み上げるまではさまざまな事態の生ずることが考えられるので、成立見込みの局面に入った場合であっても、最後まで気を緩めることなく和解手続を進めていくことが重要である[54]。

6. 裁判所書記官の役割

　裁判所書記官は、和解において重要な役割を担っている[55]。具体的には、裁判所書記官は、事件の適正・迅速な解決のため、裁判官と連携・協働しながら、合理的な方法で、和解調書、中間合意等を記載した調書等の調書作成事務、期日間の進行管理に関する事務等を行っている。

53　大石ほか・前掲座談会（注1）186頁〔大石忠生発言〕。

54　たとえば、和解の最終段階になって、当事者の出発点となる考え方が強く現れてくることは実際上少なくない。そこで、最後に問題になりそうな事項については、前倒しして調整しておくことが望ましい。大石ほか・前掲座談会（注1）184頁〔畠山保雄発言、藤田耕三発言、畑郁夫発言〕。

55　伊藤・前掲論文（注1）35頁、裁判所書記官研修所監『和解への関与の在り方を中心とした書記官事務の研究』（司法協会・2003年）。

Ⅶ 和解における裁量・手続規制

　和解における裁量・手続規制の問題は、理論的にも実務的にも重要な問題である[56]。和解手続における適正手続は、和解手続、裁判所の公平性・中立性に対する信頼にかかわる。

　また、1件の和解における裁判所の対応が他の事件の和解に及ぼす影響ということにも意を払う必要がある。

　一方当事者から聴き取った話をどこまで相手方に伝えるかといった問題もあるが、これは適正手続という問題とはやや異なる問題を含んでいると思われる[57]。また、適正手続の確保という観点からは、裁判所書記官のかかわりも重要である（前記Ⅵ6）。

Ⅷ 和解における専門委員・司法委員の活用

　和解の前提として専門的な知見が問題となることは少なくない。その場合には、専門委員や司法委員（簡易裁判所の場合）の活用が考えられる。

1. 専門委員

　裁判所は、和解を試みるにあたり、必要があると認めるときは、当事者の同意を得て、専門的な知見に基づく説明を聴くために専門委員を手続に関与させることができる（民訴92条の2第3項）。専門委員の利用のメリットとしては、法的観点以外の専門家の観点（専門的知見）が和解に反映されることで、当事者に対する説得力が増すということがあげられる。専門的知見を要する事件では、当事者の納得を得るためには専門的立場からも説得的な根拠を示しながら和解協議を行うことが必要な場合が多いので、専門委員制度は、専門調停（専門家調停委員の関与する調停手続）と並んで、そのための有用な手続であると思

---

[56] 山本和彦「決定内容における合意の問題」民訴雑誌43号（1997年）127頁、垣内・前掲論文（注2）751頁、垣内・前掲論文（注24）232頁。

[57] 司法研修所編・前掲書（注1）188頁。

われる。

　利用の実例としては、争点整理や証拠調べにおける専門委員の関与の延長で和解にも関与がされる例が多い。もっとも、事案によっては、和解を協議する中で、専門的知見に関する事項を解明しないと和解が難しいとして、そこから専門委員の関与がされることも考えられる。

　留意点としては、専門委員制度の制度趣旨を踏まえた運用を心がけるということがあげられる[58]。事案の内容や当事者・代理人の意向も踏まえながら、専門的な知見に基づく説明を聴くために、具体的にどこまでのかかわりが許容されるかを常に意識する必要がある。

2. 司法委員

　簡易裁判所の訴訟手続において、裁判所は、必要があると認めるときは、和解を試みるについて司法委員に補助をさせることができる（民訴279条1項）。司法委員は、一般良識を有する一般司法委員と、専門的知識経験を有する専門家司法委員に分類することができる。司法委員は、簡易裁判所の訴訟事件の和解手続において、大量の業者事件（貸金業者、信販会社等が原告の事件）の迅速・円滑な解決に寄与していると同時に、専門的知見を要する事件の適正な解決に寄与しているといえる[59]。

IX　まとめ

　以上のとおり、和解の進め方については、①一般に導入・展開・成立という段階をたどり、各段階で常に適正手続に意を払う必要があること（Ⅰ、Ⅶ）、②当事者の意向を踏まえた裁判官の役割が大きく、特に受容と反論のバランスのとり方が難しいこと（Ⅱ）、③手続上多様なメニューが用意されており、なかでも専門的知見を要する事件では専門家の活用が重要であること（Ⅲ、Ⅷ）、

---

[58] 小野瀬＝武智編著・前掲書（注16）48頁。なお、専門委員の和解への関与の実例としては、田中敦＝山地修「建築関係事件」判タ1190号（2005年）35頁参照。
[59] 篠田隆夫「司法委員の役割とその効用」大段亨編『最新裁判実務大系(1)簡裁関係訴訟』（青林書院・2013年）71頁。

④裁判所は適時適切な心証開示をしながら「説得」を進めていくことになるが、「説得」に行き詰まった場合にはいくつかの対応の視点があること（Ⅳ、Ⅴ）、⑤和解の最重要局面である和解案の提示に際してもいくつかの留意事項があること（Ⅵ）等を指摘することができる。

　もとより、和解をどのように進めるかは、極めて実践的で個別性の高い問題であり、本章はその際のいくつかの考え方を紹介したものにすぎないが、実務上何らかの参考になれば幸いである。

（山地　修）

第5章 調停の進め方

I 調停の実際

1. はじめに

　本章では、大阪地方裁判所の調停専門部である第10民事部（以下、「10民」という）における民事調停手続を基本として、民事調停の進め方を、10民における調停の実際、調停委員、事実の調査、調停案の提示、課題に分けて論ずることとする。

2. 調停の流れ

　調停の進め方については、『簡易裁判所における民事調停事件の運営方法に関する研究』[1]において詳細な報告がある。この司法研究は、簡易裁判所における民事調停事件を扱っているが、基本的には、地方裁判所における民事調停事件にもあてはまる報告である。調停運営の流れは、司法研究にもあるように、〔図１〕のとおりである。[2]

　しかし、地方裁判所の民事調停事件の進め方は、簡易裁判所と異なる部分が少なからずあるので、平成29年度における10民で行われている民事調停の実際を紹介することにする。まず、10民の新受事件数の概要は、10民が受け付ける申立調停事件[3]が約30件、民事通常部から調停に付された事件[4]（付調停事件）[5]が

1　司法研修所編『簡易裁判所における民事調停事件の運営方法に関する研究』司法研究報告書66輯１号（法曹会・2013年。以下、「司法研究」という）。
2　司法研究53頁参照。
3　申立調停には、地方裁判所が専属管轄となる鉱害調停事件（民調32条）のほか、地方裁判所が原則として管轄裁判所になる農事調停事件（民調26条）、簡易裁判所が原則として管轄裁判所にな

63

第1編　第5章　調停の進め方

〔調停運営の流れ〕

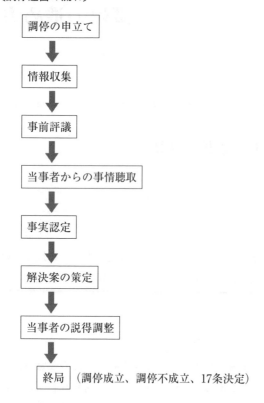

約300件という割合である。ところで、新受事件の内訳は、①地方裁判所が原則管轄（民調24条）である農事調停事件、②当事者間で管轄の合意がされた一般調停事件に加えて、③付調停事件等がある。10民に係属する調停事件の約8

るものの当事者の合意により地方裁判所に申立てができる一般事件（民調3条1項）とがある。
4　調停部が調停事件を扱うのに対し、通常部は本案事件を扱うことから「本案部」とよばれている。
5　民事調停法20条1項によれば、受訴裁判所は適当であると認めるときは職権で事件を調停に付したうえ管轄裁判所に処理させまたは自ら処理することができるとされていることから、「付調停」とよばれている。
6　①から③までの類型のほか、鉱害調停が地方裁判所の専属管轄（民調32条）となっていて、実際に鉱害調停を専門とする調停委員も任命されているが、少なくとも平成13年から鉱害調停の申立てはない。

割が付調停事件であり、管轄の合意により申し立てられた一般調停事件は約1割程度、その他が農事調停事件である。

　調停の申立てがあれば、直ちに申立書を検討して調停主任と調停委員を選定する。同様に、本案部において調停に付する旨の決定があり、本案部から訴訟記録が送付されれば直ちに訴訟記録を検討して、調停主任と調停委員を選定する。その後、第1回調停期日の調整に入ることになるが、地方裁判所の調停では、申立人側にも相手方側にも代理人弁護士が選任されている事案が多いうえ、調停委員2人（弁護士と当該事件に最も適切な専門家）も多忙な方が多いので、第1回調停期日を予定している日時に登庁できる調停委員を選任することが一般的である。期日が決まると、担当書記官は申立書または訴訟当事者から提出を受けた訴訟記録の写しを調停委員に送付する。調停委員は申立書または訴訟記録の写しを事前に検討して第1回期日に臨む。

　第1回調停期日の前には事前評議を行う。調停主任によって時間は異なるものの15分から1時間程度を確保するのが通例である。評議は、期日ごとに事前、事後と行う。当事者が出頭しない評議だけの日を設けることも少なくない。

　調停が熟したと判断した場合には、調停委員会は調停案を提示することになる。10民の調停事件は専門的知見が必要な事件が多いので、調停案には専門的知見を含めた理由を付する事例が多い。ただし、口頭説明にとどめるか、文書

7　10民は建築事件の専門部でもあるので、建築事件担当裁判官が相当と考えて付調停決定した場合には、自らが調停主任となり、一級建築士の資格を有する調停委員を選任する。この場合、すでに第1回調停期日は、原告・被告との間で調整済みであるから、この期日に登庁できる方を中心に選任することになる。なお、建築調停の現状については、髙嶋卓「建築関係訴訟・調停の現状と課題」判タ1445号（2018年）42頁に詳しい報告がある。

8　調停主任は、建築事件であれば建築事件担当裁判官3人から、建築事件以外の事件であれば、部総括裁判官または民事調停官3人の中から1人を選任する。なお、民事調停官は、調停事件を取り扱う（民調23条の3第1項）が、週1回の勤務であることから、調停委員の選任および第1回期日の指定は部総括裁判官が行っている。関連して、更正決定は、調停事件終局後の事務として民事調停官ではなく部総括裁判官が行っている。

9　10民では調停委員2人のうち1人は弁護士調停委員とするのが一般的である。

10　付調停事件は場合によっては相当膨大な記録が送付されてくる事案もあるが、このような事件であっても、原則として訴訟記録全部を複写して（ほとんどの場合各当事者から写しの提出を受けている）調停委員に送付している（本多俊雄「大阪地裁建築・調停事件における現況と課題」判タ1381号（2012年）62頁（以下、「本多報告」という））。

で交付するかは、事案の概要、専門的知見の程度等を考慮して、調停委員会で評議したうえで決めている。

調停案を提示した後、当事者が受け入れれば調停成立となるが、拒絶した場合、調停委員会としては、調停案の説明をしたうえで当事者を説得することになる。説得しきれない場合、調停を不成立にするか、調停に代わる決定[11]をするかを評議する。平成29年度における17条決定をした事件は約20件である。

以上の流れを前提に少し詳しく論ずることとする。

Ⅱ 調停委員

1. 選任過程

調停委員は、名簿[12]の中から当該事件に最もふさわしい方[13]を選任することになる。比喩的にいえば、事案の概要と問題となる事件の専門性を考慮したときに最適の調停委員が思い浮かぶときは、すでにその事件は大方解決したものといえる。簡易裁判所の調停委員は一般調停委員が多い[14]が、10民はほぼ全員が専門家調停委員[15]である。訴訟記録を読んで最適の調停委員が思い浮かぶようになるためには、普段から調停委員と面と向かって接する必要がある。そのため、できるだけ多くの調停委員と日常的に接すること[16]を心がける必要があると考え

---

11 民事調停法17条所定の調停に代わる決定であるが、通称17条決定とよんでいる。なお、10民において、17条決定をするのは、調停委員会で示した専門的知見を本案部に提示することが主な目的であるので、調停不成立調書に専門的知見が記載された意見書等が添付されている場合には、必ずしも17条決定を考慮する必要はない。

12 10民の調停委員名簿に登録された調停委員は、平成29年4月現在275人である。平成5年10月には131人（松本克己「大阪地裁調停部の現状と課題」判タ842号（1994年）4頁）、平成21年4月には251人（林圭介「大阪地裁建築・調停事件における現況と課題」判タ1300号（2009年）39頁）、平成24年6月には250人（本多報告58頁）であったが、関係機関の協力により上記のように275人となった（平成30年4月は、243人）。

13 調停の成否は、当該事件を解決するのに最もふさわしい調停委員を選任することに帰着するといわれている（横山匡輝ほか「〈座談会〉民事調停の諸問題」判タ932号（1997年）48頁における当時の東京大学法学部教授で東京地方裁判所の調停委員でもある高橋宏志氏の発言）。そのため、調停委員の人選は極めて大切な作業である。

14 司法研究42頁によると一般調停委員が関与する事件の割合は78％であるという。

15 弁護士調停委員も専門家調停委員に分類されている。

る。

　ところで、調停委員は、2人以上選任するのが原則である。調停委員会（民調6条）は、調停主任と2人以上の調停委員から構成されるからである。ところが、裁判官だけで調停を行うことも可能であり（民調5条1項ただし書）、このような裁判官単独の調停機関において手続を進める場合は、10民でも少なくない。たとえば、建築事件について瑕疵の有無や積算が問題となる事案において、複数で同一の専門家を依頼する必要はないと裁判官が判断した場合、裁判官単独調停として、専門家調停委員1人に調停に関与してもらう形態（民調規18条参照）である。大阪地方裁判所以外の裁判所でも、最近はこのような形態の調停手続を選択している裁判官がいると聞いている。逆に、必要であれば、調停委員を3人、4人、5人とすることも可能であり、複雑困難な建築事件では、しばしば活用されている。

　なお、例外として、調停委員会を構成しないうえに調停委員も選任しないで、調停主任である裁判官のみで調停手続を進めることも珍しくない。過払金返還請求訴訟が盛んな頃にはよく利用された手法であるが、原告と被告とも和解解決を希望して双方が相当程度歩み寄っているのにそれ以上譲歩しないような事案において、担当裁判官が調停に付したうえ、17条決定をし、決定書を双方に送達する。送達後、2週間経過しても当事者が異議（民調18条1項）を申し立てない場合には、17条決定は裁判上の和解と同一の効力を有することになる（同条5項）ので、当該民事紛争は解決されたことになる。さらに、最近の傾向として、裁判上の和解が成立しそうなとき、和解条項を公開されたくない当事者からの要望で、非公開のためだけに付調停にする運用が散見される。

2．評　議

　調停において大切なのは調停委員会における評議である。一般に、調停期日の前後に行う事前評議と事後評議があるほか、期日中にその期日の方向性を協

16　平成29年3月22日最高裁判所中会議室で開催された第17回建築関係訴訟委員会において、三輪方大判事（現大阪地方裁判所。当時東京地方裁判所の建築・調停部所属）は「東京地裁では、専門家調停委員が多数いるために、鑑定まで行わずに迅速な解決をすることができる。裁判官と専門家とが普段からフェイス・トゥ・フェイスで話ができることが重要である」と発言し、「フェイス・トゥ・フェイス」の重要性を強調しているが、全く同感である。

議したり、次回までに当事者に準備してもらうものを協議したりするために中間評議をする場合もある。また、調停委員会だけで評議するため、評議期日を設けることも少なくない。事案の性質により、解決のために必要な評議は随時することになる。

　評議は、期日の前後、場合によっては当事者を呼び出していない期日[17]を定めて行っている。かつて、調停主任が調停委員と評議をしないで、調停委員にお任せしていると疑われるような運用をしていた時期もあったようであるが、現在では絶無であり、必ず評議をしている。

　なかでも最近は、事前評議[18]には力を入れている。第1回期日が始まる前に少し長目の時間を確保したうえで、事案の概要、法的・専門的観点を踏まえた問題点の検討、当事者に提出を求める証拠の確認、現時点での解決の見通しについて意見交換するのが通例[19]である。期日中に、当事者から事情を聴いているうちに、暫定的な判断を求められた場合、事前評議と異なる事情が認められ、今後の進行、とりわけ、当事者に次回何を準備してもらうかについて疑問が生じた場合には、当事者にいったん退出してもらい、中間評議をすることもある。

3.　期日における進行

　調停の指揮[20]は調停主任がするのが原則であるが、調停事件に調停主任である裁判官または民事調停官の立会ができない場合もある。大阪簡易裁判所では、事件数が多く、すべての事件に裁判官が立ち会うことができないと聞いている。そのような場合には、調停委員に指揮を委託することになる。もっとも、10民では、調停主任である裁判官も民事調停官も全件に立ち会うよう努めているので、調停委員に調停の指揮をお願いすることは稀である。

17　通称、「評議期日」とよんでいる。
18　10民のみならず、大阪簡易裁判所でも、事前評議の充実に力を入れていると聴いている。
19　本多報告61頁。
20　民事調停法12条の2では、調停委員会における調停手続は、調停主任が指揮する、と規定する。

Ⅲ 事実の調査

1. 聴取り

　事実の調査については、その前提として争点整理をする必要がある。10民では、争点整理をしたうえで、争点に必要な事実のみを調査するよう心がけている。たとえば、新築住宅の瑕疵が問題となるような事案では瑕疵一覧表の作成[21]、追加工事の有無が問題となる事案では追加工事一覧表の作成[22]について、それぞれ当事者に協力してもらっている。もっとも、親族間紛争や近隣紛争については、ある程度、法的観点からすると必要のない事実についての陳述を許す場合があることは否定できない。そうしないと紛争が解決しないからである。

　事実を聴き取る場合、交互面接方式と同席方式とがある。伝統的には交互面接方式であるが、手続の透明性の確保や時間的制約という観点からは同席方式が望ましいといわれている。10民では、当事者の意見を聴いたうえで方式を決定しているが、当事者は慣れ親しんだ交互面接方式を希望される場合が多い。ただし、最近では、無制限の聴取りは不公平であるからやめてほしい、相手方と同様の時間を確保してほしいとの要望が強く、時間的制約から十分な聴取りができない場合も散見される。もっとも待たされる当事者の気持も十分理解できるので、進行には留意したい。

　聴取りで注意を要するのは、要件事実との関係、すなわち、主張立証関係に配慮する必要があるということである。10民は付調停事件が多く、調停不成立の場合には、中止していた本案訴訟が再び進行することになる。調停手続だからといって、当事者が意識的に控えた主張をあえて検討させること、提出を留保している証拠を全部提出するように要請することは、調停不成立後の本案部における審理に好ましからざる影響を与える可能性があるから、控えるのが望

---

[21] 本多報告66頁の別紙1「瑕疵一覧表（平成○○年○○月○○日○○作成）」、大阪地方裁判所のホームページでは少しリニューアルされたバージョンになっている。

[22] 本多報告66頁の別紙2「追加変更工事一覧表（平成○○年○○月○○日○○作成）」も前掲（注21）同様に、大阪地方裁判所のホームページでは少しリニューアルされたバージョンになっている。

ましい。また、医療訴訟で医療機関側の代理人から付調停に反対する理由として次のような指摘を受けることがある。すなわち、訴訟では弁論主義が働き、どのような主張をして、どのような証拠を出すかは当事者に委ねられているので、原告の現在の主張に対しては勝訴できる自信がある。しかし、カルテ等には一部不利な記載があり、その点を医師である調停委員に指摘されると敗訴する可能性が生じること、仮に敗訴までには至らないものの、新たに相応の対応が必要となる場合があることから調停には反対するとのことである。このような指摘をも考慮すると、調停手続だからといって、民事訴訟の原則に反した指揮は控えるのが望ましいといえる。もっとも、調停委員の中には、判断のために必要であるとして、証拠を全部出させるべきだと主張される方が少数ながらおられるので、そのような場合、弁論主義または処分権主義といった民事訴訟の諸原則を説明して納得をいただいている。

2. 証拠調べ

(1) 現地見分

紛争の実態は、紛争の現場に赴き、五官を通じて体感することが最も理解できるのであり、まさに「百聞は一見にしかず」である。とりわけ、建築事件では、瑕疵と主張する箇所を見分することが判断に大きな影響を与えることは否定できない。しかしながら、現地に赴くことは容易ではないので、何度も現地に赴くことは現実的ではない。できれば1回で済ませたい。現地での滞在時間も限られているので、順路や説明者をあらかじめ打ち合わせておく必要がある。

また、現地見分の結果をどのように記録化するかという問題がある。検証であれば裁判所書記官が検証調書を作成することになるが、そうなると手続が重くなり、現地見分をためらう要因になることが懸念される。もっとも、調停委員が当事者に断ったうえで写真撮影をしている場合があるが、これは備忘のためであり、記録の一部ではない。この点は、当事者に誤解される可能性があるので、調停主任から事前に説明しておく必要がある。なお、現地見分のための調停委員会の出張費用については民事訴訟と異なり、国庫負担となる。この点は誤解されている代理人が多いので、注意を要する。

(2) 鑑定と人証調べ

　調停においても鑑定を排除するものではないが、そもそも鑑定人と同じ資質を有する専門家が調停委員として手続に関与している[23]ので、鑑定の必要性はほとんどないのが現状である。なお、鑑定を採用する場合、当事者双方に鑑定結果に従う旨の約束をさせたうえで行っている。そうしないと鑑定が無駄になるからである。

　調停期日において事実の調査をしているので、人証調べが必要な事件もほとんどない。もっとも、調停を訴訟と同様な結論を得るために大企業同士が利用する場合には、人証調べをしないと納得できないこともあり、例外的ではあるが、人証調べを実施する事例もある。尋問が無制限になってもいけないので、主張整理をしたうえ、双方から尋問事項書および陳述書の提出を受けて、訴訟と同じように法廷で行う。

3. 事実認定

　事実認定は、訴訟事件でも難しい問題であるが、文書提出命令等証拠法の規定が整備されていない調停事件では、訴訟事件に比べて証拠が少ないことが一般的であることから、さらに難しい問題をはらむ。もっとも、10民の調停事件の多くを占める付調停事件はすでに提訴済みであり、基本的な書証は提出済みの事案が多い特色がある。したがって、10民の調停事件は、訴訟事件と同様の事実認定が求められるというべきである。また、調停は、「互譲により条理にかない実情に即した解決を図ることを目的とする」（民調1条）ことから、事実認定は必要でないとする考えの調停委員がおられたと聞いているが、現在ではほとんど聞かない。10民では、付調停事件はもちろんのこと、申立調停事件であっても調停案を策定する前提として事実認定をしており、そのための評議も重ねている実情にある。

　ところが、ベテラン調停委員の中には、証拠が不十分であるから、事実認定はできないという方がおられる。すでに証拠の提出を促しているので疑問に

---

[23] たとえば、本案部から賃料等の鑑定のために鑑定人候補者の推薦を依頼されると、平成28年から29年にかけては、特殊な事案でない限り、不動産鑑定士の資格を有する調停委員の中から候補者を選任して推薦していた。一級建築士、土木系技術士、IT技術士についても同様である。

思って、事情を聴いてみると、争いのある事実1つひとつに契約書、領収書等の処分証書がないと認定できないと理解しているようであった。そこで、専門家からみて、この程度のことは常識の範囲と判断できるのであれば、特に処分証書がなくても事実があったと判断してよい、という話をすると納得された。このように、調停委員の中には、事実認定の手法に詳しくない方がおられるので、1つひとつ、専門家の常識や経験に照らして、あり得る事実なのか、処分証書がない限り、とうていこのような事実はあり得ないのかを聞きながら、事実認定作業を進めていくと、判決書における事実認定と同じくらい確信をもった事実認定の評議ができる。

Ⅳ 調停案

1. 策 定

あまり複雑でない事案であれば、期日後の評議において調停案を策定することが可能である。複雑な事案の場合、評議期日を設けて議論することになる。

10民の調停では原則として調停案を提示するようにしている[24]。付調停事件はすでに訴訟が係属しているのであるから判決に近い内容の調停案を策定することになる。また、申立調停事件であっても、管轄の合意までして調停にのぞんでいる以上、申立人も相手方も紛争解決を望んでいるのであるから、やはり判決に近い内容の調停案を策定している。さらに、10民の調停事件は、建築関係のように建築士の助言が必要な事件、土木・機械・IT関係のように技術士の助言が必要な事件、賃料増減額、共有物分割のように不動産鑑定士の助言が必要な事件、境界確定のように土地家屋調査士の助言が必要な事件が係属することから、仮に合意ができないとしても、専門的な観点からみた争点整理を行い、できれば調停案という形式で、それが適切でない場合には、専門的知見を

---

[24] 確かに、調停が当事者の合意による自主的な解決をめざすものであることに照らすと、当事者が解決案を策定し、相互に譲り合うことによって合意に至るのが望ましい。しかしながら、期日を重ねても互い歩みよる可能性が乏しい場合が10民では多い。そこで、調停案を提示する事例が多数を占めることになる。

意見書等にして調停不成立調書に添付する形式で当事者に報告する必要があると考え、基本的には実践している。[25]

2. 提示

　調停委員会において策定した調停案の提示方法については、調停委員会ごとに異なっているといえる。一級建築士の調停委員が調停委員会におられる場合には、少なくとも簡単な文書、調停委員によっては詳細な文書によって調停案を提示される。口頭で提示することは皆無である。口頭で説明しても、少なくとも建築の素人である代理人弁護士は理解できない場合が多いからである。技術系の調停委員も文書による提示が多い。これに対して、不動産鑑定士の調停委員の場合には、複雑困難な場合は簡単な文書によるが、それほど複雑でなければ、メモ書きを読み上げて告知するのみである。もっとも、評議のときには詳細なメモを作成してくれるので、調停主任および相調停委員の手元には詳細なメモ書きがある。

　なお、10民の調停案の提示は、調停委員会における心証開示を前提としている。裁判官も調停官も心証開示に躊躇することはない。ただし、調停手続において提出された証拠および宣誓しない関係者からの聴取りを前提としていることは当事者には事前に告知している。

3. 条項

　調停条項は、基本的に和解条項と変わらない。重要なのは、条項の文言が多義的に解釈できることから、二次紛争が生じることがないように、終局的に解決する文言にすることである。特に、給付条項については単純な文言として、条件等がなるべくないものが望ましい。また、調停とはいえ、訴状はもちろんのこと、訴訟物が記載されている申立書でも、「その余の請求を放棄する」という条項を入れておくのが望ましい。さらに、費用の負担は明記するべきである。

　問題は、債務名義にならないが、紛争解決のために当事者および調停委員が

---

[25] 本多報告62頁参照。

必要と認めた条項の扱いである。たとえば、前文といって、なぜ紛争になったのか、当事者がなぜ合意に至ったのかを条項の前に記載する場合もある。また、謝罪や遺憾の意を表する条項を入れる場合もある。さらに、口外禁止条項を入れることもある。ここでも留意すべきは、これらの条項を入れても、二次紛争が起きないように細心の注意を払うことである。

4. 説　得

　調停案提示後、当事者双方が調停案を受け入れれば、直ちに調停成立となり、事件は終局する。当事者の一方が拒絶した場合、あるいは双方とも拒絶する場合に、調停委員会としては、直ちに調停不成立とすることは稀で、利害得失を説明して、調停案を受諾するよう説得するのが通例である。その場合、判決の見通し、調停案に至った理由など法律的観点を含むことから、調停主任である裁判官または民事調停官が主体的に行うことが多い。もちろん、専門的知見に関する部分は、当該分野の専門家である専門家調停委員が説明することになる。さらに、10民の調停委員の中には、大阪簡易裁判所の調停委員および司法委員を兼ねている一級建築士や不動産鑑定士が多数おられるほか、弁護士調停委員も多数おられるので、調停委員自身が説得にあたってくれる場合も少なくない。熱心で情熱的な調停委員が多数おられるので、しばしば調停委員の説得活動をみて、自らの和解技法を勉強する機会に恵まれることになる。調停専門部のメリットの1つであるといえる。

5. 17条決定の検討

　10民においても17条決定を避ける傾向があったことは否定できない。これまで17条決定を検討するべき事案として、当事者双方が実質的に合意している場合、わずかな差異により調停成立には至らないものの調停委員会が背中を押せば紛争が解決する見込みがある事件があげられ[26]、このような事案のみ17条決定[27]

---

[26] 10民が建築・調停部となった平成13年からしばらくは積極的に17条決定をしていたと聞いている。しかし、10民における17条決定は、平成19年2件、平成20年5件、平成21年3件、平成22年1件、平成23年2件であり、5年間の平均は年2.6件である（本多報告65頁）。これに対して、平成29年は約20件であるから単純比較で約7倍となっている。

[27] 司法研究93頁。同旨、田中敦「調停に代わる決定㈠──調停に代わる決定の理論上の諸問題」

IV 調停案

をしていたものと思われる。簡易裁判所の調停でも、過払金返還請求調停事件や債務弁済協定調停事件等の業者事件では多用されるものの、それ以外の事件ではあまり活用されていないとの指摘がある。[28]

しかしながら、裁判所から1つの結論が出たということは、当事者にとって相当な重みをもち、それを契機に紛争が解決することもあり得ること、17条決定は、民間型・行政型ADRにはない調停の大きな特色であること、弁護士が調停を利用しない理由の1つとして、調停が不成立になった場合に何らの成果も残らないことが指摘され、17条決定は、調停の紛争解決機能を高めるために積極的に活用していくべき手続であるとされている。[29]

10民では、このような指摘された観点に加えて、専門的知見の獲得という観点から積極的に17条決定をしている。特に、建築事件は、調停が不成立となれば、調停主任である担当裁判官が判決を作成することになるので、一級建築士の調停委員がいる調停委員会において、助言を受けながら、事実認定、法的判断を決定書という形式で作成しておけば、これは事実上判決書の下書きとなる。[30]当事者も調停主任と裁判官が同一であるから、判決も当然予想できることになる。建築事件以外であれば、調停主任である裁判官または調停官は、判決を担当するわけではないので、事実認定も法的判断も変更される可能性は否定できない。しかし、本案部の裁判官も素人であるから、判決書を作成するうえで、専門的知見は避けて通れない。もっとも、そこの解明を期待して付調停にしたのであるから、専門的知見が意見書等の形式で明らかにされない場合には、17条決定を期待していることになる。付調停にした場合、17条決定を希望

判タ932号（1997年）234頁参照。
28 司法研修90頁。同旨、田中・前掲論文（注27）234頁。
29 司法研修90頁。同旨、田中・前掲論文（注27）236頁。
30 その意味で、17条決定を「調停に代わる決定」ではなく「判決に代わる決定」と呼ぶ裁判官もおられる。10民の17条決定は、運用上、判決に代わる決定に近いものといえる。17条決定は調停案をそのままスライドするものであるとの見解（横山ほか・前掲座談会（注13）46頁〔髙橋宏志発言〕）もあるほか、17条決定の理由について、ある程度詳しく書くほうがよいとする見解（伊藤眞ほか〈座談会〉簡裁民事調停の機能強化について」判タ1383号（2013年）26頁における伊藤眞早稲田大学教授（当時）の発言）もある。もっとも、決定理由は必ずも詳細である必要はないから、決定書の起案に長時間をかけ、そのために決定が遅れるというのは、本末転倒であって相当でないとする見解もある（田中敦「調停に代わる決定㈡――調停に代わる決定の運用上の諸問題」判タ932号（1997年）239頁。

する本案部の裁判官も少なからずいる。

　10民における17条決定の異議率は相当高い。ところが、異議が出て、本案部に戻った事件を追跡調査すると、半分以上は和解が成立していることが判明した。本案部の裁判官としても、17条決定と同じ心証であること、または17条決定に示された専門的知見を利用して、自ら判断して和解案を提示したところ、当事者が納得して和解が成立したようである。

$\boxed{V}$　まとめ

1.　10民の課題

　最後に、10民における調停の課題について考察する。まず、調停委員の給源と選任の実情について紹介する。先にも言及したとおり、調停事件の解決は当該事件に最適な調停委員を選任することであり、そのためには、経験豊富で紛争解決に情熱的な方を名簿に登載する必要がある。10民には弁護士を含めた専門家調停委員約250人前後の調停委員が名簿に登載されている。その中から、当該事件に最もふさわしい調停委員に依頼するわけであるが、常に、新たな調停委員を発掘する必要があると考える。調停委員は、年齢40才以上70才未満の弁護士、専門的知識経験を有する者または社会生活のうえで豊富な知識経験を有する者で人格見識の高いものの中から最高裁判所が任命する（民事調停委員及び家事調停委員規則1条本文）。調停委員の任期は2年であるが再任されることが多いので、事実上70才まで続けていただける方が多い。しかし、70才になると次の再任は原則として認められない実情にある。人格見識の高い方で専門的知識経験を有する方または豊富な知識経験を有する方となると40才以上という基準はあるものの、どうしても50才代後半から60才代前半のほうが新しく任命されることになる。そうすると、調停委員として活躍できる期間は10年前後ということになる。将来の調停を安定的に運用するために、常に、適切な新人調停委員を発掘する必要がある。

　10民の調停委員の給源については、10民が建築専門部であることから、建築の専門家確保が第一の使命となる。建築関係団体のうち、日本建築学会近畿支

Ⅴ まとめ

部、大阪府建築士会、大阪府建築事務所協会、日本建築家協会近畿支部に推薦をお願いしているが、実務家に事件依頼をすることが多いので、大阪府建築士会、大阪府建築事務所協会、日本建築家協会近畿支部から推薦された調停委員に依頼することが多い。IT 関係、機械関係等工学・理学系の分野に関しては専門領域が多岐にわたり、細分化された専門分野ごとの専門家調停委員を確保するのは容易ではない。現在は、日本技術士会近畿本部から推薦をいただいているほか、調停委員の中から推薦してもらう手法により選出している[31]。そのほか、大阪府不動産鑑定士協会には不動産鑑定士を、大阪土地家屋調査士会には土地家屋調査士を、公認会計士協会には公認会計士を、大阪府医師会には医師を、大阪府歯科医師会には歯科医師の推薦をそれぞれ依頼している。最近では、ペットをめぐる紛争が増加しつつあるので、大阪府獣医師会に新たにお願いして獣医師の推薦を依頼した。もちろん、大阪弁護士会には経験豊富で紛争解決に情熱的な弁護士を推薦してもらっていて、感謝している。

2. その他の課題

10民は、西日本で唯一の調停専門部であることから、西日本各地の裁判所から調停に関する相談をしばしば受ける。その中でも適任の調停委員が少ないあるいはいないという不満を聴く機会が多い。支部長または部総括といった調停委員の推薦を要望できる立場の方は、これまで先輩の努力によって協力いただいている調停委員が少ない場合には、積極的に発掘する努力が必要であると思われる。調停委員適任者を発見しても任命してもらうためには少なくとも1年近い時間が必要であり、また、調停委員になったとしても、調停のノウハウを獲得するまでにはある程度時間を要する。将来の後輩たちのために、ひいては当該地域の民事紛争の適切な解決のために、適切な調停委員の「発掘」が課題であると考える。

※ 脱稿後に、矢尾和子「動態としての簡裁民事調停——民事調停の機能強化のための17条決定活用に向けて」民訴雑誌65号55頁に接した。簡易裁判所でも17条決定を積極的に活用すべきであるとの立場からの論説であり、基本的に10民と同じ立場にある。

(杉浦徳宏)

---

31 本多報告63頁。

第6章
調停に代わる決定

Ⅰ 調停に代わる決定とは

1. はじめに

　調停に代わる決定は、調停が成立する見込みがない場合において、裁判所が相当と認めるときに、事案の解決のために、職権で当事者双方の申立ての趣旨に反しない限度で行う決定である（民調17条）。後述するように、この制度は、大量に申し立てられた特定調停事件において、全国的に活用されたことを除けば、活用の程度について、裁判所間に温度差があった。また、研究者からは、その運用に一定の理解を示しつつ、手続の透明性を欠くのではないか等の懸念が表明されてきた[1]。なお、最近発行された『簡易裁判所における民事調停事件の運営方法に関する研究』（以下、「司法研究」という）[2]は、調停を活性化させるための具体的な方策を提言するが、後述するように、調停に代わる決定の活用を提唱している。
　本章では、こうした現状を踏まえ、調停に代わる決定について検討を加えることにする[3・4]。

1　山田文「調停に代わる決定の手続的規律に係る総論的検討」高橋宏志先生古稀祝賀論文集『民事訴訟法の理論』（有斐閣・2018年）115頁以下は、研究者からの指摘として非常に示唆に富む。
2　司法研修所編『簡易裁判所における民事調停事件の運営方法に関する研究』司法研究報告書66輯1号（法曹会・2013年）。
3　本章の一般的な記述は、個別の引用のほか、石川明＝梶村太市編『注解民事調停法――民事調停規則（注解民事手続法）〔改訂版〕』（青林書院・1993年）、小山昇『民事調停法〔新版〕』（有斐閣・1977年）、梶村太市＝深沢利一『和解・調停の実務〔3訂版〕』（新日本法規出版・2000年）、佐々木吉男「調停に代わる裁判」鈴木忠一＝三ケ月章監『実務民事訴訟講座(7)』（日本評論社・1969年）269頁以下、田中敦「調停に代わる決定㈠㈡」（以下、それぞれ「決定㈠」、「決定㈡」と

79

2. 制度の沿革[5]

調停に代わる決定は、大正11年に制定された借地借家調停法24条1項の「期日ニ於テ調停成ラサルトキハ調停委員会ハ争議ノ目的タル事項及手続ノ費用ニ付適当ト認ムル調停条項ヲ定メ其ノ調書ノ正本ヲ当事者ニ送付スルコトヲ要ス」、同条2項の「当事者カ前項ノ正本ノ送付ヲ受ケタル後一月内ニ異議ヲ述ヘサルトキハ調停ニ服シタルモノト看做ス」に淵源を有するが、直接には、昭和7年に制定された金銭債務臨時調停法7条1項の調停に代わる裁判の制度に由来する。同項は、「調停委員会ニ於テ調停成ラサル場合ニ裁判所相当ト認ムルトキハ職権ヲ以テ調停委員ノ意見ヲ聴キ当事者双方ノ利益ヲ衡平ニ考慮シ其ノ資力、業務ノ性質、既ニ債務者ノ支払ヒタル利息手数料内入金等ノ額其ノ他一切ノ事情ヲ斟酌シテ調停ニ代ヘ利息、期限其ノ他債務関係ノ変更ヲ命ズル裁判ヲ為スコトヲ得」と規定し、調停に代わる裁判の制度を設けた。この裁判に対しては、即時抗告ができるとされていた（金銭債務臨時調停法9条1項）。この規定は、昭和17年の戦時民事特別法により、小作調停法および商事調停法にも準用された。なお、上記調停に代わる裁判は、後に最大決昭和35・7・6民集14巻9号1657頁で憲法違反とされた[6]。

その後、この制度は、昭和26年10月の民事調停法の施行に際し、調停に代わる決定として盛り込まれた。ちなみに、人事調停を引き継いで家事調停を規律する家事審判法は、23条において、同種の制度を盛り込んだ（いわゆる23条審判）。そして、これが、その後の家事事件手続法の制定とともに、調停に代わる審判（家事284条）として規律された。なお、調停に代わる決定は、民事調停

いう）判タ932号（1997年）233頁以下を参照した。

4　脱稿後、矢尾和子「動態としての簡裁民事調停——民事調停の機能強化のための17条決定活用に向けて」民訴雑誌65号（2019年）55頁に接した。本稿にとっても示唆に富む内容を含んでいるので、可能な限り言及した。

5　沿革は、山田・前掲論文（注1）119頁のほか、財団法人日本法律家協会編『民事調停の研究』（東京布井出版・1991年）337頁〔萩澤清彦〕を参照。

6　裁判要旨は、戦時民事特別法19条2項、金銭債務臨時調停法7条に従い、純然たる訴訟事件についてなされた調停に代わる裁判は、同条に違反するばかりでなく、同時に憲法82条、32条に照らし、違憲たるを免れないというものである。この決定は、最高裁判所が民事判例で最初に、大法廷の裁判を変更し、原審の裁判が憲法に適合しないと認めた事例である（三淵乾太郎「判解」最判解民〔昭和35年〕255頁）。

官の導入に伴い、民事調停官もすることが可能となった（以下、裁判官と称する部分は、民事調停官（民調23条の3第2項）も含むものである）。

　調停に代わる決定の制度趣旨は、せっかく調停委員会が調停を重ね、一定の解決方向が見出せたが、当事者の一方がこれに応じない場合等に、それまでの手続を無駄にしないために、裁判所が、紛争の解決のために、適切な解決案を裁判の形で明確に示し、当事者に熟慮と再考の機会を与えることにあるとされる。これまでの運用を概観すると、以下のとおりである。

　上記のとおり、調停に代わる決定は、紛争解決の一つの手法として、活用が期待されていたものの、上記民事調停法施行後昭和51年までの25年間は、「伝家の宝刀」とされ、ほとんど活用されてこなかった。この間、全国の地方裁判所および家庭裁判所の合計件数は、年間100件に満たない状況であった。[7]この間、最高裁判所が設置した臨時調停制度審議会は、昭和48年3月に提出した答申書で、「調停に代わる決定を活用しうる条件の整備を図り、これをするにあたっての職権の行使の基準等について検討すること」と答申し、その積極的な活用を提言した。また、昭和50年代後半以降多発した、いわゆるサラ金調停事件で、債務者が多数の債権者との間で一挙に紛争の解決を図る方法として、債務弁済協定が、主に簡易裁判所で活用され、一定の成果をあげたことから、同事件で調停に代わる決定をする運用がしだいに定着した。そして、これに代わる制度として、平成11年に特定債務等の調整の促進のための特定調停に関する法律によって立法化された特定調停制度が発足した後は、同調停事件の激増に伴い、調停に代わる決定が、東京・大阪などの大規模簡易裁判所において、紛争解決方法として確立した。[8]さらに、調停事件を専門に取り扱う東京地方裁判所および大阪地方裁判所の調停部が、平成13年には、いずれも建築関係訴訟をも担当することになったため、これらの裁判所が、建築事件等の専門訴訟について付調停を行った際に、その解決の1つの方法として、調停に代わる決定を活用するようになった。

---

[7] 『民事調停の諸問題（別冊判タ4号）』（判例タイムズ社・1977年）104頁。
[8] 事件数は、ピークの平成15年に新受53万7000件余、調停に代わる決定34万1500件余であった（決定の割合約63％）。特定調停事件も含めた大阪簡易裁判所の当時の調停事件の運用を紹介した文献に、「大阪簡易裁判所における民事調停事件の諸手続と書式モデル」判タ1130号（2003年）がある。

その後、特定調停事件は、社会情勢の変化等によって激減したものの、調停の充実という観点から、調停に代わる決定は、その意義が再び見直されることになった。司法研究は、調停に代わる決定について、「調停の紛争解決機能を高めるために、今後より積極的に活用していくべき手続である」としている[9]。

ところで、調停に代わる決定の性格については、調停の性質論と同じく、裁判か合意かという理論上の問題がある[10]。この問題は、運用上の問題等の解決にあたって、一応の根拠を示すものではあるが、各見解には、それなりの根拠があり、また、性質論が運用の結果を直ちに左右するものでもないから、必ずしも実益がある議論とは思われない。むしろ、調停に代わる決定が、端的に、これら双方の性格をあわせもつとして、具体的な問題の解決にあたり、いずれの面を重視するのかを検討するほうが建設的ではなかろうかと思われる[11]。

3. 運用にあたって

調停には種々の類型があり、運用もさまざまであるから、調停に代わる決定の運用もまた、種々の場面に応じて行うべきであろう。すなわち、調停事件は、簡易裁判所の事件が圧倒的に多いが、地方裁判所の事件もある。また、地方裁判所の事件は、付調停事件や委員会型ではない裁判官単独型とよばれる事件も多い。司法研究は、簡易裁判所における申立調停を念頭において、運用を検討しているが、地方裁判所においては、専門訴訟事件を中心に、調停に付される（民調20条）付調停が、大きな割合を占めている。したがって、調停に代わる決定の運用場面や、決定に記載すべき理由の内容については、運用を異にする場面があるものと考えられる[12]。

また、前述したように、調停に代わる決定に類似した制度である、調停に代わる審判の運用もまた、調停に代わる決定の運用にあたって参考になろう[13]。

---

[9] 司法研究90頁。
[10] 石川＝梶村・前掲書（注3）238頁、決定㈠233頁。
[11] 福岡高判平成24・9・18判タ1384号207頁は、「17条決定は、裁判所による最終的な調停案の提示であり、これに対する異議申立てをしないとの当事者等の消極的合意を停止条件として裁判上の和解と同一の効力を生じる制度、すなわち和解と同様、当事者等の合意に基礎を置いた紛争解決のための制度であると解するのが相当」であるとして、錯誤を認めた。
[12] 簡易裁判所における運用については、本書第3編第7章を参照。
[13] 矢尾・前掲論文（注4）73頁。

Ⅱ 要 件

次に、調停に代わる決定の要件について概観する。

1. 調停が成立する見込みがない場合

これは、当事者の合意による調停が成立する見込みがない場合をいう。もっとも、その前提としては、調停において事情聴取や説得などの活動が十分に行われたことが必要である。したがって、当事者に対する事情聴取や当事者の主張・立証が尽くされておらず、また、当事者に対する解決案の提示や説得活動も十分に行われていないのに、裁判所が当事者の意向を無視し、いきなり解決案を示し、それが受け入れられないとして、調停に代わる決定を行うという運用は、例外的な場合を除き、相当ではないであろう。もっとも、すでに当事者間に実質的な合意が成立している場合や、合意ができないまでも、裁判所が判断を示すべき個所に争いがない場合等には、上記要件を柔軟に解してもよいであろう。

このように、裁判所は、一定の審理を行った結果、解決案を提示でき、また、提示することが相当であると考えた場合には、当事者間で合意が成立しない場合であっても、調停に代わる決定を積極的に活用すべきであろう。むしろ、合意が成立せず、かつ事案を把握するのに必要な基礎資料が集まらない等の理由から、調停に代わる決定をすることもできない場合に初めて、民事調停法14条の調停不成立の措置をとるくらいの立場をとってもよいのではないだろうか。

2. 裁判所が相当と認める場合

調停に代わる決定は、裁判所が決定を相当と認める場合に行われる。ここにいう「裁判所」とは、受調停機関である裁判官であり、調停委員会ではない。

---

14 横山匡輝ほか「〈座談会〉民事調停の諸問題」判タ932号（1997年）47頁〔高橋宏志発言〕。
15 決定㈠234頁。
16 石川＝梶村編・前掲書（注3）239頁。

この「相当と認める」という裁判所の職権行使の基準については、従来からこれを類型化する作業が行われてきた。たとえば、平成3年に東京地方裁判所および東京簡易裁判所が策定した「民事調停事件処理要領案」[17]では、調停に代わる決定を考慮すべき場合として、①当事者が調停案を受諾しない理由がもっぱら感情的な対立に起因するとみられるとき、②当事者が大筋で合意に達していながら、わずかな意見の相違で合意が成立しないとき、③紛争の対象が主として法律解釈および適用にあり、その判断が決定の形式で示されれば、紛争が解決される可能性があるとき、④当事者からの提出資料および事実の調査または証拠調べによって、紛争の実情が十分に解明されているとき、⑤専門家調停委員の関与（民調規14条（当時。現在は18条）の意見聴取がされた場合を含む）あるいは鑑定により、紛争解決の一応の基準が明らかになったとき、⑥当事者に対する利害の調整活動や説得が十分に行われ、このまま不成立にしたのでは、それまでの手続が徒労に帰すと思われるとき、⑦後に訴訟が予想される場合（付調停事件が成立する見込みがない場合を含む）に、調停における結論および理由を決定の形式で明確に示しておいたほうがよいと思われるとき、⑧貸金、立替金、求償金その他金銭請求事件で、相手方が調停期日に出頭しないが、書面で分割払等の解決案を提示しているとき、⑨債務弁済協定調停事件で、相手方が調停期日に出頭しないとき、を列挙している。このうち、⑨は、その後の特定調停事件における調停に代わる決定の活用場面となった。

また、司法研究は、ⓐ紛争解決の内容について大筋で一致しながら、途中から一方当事者が出頭しなくなったため、調停が成立させられない場合、ⓑわずかな差異や感情的対立により、最終合意には至らないが、裁判所が決定という形で判断を示せば、当事者はこれを受け入れるであろうと予想される場合、ⓒ代理人は解決案に納得しているが、本人は合意するまでの決断ができず、調停に代わる決定をすれば、この決定を利用して代理人が本人を説得できる可能性がある場合、ⓓ当事者からの提出資料および事実の調査等によって、調停委員会が的確に事実を把握することができ、これに基づいて合理的な解決案が策定されて、当事者に対してその合理性や根拠について十分な説明が行われた事件

---

[17] 決定㈠234頁に引用。

をあげている[18]。

これらは、あくまでも一応の基準であり、最終的には、裁判所が個々の事件において、事案の性質、当事者の対応・意見、調停の経過、関連する紛争等の諸般の事情を検討したうえで、決定の可否を判断することになる。

3. 調停委員の意見を聴くこと

　上記意見の聴取は、調停に代わる決定を行うにあたり、裁判所が調停委員の専門的知見や一般の良識を取り入れるためのものである。裁判所は、調停委員の意見を聴けばよく、必ずしもこれに拘束されない。しかし、上記制度趣旨に照らし、可能な限り尊重すべきである。特に、建築関係調停や、借地借家関係調停等の専門調停では、一級建築士、不動産鑑定士等の専門家調停委員の専門的知見を尊重し、その意見を決定に反映させて、妥当な解決案を示すことが望まれる。意見聴取が円滑に行われるためには、当該調停委員が自由に適切な意見が述べられるよう、調停委員会が、日頃の評議を通じ、当該事件の性格、見通しについて、共通の認識を有していることが望ましい。

　なお、裁判所によっては、専門家調停委員の関与が必要な事案でありながら、構成員とすることが困難な場合も考えられる。こうした場合には、民事調停規則18条により、当該調停委員会を組織していない調停委員の専門的な知識経験に基づく意見を聴取し、これを調停に活かすことが望ましい。

　このほか、調停委員の意見に加え、行政庁等の意見を聴く必要がある類型の調停がある。すなわち、農事調停では小作主事または小作官の、鉱害調停では経済産業局長の各意見を聴く必要がある（民調30条、28条、33条）。その趣旨は、裁判所が解決案を示すにあたって、農業政策や産業政策などに精通した行政庁の意見を参考にすることにある。もとより、裁判所は、上記意見に拘束されるものではないが、こうした特則が設けられた趣旨に照らし、決定にあたり、可能な限り尊重すべきであろう。

18　司法研究93頁。このほか、矢尾・前掲論文（注4）76頁では、調停に代わる審判における類型に基づき、①合意型、②欠席型、③不一致型の3つの類型に分けている。

4. 当事者双方の申立ての趣旨に反しない限度

　家事事件手続法284条およびその前身の家事審判法23条と同趣旨であり、当事者のいずれかの主張する解決方向の範囲内で決定を行うことを意味すると解されている。したがって、支払うべき金員の額のみが争点となっている事案で、100万円と200万円との金額の間でどのように合意するのか争いがある場合に、裁判所が調停に代わる決定で50万円または250万円の支払を命ずることは許されない。もっとも、上記規定の趣旨は、当事者の予想しない解決方向で決定が行われることを防止することにあると解される。そして、調停においては、訴訟における訴訟物ほど紛争が確定されていない。また、調停に代わる決定は、当事者の異議によって、無条件に効力を失う（民調18条2項）から、上記申立ての趣旨を広く解しても、特に当事者に不利益を与えることにならないと考えられる。

　こうした観点に照らせば、調停に代わる決定で示す解決案の内容は、必ずしも当該紛争における訴訟物そのものに限定されず、当該申立てと社会的事象を共通にする紛争であれば、解決内容に盛り込むことが相当である。たとえば、賃貸借契約の終了に基づき、建物明渡しを求める事案においても、契約関係の継続を前提として、新たに敷金を増額する、あるいは賃料を改訂する内容の決定をすることが許されるであろう。

5. 当事者から異議がないこと

　調停に代わる決定に対する異議には、理由を付する必要はない。これは、前述したとおり、調停が、あくまでも当事者の合意に基礎をおく制度であることに起因する。もっとも、積極的に異議が出されない以上裁判が確定するという制度は、注目すべきである。これは、合意形成のプロセスとしては絶妙であるといえよう。そして、この制度を参考に設計された労働審判は、労働関係事件の解決にあたって大いに活用されている。調停に代わる決定が確定すると、確定裁判と同じ効力を有する（民調18条）。そして、付調停の場合には、本訴は取下げがあったものとみなされる（民調20条2項）。

Ⅲ 実務上の問題点

調停に代わる決定に関する解釈上の問題のうち、実務上問題となりそうな論点について、検討を加える。

1. 裁判官単独で決定ができるか

調停に代わる決定は、調停委員会が調停を行う場合に行うものであるから、裁判官単独での決定はできないとする見解もある[19]。しかし、調停に代わる決定は、当事者の異議によって効力を失うから、この点は、さほど重視する必要はない。そして、裁判所による解決の方向が明確となっている以上、調停委員会を組織し、調停委員の意見を聴くことなく調停に代わる決定を行っても、別段当事者の利益を害することもなく、むしろ、紛争の早期解決に資するものと考えられる。したがって、裁判官単独で決定ができると考える[20]。実務上もそのように運用されている。なお、裁判官が単独で調停を行う場合には、当該裁判官は、合議体によることも、受命裁判官によることも可能である。

2. 調停に代わる決定に付すべき理由

前記のとおり、金銭債務臨時調停法による調停に代わる裁判に対しては、即時抗告により争うことができたので、同裁判には理由を付する必要があるとされていた（大決昭和18・5・18民集22巻390頁）。これに対し、調停に代わる決定は、異議によりその効力が失われるため、決定には特に具体的な理由を付さないというのが、大量に調停に代わる決定がされた特定調停事件を含め、従来の実務の運用であったと思われる。司法研究も、決定の記載例として、「当裁判所は、事案の内容、当事者双方の意向、提出資料等本件調停に顕れた一切の事情を衡平に考慮した結果、主文記載の内容により解決するのが、当事者の利益にもかない、かつ、相当であると考え、本決定をする」という内容を示してい

---

[19] 小山・前掲書（注3）236頁、佐々木吉男『増補・民事調停の研究』（法律文化社・1974年）69頁。
[20] 梶村＝深沢・前掲書（注3）639頁、石川＝梶村編・前掲書（注3）241頁、決定㈠235頁。

る。その理由としては、①調停委員会が当該解決案を相当と考えた理由は、それまでの当事者に対する説得、調整の過程において、十分に説明されているはずであること、②そうであれば、調停に代わる決定の起案に手数をかけ、結果的に判断を示すことが遅れてしまい、本末転倒となること、③調停に代わる決定は、当事者からの異議の申立てにより直ちに失効し、抗告とは異なり、事件が他の裁判所に引き継がれることはないこと等があげられている[21]。

　しかし、司法研究が念頭におく、簡易裁判所の申立調停では、上記理由が妥当する場面が少なくないと考えられるものの、調停制度が前記1で述べた機能を果たし、当事者、特に、調停案に難色を示した当事者に再考を促すためには、当該決定のよって来るべき理由が、ある程度具体的に示されていることが望ましい場合が少なくないと考えられる。また、訴訟を前提とする付調停事件や、調停が不成立となった場合には、その後の訴訟提起がほぼ確実に見込まれる調停前置事件（賃料増減額請求事件）では、調停が不調となったとしても、当該紛争が終局するものでないことは明らかである。こうした事案では、上記②は該当せず、むしろ、建築関係、賃料関係事件などに代表されるように、調停の初期の段階から専門家調停委員が、調停主任との緊密な連携の下で関与し、争点に関する当事者の主張についても、現地見分などによって取得された、専門的知見に基づいた一応の解決案が示されているから、裁判所としては、当該専門的知見を当事者にわかりやすく説明したうえで、これをどう当事者の納得につなげるか（時には、専門的知見を相当としつつ、当事者の納得、調停における解決を図る観点から、一定の修正を加えた解決案を示すこともある）という視点も重要である。これらの場合においては、裁判所の判断の理由を当該決定で示すことが望ましい場合もあるのではないだろうか[22]。現に、大阪地方裁判所の建築・調停部では、特に、建築関係事件に限らず、専門家調停委員の関与した付調停事件を中心として、そのような運用を行ってきた。結局、どの程度の理由を調停に代わる決定に記載すべきかは、事件の類型および個々の事件の

21　司法研究95頁、決定(一)235頁。
22　決定(一)235頁。なお、東京地決平成16・10・25判時1884号144頁は、県住宅供給公社が金融機関等に債務免除を求めた特定調停事件で、一部の金融機関が調停案を受諾しなかった場合にされた、特定債務等の調整の促進のための特定調停に関する法律20条、民事調停法17条による調停に代わる決定である（確定）。

3. 調停に代わる決定と公示送達

前述したとおり、調停に代わる決定は、当事者が遠方に居住するなどして、調停期日に出頭できない場合に行われる。では、調停に代わる決定は、公示送達によって行えるであろうか。これを禁止する明文の規定はないが、調停に代わる決定に対する当事者の異議申立権は、実質的に保障すべきであるから、消極に解するのが相当であろう。[24] したがって、当該決定が当事者に送達できない場合には、民事調停法22条、非訟事件手続法59条の準用ないし趣旨の類推適用[25]により、当該決定を取り消すべきである。

なお、このような趣旨に照らせば、当事者が途中から出頭しなくなり、調停期日が公示送達により告知された場合にも、同様に考えるべきであろう。

4. 運用上の隘路

(1) はじめに

調停に代わる決定は、前述のとおり、紛争解決の方法としての意義が強調され、その活用が何度も提唱されてきたが、特定調停を除き、あまり活用されてこなかった。司法研究は、この点について、①調停に代わる決定が当事者の自主的な解決ではないとして抵抗感がある、②異議申立てがされると、調停に代わる決定が無駄になってしまうためためらわれる、③証拠が不十分であったため心証形成ができなかった、④後に行われる訴訟に対して悪影響を与える可能性があるなどの理由を取り上げ、いずれも調停に代わる決定を行わない理由とはなり得ないとする。[26] この点については、さらに以下で敷衍したい。

---

23 地方裁判所の参考決定例は、大阪地方裁判所建築関係訴訟検討プロジェクトチーム「建築関係訴訟の審理の在り方について」判タ1029号（2000年）30頁、梶村＝深沢・前掲書（注3）531頁に掲載されている。

24 石川＝梶村編・前掲書（注3）254頁、決定㈠235頁。

25 金子修『一問一答非訟事件手続法』（商事法務・2012年）205頁は、非訟事件手続法59条が調停手続に準用される場面はないとするが、準用を認めるのが相当である。旧非訟事件手続法時代の解釈として決定㈠235頁。

26 司法研究90〜92頁。

(2) 調停に代わる決定が当事者の自主的な解決ではないとして抵抗感がある（(1)①）

司法研究も指摘するように、調停に代わる決定もまた、自主的な解決の一形態である。そもそも、以前特定調停で大量に行われてきた調停に代わる決定は、自主的な紛争解決ではなかったというのであろうか。この点は、運用に携わる裁判所の意識の問題であり、積極的に進めていくべきである。

(3) 異議申立てがされると調停に代わる決定が無駄になってしまうためためらわれる（(1)②）

調停に代わる決定は、裁判の告知を受けた日から2週間以内に適法な異議をすることによって効力を失う（民調18条2項）。この異議には理由を付する必要はない。これは、調停があくまでも当事者の合意に基礎をおく制度であることに起因する。そのため、当事者があらかじめ異議を述べると申述した場合には、裁判所として、調停に代わる決定を躊躇する向きがないではない。

もっとも、調停に代わる決定も裁判の一種であるので、その裁判規範性にも注目すべきである。すなわち、調停に代わる決定の内容が、結果的には先に示された調停案と同じ内容であっても、裁判所が理由を付した決定の形で解決案を示すことにより、説得力が増す場合がある。また、調停に代わる決定を行うことを前提に、充実した調停の審理を行うことが、ひいては、調停委員会の解決に向けた真摯な姿勢であると当事者に受け止められ、調停に代わる決定に至ることなく、調停成立に至ることもある。このことは、実際に経験するところであるし、司法研究にもその旨が報告されている[27]。さらに、仮に、調停に代わる決定に対して異議がされた場合であっても、決定が示した解決の方向性、とりわけ、専門家調停委員の知見を盛り込んだ解決案は、その後の紛争解決にあたって、1つの大きな指針となりうる。

すなわち、民事調停法20条の付調停事件、とりわけ専門家調停委員が関与した事件では、調停に代わる決定に対して異議がされた場合でも、当該決定で示された解決の方向が、本案訴訟における和解や、判決に一定程度反映されることは、実務上少なくない。東京地判平成9・10・23判タ986号293頁は、裁判所

---

[27] 司法研究92頁。

が調停に付した賃料増額確認請求訴訟において、調停における専門家調停委員の意見に基づいてされた、調停に代わる決定の結論を相当と認め、これをもって相当賃料額と認定した。[28]

また、申立調停でも、法律上調停前置（民調24条の2）が規定されている賃料増減額請求事件では、その趣旨に照らし、訴訟提起前に調停において、一定の審理、判断がされることが望ましい。東京地決平成7・10・30判タ898号242頁は、大手自動車会社系の会社から新宿区内のビルの3ないし8階（各1433.6平方メートル）を賃借していた大手不動産会社が賃料の減額等を求め、東京地方裁判所民事第22部（調停部）に申し立てた調停事件で、裁判所が専門家調停委員の意見を踏まえつつ、当事者の主張に対する判断を行った調停に代わる決定である。

さらに、一歩進んで、調停に代わる決定に従わない当事者に一定の不利益を課する運用も、考えられないではない。東京地判平成5・11・29判タ860号260頁は、調停に代わる決定に示された結論を最終のものとして受け入れ、異議を述べないとの当事者間の合意に基づき、訴訟事件が調停に付され、調停に代わる決定がされたのに、異議がされ、本案に移行された事案で、裁判所が、当該異議申立てを無効として、訴え取下げによる訴訟終了宣言をした事例である。また、賃料改定事件の付調停事件で当事者間に合意が成立しない場合には、調停に代わる決定を行い、これに異議を述べた当事者は、本案訴訟では、自らの費用で賃料額の鑑定申請をするとの合意をあらかじめ当事者から取り付けたうえで、付調停を行うという運用も考えられる。大阪地決平成13・3・30判タ1083号276頁は、本案部が境界確定訴訟（現在の筆界確定訴訟）で、調停に代わる決定を行った事案である。同決定は、本案訴訟で双方の主張に基づく図面作成に必要な鑑定費用100万円の負担をめぐり、当事者が対立し、進行が事実上中断していたことから、多額の鑑定費用を負担しなくても済む解決案を示したもの（異議が出れば、鑑定を実施せざるを得ないが、そのときには、異議を出した

---

[28] この事案は、今回を含め当事者間で賃料改定をめぐる紛争がこれまで6回発生し、うち4件は、判決で解決が図られてきており、前年の賃料についても、訴訟が別途係属中であった。また、本件は、不調後の訴訟で、調停に代わる決定の基となった調停委員の意見に不服のある側から詳細な反論がされ、裁判所が、判決でこれに対する判断を行っている。このように、本件は特殊な事案ともいえる。

当事者に鑑定費用を訴訟費用として負担させる含みとした）である。

　もっとも、調停手続では、当事者から紛争に関する証拠資料が提出されても、証人尋問等の証拠調べまで行われることは通常はない（証拠調べは民事調停法12条の7により可能であるが、実施の妥当性という問題がある）ため、事実認定に一定の制約があることは否定できない。また、調停に代わる決定に対して異議を述べることは、本来当事者の自由であるはずである。したがって、上記運用は、慎重に行うべきであろう。具体的には、調停委員会が双方から十分な事情聴取を行ったうえで、調停に代わる決定を行うか、行うとして、いかなる方針でのぞむかを当事者に十分に伝え、調停に代わる決定、異議の制度およびその後の手続（付調停事件では、その後の本案訴訟において行われるであろう手続）などを十分に説明したうえで、双方からそのような運用をすることにつき、同意を得ておくという配慮が必要であろう。

(4)　**証拠が不十分であったため心証形成ができなかった**（(1)③）

　司法研究も指摘するように、裁判所は、一定の心証を形成するよう工夫すべきである。これも運用する側の意識の問題であろう。なお、民事調停法は、非訟事件手続法の改正により証拠収集のための制度が充実している。嘱託などこれらの規定を適切に行使して、証拠の収集に努めることが有益な場合もあろう。

(5)　**後に行われる訴訟に対して悪影響を与える可能性がある**（(1)④）

　調停に代わる決定をしない最も大きな理由としては、事案の心証がとれないということが考えられる[29]。しかし、これについては、司法研究も指摘するように[30]、調停に代わる決定と判決との違いを当事者に説明するなどの工夫をすることによって、調停に代わる決定が妥当な解決案であることを示すことも可能であろう。なお、決定で示された解決の方向性、とりわけ、専門家調停委員の知見を盛り込んだ解決案が、その後の紛争解決にあたって、1つの大きな指針となりうるということは、不利な立場の当事者からすれば、後の訴訟でも影響を受けることを意味する。両者の調和は難しいところであるが、結局は、個別事

---

[29]　伊藤眞ほか「〈座談会〉簡裁民事調停の機能強化について」判タ1383号（2013年）25頁〔福田千恵子発言〕。
[30]　司法研究28頁。

案の妥当な解決がまず求められる。実務の健全な運用に委ねられるべきものといえようか。

5. 調停に代わる決定と錯誤

過払金返還請求訴訟で、先に行われた特定調停における調停に代わる決定の効力が問題となることがある。前述した調停に代わる決定の性質論ともかかわる問題である。現在実務上見解が分かれており、錯誤を認める立場、否定する立場とに分かれている[31]。そして、前掲福岡高判平成24・9・18は、前述した性質論から合意に基礎をおくという観点を重視して錯誤を認めた。もっとも、この問題は今後とも検討されるべきである。

IV 具体的な場面

以上を踏まえ、調停に代わる決定が適すると考えられる活用場面を具体的に考えていきたい[32]。前述したように、簡易裁判所と地方裁判所、申立事件と付調停事件との違いがあることに留意すべきであろう。

1. 建築関係事件

建築関係事件は、専門家調停委員が現地見分等の調査を踏まえて検討した、一定の専門的知見が重視される。これら専門的知見に加え、調停委員会において法的観点からも検討を加え、そのうえで、双方の立場を考慮し、合理的な解決案を提示することが相当であると考えられる。たとえば、建築物の瑕疵が問題となる事案では、当該瑕疵に関する専門家の意見を踏まえ、一定の判断を行ったうえで、当事者双方の事情（たとえば、施主の不便や不満といった、法的には直ちに採用できない事情であっても、調停では、これを一定程度勘案し、請負代金から一定額を減額することが考えられる）を勘案した解決案を提示すること

---

[31] この問題については、澤野芳夫ほか「過払金返還請求訴訟における実務的問題」判タ1338号（2011年）26頁参照。
[32] 石川＝梶村編・前掲書（注3）261頁以下、決定㈡237頁には、調停に代わる決定が適する事件類型が紹介されている。

には、意義がある。また、一定の瑕疵が認められる場合には、これによる一定額を請求金額から控除するという、簡易かつ合理的な方法も考えられる。以上の考え方は、専門的知見の内容は異なるものの、建築関係事件と審理方法が類似するソフトウエア事件の運用にあたっても参考になろう。

2. 借地借家事件

　賃料増減額事件に限らず、賃貸借の終了を理由とする明渡請求や敷金返還等種々の類型がある。そのため、事案の事実認定を踏まえ、当事者の意向をも勘案した多岐にわたる解決の方向（無断増改築による賃貸借解除に基づく明渡請求であっても、賃借人が一定の金額を支払って賃貸借契約を継続する、あるいは賃料を改定するなど種々の解決がありうる。借地非訟事件における解決が参考になろう）が考えられる。賃料改定事件では、通常当事者から一定の資料が提出されるであろうし、仮に提出されない場合であっても、現地の見分、その他固定資産評価基準や公示地価などを専門家調停委員が検討することによって、一定の解決案を示すことが可能である（前掲東京地決平成7・10・30でも、そのような過程が記載されている）。また、付調停事件では、仮に調停に代わる決定に対して異議がされた場合であっても、当該決定がその後の本案訴訟で一定の意義を有してくる。このように、この種の事件は、前述したように、当事者の異議が懸念される、あるいはその後の審理に悪影響を与えるなどと考えずに、調停前置の趣旨を活かすべく、調停に代わる決定をすべきものである。

3. 十分な審理・意向聴取をした事件

　調停においても、そのやり方を工夫することにより、十分な事実認定が可能な場合もある。平成4年提訴のワラント集団訴訟をめぐり、平成6年以降順次付調停を受けた東京地方裁判所のいわゆるワラント調停は、調停委員会が、当事者による準備書面による主張整理および書証の提出を行ったうえで原告および被告担当者の陳述書を提出させたうえで、調停委員会が上記両者に対する事情聴取を行い、そのうえで調停委員会案を提示し、それでも合意が成立しなかった場合には、原則的に調停に代わる決定を行うという運用について、当事者の同意を取り付けた本案部の方針と、これに応えた調停部との協働によって

成果をあげた特殊な事件であった[33]。こうした運用は、現在でも参考になろう。そして、こうした事情聴取などをした以上は、調停委員会でも十分な心証が得られるので、調停に代わる決定を積極的に行うことに意味があろう。

また、近時は簡易裁判所で交通関係事件の調停が、物損事故を中心に増加しているが、アジャスター等の専門家調停委員が関与して調停案を提示したものの、合意が成立しない事案については、調停に代わる決定を活用することが有用であろう[34]。

4. 感情面での対立が背景となっている事件

調停事件の中には、法的にみた場合の結論はともかくとして、当事者の感情面での対立を解消すべく、相当な解決が求められるという事件類型が少なからずある。これらの中には、当事者の感情面での対立が激しく、合意形成が一見困難に思われる事件であっても、裁判所が調停に代わる決定で、適切な文言を示して当事者の任意の解決を促すのが相当な事案が少なくない。たとえば、近隣間あるいはマンションの隣室または上下階等における漏水、騒音、ペットの飼育、管理組合の運営等をめぐる紛争は、法的観点を離れ常識のレベルで勘案すれば、双方ともそれなりの言い分がある場合が少なくない。また、近隣紛争の場合には、双方が紛争解決後も隣人として生活をしていかざるを得ない面があるため、当該事件について裁判所の判断が確定しても、敗訴側当事者に葛藤や不満が残されると、今後新たな紛争の発生が懸念される。したがって、こうした事態を避けるため、将来に向けた解決が望まれることがある。

以上の観点に照らせば、裁判所が調停に代わる決定において、その示す解決案が、法的観点に加え、条理に照らしても相当であることを説示したうえで、将来に向けての解決を望む等の文言を盛り込むことは有益である。

---

33 横山ほか・前掲座談会（注14）43頁以下〔園尾隆司発言〕、大島明「証券等取引調停」判タ932号（1997年）172頁以下参照。

34 矢尾・前掲論文（注4）81頁。

V 運用上の工夫

以上を踏まえ、調停に代わる決定を運用するにあたっての工夫について検討を行う。

1. 理由の記載

上述したように、調停に代わる決定についても、ある程度は具体的な理由づけをすることが望ましい。特に、付調停事件、地方裁判所の申立調停事件、専門調停事件、調停前置事件については、できる限り具体的な理由を付するという実務上の運用が確立することが望ましいと考える。具体的には、裁判所が、結論のよって来る理由を書き、専門的知見については、専門家調停委員の見解をそのまま紹介するのではなく、適宜説明を加えること、すなわち、当事者にも理解できるよう、専門的知見をわかりやすく記載することが必要である。ときには、専門的知見を前提としつつ、あえて当該事案の妥当な解決のために、一定の修正を加えることもあろう。その場合にも、その旨を記載することが望ましい。そのうえで、特に当事者が主張する点については、その要点とこれに対する裁判所の判断を記載することが望ましい。前掲東京地決平成7・10・30は、そのように理由づけがされている。

2. 表現上の工夫

調停に代わる決定は、裁判所が一方的に解決案を示すものではなく、あくまでも当該決定を一つの契機として、当事者が自主的に紛争を解決することを、いわば後押しするものである。したがって、判決とは異なり、事案に応じて、当事者がある程度共感できるよう、表現を工夫することが望ましい。たとえば、決定をするに至った経緯や、これによる解決が、当事者双方の利益にもなること、また、裁判所もそのことを期待していること等を記載することが考えられる。そして、調停に代わる決定では、判決とは異なり、柔軟な解決案を示すことが多いため、後の判決と齟齬を来したと非難されないよう、「あくまでも調停における解決としては」という留保を付することが望ましい。さらに、

調停に代わる決定が、将来に向けての解決であることを示すために、「今後円満な近隣関係を構築することを切望する」などと付記することも考えられる。

3. 労働審判との関係

　労働事件の紛争解決方法として、司法制度改革により導入され、現在、労働事件の紛争解決に大きな役割を果たしている労働審判制度は、調停制度を素地としており、労働審判は、調停に代わる決定の制度設計を盛り込んでいる[35]。これが成功を収めた背景としては、3回の審問期日において、労使から選任された労働審判員と裁判官（労働審判官）とが、協同して充実した審理を行い、合意が形成されない場合には労働審判をすること、労働審判は、当事者から異議がない限り確定するということが受け入れられたと考えられる。そうであれば、この労働審判の運用を調停に代わる決定や、調停における審理の参考とすることも有意義であろう[36]。

VI　まとめ

　このように、調停に代わる決定は、裁判所が調停における審理を踏まえ、決定の形で解決案を提示し、当事者に自主的な解決を促すものである。このような制度は、民間型・行政型 ADR にはない調停の大きな特色である。そして、これを取り入れた労働審判の隆盛は、調停に代わる決定の今後の活用を考えるにあたって、運用上1つの指針となろう。調停に代わる決定は、調停における紛争解決機能を強化し、ひいては、民事調停制度に対する国民の信頼を高めるものとして、今後とも、その活用が期待されるところである。

（田中　敦）

---

[35]　菅野和夫『労働法〔第9版〕』（弘文堂・2010年）776頁。
[36]　矢尾・前掲論文（注4）69頁、和久田斉「労働審判の経験を踏まえた自庁調停」判タ1357号（2011年）18頁。

第7章 和解条項

I はじめに

　訴訟は、権利を実現し、権利義務に関する紛争の解決を目的として行われるものであるから、それを終了させる目的でされる訴訟上の和解は、その成立によって、合意内容に沿って紛争を解決（再発防止も含めて）し、また、権利を実現するものでなければならない。そして、和解条項とは、このような訴訟上の和解における合意内容を、その機能や性質に応じて分類し、箇条的な項目としてまとめたものである。そのため、和解条項は、訴訟上の和解が成立した口頭弁論期日、準備的口頭弁論期日、弁論準備手続期日あるいは和解期日における調書の必要的記載事項とされている（民訴規67条1項）。

　それだけに、和解における合意内容を和解条項としてまとめるにあたっては、当事者の意図を正確に把握し、簡潔かつ明快に表現するよう心がけなければならない。本章は、この和解条項について、まず基本となる事項を取り上げたうえ、留意点等を具体的な和解条項を前提に考察していきたい。

II 和解条項の分類

1. 効力条項と任意条項

　和解条項のうち、条項が実体法上の効力を有するものを効力条項、有しないものを任意条項（道義条項、紳士条項）という[1]。

---

[1] 裁判所職員総合研修所監『書記官事務を中心とした和解条項に関する実証的研究〔補訂版・和解条項記載例集〕』（法曹会・2010年）13頁以下。

(1) 効力条項の種類

　効力条項のうち、紛争となった権利関係や事実関係等の存否を確認する条項を確認条項という（なかでも、和解期日において行われた事実を確認する条項を、現認証明条項という）。また、和解において新たに権利関係を形成（発生、変更、消滅）させる条項を形成条項という。そして、これらによって確認または形成された権利に基づき、一方当事者から他方当事者に給付を命じる条項を、給付条項という。紛争を解決し、権利を実現するためには、これらの条項のいずれか、あるいはいくつかを組み合わせた合意をするのが通例であるから、これらの条項が和解条項の基本となる。そして、これらについて付款（条件、期限等）や特約が付されることも多い。

　訴訟形態や和解内容が同じようにみえても、確認条項が選ばれる場合もあれば、形成条項が選ばれる場合もある。たとえば、賃料不払により建物賃貸借契約が終了したとして賃借人に対し明渡しを求める場合、和解において一定期間明渡しを猶予するとしても、①すでにされた解除が有効であり、賃貸借契約が終了していることをあらためて確認する方法、②和解がされた期日において、賃貸借契約を合意解除する方法、③和解がされた期日において、明渡し予定日限りで賃貸借契約を終了させるとの解除の意思表示がされたとする（解除の効力発生時期を明渡し予定日とする）方法があり得る。いずれの方法を選択するかにより、占有権原があるかどうか、収受する金銭が賃料か損害金かなどが変わってくる。当事者の意向を踏まえ、適宜の条項を選択する必要がある。

(2) 基本的な効力条項における留意点

(ア) 給付条項

　給付条項は、給付判決の主文と同様、執行文付与の対象となり得るものであり、強制執行を意識した明確な条項であることを要する。特定物に対する直接強制を想定すべき場合（民414条1項本文、民執168条、169条）あるいは登記・登録手続を求める場合（民414条2項ただし書、民執174条）は、権利者、義務者の表示はもとより、引渡しを求める物の特定はできているか、登記・登録できるかといった点に注意すべきであり、あまり例のないような条項を定める場合は、あらかじめ執行官、法務局（あるいは司法書士）などの意見を求めておくべきであろう。特に、特定物で登記・登録がされていない動産については慎重

な配慮が必要であり、品目、種類、形状、重量、数量等によって特定する必要がある（判決の場合と同様である）。代替執行を想定すべき場合（代替的作為義務。民414条2項本文・3項、民執171条）も、実現を求める給付の内容が明確になっていなければならない。一方、間接強制しかないという場合（不作為義務および非代替的作為義務。民執172条）は、和解条項の内容に反しているかどうかの判断が可能な程度に具体化されていれば足りる。

　なお、和解における給付条項と給付判決との文言上の違いは、和解における給付条項の場合、合意を内容とすることから、「……を支払う」といった形で給付意思が示されるのに対し、給付判決の場合には、「……を支払え」といった、被告に対する命令形となることである。また、将来給付が認められるかどうかについても、和解における給付条項の場合、判決の場合のように厳格に考える必要はない。むしろ、給付時期や条件等を柔軟に定めることができるのが、和解のメリットといえる。

　　(イ)　確認条項・形成条項

　確認条項や形成条項も、確認ないし形成される法律関係が明確なものでなければならない。もっとも、和解における確認条項に関しては、確認判決の場合と異なり、必ずしも確認の利益について厳格に考える必要はなく、事実関係や過去の法律関係などを対象とすることが広く許容されている（過去にされた解除が有効であることを確認するなど）。他方、和解における形成条項に関しては、上記のとおり、和解の内容が、あくまでも当事者間で合意できるものに限られることから、形成訴訟の判決のように対世効を生じさせる内容の和解をすることはできない。

　　(ウ)　条項の文言

　和解条項には簡明さが求められるから、1つの条項の中に確認条項、形成条項、給付条項が混在するのは望ましくないとされている。そこで、給付条項については、給付判決の場合と同様、なるべく権利の性質や発生原因については他の確認条項や形成条項に譲り、給付条項自体は、これらを含まない単純な給付文言とすべきである。

　(3)　付款条項

　付款条項とは、基本的な効力条項により生ずべき効力を、当事者の意思に沿

うように制限するために設けられる条項である。その例として、以下のようなものがある。

　(ア)　期限、期間

　期限については、民法上の期限と同様、確定期限、不確定期限がある。「前項の金員を，令和○年○月○日限り，支払う。」というのは、確定期限が付された例である。

　なお、期限を定めるにあたり、期間をもって表すこともある。この場合は、「前項の支払があった日から30日以内に○○を明け渡す。」というように、起算点および一定期間を明確にする必要がある。

　(イ)　条　件

　民法上の条件と同様、停止条件、解除条件がある。以下のものがよく用いられる。

　　(A)　懈怠約款、失権約款

　懈怠約款は、分割払の給付条項を定めた場合に、分割払の懈怠を停止条件として、債務者側の期限の利益を喪失させる（債権者側に一括請求を可能にする）ための条項である。

　失権約款は、特定の債務の不履行を停止条件として、既存の法律関係を失効させる条項である。たとえば、賃貸借契約で和解をした場合に、賃料不払があれば、催告や契約解除の意思表示なしに、当然に解除となると定めることが、これにあたる。これに対し、催告は不要であるが解除の意思表示を要すると定める場合を、解除権留保約款という。

　いずれも、停止条件に係る債務について任意の履行を促す効果をもつ。

　　(B)　引換給付、先給付（同時履行、先履行）

　債務者の給付義務と債権者の給付義務とがある場合、両者が併存し同時履行の関係にあるか、債務者の給付義務が債権者の給付義務の履行を停止条件とするかとの点も、明確に定めることを要する。

　(ウ)　付款条項を定めるにあたっての留意点

　給付条項中の停止条件が成就した場合、裁判所書記官にこれを証明する文書を提出し、条件成就執行文（民執27条1項）の付与を受けることにより、強制執行が可能となる。これを証明できる文書がない場合は、執行文付与の訴えに

よる（民執33条1項）。すなわち、給付条項に、文書で証明するのが容易でない停止条件を付けてしまうと、強制執行をするのが難しくなる。不確定期限についても、同様である。

なお、債権者が、停止条件が成就して強制執行をする場合でも、条件成就執行文の付与が常に必要になるわけではない。分割払や賃料の支払など、債務者に立証責任があると解される事項については、公平の見地から、債権者が不払の立証をしなくても、単純執行文の付与を受けられるとされている。

年月日をもって定めた確定期限については、当該年月日が到来することが執行開始の要件（民執30条1項）とされているにとどまり、当該年月日が到来していなくとも、単純執行文の付与は受けることができる。

引換給付（同時履行）の場合も、債権者側の給付（ないしその提供）は、執行開始の要件（民執30条1項）にすぎないとされており、これがない段階でも、単純執行文の付与を受けることができる。これに対し、先給付（先履行）の場合は、条件成就執行文の付与を受けることが必要となる（民執27条1項）。

(4) 特約条項と任意条項

(ア) 特約条項

特約条項は、実体法上の定めと異なる内容の合意を行うものである。強行法規や公序良俗に反しない限り、当事者は、このような合意をすることができる。特約は、形成条項や給付条項と一体として、特約文言となることもあれば、独立した条項となることもある。後者の場合、特約条項とよばれる。たとえば、登記手続費用は、弁済費用と位置づけられるから、原則は、登記義務者の負担である（民485条本文）が、和解においては、しばしば登記権利者の負担と定められることがある。

(イ) 任意条項

これに対し、紛争の予防の見地から、あえて実体法上の定めと同一内容の条項を定めることがあり、これを任意条項とよぶことがある（道義条項・紳士条項としての任意条項と区別するため、「狭義の任意条項」とよぶこともある）。法律上の規定があるにもかかわらず、経験上、後でもめることが多い事項について、あえて念を押しておくことにより、将来の紛争を避けようとするものである。たとえば、振込手数料を債務者の負担とする定めがこれにあたる。弁済に

要した費用は、原則、債務者の負担とする旨定められているにもかかわらず、勝手に振込手数料を差し引いて振り込む債務者がいて、後日もめることが少なからずあったことから、これを避けようとするものである。

　(ウ)　充当関係の条項

元本、利息、損害金の条項がある場合や、複数の債務がある場合には、和解条項において、充当関係が定められることも多い。もちろん、定めがなければ法定充当によることになる（民489条、491条）が、あえて法定充当のとおりの約定を設けた場合は、任意条項であり、それと異なる定め（まず元本に充当するなど）がされれば、特約条項と位置づけられる。

(5)　任意条項（道義条項、紳士条項）

法的効力のない任意条項にも、さまざまなものがある。

　(ア)　任意条項と給付条項

1つには、和解条項において、当事者が法的責任についてはともかくとして道義的責任があることを認めたり、反省の態度や遺憾の意を示したり、今後は同様の事態に至らないよう努めると宣明するなどにより、現在の紛争を鎮静化させ、将来の紛争を防止しようとする条項である。和解条項としては不利益な内容となる側の当事者も、これにより面子が立つこともある。

これに似て非なるものとして、作為・不作為の内容を具体的に特定し、そのようなことをしないと合意することがある（たとえば、相手方自宅の半径10メートル以内に近づかないとか、手紙を送ったり電話をかけたりしないとか）が、これは給付条項と解され、法的効力を有する。一方、そこまで内容が特定されていない条項については、道義条項・紳士条項とみなされ、これを遵守する努力義務があるにとどまり、これに反したからといって、直ちに法的効力を有するものではないと解される。このような条項では、当事者双方の納得が得られる文言であることが重視され、立場いかんで多義的解釈ができる文言であっても許容される。もっとも、実際には、当事者に誤解がないよう、和解成立に際し、当該条項が道義条項、紳士条項である（給付条項ではない）ことを念押ししておくべきであろう。

当事者の中には、道義条項、紳士条項とするよりも、給付条項とするよう希望されることもある。ストーカー事案、セクハラ事案などでは、その要請が高

い。ただし、これまでの経緯から禁止すべき行為が具体的に想定できる場合は、給付条項とすることも比較的容易であろうが、そのような事案でなければ、道義条項、紳士条項にとどめておくほうが相当な場合も少なくない。あまり広範すぎる定めをして実効性がなくなると、かえって条項を遵守できなくてもやむを得ないといった思いを当事者に抱かせるおそれもある。

(イ) 口外禁止条項

また、紛争の内容や和解条項の内容などを口外しないという条項（口外禁止条項とよばれる）も、道義条項・紳士条項の一つである。このような条項を定めたからといって、その違反に対して制裁を科すことや、第三者からの記録の閲覧謄写申請を拒否することはできないが、和解条項として定められた以上は、当事者がこれを遵守することが期待できる。このため、訴訟上の和解をすることによる社会的名誉、風評の低下を懸念する当事者から、和解の条件として、口外禁止条項を定めることを希望されることがある。このような条項には、名誉毀損、信用毀損といった事後の紛争を防ぐ意味もあるといえる。

事案によっては、口外を禁止あるいは許容する人的範囲（支援者には知らせたいとか、株主には開示しなければならないという場合もある）、内容（解決金の額だけか、和解条項全部か、和解が成立したこと自体も含むか）、方法（SNSでの言及は不可とか）等をめぐって、デリケートな調整を求められることもある。SNSでの名誉毀損が争われた事案では、和解において、被告がツイッターのトップに一定期間謝罪文を掲載し、これを原告がリツイートする方法での口外のみを許容すると定められたこともある。

なお、当事者の中には、口外禁止条項には閲覧制限と同様の効果があると誤解していて、後日裁判所がマスコミ関係者に記録の閲覧謄写を認めたところ、苦情を述べられたという例もあるので、注意が必要である（どうしても閲覧謄写を避けたいのであれば、調停手続を利用すべきである）。

2. その他の条項

効力条項の中でも、基本的な効力条項以外に、清算条項、付随条項とよばれるものがある。また、和解条項の最後には、訴訟費用の負担に関する条項が設けられるのが通常である。

(1) 清算条項

基本的な効力条項が、主に訴訟物に関する何らかの権利または法律関係を確認したり形成したりして、積極的に何らかの定めをするものであるのに対し、そのように定めたもの以外の権利や法律関係がないことを確認することにより、将来の紛争を防止しようとするものが清算条項である。

清算条項の例としては、原告がその余の請求を放棄するとの条項（権利放棄条項）、当事者間では、和解条項に定める以外に何らの債権債務がないことを相互に確認する条項（包括的清算条項）が多く用いられる。

(ア) 権利放棄条項

「その余の請求」とは、通常、訴訟物になっている請求権のうち、和解条項で取り決められた以外のものを指す。たとえば、100万円の貸金請求事件で、100万円の支払義務があることを認めつつ分割払の和解となったときでも、即時に全額払うことを約束しつつ、訴訟費用を全額被告の負担とするのでなく各自の負担としたときでも、権利放棄条項が入れられるのが通例である。

仮に、一部和解あるいは訴訟物以外による限定をする場合は、「その余の本訴請求」、「その余の賃料請求」、「その余の本件賃貸借契約に関する一切の請求」などと明確に範囲を確定すべきである。

なお、請求を「放棄する」との条項は、訴訟上の請求の放棄ではなく、いわば免除がされたものと解されている。

(イ) 包括的清算条項

単に清算条項というときは、こちらを指すことが多い。

これについても、「本件に関し」と限定を付するときは、訴訟物になっている請求権を指し、かかる限定がないときは、当事者間で一切の債権債務がないことの確認がされたことを意味する。訴訟物以外での限定を付するときは、「故○○○○の生前の財産処分に関し」、「本件交通事故（物的損害を含む）に関し」などと、疑義のないよう明確な形で限定する。

(2) 付随条項

付随条項とは、本案事件に付随、関連する事件についての合意を条項化したものである。たとえば、金銭請求がされる場合には、あらかじめまたは並行して仮差押えがされることがあり、登記請求や引渡・明渡請求では、仮処分がさ

れることがあるが、仮差押えや仮処分の決定に際しては、担保が立てられるのが通例である。そこで、和解をするにあたって、担保権者が担保取消しに同意するのであれば、簡単に担保を取り戻すことができる。逆に、これを失念すると、和解の内容にもよるが、通常、権利行使催告をしないと担保取消決定を得られないので、担保を取り戻すのに手間暇がかかる。また、実務上、担保取消決定に対して抗告しないとの条項も盛り込まれるのが通例である。これを盛り込んでおけば、担保取消決定が直ちに確定することから、さらに迅速に担保を取り戻すことができる。強制執行停止の担保等についても、同様である（なお、実務上は、解決金の支払に代えて、担保の取戻請求権を相手方に譲渡することにより、和解することもある）。

(3) **訴訟費用の負担に関する条項**

訴訟費用の負担に関する条項は、訴訟費用を各自の負担とするものと、それ以外の定めをするものとに大別される。前者については、特に条項として定めなくても、各自が負担する（お互いに自分が要した費用を自分が負担するものとし、相手方に請求しない。民訴68条）ことになるが、疑義を避けるために設けられるものであることから、任意条項と位置づけられる。これに対し、後者は、それと異なる定めをすることから、特約条項と位置づけられる。奨学金返還請求訴訟などで、支払督促申立手数料だけは被告の負担と定める例がある。

また、利害関係人が和解に参加する場合、利害関係人にも費用が発生するが、これは、訴訟費用には含まれない和解費用であることから、これをどのように負担するかを定める必要がある。

(4) **末尾3条項**

和解条項の最後には、「その余の請求を放棄する」条項、「その余の債権債務がないことを確認する」条項、訴訟費用の負担に関する条項が設けられるのが通例であることから、これらをあわせて、末尾3条項ということもある。

3. 前　文

道義条項、紳士条項と似た機能を有するものとして、前文があげられる。

これは、和解において必須のものではないが、事案により、訴えの提起に至った経緯、和解に至った経緯や趣旨、当事者の立場・考え方を明らかにする

ために設けられることがある。これを設けることにより、道義条項や紳士条項と同様、当事者が和解することに納得できるという効用がある。[2]

Ⅲ 条項の内容面での留意点[3]

1. 総論

　和解条項は、権利や法律関係の紛争を解決するための条項であるから、その中核は、当事者間で、権利関係を確定したり、新たに権利を発生・変更等したりする内容となる。すなわち、和解の当事者にとって、和解条項は行為規範であり、和解成立後、当事者は、和解条項に従って行動しなければならない。そこで、和解条項のうち、少なくとも後記の確認条項、形成条項、給付条項などについては、明確な内容であることを要する。

2. 和解条項の要件

　もちろん、和解条項は、当事者において合意できる事項で、合意内容が実現可能なものでなければならないし、合意内容が適法である（公序良俗にも反しない）ことを要する。

　たとえば、暴利行為を内容とする和解、利息制限法違反の利息・損害金を認める和解、最低賃金を下回る賃金しか認めない内容の和解は許されない。また、判決でしか効力を生じないはずの詐害行為取消権（民424条）について、当事者間の合意で効力を発生させることはできない。隣接地相互の境界についても、形式的形成訴訟である境界確定の訴えあるいは筆界特定制度（不登123条以下）によって決すべき事項であり、当事者間で変更すべきものではない

2　C型肝炎訴訟において被害者・弁護団と国との間で締結された基本合意書には、「フィブリノゲン製剤及び血液凝固第Ⅸ因子製剤にC型肝炎ウイルスが混入し、多くの方々が感染するという薬害事件が起き、感染被害者及びその遺族の方々は、長期にわたり、肉体的精神的苦痛を強いられている。（中略）原告らが特定フィブリノゲン製剤及び特定血液凝固第Ⅸ因子製剤によるC型肝炎感染被害者を救済するための給付金の支給に関する特別措置法に基づく給付金の支給を受けることにより、同訴訟事件及びこれと同種の後続訴訟事件に係る紛争を解決するため、次のとおり基本事項を合意した。」という前文が設けられている。
3　裁判所職員総合研修所監・前掲書（注1）5頁以下。

（一方、土地の所有権の範囲という形であれば、当事者間で合意可能である）。これに対して、同じく形成訴訟であっても、共有物分割の訴え（民258条）では、共有物分割を内容とする和解は可能である。離婚の訴え（民770条）についても、現在の人事訴訟法37条により、和解による離婚が可能となった（従前は、当事者間で離婚の合意ができたとしても、調停離婚とするか、協議離婚届出をしてもらっていた）。

　実現可能であることおよび適法であることを要するとの点については、契約締結の場合と同様である。

3. 訴訟物以外の権利、法律関係

　実務では、訴訟物以外の権利や法律関係を取り込んで和解をすることが一般的に行われている。訴訟物は、当事者間の紛争の一部にすぎないことがあり、絶対的なものではなく、訴えの変更も可能であるし、相殺の抗弁が出されると、訴訟物以外の権利関係についても審理の対象とならざるを得ない。実際上も、訴訟物とされたもの以外に未解決の紛争がある場合、これらも含めて一括解決を図ろうとするならば、互譲の余地も大きくなることから、和解の余地も大きくなるといえる。もちろん、双方の利害調整も複雑化することは否めないから、一括解決をめざすことが常に正しいとは限らない。

　そして、訴訟物以外の権利や法律関係を包括して和解をする場合には、当該権利や法律関係についても、訴訟物であったかどうかを問わず、確定判決と同様とされる和解の効力が及ぶとされているから、当該権利や法律関係についても、特定が必要となる。たとえば、当該権利が物権であるならば、権利者、権利の種類、権利の客体でもって特定されるし、債権であるならば、権利者、義務者、権利の種類、給付の内容、発生原因で特定される（訴訟物の特定と同じことである）。もっとも、訴訟物は、和解調書の記載事項である請求の趣旨および原因において特定されるが、訴訟物以外の権利や法律関係については、請求の趣旨および原因には記載されないから、和解条項中で特定される必要があ

---

[4] 境界確定訴訟では、土地の所有権を確認することにより、また、請求異議訴訟では、債務名義に表示された権利関係自体を変更することにより、あわせて訴訟を終了させる内容の和解をすることがある。裁判所職員総合研修所監・前掲書（注1）7頁以下。

る。

4. 利害関係人の参加

　当事者以外の者も入れて和解をすることが紛争解決に資する場合もある。たとえば、長期分割払とする代わりに、当事者以外の者が分割払の債務を保証してくれれば、債権者としても互譲に応じやすい。そのような場合、利害関係人が和解に加わった形で、和解条項に盛り込まれる。

　また、本来は和解をすることができないとされている債権者代位訴訟でも、債務者が利害関係人として参加するなら、和解をすることも可能と解される。債権者代位の場合には、債権者が債務者の権利を勝手に処分することができないと解されているため、和解できないという制約があるが、その債務者が参加するのであれば、和解を許容してよいはずである。株主代表訴訟において会社が参加する場合も同様に解される。また、労働委員会の救済命令取消訴訟で労働組合が参加する場合、特許取消訴訟で特許を有する会社が参加する場合などでも、原告と被告補助参加人との合意内容によっては、和解も可能と考えられる。

Ⅳ　具体例[5]

　以上を踏まえ、第1審における具体的な和解条項を素材にして、以下、検討を行うこととする。[6]

1. 和解条項の例1

　原告が、被告に、貸金500万円の返還を求めたのに対し、被告が、受領した

---

[5] 裁判所職員総合研修所監・前掲書（注1）、星野雅紀編『和解・調停モデル文例集〔改訂増補3版〕』（新日本法規出版・2011年）、園部厚『和解手続・条項　論点整理ノート』（新日本法規出版・2009年）に、和解条項の例が多数掲載されている。

[6] 控訴審で和解が成立した場合に作成すべき和解調書は、原則として、第1審における場合と同様であるが、請求の表示の記載については、第1審判決の「事実及び理由」を引用することが多い。裁判所書記官実務研究報告書『民事上訴審の手続と書記官事務の研究』（司法協会・2000年）158頁。

金員は請負代金の前払であり、工事完成部分に相当する300万円は返還しないが、未完成部分200万円は返還すると反論し、これに対し、原告が、被告に工事など頼んでいないなどと再反論した事案で、被告が解決金400万円を分割払する、被告代表者が連帯保証すること、あらかじめされていた不動産仮差押えは解くことで双方合意に達した場合で、〈例1〉のような和解条項が作成されたとする。

〈例1〉

第1　当事者の表示
　　　　　　　　○○市○区○○町○丁目○番
　　　　　　　　原　　　　　告　　大　阪　太　郎
　　　　　　　　○○市○区○○町○丁目○番
　　　　　　　　被　　　　　告　　浪速建設株式会社
　　　　　　　　同代表者代表取締役　　浪　速　一　郎
　　　　　　　　○○市○区○○町○丁目○番
　　　　　　　　利　害　関　係　人　　浪　速　一　郎
第2　請求の表示
　1　請求の趣旨
　　　被告は、原告に対し、500万円及びこれに対する令和○年○月○日から支払済みまで年3分の割合による金員を支払え。
　2　請求の原因
　　　原告は、被告に対し、令和○年○月○日、弁済期を令和○年○月○日と定めて500万円を貸し付けた。附帯請求部分は遅延損害金である。
第3　和解条項
　1　被告は、原告に対し、本件について、解決金400万円の支払義務があることを認める。
　2　利害関係人は、原告に対し、被告の前項の債務を書面で連帯保証する。
　3　被告は、原告に対し、第1項の金員のうち100万円を本和解の席上で支払い、原告はこれを受領した。
　4　被告及び利害関係人は、原告に対し、連帯して、第1項の金員のうち残金300万円を、次のとおり分割して、毎月末日限り、浪速銀行本店原告大阪太郎（オオサカタロウ）名義の普通預金口座（口座番号111111）に振り込んで支払う。振込手数料は、被告及び利害関係人の負担とする。

(1)　令和○年1月から同年10月まで，20万円ずつ
　　　(2)　同年11月及び同年12月，50万円ずつ
　5　被告及び利害関係人が前項の金員の支払を怠り，その額が40万円に達したときは，当然に同項の期限の利益を失う。
　6　被告及び利害関係人が前項により期限の利益を失ったときは，原告に対し，連帯して，第1項の金員から既払金を控除した残金に対する期限の利益を失った日の翌日から支払済みまで年6分の遅延損害金を支払う。
　7　原告は，被告に対する当庁令和○年(ヨ)第○○○○号不動産仮差押命令申立事件を取り下げる。
　8　被告は，原告に対し，原告が前項の仮差押命令申立事件について供託した担保（○○法務局令和○年度金○○○○号）の取消しに同意し，原告と被告とは，その担保取消決定に対し，抗告しないことを合意する。
　9　原告は，その余の請求を放棄する。
　10　原告と被告及び利害関係人は，原告と被告との間及び原告と利害関係人との間には，本和解条項に定めるほかに何らの債権債務がないことを相互に確認する。
　11　訴訟費用及び和解費用は，各自の負担とする。

2．例1についての説明

(1)　請求の趣旨および原因

　請求の趣旨および原因によって、訴訟物を特定する（特定請求原因を記載する）。本件訴訟物となっている債権は、その場合、権利者、義務者、発生原因、権利の類型および給付の内容で特定されるところ、「原告（権利者）の被告（義務者）に対する令和○年○月○日締結の金銭消費貸借契約（発生原因）に基づく500万円（給付の内容）の貸金返還請求権（権利の類型）」および「弁済期の翌日から支払済みまでの民法所定の年3分による（給付の内容）遅延損害金請求権（権利の類型）（履行遅滞による損害賠償ということで発生原因も示されている。権利者，義務者は，主たる訴訟物と同じ。）」であることが特定されている。

　もっとも、請求の趣旨および原因については、実務的には、訴状を引用したり、訴状の当該部分のコピーを添付したりする例が多い。ただし、訴えが変更（追加、減縮）されている事案では、適宜、訴えの変更申立書の引用ないし写し

の添付もする必要があるので、注意を要する。
　(2)　第1項
　第1項は、解決金支払義務を形成する条項である。「……を認める」とあるので、確認条項にみえるかもしれないが、権利の類型（種類）に関する争いを棚上げして紛争を解決するため、権利の性質については無色透明といえる「解決金」名目で、とにかく一定の金員を払う内容で双方折り合いをつけたものである。
　(3)　第2項
　第2項は、利害関係人として被告代表者にも和解に参加してもらい、被告の債務を連帯保証するという形成条項である。
　なお、平成29年法律第44号による改正民法（債権関係）においては、事業性貸付けについて代表者や事業に従事する配偶者以外の者に保証をさせる場合、その者があらかじめ公証人に対して保証をする旨を意思表示した公正証書が必要と規定されている（民465条の6。代表者等につきその適用除外とするのが民465条の9）が、裁判上の和解の場合でも例外ではなく、かかる公正証書が必要であることに注意を要する。
　(4)　第3項
　第3項は、確認条項の中でも特に、現認証明条項とよばれるものである。これは、和解期日において裁判所の認識した事実を記載するものであり、裁判所として、和解が成立した期日において当該事実があったことを公証する機能を有する。上記の例では、期日において、被告が原告に100万円を支払い、原告がこれを受領し、裁判所がこれを現認したことを意味するので、いわば領収書代わりとなる。また、解決金400万円の支払義務のうち100万円が支払われたことで、支払義務が弁済により一部消滅した（その分の給付条項を設ける必要がなくなった）ことも意味する。
　債務の一部弁済に係る現認証明条項が設けられる場合、その条項の位置は、当該債務を発生させる形成条項ないし債務を確認する確認条項と、当該債務の給付条項との間とするのが、各条項の論理的関係に照らし、正当である。
　(5)　第4項
　前の条項において支払義務が形成され、一部が消滅したが、残部について権

利を実現するためには、給付条項を設ける必要がある。〈例1〉では、第4項において、分割払と定められ、銀行振込という弁済方法の指定もされたものである（誤振込を防止するため、口座名義人のフリガナを付すことが推奨される）。

また、「連帯して」がないと、被告および利害関係人の可分債務と解されてしまう。権利者や義務者が複数の場合、可分か不可分か連帯かを明示する必要がある。

なお、給付条項を定めるにあたっては、あれこれと別の種類の条項を混在させないのが望ましいとされているが、振込手数料（弁済費用）の負担に関する条項については、わかりやすさの点から、当該給付と密接に関連する条項として、給付条項とあわせて定められることが多い。〈例1〉では、弁済費用を債務者負担と定めているので、任意条項と位置づけられる。

(6) 第5項・第6項

第5項では、懈怠約款が定められている。実務上は、わかりやすいように、第6項とあわせて「……期限の利益を失い、第4項の金員から既払金を控除した残額及びこれに対する期限の利益を失った日の翌日から支払済みまで年6分の遅延損害金を付して一括払いする。」などと定められることも多い。しかし、残額の一括払いの点については、その記載がなくても、第4項が給付条項として機能するので、これと別にさらに給付条項を定めると、給付条項が重複することになり、必ずしも望ましいとはいえない。そこで、〈例1〉においては、第5項は、単に期限の利益を喪失する要件を定めるだけの懈怠約款とし、第6項では、遅延損害金のみの給付条項としている。

なお、期限の利益喪失約款としては、〈例1〉のほかに、「前項の金員の支払を2回怠ったときは」あるいは「2回分怠ったときは」などと定める例も多い。しかし、たとえば、1月と2月に10万円ずつしか支払えなかったとき、不履行を2回重ねたことになるのか疑義が生じる。その点、第5項は、そのような疑義が生じない。反面、第5項によると、11月からは、1回でも支払を怠ると期限の利益を喪失するため、当事者が同意しない可能性がある。そこで、1回に支払う金額に変動がある場合は、疑義が生じる可能性があるとしても、「2回分」などとするのが簡便ではある。仮に、第5項のような方式で、11月以降も1回の不履行では期限の利益を失わないように定めるとすれば、「支払

を怠った額が，令和〇年1月から同年10月までの間は40万円に達したとき，同年11月からは70万円に達したときは……」などと定めることになろう。

　疑義がないようにしようと思えば、条項が複雑になり、かえってわかりにくくなるという面もあることから、実務上は、当事者の意向を踏まえて、適宜の条項が選択されている。

(7)　第7項

　第7項は、関連事件についての取下げを合意した付随条項である。もちろん、これで仮差押命令申立事件が当然に取下げになるのではなく、別途、保全裁判所に対して、取下書を提出する必要がある。万が一提出されなかったときは、被告は、保全異議を申し立て、その中で、和解が成立したと主張して、被保全権利や保全の必要性なしということで仮差押命令取消しの判断を受けることになろう。

(8)　第8項

　第8項は、保全の担保取消しに関する付随条項である。原告としては、供託金を速やかに取り戻したいところであり、そのためには、担保権者である被告に担保取消しに同意してもらい（民訴79条2項）、担保取消決定を直ちに確定させる必要がある。担保取消決定を直ちに確定させる方法としては、第8項の不抗告の合意（民訴281条1項ただし書、331条）をする場合のほか、抗告権放棄の形式による場合（「被告は，その取消決定に対し，抗告しない。」という条項となる。民訴284条、331条）も多い。控訴権については、判決が出ないのに不控訴の合意をすることはできないとか、控訴権放棄をすることはできないという学説が有力ではあるが、それは、いかなる判決が出るかわからない段階でそのようなことを認めると不利益が大きい、公正でないとの理由による。しかし、同意による担保取消決定の場合に限っては、そのような懸念は全く不要であり、実務的には、不抗告の合意形式であろうと抗告権放棄の形式であろうと、担保取消決定の即時確定を認めている。

(9)　第9項ないし第11項

　第9項ないし第11項は、末尾3条項である。

　訴訟物は貸金であるが、被告は請負とも主張しているので、清算の範囲を「本件に関し」と限定してしまうと、当然には請負の点まで解決したことにな

らず、紛争の火種が残る可能性がある。また、清算の人的範囲について「原告と被告の間」「原告と利害関係人の間」などと明示する必要もある（被告と利害関係人の間については対象外）。

また、利害関係人がいる関係で、和解費用の定めも設けている。

3. 和解条項の例2

原告が、賃料不払を重ねた被告に対し、賃貸建物の明渡しを求めたが、被告が、信頼関係が破壊されていないと主張した事案で、原告が引越費用を支払うことを条件に被告が本件建物を明け渡すという内容で合意した場合に、〈例2〉のような和解条項が作成されたとする。

〈例2〉

（当事者の表示は省略）
第2　請求の表示
　1　請求の趣旨
　　(1)　被告は、原告に対し、別紙物件目録記載の建物（別紙は省略。以下「本件建物」という。）を明け渡せ。
　　(2)　被告は、原告に対し、令和元年7月1日から第1項の建物明渡し済みまで、1か月10万円の割合による金員を支払え。
　2　請求の原因
　　　原告は、被告に対し、平成○年○月○日、本件建物を賃貸した（以下、この契約を「本件賃貸借契約」という。）。本件賃貸借契約は、令和元年11月30日限り、終了した。
第3　和解条項
　1　原告と被告は、令和元年11月30日限り、本件賃貸借契約を合意解除する。
　2　原告は、被告に対し、本件建物の明渡しを令和2年3月31日まで猶予する。
　3　被告は、原告が第9項(1)の金員を支払ったときは、原告に対し、第2項の期日限り、第9項(2)の金員の支払と引換えに、本件建物を明け渡す。
　4　被告は、原告に対し、以下の支払義務があることを認める。
　　(1)　令和元年7月1日から同年11月30日までの賃料50万円
　　(2)　同年12月1日から本件建物の明渡済みまで1か月10万円の割合による遅

延損害金
 5　原告と被告とは，被告が本件賃貸借契約に伴い原告に寄託した敷金が30万円であること，これが全額前項(1)の未払賃料に充当された結果，未払賃料の残額が20万円であることをそれぞれ確認する。
 6　被告は，原告に対し，令和2年4月1日限り，前項の残額及び第4項(2)の金員を支払う。
 7　被告が，第3項の期日限り，第3項の明渡しをしたときは，原告は，被告に対し，前項の支払義務を免除する。
 8　原告は，被告に対し，立退料として，30万円の支払義務があることを認める。
 9　原告は，被告に対し，前項の金員を，以下のとおり分割して，被告方に持参又は送金して支払う。
　(1)　令和2年3月1日限り，10万円
　(2)　被告が第2項の期限内に，第3項の明渡しをするのと引換えに，10万円
　(3)　被告が第3項の明渡しをした後1か月以内に，10万円
 10　被告は，第2項の期限経過時において，本件建物に残置した動産類の所有権を放棄し，原告が自由に処分することに異議を述べない。
 11　原告は，その余の請求を放棄する。
 12　原告と被告は，本件（敷金返還請求権を含む）に関し，原告と被告との間には，本和解条項に定めるほか，何らの債権債務がないことを相互に確認する。
 13　訴訟費用は，各自の負担とする。

4.　例2についての説明

(1)　請求の趣旨および原因

　〈例2〉でも，債権が訴訟物となっており，権利者、義務者、発生原因、権利の類型および給付の内容で特定されるところ，「原告（権利者）の被告（義務者）に対する平成〇年〇月〇日締結の賃貸借契約の終了（発生原因）に基づく本件建物の明渡請求権（給付の内容，権利の類型）」および「令和元年7月1日から前項の明渡済みまで1か月10万円の割合による金員の支払（給付の内容。なお，賃貸借契約終了前は賃貸借契約に基づく賃料，終了後は明渡義務の履行遅滞

による損害賠償ということで発生原因，権利の類型も特定できる。権利者，義務者は，主たる訴訟物と同じ。)」である。

(2) 第1項

第1項は、本件賃貸借契約を合意解除により終了させる形成条項である。年月日を特に断らない場合は、和解が成立した期日において解除されたことになる。契約終了後は、被告は無権原で本件建物を占有していることになり、その後金員を支払うべき場合も、賃料ではなく損害金となる。

(3) 第2項・第3項

第2項は、明渡しの猶予期間を設定したものである。しかし、これを経過しても被告が明渡しをしない場合、第3項を設けておかないと、明渡しの強制執行をすることができない。なお、第3項には、先履行（第9項(1)）、確定期限および同時履行（第9項(2)）の付款がついているが、前述のとおり、原告は、先履行部分を証明すれば、条件成就執行文の付与を受けることができる。

(4) 第4項

第4項は、第1項で形成された本件賃貸借契約の終了を前提として、賃料および賃料の支払義務を確認したものである。

(5) 第5項

第5項は、訴訟物とは別の権利関係である敷金について、全額未払賃料に充当されたこと、その結果の未払賃料の残額を確認する条項である。

(6) 第6項・第7項

第6項は、未払賃料および損害金の給付条項である。ただし、第7項で任意の明渡しがあれば免除すると定め、第8項以下の立退料の支払と相まって、任意の明渡しに向けてのインセンティブとなる。

とはいえ、第6項についても、明渡済みであることは被告の立証責任に属する事情であり、原告は、その点を立証するまでもなく、単純執行文の付与を受けることができる。本当に明渡済みであるならば、被告においてこれを立証することにより、執行文付与に対する異議ないし請求異議が認められる。

(7) 第8項・第9項

第8項は、立退料の支払義務を発生させる形成条項である。第9項は、その給付条項であり、明渡しとの関係では、(1)は先履行、(2)は同時履行、(3)は不確

定期限付きと定めたものである。実務的には、第8項と第9項とを1つの条項にまとめる例もある。2つの条項に分けると立退料の支払義務が目立ってしまうので、支払う側に抵抗があるかもしれないとか、どちらかといえば従たる合意なので簡便にしたいとか、いろいろな思惑があり得る。

(8) 第10項

第10項は、明渡事案では必須ともいえる条項で、これがないと将来の残置動産をめぐる紛争を招きかねない。残置動産を倉庫に保管しなければならないとすれば、大変な負担となってしまう。

(9) 第11項

第11項以下は、末尾3条項である。清算条項では、訴訟物以外の敷金関係も解決したことを明示している。

V まとめ

和解調書の記載は、確定判決と同一の効力を有するとされている（民訴267条）。当事者としては、判決による決着を選べば上訴される可能性があるところ、和解であれば早期に紛争が解決すると信じて、ある程度互譲し、我慢をして和解に応じるのが通例である。ところが、過去には、ようやく成立した和解における和解条項の解釈をめぐって、最高裁判所まで争われた例がある[7]。こうしたことになっては、和解に応じた当事者の期待を大きく裏切り、裁判所に対する信用を失墜させてしまう。裁判所としては、このようなことにならないよう、十分注意したいものである。

（福田修久）

---

[7] 最判昭和31・3・30民集10巻3号242頁、最判昭和46・12・10裁判集民104号607頁。

第8章 和解の効力

I 訴訟上の和解の効力

1. 訴訟上の和解の効力

　訴訟上の和解が成立することにより、訴訟が完結する（訴訟終了効）[1]。その内容が調書に記載されると、その記載は、確定判決と同一の効果が生じるものとされる（民訴267条）。そのため、和解条項中にいわゆる給付条項がある場合には、和解調書は債務名義となる（いわゆる執行力。民執22条7号）。このほかに、和解調書の記載が既判力を有するかどうかについては、学説上争いがあるところであるが、後に触れる。

2. 訴訟上の和解の効力が争われる場面

　訴訟上の和解が成立し、訴訟が終了したにもかかわらず、その後、和解の効力をめぐり紛争が発生することがある。このような場合、訴訟の当事者は、これをどのような要件の下、どのような手段によって争うことができるかが問題となる。実務上、訴訟上の和解が無効であるとの主張がされることは、裁判官として時折経験するところであるが、無効事由として主張されるのは、代理権の欠缺、あるいは要素の錯誤が大部分を占めるといわれる[2]。このような紛争の形態は、和解が成立する過程に意思の瑕疵があることを理由にその効力を否定

---

[1] 実務上は、調書記載を訴訟上の和解の成立要件ではなく、効力発生要件と解している（裁判所書記官総合研修所編『民事実務講義案1〔5訂版〕』（司法協会・2016年）303頁）。
[2] 後藤勇＝藤田耕三編『訴訟上の和解の理論と実務』（西神田編集室・1987年。以下、「理論と実務」という）486頁〔藤原弘道〕。

する場合と、訴訟上の和解が成立した後の事情により、和解の解除が主張される場合とが考えられる。そこで、以下、これら2つの場合それぞれについて、学説の状況を概観したうえで、判例を紹介する。

Ⅱ 意思の瑕疵があったことを理由に訴訟上の和解の効力を否定することの当否

1. 学　説

　意思の瑕疵があったことを理由に訴訟上の和解の効力を否定することの当否を検討する前提として、訴訟上の和解の性質に関する学説について概観する。訴訟上の和解の法的性質に関しては、

① 訴訟終了の合意、あるいは、当事者間でされた和解の結果を裁判所に示す行為であると理解する訴訟行為説

② 訴訟の終了は、和解によって紛争が消滅したことに伴って当然に生じるとする私法行為説

③ 訴訟行為と私法上の和解契約が併存しているとする併存説

④ 法律的には1個の行為であるが、私法上の性質と訴訟法上の性質の二面性があるとする両性説（両面説、両行為競合説）

がある。

　このうち、②の私法行為説は、訴訟上の和解を、たまたま訴訟上の期日で締結される私法上の和解契約であって、和解調書はこれを公証するものにすぎないとし、訴訟終了の効果を導くにあたっては、訴訟物の消滅という説明をしたり、別に訴えの取下げを観念したりすることとなる。

　これに対し、①の訴訟行為説は、訴訟上の和解を、私法上の和解契約とは全

3　中野貞一郎ほか編『新民事訴訟法講義〔第3版〕』（有斐閣・2018年。以下、「大学双書」という）442頁〔河野正憲〕。

4　和解において錯誤を主張することのできる、実体法上の要件に関する判例としては、最判昭和33・6・14民集12巻9号1492頁および最判昭和38・2・12民集17巻1号171頁がある。いわゆる債権法改正に伴う民法95条の改正については、『一問一答民法（債権関係）改正』（商事法務・2018年）19頁以下を参照されたい。

く別個の、純然たる訴訟行為であると考える。この中でも、訴訟終了を目的とする当事者間の訴訟行為であるとする見解と、双方が互譲した結果を一致して裁判所に陳述する合同訴訟行為であるとする見解とがある。訴訟行為説は、和解契約の無効・取消しが、訴訟上の和解の効力に直接の影響を及ぼさないようにすることを指向するものである。

③の併存説は、訴訟上の和解は、私法上の和解契約と訴訟行為とが結合して併存しているとみる説である。そして、この結合関係については、両者が互いに他の有効であることを条件としているとする立場と、訴訟行為は和解契約の有効なことを条件とするが、和解契約は、訴訟行為の有効であることを前提とするものではないとする立場とがあり得るとされる。

④の両性説は、訴訟上の和解は単一の行為であり、私法上の和解としての性質と、訴訟行為としての性質とを兼有するとし、そのいずれかの面に無効原因があれば、訴訟上の和解が全体として無効となると説明する[5]。

このような法的性質論は、訴訟上の和解の訴訟終了効や、既判力の有無に関する議論とも関連がある。もっとも、法的性質論それ自体は、訴訟上の和解の要件・効果や、既判力の有無等に関する見解の当否を考えるにあたり、決定的な意味をもつものではないとの指摘が有力である[6]。

2. 判 例

判例は古くから、以下のとおり、訴訟上の和解が、意思表示の瑕疵により無効となることを認めている。

(1) 大判大正6・9・18民録23輯1342頁

この判決は、「民事訴訟法上ノ和解カ当事者ノ意思表示ノ瑕疵ニ因リテ無効ナルヤ又ハ取消スコトヲ得ヘキヤ否ヤニ付テハ民法ノ規定ニ従テ之ヲ定ムヘキモノ」であると説示したうえで、訴訟上の和解が錯誤無効であるという主張に対する判断を示しており、訴訟上の和解の効力が意思表示の瑕疵により影響を

---

[5] 兼子一ほか『条解民事訴訟法〔第2版〕』(弘文堂・2011年。以下、「条解民訴」という) 1474頁〔竹下守夫＝上原敏夫〕。学説の状況については、同書に掲記の文献を参照されたい。
[6] 大学双書438頁、高橋宏志『重点講義民事訴訟法(上)』(有斐閣・2005年。以下、「重点講義」という) 678頁など。

受けるとの理解を前提としている。
(2) 大判昭和10・9・3民集14巻1886頁
　この判決は、「上告人（該事件原告）ヨリ被上告人（同被告）ニ対スル求償権ノ当然ノ存在ヲ前提トシテ為サレタル裁判上ノ和解（当事者ノ行為）ノ当然無効ナルヤ之ヲ冒頭ノ判示ニ照シ甚タ明白ナル故ニ此ノ和解ハ以テ執行ノ基本タル請求権ヲ生スルニ足ラス請求ニ関スル異議ノ本訴於是理由アルト共ニ此ノ和解ハ又訴訟終了ノ効力ヲ生セサルニ於テ前記区裁判所事件ハ今尚繋属セリ」と判示し、訴訟上の和解の効力が、意思表示の瑕疵により影響を受けるとの理解を前提とするものである。
(3) 大判昭和14・8・12民集18巻903頁
　この判決は、「裁判上ノ和解ハ確定判決ト同一ノ効力ヲ有スルコトハ民事訴訟法（筆者注：旧法）第203条ノ規定スル所ナルモ確定判決ト異リ一面私法上ノ契約タル性質ヲ有」すると説示し、両性説的な考え方を示した。
(4) 最判昭和31・3・30民集10巻3号242頁
　この判決は、「裁判上の和解は、その効力こそ確定判決と同視されるけれども、その実体は、当事者の私法上の契約であつて契約に存する瑕疵のため当然無効の場合もあるのであるから、その有効無効は、和解調書の文言のみに拘泥せず一般法律行為の解釈の基準に従つてこれを判定すべき」であると判示しており、訴訟上の和解の効力が意思表示の瑕疵により影響を受けるとの理解を前提としている。
(5) 最判昭和38・2・12民集17巻1号171頁
　この判決は、錯誤に関する実体法上の規定（民696条）が、裁判上の和解についても適用される余地があることを前提とし、「第1審で訴訟の目的物とされた原告主張の30万円の手形金債権及び損害金債権を原告が有することをその口頭弁論期日における本件和解において被告が認めた以上は、たとえ和解後に至り和解において被告がこれを認めたことが右被告主張の如き錯誤にいでたものであつたとしても、本件和解は無効とされるべきでなく民法696条により効力を妨げられないものと解するのを相当とする」と判示した。
　こういった判例の評価としては、判例を全体としてみるとき、私法行為説、併存説および両性説が混在しながら、主流は両性説に立っていることについて

は異論がないとされる。両性説の見解は、訴訟上の和解の効力を2つの側面からとらえることによって、その効力が問題となるさまざまな局面において、適切かつ妥当な結論を導くことを可能とするものと考えられる。

Ⅲ 訴訟上の和解と既判力

1. 学説

(1) 既判力の有無

確定判決は既判力を有し（民訴114条1項）、訴訟上の和解の内容が調書に記載されると、その記載は、確定判決と同一の効果が生じるとされることから（民訴267条）、これらの規定からすると、訴訟上の和解には既判力を認められることになりそうである。ところが、仮に既判力が肯定されるとするならば、訴訟上の和解に係る意思表示に瑕疵があったとしても、和解の有効性を事後に争うことが制限されることとなる。この点については、学説上の争いがあるところ、訴訟上の和解に既判力が認められるかどうかについては、これを肯定する見解（既判力肯定説）、否定する見解（既判力否定説）および制限的既判力説が説かれている。

(2) 和解の効力を争うことの当否

訴訟上の和解に既判力を認めるかどうかに関する学説上の争いに加え、訴訟上の和解の効力を争う場合に、どのような形式により主張すべきかという点については、さらに見解が分かれる。

① 既判力肯定説は、和解調書に確定判決と同一の効力が認められていること等を根拠とし、訴訟上の和解に既判力を肯定する。この立場は、和解無効の要件を、判決の無効原因や再審事由に準ずる瑕疵に限定し、その申立

---

7 町田顕「訴訟上の和解の無効と実務上の取扱い」鈴木忠一＝三ケ月章監『実務民事訴訟講座(2)』（日本評論社・1969年）202頁。
8 学説の状況については、条解民訴1479頁およびそこに掲記の文献、理論と実務479頁を参照されたい。
9 学説の状況については、条解民訴1479頁およびそこに掲記の文献、理論と実務479頁を参照されたい。

方法は再審の訴えに準ずる訴えであるとする。この立場は、実体法上の無効事由（錯誤、詐欺・強迫による取消し）による無効を認めない。
② 既判力否定説は、和解が判決とは異なる自主的解決方式であり、そこには公権的解決におけるような既判力による権利関係の確定あるいは一事不再理の要請はなく、逆に当事者意思に重点がおかれるべきこと等を根拠とし、訴訟上の和解の既判力を認めない。この立場は、実体法上の瑕疵を理由として、和解無効を主張することができることとされる。
③ 制限的既判力説は、和解は、それが無効であることが確定されない限り既判力を有すると解するもので、一方で訴訟上の和解に既判力を認めつつ、他方で実体法上の瑕疵を理由とする和解無効を主張することも認める。

2. 判　例

訴訟上の和解の既判力に言及した判例としては、以下のものがある。
(1)　大判昭和10・7・25評論24巻民訴340頁
　この判決は、「裁判上ノ和解ハ之ヲ調書ニ記載シタルトキハ其記載ハ確定判決ト同一ノ効力ヲ有スルヲ以テ其後ニ於テ更ニ和解前ノ訴ト同一ノ訴ヲ提起スルコトハ之ヲ許ササルモノト云ハサルヘカラス」と説示したうえ、原審が、和解成立前の事実に基づく請求については、これと同一の趣旨により上告人の請求を排斥し、和解成立後の事実に基づく請求については上告人主張の事実を認めるに足りる証拠がないとして、請求を排斥したことに違法はないとの判断を示した。
(2)　最大判昭和33・3・5民集12巻3号381頁
　かつての罹災都市借地借家臨時処理法（現行の「大規模な災害の被災地における借地借家に関する特別措置法」（平成29年法律第45号）の制定に伴い、同法附則2条1号により廃止された）においては、賃借権の設定または借地権の譲渡に関する裁判（同法15条）は、裁判上の和解と同一の効力を有するものと規定されていたところ（同法25条）、本判決は、賃借人が、同法15条に基づく申立てを却下する裁判がされた後、それと同一事実を請求原因として、同内容の訴えを提起したという事案について、原判決が、賃借権設定および条件確定の申立て

を却下した決定には既判力があり、上告人が同申立事件で主張したのと同一事実を請求原因とする本訴請求は理由がないとして排斥したことは正当であると判断した事案である。その理由中の説示において、「(罹災都市借地借家臨時処理法) 25条は、同法15条の規定による裁判は裁判上の和解と同一の効力を有する旨規定し、裁判上の和解は確定判決と同一の効力を有し……、既判力を有するものと解すべきであ」ると判示している。

Ⅳ 訴訟上の和解の効力を争う方法

1. 学　説

　訴訟上の和解を無効であると考える当事者が、その効力を争おうとする場合に、どのような方法によることができるか、というのがここでの問題である。既判力否定説の立場からは、再審の訴えに準ずる訴えによるべきであると主張されることはすでに触れたが、このほか、以下のように主張される[10]。
① 期日指定の申立てによるという説
　　訴訟の係属中に和解が成立すると、その訴訟は終了することから、訴訟上の和解の無効を主張する者は、いったんは終了した訴訟について期日指定の申立てをし、それに基づいて開かれる口頭弁論において和解の無効を主張し、その点の判断を求めたうえ、終了したかにみえた訴訟について、さらに審判を求めるという考え方である[11]。裁判所は、和解が有効であると判断するときは、訴訟終了宣言の判決をし、和解が無効であると判断するときは、従来の訴訟を続行することとなる。
② 和解無効確認の訴えの提起によるという説
　　この見解は、端的に和解無効確認の訴えを許し、その判決の効力により、訴訟上の和解の効力を否定しようとする考え方である。和解を無効と確認する判決がされた後の処理についてはさらに説が分かれ、旧訴について期日指定の申立てをするという見解と、旧訴は復活せず、常に新訴を提

---
[10] 学説の状況については、条解民訴1481頁およびそこに掲記の文献を参照されたい。
[11] 理論と実務490頁。

起すべきであるとする見解とがある。[12]

③ 請求異議の訴えの提起によるという説

　この見解は、和解調書が債務名義となる場合に、訴訟上の和解が意思表示の瑕疵等により無効であることを異議事由とする請求異議の訴えを許容する考え方である。

また、特に上記①および②の説く方法につき、いずれか一方しか認めない見解、いずれも許容しつつ、原則例外の関係を措定する見解、無効を主張する者の選択に委ねる見解などが主張されている。[13]

2. 判　例

訴訟上の和解の無効を主張する方法につき、判例は、以下のとおり、和解の成立した事件について期日指定の申立て、和解無効確認の訴えの提起および請求異議の訴えの提起のいずれも認めている。

(1) 期日指定の申立てを許容するもの

　(ア) 大決昭和6・4・22民集10巻380頁

この判決は、「訴訟物ニ付和解契約成立シ因テ訴訟ノ終了アリタル裁判上ノ和解ニアリテモ其ノ訴訟物タル私法上ノ権利又ハ法律関係ニ付為サレタル和解ハ常ニ私法上ノ契約ニシテ裁判上之カ締結アリタルカ為メ其ノ性質ヲ変スルモノニアラス従テ其ノ契約ニシテ要素ノ錯誤ニ基クモノナルトキハ無効ナルコト論ナシ左レハ右ノ場合ニ於テ私法上ノ和解契約ニシテ無効ナル以上ハ其ノ有効ナルコトヲ前提トシテ訴訟ヲ終了セシムヘキ合意ハ其ノ効力ヲ生スヘキ筋合ニアラサルカ故ニ訴訟ハ尚存続スルモノト解セサルヘカラス従テ右ノ如キ裁判上ノ和解成立後当事者カ訴訟物タル私法上ノ権利関係ニ付テノ私法上ノ和解カ意思表示ノ要素ニ錯誤アル為メ無効ナリト主張シ期日指定ノ申立ヲ為シタルトキハ裁判所ハ其ノ主張ノ如キ要素ノ錯誤アリテ契約カ無効ナリヤ否換言スレハ訴訟カ尚存続スルモノナリヤ否口頭弁論ヲ開キ之ヲ調査シ判決ヲ以テ裁判スヘキ

---

[12] 和解無効確認の訴えが確定した後の処理についての学説の状況は、重点講義771頁以下を参照されたい。

[13] 学説の状況については、重点講義770頁およびそこに掲記の文献を参照されたい。その後に、この点について論じたものとして、三木浩一「訴訟上の和解における瑕疵の主張方法」高橋宏志先生古稀祝賀論文集『民事訴訟法の理論』（有斐閣・2018年）747頁がある。

Ⅳ 訴訟上の和解の効力を争う方法

モノニシテ単ニ裁判上ノ和解アリタルモノナリトノ一事ニ因リ期日ノ指定ヲ拒ムコトヲ得サルモノナリ」と判示し、訴訟上の和解の無効を主張する場合には、期日指定の申立てをすべきことを示した。

　(イ)　最判昭和33・6・14民集12巻9号1492頁

　この判決は、訴訟上の和解成立後に、この和解が錯誤により無効であると主張する者が期日指定の申立てをした事案であるところ、「原判決は、本件和解は要素の錯誤により無効である旨判示しているから、所論のごとき実質的確定力を有しないこと論をまたない」と判示して、和解が無効のときは、期日指定の申立てをすることができるとの実務上の取扱いを否定することなく、これを前提とする判断を示している。[14]

(2)　**和解無効確認の訴えを許容するもの**

　(ア)　大判大正14・4・24民集4巻195頁

　この判決は、「裁判上ノ和解ニ付無効ヲ主張セムトスル者ハ別訴ヲ提起シテ和解ニ依リテ生シタル法律関係ノ無効ノ確認ヲ求ムルハ夫自体ニ於テ法律上即時ニ確定スヘキ利益ヲ有スル」ものと判示した。

　(イ)　最判昭和38・2・21民集17巻1号182頁

　この判決は、原告が、前訴における訴訟上の和解につき、訴訟代理人の代理権の存在を争って、和解無効確認および請求異議の訴えを提起したが、請求棄却、控訴棄却の判決を受けたため、上告したところ、上告審判決は、和解無効確認および請求異議の訴えの適法性を問題とすることなく、代理権の存否につき判断をして上告棄却したものである。[15]

(3)　**請求異議の訴え**

　(ア)　大判昭和3・3・7民集7巻98頁

　この判決は、民事執行法の制定により廃止された旧民事訴訟法の旧545条2

---

[14] 前記Ⅱ2(5)の最判昭和38・2・12も、被告訴訟代理人が、和解成立後、第1審に新口頭弁論期日の指定を申し立てた事案であった。

[15] 最判平成27・11・30民集69巻7号2154頁は、「訴訟上の和解の無効を主張する者は、当該和解が無効であることの確認を求める訴えを提起することができると解される」と判示している。ただし、当該事案は、原告が期日指定の申立てをしており、いずれの当事者も和解無効確認を求めていないとして、原判決には、当事者が申し立てていない事項について判決をした違法があるとされた事案であった。

項に関するものであるが、和解調書に対する請求異議の訴えにつき、「異議ノ原因タルヤ素ヨリ和解ノ成立シタル口頭弁論ノ終結以前ニ在ルモノナリト雖本訴ハ判決ニ因リテ確定シタル請求ニ関スルモノニアラス裁判上ノ和解ニ基ク請求ニ係ルモノナルカ故ニ唯此ノ一事ノミヲ以テ其ノ訴ヲ排斥ス可キ理由ナキ」ものと判示して、訴訟上の和解の無効を異議の事由として請求異議の訴えを提起することを認める判断を示した。

　(イ)　大判昭和10・9・3民集14巻1886頁

　この判決は、上告人（原告）から被上告人（被告）に対する求償権が当然に存在することを前提としてされた裁判上の和解が当然無効であることを前提として、「此ノ和解ハ以テ執行ノ基本タル請求権ヲ生スルニ足ラス請求ニ関スル異議ノ本訴於是理由アル」と判示し、請求異議の訴えを認容した原審の結論を是認した。

　(ウ)　大判昭和14・8・12民集18巻903頁

　この判決は、「裁判上ノ和解ハ……私法上ノ無効原因存スルトキハ初ヨリ当然無効ニシテ其ノ内容タル法律関係ニ付既判力ヲ生スルコトナク之ヲ理由トシテ請求ニ関スル異議ノ訴ヲ提起シ得ルモノト云ハサルヘカラス」と判示した。[16]

Ⅴ　和解成立後の事情により、和解の解除を主張する場合

1.　学説

　和解により履行することが合意された債務が履行されなかった場合、債権者が和解を解除することができることには、異論がない。

　この場合に、どのような手続により解除の主張をすべきかという点については、解除により、和解によって生じていた訴訟終了効が失われるのか否かという点と関連して、見解が分かれるところ、[17] 新たな訴え（和解無効確認の訴え、請求異議の訴えなど）を提起すべきであるとする見解と、期日指定の申立てによるべきであるとする見解とがある。

16　前記Ⅳ2(2)(イ)の最判昭和38・2・21も、請求異議の訴えが提起された事案であった。
17　学説の状況については、条解民訴1484頁およびそこに掲記の文献を参照されたい。

2. 判 例

(1) 大判大正9・7・15民録26巻20輯983頁

　この判決は、「裁判上ノ和解ハ……其不履行ノ場合之ヲ解除シ得ルヤ否ヤモ亦民法ノ契約解除ニ関スル規定ニ従ヒ之ヲ決定シ得ルモノト謂ハサルヘカラス」と判示し、裁判上の和解について債務不履行解除をする余地のあることを認めた。

　判例は、訴訟上の和解が解除されても、訴訟終了効は失われないとするものと解されるところ、これによれば、期日指定の申立ては不適法とされよう。

(2) 最判昭和43・2・15民集22巻2号184頁

　この判決は、「訴訟が訴訟上の和解によつて終了した場合においては、その後その和解の内容たる私法上の契約が債務不履行のため解除されるに至つたとしても、そのことによつては、単にその契約に基づく私法上の権利関係が消滅するのみであつて、和解によつて一旦終了した訴訟が復活するものではないと解するのが相当である」と判示し、訴訟上の和解が解除されても、訴訟終了効が失われることはないことを明らかにした。

Ⅵ　まとめ

　訴訟上の和解につき、後に無効が主張されることは、裁判官として時折経験するところであることはすでに述べたとおりである。裁判官をはじめ、その和解に携わった関係者が多大な労力を費やし、知恵を絞って、ようやく成立に至った和解が、後に至りその効力を争われ、紛争が再燃するということは、誠に不幸な事態というほかない。

　裁判官と訴訟代理人は、将来、このような不幸な事態を引き起こさないために、何ができるであろうか。訴訟上の和解を成立させる時点において、合意内容を明確に表現するよう努めるのは当然である。そして、前記のとおり、主張される無効事由の大半が、代理権の欠缺と要素の錯誤によって占められるとみられることに照らせば、当事者本人が、後日に至り、誤解していたとの思いを抱くことのないよう、合意形成の過程において、裁判官、訴訟代理人および当

事者本人を含む和解関係者の間で、合意内容について誤りのない共通認識を形成できるような、的確なプロセスを経ること、そのうえで和解成立時にその内容について十分な確認を行うことが重要であるといえそうである[18]。

　ここまで、訴訟上の和解に関する諸問題につき、学説と判例の状況を概観した。残念ながら、訴訟上の和解に関しては、前述したことからも明らかなように、学説が大きく分かれ、しかもそれらが既判力や和解の本質論とも深くかかわっている。また、この分野に関する判例も多数に上っている。そのため、これら学説と判例を詳細に検討、分析するまで力が及ばなかったことは、ご容赦賜りたい。読者各位におかれては、実務上の必要に応じ、掲記の文献や判例を手がかりに、調査、検討を進められんことを願うものである。

(齋藤　聡)

18　誤りのない共通認識を形成できるような、的確なプロセスのあり方については、本書第4編第1章の座談会を参照されたい。

第2編

各論──和解

第1章
借地借家関係事件と和解

Ⅰ 借地借家関係事件の特徴

1. 紛争類型

　借地借家関係事件には多くの紛争類型があるが、訴訟上よくみられるものとして、①賃貸借契約の解除（賃料不払、無断転貸、無断増改築、用法違反等に基づくもの）による明渡請求事件、②賃貸借契約の解約申入れによる明渡請求事件（立退料の額が問題となる場合も多い）、③賃料増減額請求事件、④敷金返還および原状回復費用の請求事件等があげられる。[1]

2. 借地借家関係事件と和解

　一般に借地借家関係事件は、次のような理由から、民事事件の中でも和解が最も効果を発揮しうる類型の事件であるといえる。

(1) 賃貸人および賃借人の利害得失

　借地借家をめぐる争いは、賃借人にとっては生活や営業の基盤に、賃貸人にとっては土地または建物という高額な資産に、それぞれかかわるものであるため、対立関係が深刻になる傾向はあるものの、不動産の需給バランスが安定する現在の社会・経済情勢の下では、基本的には、双方とも感情面よりも経済面を重視すべき状況におかれている場合が多いといえる。そのため、それぞれの利害得失ないし経済的合理性を冷静に検討すれば、和解により一定の譲歩をして、早期かつ抜本的に争いを解決するのが最良の策である場合が少なくないと

1　借地非訟事件（借地借家41条以下）における和解等に関しては、田中敦「和解と調停」塩崎勤＝中野哲弘編『新・裁判実務大系(6)借地借家訴訟法』（青林書院・2000年）269頁以下参照。

考えられる。

　和解による解決の方向性を大きく分けると、借地借家関係を終了させて賃借人が対象物件を明け渡す方向と、借地借家関係を存続させる方向とがあるが、いずれの場合も、当事者双方に和解のメリットがあるといえる。

　(ア)　明渡し方向の解決の場合

　まず、明渡し方向の解決の場合、賃貸人にとって、明渡しの強制執行には相当の手続上の労力、期間[2]および費用[3]等を要するが、賃借人から任意の明渡しが約束されれば、それらの負担を回避できるという大きなメリットがあり、賃借人にとっても、敗訴判決に基づき明渡しの強制執行を受け、また、移転に伴う諸費用を負担する結果になるよりは、任意の明渡しを約束することにより、ほかの点で賃貸人から譲歩（一定期間の明渡し猶予、滞納賃料の一部免除、一定の解決金の支払等）を引き出せるというメリットがある。

　(イ)　借地借家関係を存続させる方向の解決の場合

　他方、借地借家関係を存続させる方向の解決の場合は、賃借人にとって、生活や営業の基盤の変更、移転に伴う諸費用の負担を要しないという大きなメリットがあり、賃貸人にとっても、賃借人に対し、義務違反状態の真摯な解消（滞納賃料の支払等）や、将来の義務違反の場合の解除等に関して賃貸人に有利な条項の受入れを求めることができ、新たな賃借人を探すための期間や費用が不要になるというメリットがある。また、借地借家関係が継続する事案で、判決によって解決した場合には、賃貸人と賃借人の相互不信は、依然として解消されず、その後の借地借家関係においても些細なことから再びトラブルが生ずるといった懸念が残る一方、和解による解決の場合には、両者のコミュニケーションが回復し、その後の借地借家関係における支障も少なくなることが期待できるという点で、和解のほうが望ましい解決方法であるといえる。

(2)　**借地借家関係事件の評価的性格**

---

[2]　明渡しの強制執行については、執行官が、債務者に対して一定の期限（原則として1か月）を定め、その期間までに任意に明け渡すよう催告し（民執168条の2）、その期限までに任意に明け渡さないときに初めて実施する扱いが多い。

[3]　建物明渡しの強制執行において、残置物を倉庫で保管することになれば、多額の費用を要することになるが、和解の際に占有者が明渡し後の残置物の所有権を放棄するなどの条項を入れておけば、その費用の発生を防ぐことができる。

借地借家関係事件において和解が効果を発揮しうるほかの理由として、評価的要素を含む要件（規範的要件がその典型である）が結論を左右する事案が多いという点もあげられる。たとえば、①判例上、賃借人の義務違反により賃貸借契約を解除するためには、当該義務違反があったことに加えて、その違反の程度が当事者間の「信頼関係の破壊」に至っていることを要するとされ、②賃貸借契約の解約には「正当の事由」を要し、その有無の判断時には、賃貸人から提示された「立退料の額」が考慮され（借地借家6条、28条）、③賃料増減額請求においては「相当な賃料額」が問題となる（借地借家11条、32条）。上記各要件は、いずれも評価的要素を含む要件であるといえる。

　このような評価的要素を含む要件については、各当事者の立場により、見方が大きく異なり、主張の開きが大きくなる傾向があるため、当事者間の交渉では折合いがつかず、訴訟に至ることが多い。しかし、ある程度審理が進み、裁判所から上記要件につき一定の心証が示されれば、その内容が不合理なものでない限り、それが合意形成への大きな足がかりになるといえる。また、評価的要素を含む要件については、裁判所により判断が異なるという事態も生じうるため、当事者にとって、第1審では有利な判決がされる見込みであるとの心証を開示されても、控訴審では異なる判断がされるリスクがあり、そのリスクを回避しうることが、和解をする動機づけになりうる。上記のような点を考慮した和解では、当該要件について、判決のように割り切った形ではなく、割合的に考えて金額等を調整するという、柔軟な形で合意されることが多いと思われる。

II　和解の方向性

1.　和解における裁判所の役割

(1)　裁判所主導型の和解

　評価的要素を含む要件が結論を左右し、当事者の主張の開きが大きい事案（前記I 2(2)）においては、通常は、何の手がかりもなしに当事者間で和解協議をすることは困難であり、審理のいずれかの段階で心証を開示するという形

で、裁判所が主導して和解をすすめることになる。
　㋐　和解をすすめるタイミング
　裁判所から心証を開示するタイミングには配慮する必要がある。あまりに早い段階で結論的な心証を示せば、心証の精度は低くなり、後にこれを変更しなければならなくなる危険があるし、当事者から、事案を十分に理解していないのに、結論を決めつけて和解を迫ったとか、足して２で割ったような和解をすすめたなどの印象をもたれ、信頼を失う危険もある。そこで、裁判所は、訴訟の序盤はしばらく当事者双方の主張・立証を検討し、事案を一定程度把握した後に和解をすすめるのが望ましい。和解をすすめるタイミングとしては、主に、①当事者からの主張および書証がひととおり出揃った段階（主張整理が一段落した段階）と、②人証調べや鑑定等の証拠調べが終わって判決をすることが可能となった段階（証拠調べ終了段階）とが考えられる。いずれの段階でも、それまでの主張・立証を検討して事案の内容をできる限り把握したうえで、十分な根拠を示して和解をすすめるのが重要であるが、各段階で次のような姿勢で和解にのぞむのがよいといえる。
　㋑　主張整理が一段落した段階
　主張整理が一段落した段階で心証を示す場合は、①ある程度抽象的な形で心証を示し（たとえば、「立退料の考慮事情として……の点を重視しており、賃借人側からこのまま従前の営業収入に係る税務申告書が提出されない場合は、その点を賃借人側に不利に考慮せざるを得ないと考えている」、「本件では……の事情が立証できるかどうかで結論が分かれると考えているが、それについての書証が提出されない点で、賃貸人側にややハードルがある事案であると考えている」などの形）、②結論につき一定の方向性を示す場合も、その後に審理が進めば心証を変更する可能性があることを明示するなどの配慮をするのが相当である。また、上記段階では、心証がいまだ精度の高いものでなく、後に変更される余地も大きいことをむしろ積極的に利用して、そのことを伝えたうえで、幅のある弾力的な和解案を提示するという工夫（「現時点では２：１で原告が有利と考えているので、請求額の３分の２程度の額で和解をしてはどうか」とか「今後特段の事情が出てこない限り、100万ないし200万円の幅の中で請求を認容することになると考えているので、その範囲内で双方が折り合える額で和解をしてはどうか」など）も考えられ

る。

　(ウ)　証拠調べ終了段階

　証拠調べ終了段階で和解をすすめる場合は、判決の際に予定している結論および理由の要旨を心証として示し、それに近い条件での和解をすすめることが多い。裁判所としては、上記心証を開示するのに先立ち、判決起案をする場合と近い程度にまで記録を検討しておくことが望ましいといえる。もっとも、判決の際に予定している結論および理由の要旨として心証を示したうえで、和解案を示した場合でも、和解案に対する当事者の指摘が的確であれば（明らかな見落とし等）、判断を変える余地を残しておく（その旨の了解を当事者双方から得ておく）のが相当である。このように、和解案の提示およびそれに対する当事者の意見の聴取というやりとりを経ることにより、それを経ずに判決をしていたならば、上訴によってしか修正ができなかったはずの見落とし等を事前に修正する機会が与えられることになる。この点は、裁判所および当事者双方にとって、和解手続の大きなメリットととらえてよいと思われる。上記のやりとりを経ておけば、仮に和解が成立しなくても、裁判所が開示した心証に強く不満を示された点が把握できるので、その点に重点をおいて検討・説示をすることにより、判決の精度や説得力を高めることができるものといえる。

　(エ)　和解案の口頭または書面による提示

　和解案を口頭または書面のいずれにより提示するかは、事案の性質や、当事者の希望等により決することになる。

　立退料や原状回復費用等につき積上げ計算をして心証を示すような場合は、内容を正確に伝えるために書面を用いることが考えられるし、当事者の代理人が裁判所の心証を本人に正確に伝えるために書面の交付を希望する場合にも、書面を用いることが考えられる。また、和解案提示の形で裁判所が心証を示して、当事者から意見を聴いたというやりとりを記録化する必要性が高いと考えられる場合（上訴審での便宜のため等）にも、書面を用いることが考えられる。

　他方、比較的シンプルな形や柔軟な形で心証を示す場合は、口頭で和解案を示すほうがすぐれているといえる。また、当事者の代理人が裁判所の心証を踏まえ、自ら本人を説得したいと希望する場合には、口頭で和解案を示し、本人の具体的な説得方法は、代理人の創意工夫に委ねたほうが、良い結果を得られ

ることが多いと感じられる。そして、いったん口頭で和解案を示して代理人が本人の説得を試みたが、やはり書面による和解案があったほうが説得しやすいというような希望が代理人から出された場合は、その提示を検討すればよいといえる。

(2) 当事者主導型の和解

訴訟の当初から判決の結論が見通せる場合（典型的には賃料が長期間滞納されている場合等）や、裁判所が判決の際に予定している結論の見通しを示した後に、当事者双方がその結論につき大筋で了解した場合は、和解に向けて具体的な条件の調整に入るが、明渡し方向の和解と借地借家関係の継続方向の和解とのいずれを選択するかにより、和解の形が大きく異なる。この選択は、主には当事者がそれぞれの利害得失を検討して行うものであり、裁判所が最終的に決めるべきものではない。このような場合、裁判所は、和解の場を提供して、事案に即した現実的な解決に向け、当事者の自主的な交渉を促進する審判としての役割を果たすことになる。そこでは、各当事者に早期に核となる問題を確定してもらい、それ以外の点で双方がどのような互譲をすることができるかを確認し、双方の要求をすり合わせるという作業を繰り返すことが基本になる[4]。そして、当事者の一方が、裁判所が示した判断見通しから大きく外れる要求に固執する場合には、裁判所が、そのような要求を撤回させるなどの働きかけを行う必要がある。

他方、裁判所がいまだ結論の見通しを有していない審理の序盤に、当事者が和解の可能性を探りたいなどと希望し、当事者主導で和解協議が進められることがある。裁判所としては、一定期間それを見守るのはよいが、裁判所が協議を主導できない状況のまま、和解協議が長引いて訴訟が遅延することがないよう、一定の時点で見切りをつけて審理を進めるべきである。

2. 紛争類型ごとの和解の進め方

以下では、借地借家訴訟のうち、実務上多くみられる類型のものとして、(1)解除における信頼関係破壊が中心問題となる事案、(2)賃料増減額訴訟、(3)立退

---

4 田中豊『和解交渉と条項作成の実務』（学陽書房・2014年）85頁。

料が問題となる事案を例にとって、和解の進め方を具体的にみていきたい。

(1) 解除における信頼関係破壊が中心問題となる事案

　賃貸人が賃料不払、無断転貸、無断増改築および用法違反等による解除の意思表示をし、これらの義務違反の有無およびそれが信頼関係を破壊する程度に至っているかどうかが問題となる事案においては、それらについて一定の心証をもつことができるまで審理を進め、事案を把握したうえで心証を開示して和解をすすめるのが通常である。

　信頼関係の破壊については、さまざまな事情が主張されて争点が広がりがちになる。裁判所は、争点整理の過程で、当事者双方とコミュニケーションをとりながら、それらの事情のうち、結論を導くうえで重要なものとそうでないものを区別するとともに、証拠関係に照らし、明らかに認定される見込みのないものを除外することにより、結論を左右する重要な事情が何であるかについて、当事者双方との間で共通認識を形成していく。そのような共通認識が十分に形成された段階に至れば、上記重要な事情につき、裁判所が心証を示すことにより、和解が成立する可能性が高まるものといえる。その意味で、争点整理を適切に行い、重要な事情に係る共通認識を形成することは、判決をするうえでも、和解をすすめるうえでも、重要なことである。

(2) 賃料増減額請求訴訟

　賃料増減額請求権は形成権の性質を有し、その行使の効果として賃料が当然に相当額に増減されるから（最判昭和33・9・18民集12巻13号2040頁）、裁判所は、請求時点における相当賃料を認定する必要がある。相当賃料の算定方法について、最判昭和44・9・25判時574号31頁が、「相当な賃料額を定めるに当たっては同条（筆者注：借地法12条）所定の諸事由にかぎることなく、請求の当時の経済事情ならびに従来の賃貸借関係とくに当該賃貸借の成立に関する経緯、その他諸般の事情を斟酌して、具体的事実関係に則し、合理的に定めることが必要である」としたほか、多数の判例の積み重ねにより、①利回り法、②

5　たとえば、当事者（本人）は、争いが生じた時点以降（さらには解除以降）の互いの対応・言動にこだわりがちであるが、そのような事情は解除の有効性を左右しないことが少なくない。

6　ほかに、最判昭和40・11・30判時430号27頁は、相当賃料をスライド法によってのみ算出しなければならないものではないとし、最判昭和43・7・5判時529号49頁は、利回り法がほかの合理的算定方法に比して本則であると解すべきものではないとした。

141

スライド法、③差額配分法、④賃貸事例比較法等[7]が併用され、これらの複数の方法を比較考慮しながら（各方法の全部または一部による算出額につき適宜のウェイトづけをして最終額が導かれる）、相当賃料を算定する方法が定着してきている。その認定の際は、通常の事実認定とは異なり、専門的な知見が不可欠であり、裁判所が、専門家の意見なしに当事者の主張事実により賃料増減の範囲を確定できるのは、公課の増減分だけの賃料の増減が求められているなどの特殊な場合に限られるといえる[8]。専門家の意見の獲得方法として、当事者が依頼した不動産鑑定士等の意見書が書証として提出される場合もあるが、最終的には鑑定が申し立てられ、これが採用される事案が多いといえる[9]。上記算定過程においては、たとえば、利回り法において採用する利回り、スライド法において採用する変動率、差額配分法において採用する配分率、賃貸事例比較法において採用する同種事例の選択、最終段階において各方法による算出額を総合考慮する場合における各算出額のウェイトづけの度合い等のように、評価的な要素が大きなものが含まれているため、当事者の一方または双方から、相手方が提出した専門家の意見に対してはもちろん、鑑定人の意見に対しても、主に上記のような数値の採用や事例の選択等が不合理であるとの主張がされることが少なくない。裁判所は、判決の場合には、それらの数値の採用や事例の選択等の合理性、相当性を検討し、不合理といえる点があれば修正するというスタンスで判断をすることになる。賃料増減額訴訟は、通常は上記のような流れで進むため、同訴訟における和解は、鑑定結果を待ってからすすめられることが多いといえる[10]。裁判所において、①鑑定人の意見が合理的といえる範囲内であるという心証に至れば、おおむねその意見どおりの額の和解案を示すことになる。一方、②鑑定人の意見に不合理な点があるという心証に至れば、その旨を当事

---

7 それぞれの内容については、山本和敏「賃料増額訴訟における相当賃料の算定」鈴木忠一＝三ケ月章監『実務民事訴訟講座(4)』（日本評論社・1969年）131頁、藤田耕三＝小川英明『不動産訴訟の実務〔7訂版〕』（新日本法規出版・2010年）749頁以下（地代）、765頁以下（家賃）、廣谷章雄『借地借家訴訟の実務』（新日本法規出版・2011年）303頁以下等の文献に詳しい説明がある。
8 山下寛ほか「賃料増減請求訴訟をめぐる諸問題(下)」判タ1290号（2009年）58頁。
9 場合によっては専門委員制度の利用も考えられる。
10 鑑定を経なくても、当事者の言い分がある程度接近している場合（賃料が月5万円か6万円かの違いであるような場合）には、裁判所が適当と思われる金額を提示することにより、和解が成立する可能性は十分に考えられる。

者に説明し、当事者から意見を聴くというやりとりをすることになり、上記①の場合と比べると、幅のある形で和解をすすめることが多いと思われる。

(3) 立退料が問題となる事案

　賃借人に債務不履行がある場合にも賃貸人が立退料を支払う旨の和解がされることはあるが、これは、賃貸人が判決・執行手続をとるよりは円滑な立退きの実現を優先するという動機に基づくものであり、その額は、訴訟費用・執行費用分ないし移転費用の一部等の比較的少額なものになる。他方、より深刻に立退料の相当性が争われるのは、更新拒絶の正当事由を補完するための立退料である。

　更新拒絶の正当事由の有無（借地借家6条、28条）は、契約に関する事情（契約成立時、契約継続中、明渡し交渉中の事情）、賃借人側の使用の必要性（居住ないし営業の状況、健康状態、賃貸人からの代替物件の提供を含めた移転先の有無等）、賃貸人側の使用の必要性（自らの使用の予定、建物解体・再築の予定、売却・再賃貸の予定等）等を総合して決せられ、上記事情のみでは正当事由があるというに足りないときに、それを補完するものとして、賃貸人が立退料を提供することになる。

　立退料の算定方法については、最判昭和46・11・25民集25巻8号1343頁が、「右金員（筆者注：立退料）の提供は、それのみで正当事由の根拠となるものではなく、ほかの諸般の事情と総合考慮され、相互に補充しあって正当事由の判断の基礎となるものであるから、解約の申入れが金員の提供を伴うことによりはじめて正当事由を有することになるものと判断される場合であっても、右金員が、明渡しによって借家人の被るべき損失のすべてを補償するに足りるものでなければならない理由はないし、また、それがいかにして損失を補償しうるかを具体的に説示しなければならないものでもない」と判示し、算定の方向性は示しているものの、具体的な算定方法は明らかにしていない。上記判例の趣旨を踏まえて、当該事案における個別的な事情を総合考慮して、相当な立退料を算定することになる。[11]

---

[11] 塩崎勤＝西口元編『借地借家法の正当事由の判断基準（判タ1020号）』（判例タイムズ社・2000年）11～153頁には、実務における借地借家法の正当事由や立退料に係る多数の判断事例について解説がされており、その中から担当事案に類似するものを探すことは有益であるといえる。

訴訟を担当していると、賃借人側から主張される立退料の算定方法は事案によって異なり、①当該事案で賃借人が対象物件から立ち退くことにより被る不利益（営業補償、移転費用、対象物件と移転先の賃料差額、設備工作物等の投下資本の未回収分等）を具体的に積上げ計算して、これを中心に算定する場合のほか、②対象物件の価値を評価してこれに一定の割合を乗じる方法で借地権価格ないし借家権価格を求め、これを中心に算定する場合がある[12]。また、賃借人側から、上記①②を合算した額が立退料として主張されることもあるが、そのような合算の当否については、必ずしも定まった見解があるとはいえないようである[13]。そして、立退料が、正当事由に係る事情を比較衡量し、足りない部分を補完するという性質を有することから、上記①の賃借人が被る不利益を常に全面的に賃貸人が補償しなければならないということにはならず（前掲最判昭和46・11・25）、③正当事由に係る事情の均衡の度合いによっては、賃借人が被る不利益の一定割合を立退料とする場合もあると考えられる[14]。

　また、相当な立退料の額についての専門家の意見では、借地権価格ないし借家権価格を中心とする算定や、対象物件と移転先の賃料差額を中心とする算定が多く、上記③の点は考慮されていないことが多いが、当事者双方から主張されている算定方法（たとえば、営業補償や移転費用を細かく積上げ計算したもの）とずれがあるような場合に、上記意見をどのように扱うかにつき悩ましく感じられることもある（こうしたずれは、当該専門家が上記①や③に係る事情につき十分な情報を得ていないことも一因となって生じていると思われる）[15]。

　裁判所としては、まず、当該事案における相当な立退料の額の算定の方法・

12　①澤野順彦「立退料の算定基準としての借地権価格、借家権価格の評価」判タ1020号（2000年）16頁、②斉藤顕「立退料による正当事由の調整——その現状と課題」判タ1180号（2005年）66頁、③野田謙二「土地の有効利用を目的とする建物賃借人に対する明渡請求——正当事由・立退料の考え方と交渉実務」市民と法91号（2015年）64頁。

13　前掲（注12）の文献のうち、肯定方向のものとして①16頁、慎重な方向のものとして②78頁、③77頁。各文献の紹介する裁判例も肯定・否定に分かれている。

14　前掲（注12）①23、24頁は、正当事由が50％程度不足する場合に、借地権価格、借家権価格ないし営業補償等に0.5を乗じて立退料を算出する方法を紹介している。

15　筆者の経験では、借家の立退料の相当額について、賃貸人が依頼した不動産鑑定士からは約90万円、賃借人が依頼した不動産鑑定士からは約790万円という意見が示されたことがあり、立退料が問題となる事案の中には、専門家の意見の結論のみから判断をすることが容易でないものもあると感じられる。

枠組みについて基本方針を定めて当事者双方に示し、この点につき共通認識を形成した後に、それに沿った双方の主張・立証を促し、それらがひととおりされてから和解案を提示するのがよいといえる。そのような状態になる前に和解協議に入っても、交渉がかみ合わず、和解を成立させるのは容易でないように思われる。

Ⅲ 和解が円滑に進まないケースとその対応

　借地借家関係事件は、前記のとおり基本的には和解によくなじむ紛争類型であり、通常、いずれかの段階で、少なくとも一度は和解の機会を設けるのが相当であるが、一定の事案では、和解が円滑に進まないことがある。

　まず、借地借家関係が長く継続する中で、あるいは争いの原因が生じた後に、互いに相手方の対応への不満を蓄積していき、感情が前面に出た紛争になっている場合が一定程度ある[16]。そのような場合は、前記のとおり、借地借家関係事件が、賃貸人および賃借人のいずれにとっても、感情的に結論を決めてよい問題ではなく、経済面を重視し、また、長期的な利害得失をよく検討して解決すべき問題であることを説得することになる[17]。感情的になった当事者は、説得の受入れに一定の時間を要することがあるが、建設的な話合いができるように、根気よく相手方に対する不信を解消していく必要があるといえる[18]。

　次に、明渡義務を負う賃借人に資力がなく、転居先として県営住宅や市営住宅の応募をしているので、その結果を待ってほしいなどとして、期日の続行が繰り返し求められることがある。このような場合は、賃貸人に選択を委ね、賃

---

[16] さらにエスカレートして当事者間で暴行などの紛議が発生した場合は、信頼関係の破壊という新たな解除事由が発生する余地もある。

[17] 当事者から「これはお金の問題ではない」といった発言がされるときは和解交渉が難航するが、必ずしも本心に基づく発言でないこともあり、当事者の真意を根気よく聴き取って説得に努める必要がある。

[18] 伊藤博「和解勧試の技法と実際」司法研修所論集73号（1984年）33頁は、当事者の言い分を十分に述べてもらい、適宜の質問を加えながら、不明な点を聞き返したり、重要な点を繰り返し述べてもらったり、裁判所が要約して整理したりしたうえ、同感できる部分は率直にその意を表現するなどの対応を紹介している。このような対応は、時間を要するが、当事者との信頼関係を築くうえで重要であると感じられる。

貸人が和解による解決を希望すれば、一定期間は期日を重ねて待つことになる一方、賃貸人が判決を求めれば、和解を打ち切って、判決に向けて手続を進めることになるのが通常である。

ほかに、和解が困難な事案として、そもそも請求が認められる余地のない不当訴訟であるというもの、裁判所が検討経過を丁寧に説明して心証を示しても、当事者が全く異なる考え方にこだわって譲らないというもの[19]等が考えられるが、借地借家関係事件で和解が困難な事案は、上記のようなもの以外にはそれほど多くないように思われる。

Ⅳ 和解条項

借地借家関係事件において和解を促進するための要素としては多くのもの[20]、たとえば、明渡し猶予期間の付与、立退料の支払、借地上の建物または借家上の造作の買取りまたは所有権放棄、代替物件の提供、延滞賃料等の減免等が考えられる。また、賃料や敷金をめぐる争い以外の争いの場合でも、賃料の見直し、解決金の交付、あるいは敷金の差入れ・増額等につき協議し、和解に含めることも考えられる。裁判所および当事者は、これらを組み合わせて合意のための条件を探ることになるが、借地借家関係事件特有の留意点を3点ほど具体的にみておきたい。

1. 明渡し猶予期間を設定する条項

明渡し猶予期間の設定は、土地建物の明渡しにつき賃借人に時間的余裕を与える代わりに任意の明渡しの約束をさせるもので、明渡しの条件として最もよく用いられるものといえる。たとえば、「原告と被告は本件賃貸借契約が〇年3月1日の合意解除により終了したことを確認し、原告は、被告に対し、〇年6月1日まで本件建物の明渡しを猶予する」旨の条項が考えられる。この場

---

[19] このような場合は、判決の形でいったん裁判所の判断を示し、和解協議は上訴審に委ねるほうが、全体としての解決は早くなるように思われる。

[20] 裁判所書記官研修所編『書記官事務を中心とした和解条項に関する実証的研究』(法曹会・1982年) 190～236頁、267～285頁参照。

合、契約が終了したことの確認が明確でなかったり、明渡し猶予期間が長すぎたりする場合は、明渡し猶予期間の設定が借地借家法の適用のある新たな賃貸借契約の締結と解される余地もあるため注意を要する（「○年○月○日合意解除し、○年○月○日限り明け渡す」という条項では、その期間の長さによっては、借地借家法の適用を受ける新たな賃貸借契約と解される余地が生ずる）[21]。

2. 立退料の支払による明渡しの条項

立退料の支払による明渡しについては、判決の場合、「被告は、原告から200万円の支払を受けるのと引換えに、原告に対し、別紙物件目録記載の建物を明け渡せ」などという引換給付の形の主文になる[22]。他方、和解の場合は、①「被告は、原告に対し、○年○月○日限り、原告から次項の立退料の支払を受けるのと引換えに、別紙物件目録記載の建物を明け渡す」、②「原告は、被告に対し、○年○月○日限り、被告から前項の明渡しを受けるのと引換えに、立退料として200万円を支払う」という2つの条項をおくのが通常であり、上記①の条項のみでは立退料支払についての債務名義がないことになる。被告がそれで構わないと述べている場合はともかく、そうでない場合は、上記②の条項を忘れないように留意すべきであるといえる。

3. 将来の賃料滞納に備える条項

賃料滞納による解除の意思表示がされたが、賃貸借契約を存続する方向で和解の合意ができた場合、賃貸人から、将来再び賃料の滞納が生じた場合の解除に関し、従前よりも有利な条項の受入れを求められることが多い。たとえば、滞納額が一定額に達した場合について、①「賃貸借契約は当然解除となり、賃借人は建物を直ちに明け渡す」旨の条項や、②「賃貸人は何らの催告をすることなく賃貸借契約を解除することができ、解除がされたときは、賃借人は建物を直ちに明け渡す」旨の条項の受入れが求められる。しかし、最判昭和51・12・17民集30巻11号1036頁は、上記①の条項の入った訴訟上の和解がされた

---

21 最判昭和44・7・10民集23巻8号1450頁の原審は、明渡し猶予期間の付与につき新たな賃貸借契約の締結と解した（もっとも、上記最高裁判決は原判決を破棄した）。

22 最判昭和46・11・25民集25巻8号1343頁。

後、1か月分の賃料の延滞があったが、その延滞は何らかの手違いによるものであって賃借人がそれに気づいていなかったなどの事情があったという事案において、信頼関係の破壊に至っておらず、契約の当然解除は認められないとした。解除の有効性に争いがない場合、賃借人としては、当該不動産に住み続けることを優先するあまり、やや過酷といえる和解条項も受け入れがちであるし、賃貸人としては、当該条項が受け入れられなければ判決を求めることができるという状況にあるが、裁判所としては、賃貸人に対し、上記判例の存在や、成立させた和解条項の効力が後の裁判で認められないという事態になった場合は、関係者全員（賃貸人側担当者の後任者や後の裁判の担当者を含む）が迷惑を被ることを考慮し、上記②の条項を選択するか、上記①の条項を選択する場合は滞納期間を1か月より長い期間にするよう説得に努めるべきであるといえる。[23]

Ⅴ まとめ

　以上のとおり、借地借家関係事件と和解についてみてきたが、裁判所において重要なことは、前述した借地借家関係事件の一般的特質を踏まえつつ、個々の事案に即した妥当な解決を図ることであるといえる。そのためには、①記録をよく検討して事案の理解に努め、正確な見通しを立てること、②審理の過程で当事者（代理人）と積極的にコミュニケーションをとり、事案に関する共通認識を増やし、上記見通しの精度を高め、同時に信頼関係を築いていくこと、③和解協議の過程でも当事者（代理人）と積極的にコミュニケーションをとり、当事者の意向に即して方針を柔軟に変更するなどして、最良の解決案を生み出せるように互いに工夫を重ねることであると考えられるが、これらの重要性は、借地借家関係事件に限られないように思われる。上記①②の点は、良い和解をするためだけでなく、良い判決をするためにも重要であり、このことからも、和解と判決は、民事訴訟における正反対の解決ではなく、最適な紛争解決という目的地に到達するための車の両輪であるといえる。また、上記②③の

---

[23] 最判昭和39・8・28裁判集民75号172頁は、地代3か月分を遅滞した場合について設けられた上記②の条項を有効とした。

V　まとめ

コミュニケーションにおいては、裁判官が真にこの紛争を解決したいという熱意をもち、それを当事者双方に示すことも重要であると思われる。

（宮﨑朋紀）

第2章
建築関係事件と和解

　本章は、建築関係事件に関する和解をめぐる実務的な留意点につき、筆者の経験を踏まえて、多角的に検討した結果をまとめて論述するものである。[1]

I　建築関係事件の特徴——紛争類型

1.　建築関係事件の特徴

　最初に、建築関係事件の特徴として、①建築工事に係る技術的・工学的な専門的知見とこれを踏まえた事実認定・法的評価との2つの観点でもって解決していく紛争であり、争点を解明するためには一級建築士等の専門家の関与が不可欠となる場合が多い専門訴訟であること、[2]②多数の項目の瑕疵や追加変更工事、出来高等の主張がされ、ともすれば長期化しやすい類型であること、③施工者・設計者と施主等関係者間の対立が根深く、解決困難な事案が多いこと、④建築工事は、上記関係者間で建物を創造生産していく作業であるが、その生成過程で残される資料は必ずしも十分でなく、客観的な証拠が乏しい場合も少なくないこと、⑤紛争の対象が日常生活や仕事の本拠地となる住居、事業、店

---

[1]　本章全般にわたる参考文献は、小久保孝雄＝徳岡由美子編『リーガル・プログレッシブ・シリーズ(14)建築訴訟』（青林書院・2015年）、齋藤繁道編著『最新裁判実務大系(6)建築訴訟』（青林書院・2017年）、司法研修所編『民事訴訟における事実認定——契約分野別研究（製作及び開発に関する契約）』（法曹会・2014年）、大阪地方裁判所専門訴訟事件検討委員会「大阪地方裁判所建築関係訴訟集中部発足一年を振り返って」判タ1092号（2002年）41〜49頁。
[2]　大阪地方裁判所第10民事部の審理運営を題材として、建築関係訴訟・調停における専門的知見の導入につき現状の分析を行うとともに、課題と今後の展望につき検討した最近の論文として、髙嶋卓「建築関係訴訟・調停の現状と課題」判タ1445号（2018年）42〜57頁がある。

舗等であり、本来的にはできる限り迅速かつ合理的な解決が期待されるものであること等があげられる。そして、これらに対する有効な審理方法は、専門家調停委員や専門委員を活用して的確な専門的知見を獲得することと、一覧表を活用するなど争点整理の工夫をすることである。

2. 建築関係事件における和解の意義

建築関係事件は、複雑困難な専門訴訟であり、当事者双方の感情の対立も激しく解決困難で、証拠も薄い場合が少なくなく、長期化傾向がある（前記1①～④）中で、本来的には迅速かつ合理的な解決が期待されている紛争である（同⑤）ことから、訴訟において専門的知見や法的観点を踏まえつつも、柔軟に具体的妥当性を実現し、バランスのとれた納まりを追求できる和解は、紛争解決のために威力を発揮することになる。

3. 建築関係事件における和解の活用場面

(1) 手続の選択と和解

専門的知見を獲得するため、訴訟手続において専門委員を関与させる場合は、専門委員の「意見」を聴くことはできず、「説明」を求めることができるのにとどまるのに対し、調停においては、専門家調停委員から結論に直接かかわる「意見」まで聴くことが可能であるので、専門家関与の形態としては、訴訟より調停を選択するほうがより柔軟である。したがって、建築関係事件については、当事者からの事情および意向聴取の結果、一級建築士等の建築専門家の関与が必要でないことが明らかな事件や、当事者が調停を希望しない事件を除き、話合いによる解決の可能性がある事件については、裁判所は基本的には調停手続を選択している。そして、事件を自庁調停に付し、調停手続の中で争点整理を遂げ、現地見分を実施したうえで、調停委員会が法的観点、専門的観点を踏まえた調停案を提示して解決する場合が多い。そうすると、建築関係事件において和解を活用するのは、話合いによる解決の可能性のある事案のうち、①専門家を関与させて専門的知見を獲得するまでの必要がない場合、②特定の事項につき、ピンポイントで専門委員を関与させることにより、事案が解明できる場合、③調停手続に付することにつき、当事者の了解が得られなかっ

[1] 建築関係事件の特徴──紛争類型

た場合(事実認定につき激しい争いがあり、当事者双方が訴訟における証拠調べで事実認定をしてほしい旨希望する場合や、専門的知見の内容や具体的事案へのあてはめが難しく、当事者双方が専門的知見の獲得方法として鑑定を希望する場合等)、④調停が不成立になった事案で、再度和解を勧試する場合等ということになる。

(2) **和解の活用場面ないし時期ごとの若干のコメント**

建築関係事件では、できる限り審理の早い段階で、当該事案の解明のため一級建築士等の専門家を関与させる必要があるか否か、また、調停に付するまでもなく、特定の事項につき専門委員を活用することにより、事案が解明できるか否かを見極めているが、専門家を関与させる必要がない事案の場合は、通常の訴訟と同じく、争点についての心証や事案の見通しがみえた段階で積極的に和解勧告することになる。また、特定の事項につき、専門委員の活用を図る事案では、専門委員に説明を求める事項をできる限り早めに確定して、専門委員の説明を求め、これを手がかりに事案の解明ができれば、速やかに和解を勧告することになる。

次に、事実認定に争いがある場合でも、多くは調停手続の中で、建築専門家委員を構成委員とする調停委員会で建築関係の書証(図面や打合せ記録等)を読み解き、関係者の事情聴取を行うことによって、合意や帰責事由等の認定が可能であるが、当事者双方が判決を見据えて、法廷で証拠調べをしてほしいと希望する場合は、調停を不成立にして口頭弁論に戻し、集中証拠調べを経たうえで、合意や帰責事由等の認定・評価につき心証を開示して、和解勧告するのが合理的である。

また、非常に高度な専門的知見を要する事案に限っては、ためらわずに鑑定手続を選択し、鑑定事項を詰めて鑑定人を選任して鑑定(鑑定の内容の吟味も含む)を行い、争点について共通の認識をもつことができれば、それを前提として速やかに和解勧告を行うのが相当である。

最後に、調停が不成立になった事案のうち、調停で事情聴取や現地調査を経て事案を解明し、調停委員会が詳細な理由を付して調停案を提示して説明・説得したが、不成立になった事案では、通常は判決に向けて、調停における成果物(調停委員会意見書等)をたたき台に、当事者双方が補充の主張立証を行っ

たり、事実認定に争いがある部分につき集中証拠調べを行ったりする。そして、少なくとも集中証拠調べ後口頭弁論終結前の時点では、裁判所は第1審最後の機会として、判決する場合の心証を開示して、最終的な和解勧告をしている。その際には、証拠調べをしても心証が変わらなかった旨を伝え、あわせて控訴審や最終解決までの見通し、コストや債権回収の実効性等も説明して、当事者双方が納得して和解が成立する場合もあれば、多分に当事者の属性にもよるが、調停不成立時と同じく、話合いに応じる姿勢がみられない場合もある。後者の場合は早期に和解に見切りをつけ、判決を選択することが大切である。

4. 建築関係事件における和解の留意点（取組姿勢・心構えを含む）

建築関係事件を和解で解決するためには、当然その前提となる審理が充実していなければならないので、和解だけでなく、これにつながる建築関係事件の審理で押さえておきたいポイントも指摘する。

(1) 建築対象物の特色の理解

建築工学ないし建築技術的な専門知識に関しては、建物の種類ごとに建築生産の基本的プロセスを理解しておき、そのプロセスのどの部分が問題となっているのかが把握できると、瑕疵（契約不適合）[3]原因等を理解するときに役立つ。また、それぞれの建築物につき問題となりやすい典型的な箇所や事例を頭に入れておくと、事案の理解に大いに資すると思われる。

(2) 主要な争点（争点の軽重）と一覧表による整理

建築関係事件を適正に解決に導くためには、当事者双方が主として取り上げたい問題はどの点にあるのかについて、確認しながら審理を進めることが合理的である。また、多くの瑕疵（契約不適合）、追加変更工事の有無や費用が争点となっている事案については、基本的に当事者主導で、一覧表を用いた整理や時系列表による事実経過の主張等をしてもらい、裁判官はそのつどフォローして、疑問点の釈明や争点の絞り込みに力を注ぐ必要がある。

---

[3] 民法の一部を改正する法律（平成29年法律第44号）（以下、本章において本法による改正後の民法を「改正民法」という）では、建物の売主は瑕疵担保責任を負うのではなく、契約不適合による債務不履行責任を負うことになり（改正民562条、563条）、請負人の注文者に対する契約責任も、契約不適合による債務不履行責任となった（改正民559条）。

(3) 当事者の属性の把握

円満な和解に導くためには、当事者の属性をよく把握しておくことも大切である。施主側であれば、建築に素人の一般市民か、建築につき一定程度の知識があるセミプロであるかや、人それぞれの個性、たとえば、神経質でこだわりがあるか、冷静に理解判断できるかなど、施工業者であれば、ゼネコンか、町の工務店か、個人業者かや、建築工事に関するスタンス、たとえば、ずさんな工事をする業者か、それともきちんと施工できる業者か、誠実に対応できる業者かなどを見抜くことができれば、紛争の解決を考える前提となる。

(4) 現地調査は厭わずに行う——現場主義

現地調査が不要であったり、もはや不可能であったりする例外的な事案を除いて、通常争点整理終了後、当該建築の現場ないし対象物を見ることによって一挙に事案の全貌がつかめ、紛争解決の見通しが開ける。なお、訴訟における現地調査では、専門委員を活用し、現地での進行協議期日（民訴規95条1項）として、現地見分の結果の説明を受けるのが有益である。

(5) 建築工事代金について理解する

工事代金の査定は、建築関係事件の和解案の内容ひいては和解の成否に直結する事案が多いので、建築工事費の構成の基本を理解し、合理的な査定を行うことが重要である。建築工事の価格は、一物一価ではなく、受注する施工者によって代金額はさまざまであるので、相当な代金額を査定する際には、ある工事代金が一定の幅の範囲内であるか否かという観点で考えるのが合理的である。工事代金の査定の方法としては、積算方式と実費精算方式がある。

まず、積算方式について、積算が建築工事費用の構成を踏まえて行われ、当該事案に適用するのが合理的な積算方法により算出されていれば、相当代金額と査定してよい。純工事費のうち、材料費は材料単価×施工数量により、作業手間（労務費）は工事単価×施工数量により算出するが、実際には、材工共として、材工単価×施工数量を算出することも多い。積算に際しては、仕様と施工数量を認定する必要があり、各種図面、材料の納品書、出荷証明書等によって認定する。単価は、当該請負契約において同種・同等の工事の単価（契約単

4　小久保＝德岡編・前掲書（注1）266頁。

価）が約定されている場合は、基本的には契約単価による。契約単価がない場合は、公刊物資料（建築工事研究会『積算資料ポケット版』（経済調査会）等）も参照する。労務単価は、公共工事設計労務単価（都道府県別・職種別）も参照する。以上の作業において、訴訟では専門委員を活用することが有益である。次に、通常請負契約においては現場管理費・一般管理費が計上されているので、これらの費用の純工事費に対する割合である経費率を求め、基本的にはその経費率をもって当該施工者が設定している経費率とみて、純工事費に当該経費率を乗じることにより、現場管理費・一般管理費を算定する。ただし、当該経費率が標準的な経費率と比べて大きく乖離している場合は、標準的な経費率を用いて算定することが相当な場合もある。

　他方、実費精算方式は、実際の工事に要した費用を積み上げて算定する方法である。実費は、基本的にはそれ自体が通常の取引価格と推定されるから、その積み上げにより、相当な代金額の算定が可能であると考えられる。ただし、当該請負契約で単価や施工数量等の明細が明らかであり、これらを基に代金額が決定されている場合には、実費精算方式によるのは合理的とはいえず、積算方式によるのが相当である。これに対し、当該契約で単価や施工数量の明細が明らかではなかったり、査定すべき工事項目が当該契約内容では定められていなかったり、契約内容と比べて全く異質なものであったりする場合には、実費精算方式によるのが適している。実費精算方式では、下請業者が発行した領収証、請求書、金融機関の振込明細書、施工者と下請業者との間の契約書、発注書・注文請書等から認定できる実費に、現場管理費・一般管理費を加えて、相当代金額を算出することになる。

　建築訴訟では、第一次的には当事者の主張する方法によるが、それが合理的でない場合は、適宜助言して他の方式による主張立証を促すとよい。

(6)　**当事者双方の言い分をよく聴く**

　和解での事情聴取や現地調査の際には、当事者双方の言い分を公平に十分聴くことが肝要である。このような傾聴によって、感情的対立の深い事案も解決に向かうことが少なからずある。

(7)　**紛争の原因、背景事情の洞察**

　建築関係事件を審理し、紛争の解決に結びつけていくためには、当該建築紛

争の原因や背景事情を洞察することが根本的な事案解明につながる。若干の具体例をあげれば、①新築住宅につき、本訴で工務店が施主に対し請負残代金と追加変更工事の代金を請求したのに対し、反訴で施主が工務店に対し瑕疵担保責任に基づく損害賠償を請求した典型的な建築紛争事案で、施工者側においては、新築住宅につき施主にとって重要なポイントとなる箇所に施工不良があり、施主の不信感を醸成してしまった点、施主側においては、追加変更工事に関する理解が不足していた点が紛争の大きな原因となった事例、②ラブホテルの改修工事について、工務店が施主会社との間で請負契約を結んで工事を進めたところ、施主が中間金を支払わないので契約条項に基づく中止権を行使したとして、本訴で工務店が施主会社に対し、請負代金と追加変更工事代金を出来高で請求したのに対し、反訴で施主会社が工務店に対し、工務店が工事遅延をし、延期した約定の工期も遅滞したとして、債務不履行に基づき、瑕疵修補費用、工事遅延による休業損害等の損害賠償を請求した事案で、施工業者、施主双方が当該工事の困難性についての認識が乏しかった点、設計図書が古く、かつ詰め切れておらず、設計者不在の状況で、切迫した工期内に仕様の詳細を決め、材料を仕入れて特急で施工したが、これらは客観的にみて至難の業であり、その結果施工に粗雑な点が出てしまった点、施主もかなり無軌道、わがまで、かつ支払能力・意思にも疑問があった点等が紛争の原因であった事例がある。このように紛争の原因や背景事情、当事者の心情に思いを至すことが、当事者双方にとって最も合理的な解決を見出すことにつながっている。

(8) **紛争解決の見通しと目標の確立**

建築関係事件の審理・和解の究極の目的は、当該事案・当事者にとって最良の紛争解決を達成することであるから、争点整理から現地調査を経て和解案を提示していく際には、事案の終局の姿をイメージし、その終局の姿を目標に、時にはこれを修正しつつ、進んでいくことが理想的である。感情的対立が非常に激しい事案であっても、たとえば、前記(7)①の事例では、対象が新築住宅であるので、施主にとって瑕疵のある箇所は早くその原因と対策について正しい判定を受けて補修対応をすること、施工者側にとっては追加変更工事も含めて残代金を精算・回収することが、それぞれ当事者双方にとって前を向いて進む重要な節目になると考えられる。②の事例では、工事が中断しており、ホテル

の改修工事を完成させないとオープンできないので、施主にとっては、判決になれば支払義務が認められるであろう高額の請負残代金について、話合いで減額してもらって支払うめどを立てることができれば、前を向いて新しい業者に残工事を引き継いでもらうことができる点、施工者側にとっては、たとえ減額されても、確実に残代金が回収できる点が、それぞれ和解による解決のメリットとなる。このように、施工者側にとっては主として代金の回収が、また、施主側にとっては建物を活かし、より完全な形に補修して、生活面、仕事面で前進を図ることが可能なように、複雑困難な事案を解明し、感情面も調整することにより、紛争を解決することが実現している。建築関係事件は、当事者双方にとって、その生活、仕事、人生設計等にかかわる重要な問題にかかわる紛争であるから、それぞれの立場に立って、親身に一所懸命考え、紛争解決の目的を見定めて、当事者双方の将来につなげる前向きな解決を心がけるようにする姿勢が非常に大切である。

Ⅱ　紛争類型ごとの和解の方向性

　以下、建築関係事件の主な紛争類型について、審理・和解する場合のポイントについて指摘しておきたい。

1.　施工者の施主に対する請求その1（追加変更工事）

　施工者の施主に対する請負代金請求で、最も頻出するのが追加変更工事に係る代金請求である。

(1)　原因ないし背景

　「追加変更工事」とは、当初の請負契約（当初契約）とは同一の契約である工事を前提とする、当初契約の内容の事後的な一部変更である。追加変更工事が行われる理由としては、①請負人ないし注文者が契約成立を優先させ、予算および概括的な工事内容で契約締結し、着工後の打合せで詳細を決めるとき、②注文者が施工途中で認識した当初契約時の思惑と異なるイメージや使い勝手等に基づき、請負人に対し工事内容の変更指示をするとき、③注文者が施工途中において、工事の是正指示や工期の遵守指示をするとき、④現実の施工に伴

い、請負人が現場での工夫・修正・変更をするとき（請負契約・工事に内在するもの）等がある。また、追加変更工事が紛争になる背景としては、①請負人の説明不足、②当初契約の内容を裏付ける書面の不備、③追加工事自体を裏付ける書面の不備、④相当代金額の積算の困難性等がある。以上のような原因・背景を理解しておくと、審理・和解に有益である。

(2) 追加変更工事をめぐる和解

前提として、項目の多寡にかかわらず、追加変更工事の認定をしっかり行うことが大切である。まず、本工事（当初契約に基づく工事）と対比しての工事であるから、本工事（当初契約）の内容が特定されているか確認する必要がある。本工事（当初契約）の内容を特定するための裏付証拠としては、①契約書、②設計図書や建築確認申請書類、③見積書、④契約代金額ないし予算等がある。次に、請負人が当該追加変更工事を施工したことは明らかであるとして、請負人と注文者との間で、当該追加変更工事を施工することにつき明示または黙示の合意がされたか否かを確認する。明確な書証がなく、しばしば、請負人が当該追加変更工事を施工することにつき承諾はしていなかった（請負人が勝手に当該工事を行った）旨注文者が反論することがしばしばある。上記のように確認した本工事（当初契約）の内容と、現実に請負人が施工した内容とを対比することによって、本工事（当初契約）に含まれない工事が施工されている場合には、経験則上当事者間で追加変更工事施工の合意があったことを一応推認するのが合理的であることが少なくない。また、追加変更工事が有償であるとの合意についても、確認する必要がある。追加変更工事の内容（本工事（当初契約）と比べて増加費用が生じるか否か、増加の程度）や、当該工事に至る経緯、請負人の説明内容（説明の有無・程度）等によって、推認していく。なお、当該工事につき、無償で行うとの合意がされた（いわゆるサービス工事）である旨注文者が主張する場合は、有償の合意の推認を覆す合理的な理由が主張立証されているか否か、確認する必要がある。そして、請負契約においては、有償の合意があれば、代金額の定めがない場合でも、当該工事の内容に照応する合理的な代金額を支払うというのが当事者の通常の意思であると認めることができる。相当代金額の認定（算定）基準としては、当事者の意思、追加変更工事の内容・程度、当初契約の代金との対比、追加変更工事の経緯、建築

業界内部の報酬額の基準や実情等が考慮要素となる。

　個々の追加変更工事の項目については、判決を見据えて以上のような認定・評価作業を行うが、和解の場合、各当事者がこだわっている項目や金額が大きいものには特に留意して査定し（微妙な場合は適宜減額等の調整をする）、合計金額を試算した後は、当該事案の追加変更工事発生の原因も考慮し、当初の請負代金額との対比や当事者双方の意向との乖離の程度等にも配慮しながら、個々の項目の査定結果と和解金額を提示するとよい。

2. 施工者の施主に対する請求その2（施工が途中で頓挫した場合）

　実務上よくみられるのが、施工者による施工が途中で頓挫した場合の清算が問題となる訴訟である。注文者に帰責事由がある場合は、民法536条2項の危険負担の問題、施工者に帰責事由があるか、双方に帰責事由がない場合は、最判昭和56・2・17裁判集民132号129頁に従って、既施工部分が可分であり、かつ施主にとって給付利益がある場合は、既施工部分の請負代金を請求できたが、改正民法では上記判例の趣旨が明文化された（改正民634条。なお、請負契約が仕事完成前に解除された場合も含む）。したがって、いずれにせよ、施工者は施主に対し、既施工部分の出来高を請求することになり、出来高の認定（査定）が重要となる。

　出来高の査定については、まず、請負契約において詳細な見積がされている場合には、見積書上の単価に施工数量を乗じることにより、直接工事費を算定することができる。次に、請負契約において一式見積がされている場合は、事案に応じて、①実費積み上げ方式による認定、すなわち、施工者が既施工部分の工事に費やした実費（工事原価）に諸経費を加算して、出来高を認定する方法で、実費は、施工者自らが施工した部分に関しては、実際に支出した材料費および労務費を、建築材料の納品書や作業日報等によって認定し、施工者が下請発注した部分に関しては、下請業者に支払うべき金額を、下請業者からの請求書、領収書、振込明細書等によって認定する。また、②控除方式による認定方式は、未施工の残工事を認定し、請負代金総額から残工事に係る工事費用を控除する方法である。残工事の代金額については、施主、施工者から提出される残工事に係る見積書や公刊物資料等を資料とする。さらに、③施工割合方式

は、建築工事全体またはある工事項目について請負契約上予定された工事のうち、どの程度の割合が施工されたかを査定し、請負代金額にその割合を乗じる方法である。一式見積の場合、見積書によっては請負契約の内容が特定できない状況下で、図面等の資料によりあるべき工事内容を推定したうえで、施工写真や現地調査等によって認定できる既施工部分が契約内容のうちのどの程度の割合を占めるのかを査定する。

　この類型は、工事中止につき施主に責任がある場合も、施主はなかなかそれを認めようとはせず、しかも、工事を完成させるためには別の業者の手配を要し、請負代金が割高になったり、既施工部分がそのまま使えなかったりする事情があるため、客観的に査定した出来高をベースとする和解案を提示しても、施主が前向きに検討しない場面も少なくない。その場合、施主に対しては上記法的な枠組みと査定の根拠を説明し、判決になった場合と比べたメリット（施工者による一定の譲歩のほか、遅延損害金の免除等）を説明する一方、施工者に対しては、債権回収の早期実現や確実性等のメリットを理由に、できる限りの譲歩を引き出すなどの努力をする必要がある。

3. 施主の施工者に対する請求

(1) 仕様に関する合意の認定の重要性

　施主の施工者に対する請求で頻出するのは、瑕疵担保責任に基づく損害賠償請求、改正民法では債務不履行に基づく損害賠償請求である。前者で「瑕疵」とは、完成した建物等が約定どおりに仕上がっていないこと（主観説）であり、後者でも「契約不適合」であるから、いずれにせよ、建築請負において当事者間でイメージした仕様に齟齬があるときは、当事者間の仕様に関する合意の事実認定が問題となる。実務上、①仕様内容が明示的に合意されている場合のほか、②明示の合意はないが、黙示の合意または合理的に意思解釈された合意内容の探究が重要となる事案も多い。そして、契約当事者の合意内容を認定する際、まず、契約当事者がどのような表示行為をしたかを確定する作業を行い、次いで、その表示行為がどのような意味を有するかを検討する作業を行っているが、建築請負では契約書が表示行為を組成する中心的要素ではなく、契約書以外の表示行為を組成する諸要素を検討し、これらの諸要素を調整する必

要がある。和解のためには、以下のような要素とその調整も含め、裁判所の合意の認定のプロセス（心証）を適宜開示して、説明することが大切である。

(2) 契約書以外の表示行為を組成する要素

契約書以外の表示行為を組成する主な要素や留意点を掲げると、設計図書に明示されている場合に関しては、①設計図書の記載の中でも、建築仕様を示すものでありながら、仕様に関する合意内容をなさないもの、たとえば、暫定的な記載の存在（戸建て住宅の断面図等において、段差のない平面で表現されている場合や、インターフォンや換気口が設備図または展開図で一定位置に表示されている場合等）、②専門家の裁量に委ねられた部分（安全性に問題がある構造図、機能・性能に問題がある設備図がある場合に施主がその問題性を知らずに承認印を押していたとしても、当該設計図書の記載自体は合意内容ではないと解釈したり、設計図書の記載と多少異なる仕様で施工した場合でも、あえて専門家の裁量に委ねずに合意していなければ、専門家としての裁量に委ねているものと解釈したりする)、③施工裁量がある場合（施工現場で、施工担当者の裁量で仕様の細部が変更された場合に、建築業者側で設計変更の必要性と設計変更の相当性を中心に、裁量の範囲内である旨主張立証されたときは、施工裁量を認めるなど）がある。

また、設計図書に明示されていない合意の要素としては、①報酬額、②工期、③建築する際の諸条件、諸要素（建築関係法令、敷地条件、施主が希望した建築条件）、④デザイン、⑤安全性・快適性・耐久性、⑥建築仕様に関する専門的情報（施主が特定の仕様を希望したとしても、建築業者のような専門家でないと認識できないような特別な事情がある場合は、建築業者が施主に対し説明して初めて合意がされた際の事情として表示行為の組成要素になると考える。逆に、施主のニーズ・要望等固有の情報については、施主から説明があって初めて表示行為の組成要素となると解するなど)、⑦複数の要素の調整（たとえば、スナックの内装工事で、厨房や客席の余裕、厨房内通路の幅員確保のいずれを重視するのかなど)、⑧合意形成過程の時間的要素（たとえば、仕様変更の時期との関係）がある。

この類型では、補修方法、補修費用の査定が、和解のもう1つの大きな要素となる。まず、①当事者双方が見積書等を提出しているが、その修補費用の額が大きく異なる場合は、当事者双方に対し、当該見積の基礎となる修補方法（工事内容）をできる限り具体的に主張立証するように促す。そのうえで、当

事者双方の同意を得たうえで、専門委員には、修補の方法に争いがない場合、「一方当事者の見積書等記載の金額は相当である」とか、「一方当事者の見積書等記載の単価〇〇円、数量△△㎡は過大で、それぞれ◎◎円、▽▽㎡程度が相当である」、「当事者双方の見積書等を参考にして査定すると、当該修補に要する相当な費用は、□□円程度である」といった説明（評価的説明）を求める。これに対し、修補方法ないし修補範囲等に争いがある場合には、まず、専門委員に、修補方法につき、「一方当事者主張の修補方法ないし修補範囲は過剰である」、「一方当事者主張の修補方法ないし修補範囲のほうが〇〇の理由により合理的である」、「一方当事者主張の修補方法ないし範囲で必要かつ十分である」というような説明をしてもらったうえで、当事者に対し、相当とされた修補方法を前提とする修補費用について意見を述べさせたうえで、専門委員に相当な修補費用について説明を求める。また、②一方当事者のみが見積書等を提出している場合は、一方当事者が提出した見積書等に格別の問題点がなく、他方当事者も当該見積書等に記載された修補方法・費用について具体的な理由をあげて争っているわけではない場合には、上記修補方法・費用を基本的に採用することも許容される。これに対し、他方当事者が具体的な理由をあげて争ってはいないものの、明らかに修補方法が相当ではなかったり、費用額が不相当であったりする場合は、場合によっては、当事者双方に対しさらに主張立証を促すなどしたうえで、適宜不相当な部分を修正して査定する。そして、③上記①、②の方法を瑕疵（契約不適合）の項目ごとにあてはめる方法を積み重ねて、瑕疵修補費用の総額を算定し、諸経費を加算する。

　実務上、当事者双方の希望が合致する事案では、裁判所が瑕疵ないし契約不適合と認めた不具合を補修することを骨子とする和解が成立する場合もあるが、補修の結果をめぐって二次的な紛争が発生する可能性があるので、ごく少数にとどまる。圧倒的に多いのは、補修費用の査定を経て、施工者が施主に対して解決金を支払う方法による和解である。ここでも、私的意見書の過大な見積金額を根拠に、高額な補修費用、解決金額に固執する施主も少なくないが、専門委員の助言を入れた査定の客観性・合理性を説明し、説得する必要がある。なお、実際の例は非常に少なくなっているものの、「建築請負の仕事の目的物である建物に重大な瑕疵があるためにこれを建て替えざるを得ない場合に

は、注文者は、請負人に対し、建物の建て替えに要する費用相当額を損害としてその賠償を請求することができる」との最判平成14・9・24裁判集民207号289頁に該当するかまたはそれに準じる程度に瑕疵が重大な事案については、施工者が施主に対し建替費用相当額の損害金等の解決金を支払う方法による解決のほか、施工者が施主から建物を買い取る方法による解決が合理的な場合もある。[5]

4. 施工者と施主との間での本訴・反訴

　実務上頻出するのは、本訴で施工者が施主に対し、前記1、2の請求をするのに対し、反訴で施主が施工者に対し、前記3の請求をしたり、前記3の債権でもって本訴請求債権と相殺したりする場合である。和解をする際には、本訴、反訴とも、合意の認定や損害額の査定をできる限り行って認容額を試算しつつ、いずれの当事者が支払うのか、その額はいくらになるのかという結論の部分は、これまで説明した事案の特色、紛争の原因、背景事情等も斟酌して、合理的でバランスの良いものを提示することが大切である。

5. 設計者の施主に対する請求

　設計者の施主に対する請求は、設計報酬の請求であり、契約の性質を準委任と解するか、請負と解するかによって、特に、設計が中途終了した場合の報酬請求の要件が異なる。委任と解すると、設計者に帰責事由なくして中途終了した場合に既履行の割合に応じて報酬請求できた（民648条3項）のに対し、改正民法では、施主に帰責事由なくして委任事務が履行不能になった場合のほか、履行が途中終了した場合には、既履行の割合に応じて報酬請求ができるようになった（改正民648条3項1号・2号）。また、委任と解した場合でも、改正民法では、設計業務の履行により得られる成果に対して報酬を支払うことを約した場合は、前記請負の改正民法634条（施主が受ける利益の割合に応じた報酬を請求できるとする規定）を準用しているので、請負と解した場合の途中終了の場合

---

[5] そのただし書で建物等土地の工作物を目的とする請負契約については目的物の瑕疵による契約解除はできないとされている民法635条が改正民法では削除され、実質的には解除の処理となる、建物買取りによる解決方法は、改正民法に整合することになる。

と効果は変わらないことになる。いずれにせよ、履行割合(前記の割合方式)や施主が受ける給付利益(前記の出来高)については、できる限り専門家の知見を採り入れて客観的に査定する必要がある。そのうえで少なくとも和解では、設計業務が途中終了した原因として、施主側に酌むべき事情(たとえば、設計者の説明不足による信頼関係破壊等)があって設計が頓挫したような場合は、上記客観的な報酬額をベースに減額調整して、バランスをとるのが合理的である。

6. 施主の設計者に対する主張ないし請求

　施主の設計者に対する請求としては、設計契約違反(合意した設計内容に反する、設計内容が法令違反である、施工予算を超過した、履行が遅延したなど)を理由に、前記5の請求に対し、債務の本旨に従った履行がないとして、報酬請求権の存在自体を争ったり、債務不履行に基づく損害賠償請求をしたりする場合が少なくない。

7. 設計者と施主との間での本訴・反訴

　前記5の本訴に対し、前記6の反訴が提起されたり、施主が前記6の債権でもって本訴請求債権と相殺したりする場合もある。ここでも、和解の場合は、本訴は出来高、反訴は責任原因や損害額の認定を客観的に行ったうえで、いずれの当事者がいくら支払うのかについては、設計契約や設計業務の経緯、頓挫した原因、今後施主が第三者に依頼する場合の報酬額や施主の支払意思・能力等も斟酌して、双方が和解による解決で実をとることができるような案を出すことが肝要である。

8. 第三者の施工者・設計者に対する請求(「建物としての基本的安全性を損なう瑕疵」を理由とする不法行為に基づく損害賠償請求)

　第三者が施工者・設計者に対し、「建物としての基本的安全性を損なう瑕疵」の存在を理由として、不法行為に基づく損害賠償を請求している事案では、「建物としての基本的安全性を損なう瑕疵」と評価できるか否かが勝負を決め

る場合が少なくないので、最判平成19・7・6民集61巻5号1769頁および最判平成23・7・21裁判集民237号293頁が示した枠組みに該当するか否かをよく検討して心証を開示する必要がある。

9. 第三者の施工者・設計者に対する請求（隣地工事型）

建物等所有者が隣地工事を担当した施工者・設計者を相手方として、隣地工事により建物が損傷したとして、不法行為に基づく損害賠償を請求する事案では、和解する場合、因果関係と損害がポイントとなる。前者では、専門委員や鑑定を活用して、客観的な裏付証拠から因果関係の有無を推認し、後者では、被害者の建物や地盤等の状況によっては、損害の公平な分担の観点から寄与度減額をするなど、バランス感覚を発揮することが求められる。

Ⅲ 和解がスムーズに進まないケースとその対応

この点に関しては、本章の前記Ⅰ、Ⅱの中で、すでにコメントしている。

Ⅳ 和解条項

建築関係事件の和解条項に関しては、建築瑕疵が問題となっている事案につき注意点を2つ指摘しておきたい。1つ目は、施工者が瑕疵を修補する内容で和解する場合は、できる限り図面、工程表等を添付し、工事の時期、内容を具体的に特定しておく必要がある。また、工事の監理や工事完了後の立会まで決めておくのが相当であるということである。2つ目は、今後も施工者・売主側と施主・買主側との間では、強行法規である住宅の品質確保の促進等に関する法律94条1項、95条1項の瑕疵担保責任が、施工者・売主に課せられることはもちろんであるが、元の契約書にうたわれていた保証条項や保守・点検等のアフターサービスに係る条項については、特に施主・買主側が継続を求めることが少なくないので、清算条項においては、「本件に関し」本和解条項以外に何らの債権債務がないことを確認する旨、当該和解で清算する債権債務の範囲を訴訟物およびそれに付随する事項に限定しておく必要があるほか、当事者が希

望する場合には、「本和解条項及び契約書第○項の保証条項で定める債権債務のほか」などと清算の対象外を明記したり、「本和解後も，施工者と施主は，施工者が契約書第○項の保証条項を履行する義務を負うことを確認する」などと、注意的に元の契約条項が生きていることを確認する趣旨の文言を入れたりすることが有益であるということである。

Ⅴ　まとめ

　建築関係事件の和解は、ともすれば、数十件から百件を超える追加工事や瑕疵（契約不適合）が主張され、専門家の活用、現地調査、適正な事実認定と評価・査定、和解案の起案、説明等々、多大の労力を要する事案も少なくない。しかし、これらの手順を踏んで、複雑困難な事案において和解が成立した際の達成感は、ひときわ大きいといえるので、今後、より多くの建築関係事件において、和解による解決をめざして、奮闘努力がされることを期待したい。

（德岡由美子）

6　建築関係事件に関する和解条項について詳細に分析し、条項例を記載した参考文献として、齋藤編著・前掲書（注1）80～87頁がある。

第3章
医療関係事件と和解[1]

Ⅰ 医療関係事件の特徴

1. 複雑困難訴訟

　医療関係事件（以下、「医療訴訟」という）は、従前から複雑困難な訴訟類型の典型とされ、審理期間の長期化が問題とされてきた。平成12年以降、医療訴訟の適正迅速な処理を図るべく、大規模な裁判所を中心に医療集中部が創設され、そこでの経験を踏まえ、平成19年以降、東京、大阪地方裁判所等の医療集中部が審理運営方針を作成・公表した。[2]それらの審理運営スタイルが徐々に全国に浸透し、現在ではほぼ定着したといってよい。それにより、医療訴訟の審理運営がしやすくなり、従前に比べて審理期間も短縮されてきたが、なお内容面での困難性が高いことに変わりはなく、審理期間のさらなる短縮が課題となっている。

　医療訴訟が複雑困難である主な理由は、次のとおり、それが専門訴訟の側面と人格訴訟の側面をあわせ有する点にある。

---

[1] 医療訴訟の歴史と現状については、これを概観した最新の論稿として、門口正人編著『裁判官の視点・民事裁判と専門訴訟』（商事法務・2018年）215頁以下〔福田剛久〕がある。また、医療訴訟の処理の現状を知るには、福田剛久ほか編著『最新裁判実務大系(2)医療訴訟』（青林書院・2014年）、髙橋譲編著『裁判実務シリーズ(5)医療訴訟の実務』（商事法務・2013年）、浦川道太郎ほか編『専門訴訟講座(4)医療訴訟』（民事法研究会・2010年）、秋吉仁美編著『リーガル・プログレッシブ・シリーズ(8)医療訴訟』（青林書院・2009年）等が参考になる。

[2] 東京地方裁判所につき、東京地方裁判所医療訴訟対策委員会「医療訴訟の審理運営方針」判タ1237号（2007年）67頁、同「医療訴訟の審理運営方針（改訂版）」判タ1389号（2013年）5頁。大阪地方裁判所につき、大阪地方裁判所第17、第19、第20民事部「大阪地方裁判所医事部の審理運営方針」判タ1335号（2011年）5頁。

2. 専門訴訟としての側面

　医療訴訟は、診療の過程で生じた悪しき結果について、①結果に至る機序（医学的なメカニズム）を前提に、②医療従事者の過失、③過失と結果との間の因果関係、④患者等の損害を問題とするものである。①〜④のそれぞれの場面で専門的経験則たる医学的知見を踏まえた判断が必要となるため、医療訴訟を担当する裁判官においては、ある程度の医学的知識と、当該事件で問題となる医学的知見の収集・活用についてのノウハウの修得が必要となる。裁判官は、所属庁での医師を招いての勉強会や司法研修所での医療訴訟に関する研修等によって医学の基礎知識等を学ぶほか、個々の事件処理を通じて医学的知見の修得に努めているが、医療集中部でまとまった件数を処理する裁判官を除けば、医学的知識を修得する機会に限りがあるため、事件処理において苦労の多い訴訟類型といえる[3]。

3. 人格訴訟としての側面

　医療訴訟は、診療の過程で生じた悪しき結果について、医療機関や医師等の医療従事者（以下、「医療側」という）に責任があるとして損害賠償を請求するものである。もともと患者側は医療側を信頼し、病気やけがの治癒を期待して治療を委ねる関係にあったところ、医療事故によりその信頼や期待が裏切られたとして、医療側に強い不信感を抱くことが少なくない。また、死亡や身体障害といった重い結果が生じることが多いため、患者側は強い被害感情を有するのが通例である。医療訴訟は、これらの患者側の心情等を十分に踏まえ、それに配慮した審理運営と解決が求められる点でも、難度の高い訴訟類型といえる[4]。

　3　これに加えて、医療訴訟に特有の法的論点や判断枠組みが存在することも、難度が高い理由の1つである。もっとも、医療訴訟の重要論点の多くにつき最高裁判例が存在していること（大島眞一「医療訴訟の現状と将来——最高裁判例の到達点」判タ1401号（2014年）5頁）、審理判断に必要となる法的枠組みの理解についても、医療集中部に所属する裁判官を中心に検討が深められており（その成果が前掲（注1）にあげた各文献に集約されている）、医療集中部が創設された平成12年頃に比べると、取り組みやすくなった部分がある。

　4　医療側についても、提訴前の患者側と医療側とのやりとりにおいて、患者側が医療機関を何度も訪問して執拗に面会や説明を求めたり、繰り返し電話をかけたり、手紙やファックスを送りつ

Ⅱ 医療訴訟における和解の特徴

1. 患者側にとっての和解のメリット

 医療訴訟の原告（患者側）が訴えを提起する目的ないしニーズとしては、①被害回復、②真相究明、③反省謝罪、④再発防止、⑤適正な損害賠償などが考えられる[5]。これらのニーズを満たすには、医療側から謝罪等を受けること（③）や、医療側に再発防止等に努力することを誓約してもらうこと（④）などが有用であるところ、その実現は判決によっては困難であり、和解によって初めて可能となる。

 また、適正な損害賠償を受ける（⑤）ためには、結果発生の機序、医療側の過失、結果との因果関係、損害に関する各争点を高度の蓋然性をもって証明する必要があるが、それは必ずしも容易でなく、高度の蓋然性に至らない心証しか得られない場合には、判決としては請求棄却とならざるを得ない。しかし、診療の過程に一定の問題があることがうかがわれる場合や、因果関係の証明まではできないものの、それが認められる可能性が一定程度存在する場合などには、それらの紛争の実情や心証の程度に応じた解決を図るのが相当であると考えられる。このようなニーズを満たし、紛争の実情や裁判所の心証度に応じた割合的な解決を図ることができる点に、和解のメリットがある。

2. 医療側にとっての和解のメリット

 医療側にとっては、請求認容判決を受けた場合、それが報道されたり、インターネットに掲載されたりすることで、名誉・信用の喪失や患者の減少等を来し、病院の経営に影響が生じるおそれがある。しかし、和解であれば、後述のように口外禁止条項を盛り込むことにより、患者側の情報提供によって解決内

けたりして苦情を述べるなどして、医療側がその対応に苦慮し、関係者が退職する事例や、警察官が関与する事例などがある。このようなケースでは、医療側も一定の被害感情を抱いていることが多く、解決が一層困難になる。
5 浦川ほか編・前掲書（注1）524頁〔安東宏三〕。

容が広く世間に知られることを防止できるメリットがある[6]。

また、一般に、医師等の医療従事者は極めて多忙であるうえ、人命を預かる仕事であるため日々の精神的重圧も大きいと推察されるところ、そのような中で、さらに当事者等として医療訴訟への対応を余儀なくされることの時間的・精神的負担は相当に大きく、そこから早期に解放されることは、それ自体がメリットといえる。和解は、判決に比して早期に医療従事者を応訴の負担から解放し得る点で相応のメリットがあるといえる。

3. 医療訴訟の和解適合性

上記1、2を踏まえると、医療訴訟は和解に適した訴訟類型といえる。司法統計からみても、近時の第1審の訴訟事件全体の終局割合は、判決が40％前後、和解が30％前後であるところ、医療訴訟の終局割合は、判決が35％前後、和解が50％前後となっていて、医療訴訟の和解率は、他の訴訟事件に比較して高い水準にある[7]。

和解は、その内容ないし結果からみて、患者側の勝訴的和解、敗訴的和解、中間的和解に分類できる。医療訴訟における50％前後という和解率は、それらをすべて含んだ数字であるから、判決になれば過失や因果関係が認められず、請求棄却となる事案も一定の割合で含まれている。

ちなみに、医療訴訟の判決の認容率は、近時ではおおむね20％前後であり、通常訴訟事件のそれ（人証調べを実施した事件で60％程度）よりも低い。その理

---

[6] もっとも、口外禁止条項を定めても、閲覧制限（民訴92条）の要件を満たす場合は少ないから、報道機関が訴訟記録の閲覧（民訴91条1項）を通じて和解内容を知り、これを報道することは禁止されず、実際に報道される例もある。したがって、上記メリットには、一定の限界があることに留意する必要がある。

[7] 医療訴訟で和解に適さないと考えられるのは、患者側が医師の過失や医療体制の不備などの問題を社会に広く問いたい等として判決を強く望む事件や、反対に、患者側の訴えにおよそ理由がないと考えられる事件などの、一部の事件にとどまる。

なお、感情的対立が激しいことなどから和解成立は難しいと思える事件もあるが、そのような場合でも、一度は和解勧試をすることをお勧めする。それは、①和解協議を行う中で歩み寄りの糸口が見出され、結果として和解に至るケースも少ないながら存在するし、②和解成立に至らない場合でも、その際のやりとりを通じて各当事者の心情や考え方等をより明確に把握でき、また、裁判所から具体的な心証開示を行うことが、当事者の反論や補充立証等を促す契機となり、それらが審理と判決の質の向上につながるからである。

由につき確証はないが、①医療事故があった場合、提訴前に和解交渉がされる場合が少なくなく、患者側が勝訴し得る事件の相当割合がその段階で和解によって解決される結果、提訴された事件の勝訴率が低くなることが考えられる。さらに、②提訴された事件のうち、訴訟の結論が全部認容または一部認容となる場合には、前記2のような理由から医療側が和解に応じることが多いため、判決に至るのはそれらを除いた事件に限られ、棄却判決が多くなるのではないかと考えられる。

4. 医療訴訟の和解内容の特徴

前記1のとおり、医療訴訟では、患者側の訴え提起の目的ないしニーズが、単に金銭の支払を受けるにとどまらず、真相解明、反省謝罪、再発防止等にもあるから、和解において金銭支払以外の条項が重要となる場合が少なくない。そのため、金銭支払以外のどのような条項をどのような内容で和解に盛り込むかについてシビアな協議が重ねられることがあり、裁判官にはそれらの条項を盛り込む際の一定のノウハウの修得が必要となる。

Ⅲ 医療訴訟における和解勧試の技法

1. 和解を念頭において審理すること

(1) 訴訟序盤での意向聴取の有用性

前述のとおり、医療訴訟は和解に適した訴訟類型である。したがって、訴訟の序盤で当事者から和解についての意向を聴取し、それを踏まえてどのタイミングでどのような和解協議を行うのかについて、審理計画を描きつつ進行するのが相当である。

和解の内容やタイミングについて当事者の意向を聴取してみると、意外とバラツキがあることがわかる。真相解明に重点をおいている当事者は、審理が進まないと和解は難しいという場合が多いが、他方で、診療過程での過失に至ら

---

8 福田ほか編著・前掲書（注1）28頁、29頁〔福田剛久発言〕〔高橋讓発言〕〔中村也寸志発言〕。
9 門口編著・前掲書（注1）249頁〔福田剛久〕。

ない医療側の不適切な対応などを問題視する当事者は、医療側の一定の誠意ある応答（たとえば、遺憾の意の表明や見舞金の支払など）があれば、それで解決してもよいと考える場合も少なくない。本格的な医療訴訟のようにみえても、医学的知見に立ち入った本格的な審理までは望んでないケースや、請求金額の一部だけでも支払われればそれでよいと考えているケースもある。したがって、医療訴訟であるからといって、常に医学的知見に立ち入った本格的な審理が必要であるとは限らないから、そのように即断せず、まずは当事者の心情や解決についての意向を聴いてみることから入るのがよいというのが実感である。

(2) 当事者からの直接の意向聴取を考慮すべき場合

和解についての意向を聴取する場合、まずは代理人弁護士から聴取することになろうが、代理人が医療訴訟に不慣れであるなどのため、事案のポイントや当事者の心情等を踏まえた訴え提起の真のニーズを正確に把握できていない場合がある。後に当事者本人の話を聴いてみたところ、代理人の説明との間にかなりの相違があった例もある。したがって、代理人の実力や経験いかんで、訴訟の序盤で患者本人や親族などを同行してもらい、訴えを提起した心情、解決についての意向等を直接聴取し、把握しておくのが相当な場合もある。

2. 和解勧試のタイミング

(1) 一応の心証形成後が原則

一般に、和解勧試のタイミングとしては、①第1回期日直後の本格的な争点整理に入る前の段階、②争点整理がある程度進み、一応の心証形成が可能となる中盤から終盤の段階（たとえば、協力医の意見書が出た後や、専門委員の説明の後）、③尋問終了後、④鑑定終了後、などが考えられる。和解勧試のタイミングは、個々の事件の類型や内容、当事者の意向等によって異なり得るが、通常の医療訴訟においては、ある程度審理を進めて裁判所が一応の心証形成をした後でないと適切な和解勧試が困難であることが多いため、②の段階以降となることが多い。

(2) 早期に和解勧試を検討すべき場合

もっとも、医療訴訟であっても、早期の和解勧試を検討すべき事件もある。

それは、①原告（患者側）の請求が認容される可能性が極めて低いと見込まれる事件、②被告（医療側）の責任が認められる可能性が高いと判断できる事件、③被告（医療側）が責任を認めたうえで損害のみを争う事件などである。[10]

①は、請求に理由がない旨の心証形成が早期に可能な事件であるが、原告は、そのような訴訟をあえて提起したともいえるから、なるべく早期に原告本人や親族から直接話を聴き、真に何を問題視しているのかを把握したうえで、解決の方向性を検討するのが相当である。②は、早期に裁判所の心証を示して説得することになるが、被告（医療側）がもう少し主張・立証をさせてほしいと希望する場合などには、それを待ってから和解協議を行う等、柔軟に対応するのが相当である。③は、2～3回の期日で集中して損害論の主張・立証を尽してもらい、早期に心証形成のうえ、和解を勧試する例が多いが、損害論についての心証形成が容易でない場合には、早期の和解勧試が困難なこともある。

3. 和解勧試の手法等

(1) 説得の相手方

医療機関や医師個人は、医師責任賠償保険に加入しているのが通例であるから、医師会や損害保険会社の納得を得なければ和解成立に至らない。[11] また、被告が地方公共団体の場合は、その長の決裁や議会の承認が必要である。したがって、和解勧試は、当事者・代理人のみならず、医師会や損害保険会社、地方公共団体の長や議会の説得をも念頭において行う必要がある。

(2) 口頭か書面か

和解案の提示を口頭、書面のいずれで行うかは、争点の判断の難易度、代理人の実力（医療訴訟に不慣れか否か）、当事者・代理人の意向、上記(1)の医師会、損害保険会社等の説得の要否・程度などの諸事情を踏まえつつ、事案ごと

---

10 医療集中部の裁判官は、在任期間中に数多くの医療事件に接し（ちなみに、大阪地方裁判所医事部の場合、着任時に部に50～60件程度の未済事件が係属しており、その後年に30件程度の新件が配てんされるから、医事部に3年間在任すれば140～150件程度の医療訴訟を経験することになる）、それを通してかなりの医学的知識を蓄積するため、在任期間が長くなるほど、比較的早期にそのような判断に至るケースが多くなる。

11 医師賠償責任保険の種類、制度、加入の実情等については、鵜飼万貴子「医師賠償責任保険について」福田ほか編著・前掲書（注1）695頁参照。

に検討する。

　争点の数が少なく、かつ、その認定判断の内容が比較的簡明な場合は、代理人に対して、口頭で、結論と理由の要旨を説明することで足りる場合が多いが、他方で、代理人が医療訴訟に不慣れな場合、争点が多数にわたる場合、争点についての判断内容が複雑で口頭説明では裁判所の考え方が正確に伝わりにくい場合、和解に際して考慮すべき事項や事情が多い場合などには、医師会や損害保険会社等への説明に使用されることをも念頭におきつつ、裁判所の心証や和解勧試の理由等を書面に記載して交付することが多い（事案や事情に応じて、理由の骨子や要旨を記載するにとどめるものから、判決理由に準じる程度の詳細な理由を記載するものまである）。なお、裁判所としては口頭説明で足りると考えている場合でも、代理人から損害保険会社の説得等のため書面による和解案の提示を要望されることがあり、多くの場合はそれに応じている。

Ⅳ　和解条項

　次に、医療訴訟の和解の実例を踏まえて作成した和解条項例を基に、医療訴訟における和解条項の特徴や作成上の留意点などを整理してみたい。

和解条項（例）

1　被告は、本件における原告及びその家族に対する説明その他の対応に行き届かない点があったことを認め、原告及びその家族に対し、遺憾の意を表する。
2　被告は、原告及びその家族に対し、本件を教訓として、今後、同様の事態が生じることのないよう、患者に対する説明その他の対応において、慎重かつ周到な配慮を行うことを誓約する。
3　被告は、原告に対し、本件和解金として○○万円の支払義務があることを認める。
4　被告は、原告に対し、前項の金員を令和△年△月△日限り、原告が指定する銀行口座に振り込む方法により支払う。振込手数料は被告の負担とする。
5　原告と被告は、本件及び本和解の内容を、正当な理由なく、第三者に口外しない。

6 原告は，その余の請求を放棄する。
 7 原告は，本和解により，本件に関する紛争の一切が解決したことを確認し，今後，被告病院及びその医師，看護師その他の職員に対し，民事，刑事，行政を問わず，一切の責任追及をしないことを約する。
 8 原告と被告は，今後，互いに，手紙，電話，その他方法の如何を問わず，接触せず，名誉信用を毀損する一切の行為をしないことを約する。
 9 原告と被告は，原告と被告との間に，本件に関し，本和解条項に定めるほかに，何らの債権債務がないことを相互に確認する。
 10 訴訟費用は各自の負担とする。

1. 金銭債務の確認条項、給付条項（条項例3、4）

(1) 支払額

　支払額（和解金額）は、患者および近親者に生じた損害額をベースに、裁判所の心証（割合的心証）と、その後の審理（控訴審を含めて）により心証が変動するリスクなどを加味して算出する。医療訴訟における損害額の算定は、交通事故訴訟における損害算定基準を参考にしつつ、医療訴訟に特有の事情を加味して行う。[12]

　和解金額の検討に際し、弁護士費用や遅延損害金をどの程度考慮するかは、裁判体によって異なると思われるが、筆者は、弁護士費用は基礎となる損害額に全額を算入し、遅延損害金は事案に応じてその一部を加算することが多い。

　和解までに損害賠償金ないし和解金の一部にあたり得る金銭（たとえば、後医の治療費、見舞金等）が支払われている場合には、「既払金（○○円）のほかに△△円の支払義務があることを認める。」などとして、和解条項に既払金の扱いを明記しておくのが相当である。なお、これに関連し、患者側が産科医療補償制度によって補償金の支払を受けている場合には、①既払の補償金は損害賠償金に充当され、②賠償責任者（医療側）は後日求償を受け、③患者側は損

---

[12] 医療訴訟に特有の事情として、①従前からの疾病のために余命が限られている患者や、②適切な治療を受けていても従前からの疾病の影響で一定の後遺障害等が残った可能性がある患者について、それらの事情を損害額の算定上いかに考慮するかという問題がある。これらの詳細は、今岡健「損害Ⅰ（損害の範囲）」福田ほか編著・前掲書（注1）671頁以下、髙橋編著・前掲書（注1）575頁以下〔山下浩之〕等を参照されたい。

害賠償金の支払を受けると、以後、産科医療補償制度に基づく補償金請求権を失うことになるから[13]、これらの点を誤解したまま和解をすることのないよう留意が必要である。

(2) 支払名目

支払名目は、責任の有無に中立的な「和解金」または「解決金」とすることが多い。

稀に、医療側が過失を認めている場合や、過失が認められることが明白な場合には、患者側の求めに応じて「損害賠償金」とする例もあるが、そのような場合でも、「和解金」または「解決金」とするほうが多い[14]。

反対に、医療側に過失がないものの、円満な解決をめざして一定の支払をする場合には、法的責任がないことを表す趣旨で「見舞金」とすることがあるほか、稀ではあるが「医療側に過失がないことを確認する」旨の条項を盛り込むことがある。

(3) 支払方法、支払期限

医療機関側が和解金等として金銭を支払う場合は、1、2か月以内に一括して支払う場合が多い。医療訴訟では、和解金の支払を行うのが医療機関自身または損害保険会社であるため、一般の民事訴訟事件と異なり、その履行確保が問題になることは少ない。

2. 謝罪等条項（条項例1）

患者側が訴えを提起した目的やニーズ（前記Ⅱ1）からみて、患者側が医療側から謝罪を受けることで被害感情が緩和され、納得して和解に至る場合がある。したがって、一定の法的責任が肯定され得る事案や、法的責任はなくとも診療過程に一定の問題がある事案では、その責任や問題の内容・程度に応じて謝罪またはそれに準じる内容を盛り込むことが考慮される[15]。

---

[13] 産科医療補償制度標準補償約款8条1～3項。産科医療補償制度については、金田朗「無過失補償制度」福田ほか編著・前掲書（注1）724頁以下参照。

[14] 医療側は名目を「損害賠償金」とするのを嫌がることが多い。そのような場合、患者側に対しては、支払金額が多額であることや、謝罪等条項が盛り込まれていること自体から、医療側に一定の責任があることが推知できるため、支払名目をあえて「損害賠償金」としなくても足りるのではないかと説得し、患者側もそれで納得する場合が多い。

その場合、条項例1でいえば、①「……を認め」の部分（謝罪等の対象）と、②「謝罪する」等の部分をどのように表現するかにつき、微妙な調整を要することが少なくない。双方の意向を丁寧に聴いたうえ、裁判所が事案に即した適切な表現を提案し、その趣旨を丁寧に説明して合意を取り付けることが必要となる場合もある。

　たとえば、①の謝罪等の対象については、責任の程度に応じて、「（医師等に）過失（落ち度）があったことを認め」、「不適切な点があったことを認め」、「〇〇の措置が万全でなかったこと（万全な医療行為を提供できなかったこと）を認め」、「医師の処置及び結果が原告の期待に沿うものでなかったことを認め」、「結果として救命できなかったことを真摯に受け止め」等の複数の表現を使用している。

　また、②の謝罪等の文言についても、責任の程度（それに応じた謝意の強弱）により、「（真摯に）反省し（心から）謝罪する」、「謝罪する」、「深謝する」、「陳謝する」、「遺憾の意を表する」等の複数の表現を使用している。[16]

3. 再発防止等条項（条項例2）

　患者側は、医療事故による死亡等の悪しき結果やそれを問題視して訴えを提起したことが医療事故の再発防止等に役立つことで、悪しき結果や自らの行動にプラスの意味を見出したいと考えることが少なくないようである。そのような心情を考慮して、再発防止等に関する条項を和解条項に盛り込むことがある。医療側としても、医療事故の発生は本意でなく、今後同種の事故を繰り返したくないという意識を有しているため、再発防止等条項を盛り込むことで合

15　もっとも、医療側は、前掲（注14）の場合と同様、謝罪等条項や後述の再発防止等条項を盛り込むことを嫌がる場合も少なくない。特に、提訴前に前掲（注4）にあげたような事情があったようなときには、医療側から「逆に謝罪を求めたいくらいである」と言われることもある。この場合も、前掲（注14）と同様に、患者側に対し、「医療側が和解金として一定額の支払をすること自体に自らの非を認める趣旨が含まれていると考えることができるのではないか」等と説得している。和解金額がある程度大きい場合にはそれで納得される場合があるが、あくまでも謝罪等を求める場合もあり、その場合には「遺憾の意を表明する」という最も弱い表現での謝意を盛り込むことで調整する例が多い。

16　なお、医療側の過失が明らかな事案などにおいて、患者側から期日または期日外における面前での直接の謝罪や医療側作成の謝罪文の交付の求めがあり、医療側がこれらに応じる場合もある。患者側の被害感情を慰謝し、紛争を円満に解決する一つの有効な方法といえる。

意に至りやすい。[17]

　もっとも、患者側が再発防止等に向けた具体的な対応まで和解条項に盛り込むことを要求する場合には、医療側との調整が必要となる。実例として、再発防止のための具体的な方策を5項目にわたって列記した例や、説明・同意文書の改善案を患者側に事前に提示して了解を得たうえ、和解条項でその旨を確認した例などがある。[18]

4. 口外禁止条項（条項例5）

　前記Ⅱ2のとおり、医療訴訟において、医療側に一定の損害賠償を命じる判決が出されれば、新聞、テレビ、インターネット等で報道され、医療機関の名誉・信用の低下を招き、その経営に悪影響を及ぼすことが懸念される。医療側が訴訟を和解で終了させるメリットの一つは、この事態を回避することにある。[19] そのため、医療側は、条項例5のような口外禁止条項を盛り込むよう求める場合が多い。多くの事案では、患者側もそれに同意して口外禁止条項が盛り込まれているが、一部には、患者側が和解成立後も医療機関の問題を広く社会に訴えたい等として反対する例もある。この場合には医療側にとっての和解のメリットが減殺されるため、和解の成立自体が困難になる場合も少なくない。

　なお、主に患者側が、協力者や相談者に訴訟の結果報告等をするのを許容してほしいなどとして、全面的な口外禁止に反対する場合がある。しかし、上記のような場合は、「正当な理由がある」場合に含まれると考えられるから、その旨を和解協議の際に確認しておけば足りよう。もっとも、当事者がそれでは曖昧で不安があるという場合には、口外を許す者の範囲を特定して、和解条項

17　もっとも、前掲（注15）のような事情から、再発防止等条項を盛り込むことにも反対する例があるが、本文のように再発防止や医療体制の充実等は医療側の努力目標でもあるから、謝罪等条項に比べれば、和解条項に盛り込むことの了解を得やすいといえる。

18　再発防止等条項は、条項例2のような抽象的な内容にとどまる場合はもとより、特定された具体的な行為を為した場合であっても、当事者の意思およびその条項の趣旨・性格に照らして、その法的性質は道義条項ないし努力条項にとどまり、その不履行による法的効果（慰謝料支払義務等）は発生しないのが通常であると解される。

19　もっとも、前掲（注6）のとおり、口外禁止条項によっても、報道機関が訴訟記録の閲覧（民訴91条1項）を通じて和解内容を知り、これを報道することを禁止できない点に留意が必要である。代理人がこの点の認識を欠いている場合もあるから、和解の際に念のため注意喚起しておくのが相当であろう。

に記載すること（たとえば、「○○，△△に対する場合を除き，第三者に口外しない」等の条項を入れること）が考えられる。

5. 責任不追及条項（条項例7）

　医療過誤があったとき、医療側は、民事責任のほかに、刑事責任、行政責任の追及を受ける可能性がある。刑事責任や行政責任については、患者側の捜査機関への告訴や行政機関への通告などが契機となることがある。医療側は、和解をする以上、後日、患者側の働きかけで刑事責任や行政責任が問われる事態を避けたいと考えるのは当然であり、その懸念がある事案では、条項例7のように、他の責任追及等もしない旨の条項を盛り込むよう求める場合がある。和解をする場合には、患者側もその求めに応じるのが通例である。

6. 接触禁止等条項（条項例8）

　訴訟前の患者側と医療側のやりとりの際、患者側が病院に多数回にわたって電話をかけたり、手紙やファックスを送りつけたり、訪問して苦情を述べたり、執拗に面会や説明を求めたりする例がある。なかには、通報を受けて警察官が関与する例もある。[20] このような経過があって訴訟に至った事案では、医療側から、医師、看護師、その他医療側関係者への接触禁止等を約するよう求められる場合がある。提訴前に上記のような行為に及んでいた患者側も、和解が成立する時点では上記条項を盛り込むことに反対しない場合がほとんどである。

7. 請求放棄条項、清算条項（条項例6、9）

　これらの条項には、医療訴訟に特有のものはない。

8. 訴訟費用負担条項（条項例10）

　「訴訟費用は各自の負担とする」とするのが通例であるが、次の点で留意が必要である。

20　前掲（注4）。

第1に、医療訴訟では、原告（患者側）が訴え提起手数料や鑑定費用について訴訟救助を受けている場合が一定割合ある。訴訟救助は裁判費用の納付を猶予するものにすぎないから（民訴83条）、「訴訟費用は各自の負担とする」との内容で和解をすれば、原告が納付義務を負い、取立てを受けることになる。

　第2に、鑑定費用について訴訟救助を受けない場合は、一方当事者が予納することになるが、そのまま「訴訟費用は各自の負担とする」との内容で和解をすれば、予納した当事者がこれを負担することになる。

　考えられる対応としては、①和解条項では「訴訟費用は各自の負担とする」として、訴訟救助に係る手数料等は原告が裁判所に支払い、予納した鑑定費用は予納した当事者が負担するとしたうえで、それを考慮に入れて和解金額を算出する方法が考えられる。また、②訴訟救助がされている場合には、「訴訟費用は被告の負担とする」として、訴訟救助に係る手数料等を被告が裁判所に支払う方法、または、鑑定費用を原告が予納している場合には、「訴訟費用のうち鑑定費用○○円については被告の負担とし，その余の費用については各自の負担とする。」として、鑑定費用を和解金とは別に被告が原告に支払う方法が考えられる。

9．前　文

　条項例には掲げていないが、和解勧告の理由や和解に至った経緯などについての前文をおくことで、当事者の納得を得る方法がある。よくあるのは、患者側が和解条項に謝罪等条項を入れてほしいと希望するのに対し、医療側が一定の和解金は支払うものの、法的責任はないと考えているとして謝罪等条項などそれ以外の道義条項を盛り込むことは拒否するという事案において、患者側の希望を前文にうまく盛り込むことで、双方の納得を得るという場合である。

　前文の例としては、①「当事者双方は，裁判所による和解勧告の趣旨を真摯に受け止め（……の趣旨を踏まえ，……の趣旨を理解し），次のとおり和解をする。」、②「当事者双方は，本件事案に鑑み，被告が原告に一定の和解金の支払うべき旨の裁判所の和解勧告を尊重し，次のとおり和解をする。」、③「当裁判所は，被告病院における一連の医療行為に万全とはいえない部分があったとの所見を前提として和解を勧試したところ，原告と被告は，これを受けて調整の

上，次のとおり合意した。」などがある。

 そこでは、裁判所が一度、患者側の要望が相応に反映された和解案を双方に提示することが前提となる。それを受けて、①～③のような前文をおくことで、裁判所が患者側の要望を盛り込む形で提示した和解案を、医療側も一定の範囲で理解し、受け止めまたは尊重する等して和解に至ったと解釈することによって、患者側の納得を得る契機とするのである。

 以上のような前文の活用は、和解条項として何を盛り込むかに対立がみられる事案では、一つの効果的な技法といえる。

Ⅴ まとめ

 医療訴訟の和解については、すでに多くのすぐれた論稿があり[21]、屋上屋を重ねるにとどまった嫌いがあるが、大阪地方裁判所医事部での経験を踏まえて本章を記した。本章が医療訴訟における和解の充実に貢献できれば幸いである。

(野田恵司)

---

21 医療訴訟の和解に関する論稿としては、森冨義明「和解」福田ほか編著・前掲書（注1）233頁以下、高橋編著・前掲書（注1）592頁以下〔鶴岡稔彦〕、浦川ほか編・前掲書（注1）513頁以下〔渡辺直大、安東宏三〕、秋吉編著・前掲書（注1）158頁以下〔浜秀樹〕のほか、佐々木茂美編著『医事関係訴訟の実務〔新版〕』（新日本法規出版・2005年）401頁以下、澤野芳夫「医療過誤訴訟における和解」太田幸夫編『新・裁判実務大系(1)医療過誤訴訟法』（青林書院・2000年）497頁以下などがある。

交通事件と和解

I はじめに

　日本国内における道路交通事故の死傷者数は、平成16年をピーク に減少傾向にあるものの、平成29年においては58万4544人、発生件数にして47万2185件である。1日平均約1300件の人身事故が発生した計算になり、人身損害（人損）が生じていない物件損害（物損）のみの事故も含む交通事故全体では、これをはるかに上回る件数となる。交通事故に関する民事紛争（以下、「交通事件」という）は、誰もが当事者となり得るものであるうえ、関係者は、事故の当事者だけでなく、親族、使用者、保険会社（共済）、公的機関等多岐にわたる。このように、大量かつ身近な紛争である交通事件に関しては、訴訟以外にも、示談、民間のADR（裁判外紛争解決手続）、簡易裁判所の民事調停など種々の解決手段があり、実際に多くの紛争が訴訟を経ることなく解決に至っている。

　民事交通事故訴訟は、上記のような手段で解決できなかった場合に係属することが多いが、かといって判決に至る割合が高いわけではなく、むしろ和解によって解決する事案が非常に多い。平成28年の事件数でみると、東京地方裁判

1　内閣府『平成30年交通安全白書』。
2　交通事件に関するADR機関の代表的なものとして、公益財団法人交通事故紛争処理センター、公益財団法人日弁連交通事故相談センター、一般財団法人自賠責保険・共済紛争処理機構等がある。その具体的な活動内容については、日本弁護士連合会ADRセンター編『交通事故の損害賠償とADR』（弘文堂・2010年）が参考になる。
3　交通事件に関する民事調停については、第3編第7章を参照されたい。
4　塩崎勤ほか編『専門訴訟講座⑴交通事故訴訟』（民事法研究会・2008年）136頁。
5　後藤勇＝藤田耕三編『訴訟上の和解の理論と実務』（西神田編集室・1987年）301頁〔加藤新太郎〕。塩崎ほか編・前掲書（注4）145頁、佐久間邦夫＝八木一洋編『リーガル・プログレッシブ・シリーズ⑸交通損害関係訴訟〔補訂版〕』（青林書院・2013年）26頁、森冨義明＝村主隆行編『裁判実務シリーズ⑼交通関係訴訟の実務』（商事法務・2016年）68頁、八木一洋「裁判所からみ

所の交通事件専門部である民事第27部(以下、「東京地裁交通部」という)では、既済事件のうち約66％が和解により終局しており、大阪地方裁判所の交通事件専門部である第15民事部(以下、「大阪地裁交通部」という)でも、既済事件の約70％は和解によるものである。本章では、地方裁判所の民事交通事故訴訟における和解[7]を中心に、交通事件の迅速かつ適切な解決に向けた実務上の留意点等について検討する。

Ⅱ 交通事件の特徴および基本的事項

　交通事件の迅速かつ適切な解決を図るうえでは、交通事件一般の特徴を理解し、その処理または審理に必要な基本的事項を把握しておくことが肝要である。これらについての理解が不十分なままでは、和解金額の算定を誤ったり、和解がうまく進まなかったり、和解成立となった場合でも別の紛争が残ったりするおそれがある。

1. 概 要

　交通事故により損害を被った被害者は、加害者に対し損害賠償を請求することができる。交通事件の多くは、被害者から加害者に対する損害賠償請求である[8]。損害賠償請求権の法的根拠は、多くの場合、民法709条であり、自動車事故による人損については、自動車損害賠償保障法(以下、「自賠法」という)3条による場合も多い。加害車の運転者が被用者で業務の執行中に事故を起こした場合、使用者は民法715条による責任を負う。交通事故の原因が公道の設置

　　た民事交通事故事件」東京弁護士会弁護士研修センター運営委員会編『民事交通事故訴訟の実務──保険実務と損害額の算定(弁護士専門研修講座)』(ぎょうせい・2010年)322頁、保木泰治「民事交通事故訴訟の基礎」東京弁護士会弁護士研修センター運営委員会編『弁護士専門研修講座・交通事故の法律相談と事故処理　民事交通事故訴訟の実務Ⅲ』(ぎょうせい・2015年)216頁。
  6　公益財団法人日弁連交通事故相談センター東京支部編『民事交通事故訴訟損害賠償額算定基準』(以下、「赤い本」という)〔2018年版〕(下巻)1頁以下の谷口園恵部総括裁判官による講演「最近の東京地裁民事交通訴訟の実情」参照。
  7　簡易裁判所の民事交通事故訴訟における和解については、第2編第15章参照。
  8　その裏返しとして、加害者から被害者に対する債務不存在確認請求の形で紛争が顕在化する場合もある。
  9　運転者が、会社の代表者である場合には、会社法350条、600条、法人の代表者である場合には、

または管理の瑕疵にあるとして国または地方公共団体の責任を問う場合には、国家賠償法2条1項が根拠となる。

交通事故による損害賠償請求に関連して、各種保険制度が設けられており（後記3参照）、法律や保険契約の約款により、被害者から保険会社等に対し損害賠償額の支払を請求できる場合がある。また、被害者側の保険会社等が保険契約に基づき被害者の損害に対する補償として保険金を支払った場合、保険会社等は、保険法25条等の代位規定により加害者に対して求償することができる。

交通事件では、人損と物損とで被害者が異なる場合も多いうえ、運転者以外に同乗者も受傷するなど、被害者が複数である事故も少なくない。また、事故当事者の一方だけでなく、他方にも損害が発生している場合が大半であり、双方がそれぞれ相手方に対して損害賠償を請求する場合もある。多重事故など複数の車両が関係する事故や、交通事故と医療過誤の競合が主張される事案などもある。加えて、上述した保険会社に対する請求や保険会社からの請求等もある。そのため、交通事件では、反訴が提起されたり別訴が提起されて併合されたりすることが多く、1件の交通事故に関して複数の請求権者による請求や複数の相手方に対する請求が入り混じることも少なくない。交通事件の和解においては、これら複数人の請求、主張、利害、和解成立後の求償の問題等、さまざまな要素を検討しながら、細やかに調整を図ることが必要となる場合が多い。

2. 基準化・類型化の要請と定着

交通事件の争点は、大きく責任に関する争点と損害に関する争点に分けられるところ、責任に関する争点には、事故態様、責任原因、過失および過失相殺等があり、損害に関する争点としては、損害の有無、相当因果関係、損害額、素因減額、損益相殺等があげられる。長年の裁判実務の過程において、大量に係属する民事交通事故訴訟を迅速かつ公平に処理するために、上記争点のうち過失相殺および損害額について基準化・類型化が進められてきた[10・11・12]。これらの基

　一般社団法人及び一般財団法人に関する法律78条、197条が、それぞれ根拠となる。
10　森嶌昭夫「交通事故訴訟と損害賠償の歴史的変遷」藤村和夫ほか編『実務交通事故訴訟大系(1)

準が定着することで、訴訟における裁判所の判断に関する予測可能性が高くなり、和解による早期の解決につながっているほか、現在では裁判外でもこれらの基準を参照して示談等が行われている。

　上記のとおり、重要な争点についての基準化・類型化が進んでいることに加え、交通事件における基本的な主張および証拠は、おおむね類型的であり、事案ごとの個別性はあるものの、多くの点で共通している。したがって、交通事件の迅速かつ適正な解決を図るためには、基本的な主張や証拠が当事者から早期に提出されることが重要である。交通事件の処理や審理に関する基本的知識については、すでに多くの文献[13]で述べられているため、ここでは省略するが、法曹実務家として交通事件に関与する場合には、本章であげた文献等に記載されている基本的知識を具備していることが必須である。

3．各種保険および公的給付等

(1) 概　要

　交通事故により被害者が被る損害の額は、加害者が個人で賠償責任を負担しきれない程度に大きくなることもあり、そのような場合に被害者の損害を塡補するため、各種の保険制度が整備されている。[14]　その中核は、自動車損害賠償責

　　総論』（ぎょうせい・2017年）1頁。
11　過失相殺に関しては、東京地裁交通部の裁判官による東京地裁民事交通訴訟研究会編『民事交通訴訟における過失相殺率の認定基準』（判例タイムズ社）が代表的なものである（現時点の最新版は、2014年発行の全訂5版となる別冊判例タイムズ38号。以下、「別冊判タ38号」という）。ただし、別冊判タ38号で取り上げられている事故類型は、歩行者や車両が関与する事故のうち典型的なものに限られる。
12　損害額に関しては、赤い本のほか、公益財団法人日弁連交通事故相談センター専門委員会編『交通事故損害賠償額算定基準――実務運用と解説』（以下「青本」という）。最新版は2018年発行の26訂版）、大阪地裁交通部の裁判官による大阪地裁民事交通訴訟研究会編『大阪地裁における交通損害賠償額の算定基準』（判例タイムズ社。最新版は2014年発行の第3版）などがある。
13　代表的なものとして、別冊判タ38号1〜23頁、佐久間＝八木編・前掲書（注5）、塩崎ほか・前掲書（注4）、北河隆之『交通事故損害賠償法〔第2版〕』（弘文堂・2016年）、森冨＝村主編・前掲書（注5）等。
14　北河・前掲書（注13）347頁、古笛恵子「自動車保険の基礎」東京弁護士会弁護士研修センター運営委員会編・前掲書（注5）258頁、芳仲美惠子「保険制度の外観（自賠責保険・任意保険、あたらしい保険制度）」東京弁護士会弁護士研修センター運営委員会編『民事交通事故訴訟の実務Ⅱ（弁護士専門研修講座）』（ぎょうせい・2014年）2頁、小堀優「交通事故に関する保険制度」東京弁護士会弁護士研修センター運営委員会編・前掲書（注5）112頁、古笛恵子「自賠責保険の実

188

任保険または自動車損害賠償責任共済（以下、共済も含めて、「自賠責保険」、「自賠責保険金」、「自賠責保険会社」などという）である。しかし、強制保険である自賠責保険には支払限度額の定めがあることから、自動車の所有者等は通常、自賠責保険では賄いきれない損害を塡補するため、任意の自動車保険契約（以下、「任意保険」という）を締結している。また、被害者において、労働者災害補償保険法（以下、「労災保険法」という）による給付（以下、「労災保険給付」という）やその他の各種公的給付が受けられる場合がある。交通事件の和解を進めるにあたっては、かかる制度の理解が不可欠である。

(2) **自賠責保険**

自賠法は、自己のために自動車を運行の用に供する者（運行供用者）は、その運行によって他人の生命または身体を害したときは、これによって生じた損害（人損）を賠償する責任を負う旨規定（自賠3条）したうえ、自賠責保険の契約が締結されている自動車でなければ、運行の用に供してはならない（自賠5条）として、同契約の締結を義務づけている。自賠責保険会社は、被保険者である自動車の運行供用者に上記の賠償責任が生じた場合に、一定の保険金額の限度で（自賠13条1項、自賠令2条）、被害者に支払われた損害賠償額につき被保険者（加害者）に対して保険金を支払い（自賠15条。「加害者請求」とよばれる）、また、被害者からの損害賠償額の支払に応じる（自賠16条。「被害者請求」とよばれる）。

自賠責保険の特徴の一つは、後遺障害等級認定手続が整備されている点であり、同手続は、損害保険料率算出機構およびその下部機関である自賠責損害調査事務所（以下、下部機関も含めて「損保料率機構」という）により行われる。自賠責保険の後遺障害等級認定手続における判断は、裁判所を拘束するものではないが、訴訟における後遺障害の認定においても相当程度証明力の高い証拠

務」森冨＝村主編・前掲書（注5）21頁、板東司朗「任意保険の実務」森冨＝村主編・前掲書（注5）34頁。

15 自賠法においては、道路運送車両法2条2項に規定する自動車および同条3項に規定する原動機付自動車をいう。

16 加害車が判明しない場合や加害車が無保険車である場合に備えての救済措置として、政府の自動車損害賠償保障事業（自賠71条以下）がある。

17 損害保険料率算出団体に対する法律に基づき損害保険会社を会員として設立された団体である。

として扱われているのが現状である。また、後記(3)(ｱ)のとおり、加害者側では自賠責保険金の加害者請求により支払った損害賠償金の回収を図るため、上記手続を経ているかおよびその判断内容が、和解に対する加害者側の対応を大きく左右する。

(3) **任意保険**

　自賠責保険は、補償の対象が自賠法3条の要件を満たす場合の人損に限られ、物損は対象外であるうえ、人損についても保険金額に上限があり、その限度額内の支払では被害者の損害を賄いきれないことが大半であるから、自動車の所有者等は通常、自賠責保険に加えて任意保険に加入する[18]。任意保険に関しては、被害者の損害の賠償に関して加害者側の保険が機能する場合と、被害者側の保険（被害者側が保険契約者である保険）から被害者の損害が補償される場合とで、問題となる局面が異なるので注意を要する。

　(ｱ)　加害者側の任意保険（相手方に対する賠償に関するもの）

　任意保険の約款では、一般に、対人賠償責任保険または対物賠償責任保険として、被保険自動車の所有・使用・管理に起因する事故により被保険者が損害賠償責任を負担することによって被る損害に対し、保険金が支払われることとされている[19]。賠償責任保険は、被保険者である加害者に対して保険金を支払うものであるが、多くの場合、任意保険会社から、直接、被害者または被害者が診療を受けている医療機関や修理を依頼した修理業者等に対して、発生した損害に相当する金額が支払われる。また、加害者が自賠責保険と任意保険の両方に加入している場合には、通常、いわゆる一括払の取扱いが行われる。ここでいう一括払とは、本来は別個のものである自賠責保険と任意保険とについて、手続の二度手間を省くために、任意保険会社が、被害者との関係において、自賠責保険により塡補される分も含めて支払を一括して処理した後、自賠責保険会社に対して加害者請求により自賠責保険金の支払を請求するものである[20]。さらに、多くの任意保険の約款では、損害賠償請求権者に対して被保険者が賠償

18　標準的な約款の解説として、「自動車保険の解説」編集委員会編『自動車保険の解説2017』（以下、「自動車保険の解説」という）（保険毎日新聞社・2017年）。
19　約款で定める免責事由に該当しないことが前提である。
20　任意保険会社は、一括払を行う事案に関し、損保料率機構に対し、自賠責保険金の支払請求に係る事前認定の依頼をすることができる。

190

責任を負う場合に、損害賠償請求権者は、保険会社に対し、同社が被保険者に対して支払責任を負う限度において、損害賠償額を請求できるとして、被害者から任意保険会社に対する直接請求権を認める規定をおいている。

このように、自動車が関与する交通事件では、多くの場合、加害者が支払義務を負う損害賠償金を現実に支払うのは加害者側の任意保険会社であり、同社の了解を得ることなく和解を成立させることは、実務上ほぼあり得ない。また、損害賠償金を支払った任意保険会社は、自賠責保険会社に対する加害者請求により自賠責保険金相当額を回収する必要があるため、その回収可能性および額を勘案したうえで、和解の諾否を判断しているのが一般的である。

なお、任意保険では、任意保険会社が被保険者に代わって被害者と折衝し、示談を行うという示談代行サービスが付されていて、事故後間もない時期から保険会社の担当者が被害者との交渉にあたる場合が多い。そのような事案では、交渉段階において具体的な金額および内訳を示した示談の提案がされている場合も少なくない。訴訟において和解を進めるうえでは、上記提案の有無および内容を把握しておくことが有用である。

(イ) 被害者側の任意保険（保険契約者側に生じた損害に関するもの）

被害者側の任意保険として注意を要するものは、主に、人身傷害補償保険（以下、「人傷保険」という）、車両保険である。

(A) 人傷保険

人傷保険は、被保険者が自動車の運行に起因する急激かつ偶然な外来の事故により身体に傷害を受けた場合に保険金が支払われる特約である。人傷保険金を支払った保険会社（以下、「人傷社」という）は、保険法および約款の規定により、支払った保険金の限度で被保険者（被害者）の賠償義務者（加害者）に

21　額に関しては、約款で計算方法の定めがある場合が多い。
22　自動車保険の解説16頁以下、49頁以下。
23　以上のほか、被害者側の損害保険契約として交通事件でよく登場するのは、運送業者貨物賠償責任保険である。同保険は、運送中の積荷が交通事故等により損傷した場合に、運送業者が荷主に対して負担する賠償責任を補償する保険である。事故発生について運送業者側にも過失がある場合には、第三者である荷主との関係では、運送業者（その運転者）と相手方が共同不法行為者となるため、荷主の損害に対し積荷保険から保険金が支払われた場合の同保険金に係る請求（求償）は、共同不法行為者の１人が第三者の損害を賠償した場合における他の共同不法行為者に対する求償の問題であることに注意を要する。

対する損害賠償請求権を代位取得し、その分、被保険者の賠償義務者に対する損害賠償請求権が減少する。人傷保険金は、被保険者の過失割合のいかんにかかわらず支払われるが、当該保険の約款に定める支払基準によって算定された金額が支払われるものとされており、一般にその金額がいわゆる裁判基準によって算定された金額よりも低いことや、個別の保険契約において保険金額（限度額）が設定されているものが多いことから、「一部保険」（保険金額が損害額に達しない損害保険）となるのが通例である。そのため、加害者に対する損害賠償請求に先行して人傷保険金が支払われた場合において、訴訟で過失相殺が認められた場合、人傷社がどの限度で代位するのか、すなわち、支払われた人傷保険金のうち加害者が賠償すべき金額から控除されるのがどの範囲であるかが問題となるところ、最判平成24・2・20民集66巻2号742頁、最判平成24・5・29裁判集民240号261頁は、保険会社は保険金請求権者の権利を害さない範囲内に限り保険金請求権者の加害者に対する損害賠償請求権を代位取得する旨の定めがある人傷保険に関して、いわゆる裁判（訴訟）基準差額説をとることを明らかにした。[24]

　以後、民事交通事故訴訟における人傷保険金の取扱いについては、基本的に上記最判の判旨に沿って処理されることとなり、その点は和解でも同様である。[25]したがって、被害者が人傷保険に加入している場合、過失相殺および損害額に関する裁判所の認定は、人傷社が代位し得る額に影響を与えることとなるため、和解においては、人傷社が当事者となっていない被害者から加害者に対する損害賠償請求訴訟でも（人傷保険金の支払が未了の場合も）、[26] 人傷社の意

---

[24] 上記最判の事案はいずれも、平成22年4月の保険法施行前の保険契約に関するものである。同法において保険代位について差額説が採用され、片面的強行規定とされた（25条、26条）ことから、同法施行後の人傷保険の約款では、差額説の表現である「損害賠償請求権の額（加害者過失分）から保険金が支払われていない損害の額を差し引いた額が人傷社に移転する」とするものが一般的となっている（青本〔26訂版〕369頁）。上記最判以前の学説および判例の動向については、桃崎剛「人身傷害補償保険をめぐる諸問題」赤い本〔2007年版〕（下巻）131頁以下が詳しい。また、人傷保険をめぐる問題点について、上記のほか、森健二「人身傷害補償保険金と自賠責保険金の代位について」赤い本〔2011年版〕（下巻）93頁、三木素子「人身傷害補償保険金の支払による保険代位をめぐる諸問題」赤い本〔2014年版〕（下巻）53頁。

[25] 個々の事件処理に際しては、当該保険の具体的内容や約款の規定を確認する必要がある。

[26] 被害者としては、和解で支払を受けることができなかった自らの過失分につき、人傷保険金による補償を期待して人傷社に支払を求めることになる。

向を無視することができない場合がある。そのような場合には、被害者側の代理人弁護士において和解に関する人傷社の意向を確認しておく必要がある。また、人傷保険金を支払った人傷社は、被害者を代位して自賠責保険会社に対する被害者請求を行い、自賠責保険金相当額を回収するところ、被害者から加害者に対する損害賠償請求訴訟に先行して人傷社が自賠責保険金の支払を受けている場合、上記訴訟における裁判所の認定いかんによっては、同認定に基づき算定した場合の人傷社の代位可能額が、人傷社に支払われた自賠責保険金の額より少ない（人傷社が本来の代位可能額を超過する自賠責保険金を受領している）という事態が生じ得る。[27] そのような場合の和解においては、被害者、加害者（実質的にはその任意保険会社）、人傷社の三者間で、上記超過分の処理につき調整を図る必要がある。

(B) 車両保険

車両保険は、交通事故等により被保険車両に損害が生じた場合に、契約で定めた保険金額の範囲内で保険金が支払われる特約である。人傷保険と同様、被保険者の過失割合のいかんにかかわらず支払われるほか、免責額の定めがある場合には一部保険となる。車両保険については、平成20年の商法改正により、保険法25条でいわゆる差額説が採用されたことにより、その施行後に締結された保険契約に関しては、代位の範囲は明確である。もっとも、車両保険として補償される損害の範囲については、個々の契約の内容や約款の規定によるのであり、疑義がある場合には、これらを確認して算定に誤りのないように注意する必要がある。[28]

(4) 労災保険給付

交通事故が同時に労災事故である場合には、被害者は労災保険給付を受けることができる。労災保険給付に関しては、労災保険法12条の4で代位規定（1項）や支給調整規定（2項。被害者が加害者から同一の事由に係る損害賠償を受け

---

[27] この問題に関するリーディングケースともいうべき裁判例が、東京地判平成21・12・22交民集42巻6号1669頁である。また、この問題について論じたものとして、森・前掲論文（注24）、植草桂子「人傷一括払と自賠責保険金の回収をめぐる問題点」損害保険研究79巻4号（2018年）119頁。

[28] たとえば、レッカー代や代車料について、車両保険の対象となっていないにもかかわらず、含まれているものと誤認して、代位額＝控除額を算定するなど。

た場合には給付をしないことができる旨規定する）が設けられている趣旨に照らし、損益相殺的調整として、保険給付と損害賠償とが「同一の事由」の関係にある限度で（費目拘束）損害額から控除される[30]。労災保険給付にはさまざまな種類の給付があるが、控除されないものがあるうえ[31]、控除されるものについても、費目拘束があり[32]、控除される範囲[33]や過失相殺との先後関係に関しても注意する必要がある。また、上記のとおり労災保険給付についても代位による求償の対象となることから、加害者においては、それについての対応も考慮したうえで和解について判断することになる。さらに、支給調整の関係で、損害賠償金の受領を理由に労災保険給付の支給が停止されることもあるので、和解の際はその点に関する配慮が必要な場合もある。

(5) その他の公的給付

重篤な後遺障害が残った場合などには、被害者は、国民年金法、厚生年金保険法等による障害年金等の給付や、介護保険法による保険医療サービスおよび福祉サービスの支給を受けることができる。これらの公的給付についても、法律に代位規定等がある場合[35]には損益相殺的調整を図る必要があり[36]、控除の対象となるか否か、費目拘束の有無、控除される範囲、過失相殺との先後関係等に

---

[29] 同種の規定として、国家公務員災害補償法6条、地方公務員災害補償法59条。

[30] 最判昭和52・10・25民集31巻6号836頁、最判昭和62・7・10民集41巻5号1202頁。「同一の事由」の関係にあるとは、保険給付の対象となる損害と民事上の損害賠償の対象となる損害とが同性質であり、保険給付とは損害賠償とが相互補完性を有する関係にある場合をいう（前掲最判昭和62・7・10）。

[31] 最判平成8・2・23民集50巻2号249頁（特別支給金につき否定）。

[32] 前掲（注30）最判昭和62・7・10（休業補償給付につき積極損害や精神的損害との関係で控除することはできないとした）のほか、最判昭和58・4・19民集37巻3号321頁（障害補償一時金および休業補償給付につき慰謝料から控除することはできないとした）、最判平成27・3・4民集69巻2号178頁（遺族補償年金につき逸失利益等の消極損害の元本との間で損益相殺的な調整を行うべきとした）。

[33] 同一の事由の関係にある損害の「元本」との間で損益相殺的な調整を行うべきであり、遅延損害金との間で行うべきではないとしたものとして、最判平成22・9・13民集64巻6号1626頁、前掲（注32）最判平成27・3・4。

[34] 最判平成元・4・11民集43巻4号209頁。

[35] 国民年金法22条、厚生年金保険法40条、国家公務員共済組合法48条、地方公務員法50条、介護保険法21条等。

[36] 最判平成11・10・22民集53巻7号1211頁、最判平成16・12・20裁判集民215号987頁、最判昭和50・10・20民集29巻9号1379頁、最判平成5・3・24民集43巻4号3039頁等参照。

注意を要すること、和解に際して、支給調整規定に関する配慮が必要であること等は、労災保険給付と同様である。[37]

III 交通事件の和解の実情および留意点

1. 概　要

　交通事件のうち民事交通事故訴訟として係属する事案は、示談その他の提訴前の交渉によって合意に至らなかった争訟性の強い事案であることから、その和解では、裁判所において争点につき一定の方向性(心証)を示すことが期待されている。[38]そのため、民事交通事故訴訟における和解では、当事者双方から必要な主張が提出され、争点が明らかとなり、人証以外の立証がほぼ終わった段階で、裁判所において、争点に関する暫定的な心証に基づき和解案を示す場合が最も多い。[39]その場合の和解案は、暫定的とはいえ、その時点における主張立証を精査したうえ、過失相殺や損害額に関する基準に照らし作成されたものである。当事者においても、そのようにして示された裁判所の和解案が、上記基準や証拠等に照らし合理的ないし許容しうる内容であると判断すれば、人証調べを求めることなく和解での解決に応じるので、交通事件では、尋問を経ずに和解によって終局する事案が多い。とはいえ、種々の事情で和解協議が難航する事案も少なからず存在し、また、和解条項の作成に際し特別な配慮を要する場合もある。

2. 和解勧試の時期

(1) 争点整理の終局段階

　上記のとおり、和解勧試の時期として最も多いのは、人証以外の立証がほぼ

---

[37] 労災保険を含めた各種給付の控除等に関する文献として、田中敦＝新田和憲「損害賠償債務等に対する各種給付等の充当問題」『交通事故損害賠償実務の未来』(法曹会・2011年)63頁、中西茂「損益相殺の諸問題」森冨＝村主編・前掲書(注5)351頁。

[38] 後藤＝藤田編・前掲書(注5)302頁。

[39] 塩崎ほか・前掲書(注4)146頁、佐久間＝八木編・前掲書(注5)27頁、森冨＝村主編・前掲書(注5)68頁。

終わった争点整理の終局段階である。交通事件の主張立証は類型的であり、必要な証拠もおおむね定型的であることから、裁判官としては、訴訟係属後なるべく早い段階から、当事者双方に対し、主張立証の予定を確認しつつ、できる限り早期の提出を促すとともに、並行して、和解についての意向（和解協議の機会を設けるか否か、人証調べ前の和解勧試の可否等）を確認し、人証調べ前の和解勧試が可能な場合には、必要な主張立証がほぼ出揃った段階で、積極的に和解を勧試すべきである。

(2) 争点整理終局以前の和解勧試

争点整理が終わっていない段階でも、当事者からの要請があれば、随時、それ以外の場合でも、事案によっては、裁判官において暫定的心証を形成し得たと判断した時期に適宜、和解を勧試することはある。ただし、裁判官において暫定的心証を形成し得たと判断した場合であっても、当事者（代理人）としては、予定している主張立証（人証以外）をすべて提出した後に和解勧試されることを希望することも少なくないのであって、そのような意向を無視して和解を勧試するのは相当ではない。

また、なかには、一般的に損害額の算定に必要とされている定型的な書証につき、当事者において、さまざまな事情でこれを提出することができなかったり、時間と手間を要するため費用対効果の観点で提出を躊躇したりする事案もある。そのような場合には、必ずしもすべての争点につき心証形成に必要かつ十分な主張立証が揃ったとはいえない段階でも、あえて和解をすすめ裁判所が和解案を示すことで、和解が成立することもある（そのような当事者においては、自ら積極的に和解勧試を求めることはしないものの、実際には早期の和解勧試を望んでいる場合がある）。

さらには、提訴前の段階で相当程度交渉が重ねられた事案の中には、複数の争点のうちの大部分については合意ができたものの、残りのわずかな争点について調整ができなかったため、訴訟に至っているというものもある。当事者双方が主張書面では多くの点について争っていても、交渉経過を聴いてみると、実質的な争点は限定的であることが判明する場合も少なくない。そのような事

---

40 裁判所と当事者との間で共通の認識を形成できる場合が大半であるが、「必要な主張立証」に関する認識が異なっている場合などには、審理の進め方について協議をし、理解を得る必要がある。

案では、当該争点について裁判所の見解を示すことで、早期に和解成立となる場合もある。

(3) 人証調べ実施後の和解勧試

　事故態様に争いがあり当事者の主張が激しく対立している事案や、事故と被害者が主張する症状との因果関係が強く争われている事案などにおいては、人証調べ前の和解勧試そのものが困難である場合が少なくない（裁判所において暫定的な心証すら得られないという場合もあれば、当事者が人証調べ前の和解勧試を希望しないという場合もある）。また、人証調べ前に和解を勧試したものの、和解成立に至らず、人証調べを実施するケースもある。そのような場合でも、当事者において人証調べ後の和解協議に臨む意向があるならば、尋問実施後、速やかに、かつ、積極的に和解を勧試すべきである。

　多くの交通事件では、弁護士である代理人が選任されているため、人証調べ前の段階で当事者本人が期日に出頭することは稀であり、和解協議ももっぱら代理人との間で行うことが通例であるところ、尋問期日には本人が出頭することがあるため、その機会を利用して本人に裁判所の考えを伝えるべく、尋問終了後、直ちに和解を勧試して協議を行うことも少なくない。また、通常は、人証調べに入る前の段階で争点整理は終わっており、尋問終了後は口頭弁論を終結して判決をするのに熟した状態となっているから、裁判所は、もはや暫定的ではなく、判決を見据えた心証に基づき和解案を示すのが一般的である。その結果、和解が成立する場合もそれなりにある。

(4) 留意点

　上記のとおり、和解勧試の時期はケース・バイ・ケースであるが、いずれにしても、当該事案における当事者（代理人）双方の訴訟進行に関する意見を聴きながら、その時期を判断することが大切である。

　なお、事案によっては、当事者の被害感情が峻烈であるとか、相手方に対する憤りや不信感が極めて強い等の理由で、和解勧試自体がままならない場合もある。被害者やその親族の中には、和解や話合いという言葉すら聴きたくないという当事者もいる。そのような場合に、裁判所があえて和解を勧試し協議の場を設けようとすることは、当事者の心情をさらに害する結果となりかねない。代理人から上記のような当事者の意向が伝えられた場合には、粛々と判決

に向けて手続を進めるべきであろう。

　また、加害者側（その任意保険会社）において、被害者の主張に関し詐病や不正請求等の疑いを強く抱いている事案や、保険約款の解釈が問題となる事案などでは、判決を求める場合が少なくない。その意向が確定的である場合には、いたずらに和解勧試することなく、速やかに手続を進めて判決すべきである。自賠責保険において、加害者につき自賠法3条ただし書の要件を満たしているとして無責の認定がされている場合も、仮に裁判所が有責の心証であったとしても、判決をしなければ、自賠責保険会社において自賠責保険金の支払に応じる可能性は乏しいため、同様である。

3. 和解協議の進め方

(1) 一般的な進め方[41]

　交通事件において最も一般的な争点整理終局段階での和解勧試の場合、裁判所は、各争点について暫定的心証を形成しており、その心証に基づく和解案を作成したうえで和解協議に臨むことが多いが[42]、だからといって、裁判所がいきなり和解案を示すのがいいかというと、必ずしもそうとは限らない。交通事件の場合、争点が多岐にわたる事案も少なくないが、当事者においてどの争点を重視しているかはさまざまであり、その軽重は必ずしも記録中に十分表われてこない場合がある。和解協議の早い段階で、それぞれの当事者にとっての争点の軽重を把握することが、その後の和解協議を円滑に進めるために有益であり、そのうえで、各争点につき、どの程度の譲歩なら許容し得るかを双方の当事者（代理人）から聴取するとともに、適宜、裁判所の心証を開示しながら、調整の余地を検討し、その後に裁判所和解案を提示するほうが、当事者にとっての満足度が高い（成立率が上がる）ように思われる。

　その点に関し、ほとんどの交通事件では提訴前に示談交渉が行われているため、和解協議を進めるに際しては、従前の交渉経過を把握しておく必要がある。具体的な示談の提案がされたケースについては、その内容やそれに対する反応を知ることで、個々の争点について、各当事者が交渉段階ではどの程度ま

41　本書第1編第4章も参照されたい。
42　事案によっては、複数の和解案を考えたうえで協議にのぞむことが有用な場合もある。

で譲歩していたかを知ることができ、当事者にとっての争点の軽重の度合いや、当事者に対する説得のポイントをうかがい知るのに役立つ。もちろん、あくまで提訴前の段階での認識であって、訴訟に至ったこと、あるいは訴訟係属後に新たな事実が判明したことなどにより、変わることも少なくないが、そのこと自体も説得材料になり得る。これに対し、従前の交渉経過を把握することなく和解案を提示した場合において、当該和解案の内容が、提訴後の新たな事情がないにもかかわらず、示談段階での加害者側の提示よりも被害者に不利な内容であった場合には、被害者の納得を得ることが難しく、その後の和解協議も難航することが多い。そのような事態を防ぐためにも、提訴前の交渉経過を把握することは、和解協議を円滑に進めるうえで非常に重要である。

(2) 和解協議が難航する事案等

(ア) 代理人において本人の説得に苦慮する場合

代理人としては、裁判所の和解案について一定の理解を示し、判決に至った場合と比較して同和解案を応諾することにメリットがあると考えているものの、本人の説得に苦慮しているため応諾できないという場合がある。そういう場合、上述のとおり、いったん和解協議を打ち切って、人証調べを実施し、同期日において、出頭した本人を裁判所が直接説得するという方法がある。ただし、人証調べは、代理人にも本人にも、その準備や実施に少なからず時間と手間を要するものである。また、人証調べ前の和解案は、暫定的な心証に基づくものであるということで、ある程度の柔軟性があるのに対し、人証調べ後の和解案は、確定的な心証に基づく内容とならざるを得ないため、事案によっては、人証調べ前の和解案よりも当該当事者にとって不利な内容となる場合もある。さらに、相手方において、人証調べ後には、もはや和解による解決を希望せず、判決を求めるという場合もある。そのため、代理人の理解と協力が得られるならば、人証調べ前の段階で、代理人に本人を同行してもらい、裁判所から直接、和解案の趣旨や人証調べ前に和解をすることのメリット等を説明し、本人を説得することがあり、それによって、人証調べを経ることなく和解が成立する場合もある。

(イ) 当事者の被害感情に一定の配慮を要する事案

死亡事案や重篤な後遺障害が残存した事案の中には、当事者において、和解

による解決自体を拒むものではないが、被害感情が強く、その点につき何らかの配慮をすることが、和解を進めるうえで必要となる場合がある。そのような事案の場合、和解協議の手続の中で、当該当事者らに裁判所に出頭してもらうなどして、その心情を率直に吐露できる機会を設けることも意味がある。また、当該当事者が、相手方からの謝罪文言等を和解条項に盛り込むことを求める場合には、相手方の意向も確認のうえ、具体的な文言について検討し、双方が応諾可能な表現となるよう調整することが必要である。

　(ウ)　被害者が自賠責保険の認定を強く争っている事案で裁判所の心証も自賠責保険の認定と同様である場合

　このような場合には、和解案について被害者側の納得を得ることが難しいことも少なくないが、上記心証に至った理由について診療経過等に基づき丁寧に説明したり、前提となる医学的知見について説明したりすることによって、理解を得られる場合もある。また、「和解限り」ということで、判決よりも被害者側に有利な金額を算定することが可能である場合もある（たとえば、治療費や休業損害につき、予想される認容額よりも既払分が多い場合において、和解案では既払分の全額を計上するなど[43]）ため、そのような方法で被害者側に配慮することにより、和解成立に至る場合もある。

　(エ)　自賠責保険における判断と異なる認定による和解を勧試する場合

　たとえば、裁判所において、後遺障害につき、自賠責保険の認定よりも重い等級であるとの心証に基づき和解を勧試する場合、加害者（その任意保険会社）においては、和解案の内容そのものよりも、和解で前提とされた等級に相当する自賠責保険金が支払われない（自賠責保険金による回収ができない）ことを危惧して、当該和解案に難色を示す場合がある。このような場合には、裁判所において、和解案を提示する際に、当該等級であるとの認定に至った理由および同認定に基づき和解金額を算出したことが明記された書面を作成して双方に交付したり、和解条項において、被害者の後遺障害が当該等級であることの確認条項を入れたりする等の工夫をすることで、和解成立に至ることが少なくない。

---

[43] 既払分を計上することについては、加害者側からの反発も比較的少ないように思われる。

(オ) 請求棄却が予想される事案

既払金が多く、裁判所が認定した損害額や過失割合を前提に既払金を控除すると、損害額の全額が填補されており、請求棄却になってしまう事案や、消滅時効が認められる事案なども、一般的には和解困難な類型である。そのような事案であっても、「解決金」として若干の金員を支払う内容の和解であれば、加害者側においても、紛争の早期解決という利点を考慮して応諾する場合がある。問題は、被害者側の説得であるが、率直に、上記心証およびその根拠を伝えて、判決になった場合の見通しを告げるほかないであろう。

(カ) 加害者側の資力が乏しい事案

加害者側において保険に加入していない場合[44]や、加入していても保険限度額が低い場合等には、支払条件において被害者側を満足させることが困難な場合が多い。そのような事案において和解をする場合には、分割払も考慮する必要があるが、その際は、現実に分割金の支払を継続することが可能であるか否かを慎重に検討すべきである。

(キ) 多数の当事者や関係者間の調整を要する事案[45]

多数の当事者や関係者が関与する交通事件においては、事故当事者が1対1の場合に比べて、争点の数も多く複雑になるが、それだけに、判決となった場合における求償関係も複雑であるため、当事者・関係者にとっては、和解により紛争を1回で終局的に解決するメリットは大きい（人証調べの負担が大きいことも、人証調べ前の和解についてのインセンティヴとなる）。したがって、裁判所としても、多数の争点に関する基準・証拠等に基づく認定、当該認定に基づく損害額や求償額の算定の労を厭うことなく、すべての当事者の意向を適宜の方法で聴取し、細やかに調整を図ったうえで、和解案を提示するとともに、粘り強く説得に努めることによって、複雑困難な交通事件についても、和解を成立させることが可能となる。

---

44 いわゆる無保険車の場合のほか、自転車や歩行者が加害者となる場合が考えられる。もっとも、自転車や歩行者であっても、何らかの損害保険に加入している場合があるので、訴訟の早い段階で確認しておくべきである。

45 複数の代理人が遠隔地に所在する場合の争点整理や和解には、テレビ会議システムが有用である。具体的な活用例については、本書第4編第1章の座談会を参照されたい。

(3) その他の留意点
　㋐　既払金（公的給付等を含む）の把握
　どの事案でも、既払金の有無および額を正確に把握しておく（代理人に対して注意喚起する）ことが重要である。いったん和解案を示した後に、記録中に表われていない既払金の存在が明らかになった場合、当事者が和解によって現実に受領する金額が大きく変動することもあり、その後の和解協議が困難になる場合がある。和解案提示前に判明していれば、既払金についても考慮したうえで異なる内容の和解案が提示された可能性もあり、単に提示済みの和解金額から既払金を控除すれば足りるという問題ではない場合も多いため、注意する必要がある。
　㋑　人傷社がかかわる場合
　上述したとおり、人傷社との関係で意向の確認や調整を要する場合には、被害者または双方の代理人に動いてもらう必要がある。
　㋒　後見監督人の同意
　交通事件では、当事者に重篤な後遺障害が残った場合に成年後見人が選任されていることも少なくない。そのような事案で、後見監督人も選任されている場合、和解を成立させるためには、後見監督人の同意が必要となる（民864条、13条1項5号）。和解協議の過程で、成年後見人（その代理人）を通じて、後見監督人の同意についての見通しを確認し、協議が調った際には速やかに同意が得られるように動いてもらう必要がある。
　㋓　訴訟救助が付されている場合
　訴訟救助が付されると、たとえば、提訴にあたって訴え提起の手数料の納付が猶予されるが、和解が成立し事件が終局すると、この猶予が終了し、納付する必要が生じる。事案によっては、その額が無視できない程度になる場合もある。原告代理人において注意すべき事項であるが、和解協議がある程度進んだ段階でその点に気づき、その後の協議が難航するといった事態にならぬよう、裁判所としても留意しておくことが望ましい。

4.　和解における遅延損害金・弁護士費用の取扱い

　和解によって事件の早期解決をめざすという趣旨に則り、裁判所の和解案で

は、基本的には遅延損害金・弁護士費用は計上しないが、実際上、事故発生から解決までに相応の期間が経過していることを考慮して、弁護士費用を除いた実損害に対する遅延損害金相当額の一部を調整金として加算したうえで、切りのいい数字を和解金額とすることが多い[46]（ただし、保険会社からの保険代位に基づく求償金請求の場合には、調整金を加算せずに和解金額を提示する場合が多い）。

5. 和解案の提示方法等

　和解案の提示方法としては、口頭による場合と書面による場合があるが、いずれの場合も、各争点についての裁判所の認定とその理由について説明することが必要である。書面による場合には、暫定的心証に基づくものであることや和解限りのものであることについて、後日の誤解を招かないように、文面を工夫するなどの配慮をすべきである。

6. 和解案提示から和解成立まで

　多くの場合、提示した和解案につき、加害者側では任意保険会社内部での決裁が必要となり、その手続に数週間程度を要するため、同程度の間隔を空けて次回期日を指定する。その間に、被害者側でも検討してもらい、双方から諾否についての回答を得たうえ、共に応諾であれば、支払期日等を確認し、和解条項を準備する[47]。

7. 和解条項についての留意点

(1) 一般的な交通事件の和解条項

　一般的な交通事件の和解条項は、以下のとおりである[48]。

---

[46] 東京地裁交通部においても同様の取扱いがされている（八木・前掲論文（注5）337頁、八木＝佐久間編・前掲書（注5）27頁、保木・前掲書（注5）217頁、森冨＝村主編・前掲書（注5）69頁）。

[47] これらの期日間準備は、通常、当該事件を担当する裁判所書記官が行う。

[48] 交通事件の和解条項について論じたものとして、裁判所職員総合研修所監『書記官事務を中心とした和解条項に関する実証的研究〔補訂版・和解条項記載例集〕』（法曹会・2010年。以下、「実証的研究」という）53頁以下、星野雅紀編『改訂増補〔二版〕和解・調停モデル文例集』（新日本法規出版・2008年）65頁以下、園部厚『示談・調停・和解の手続と条項作成の実務』（青林書院・2017年）154頁以下など。

> 1　被告は，原告に対し，本件交通事故による損害賠償債務[49]として，既払金を除き[50][51]，○○円の支払義務のあることを認める。
> 2　被告は，原告に対し，前項の金員を令和○年○月○日限り，原告の指定する口座に振り込む方法により支払う。ただし，振込手数料は被告の負担とする。
> 3　原告は，その余の請求を放棄する。
> 4　原告と被告は，本件交通事故に関し[52]，本和解条項に定めるほか，何らの債権債務のないことを相互に確認する。
> 5　訴訟費用は各自の負担とする。

(2) 原被告双方の損害賠償請求権について相殺を約する場合

交通事故の発生が双方の過失による場合[53]に、原被告双方の損害賠償請求権について相殺を約する場合もある[54]。

---

[49]　複数の被告が連帯支払義務を負う場合（たとえば，運転者が民法709条により責任を負うほか，使用者が民法715条により，運行供用者が自賠法3条により，それぞれ責任を負う場合や，共同不法行為が成立する場合など）には，確認条項（1項）および給付条項（2項）は，いずれも「被告らは，原告に対し，連帯して」となる。

[50]　人的損害賠償義務と物的損害賠償義務を区別して記載する例や「○○円（人的損害○○円，物的損害○○円）」と内訳を記載する例もある。

[51]　自賠責保険金の支払や任意保険会社からの治療費等の内払など既払金がある場合，「既払金を除き」と明記する例が一般的である。

[52]　交通事件の清算条項では，「本件交通事故に関し」とする例が多い。その場合，訴訟物とされた請求権に限らず，当該事故に係る双方の請求権についての清算条項となる。これに対し，「本件に関し」とした場合，訴訟物のみについての清算条項となる（たとえば，物損のみについて訴訟が先行して和解が成立し，人損については症状固定後に別途提訴が予想される場合などには，「本件に関し」を用いる）。

[53]　当事者の求めにより，「原告と被告は，本件交通事故の過失割合が，原告○割，被告○割であることを相互に確認する」といった過失割合の確認条項を入れる場合もある。

[54]　現行の民法509条では，不法行為債権を受働債権とする相殺は一律に禁止されており，双方の過失に基づく同一交通事故による賠償債権相互間でも，相殺は許されないとするのが判例である（最判昭和49・6・28民集28巻5号666頁等）が，訴訟上の和解において当事者の合意により双方の損害賠償債権を相殺することは，私法上の相殺契約として，現行民法下でも許されるとされている（実証的研究55頁，星野編・前掲書（注48）70頁，園部・前掲書（注48）155頁）。平成29年法律第44号「民法の一部を改正する法律」による改正後の民法509条では，人の生命または身体の侵害による損害賠償債権を受働債権とする相殺は禁止されるが，過失による不法行為に基づく物的損害賠償債権を受働債権とする相殺は，禁止されないこととなる（筒井健夫＝村松秀樹編著『一問一答民法（債権関係）改正』（商事法務・2018年）202頁）。

> 1　被告は，原告に対し，本件事故による損害賠償債務として，○○円の支払義務のあることを認める。
> 2　原告は，被告に対し，本件事故による損害賠償債務として，○○円の支払義務のあることを認める。
> 3　原告と被告は，第1項の債務と第2項の債務とを対当額で相殺する。
> 4　被告は，原告に対し，前項による残債務○○円を，令和○年○月○日限り，原告の指定する口座に振り込む方法により支払う。
> (以下略)

(3) 被害者が自賠責保険金の被害者請求をする場合

事案によっては、被害者が自賠責保険金の被害者請求をすることで解決できる場合があり、以下のような条項が考えられる。

> 1　原告は，本件事故に基づく原告の損害について，原告において自動車損害賠償保障法16条所定の被害者請求をし，これによって支払われる保険金をもって同損害に充てることとし，上記請求に対する保険金の支払の有無を問わず，被告に対する直接の請求は一切しない。
> 2　被告は，前項の被害者請求に対し，一切の異議を述べず，その手続に関し，必要な範囲で協力する。

(4) 被害者が加害者請求を許容し被害者請求をしない旨を約する条項

被害者が、加害者請求を許容し、被害者請求をしない旨を約する条項を入れる場合もある。

> 　被告が，第○項の人身損害についての損害賠償金を全額支払ったときは，原告は，被告が被告加入の自動車損害賠償責任保険に対して加害者請求を行い，保険金を取得することに異議がなく，原告は上記保険に対して請求しない。

(5) 将来の後遺障害についての請求権を留保する場合

事案によっては、以下のように、清算条項において、将来の後遺障害についての請求権を留保することによって、現時点での紛争を和解で解決できる場合

もある。

> 　原告と被告は，本件交通事故に関し，本和解条項に定めるほか，何らの債権債務のないことを相互に確認する。ただし，本件交通事故により原告に後遺障害が発生し，上記後遺障害について，原告が自動車損害賠償責任保険の査定により，後遺障害等級の認定を受けたときは，これによる損害額について原告と被告との間で別途協議する。

(6) **自賠責における判断と異なる内容の和解をする場合**

　自賠責における判断と異なる内容の和解をする場合には、加害者側の希望により、下記のような条項を加える場合がある（上記3(2)(エ)参照）。

> 　原告と被告は，本件事故による原告の後遺障害が自動車損害賠償保障法施行令別表第二の〇級に相当するものであることを相互に確認する。

(7) **労災保険給付等支払調整規定のある公的給付を受給している場合**

　労災保険給付等、支払調整規定のある公的給付を受給している場合には、支給停止とならないように配慮が必要であり、下記のような条項が考えられる[55]。

> 　被告は原告に対し，本件交通事故による損害賠償債務として，既払金及び将来労災保険から支給されることのあるべき金員を除き，〇〇円の支払義務のあることを認める。

> 　原告と被告は，本和解条項が原告の労働者災害補償保険法に基づく給付金請求に何らの影響も及ぼさないことを相互に確認する。

55　後藤＝藤田編・前掲書（注5）311頁。

Ⅳ　まとめ

　大半の交通事件では、当事者は双方とも、突然に紛争に巻き込まれている。そのような当事者を、できる限り早期かつ適正に紛争状態から解放するのが、交通事件にかかわる法曹実務家の役割であり、加害者、被害者いずれの立場であっても、和解に必要な知識やスキルを習得することが求められているといえよう。

（濱本章子）

第5章

相続等関係事件と和解

I 相続等関係事件の特徴——紛争類型

　典型的な相続等関係事件である遺産分割は、家事調停・審判事件として家庭裁判所で扱われるが、その際、前提問題として、相続人の範囲や相続資格、遺言・遺産分割協議の効力、遺産の帰属等が争われるほか、相続に付随して、使途不明金、遺産管理費用の清算や葬儀費用の負担、遺産からの収益の分配、祭祀財産の承継等が争われることが少なくない。また、遺留分減殺請求がされた場合に、審判事項である遺産分割と訴訟事項である遺留分減殺請求が交錯して、複雑な紛争状態となることがある。

　これら相続をめぐる多様な紛争は、いずれも親族間の紛争であって、紛争の歴史が長く、感情的対立が激しく、合意による解決が困難な事案もあるが、他方で、被相続人の晩年の介護をめぐる意見の食い違いが生じてから関係がこじれて疎遠になるなど、紛争がそれほど長引いておらず、被相続人の晩年の様子や相続人による支援の状況についての情報を共有することにより、わだかまりが解消する余地もある。また、実際の紛争では、相続人間の対立だけでなく、その配偶者や子どもなど、家族の意向や心情が影響することも多い。

　そこで、被相続人をめぐる紛争の状況、特に、どの相続人間でどのような紛争があるのかについて聴取し、紛争の実情に応じた落ち着きのよい解決を探ることになる。元はといえば、被相続人の相続人同士として縁のある親族であり、次世代も含め、将来に向かい、かつての関係に戻ることが望まれる場合が少なくない。

　その意味でも、このような相続をめぐる多様な紛争を、早期に、幅広く解決するには、合意に基づく調停や和解による解決が最もすぐれた手段であるとい

える。

　他方、相続の処理には、登記実務や税務実務と密接にかかわる部分があることから、和解の方向性がこれらと整合し、かつ、和解による合意内容を円滑に実現できるかについても留意する必要がある。

Ⅱ 具体的紛争類型

　相続をめぐる多様な紛争類型と、それらを個別に解決するための手続は、次のとおりである。[1]

1．遺産分割の前提問題

(1) 相続人の範囲をめぐる紛争

㋐ 身分関係や身分行為に関するもの

　親子関係の存否・認知、婚姻・離婚・養子縁組・離縁の効力が争われる場合、身分関係の当事者の一方（被相続人）が死亡しているため、合意に相当する審判（家事277条）による解決の余地がないことから、人事訴訟（親子関係存否確認、認知、婚姻・離婚・養子縁組・離縁の各無効確認等）の手続によることになる。

㋑ 相続資格に関するもの

　被相続人の生前に推定相続人の廃除（民892条）が確定している場合または遺言による推定相続人の廃除（民893条）が確定すれば、その相続人は相続権を失い、その者に代襲相続人がいれば、代襲相続人が相続人となる（民887条2項・3項、889条2項）。推定相続人廃除は、家事審判手続により判断される（家事188条、別表第1の86）。

　他方、相続欠格事由の有無（民891条）、相続放棄（民915条）や相続分譲渡（民905条）等の効力については、民事訴訟（相続権（相続人の地位）の存否確認等）の手続によることになる。共同相続人が、他の共同相続人に対し、その者が被相続人の遺産につき相続人の地位を有しないことの確認を求める訴えは、

---

[1] 相続関係訴訟における攻撃防御の方法については、田村洋三＝小圷眞史編『実務相続関係訴訟』（日本加除出版・2016年）が詳しい。

固有必要的共同訴訟である（最判平成16・7・6民集58巻5号1319頁）。

(2) 遺言や遺産分割協議の効力、遺産の帰属等をめぐる紛争

遺産分割手続において相続人間に合意が調い、紛争が解決することがあるが、そうでないときは、民事訴訟の手続によることになる。

具体的には、遺言や遺産分割協議の無効確認請求、遺産であることまたは遺産でないことを前提とする遺産確認請求、所有権確認請求、所有権移転登記手続請求、預金支払請求等の訴訟が考えられる。

(3) 遺産分割の前提問題を審判の中で審理・判断する場合

遺産分割の前提問題であっても、常に民事訴訟による判決の確定を待って遺産分割の審判をすべきものというのではなく、家庭裁判所は、相続権、相続財産等遺産の分割に関する処分の審判の前提となる権利関係の存否を、審判中で審理・判断することができる（最大決昭和41・3・2民集20巻3号360頁）。

もっとも、審判には既判力がないことから、民事訴訟でも結論が覆ることのないような主張である場合（たとえば、およそ要件を備えていない書面を遺言と主張する、具体的な根拠もなく遺産であるまたは遺産でないと主張するなど）には、その存否を遺産分割の審判手続において判断することが考えられるが、そうともいえない場合には、上記(1)、(2)の各民事訴訟手続で解決するほかない。このうち、上記(1)(ア)は、身分関係という公益にかかわる事項であることから、審判において判断するには慎重さが求められる。特に、婚姻・協議離婚・養子縁組の無効等の請求、認知請求、嫡出否認の請求、推定相続人廃除等は、訴訟や審判の確定により初めて形成的にその効力が生じるため、遺産分割審判においては、前提問題としても判断することは許されない。[2]

(4) 遺産分割の前提問題を訴訟で解決せざるを得ない場合

前提問題について訴訟で解決せざるを得ない場合には、遺産分割を禁止する審判（民907条3項）をするか、調停をしないものとして終了すること（家事271条）が考えられるが、遺産分割の調停・審判を取り下げ、前提問題について決着した後に、再び遺産分割の調停・審判を申し立てるのが一般的である。

---

2 井上繁規『遺産分割の理論と審理〔改訂版〕』（新日本法規出版・2014年）195頁。

2. 相続に付随する問題

(1) 使途不明金をめぐる紛争

　遺産分割は、相続開始時に存在し、分割時にも存在する被相続人の財産が対象となる。したがって、相続開始の前後に払い戻されるなどして分割時に存在しなくなった預貯金は、遺産分割の対象とはならない。このことは、共同相続された普通預金債権、通常貯金債権および定期貯金債権は、いずれも、相続開始と同時に当然に相続分に応じて分割されることはなく、遺産分割の対象となるとした最高裁判所大法廷決定（最大決平成28・12・19民集70巻8号2121頁）によっても影響を受けるものではない（同決定では、普通預金債権等が遺産分割時に残存していた）。

　使途不明金をめぐる攻防が収まらず、使途不明金の点を含んだ解決が困難なときは、次のような民事訴訟によることになる。

　　(ア)　相続開始前の使途不明金を問題にする場合

　生前、相続人の一部が被相続人に無断で預貯金を払い戻すなどして被相続人の財産を領得したというのであれば、被相続人は、当該相続人に対し、不法行為に基づく損害賠償請求権または不当利得返還請求権を取得することになる。これらはいずれも可分債権であるから、遺産分割協議を待つまでもなく、相続開始とともに当然分割され、各相続人に法定相続分に応じて帰属することになる（最判昭和29・4・8民集8巻4号819頁。前掲最大決平成28・12・19は、可分債権のうち預貯金債権に限って判例変更したものである）。

　したがって、相続人は、一部の相続人が被相続人の財産を領得したと主張するときは、被相続人の前記損害賠償請求権または不当利得返還請求権のうち、法定相続分に応じて取得した部分について請求をすることが考えられる。

　　(イ)　相続開始後の使途不明金を問題にする場合

　相続人の一部が、相続開始後に被相続人名義の預貯金を共同相続人に無断で払い戻すなどして遺産を取得したというのであれば、分割対象である遺産に対する相続人自身の権利が侵害されたことになるから、相続人は、預貯金を払い戻すなどした相続人に対し、法定相続分に応じた不法行為に基づく損害賠償請求権または不当利得返還請求権に基づく請求をすることが考えられる（最判平

成16・4・20家月56巻10号48頁)。

　なお、民法及び家事事件手続法の一部を改正する法律(平成30年法律第72号)(以下、本章において本法による改正後の民法を「改正民法」という)による改正により、遺産の分割前に遺産に属する財産が処分された場合であっても、共同相続人は、その全員の同意により、当該処分された財産が遺産の分割時に遺産として存在するものとみなすことができるとの規定が新設され(改正民906条の2第1項)、共同相続人の1人または数人により財産の処分がされたときは、当該共同相続人については、同意を得ることを要しないとされた(同条2項)。この新設規定により、相続開始後に相続人の一部により遺産である預貯金の払戻しがされたと認められる場合には、前記のような民事上の請求によることなく、遺産分割の手続において払い戻した預貯金を分割対象遺産とすることができるようになった。もっとも、預貯金の払戻しが誰によってされたかなどについて争いがある場合には、遺産性に関する前提問題となり、みなし遺産確認の訴えが必要になる。

　　(ウ)　特別受益との関係等

　前記(イ)をめぐる攻防の過程で、被相続人の生前に無断で預貯金を払い戻したと追及されている相続人が、被相続人の意思に基づき預貯金を取得したと反論することがある。そうすると、預貯金の払戻しは、当該相続人の特別受益として持戻しの対象となる可能性があり、特別受益であれば、審判事項として、遺産分割審判の中で判断すべき争点となるため、争点となる場面が変わることに留意する必要がある。

　そもそも、前記(ア)と(イ)の違いを理解している当事者が少なくないことに驚くことがある。遺産分割調停では、当事者の主張整理を促すとともに、訴訟での勝算の見通しについての認識も聴取し、全体的な解決をめざして合意の斡旋を試みることになる。

(2)　その他の可分債権をめぐる紛争

　使途不明金以外にも、相続人間で可分債権が問題となることがある。たとえば、被相続人が相続人に対し貸付けをしていたか否かが争点となっている場合、借りていた相続人が争わないときは、当該相続人に貸金債権を取得させて、遺産分割手続の中で解決することが考えられる。しかし、当該相続人が貸

金債務の存在を争ったり、弁済や時効などの抗弁を主張するような場合には、遺産分割とは別に民事訴訟手続（たとえば、法定相続分に応じた貸金返還請求）によることが考えられる。

(3) **遺産管理費用の清算や葬儀費用の負担をめぐる紛争**

いずれも相続開始後に発生する費用である。

(ア) **遺産管理費用**

相続財産に関する費用として相続財産の中から支弁することになる（民885条1項）が、遺産分割手続の中で当然に清算されるものではない。

遺産不動産の固定資産税や管理費を一部の相続人が立て替えている場合、その清算は、遺産分割調停の中で解決するのが望ましい。しかし、その調整が困難な場合（たとえば、遺産不動産を利用している相続人から固定資産税の清算を求められた他の相続人は、利用の対価として固定資産税くらい負担すべきであると反発することがある）には、立替金の返還請求等の民事訴訟手続によることが考えられる。

(イ) **葬儀費用**

被相続人に近しい相続人（たとえば、配偶者や同居の子など）が喪主になって負担した場合には、必ずしも他の相続人に分担を求めるわけではないが、子だけが相続人の場合など、葬儀費用の分担が問題となることがある。葬儀費用の分担を求められる相続人は、喪主である祭祀財産の承継者が負担すべきである、死亡も知らされず、葬儀にもよばれなかったから負担すべきいわれはないなどと反発し、対立が激しくなることもある。

葬儀費用の分担については、遺産分割調停の中で解決するのが望ましいが、調整が困難なときは、立替金の返還請求等の民事訴訟によることが考えられる。

(4) **遺産からの収益の分配をめぐる紛争**

相続開始後の収益不動産の賃料や株式の配当などの法定果実については、遺産分割が完了するまでは、各相続人が法定相続分に応じて取得することになり（最判平成17・9・8民集59巻7号1931頁）、これを相続人の一部が取得している場合には、分配が必要になる。この点も遺産分割手続とあわせて解決するのが望ましいが、調整が困難なときは、不当利得の返還請求等の民事訴訟によるこ

とが考えられる。

(5) 祭祀財産の承継をめぐる紛争

祭祀財産（系譜、祭具、墳墓）は、祖先の祭祀を主宰すべき者が承継する（民897条）が、慣習が明らかではないときは、祭具等の所有権の承継者の指定は、最終的には遺産分割とは別に家事審判により解決することになる（家事190条、別表第2の11）。

他方、遺産分割調停において、祭祀財産の承継者が、将来の法要費用の上乗せを求める場合がある。祭祀財産の承継者には、祭祀主宰を理由に特別の相続分を与えられたり、祭祀料として当然に他の相続人よりも多くの遺産の配分にあずかるという権利はない（東京高決昭和28・9・4高民集6巻10号603頁）。したがって、祭祀財産を承継する相続人が、将来の法要費用の上乗せを求めても、遺産分割調停の中で解決できなければ、他の方法による解決は困難である。

3. 遺留分に関する紛争

一部の相続人に、すべての財産を相続させる旨の遺言をした場合には、遺産分割の余地はないから、遺留分に関する紛争（現行法では遺留分減殺請求、改正後は遺留分侵害額請求）となる。

(1) 遺言による指定のない遺産がある場合

被相続人が、特定の相続人に遺産を相続させる旨の遺言をしたところ、その内容が他の相続人の遺留分を侵害し、かつ、未指定の遺産がある場合には、未指定の遺産についてさらに遺産分割する必要がある。遺言により、他の相続人の遺留分を侵害するような財産を取得した相続人は、それを持ち戻すと超過特別受益となり、具体的取得分がないのが通常であるが、当該遺産の取得を希望する場合には、代償金を支払うことによりこれを取得する余地はある。

このような場合、遺産分割調停において、他の相続人による遺留分の請求を反映させた具体的取得分に基づく遺産の分割ができると、紛争の一回的解決が可能になる。さらに、遺産分割審判においても、相続人全員が、遺留分の請求を反映させた遺産の分配をすることに合意している場合には、それを踏まえた具体的取得分に基づく判断をする余地はある。他方、このような合意がない

と、未指定の遺産についての遺産分割と、遺留分に関する訴訟が別個に係属することになる。

(2) 数次相続の場合

1次相続（たとえば、父の相続）開始後に2次相続（たとえば、母の相続）が開始し、母が相続人の一部（たとえば、長男）にすべての遺産を相続させる遺言をしていた場合、母が取得した父の相続についての相続分も長男が取得することになる。遺言の効力に争いがないことが前提となるが、上記(1)と同様、他の相続人による遺留分の請求を反映させた具体的取得分に基づく1次相続の遺産の分割を行うことができれば、紛争の一回的解決が可能になる。

III 紛争類型ごとの和解の方向性と和解条項

1. 遺産分割の前提問題

前記Ⅱ1(3)のとおり、遺産分割の前提問題が争点となる場合、審判手続の中で前提問題について判断することがあるが、そうでない前提問題について訴訟が提起された後に、和解による解決を検討するには、次のような方向性と和解条項が考えられる。[3・4]

(1) 相続人の範囲をめぐる紛争

　(ア) 身分関係や身分行為に関するもの

　　(A) 親子関係の存否等、認知・婚姻・離婚・養子縁組・離縁・認知の無効等の確認を求める訴訟

身分関係や身分行為に関する上記訴訟が係属し、主張・立証を経て、原告の請求に理由がないとの心証を得たときに（争点と証拠の整理が終わり、人証調べをする前後が多い。他の紛争類型もおおむね同じ）心証を開示すると、原告が、勝算がないとして訴えを取り下げることが考えられる。訴えの取下げ後に、共同相続人間で遺産分割の協議をし、協議が調わないとき、または協議ができな

---

[3] 事件類型別の和解の可否については田村＝小坏編著・前掲書（注1）が参考になる（234頁ほか）。

[4] 和解条項の具体例については井上・前掲書（注2）が参考になる（369頁以下）。

いときは、遺産分割の調停または審判の申立てをするのが一般的である。

ところが、原告が、身分関係や身分行為に無効原因がないことなどに納得しながら、訴えを取り下げることよりも、遺産分割協議を含む和解をして、早期かつ一回的な解決を望むことがある。

そのようなことが可能なのは、人事訴訟の当事者（相続人全員が当事者となる固有必要的共同訴訟ではない）と遺産分割の当事者（相続人全員で行う）が一致し、かつ、遺産分割の協議が早期に調う場合に限られるのであって、人事訴訟の期日で、遺産分割の合意の斡旋をすることは予定されていない。

次のような和解条項が考えられる。

1　当事者全員は，当事者全員が被相続人（本籍○○，最後の住所○○，令和○年○月○日死亡）の相続人であることを確認する。
2　当事者全員は，別紙遺産分割協議書記載の遺産について，同協議書記載のとおり分割することを確認する。

相続人らは、訴訟外で、和解調書に添付した別紙のとおりの遺産分割協議書に署名押印することになる。

(B)　留意点

人事訴訟における主張・立証を経て、身分関係や身分行為が無効であるとの心証を得て、被告がこれを争わない場合でも、和解はできない。人事訴訟手続で和解ができるのは、離婚および離縁に限られている（人訴19条、37条、44条）からである。

ところで、このような場合に、当事者から、身分関係や身分行為の効力について無効確認を求めないことを前提に、被告が相続財産を取得せず、他の相続人間で遺産を分割する旨の合意が調ったとして、その旨の和解の成立を求められることがあるかもしれない。しかし、相続人の人数は、相続税の課税実務に影響する公益的な事項でもあるから、このような和解を成立させるのは相当でないと考える。

(イ)　相続資格に関するもの

相続資格に関する紛争のうち、相続欠格事由の有無（民891条）、相続放棄

（民915条）や相続分譲渡（民905条）等の効力については、民事訴訟（相続権（相続人の地位）の存否確認訴訟等）の手続によることになる。

　これらについても、主張・立証を経て、相続資格の有無について心証を得たときに心証を開示すると、原告が、勝算がないとして訴えを取り下げ、遺産分割が始まることが多い。

　もっとも、被告の相続資格の有無についての心証と矛盾しない範囲で、前記(1)(ｱ)(A)と同様、当事者全員で、次のような和解をする余地がある（前記Ⅱ1(1)(ｲ)のとおり、固有必要的共同訴訟であるから、訴訟の当事者と遺産分割の当事者は一致する）。

1　当事者全員は、被相続人（本籍○○，最後の住所○○，令和○年○月○日死亡）の相続について，被告に民法891条所定の事由がないことを確認する。

1　当事者全員は、被相続人（本籍○○，最後の住所○○，令和○年○月○日死亡）の相続について，被告が原告に対し，令和○年○月○日に相続分を譲渡し，遺産分割の当事者が被告を除いた当事者であることを確認する。

　なお、相続分を譲渡しただけでは、相続人の地位を失うことにならない。相続財産である不動産に相続登記がされている場合、遺産分割に伴う登記移転義務があるから、家庭裁判所における遺産分割手続でも、当事者から排除しない（家事43条、258条）。また、相続分の譲渡は、相続債権者に対抗できるものではなく、相続分の譲受人が、相続債権者の承諾を得て、相続分の譲渡人が承継した相続債務を免責的に引き受けない限り、相続分を譲り渡しても、相続債務を法定相続分に応じて承継することに注意を要する。

(2)　遺言や遺産分割協議の効力、遺産の帰属等をめぐる紛争

　これらについて、遺産分割手続において解決しないときは、遺言や遺産分割協議の無効確認請求、遺産であることまたは遺産でないことを前提とする遺産確認請求、所有権確認請求、所有権移転登記手続請求、預金支払請求等の訴訟が考えられる。

　そして、これらについても、主張・立証を経て、争点について心証を得た時

点で心証を開示し、早期に遺産分割の協議や調停手続を始めることができるよう、和解勧告することが考えられる。

次のような和解条項が考えられる。[5]

1　当事者全員は，被相続人（本籍○○，最後の住所○○，令和○年○月○日死亡）が令和○年○月○日作成した自筆証書遺言が有効（無効）であることを確認する。

1　当事者全員は，被相続人（本籍○○，最後の住所○○，令和○年○月○日死亡）の相続に関し，当事者間の令和○年○月○日付け遺産分割協議が有効（無効）であることを確認する。

1　当事者全員は，別紙物件目録記載の財産が，被相続人（本籍○○，最後の住所○○，令和○年○月○日死亡）の遺産であること（遺産でないこと）を確認する。

---

(3)　前記(1)と(2)が交錯する紛争

被相続人と相続人の身分関係が争われ、かつ、被相続人が当該相続人に全財産を相続させるとの遺言の効力が争われることがある。前者は、人事訴訟として家庭裁判所に係属し、後者は、民事訴訟として地方裁判所に係属することになる。

他の相続人が被相続人の兄弟姉妹である場合、遺留分もないことから（民1028条）、遺言の無効が確認されない限り、相続分がないことになる。そして、遺言の無効が確認されれば、他の相続人は、争われている相続人の身分行為が無効であるか、有効であるかによって法定相続分が変わることになる。

このような場合、両訴訟は別々に進行することになるが、いずれの訴訟においても、被相続人の意思能力や筆跡等が争われるほか、被相続人と当該相続人の関係など、身分行為や遺言の背景事情が争われることが考えられ、主張や証

5　井上・前掲書（注2）444頁。

拠は共通するものが多い。当事者としては、いずれの訴訟において尋問や筆跡鑑定等を求めるのが相当かについて検討し、たとえば、一方での尋問調書や鑑定書の写しを他方に書証として提出するなどの進行について、両裁判所と他方当事者と共通認識をもつことが重要である。そして、できるだけ、両訴訟の証拠となり得る尋問や鑑定を行うことが有効であると考える。

　主張・立証を経て、それぞれの裁判所が心証を得たときは、当事者に心証を開示することが考えられる（裁判所同士が心証を開示し合うことはない）。そして、裁判所の心証によれば不利になる当事者から、和解による解決の申出があれば（たとえば、被告が相続人であることを認め、遺言とは異なるが相続財産の一部を取得したいなど）、他方当事者との合意を斡旋することがある。もっとも、人事訴訟でも、民事訴訟でも、遺産分割の合意の斡旋が主目的ではないから、自主的解決に向けた当事者の努力が重要であることは、いうまでもない。一方の訴訟で全体的解決をする和解ができれば、他方の訴訟を取り下げることが考えられる。

　次のような和解条項が考えられる。

1　当事者全員は，当事者全員が被相続人（本籍○○，最後の住所○○，令和○年○月○日死亡）の相続人であることを確認する。
2　当事者全員は，別紙遺産分割協議書記載の遺産について，同協議書記載のとおり分割することを確認する。
3　原告は，被告に対する，○○裁判所令和○年(ワ)第○○号遺言無効確認請求事件を取り下げる。

　相続人らは、訴訟外で、和解調書に添付した別紙のとおりの遺産分割協議書に署名押印することになる。

　また、原告は、他方の訴えについて別途取下げ手続をとり、被告はこれに同意する必要がある。

2. 相続に付随する問題

(1) 使途不明金をめぐる紛争
(ア) 相続開始前の使途不明金を問題にする場合

前記Ⅱ2(1)(ア)のとおり、相続人の一部が、他の相続人に対し、被相続人の生前、被相続人に無断で預貯金を払い戻すなどして被相続人の財産を領得したと主張して、法定相続分に相当する部分について、損害賠償請求または不当利得返還請求することが考えられる。

遺産分割手続において、相続開始時の預貯金の残高が、被相続人の資産状況からすると不自然に少ないと感じた相続人は、被相続人の預貯金の取引履歴を入手したうえ、預貯金の保管をしていた他の相続人に対し、払戻しの経緯や使途について説明を求めることになるが、納得できる説明が得られないときは、民事訴訟によることになる。この訴訟は遺産分割手続と連動せず、遺産分割手続とは別に進められる。

口座を管理している相続人（被告）が、相続開始直前に、連日のように多額の預貯金を払い戻していたような場合、あるいは、相当期間にわたり多額な預貯金を払い戻し、払戻しの日付や金額が特定されているような場合には、支出の理由について合理的な説明ができない限り、払戻しの不当性が認められる可能性がある。

他方、長年にわたり預貯金の払戻しが繰り返されてきた場合には、被相続人自身が払い戻した可能性も否定できず、相続人の一部が領得したことを認定するには、十分な主張と立証が必要となる。統計上の生活費に基づいて、被相続人のあるべき預貯金残高との差額を損害や不当利得と主張するだけでは不十分である。また、預貯金のどの払戻行為を不法行為や不当利得と主張するのかの特定も必要となる。

被相続人の生活の状況を把握していない相続人は、被相続人の生活状況を把握している相続人やその家族から、被相続人の生活状況（心身の状態、通院先、入所施設等）、家計の収支の状況や臨時支出、財産管理の状況等について説明を受けるとともに、証拠の提出を待つことになる。それらを手がかりに、自らも可能な範囲の証拠収集をして、受けた説明を検証することになる。預貯金の

1回の払戻額が大きく、ATMではなく、金融機関の窓口で行ったことがうかがわれる場合には、払戻請求書を入手するなどして筆跡を確認することもある。とはいえ、家計の収支や臨時支出を裏付ける資料が少ない場合が多いうえ、被相続人が自身の財産をどのように使うかは自由であるから、実際に不法行為や不当利得の立証は困難な作業となる。また、支出をめぐる攻防を続けても、必ずしも不法行為や不当利得の認定に役立つとは限らないから、主張と証拠の整理は計画的に行う必要がある。

さらに、前記Ⅱ2(1)(ウ)のとおり、被告が被相続人から贈与を受けたもので使途不明金ではないと主張すれば、特別受益として遺産分割手続における争点となる。

そして、当事者の攻撃防御が一巡し、不法行為または不当利得にあたる可能性がある部分について心証を得たときは、和解を試み、原告に対しては、立証の困難な紛争であり、限定された額であっても和解による早期解決が望ましいなどと説得し、被告に対しては、立証が困難な紛争であり、親族間の紛争を円満に解決するためには和解が望ましいなどと説得することが考えられる。

次のような和解条項が考えられる（給付の対象物は、請求の表示によって特定されていることを前提とする。以下、同じ）。

1　被告は，原告に対し，本件の（又は，被相続人の預貯金についての本件払戻しに関し，）和解金として〇〇〇万円を支払う義務があることを認め，これを令和〇年〇月〇日限り，〇〇に振込送金して支払う。振込み手数料は，被告の負担とする。
2　原告と被告は，本件に関し，本和解条項に定めるもののほか，互いに何らの債権債務のないことを認める。

　(イ)　相続開始後の使途不明金を問題にする場合

前記Ⅱ2(1)(イ)のとおり、相続人の一部が、相続開始後に被相続人名義の預貯金を共同相続人に無断で払い戻すなどして遺産を取得した場合、分割対象である遺産に対する相続人の権利が侵害されたことになるから、相続人は、預貯金を払い戻すなどした相続人に対し、法定相続分に応じた不法行為に基づく損害賠償請求権または不当利得返還請求権に基づく請求をすることが考えられる

(なお、相続法の改正により、相続開始後に相続人の一部により遺産である預貯金の払戻しがされたと認められる場合に、このような民事上の請求によることなく、遺産分割の手続において払い戻した預貯金を分割対象遺産とすることができるようになったことは、前記Ⅱ2(1)(イ)のとおりである)。

前記(ア)の相続開始前の預貯金の払戻しの場合に比べると、主張・立証とも容易な場合が多いが、金額がそれほど多くない場合、葬儀費用や病院の支払にあてるための払戻しであるから、不法行為にも不当利得にもあたらないと反論されることが予想される。

相続開始後に預貯金を払い戻した相続人に、払戻しの目的や使途について説明させ、遺産の取得として評価すべき額について心証に達したときは、心証を開示し、和解を勧告するのが望ましい。

和解条項は、前記(ア)と同じである。

(2) その他の可分債権をめぐる紛争

前記Ⅱ2(2)で例示した貸金をめぐる紛争についての審理は、通常の貸金返還請求訴訟と変わるところはないが、親族間の金銭の授受について契約書や借用書がない場合もあり、また、貸主である被相続人に返済を求める意思があったか否かが争われることがある。そのため、被相続人と被告との関係や金銭授受の背景事情についても主張・立証が必要となる場合がある。

主張・立証を経て、貸金が返還約束を伴うもので、抗弁も認められないとの心証を得たときは、心証を開示し、原告の法定相続分に相当する支払額を基準に、和解を勧告することが考えられる。

和解条項は、前記(1)(ア)と同じである。給付の対象物を特定する場合には、訴訟物を参考にすることになる。

(3) 遺産管理費用の清算や葬儀費用の負担をめぐる紛争

(ア) 遺産管理費用

遺産不動産の固定資産税や収益不動産の管理に要する費用を一部の相続人が立て替えている場合、その清算を求めるには、立て替えた額を主張・立証することになり、書証による立証が可能なものが多い。

他方、立て替えた相続人が遺産不動産を利用している場合には(被相続人の生前からの使用貸借関係が継続していることが多い)、他の相続人は、利用の対価

として固定資産税くらい負担すべきであると反発することがある。

遺産管理費用の立替額にもよるが、遺産を利用していることを考慮して、清算すべき立替額を減額する和解が考えられる。

和解条項は、前記(1)(ｱ)と同じである。給付の対象物を特定する場合には、訴訟物を参考にすることになる。

　(ｲ)　葬儀費用

葬儀費用については、喪主の負担とすることが多いが、被相続人とそれほど近しい関係になくても喪主を務めることがある。そのような場合には、被相続人の死亡や葬儀の日程を知らされた相続人で葬儀費用を分担することが考えられ、場合によっては、香典についても考慮して、和解を勧告することが考えられる。

和解条項は、前記(1)(ｱ)と同じである。給付の対象物を特定する場合には、訴訟物を参考にすることになる。

(4)　遺産からの収益の分配をめぐる紛争

前記Ⅱ2(4)のとおり、相続開始してから、遺産分割が完了するまでの遺産からの収益を法定相続分に応じて分配する必要がある。実際には、経費を控除した収益を分配させるのが相当であり、収益および経費についての主張・立証を経て、和解を勧告することが考えられる。

和解条項は、前記(1)(ｱ)と同じである。給付の対象物を特定する場合には、訴訟物を参考にすることになる。

3.　遺留分に関する紛争

(1)　和解条項

一部の相続人にすべての財産を相続させる旨の遺言がある場合には、遺産分割の余地はないから、遺留分に関する紛争に集約される。そして、民法1028条以下のとおり遺留分を算定することになるが、主張・立証を経て遺留分侵害額について心証を得たときは、遺留分の回復についての当事者の意向を踏まえ、和解を勧告することが考えられる。

次のような和解条項が考えられる。

①　被告名義の土地を返還する場合

> 1 被告は，被相続人の令和○年○月○日付け○○法務局所属公証人○○作成第○○号公正証書遺言（被告にすべての遺産を相続させる遺言）が原告の遺留分を侵害していることを認める。
> 2 被告は，原告の被告に対する遺留分減殺請求により，原告に対し，別紙遺産目録記載の土地を返還する。
> 3 被告は，原告に対し，令和○年○月○日遺留分減殺を登記原因として，速やかに上記の土地につき所有権移転登記手続をする。
> 4 上記の登記手続に要する費用は，原告の負担とする。
> 5 原告は，前記遺言が有効であることを認め，同遺言の対象である上記の土地以外の物件につき，被告が所有権を有することを確認する。

② 被告が被相続人名義の土地を返還する場合

> 1 被告は，被相続人作成の令和○年○月○日付け自筆証書遺言による遺贈が原告の遺留分を侵害していることを認める。
> 2 被告は，原告の被告に対する遺留分減殺により，原告に対し，別紙遺産目録記載の土地を返還する。

③ 価額弁償をする場合

> 1 被告は，被相続人の令和○年○月○日付け○○法務局所属公証人○○作成第○○号公正証書遺言（被告にすべての遺産を相続させる遺言）が原告の遺留分を侵害していることを認める。
> 2 被告は，原告に対し，原告の遺留分の価額弁償として，300万円の支払義務があることを認め，これを次のとおり，原告指定の預金口座に振込送金して支払う。
>   (1) 令和○年○月○日限り100万円
>   (2) 令和○年○月○日限り200万円
> 3 原告は，被告に対し，被相続人の前記遺言が有効であること及び被告が別紙遺産目録記載の土地の所有権を有することを確認する。

---

6 井上・前掲書（注2）449頁。
7 雨宮則夫＝石田敏明編著『遺産相続訴訟の実務』（新日本法規出版・2000年）384頁。

(2) 民法改正後の和解条項

　平成30年7月13日に公布された民法及び家事事件手続法の一部を改正する法律によると、侵害された遺留分を回復するには、物権的効力のある現行法の遺留分減殺請求は廃止され、債権的効力のある遺留分侵害額の請求ができることとなった。この部分の改正は、令和元年7月1日に施行されている。改正民法施行後の遺留分に関する紛争の和解条項は、前記(1)③となる（ただし、「価額弁償」を「侵害額」と置き換える）。

Ⅳ　まとめ

　冒頭で述べたとおり、相続等関係事件は、親族間の紛争として円満解決が望まれるが、他方、親族だからこその確執が、紛争解決をより困難にする場合がある。また、紛争解決の手続も、家庭裁判所と地方裁判所に分かれる場合があるため、争点を的確に整理したうえで、紛争解決により適した手続を選択する必要がある。

　当事者としては、紛争類型に応じた主張立証活動を尽くす一方で、和解による解決の可能性を視野に入れて、被相続人や親族を含む家族の歴史、親族間に確執が生じる原因となった出来事、親族の思いや親族の生活状況等を把握しておくことが重要である。そのうえで、当事者として、より具体的で妥当な和解案を検討し、紛争解決に向けた和解協議を進めることが望まれる。

（永井尚子）

第6章
集団訴訟事件と和解

I 総論

　集団訴訟とは、主として、原告が多数の訴訟である。単に原告が多数というだけでなく、公害訴訟、基地訴訟、水害訴訟、原爆訴訟、薬害訴訟、予防接種禍訴訟、じん肺・アスベスト[1]など労災訴訟、製造物責任訴訟、投資被害訴訟、消費者被害訴訟など、共通の事象による被害者が多数に上る場合に、その多数の被害者が原告となって訴えが提起されることがあり、これを集団訴訟というのが一般的である。上記の類型以外に、換地処分や都市計画の違法を争う行政訴訟でも、多数の原告が権利救済を求めて訴えを提起した事案もある。金銭賠償に限らず、多数の住民が日照権侵害の予防を求めて大規模建築物の計画変更を求める場合も、集団訴訟といってよい。1つの事象でも、立場や意見の全く異なる者が、それぞれ別個の集団を形成する場合もある。諫早湾干拓事業をめぐっては、排水門の開門賛成派と反対派とがそれぞれ国を相手に集団訴訟を提起した。

　一方、選挙訴訟、住民訴訟、株主代表訴訟などでも原告が多数の場合があるが、個々の原告らが具体的な権利救済を求めるものでなければ、和解になじまないので、ここではふれない。

　原告が多数であるということは、同じような被害、権利侵害の存在を主張し

---

[1] じん肺は、トンネル、採掘、造船、建築工事等の従事者が、作業の過程で大量の粉じんを吸い込み、肺組織に病変が生じるもの。被害者・遺族から元請企業（事案によっては国も）に対して損害賠償請求訴訟が提起されている。一方、アスベストは、石綿ともよばれ、耐火性などがあるため、過去に建材・耐火被覆などに使用されていた物質で、毒性も強く、製造工場や建築・解体現場でこれを吸い込むことで、肺組織に病変が生じる。被害者・遺族から製造・販売企業や規制権限を行使しなかった国に対して、損害賠償請求訴訟が提起されている。

て訴えを提起する者が多いということを意味するから、裁判所からみても、原告が1人という場合に比べて、相応の重みを感じざるを得ない。おのずと社会の耳目を集めることも多いであろう。[2]

Ⅱ　原告側の諸問題

集団訴訟は、和解を試みるにあたり、原告が多数であることに内在する諸問題があるので、以下検討する。

1.　組織の属性

原告が多数となるからには、公害訴訟など、被害者が多数であることはもちろん、被害救済を求める団体が組織され、これらの支援を受けて訴えが提起されることが多い。このような場合、原告相互間は、従前からの地縁、共通の被害体験を通じての助け合い等を通じ、何らかの人的つながりがあるので、比較的結束力がある（以下、このような集団を「結束型」という）。一方、外国では珍しくないが、インターネットやマスメディアなどで広く同種の被害者を募り組織化された場合など、共通の利害を有することから集まっただけで、原告相互間のつながりが希薄であることもある（以下、このような集団を「集合型」という）。もっとも、最近では、地縁等のつながりも、必ずしも強固とはいえないし、当初は人的関係が強固と思われた原告側の団体が、その後、活動方針の違いにより分裂することもある。また逆に、インターネットなどを介して集まった被害者同士であっても、その後、活動を通じて、次第に関係が濃くなっていくこともあり得るが、以下では、この2つの型に大別して適宜検討したい。

2.　裁判の政治的利用

単に訴額の面で有利とか、団結力を高めるというのであれば、1つの裁判所で一度に訴えを併合提起すればよさそうであるが、実際には、多くの裁判所に

---

[2] 本章では、司法研修所編『大規模訴訟の審理に関する研究』（法曹会・2000年）、後藤勇＝藤田耕三編『訴訟上の和解の理論と実務』（西神田編集室・1987年）における小野寺規夫執筆に係る「集団訴訟と和解」を参照している。

対して、同時に訴えることが多い。これは、多くの裁判所で同一の問題を提起し、多数の裁判例を生み出すことで、各地において世論を喚起し、権利救済の必要性を印象づけ、大きな社会運動につなげようとの意図があるといわれる。たとえば、集団訴訟においては、訴訟追行のための費用の工面といった点でも原告側の苦労は多いが、社会運動となればカンパを募ることができる、訴訟が有利に進んでいるとなれば金融機関からの融資も得やすいといった面もあったようである。[3] その当否については意見が分かれるが、そのような意図を大なり小なりもっての提訴は、現実問題としては、少なくないように思われる。

このようにみると、和解の成否という面では、ある程度、原告側の面子に配慮したほうが、和解は成立しやすいものと考えられる。そのため、たとえば、和解条項の本体とは別に、当事者の納得感のある前文を設ける、裁判所の所見を表明するといった手法が考えられる。

もっとも、和解である以上、被告側との兼ね合いもあり、無制限に原告側に配慮するわけにもいかない。また、和解条項としても、当事者の権利救済といった司法の枠を超えた政治的な条項を入れることはできない。そのような事項は、当事者間の訴訟外での合意に委ねるべきであろう。

3. 和解に対する姿勢

一般論としては、上記のような意図により訴えを提起した以上、原告らとしては、まずは司法上の判断、すなわち判決を得たいと考える傾向にある。加えて、訴訟の原因となった被害が甚大であるとか、当事者相互間の対立感情が峻烈であることもあり、通常の訴訟に比べ、和解成立は困難であることが多い。しかし、早期の権利救済の必要性が高い事案もあり、判決による金銭賠償以外の柔軟な解決（福祉的な対策、被害予防のための方策、潜在的被害者の救済等）が望まれる事案もある。また、立証に困難を極める事案もあるから、原告側として、和解を希望することも少なくはない。したがって、裁判所としても、初めから和解を諦めてしまうことは相当ではないであろう。[4]

3　川井健ほか「〈座談会〉スモン訴訟の和解と被害者の救済」ジュリ706号（1979年）26頁〔高木伸学発言〕、古賀克重『集団訴訟実務マニュアル』（日本評論社・2009年）118頁以下。

4　後藤＝藤田編・前掲書（注2）315頁以下。

そして、原告側の属性に照らすと、上記の結束型では、どちらかといえば構成員全員の救済をめざして和解にのぞむ傾向にある。また、原告1人ひとりの具体的事情に応じた和解を提案されると、組織の結束が揺らぐとして拒否される場合もある。損害賠償として一律の金額が請求されている事案では、まさにこのような傾向がある。もっとも、最近では、被害や障害の程度といった、誰しも異論がないような大きな区切りで金額に差を設けて請求される事案が多くなっている。たとえば、C型肝炎訴訟では、病状に応じて金額に差を設けるのが通例である。したがって、誰しも異論がないような枠組みを設定することが肝要となる。もっとも、結束型の事案でも、裁判所が個々の具体的事情に応じて、一部の原告しか救済されないような和解の提案をせざるを得ないこともあり（たとえば、昭和〇〇年以降に建設業に従事した者のみ賠償を認めるなど）、結束型においては、このような提案では拒否されがちに思われるが、構成員間で和解金を再分配することにして、とりあえず和解には応じることもないではない。裁判の政治的利用という特徴も、結束型のほうが強いように思われるので、たとえば、対外的影響に十分配慮して和解案を書面化すべきであるし、マスメディア対策に留意する必要も高い。

　これに対して、集合型では、一部の原告だけが和解に応じることもあるし、合理的な理由に基づいて原告間に差異があったとしても、さほど抵抗されないことが多い。しかし、結束型においては、構成員の中には、少々不満でも全体解決のためにやむを得ないと考え、全員で和解に応じるという傾向がある一方で、集合型では、一括解決を志向するという意識が希薄であるため、なかには和解に応じない原告が残ってしまう可能性もある。一括解決できるなら和解に応じるという意向のある被告側からすると、原告側が集合型の場合、和解への障害となりかねず、いかにうまく全員をまとめるかが肝要となる。

　裁判所としては、原告側の集団の属性を見極めるとともに、その中でキーマンとなるような人物がいるかどうか、その人物がどのような性格か、訴訟代理人との関係は円滑かどうかといった事柄について、知っておくとよいであろう。

III 被告側の諸問題

1. 被告側の属性

　一方、集団訴訟における被告は、国または地方公共団体、大企業であることが多い。

　公害訴訟や薬害訴訟であれば、原因物質を生成・販売ないし排出したと考えられる企業と、規制権限や管理権限（河川、道路等）を行使しなかったと考えられる国または地方公共団体のいずれか、あるいはそのいくつかが被告となる。

2. 国、地方公共団体

　被告が国であれば、関係省庁との調整が必要であるし、政治的案件となっている場合は、いわゆる族議員への説明が必要となる場合もある。被告が地方公共団体であれば、議会の議決が必要である（地方自治法96条1項12号・13号）から、そのために、関係部署・議員への説明を経なければならないこともある。賠償につき保険で対応する場合は、保険会社との兼ね合いもある。事案によっては、原告側とは反対の意見をもつグループがある場合もあり（たとえば、ダム訴訟におけるダム賛成派）、その意見を無視することもできないであろう。

　被告が国であるとか地方公共団体である場合、筋が通っている和解案であれば受け入れられるかといえばそうとも限らず、関係省庁ないし部局との調整ができず和解できないこともあり、時には首長の考え次第という政治的案件もある（特に、地方公共団体の場合は、首長が原告側に近い人物に交代した途端、和解がまとまるといったこともある）。ハンセン病訴訟でさえ、厚生労働省が従前進めてきた隔離政策の誤謬を認めることに躊躇した結果、国敗訴の第1審判決（熊本地判平成13・5・11判時1748号30頁）が出されるまで和解には至らなかった。しかし、同判決が控訴されずに確定し、その後各地で和解が成立したのは、当時の首相の政治判断によるところが大きかったとされている。一方、諫早湾干拓事業をめぐる訴訟・仮処分申立てでは、国は、排水門の開門賛成派か

らの訴訟でも反対派からの仮処分申立てでも、開門賛成・反対のいずれの立場にも与しない態度をとっていたため、いずれでも和解できなかったばかりか、いずれでも敗訴してしまい、その確定判決および仮処分決定により、開門すべき義務と開門してはならないとの義務の両方を負うという希有な展開となっている。

3. 企　業

　集団訴訟で被告となる企業は、それ相応の規模の会社であることが多い。企業は、勝訴の見込み、和解金の支払能力など諸般の事情を考慮し、判決よりも和解による解決が望ましいと判断される場合に、和解に踏み切るが、そのような意思決定をするのは、代表取締役・執行役であり、重要事項と判断されれば、さらに取締役会等の機関による意思決定を要する。加えて、上場会社であれば、大株主の意向を無視できないし、適時の情報開示も求められることがある。同族会社であれば、創業家が大株主であることもあり、その意向がかなりの意味をもつ。経営再建中の会社であれば、債権者やスポンサーの意向も重要な意味をもつ。外国企業・外資系企業も、ひとくくりにすることは難しいが、日本の企業とはかなり異なる姿勢を示すことがある（裁判所の提案を尊重してくれることもあれば、なかなか説得に応じないこともある）。

　また、集団訴訟においては、往々にして科学的知見を要するものがあり、立証責任が被告にはないといっても、反証に費用、時間、労力を要する例も多い。企業（ないし企業が意向を無視できない関係者）が、当該集団訴訟を言いがかり、クレーマーの訴訟とみるかどうかによって、費用等をかけてでも判決を求めるか、それとも和解に応じるかといった態度も違ってくる。

　これと関連して、集団訴訟では、マスメディアの報道などを通じて、社会的耳目を集めることが多く、この点も企業の和解への対応に影響する。企業は、事業を通じて利潤を生み出すことを使命とするが、和解に応じると責任を認めたことになって社会的評価が下がると考え、事業への影響を懸念して、和解に踏み切れないということがある。逆に、和解に応じないことで、企業の社会的評価を下げ、事業に影響が出るということもありうる。薬害訴訟や公害訴訟で和解に応じない姿勢を示した企業の製品に対し、全国的な不買運動が起きたと

いう実例、原告側が企業の本社等で座り込み等の示威活動を行った実例もある。企業が、勝訴見込みの事案でありながら和解に応じるという例も散見されるが、これも和解に応じないことにより、企業の社会的評価が下がることを懸念してのことと考えられる。むしろ、和解に応じることで企業の社会的評価を高めようという意図がある可能性もある。太平洋戦争末期に中国人労働者が日本の鉱山で過酷な待遇を受けたことに起因する花岡事件では、強制連行後提訴までに50年を経過しているとして第１審では勝訴した企業側が、日中友好のためとして、控訴審で、被害者救済のため５億円を信託する内容の和解に応じたということもある。[6]

また、いくら相応の規模の会社であり、また、和解のほうが判決よりも経済的に有利であるとしても、支払能力を超える和解をすることはできない。なお、融資を受けるなどして支払能力を超えると思われる和解金を支払う例もあるが、その背後では、何らかの理由で国が支援していることが少なくないともいわれる。

4．複数の企業が相被告の場合の相互の関係

元請あるいはJV（joint venture、ジョイントベンチャー）と下請、製造元と販売者といった企業が相被告となる場合も多い。

元請と下請が相被告となった場合、被害者が１名の労災事故であれば、元請は責任を認めず、下請に責任を負わせようとする傾向があるが、集団訴訟になるような事案となると、さすがにそのような例は少なく、保険で対応しようとする企業も多い。また、JVの事案では、各企業は、関与の度合いに応じた責任を負担する傾向にある。このような場合、同程度の関与であった企業間、あるいは同じような規模の企業間では、しばしば横並び意識が働き、１社でも和解に応じない場合は他社も応じないとか、逆に、１社が和解に応じると決めた途端に、他社も雪崩を打ったように和解に応じようとするという現象がみられる。和解に伴う経済的出捐にしても、他社の出捐額と横並びにしようとする傾向がある。

5　後藤＝藤田編・前掲書（注２）318頁。
6　「〔司法記者の眼〕花岡事件で和解成立、全員救済へ」ジュリ1192号（2001年）223頁。

製品の販売元、製品の製造元および被害原因物質の製造元が相被告の場合、一般消費者に近い立場の販売元のほうが、積極的に和解に応じる傾向がある。社会的評価の低下が業績の低下に直結するから、それを懸念するためであろうか。もっとも、販売元のほうが製造元に比べ、経済的に優位にある場合はこの限りでなく、製造元のほうが積極的に和解に応じることもある。消費者から損害賠償請求があった場合には、製造元が対応するという内容の契約になっていることが推測される。

5.　複数の企業と国などとが相被告の場合

　集団訴訟の原因を作出した複数の企業と、規制権限を行使しなかった国・地方公共団体が相被告となる場合、しばしば国・地方公共団体が和解のリーダーシップをとり、複数の企業間をまとめて和解に至ることがある。薬害訴訟では、よくみられる現象である。これは、国には薬事関係について絶大な権限があることから、企業としてもその意向を尊重せざるを得ないという力関係があるものと推測される。逆に、企業と国などの間でそのような関係になければ、上記のような和解の成立は期待できない。

6.　和解に対する姿勢

　一般論としては、被告側は、たやすく意思決定できるわけではないし、さらに被告が複数の場合は、被告らの歩調が合うかどうか、被告相互間のバランスなど、調整を必要とする要因が多いから、和解にこぎ着けるのは容易でない。しかし、和解解決が望まれる事案も多いから、そのような事案では、裁判所は、これまで述べたような被告側の傾向を踏まえつつ、和解を勧試すべきであろう。

Ⅳ　裁判所側の工夫

1.　審理を進めること

　通常の和解でもそうであるが、一般的には、当事者を説得するには、ある程度審理を進め、裁判所において暫定的心証を形成できるようになっていなければならない。まして集団訴訟においては、両当事者の属性が上記のとおりであるから、なおさらである。そのための工夫については、ここで詳論しないが、計画審理や民事訴訟法268条の活用などの工夫が検討されるべきである。[7]

　なお、原告側は、マスメディアの報道を歓迎し、時にはSNSを利用して自らを宣伝し、一方、被告側は、これらを歓迎しない傾向があるところ、[8]訴訟の進行においても、マスメディアの報道やSNSの利用に関し、双方から裁判所に対して要望がされることがある。裁判所としては、この種の要望に対しては是々非々で対応し、公平・中立性について疑いをもたれないようにすることが、審理を進めるうえで重要である。

2.　情報を収集、整理、共有、管理すること

　上記のとおり、和解による解決は、判決による場合に比べて相応のメリットがあるので、集団訴訟においても、当事者が諸般の事情を考慮して和解による解決を望む（受け入れる）場合がある。

(1)　当事者の意向聴取

　集団訴訟においては、当事者間の感情には峻烈なものがある場合が多い。すでに和解交渉を行って決裂したため、訴えの提起に至った場合もある。にもかかわらず、和解により紛争を解決するためには、そのような感情・経緯はさておいて相互に話し合おうとするだけの冷静さが求められる。裁判所としては、

　7　司法研修所編・前掲書（注2）7頁（民訴法・規則）、13頁（具体例）、89頁（一般論）。
　8　他方、原告側を動揺させるため、被告側から情報をリークすることがあったのではないかとの指摘もある。東京HIV訴訟弁護団編『薬害エイズ裁判史(1)訴訟編』（日本評論社・2002年）276頁。

当事者にそのような冷静さをもてるような働きかけを行うことが必要な場合があり、また、話合いが可能かどうかの見極めも必要となる。そのためには、当事者の率直な意向を聴取する機会を設けるのが有用である。原告側と被告側とで個別に聴取するのはもちろんであるが、被告が複数のときには、被告ごとに機会を設けるべき場合が多い。さらに、原告側が一枚岩でないときは、各グループの鍵を握ると思われる人物ごとに機会を設定すべき場合もあるが、原告側に内紛が起きていると、裁判所がこれに巻き込まれるおそれもないではないので、慎重な対応を要する。被告が国の場合でも、関係省庁間で意見が割れることがあるが、その意見調整は指定代理人に任せるのが通例である。

聴取すべき事項は多岐にわたり、当事者も多数であるから、誤認混同がないよう整理すべきである。また、受命裁判官が聴取を行うことが多いが、聴取した情報は、合議体での情報共有はもとより、当事者対応や報道対応を引き受ける書記官室との間でも、情報共有を図るべきである[9]。ただし、留意すべきであるのは、聴取した情報の中には、相手方に伝えるべき情報や、逆に伝えてはいけない情報もあるという点であり、これを誤ると、裁判所に対する信頼を失墜させる。口外できない情報は、厳重に管理する必要がある。

(2) 和解の機運

これまでに述べたとおり、当事者の意向以外にも、和解の機運を左右する多くの事柄がある。支援者や関係者の意向などは当事者を通じて聴取すれば足りようが、先行する関連訴訟の判決時期（特に上級審判決）、マスメディアの報道やSNSでのコメントも含む世論の動向、経済情勢、時には政治の流れ等も、いつ和解勧告の好機になるかもわからないので、常に気を配っておく必要がある。そして、これらの情報も、同様に整理、共有しておくべきである。

(3) 和解勧告の時期、方法

先例のない事案では、被告側が早期解決に前向きな場合を別として、裁判所が一応の心証形成をすることができる時期でないと、裁判所から和解勧告をしても、当事者に対する説得力がなかなか伴わない。裁判所がリーダーシップを発揮しようとすれば、当事者に、和解内容と想定される判決との対比を意識さ

---

9 後藤＝藤田編・前掲書（注2）321頁。

Ⅳ　裁判所側の工夫

せる必要があるから、和解勧告をするにしてもおのずと制約がある[10]。

　心証形成をすることができる時期といっても、原告側の立証が終わった段階か、被告側の反証まで終わった段階であるかも問題である。原告側の立証が終わった段階で、被告側に一定の責任がある前提での和解を勧告するとすれば、被告側が相当に抵抗するであろう。四国じん肺訴訟では、裁判所が、そのような段階で和解に入ることを提案したところ、被告側から相当な反対を受けたとのことである[11]。それでも、被害者の早期救済の見地からは、そのような段階での和解勧告もやむを得ないことがあろう。四国じん肺訴訟でも、唐突に和解勧告をしたのではなく事前に予告していたうえ、裁判所が粘り強く説得した（数次にわたる書面の発出もされた）ことにより、最終的には和解が成立した。

　これに対し、詐欺的商法のように審理するまでもなくおおよその構図が明らかな事案、あるいは先例が積み重なっている事案では、周到な意見聴取を経ることなく、早期の和解勧告がされた例もある。

　なお、集団訴訟においては、和解勧告に際し、和解案の骨子とともに、裁判所の所見が文書で示されることが多く、東京スモン訴訟におけるいわゆる可部所見が有名である[12]。所見には、法的根拠がないとはいえ、裁判所が和解解決を望ましいと考える理由を明らかにするもので、時には心証開示的なものでもあるから、それ相応の意義がある。とはいえ、当事者にこれを受け入れてもらえなかった場合には、その後の訴訟指揮は難しくなる（受け入れなかった側の当事者が、裁判所の訴訟指揮になかなか従わない、引き延ばそうとするといった弊害が指摘されている）し、和解ができなかった場合の判決との整合にも留意すべきである。弁論終結に近い時期に示すならば、所見を示すことによる弊害も小さいといえる。所見に似た機能を有するものとして、たとえば第1次提訴分だけを分離して判決してしまうこと、あるいは、原因論について中間判決をすることがあげられる。たとえば、前記東京スモン訴訟では、可部所見が示された

---

[10]　後藤＝藤田編・前掲書（注2）318頁。
[11]　司法研修所編・前掲書（注2）75頁。なお、四国じん肺訴訟の概要については、同書60頁。
[12]　スモン訴訟については、スモンの会全国連絡協議会編『薬害スモン全史(2)裁判篇』（労働旬報社・1981年）や、淡路剛久「スモン事件の紛争解決と法(1)」ジュリ706号（1979年）61頁以下の連載記事に、詳細が掲載されている。東京スモン訴訟を担当した可部恒雄裁判長は、その所見の中で、国が製薬会社とともに被害者救済の責任を果たすべきとの意見を示した。

237

後、原告内部でも意見が分かれ、被告側でも応じなかった企業があって、直ちに和解に至らなかったことから、一部の原告との関係で判決（東京地判昭和53・8・3判時899号48頁）がなされたが、それが残された原告との関係で和解成立を促す効果があったといえる。また、大阪千日デパートビル火災訴訟においては、裁判所が、ビルの防火管理責任者であった被告に対し、保安管理契約の債務不履行に基づく責任があるとの中間判決（大阪地判昭和50・3・31判時779号26頁）をしたが、これが後の和解成立に影響したとされている。[13]

なお、この点に関しては、第1次提訴分について判決をした裁判体と同じ裁判官が、その後の同種事件の審理を担当することの当否も問題となってくる。HIV訴訟[14]において、大阪地方裁判所は、別の裁判体が第2次提訴分以降の審理を担当するとの選択をした。

(4) 建設的な議論

適宜の機会をとらえて和解勧告をした後は、裁判所が間に入って双方の意見を聴取し、それを相手方に伝えることを繰り返して、相互に意見を交換するという方式がとられるのが通例であるが、双方代理人を交えて、建設的な議論を行う場を設けるのが良い場合もある。裁判所が当事者の一方だけから意見を聴取していると、言いたい放題となるため、ともすれば、実現不可能な要望ばかりが多数出されてしまうという面もあり、裁判所がそれをまとめたところで、必ずしも和解解決にはつながらない。そこで、可能であれば、双方代理人有志からなるワーキングチームを組織し、建設的な議論を行うことが考えられる。[15]ただし、双方代理人は、冷静に議論ができる協議に適する人物でないといけないし、特に人望があるとか根回しのできる人物であることも必要である。たとえば、協議結果を持ち帰ったところ、原告側では過半数の賛同を得られなかったといった事態になっては再び協議が必要となる。また、それをおそれて、協議にあまりに大人数が集まってしまうと、建前論が出たり、さまざまな意見が

13　石川元也ほか「千日デパートビル火災事件の和解と今後の課題」ジュリ609号（1976年）113頁。
14　血友病治療のために投与された血液製剤に混入していたエイズの原因ウイルスであるHIV（ヒト免疫不全ウイルス）に感染した患者・遺族が、国および製薬会社に対して提起した損害賠償請求訴訟。その概要については、司法研修所編・前掲書（注2）18頁以下。詳細については、東京HIV訴訟弁護団編・前掲書（注8）。
15　東京HIV訴訟弁護団編・前掲書（注8）279頁。

出たりして、なかなか議論がまとまらない可能性がある。

3. 他の裁判所と協力すること（多地裁係属型の場合）

(1) 裁判所相互の連携のあり方

　集団訴訟は、前記のとおり、多数の裁判所で提起されることが少なくない。その場合、原告側は、各地で別の組織となっていても全国的に横のつながりがあることが多いから、各地の訴訟がどのような進行をしているのか等の情報を把握しているし、被告側も、各地で訴えられているから、当然、同様の情報を把握している。ところが、裁判所だけは、これまで概して横のつながりがなかったことから、各地での同種事件の訴訟進行について、当事者を介して情報を得るのみということが多かった。従前においても、審理が先行する裁判所での証拠調べの結果が書証として提出されることはあったが、各地で同じような証拠調べが重複して行われることも相当あったと思われる。他に受託裁判官による証拠調べという制度もあるが、重要証人に対する尋問においてこれを活用するには躊躇があったであろう。また、当事者の側も、少しでも訴訟を有利に進めたいという思惑から、訴訟の進行等について、各地でそれぞれ異なる提案を試みてきたことがあり、これを受ける裁判所の側も、それぞれの裁判体が手探りで審理を進めていたという面があった。もちろん、各地での創意工夫を無益なものとして切り捨てるべきではないが、各裁判所相互に訴訟進行について意見を交換したり、証拠調べを分担したりするといった工夫もあってよいと思われる。現に、四国じん肺訴訟で徳島、高知、松山の各地方裁判所が次第に連携を深めながら審理を進めていったという例[16]、HIV訴訟では東京、大阪の両地方裁判所が共通の争点についての証人尋問調書を相互に利用した例が紹介されているところであり[17]、同種事案を抱える裁判所間での積極的な意見交換、情報交換が期待される。なお、この点について、裁判所相互の意見交換が訴訟手続によらない心証形成につながっているのではないかといった裁判の独立の観点から批判を受けたことがあったが、これまでに検討したところによれば、その有意性は否定できないと考えられ、当事者の信頼を害しない連携方法につい

16　司法研修所編・前掲書（注2）76頁以下。
17　司法研修所編・前掲書（注2）28頁以下。

て、当事者との間で共通認識を形成したいところである。

　もとより、こうした工夫は、裁判所側だけで行えるものもあれば、当事者側の理解、協力が不可欠なものもある。たとえば、上記HIV訴訟における証人尋問調書の相互利用については、東京、大阪のいずれかの地方裁判所の当事者が、特定の証人の尋問をあくまで自分らで行いたいなどとこだわると、実現しがたいところであった。被告側は、両裁判所で共通であったから問題は少なかったと思われるが、原告側は、東京と大阪とで共通の訴訟代理人弁護士がいたにせよ、全く共通というわけではなかった。これは、東京、大阪の原告弁護団相互の信頼関係があってこそ実現した良識ある対応であったといえよう（患者の早期救済のため大同団結したものと推測される[18]）。

(2)　裁判所相互の連携による和解の試み

　HIV訴訟における和解の試みにおいては、審理の終盤に、東京、大阪の両地方裁判所が、両当事者の了解の下、一堂に会し、合同の和解協議を行ったとのことである[19]。具体的な判決内容に関する相互の心証開示はされなかったとのことであるが、両訴訟について同じようなタイミングで弁論が終結され、示された和解条項案も、提案理由の文章こそ違うものの、条項案自体は同一であった。これは、全国的な統一的解決を図る必要から出たものといえ、今後の参考になると思われる。当事者の側からみても、一裁判所単独での提案であった場合と比べて、両裁判所から同内容の和解条項案が示されたということは、相当の重みがあったであろうと思われる。

　以前、各裁判所によって判断が異なるかもしれず、かつ、被害の全容もわからないような事件では、裁判所の能力を超えたものであるから和解勧告をすべきでないとの見解が示されたことがあった[20]。そして、この見解の中では、裁判所が和解を渋る被告側に対し、被告の姿勢を非難する世論を背景にして、和解を強要しているのではないかといった懸念が示されていた。もっとも、水俣病訴訟で福岡高等裁判所の和解手続に参加していた当事者は、裁判所主導での和

18　東京HIV訴訟弁護団編・前掲書（注8）17頁（東京・大阪両原告弁護団の関係）、187頁（尋問の実施）。
19　司法研修所・前掲書（注2）36頁以下。
20　加藤一郎「司法と行政——水俣病をめぐって」判タ782号（1992年）2頁。

解手続を希望していたとのことであった。実際、B型肝炎訴訟[21]、C型肝炎訴訟[22]など、和解の枠組みができた事件でありながら、その枠組みの中で、被害事実認定のために訴えを提起し、証拠を提出すべきものと定められているものがあり、また、消費者の財産的被害の集団的な回復のための民事の裁判手続の特例に関する法律が制定されたのも、裁判所以上に全国規模の紛争解決に適した国家機関がないことの証左であって、上記見解の中で指摘された懸念は、今や払拭されたといってよいのではないだろうか。

Ⅴ 和解の内容等

1. 金銭給付

　集団訴訟といえども、大半は損害賠償請求訴訟であるから、和解の内容としては、金銭給付の額を定めることになる。

　投資被害など財産的損害を主とする場合は、被害額に応じて比較的明快な和解条項となる。ただし、時期によって過失割合が変わってくるような事案もあるが、それでもある程度機械的に計算式を定めることができる。

　問題なのは健康被害の場合であり、前述の理由から、また、通常の訴訟で行うような個別の損害項目を積み上げる方式では、主張も煩瑣で立証にも時間と労力がかかり、集団訴訟になじまないことから、かつては多数の原告が同額の慰謝料のみ一律に請求されることがしばしばあった[24]。もっとも、解決金を定めるにあたっては、現実の被害に応じてある程度のランク分けを行い、それに応じた解決金額が定められることが多い。また、裁判所において、一部の原告しか救済されないとの心証をもった場合でも、全体的な解決のため、個別に解決

21　松野信夫「和解勧告に関する一考察——水俣病訴訟をめぐって」判タ792号（1992年）52頁。

22　B型肝炎訴訟については、法務省ウェブサイト〈http://www.moj.go.jp/shoumu/shoumukouhou/shoumu01_00032.html〉参照。

23　C型肝炎訴訟については、法務省ウェブサイト〈http://www.moj.go.jp/shoumu/shoumukouhou/shoumu01_00031.html〉参照。

24　いわゆる包括一律請求。淡路剛久「一括請求・一律請求・包括請求」鈴木忠一ほか編『新・実務民事訴訟講座(6)不法行為訴訟Ⅲ』（日本評論社・1983年）255頁以下、加藤新太郎ほか「現代訴訟における損害論の回顧と展望」判タ889号（1995年）18頁以下に詳しい。

金の額を定めるのでなく、総額を定めたうえで基金設立を提案するということもあり得る。

2. その他の条項

重大な健康被害が生じた事案においては、当事者間で、その後の治療、健診等に伴う支出を補塡するための定期金給付、未提訴の被害者も救済対象とすることの確認、被害救済のための財団設立、被害予防策の実施など、多岐にわたる合意がされることが多い。金銭賠償だけでは生存被害者の今後の不安に応えることができないことから、何らかの恒久対策・福祉的対策が強く求められるからである。たとえば、サリドマイド訴訟での和解や森永ミルク中毒訴訟での和解においては、被害児救済活動を行うための団体を設立し、その費用を企業側が負担するとの合意がされた[25]。また、HIV訴訟においては、治療・研究開発センターや各地での拠点病院の設置、医療費自己負担・差額ベッド代の解消等が合意された[26]。もっとも、これらは、金銭給付を内容とするものとはいえ、給付額がその後の症状の変動等により不確定であったり、当事者以外の者を対象にしたり、強制執行可能な給付内容でなかったりといった理由で、訴訟上の和解としてはなじまないため、訴訟外での当事者間の合意として、別途書面を作成するのが通例である[27]。

3. 前文、任意条項等

集団訴訟においては、大半の事案で、裁判所から書面で和解案を示される。口頭で示さないのは、和解案の提案という行為にそれ相応の重みを示すという意味を込めてのことである。さらに、その書面には、合議体の裁判官全員の氏名を連名で記載するといった工夫もされることがある。また、和解条項の前に、和解に至った経緯や理由、当事者の強調したい事項などが盛り込まれた前

---

[25] 森島昭夫「サリドマイド和解と民事法上の問題点」ジュリ577号（1974年）35頁。
[26] 東京HIV訴訟弁護団編『薬害エイズ裁判史(4)恒久対策編』（日本評論社・2002年）10頁以下。
[27] 恒久対策・福祉的対策は、裁判上の和解の内容ではないとしても、生存被害者の救済のため、その具体化に和解交渉の比重がどうしてもおかれる傾向がある。遺族の原告は、これに対して複雑な思いを抱きがちであるので、全面解決のためには、この点も、十分な配慮を要するところである。そうした配慮から、HIV訴訟においては、慰霊碑の建立も合意された。

Ⅴ 和解の内容等

文が設けられることも多い。これらは、当事者が和解に応じることについて納得を得やすいようにとの判断に基づくものである。任意条項として、謝罪や弔意などを表すことを求められる事案も多い。

一般論としては、和解条項は明確であることが望ましいとされているが、事案の性質上、前文や任意条項などでは、多義的な解釈が可能な文言が使用されることがある。たとえば、前記Ⅲ3でふれた花岡事件では、被告は、企業として責任があると認識するものの、法的責任を認める趣旨ではないと主張し、原告側はこの主張を了解したとの内容が盛り込まれたが、これについて、原告側は、被告に法的責任がないことまで認めた趣旨ではないと、被告側は、当事者間で被告には法的責任がないことを合意したと、それぞれとらえているとのことである。[28]

4. 口外禁止条項

事案によっては、被告側が、和解条項についてのマスコミ報道を嫌う、企業イメージを毀損したくない、巨額賠償に応じることによる信用不安を避けたいなどの理由で、和解条項の中に口外禁止条項を設けることを希望することがある。もっとも、被告企業が複数の場合には、口外禁止の範囲（どこまでであれば口外してもよいか）について見解が一致せず、和解成立の意外な障害となることが少なくない。裁判所としては、意向聴取の段階から、その点についても十分留意する必要がある。

また、口外禁止条項があったとしても、裁判所としては、一般的な記録の閲覧・謄写の申請までは拒むことはできない。企業側がそれを回避したい場合には、訴訟外で合意内容を書面化したうえ、訴えは取下げという形式をとるか、調停に付して、調停を成立させる（調停が成立した場合には、本案訴訟は訴えの取下げがあったものとみなされる。民調20条3項）といった選択肢があり得る。大企業の有価証券を取得した際の情報開示が不十分であったため経済的損失を受けたとする集団訴訟において、訴訟外で合意をしたうえ、解決金が入金された後に訴えが取り下げられたという事案もあった。この事案においては、原告

28　司法記者の眼・前掲（注6）。

側は、前記原告側の属性としては集合型に分類される組織であり、経済的損失さえ補塡されればよいという姿勢であったため、形式にはこだわらず、被告の求める訴えの取下げに応じたものと推測される。

一方、薬害訴訟など原告側のプライバシーに配慮する必要がある事案においては、和解調書の原告氏名住所等の個人情報について、閲覧制限の申立て（民訴92条）がされるのが通例である。

5. 和解のための期日の進行

事案によっては、和解案提案のときに、和解案を書面で示すのと同様の趣旨で、期日において和解案を読み上げる、和解期日でなく口頭弁論期日で提案するといった工夫がされることもある。また、和解成立のときも同様の工夫がされることがあり、ほかには、当事者の意見陳述、訴訟外での合意を記載した書面への調印式が施行されることもある。

判決の場合と同様、当事者がマスコミ報道を希望するか希望しないかによって、和解成立予定の期日指定の時間帯を考慮する場合もある。

6. 書記官事務

(1) 和解調書作成

裁判官も当事者双方も、ともすれば和解条項、前文、所見といったところに目を奪われがちである。しかし、集団訴訟においては、提訴から和解までに時間が経過する間に、もともと高齢あるいは疾病等を有していた原告本人が亡くなることは珍しくない。それ以外でも、原告が転居することもあろうし、被告側も、合併、代表者の交替が生じることが往々にしてある。和解調書には当事者の表示が必要であり、集団訴訟では、当事者目録を添付するのが通例であるが、書記官室においては、終局が迫ってきた段階で、こうした当事者に関する変更事項がないか、双方代理人に確認しておくことが必要である。後に更正決定をしなければならなくなると、当事者が多数であるほどその手間も大変になるから、こうした情報も、部内で共有すべきである。

原告ごとに解決金額が異なる多くの事案では、原告の人数が多いほど、検算のための書記官事務の負担も相当なものとなるが、その前提となる解決金額の

算定根拠も、部内で共有すべきものである。

(2) 和解調書正本の送達

原告が多数の場合、代理人が1人であっても、数通の付与を希望される場合がある。代理人が多数の場合も同様である。また、被告が多数の場合、当然、被告の数だけ和解調書正本の送達を求められる。その事務量たるや、判決の場合ほどではないとしても相当なものがあり、書記官室にとって大きな負担となる。和解成立前に和解条項が固まっているなど、あらかじめ和解調書正本作成をある程度準備することが可能な事案では、和解成立の期日終了後、出頭した当事者に書記官室に来てもらって、和解調書正本を交付送達するということも検討されてよい。

(3) 訴訟救助の後処理

和解が成立すると、訴訟が完結するところ、和解条項において訴訟費用がいかなる側の負担と定められたかに従い、任意納付を促したり、取立決定をしたりすることになる[29]。訴訟費用を負担する被告が複数の場合や、救助を受けた原告の一部だけが和解に応じる場合、実際の負担額を定めるにあたって複雑な計算を要するので、あらかじめ問題点を指摘しておくとよい（和解条項の中で負担割合などを定めることができれば、なおよい）。

Ⅵ まとめ

集団訴訟の和解においては、裁判所の事件に対する取組み、姿勢が正面から問われるといっても過言ではない。十分に記録を読み込み、当事者の声に耳を傾け、あるべき紛争解決方策を探求しつつ、気力を充実させて臨みたいものである。

（福田修久）

---

[29] 後藤＝藤田編・前掲書（注2）329頁以下。東京スモン訴訟で訴訟費用を被告側の負担と定められた後の事務について、中島利雄「東京スモン訴訟における訴訟救助事件の取立手続について」書記官116号（日本加除出版・1983年）25頁以下。

第7章 消費者関係事件と和解

Ⅰ 消費者関係事件の特徴——紛争類型

1. 消費者関係事件の意義

　消費者関係事件とは、消費者と事業者との間で締結された契約（以下、「消費者契約」という）に基づく法的紛争をいう。一般に、消費者契約は、消費者が事業者から商品やサービスなどの役務の提供を受け、その対価を支払うことを内容とするものであるが、そこから生起する法的紛争の対象は、いわゆる消費者問題として、商品の品質・安全性に関するもの、違法・不当な勧誘による契約の締結が問題になるもの、不当な契約内容・条件が問題になるものなどさまざまである。なお、消費者契約の締結の態様や契約の内容・条件等に問題はな

1　消費者関係事件を「消費者と事業者の取引に係る法的紛争」と定義することも考えられるが、訴訟で争われる事案は、契約が締結されたことを前提にその効力等が争点になるものがほとんどであるため、ここでは本文のように定義した。なお、「消費者」や「事業者」の定義は、法律の趣旨・目的によって異なり、呼称も規制される取引態様に応じて「顧客、購入者」あるいは「販売業者、役務提供事業者」などさまざまである。一般的には「消費者とは、生活のために用いる物資や役務を他人から購入する者であって、生産者や販売者などの供給者に対立する概念である」ということができよう（日本弁護士連合会編『消費者法講義〔第5版〕』（日本評論社・2018年）12頁以下、中田邦博ほか編『基本講義消費者法〔第3版〕』（日本評論社・2018年）15頁以下など）。

2　日本における消費者問題の発生とその展開の状況については、大村敦志『消費者法』（有斐閣・2011年）1頁以下、同『契約法から消費者法へ』（東京大学出版会・1999年）4頁以下など。

3　消費者契約に関する法的紛争は、従来、消費者金融（消費者が事業者から金銭の貸付けを受けるもの）や消費者信用（消費者が事業者から商品やサービスの提供を受ける際、その代金の支払を繰り延べるもの）の場面で問題になる事例が多く、この類型を対象として論じた実務家の文献も多い（現在でも執務の参考になるものとして、園部秀穂＝田中敦編『現代裁判法大系㉓消費者信用取引』（新日本法規出版・1998年）340頁以下、354頁以下、後藤勇＝藤田耕三編『訴訟上の和

247

く、消費者の債務不履行（対価の支払）が問題になる事件もあろうが、それは消費者関係事件に固有のものではないので、ここで論じる対象にはしない。

2. 消費者関係事件の特徴

　民法は、対等な私人間の法律関係（権利義務）を規律することを予定しているが、事業者は、消費者よりも商品やサービスに関して多くの情報を保有し、経済的に優位な立場にあって、交渉力も消費者とは格段の差がある。このため、商品やサービスについて知識や情報をもたない消費者が事業者の宣伝広告や巧みな勧誘によって契約を締結したり、契約内容が実質的公平さを欠き消費者に不利益なことがある。民法にも一般条項といわれる規定や意思表示に関する規定があり[4]、これらを適用して妥当な解決が図られることもあるが、消費者契約の場面では、消費者が不利・不平等な地位・立場にあるため、民法とは異なる規律を設け、消費者を保護する必要がある。また、製品の欠陥や詐欺的商法等が問題になる事案では、その被害が広範囲に及び、多数の消費者を救済する必要が生じる。

3. 消費者と事業者の法律関係を規律する特別法

　そこで、消費者の保護や、事業の健全な発展を図るために多くの法律が制定されている。その代表的なものが、消費者契約法、特定商取引に関する法律（以下、「特定商取引法」という）、割賦販売法である[5]。

　解の理論と実務』（西神田編集室・1987年）193頁以下、217頁以下などがある）。現在では、社会経済の発展やその情勢を反映して、法的紛争の対象になる取引類型は多岐にわたっており、クレジットやリース契約に係る取引、特定商取引法で規制対象としている各種取引（訪問販売、通信販売、電話勧誘販売、連鎖販売取引、特定継続的役務提供、業務提携誘引販売取引、訪問購入など）、未公開株やファンドなどの販売取引、証券や金融商品取引、宗教関連の取引（いわゆる霊感商法や違法な献金勧誘など）、電子商取引など枚挙に暇がない。消費者関係事件の裾野は広く、新たな取引類型の出現に伴い、法的紛争の対象も変遷してきている。

4　信義誠実の原則（民1条2項）、権利濫用の禁止（同条3項）、公序良俗に反する行為の無効（民90条）、錯誤・詐欺・強迫による取消し（民95条、96条）など。なお、民法の一部を改正する法律（平成29年法律第44号）によって錯誤の効果が無効から取消しに変更されている（同法の施行日は2020年4月1日）。

5　消費者契約法、特定商取引法、割賦販売法の立法経緯については、後藤巻則ほか『条解消費者三法』（弘文堂・2015年）1頁以下、205頁以下、1145頁以下参照。規定の詳細については、日本

Ⅰ　消費者関係事件の特徴——紛争類型

　消費者契約法は、事業者が消費者に勧誘を行う際、不実告知、断定的判断の提供、不利益事実の不告知、不退去ないし退去妨害などの行為があり、それによって消費者が誤認または困惑して契約を締結した場合や、事業者が消費者に勧誘を行う際、当該消費者契約の目的となるものが消費者にとって過量であることを知っていた場合などはこれを取り消せる旨規定し（消契4条1項〜4項）、事業者の損害賠償の責任を免除する条項、消費者の解除権を放棄させる条項、消費者の利益を一方的に害する条項を無効とし（消契8条、8条の2、10条）、消費者が支払う損害賠償額または違約金を定める条項のうち一定の額を超える部分を無効とする旨規定している（消契9条）。また、消費者の被害の発生または拡大を防止するため、適格消費者団体が事業者等に対し、差止請求をすることができる制度を設けている（消契12条）。

　特定商取引法は、消費者被害を生じさせる取引を類型化し、事業者の事業活動に対し、被害の予防や救済の観点から規制を加えるもので、割賦販売法は、割賦販売等に係る取引を対象として、消費者に損害が生じることを防止し、クレジットカード情報が適切に管理されるようにするため、事業者の事業活動に一定の規制を加えるものである。いずれの法律も消費者と事業者の権利義務関係を調整する規定を設けており、消費者にクーリングオフの権利を与え、特定継続的役務提供における中途解約権を規定し、消費者に契約取消権や、過量販売解除権を認めるなど消費者保護の規定が導入されている。

　弁護士連合会編・前掲書（注1）、消費者庁消費者制度課編『逐条解説消費者契約法〔第3版〕』（商事法務・2018年）、圓山茂夫『詳解特定商取引法の理論と実務〔第4版〕』（民事法研究会・2018年）など。

6　なお、近年の悪質商法の実情等を踏まえ、消費者保護を手厚くし、若年層等の消費者被害を防ぐ規律などを追加した消費者契約法の一部を改正する法律が平成30年6月8日に成立し、同月15日に公布された（2019年6月15日施行）。改正の内容は、恋愛感情を利用した勧誘、加齢等で判断力が低下した消費者に対し、生活や健康への不安に乗じてした勧誘、霊感商法による勧誘などで契約を締結した場合にこれを取り消せるとの規定や、不安をあおって締結した契約は取り消せるとの規定の追加、消費者に不当な契約条項を無効とする規定、契約条項の作成や消費者に対する情報提供について事業者の努力義務を明示する規定の追加などである。改正法の制定経緯・概要等については、上野一郎ほか「消費者契約法改正の概要」NBL1128号（2018年）58頁以下参照、改正の意義と課題については、山本敬三ほか「消費者契約法の改正と課題」ジュリ1527号（2019年）14頁以下参照。

7　訪問販売に係る契約において、取引の分量が過量であることだけを理由に申込みの撤回または契約の解除を認めるもので、割賦販売法では過量の販売契約に係る個別信用購入あっせん契約を

249

また、集団的被害の回復を図るための訴訟手続については、民事訴訟制度では限界があることから、実効的に消費者被害の救済を図るための新たな制度的枠組みとして、平成25年12月に「消費者の財産的被害の集団的な回復のための民事の裁判手続の特例に関する法律」(以下、「消費者裁判手続特例法」という)が制定されている[8]。

4．典型的な紛争類型

(1) 消費者契約一般

　消費者契約をめぐる典型的な紛争類型としては、まず、事業者が提供した商品やサービスが債務の本旨に従ったものでない(欠陥がある、契約の内容に適合していないなど)として、それによって生じた損害の賠償等を求めるものがある。このような類型では、欠陥や不適合の有無、損害の発生と損害額、因果関係の有無などが争点になる場合が多い。

　また、消費者契約の締結の態様や内容・条件等に問題があるとして、契約の有効性等が争われる紛争類型では、民法や特別法の適用要件を充足するか否かが争点となり、さらに原状回復の範囲や損害賠償額も争点になる。一部の条項の有効性等が争われる紛争類型では、上記のほか、事業者からの履行請求に対して、その根拠となる条項は無効、あるいは一部無効であるとして争われるものもある[9]。

(2) 各契約における紛争類型

　消費者契約に関する取引類型は多岐にわたっており、ここではそのごく一部しか取り上げることができないが、訴訟で比較的多くみられる類型としては、割賦販売法や特定商取引法等の適用が争点になるもの、不法行為の成否または債務不履行の有無等が争点になるものなどがある。

　　解除することができるとされている(特商9条の2、割販35条の3の12)。
8　平成28年10月1日施行。消費者裁判手続特例法の制定経緯や規定の詳細については、山本和彦『解説消費者裁判手続特例法』(弘文堂・2016年)、伊藤眞『消費者裁判手続特例法』(商事法務・2016年)など。
9　無効原因として、前述した消費者契約法10条(消費者の権利を制限し、義務を加重する条項である)、同法9条(契約で定める損害賠償額や違約金が平均的な損害の額を超えている)の事由が主張される場合も多い。

㈦　クレジット契約

　クレジット契約をめぐる紛争にはいろいろな類型があるが、本稿との関係では、抗弁の対抗（接続）が争点となるものをあげておきたい。これは、消費者（購入者または役務の提供を受ける者）が包括信用購入あっせん（包括クレジット）、個別信用購入あっせん（個別クレジット）またはローン提携販売の方法で購入した商品等について、クレジット業者から支払の請求を受けたとき、事業者（販売業者）に対して生じている抗弁事由をもって、その支払を拒絶することができるか否かという問題である。たとえば、クレジットの名義貸しやいわゆる空ローン（販売業者から頼まれて、その販売実績を上げるため、あるいは資金繰りのためにクレジットを利用するというもの）の事案で、割賦販売法が規定する抗弁の対抗（割販29条の4、30条の4、35条の3の9）を主張できるか、その適用要件を満たしていないとしても信義則に基づき支払拒絶が認められるか否かが争われるものが典型である。

　㈣　訪問販売契約など（特定商取引法で規律される取引類型）

　訪問販売の方法で消費者契約（たとえば、布団や浄水器の売買契約、各種工事の請負契約など）を締結させるもの、インターネットなどの通信手段を利用して契約を締結させるもの（販売の対象は商品だけでなく、特定の情報の場合もある）、電話で契約締結を勧誘するものなど特定商取引法で規制の対象とされる消費者契約は多い。また、同法は、連鎖販売取引、特定継続的役務提供契約（たとえば、エステティックサロンや語学教室など、継続的な役務提供を内容とする契約）、業務提供誘引販売取引（たとえば、商品のモニターとして報酬を得られると誘引してその業務を行うための物品等を購入させる契約）、訪問購入なども規制しており、これらの取引について、特定商取引法が定める要件を満たせば、クーリングオフによる契約解除、不実告知・事実不告知による契約の取消し、中途解約などが認められている。訴訟では、当該事案で問題になっている契約がこれら特定商取引法で規律する取引に該当するか否か、該当するとした場合、解除・取消し・解約の要件を満たすか否かが争点になる。特定商取引法による規制を免れるため、新しい類型の取引が次々と出現しており、消費者契約法や民法の一般条項の適用が争点になるものも多い。

(ウ)　未公開有価証券等の販売契約など

　未公開株や非上場会社の社債を対象とする販売契約、あるいは投資者から資金を集めて事業を行い、その収益を投資者に分配する約定の契約（集団投資スキーム）をめぐる法的紛争のうち、訴訟に現れるものは、詐欺的なものが多く（いわゆる投資詐欺。その勧誘の態様によっては劇場型詐欺とよばれることもある）、法的紛争の類型としては、不法行為に基づく損害賠償請求として、不法行為の成立要件を満たすか否かが争点になる。[10]

　(エ)　金融商品取引

　金融商品（不動産投資商品、仕組商品、投資信託、株式・社債など）の取引をめぐる法的紛争の多くは、当該取引で損失を被った消費者（顧客）が事業者（金融商品取引業者）に対し、不法行為または債務不履行に基づき損害賠償を請求したり、当該契約の不成立、無効、取消しなどを理由として不当利得に基づき支払った金員の返還を請求する紛争類型である。事業者から消費者に対し、取引の清算として差損金を請求する紛争類型もあるが、その場合も主たる争点は上記同様である（消費者が上記事由を抗弁（相殺など）として主張することになる）。この類型では、金融商品の販売の勧誘が適合性の原則に違反しているか否か、あるいは勧誘にあたり説明義務違反があったか否かが争点になるものが多く、先物取引の場合は、そのほかにも断定的判断の提供、無意味な売買の反復、両建勧誘、仕切拒否の有無なども争点になる。また、説明義務違反が争点になる事件の場合は、信義則上の説明義務のほか、金融商品の販売等に関する法律3条1項の規定する説明義務の違反が認められるか否かが問題になるものもある。[11]

10　金融商品取引法に基づく登録をしていない業者による未公開有価証券の販売は無効とされているので（金商171条の2）、不当利得構成による請求も考えられるが、訴訟の場面では不法行為（共同不法行為を含む）が主張される場合がほとんどである。

11　事業者の勧誘が不実の告知や断定的判断の提供、不利益事実の不告知に該当するとして、消費者契約法4条1項または2項に基づき、金融商品の購入契約の取消しが主張される場合もあり、その際は同条同項の要件該当性が争点になる。

Ⅱ 紛争類型ごとの和解の方向性

1. 消費者関係事件における和解の特殊性

　消費者関係事件においても、和解による解決が一般論として妥当するし、早期に消費者の被害回復を図る必要性は高い。ただし、前記Ⅰ2で述べた消費者関係事件の特徴から、対等な当事者間での和解とは異なる配慮が必要になる。すなわち、消費者保護の要請が働く事案の場合、和解の内容が消費者保護の趣旨目的を逸脱するようなものであってはならない。

　たとえば、消費者契約法等で無効とされている規定の趣旨に反する内容の和解や、同法等で禁止・制限されている事業者の行為を追認するような内容の和解は相当でない。また、法規に反するとはいえなくとも、実質的に消費者の不利益となるような合意は、裁判所が関与する和解としては相当でなく、当事者がそれを望んでいる場合でも、そのような和解が当該事案の解決のために必要であり、かつ、その内容がその目的に照らして合理的なものであるか否かを検討しなければならない。

　そのためには、裁判官として、消費者保護に関する法律の趣旨目的、適用範囲・要件、法律効果などについて、正確な知識を身に付け、理解を深めておく必要がある。[12]

2. 紛争類型ごとに考えられる和解

(1) 基本的視点

　消費者契約に関する紛争においては、当事者が何を争点とし、何を求めているかによって、紛争類型にかかわらずさまざまな和解が考えられる。一般論としては、商品の欠陥等を理由とする損害賠償事件では、消費者が被った損害の

---

[12] 消費者被害の救済に関する法律は多いが、被害救済のための直接的な規定を設けているものとしては、消費者契約法、特定商取引法、割賦販売法、利息制限法、製造物責任法、金融商品の販売等に関する法律、個人情報の保護に関する法律などがあげられる。経済情勢や技術の進歩等を反映して、これまでになかったような消費者問題が発生し、そのつど新たな法規制や判例が生まれるため、常に最新の情報を入手しておく必要がある。

塡補を中心とする和解（一定額の金銭の支払）、消費者契約自体の効力が争点の事件では、契約の解消に伴う原状回復義務や清算義務を前提とした和解、契約条項の一部の効力が争点の事件では、当該条項（たとえば、消費者に不利な違約条項、事業者の契約上の責任を制限する条項など）を無効とすることによって生じる給付義務や清算義務を前提とする和解がそれぞれ考えられよう。

(2) 特別法との関係

和解にあたっては、契約の取消事由や無効事由に関する規定、あるいは契約条項の一部を無効とする規定が特別法にある場合は、その適用要件・法律効果を踏まえて、合意内容をどのようなものにするかを検討しなければならない。問題となっている条項が強行法規違反にあたると解される場合、当該条項だけが無効になるのか、契約全体が無効になるのかの検討も必要である[13]。また、消費者契約を取り消した場合の原状回復の内容については、特別法の規律や消費者保護の観点からの解釈[15]も踏まえて検討する必要があろう。これらの解釈いかんによって、裁判所が進める和解の方向性も変わることになるからである。

(3) 紛争類型ごとの留意点

(ア) クレジット契約

クレジット契約をめぐる紛争は、事案にもよるが和解になじむものが多いと考えられるから、結論の見通しを踏まえ積極的に和解を勧試していくべき紛争類型の一つである。クレジット契約の特殊性として、消費者、販売業者、クレジット業者の三者間の法律関係になるので、事案（たとえば、商品の未着や瑕疵、名義貸しや空ローンなどが問題になる場合など）によっては、消費者とクレジット業者間の訴訟だけでは解決することができず、販売業者を利害関係人として和解手続に参加させる必要がある。

---

[13] 後藤ほか・前掲書（注5）117頁以下。なお、消費者契約の態様によっては、特別法違反として、指示または業務停止命令などの行政罰、さらには刑事罰の対象とされているものもある（たとえば特商70条〜72条など）。

[14] たとえば、消費者が現に利益を受けている限度で返還義務を負う旨の規定（消契6条の2、特商9条の3第5項など）や、既払金の清算方法等についての規定（割販35条の3の12〜16など）など。

[15] 圓山・前掲書（注5）263頁以下、後藤ほか・前掲書（注5）59頁以下、434頁以下など。

(イ)　訪問販売契約など（特定商取引法で規律される取引類型）

　この類型の紛争では、上記(2)で述べたように特別法の適用要件・法律効果を踏まえて、和解の方向性を検討することになる。

　(ウ)　未公開有価証券等の販売契約など

　いわゆる投資詐欺の事案では、事業者に消費者の損害を填補する資力がないケースが多く（勧誘担当者、販売業者、発行会社などが共同不法行為者として被告になる場合もあるが、販売業者は経営が破綻し、発行会社は実体がなく、個人は資力がない場合が多い）、和解での解決が困難なものが多い。和解したとしても履行が確保できるか、判決の場合より消費者に不利になることはないか、などを考慮して和解を勧める必要がある。また、事案によっては、他の被害者にも配慮した和解内容を検討する必要がある。

　(エ)　金融商品取引

　適合性原則違反の有無については、対象となった金融商品の商品特性を踏まえ、これとの相関関係において、消費者の投資経験、商品取引の知識、投資意向、財産状態等の諸要素を総合的に考慮して判断することになるので、これらの事情について主張立証をさせたうえで和解を勧試するのが通常である[16]。事業者の勧誘が不法行為にあたるとされる場合でも、消費者の側にも金融商品の購入や取引の継続などに関して過失があったとして、過失相殺がされる事例も多い。消費者に過失相殺の対象となる事情があるかを検討し、判決における結論を見据えたうえで、落としどころを探っていく必要がある。和解金額の算出根拠についてはいろいろなアプローチが考えられ、消費者の拠出額、純損失額、事業者が得た手数料の額などを基礎として、過失相殺する事情の有無や程度を斟酌し、事案に即した妥当な金額になるよう調整していくことになろう。

3.　消費者裁判手続特例法の特殊性

　消費者裁判手続特例法[17]に基づく共通義務確認訴訟においては、当該共通義務

16　最判平成17・7・14民集59巻6号1323頁参照。
17　この裁判手続では、第1段階目の手続として、特定適格消費者団体が事業者に対し、相当多数の消費者に共通する事実上および法律上の原因に基づき、個々の消費者の事情によりその金銭の支払請求に理由がない場合を除いて、金銭を支払う義務を負うべきことの確認を求める訴え（共通義務確認訴訟。特例2条4号）を提起し、その訴えが認容された場合には、2段階目の手続と

確認訴訟の目的である同法2条4号に規定する義務の存否について和解をすることができるが（特例10条）、和解の対象や内容については、その訴訟の特殊性から一定の制約がある（この点については後記Ⅳ2で少し触れることにしたい）。

Ⅲ 和解がスムーズに進まないケースとその対応

　和解は民事訴訟における重要な手続であり、紛争解決の有力な手段であるが、現在の訴訟を取り巻く状況をみると、和解での解決を困難にする要因が増えているように思われる。たとえば、法曹人口の増加に伴って訴訟に不慣れな弁護士が増えたためか、判決の見通しや適切な解決について裁判官と認識を共有することが難しくなっていると感じることがある。また、情報化社会の進展等によって、当事者が法律知識を収集して自分なりに判決の見通しをもち、裁判官の説明を受け入れない場面にも遭遇する。当事者と弁護士の関係も希薄化しつつあり、弁護士がそのような当事者を説得することに苦労していることもままみられる。[18]裁判官としては、和解をスムーズに進めることができない状況に直面しても、当事者の説得という困難な過程を回避して簡単に判決で事件を終わらせようとしてはならない。

　国民の権利意識の高まりや情報化社会の進展に伴い、民事裁判に対する国民の関心や期待は高まっており、当事者と向き合って妥当な解決をめざす和解は、裁判の質を高め、裁判所に対する国民の信頼をより一層強固なものにすることにつながる。本項ではそのような観点から、消費者関係事件に限らず、一般的な和解のあり方について述べることとしたい。和解での解決の一助になれ

して、個々の消費者から授権を受けた特定適格消費者団体が債権の届出をし、簡易な手続により、個々の消費者の事情を踏まえて、上記金銭の支払義務に係る請求権を確定する（簡易確定手続）ことになっている。

[18] 当事者に訴訟代理人がついている場合、訴訟代理人の理解と協力なしに和解することは困難である。弁護士が和解の場面でその職責に応じた役割を果たすことは、紛争の妥当な解決のために不可欠な要素である。この点、加藤新太郎『弁護士役割論〔新版〕』（弘文堂・2000年）341頁以下は、実効的な和解を成立させるためには、弁護士が問題状況を的確に把握・認識して、適切な解決見通しをもつこと（事案の把握と解決の方向を誤らないこと）、相手方に対する説得のみならず、当事者を説得するための技術を身に付けることなどが必要であると指摘している。

ば幸いである。

1. 和解のあり方

　訴訟上の和解は、訴訟のもつ形式性なり硬直性の弊害を除去して、具体的妥当性のある解決を指向するものであり、訴訟（判決）を補完するものといわれている[19]。和解には、法規範性と具体的妥当性の両者がなければならず、このことは消費者関係事件においてもそのまま妥当する[20]。裁判官として、どのような意識と心構えで和解にのぞむか、その際にどのような解決策を提案するか、それをどのように説明して当事者の納得を得るか、裁判官の見識と力量が問われる場面である。

　法規範性と具体的妥当性のある和解をするためには、裁判官として、結論の見通しをもつとともに、当該事案に即した妥当な解決策を提示する必要があり、それを当事者が納得するようにわかりやすく説明しなければならない。

2. 結論の見通し（判決を見据えた和解）

　和解で重要なのは、当該事件が判決になった場合に結論がどうなるかの見通しをもつことである。これは訴訟の進行段階に応じて漠然とした印象から暫定的な心証を踏まえた蓋然性あるもの、そして確信に変わっていくものであろうが、それぞれの段階で和解をすすめる際の1つの基準になる[21]。当事者がおのずと実体的真実を前提とした理想的な解決に向かうわけではない。また、当事者に共感し、その気持に寄り添っただけで解決に導けるわけでもない。結論の見通しが、双方の当事者を同じ土俵に立たせ、あるべき和解の指針となり、当事

---

[19] 訴訟上の和解の意義等につき高橋宏志『重点講義民事訴訟法(上)』（有斐閣・1997年）757頁以下、新堂幸司『新民事訴訟法〔第3版〕』（弘文堂・2001年）338頁以下、伊藤眞『民事訴訟法〔第5版〕』（有斐閣・2016年）475頁以下、梅本吉彦『民事訴訟法〔第3版〕』（信山社・2007年）1004頁以下など。

[20] もっとも、消費者関係事件の特殊性から考慮しなければならない点もある（後記Ⅳ1および2）。

[21] もっとも、訴訟の早い段階の場合（当事者が諸事情を考慮してこの段階での和解を希望することもある）、裁判所としては、確たる心証を得るまでには至っていないことがほとんどであるから、和解案の内容も裁判所が積極的にイニシアティブをとって決めるというものではなく、双方の希望を聴いてすり合わせができるかという調整的な関与にならざるを得ないであろう。

者への説得材料になる。和解を勧試する時期にもよるが、証拠調べ後であれば判決になった場合の結論、その結論に至る道筋を説明すべきである。証拠調べ前であれば、提出された証拠等を踏まえて暫定的な心証を伝える。判断に自信がない場合は、明確な心証形成には至っていないとの留保を付して、認容と棄却の割合などその時点における心証を説明すべきである。[22] 心証の説明と和解は相関関係にあり、判決の見通しについて裁判官の説明に納得できるなら、和解での解決を受け入れる契機になる。結論の見通しを伝えることは、当事者に客観的な状況を認識してもらうことでもある。中立公正な立場の裁判官が具体的な根拠を示して心証を伝え、これを当事者に理解してもらうことが、4で述べる説得にもつながる重要な要素となる。

3. 解決策の提示（事案に即した妥当な和解）

　和解での解決を導くためには、判決の見通しを踏まえたうえで、当該事案に即した最も妥当な解決策を当事者に提案しなければならない。

　判決では、争いの目的である権利関係の存否について証拠に基づき事実を認定して判断するが、結論はどうしても一刀両断的なものにならざるを得ない。紛争の背景事情や経緯に鑑みれば、判決での結論とは離れて、当該事案に即した弾力的で妥当な解決があるはずである。[23]

　訴訟の段階ごとに心証形成のレベルは異なるにしても、その時点における心証、当事者の意向、和解の隘路となる事情などを考慮して、最善と思われる解決方法を検討する。そのためには、記録を精読して事件の筋を見極めるとともに、何よりも当事者から直接話を聴いて紛争の実相が何かを把握しなければな

---

[22] 消費者関係事件の場合、前述したように消費者保護に関する法律の趣旨、適用要件、法律効果等を理解しておかなければ、事案に即した見通しがもてないことになる。なお、心証を開示した後に和解交渉が不奏功に終わり、判決になる場合、当事者に説明した見通しと判決の結論に齟齬がないようにすべきことは当然であって、判決の結論が異なることになるのであれば、弁論終結前の段階で当事者に説明しておかなければならない。

[23] 裁判官は、訴訟手続を適正かつ迅速に進行させるのと並行して、当事者にとってどのような解決が将来に禍根を残さず、紛争を抜本的に終息させるものか、当事者に感情的なあつれきがある事案であれば、どのような解決によって感情の融和が図られるかを検討すべきである。それが、その当事者にとって真の解決になるからである。なお、消費者関係事件には、当事者の納得だけでなく、他の要素を考慮しなければならない場合もある（後記Ⅳ1および2）。

らない。

　この点、むしろ、判決書を作成したうえで、和解にのぞむような準備と心構えがあれば、紛争の実相に迫る可能性が高くなり、和解での説得力は増し、解決に至る道筋がみえてくるはずである。また、判決よりも和解での解決にメリットがあるとの明確な論拠に裏打ちされた自信が、当事者の説得につながることになろう。[24]

4. 説得の手法（当事者が納得する和解）

　当事者を説得する際に重要なのは、判決よりも和解で解決したほうが当事者にとってプラスになることを説明し、理解してもらうことである。それが和解への動機づけになる。裁判官によって和解の手法にはさまざまなものがあるとしても、それは「和解での解決が最善である」ことをどのように当事者に説明するか、その手順、具体的な説明内容の違いに尽きる。抽象化していえば、客観的な妥当性を踏まえたうえで、当該紛争をどのように解決するのが当事者にとって最良なのかを検討し、その検討から導かれた和解案を当事者の心情に沿って説明し、当事者に必要な譲歩を促すことである。当事者間で和解における条件が真っ向から対立し、調整の余地がないように思われる局面でも、当事者のわだかまりやこだわりの原因を探求することによって、双方が納得できる和解案を思いつくこともある。最善の解決をめざして諦めず、結論の見通しによる客観的な妥当性が及ぶ範囲内で、柔軟な発想をもって和解にのぞむことが必要である。[25]

---

[24] なお、当事者としては、紛争の最終的な解決を求めて訴訟をしているのであるから、裁判官としては、当該事案を和解によって解決するのが当事者にとって最善かどうかの検討を怠ってはならない。

[25] 記録を精読して、当事者の話をじっくり聴き、当事者の心情を理解し共感したうえで条理にかなった妥当な解決策を提案する。当たり前のことであるがこれがなかなか難しく、実践できたように思っても和解につながらないことも多い。また、紛争の中核には、主観的・心情的・感情的な隘路があり、それがわだかまりや不満となって、和解の障害（障壁）となっている場合もある。これには、紛争の端緒となった出来事、訴訟に至るまでの経緯、相手方の対応など訴訟物や権利関係の存否とは関係のないものも多い。そのようないわゆるツボをみつけ、裁判官がその心情を理解し、中立公正な第三者として客観的な見方を示すことによって、わだかまりが溶け、和解での解決に前向きな気持になれることもある。

　和解は、裁判官の価値観や人間力が試される場でもあり、訴訟記録の精査と解決への熱意とい

また、当事者を説得する際には、当該事案に即した妥当な解決策を提示することと関連して、和解での解決を後押しする事情（自主的解決のもつメリット）があればそれも説明して、和解への動機づけを図ることが肝要である。[26]

Ⅳ 消費者関係事件における留意点

1. 消費者保護・公益性

前記Ⅱ1で述べたとおり、消費者関係事件では、当事者双方が納得すればどのような解決であってもよいものではなく、消費者と事業者間の実質的公平を図り、消費者保護と公益性に配慮した解決になるよう調整することが必要である。不平等な立場で不利な内容の契約を締結した消費者は、和解の場面でも不利な条件で和解に応じざるを得ない経済的状況に陥っている場合が多い。他方、事業者のほうは仮に不利な判決が言い渡されても上訴して争う時間的・経済的余裕があり、一時の風評を気にしなければ強気の姿勢で和解にのぞめるで

う初心を再確認させられる場でもある。
[26] 和解の効用として、①抜本的に紛争を解決することができる、②経済的に合理性があり、権利実現の可能性が高い、などがあげられる。

①は判決では全体的な解決を図ることができないが、和解であれば周辺的な紛争を含め、後の紛争発生の憂いがない抜本的な解決を図ることができるもの、たとえば別訴が係属していたり、後訴が想定される場合が典型的な例である。近隣関係、親族関係、継続的取引当事者間などの紛争では、和解で解決することにより、将来にわたって人間関係の修復が図られる可能性があり、新たな紛争を防ぐことができる（修復しなくともそれ以上に悪化することは避けられる）。このような和解では、訴訟物以外の論点についても当事者から話を聴いて妥協点を調整することになるので、裁判官として費やす時間や労力は大変なものがあるが、うまく調整できれば紛争を一挙に解決できるので、当事者としてメリットは大きく、和解への動機づけになるであろう。他方で、ともすれば訴訟の遅延を招くことにもなるので、当事者間の紛争全体を把握・鳥瞰し、当事者の意向、関連紛争の論点・進行状況などを踏まえたうえで、そのような和解を勧めるかどうかを検討しなければならない。

②は、事案の性質上、審理に長期間を要するもの、訴額が小さいもの、立証が困難なもの（立証の費用および負担が大きいもの）など、早期解決することにメリットがあるものなどがあげられる。また、相手の資力が十分でないものについては、和解で解決することによって相手方の自発的な履行を期待できる。判決で勝訴したとしても上訴されて確定するまでさらなる期間を要し、確定した後も任意の履行がなければ執行の手続が必要になり、最悪の場合、回収できないこともあるが、このような事情も経済合理性の観点から、早期に和解するメリットになるであろう。

あろう。したがって、和解においては、その内容が当該事案の解決としてのみならず、当該紛争類型の解決としても通用性のある適正なものになるよう留意しなければならない。この点、本人訴訟の場合には、上記のような観点で本人の利益を代弁する者がいないから、特に注意が必要である。また、これは消費者関係事件に限ったことではないが、本人訴訟の場合、裁判官や裁判所の雰囲気に萎縮して真意を述べることができない場合もあるから、本人の年齢、社会経験などその属性に応じて丁寧に和解の内容を説明し、和解後に不満が残らないよう配慮しなければならない。

2. 社会的影響・波及効

消費者関係事件には、製品の欠陥や詐欺的商法などによって多数の被害者を発生させるものがあり、それが社会問題となって訴訟になり、事業者に対する法規制が整備され、被害者救済のための法的手段が拡充されてきたという経緯がある[27]。このような事件では、被害者が多数であること（訴えを提起していない潜在的な原告も存する）、複数の裁判所に同種事件が係属し、あるいは係属する可能性があること、当該法的紛争を直接的に規律し、妥当な解決を図るための法的環境が整備されていない場合があることなどの特殊性がある。先例的意義を有することになるような和解では、波及効が生ずる[28]ことを踏まえ、被害者間の均衡・公平に配慮し、同種事件における和解の基準・指針となるような解決をめざす必要がある。そのためには多角的な視点から紛争をとらえ、中立公正な裁判所の立場を害しない範囲で訴訟代理人とも連携し（和解勧試の時期・方法・内容等について、他の同種事件の進行状況や結論を考慮する必要があろう）、あるべき和解を検討しなければならない。また、この種の事件では、事業者に対する監督規制権限を有する官公庁の不作為等を理由として国家賠償請求訴訟が提起されることもあるが、結論の見通しを踏まえ、和解が妥当な解決を導くと考えられる場合であれば、そのような訴訟の場面でも、ここで述べたことがそのままあてはまるであろう。

---

27 これらの経緯については日本弁護士連合会編・前掲書（注1）14頁以下参照。
28 薬害訴訟や環境訴訟等のいわゆる政策形成訴訟などが代表的なものであるが、これらの事件以外にも、約款の解釈をめぐる事件など消費者関係事件には波及効への配慮が必要なものが多い。

なお、消費者裁判手続特例法に基づき、特定適格消費者団体が共通義務確認訴訟を提起した場合の和解については、同訴訟の段階では対象消費者が特定されておらず、特定適格消費者団体には対象消費者の権利について管理処分権がないなどの特殊性から、事業者との間で合意できる和解（共通義務の存否に関する和解）の内容について一定の制約や留意しなければならない点がある。[29]

3. 和解条項

和解条項の作成にあたっての工夫や留意点については、本書第1編第7章に詳説されているので、ここでは消費者関係事件に関連して、口外禁止条項（秘匿条項）について触れておきたい。

消費者関係事件がどのような内容で終局したかについては、世間の耳目を集めるし、和解することが類似の事件を誘発することもある。この関係で、事業者が他の類似する事案への影響を慮って和解に難色を示すこともしばしば見受けられるところである。事業者側から口外禁止条項や秘匿条項を付してほしいとの要望が出された場合には、消費者の意向を十分に確認する必要がある。[30]

また、適格消費者団体は、差止請求に係る裁判上の和解が成立したときは、他の適格消費者団体および内閣総理大臣への通知・報告義務があり（消契23条4項）、広く消費者一般に和解の内容について情報を提供するよう努めなければならないとされている（同法27条）から、口外禁止条項や秘匿条項を付す和解をすべきではない。これは、消費者裁判手続特例法の共通義務確認訴訟における和解についても同様であり、当該和解の概要、当該特定適格消費者団体の名称および当該共通義務確認訴訟の相手方の氏名または名称等は公表されることになっている（特例90条1項）。

---

[29] 共通義務確認訴訟における和解の特殊性について詳しく論じたものとして、後藤健ほか「共通義務確認訴訟と異議後の訴訟について」判タ1429号（2016年）26頁以下参照。

[30] 消費者の意に反して口外禁止を条件とする和解をすすめることは相当ではない。なお、仮に口外禁止条項を付したとしても、民事訴訟法91条の閲覧請求は、同法92条の閲覧等の制限がされない限り認められるので、訴訟代理人としては和解調書が閲覧される可能性があることを念頭においておくべきである。

V まとめ

　消費者関係事件については、消費者保護の要請や行政的見地から消費者契約の民事上の効力を規制する法律が数多く制定されており、これらの法律あるいは裁判例などによって解決の道筋がつけられた事件類型も多い。他方で、社会経済の情勢や科学技術の発達などを反映して次々と新たな取引類型が現れており、消費者関係事件をめぐる法的な争点は目まぐるしく変容している。また、インターネットを利用した電子商取引も多様化しており、それに伴って従来の法規範や価値観では対応に苦慮するような法的問題も生じている。

　消費者関係事件における和解の難しさは、私的自治を原則としつつも、特別法の適用場面を理解し、問題となる取引類型の特質を踏まえたうえで、事案に即した妥当な解決を図らなければならないことである。多種多様な消費者契約に係る法的紛争を和解に導くためには、事案ごとにこれらの諸点を考慮し、和解の方向性を検討することが肝要である。

（小池明善）

第8章 会社関係事件と和解

I はじめに

　会社関係事件という場合に具体的にいかなる事件を指すかは、その定義にもよるが、本章では、会社関係事件として、①会社訴訟事件、②会社非訟事件、③会社訴訟に係る仮処分申立事件を取り上げることとする。

　そして、会社関係事件について、おおむねその共通する特徴を検討したうえで、各類型における各種事件ごとに、和解を勧試し、和解協議を進めるにあたっての留意点を検討するとともに、一部については和解条項についても検討することとしたい。なお、本章では、会社関係事件の多くを占める、上場会社ではない中小規模の会社を念頭において検討することとする。[1・2]

II 会社関係事件の特徴

1. 紛争の類型と種類

　会社関係事件のうち、①会社訴訟事件には、株主総会決議無効確認の訴え、新株発行無効の訴え、取締役の地位不存在確認訴訟、株主権確認訴訟、任務懈怠に係る損害賠償請求訴訟、未払報酬請求訴訟、退職慰労金請求訴訟、会計帳

---

[1] 東京地方裁判所商事研究会編『類型別会社訴訟II〔第3版〕』（判例タイムズ社・2011年）932頁では、東京地方裁判所商事部でも非公開会社の訴訟が大部分を占め、その約8割から9割が同族会社の訴訟であるとされている。

[2] 総論的な参考文献として、山口和男「会社・商事関係事件と和解」後藤勇＝藤田耕三編『訴訟上の和解の理論と実務』（西神田編集室・1987年）345頁以下、星野雅紀編『和解・調停モデル文例集〔改訂増補版〕』（新日本法規出版・2007年）393頁以下がある。

簿閲覧等請求訴訟などがあり、②会社非訟事件には、株式売買価格決定申立事件、株主総会招集許可申立事件などがある。また、③会社訴訟に係る仮処分申立事件には、役員の地位を仮に定める仮処分申立事件、職務執行停止・職務代行者選任の仮処分申立事件、議決権行使禁止の仮処分申立事件などがある。

このように、一口に会社関係事件といっても、①〜③の類型に分かれ、また、各類型における事件の内容も多種多様であるから、会社関係事件において最終的に合意される和解の内容も、このような多様な事件の内容に応じ、さまざまなものがある。しかし、それでも、和解にあたって考慮すべき特徴としては、共通する点が多いように思われる。

2. 紛争の特徴

会社関係事件には、その解決を考えるにあたって、次のような特徴がある。この点は、そのまま和解を勧試し、和解協議を進めるにあたっての留意点であるといえる。

(1) **訴訟物それ自体について解決しても、紛争の根本的な解決につながらないことが少なくない**

　(ア) 株式の帰属の確定の必要性

訴訟は、株主総会決議無効確認の訴えや取締役の地位不存在確認訴訟などであったとしても、紛争の本質は、会社の支配権、つまり、誰が株式を何株保有しているのかという株式の帰属が争われていることが多い（実際、訴訟における主たる争点は、取締役の選任等に係る株主総会決議の無効確認の訴えであれば、その有効性にかかわる株主権の帰属であることが多い）。

そのため、株主総会決議無効確認の訴えなどで当該訴訟の訴訟物たる権利関係についての判断が確定しても、抜本的な解決にならず、別の形で紛争が再燃する、たとえば、別の年度の株主総会決議の無効確認の訴えなどが新たに提起されることもあり得る（前訴の判決の理由中で株主権の帰属についても判断されていても、その理由中の判断を非難して新たな訴えが提起されることもあり得る）。

したがって、株主権の帰属が争われたこれらの訴訟では、紛争の抜本的な解決のため、和解においては、株式の帰属を確定することが望ましいといえる。それは、紛争解決のために、これらの訴訟において和解で解決する意義が大き

いうことでもある。
　(イ)　株式の譲渡による解決
　また、持株数自体については争いがなくても、当該訴訟の背景には、多数株主と少数株主の対立があるケースがある。このようなケースでは、当該訴訟の訴訟物に係る権利関係について解決されても、再度紛争が生じることが少なくない。たとえば、会社非訟としての株主総会招集許可申立て、会計帳簿閲覧等請求訴訟、多数株主でもある取締役を相手とした株主代表訴訟、招集手続の瑕疵を理由とした株主総会決議取消しの訴えなどの提起が続くこともあり得る。
　そこで、このようなケースにおいても、今後の紛争を防止するため、一方が他方に株式を譲渡する（多くの場合には、少数株主が多数株主側にその保有する株式のすべてを譲渡する）形での和解は、検討されてよいであろう。[3]
　第三者的な立場からみると、少数株主にとって、小規模で閉鎖会社の場合には、会社の経営に関与できず流通性にも乏しい（したがって換価性の乏しい）少数株式を換価する機会になり得るものであるし、会社経営を行っている多数株主にとっても、訴訟リスクを避けることになり得る。
　もっとも、後記(2)のとおり相続が関係する場合も多く、親が成長させた会社の株式を手放すつもりはないとされるケースもあるところであり、上記をメリットと感じるかも含め、当事者の意向を確認する必要があろう。
　(ウ)　暫定的な和解
　そのほかに、会社非訟や仮処分において、暫定的な和解がされることもある。たとえば、会社非訟事件である株主総会招集許可申立事件において、株主と会社側とが、会社側において株主総会を招集することに合意する場合もあるし（この場合には、実際に招集手続がされた、または、株主総会が開催された後に申立ての取下げという形で終局することが多い）、取締役の職務執行停止の仮処分において、暫定的な和解がされることもある。
(2)　相続が関係する親族間の事案が多い

---

[3] 田中亘『会社法』（東京大学出版会・2016年）187頁以下や東京地方裁判所商事研究会編・前掲書（注1）932頁以下では、非公開会社における訴訟の実情について言及されている。そして、田中・前掲書188頁では、「こうした実情に鑑み、裁判所は、原告である少数派株主が多数派株主に株式を売却するといった内容の和解による解決を図ることが多い」とされている。

会社関係事件は、いわゆる同族会社に関する親族間での事案が多い。それも、相続が関係する事案が多いように思われる。たとえば、父が会社をワンマン経営していたが、その父が死亡し、相続が発生すると、それを契機に、子ら親族の間で、株式の帰属など会社の支配権、会社財産の扱い、会社から受け取る報酬などをめぐり、紛争が顕在化することがある。また、多数の株式を保有する親とその子との間で、将来的な相続の問題（たとえば、過去に作成された株式の贈与契約書に係る贈与の有効性等）や会社の経営方針をめぐり、紛争が生じるケースもある。これらの親族間でのケースでは、いったん紛争が顕在化すると、紛争が発生するはるか以前の出来事も含め、感情的な対立が激しくなることがある。和解をするにあたっては、このような感情面での対立をほぐしていくことも重要となる。

(3) **課税の面での留意が必要な場合がある**

株式の譲渡を内容とする和解が成立した場合、当該企業の企業価値その他の事情に応じ、多額の税金が課されることがあるため、多くの事案で（ほぼすべての事案といっても過言でないように思われる）、代理人弁護士は、税理士に課税上の不都合が生じないか和解成立の前に確認しているようである。

和解成立後に想定外の課税がされると、和解の効力等をめぐって新たな紛争が生じかねないから、和解をするにあたって、課税の問題に留意する必要がある。

(4) **判決効の拡張との関係で和解が制限される場合がある**

会社の組織に関する訴えについては、請求を認容する確定判決の判決効が拡張されており（会社838条）、そのことに基づく理論上の問題として、会社の組織に関する訴えについて、そもそも和解ができるのか否かという問題がある。

判決効の拡張がある場合には、訴訟物に係る権利について処分権主義に基づく和解はできないと解され、請求を認容する確定判決について判決効が拡張される会社の組織に関する訴えについては、認容判決と同様の内容となる和解はできないと解されている[4]。なお、会社の組織に関する訴えについても、株式の

---

4 東京地方裁判所商事研究会編『類型別会社訴訟Ⅰ〔第3版〕』（判例タイムズ社・2011年）389頁では、株主総会決議取消しの訴え、同不存在確認の訴えおよび同無効確認の訴えについて、「請求を認容する確定判決には対世効があるため、当該訴訟物については、当事者の処分権に属さない

譲渡など訴訟物以外の要素での和解であれば、判決効の拡張との関係による問題は生じないと思われる。

いずれにせよ、判決効の拡張があることとの関係には留意する必要がある。

(5) **時間的な制約のある事件がある**

会社訴訟事件のほか、会社非訟事件や会社訴訟に係る仮処分申立事件においても和解をすることはできるが、事案（たとえば、新株発行差止めの仮処分申立事件）によっては、時間的な制約があるため、和解のために時間をとること自体が不適切な事案もある。

(6) **複数の事件をまとめて和解で解決することが少なくない**

同じ当事者間で、会社訴訟事件や会社非訟事件など複数の事件が係属していることがある（たとえば、親族で株主でもある取締役との紛争の場合、取締役の地位不存在確認訴訟、株主権確認訴訟、任務懈怠に係る損害賠償請求訴訟、役員報酬請求訴訟、会社所有の土地に係る明渡請求訴訟、会計帳簿閲覧に係る仮処分申立事件、株式売買価格決定申立事件（会社144条）などが係属していることもある）。これらの紛争をすべて解決することができるのかの検討を要するであろうし、他の紛争の有無やその内容についても留意する必要があろう。

なお、当事者間で多数の会社関係事件が係属している場合、和解をするときには、株主権の確認をはじめとしてさまざまな問題を一挙に解決することが望ましいが、実務上は、関連事件であるとして併合して審理することはあまりなく、基本的には、個別に審理が進み、いずれかの事件で和解の話がされたときに、他の事件もあわせた解決が検討される場合が多いように思われる。また、一部の事件で判決がされることによって、紛争の全体的解決の機運が生じる場合もある。

として、認容判決と同内容の和解又は認諾はできないと解されている」とされている。また、垣内正編『会社訴訟の基礎』（商事法務・2013年）27頁では、請求を認容する確定判決に対世効がある訴訟についての訴訟上の和解について、「訴訟物を処分する和解は、請求の認諾と同様の問題が生じることから、許されないが、訴えの取下げや請求の放棄をする和解は可能であると解される」とされている。

3. 和解のメリット

　和解には、早期解決、履行の確保など、さまざまなメリットがあるが、とりわけ会社関係事件においては、前記2でみたとおり、紛争の抜本的な解決を図ることが可能となるというメリットが大きいといえるであろう。

Ⅲ　各種事件ごとの検討

　前記Ⅱの特徴も踏まえ、和解協議が比較的よくされる事件について、さらに個別に検討する。[5]

1. 株主総会決議無効確認の訴え等

(1) 和解協議の方向性

　株主総会決議無効確認の訴え、同不存在確認の訴えおよび同取消しの訴えは、これらが対象とする株主総会決議が、取締役や監査役等の役員の選任に係る決議である場合が多い。そして、前記Ⅱ2(1)(ア)のとおり、株主権の帰属に争いがあるケースが多く、株式の帰属を確定させる和解ができないか検討すべきであろう。

　また、株主権の帰属に争いのないケース（たとえば、招集手続の瑕疵が争われている事案）でも、前記Ⅱ2(1)(イ)のとおり、今後の紛争を防止するために原告が保有する株式を譲渡する形での和解は、検討されてよいであろう。原告が保有する株式を譲渡する形での和解をする場合、株式の譲受人として利害関係人が手続に参加することが多いように思われる。なお、上場企業等の大規模会社の場合には、別途検討を要し、そもそも和解が困難ないし不適当な場合が多いように思われる。

(2) 株式数の確定と株式価格の評価

　株式の帰属を確定させる和解をする場合、株式数について争いがあれば、そ

---

[5] 具体的な和解条項については、星野編・前掲書（注2）393頁以下、滝澤孝臣＝大坪和敏編著『紛争解決のための合意・和解条項作成の弁護士実務』（青林書院・2017年）180頁以下で紹介されている。

の点を確定し、争いがなければ（前記Ⅱ2(1)(イ)）、その価格の評価が問題となる。

株式数に争いのあるケースは、発行された株式の引受人が誰であったのかが争われるケースや、株式の譲渡契約（売買契約や贈与契約等）の有無や効力に争いがあるケースが多いと思われる。争いのある株式数の確定にあたっては、証拠評価や事実認定に関する心証を一定程度形成し、それに基づき裁判所が積極的に関与する必要があるケースが多いであろう。

株式価格の評価方法としては、DCF法、配当還元法、純資産法などがあるが、株式の価格を決定する手続ではないから、株式価格の判定のために裁判所の鑑定をすることは相当ではないであろう。譲渡を受ける側の資力の問題もある。ただし、和解のために専門委員に手続に関与してもらうこととして、株式価格に関する説明を聴くことはあり得るであろう。

(3) **和解条項**

和解条項としては、株式の帰属の問題だけではなく、対象とする株主総会決議が役員の選任に係る決議である場合には、前記Ⅱ2(4)の判決効の拡張との関係に注意して、当事者間で役員の地位に関する何らかの確認をしておくことも考えられるであろう。

株式の譲渡についての合意がされた場合、株券発行会社の場合には株券の交付、株式譲渡制限会社の場合には譲渡承認決議にも留意をする必要がある。

前記Ⅱ2(2)のとおり、相続が関係する親族間の訴訟も多く、株式をすべて譲渡する形で（つまり、会社とのかかわりをなくする形で）解決する場合には、会社に対する貸金や取締役としての退職慰労金の問題など、あわせて解決すべき問題も少なくない。

2. 取締役の地位不存在確認訴訟、同存在確認訴訟

(1) **和解協議の方向性**

実際に取締役の地位にあった者について、その後に解任の効力や辞任の有無等をめぐって取締役の地位の存否に争いが生じたような場合において和解をするとすれば、取締役の地位にない方向で（つまり、退任する方向で）和解が検討されることが多いであろう。いったん紛争が生じていることから、取締役とし

て残る方向での和解には、会社側が難色を示すケースが多いと思われる。

(2) 和解条項

　取締役の地位にない方向での和解の場合には、会社から当該取締役に対する解決金の支払が問題となるほか、未払報酬や退職慰労金の支払の要否が問題となる場合もある。取締役の地位にない方向で和解がされる場合には、これらの点を解決しておくべきであろう。退職慰労金の支払を内容とする和解をする場合には、株主総会決議が必要となることは後記5のとおりである。

(3) 第三者への判決効の拡張の有無と和解

　取締役の地位不存在確認訴訟や同存在確認訴訟に係る請求を認容する確定判決の効力が第三者にも拡張されるのかについては問題となるところであるが、実務家の見解を含む学説においては、合一確定の要請や、最判昭和44・7・10民集23巻8号1423頁の存在を論拠として、第三者にも拡張されるとする見解が一般的である。そうすると、前記Ⅱ2(4)のとおり、認容判決と同様の内容となる和解はできないのではないかという問題がある。たとえば、取締役の地位不存在確認訴訟においては、当該取締役が取締役の地位にないことを確認する和解はできないのではないかという問題がある。訴訟物を処分する和解はできないとしても、たとえば、当該取締役が新たに辞任することとし、そのことを当事者間で確認する和解は考えられるであろう。

3. 株主権確認訴訟

(1) 和解協議の方向性

　株主であると主張する者が会社を被告として訴えを提起する場合が多いが、争われ方としてはさまざまなケースが考えられ、株主であることの確認を求める原告の株式の取得原因（売買、贈与等）が否認される場合や、喪失原因（売

6　東京地方裁判所商事研究会編・前掲書（注4）54頁以下参照。
7　東京地方裁判所商事研究会編・前掲書（注4）57頁以下では、判決に対世効のある会社関係訴訟では認諾はできないとしたうえで、取締役の地位不存在確認訴訟での和解について、「訴訟物について処分をする和解は認諾と同じ問題が生じるのでできないと解される」とされている。
8　東京地方裁判所商事研究会編・前掲書（注1）937頁では、「請求を認容する確定判決に対世効がある場合、当該請求に係る和解をすることができないと解されている（争いがある。）」としたうえで、「もっとも、訴訟物と抵触しなければ、同一の結果を導き出す和解をすることはできる」とされている。

買、贈与等）の主張がされる場合などがある。

　和解の内容としては、原告が株主でない方向での和解がされることが多いように思われる。立証状況によって、原告が株主でないことを確認するが、被告が原告に一定の金銭を支払って解決する場合や、原告が株主であることを認めたうえで、その株式を譲渡する形での和解をすることがあり得る。後者の場合には、株式の譲受人として利害関係人が手続に参加することが多いように思われる。会社が譲受人である場合には、自己株式取得の規制（会社155条以下参照）との関係について留意する必要がある。なお、株式の譲渡による和解をする場合にはその価格の評価が問題となることは、前記1(2)と同様である。

(2)　和解条項

　前記1(3)のとおり、株券の交付や譲渡承認決議等に留意する必要がある。

4.　任務懈怠に係る損害賠償請求訴訟

(1)　和解協議の方向性

　任務懈怠の内容として、使途不明金が存在するというような事案のほか、経費の使用や給与の支給を問題とする事案、第三者に対する金銭の貸付けや出資、不動産の購入を任務懈怠とする事案などがある。任務懈怠に係る損害賠償請求がされる背景には、新旧の取締役の対立や、競業他社への入社ないし起業等退任（ないし解任）に至る経緯につき、感情的なもつれのあるケースが少なくない。そのため、本類型の事案では、和解をするとすれば純粋な金銭解決がされるケースが多いが、和解に至るまでが難しいケースも少なくない。

　被告による横領が明らかなケースなどを除くと、任務懈怠にあたるのかについて強く争われることが多く、和解勧試のタイミングは、双方が十分に主張立証を尽くした後など、双方の言い分を十分に聴いたうえで和解を試みたほうが当事者の納得感を得られる事件が多いように思われる。また、一定の心証を開示することも有効なケースが多いであろう。

(2)　和解条項

　和解条項としては、上記のとおり金銭支払を内容とする一般的なものとなることが多いであろう。事案によっては、相互に誹謗中傷しないことの合意をする場合もある。また、和解協議の中で未払報酬や退職慰労金の問題もあわせて

解決されるケースもあるであろう。被告である取締役が会社の株式を保有している場合もあり、その株式を会社側に譲渡することを和解の内容に含めることも考えられるであろう。

5. 退職慰労金請求訴訟

解任された（または任務満了により退任した）取締役から退職慰労金の支払を求める訴えが提起される場合がある。具体的には、任務懈怠が疑われて解任され、退職慰労金の支給もされなかったような場合や、支配株主が交代して取締役の退任を余儀なくされ、退職慰労金の支給もされなかったという場合があり得る。いずれにせよ、そのような訴訟の多くは、退職慰労金の支払についての株主総会決議がない場合であり、請求を認容することは難しいケースが多いと思われるが（会社361条1項参照）、とりわけ被用者的な取締役の場合には、和解として何らかの退職慰労金の支払を内容とする解決を促しても、必ずしも訴訟指揮として不当ではない場合もあるように思われる。

退職慰労金の支払によって和解をする場合、株主総会決議がされた後に和解を成立させる必要があるであろう。[9]

6. 会計帳簿閲覧等請求訴訟、計算書類閲覧等請求訴訟

(1) 会計帳簿閲覧等請求訴訟

会計帳簿閲覧等請求訴訟では、拒絶事由（会社433条2項）の存在が主張されることが多く、その心証を形成して和解を進めていくことが考えられる。また、背景には、閲覧謄写を受けた会計帳簿を証拠として、会社の取締役を相手とする損害賠償請求を考えているケースが少なくないように思われるので、この点の解決を図ることができれば、紛争の解決に資するように思われる。

会社側が会計帳簿の閲覧謄写によって今後の紛争拡大を懸念したり、株主が企業秘密を得るためにやっているのではないかと会社側が考える事案もあると

---

[9] 役員報酬が支払われた後に株主総会決議がされた場合も原則として当該支払は有効とする最判平成17・2・15裁判集民216号303頁も存在するが、和解成立後に株主総会決議がされなかった場合には当該和解の効力も問題となり得るところであり、株主総会決議がされた後の和解成立とすべきであろう。

ころであり、会計帳簿の閲覧謄写を内容とする和解での解決が難しいケースも少なくないように思われる。

(2) 計算書類閲覧等請求訴訟

株主や債権者による計算書類の閲覧・謄本交付は、基本的には拒めないものである（会社442条参照）から、被告が争った場合には、被告が拒絶する理由があるかどうかを早期に見極め、その理由がないと思われる場合には、被告に対し、原告の閲覧等を求める方向で早期に和解を試みることが相当であるように思われる。もっとも、当該計算書類の存在を争われた場合、その計算書類が存在することの主張立証責任は原告にあると解され、かつ、存在していない場合には実際に閲覧・謄本交付に応じることができないことから、その場合には、別途検討を要する。つまり、計算書類が存在していないことが事実か否かを見極める必要がある。

7. 株式売買価格決定申立事件

株価の算定方法や価格について双方から私的意見書が出されることが多いが、少なくとも、その場合にはこれらの私的意見書の提出を待って和解の議論をすることが相当であろう。そのうえで、双方から提出された私的意見書についての意見を聴くために専門委員を選任し、和解の手続を進めることも有益である（非訟33条参照）。たとえば、双方から提出された意見書における株価の算定方法（DCF法など）の当否や、その基礎とされている個々の数値の当否について専門委員の意見を聴きながら進めることが考えられる。

なお、上記の私的意見書等の提出や場合によっては裁判所の鑑定をして裁判所の心証を形成してからでないと和解協議を進めることが難しいのか、そこまで時間と費用をかけずに、それに先立つ一定の時期に和解協議を進めることにするのか、当事者の意向を確認することも有益であろう。

8. 役員の地位を仮に定める仮処分申立事件

役員の地位を仮に定める仮処分申立てとしては、取締役および代表取締役の解任と新たな取締役および代表取締役の就任についての登記の申請がされて、その登記前に、取締役および代表取締役の地位を仮に定めることを求めて申立

てがされることが多い。

　このような申立てにおいては、当該取締役の解任および選任についての株主総会決議の有効性、とりわけ株主が誰であるのかが争われることが多く、そのなかでも、既存の株主（すべての株式を保有する株主）からの株式の全部譲渡の有無が争点となることが多いように思われる。

　この種の仮処分の申立てがされた場合においても、和解協議がされることは少なくなく、誰が株主であるのかが争われた事案においては、譲渡の有無等についての書証の提出を受けて、一定の心証を形成して和解協議を進めていくことが望ましいであろう。その場合の検討されるべき和解の内容であるが、取締役の地位についての暫定的な和解をするのではなく、株主権の帰属も含めて最終的な解決についての和解がされることが一般的ではないかと思われる。もっとも、仮処分の段階ではそこまで解決することが難しい場合には、和解協議を継続するのではなく、速やかに決定をするほうが良いのではないかと思われる。株主権の帰属も含めて解決する場合には、株主たる地位の有無が争われている者が仮処分の当事者となっていない場合には、その者も含めて協議を進める必要があるであろう。

　なお、登記申請後その申請に基づく登記がされる前の仮処分の申立てである場合には、その登記申請に基づき実際に登記がされるまで、どの程度の時間的な余裕があるのかは、和解協議を進めるにあたって当事者から確認しておく必要があるであろう。

Ⅳ　まとめ

　以上のとおり、会社関係事件における和解について検討したが、会社関係事件の多くを占める、上場会社ではない中小規模の会社における紛争の和解での解決にあたっては、当事者間の感情的な対立に配慮し、これまでの経緯や背景事情も含めて、それに対する意見を十分に聴いたうえで、当該事件だけではなく紛争の全体をみて、時には紛争全体に対する解決を含め、どのような解決ができるのかを検討していくことが必要であろう。

（谷村武則）

第9章 労働事件と和解

I　労働事件における和解とその特徴

1．和解・調停成立率の高さ

　労働関係訴訟においては、今日、個別労使紛争が主体となり、団体労使紛争に関する紛争は減少しているところ、その61.5%[1]が和解で解決しており、労働審判の調停成立率72.4%[2]と通算すると、約3分の2（67%）の事件が、話合いによる互譲で解決している。民事第1審訴訟全体の和解率が35.8%にとどまっていること[3]と比較すれば、労働事件において、和解や調停は、主要かつ重要な紛争解決方法となっている。

2．その背景事情

(1)　労働事件における規範的要件をめぐるリスク

　労働事件においては、そもそも労働基準法や労働契約法等の適用の前提となる労働者性[4]はもちろん、残業代請求事件における労働時間（労基37条1項）[5]のよ

1　最高裁判所事務総局「裁判の迅速化に係る検証に関する報告書」（平成29年7月）〈http://www.courts.go.jp/vcms_lf/hokoku_07_02minnji.pdf〉53頁。
2　最高裁判所事務総局・前掲報告書（注1）59頁。
3　最高裁判所事務総局・前掲報告書（注1）53頁。
4　「使用者に使用されて労働し、賃金を支払われる者」（労契2条1項、労基9条も同旨）、すなわち、①使用者の指揮監督下において労務の提供をする者であることと、②労務に対する対償を支払われる者であることという2つの要件を充足する必要があり、これらは使用従属性の要件といわれている。
5　「労働者が使用者の指揮命令下に置かれている時間をいい、右の労働時間に該当するか否かは、労働者の行為が使用者の指揮命令下に置かれたものと評価することができるか否かにより客観的

277

うに、そもそも要件事実自体が、法的評価を経て初めて確定できるものであったり、解雇、雇止め、配転、降格や懲戒、あるいは、就業規則の不利益変更など、使用者の行為の効力が争われる事件では、権利濫用法理や就業規則の不利益変更における合理性などが典型的であるが、その効力の多くが規範的要件に依拠しているため、当事者間の継続的な人間関係を基礎に、必然的に、その評価の根拠や障害となる多数の事実の認定の可否が問題となるのみならず、認定できた事実を踏まえた評価についても厳しく争われることが多い。

　そのため、主張整理においては、それら多数の事実について、その位置づけを明らかにしたうえ、その有無に関する主張整理を間接事実や証拠を踏まえて行う必要があるが、それを重要なものに絞って効率的に行ったとしても、一定の審理期間を要することになる。労働関係訴訟の平均審理期間は14.3か月と、民事第1審訴訟全体の8.6か月よりも相当長期間となっているし[6]、手続を経た後の帰すうについても、必ずしも確実に予測しがたい事件が少なからず存在する[7]。

　また、紛争の解決内容についても、判決では、使用者の行為について有効・無効のいずれかが前提とされるため、必ずしも当事者間の利益状況を適切に反映しないおそれもある。特に解雇事件では、解雇が権利の濫用として無効とされると（労契16条）、危険負担の債権者主義によって、その間に労働者が就労できなくなったのは、使用者の責に帰すべき事由によることになって、労働者は賃金請求権を失わないうえ（民536条2項）[8]、判決確定後に復職できることになるので、使用者において、その間に人事を行うことが難しくなるなど、解雇するには、上記リスクを覚悟したうえで判断を行うことが迫られる[9]。

　　　に定まる」（最判平成12・3・9民集54巻3号801頁）。
[6]　最高裁判所事務総局・前掲報告書（注1）53頁。
[7]　第1審と控訴審で法的評価が分かれることも珍しくないばかりか、控訴審の評価が最高裁判所で否定されることもしばしばみられる。したがって、当事者代理人弁護士は、控訴審での変更の可能性をもにらんだうえで、第1審での和解協議にのぞんでいる（水口洋介「和解――労働者側代理人の立場から」季刊労働法238号（2012年）137頁）。
[8]　最判昭和59・3・29裁判集民141号461頁。なお、この解釈は、2020年4月1日に施行される改正後の民法536条2項においても維持されている（筒井健夫＝村松秀樹編著『一問一答民法（債権関係）改正』（商事法務・2018年）229頁）。
[9]　浅井隆「最新労働法解説――近年増加する労使紛争と和解の実務」労働法学研究会報2500号

(2) 和解のリスクヘッジ機能

その点、和解を選択すれば、まず、紛争解決までに要する期間は、人証調べ後に和解が成立した場合を例にとっても、判決言渡しまでの期間（通常2か月以上）はもちろん、当事者がそれを不服として上訴して争う期間を省略できるし、まして、精緻な主張整理を行う前に、当事者双方の主張の概要を前提に互譲により和解が成立すれば、さらに早期に紛争を解決することができる[10]。

また、和解によれば、明渡訴訟における立退料のように使用者側が解決金等を支払うことにより、判決よりも当事者間の利害を柔軟に調整することができるので、当事者にとっては、自らの選択により、自己に最も不利益な解決となるリスクを避け、事案の内容に応じた妥当な解決をめざすことができる。そして、判決と異なり、当事者双方が和解案を納得して受け入れたことにより、特に、依然、労働契約関係が存続する場合における今後の円満な労使関係の回復を期待できる[11]。

さらに、判決は、公開の法廷で言い渡されるため、使用者としては、自己が雇用する同種労働者への影響を考えることは当然として、労働関係訴訟は、労働者である多くの国民の関心が高く、マスコミや判例雑誌等で広く報道されることによる企業イメージの低下にも気を配らねばならない。これに対し、和解で解決すると、それを回避することもできる[12]。

3. 最近の傾向

和解・調停成立率は、労働関係訴訟・労働審判事件のいずれにおいても、低下はみられないものの、和解等に至るまでの期間が、以前と比べて伸長してい

(2011年) 12頁。

[10] 石井妙子「使用者側の和解（裁判手続において）」季刊労働法237号（2012年）94頁、浅井・前掲論文（注9）8頁、岡芹健夫ほか「労働審判・裁判における『調停・和解』の基礎知識」労政時報3849号（2013年）79頁。佐々木亮＝横山直樹「対談 労働者側弁護士×使用者側弁護士が語る労働紛争における和解選択・交渉の着眼点」ビジネス法務2018年10月号41頁、山川隆一『労働紛争処理法』（弘文堂・2012年）151頁。

[11] 石井・前掲論文（注10）93頁、岡芹ほか・前掲論文（注10）81頁、佐々木＝横山・前掲対談（注10）41頁、山川・前掲書（注10）151頁。

[12] 石井・前掲論文（注10）93頁、94頁、岡芹ほか・前掲論文（注10）70頁、佐々木＝横山・前掲対談（注10）42頁。

るとの指摘がなされている。

　その原因は、種々考えられるが、労働関係訴訟については、労働審判制度の活用が進む一方で、その対象が、後述するような解決が難しい事件に絞られてきているのが影響しているのではないかと推測される[13]。また、労働審判については、法曹人口の拡大により、必ずしも労働事件に習熟していない弁護士が労働者側につき、十分な事前交渉がないまま申立書が提出される[14]などして、補正等に時間がかかっていることも、影響しているのではないかと思われる。

Ⅱ　和解の技法──和解勧試の時期・方法

1. 和解勧試の時期

　和解を勧試する時期については、①被告の実質的答弁が提出された段階、②当事者の主張の骨子が出揃った段階、③主張整理が終了し、人証調べ直前の段階、④集中証拠調べ終了時の4つが考えられる。

2. 人証調べ前の和解勧試

　労働事件が前述した性格を有するため、当事者においては、早期解決を求めながらも、対立が厳しいことから、自ら積極的に譲歩案を提案して合意による解決を図ることが難しく、訴訟提起に至ったという事件が多く、訴訟提起後は、その状況が変わらないどころか、一層感情的対立が悪化している場合も少なくない[15]。

　そのため、前記1①の段階で、特段の心証開示もなしに、当事者に対して前

13　「東京地裁労働部と東京三弁護士会との協議会（第15回）」労判1173号（2018年）14頁（以下、「協議会報告」という）も同旨。
　　最近、解雇訴訟等で相当期間が経過した後に提訴されているものが時々みられるが、紛争期間が長期化するほど双方が和解で譲歩することが困難になるので、当事者には早期の労働審判の申立てや訴訟の提起を求めたい。
14　門口正人ほか「労働訴訟(1)」ジュリ1527号（2019年）87頁〔西村康一郎発言〕、同「労働訴訟(2)」ジュリ1528号（2019年）75頁〔同発言〕。
15　水口・前掲論文（注7）133頁、石井・前掲論文（注10）95頁。

記Ⅰ2(1)で述べた抽象的なリスクを示しながら互譲を促しても、当事者も、まだ十分主張を聴いてもらっていないという思いを抱いているため、有効でない場合が多い[16]。

したがって、労働紛争において、裁判所に期待される役割は大きく、裁判所が、まず、早期に各当事者の基本的な主張や当事者間における従前の交渉の経緯、そして、現在の解決に向けた希望を把握することが大切である[17]。そのためには、裁判所がイニシアチブをとって、当事者が主張する多数の事実関係のうち、訴訟の帰すうに重要な影響を与えるものを見極め、それに絞って当事者の主張の不明確な点を積極的に補充させるとともに、それを裏付ける証拠関係を把握したうえで、それによって形成できた暫定的な心証に基づき、合理的な譲歩を促すのが有効であり[18]、前記1②の時点以降、同③に至るまでの間に、訴訟の帰すうをある程度見通せるようになった段階で、適宜その暫定的心証度に応じた和解を勧試すべきである[19]。

---

[16] 協議会報告15頁、17頁、18頁、水口・前掲論文（注7）136頁。

[17] 仮処分事件について、内藤裕之「労働仮処分——地位保全、賃金仮払い、使用者側の仮処分」山川隆一＝渡辺弘編著『最新裁判実務大系(9)労働関係訴訟Ⅲ』（青林書院・2018年）1351頁、1352頁。
　当事者の主張と交渉で譲歩した点を比較することにより、当事者の主張の強弱や利益状況を把握することができる。

[18] 水口・前掲論文（注7）133頁、石井・前掲論文（注10）95頁。協議会報告16～18頁、門口ほか・前掲（注14）労働訴訟(1)92頁、93頁〔江原健志発言〕も同旨。これを3回の期日内で集中的に行い、顕著な成果をあげているのが労働審判手続である。
　ただ、和解勧試の際には、まだ人証調べが未了の段階である以上、当事者の主張を傾聴する姿勢を示す意味でも、あくまでも暫定的な心証に基づくものであることを当事者に説明しておく必要がある。また、労働紛争は、継続的な人間関係上の紛争であるから、双方が感情的に対立するあまり、争点との関係では必ずしも重要とはいえない事実に強く固執することがあるが、当事者がそれにこだわる理由を知ることが、紛争の経緯や当事者の考え方等の理解にもつながり、和解の進め方のヒントにもなる。当事者においても、自分の気持を直接裁判官に聴いてもらったことで、今度は、裁判官の説得にも耳を傾けようという気持にもつながるので、合理的な時間配分の中で一定の傾聴をする必要があろう（水口・前掲論文（注7）133頁）。

[19] 今井功「労働事件と和解」後藤勇＝藤田耕三編『訴訟上の和解の理論と実務』（西神田編集室・1987年）367頁、368頁、山川隆一ほか「〈座談会〉最近の労働紛争解決の諸問題」法の支配179号（2015年）69頁、70頁〔吉田徹発言〕、門口ほか・前掲（注14）労働訴訟(2)68頁、69頁〔西村康一郎発言〕。

281

3. 人証調べ後の和解勧試

　残念ながら、人証調べに至るまで和解が成立しなかったとしても、集中証拠調べ終了時は、最も和解を勧試すべき重要な機会である。なぜならば、当事者双方とも、それによって初めて双方の主張の全容とその優劣や問題点を正確に理解できるので、人証調べ終了後、直ちにその結果形成された心証に基づき和解を勧試すれば、その説得力も、判決を後に控えているだけに最も有効なものとなる。ただし、そのためには、集中証拠調べ期日を指定する際に、その後の和解勧試の時間をも確保して、あらかじめ労働者本人のみならず使用者側で和解受諾の可否について決定権を有する担当者の臨席を求めておくべきである。

　そして、その際、自己の抱いた心証を当事者に示して意見交換を行うことによって、自己の心証を検証でき、確からしさをより高めることができるし、争点に関する認識を当事者との間で共有し[20]、当事者に、その点について主張の機会を与えることによって、当事者が主張を聴いてもらえなかったとの不満を抱くことを防止できる。なお、前掲（注7）で述べたような上級審での変更の可能性を否定できない以上、その程度に応じた譲歩を有利な側にも求めるべきであろう[21]。

20　山川ほか・前掲座談会（注19）70頁〔井上幸夫発言〕。
21　特に前記Ⅰ2(1)で述べた規範的要件をめぐるリスクがあり、それをめぐって訴訟まで提起して争っている労働事件では、双方ともそれなりの言い分があることが通常であるため、たとえ不利な心証を抱いた側の意見であっても、まずは、自己の心証に対する意見を傾聴して正確に理解することが大切である。それにより、自己の判断が上級審で覆る可能性を冷静に再検討することができるし、その態度が当該当事者の信頼を得ることにもつながる。そして、自己の認定判断がその批判に耐えうるだけの確からしさを有しているのであれば、それを当事者に示して、上記可能性に応じた譲歩を説得することができるはずである。
　　この点については、和解には、当事者の納得が不可欠であり、そのためには、納得のプロセス（当事者の話をよく聴き、情理を尽くして裁判官が当事者に接する）が必要であるとの指摘がなされている（水口・前掲論文（注7）133頁）。

Ⅲ 労働審判における調停

1. 調停成立率の高さとその背景

　労働審判制度は、前記Ⅰで述べたとおり、7割を超える事件について調停が成立するなど、高い紛争解決機能を営んでいる。その要因としては、①申立人の適切な手続選択、②労働審判委員会による主体的かつ迅速な手続追行による当事者の納得、③調停不成立の場合のリスクがあげられている。[22]

2. 労働審判における調停成立率を高めるポイント

　したがって、労働審判における調停成立率を高めるためには、以下の点が重要となる。

(1) 労働審判手続の適切な選択

　労働審判は、3回以内の期日で終局することを原則としており（労審15条2項）、その結果、労働審判委員会と当事者双方が事件の見通しについて共通の認識に立つことができずに、調停が成立せず、労働審判委員会が形成した心証に基づき行った労働審判であっても、異議がなされると、訴訟に移行し（労審22条1項）、厳格な訴訟手続を経ることになり、事前に労働審判手続を利用したメリットが大きく減殺されることになる。

　したがって、労働審判手続を利用して解決するのが適切な事件とは、3回の期日での審尋等により、裁判所と両当事者が、紛争の解決方法について共通認識をもつことができる事件であり、差別や人事評価が争点となる事件や安全配慮義務違反の有無が争点となる労災事件のように、3回以内の期日で暫定的な心証を形成するのが困難な事件、あるいは、解雇紛争で使用者側が断固復職を拒絶しているにもかかわらず、労働者側があくまでも復職を希望する場合な

---

[22] 難波孝一ほか「〈座談会〉労働審判1年を振り返って」判タ1236号（2007年）6頁、菅野和夫『労働法〔第11版〕』（弘文堂・2016年）1094頁、渡辺弘「労働審判制度の運用の実際」民訴雑誌56号（2010年）211〜213頁、菅野和夫ほか「〈座談会〉労働審判創設10年」ジュリ1480号（2015年）36頁、37頁も同趣旨と思われる。

ど、双方が解決方法をめぐっても厳しく対立している事件は、最初から訴訟提起等を選択すべきである。[23]

(2) **十分な事前準備**

労働審判手続では、労働審判委員会が、第1回期日に紛争の実情を把握し、争点・証拠の整理を行う必要がある（労審15条1項、労審規21条1項）。そのために、当事者は、申立書や答弁書への予想される争点も含めた自己の主張内容や証拠等の記載など、充実した準備が要求されており（労審規9条1項～3項、16条1項・2項、17条1項）、特に申立人代理人は、事前に相手方と交渉し、その主張も把握したうえで、労働審判手続での解決に適した事件であるかを見定める必要がある。[24]

また、労働審判官においても、それらの事前準備の充実度が調停の成否を大きく左右するので、明らかに相手方の主張を把握しないまま申し立てられた申立書を受理した場合には、交渉により相手方の主張を把握したうえ、その反論を補充する書面の提出を求めるべきである。

(3) **紛争の実態を把握するための適切な審尋**

前記(2)で当事者双方が十分な事前準備を尽くした場合には、第1回期日前

---

[23] 白石哲「労働審判」同編著『労働関係訴訟の実務〔第2版〕』（商事法務・2018年）585頁、渡辺弘『労働関係訴訟』（青林書院・2010年）282～284頁、深見敏正「労働審判事件における審理の実情と課題」判タ1364号（2012年）6頁、中西茂ほか「労働審判制度に関する協議会」判タ1266号（2008年）50頁、白石哲ほか「労働審判制度に関する協議会（第7回）」判タ1315号（2010年）18頁、山口均「労働審判の実務」判タ1257号（2008年）20頁、岩村正彦ほか「〈座談会〉個別労働紛争処理の実務と課題」ジュリ1408号（2010年）29頁〔渡辺弘発言〕、「労働審判制度について」月刊大阪弁護士会101号（2013年）7頁、品田幸男「労働審判制度の概要と課題」ひろば68巻5号（2015年）13頁、渡辺弘「紛争解決手続の選択」山川＝渡辺編著・前掲書（注17）1329～1332頁、中垣内健治「労働審判」山川＝渡辺編著・前掲書（注17）1386～1387頁、門口ほか・前掲（注14）労働訴訟(2)76頁〔江原健志発言〕。

なお、割増賃金請求における手続選択を論じたものとして、白石哲ほか「割増賃金事件の審理に関する弁護士会と裁判所との協議会」判タ1367号（2012年）32頁、33頁、佐々木宗啓ほか編著『類型別労働関係訴訟の実務』（青林書院・2017年）409頁、427頁。

[24] 白石・前掲論文（注23）588頁、589頁、渡辺・前掲書（注23）285頁、協議会報告（注23）55頁、56頁、山口・前掲論文（注23）21頁、品田・前掲論文（注23）13頁、渡辺・前掲論文（注23）1326～1328頁、中垣内・前掲論文（注23）1373頁、月刊大阪弁護士会・前掲（注23）8頁、9頁、「東京地裁書記官に訊く──労働部編」LIBRA（東京弁護士会会報。以下、「LIBRA」という）12巻11号（2012年）6頁、13頁、最高裁判所事務総局・前掲報告書（注1）60頁、門口ほか・前掲（注14）労働訴訟(2)75頁〔西村康一郎発言〕。

に、双方の主張する事実経過とそれに基づく法律上の主張がおおむね明らかになっているはずである。そこで、労働審判官においては、双方の主張を照らし合わせたうえで、双方の主張する事実経過について、不自然な点や、証拠と整合しない点を審尋で質すべく、事前に整理するとともに、争いのない事実や証拠と最も整合する事実関係の仮説を複数想定して、労働関係の実情等に明るい労働審判員との期日前の評議にのぞむべきである。そうした場合は、労働審判員も同様の問題意識をもっている場合が多いため、評議で意見が大きく分かれることは、筆者の経験からしてもあまりない。

(4) **適切な調停案の提示と説得**

労働審判手続においては、前記(2)で当事者双方が十分な事前準備を尽くしている場合には、第1回期日から、当事者の主張を確認したうえ、不明な点について当事者や関係者から審尋を行い（労審17条1項、労審規21条1項）、それを踏まえて調停案の勧試まで行っているのが実務の趨勢である[25]。

したがって、労働審判手続における第1回期日は、集中争点整理と集中証拠調べが行われ、しかも、通常調書は作成されないため（労審14条2項）、労働関係訴訟の第1回弁論期日では、被告である使用者が欠席のまま答弁書が陳述を擬制される場合がままみられるのと比較すると、極めて重要であり、労働者本人はもちろんであるが、使用者側においても、事件の経緯を知る関係者や調停の受諾の可否について決定権を有する担当者の出席が不可欠である[26]。そして、審判指揮権を有する労働審判官（労審13条）は、当事者双方が、双方の主張の対立点と、その優劣・問題点をおのずから理解できるように、労働審判手続を

---

[25] 協議会報告30頁、菅野ほか・前掲論文（注22）26頁、白石・前掲論文（注23）580頁、581頁、LIBRA13頁、深見・前掲論文（注23）12頁、岩村ほか・前掲論文（注23）18頁、佐々木ほか編著・前掲書（注23）433頁、渡辺弘「労働審判制度の理論と運用」高橋宏志先生古稀祝賀論文集『民事訴訟法の理論』（有斐閣・2018年）141頁、同・前掲論文（注23）1326頁、中垣内・前掲論文（注23）1376頁、1382頁、同「最近の労働事件の実務上の留意点」日本弁護士連合会編『日弁連研究叢書 現代法律実務の諸問題〔平成25年度研修版〕』（第一法規・2014年）509頁、清水響「東京地方裁判所における労働審判の実務と運用状況」ひろば68巻5号（2015年）23頁、木村元昭＝藤田正人「福岡地方裁判所における労働審判事件の実務」判タ1303号（2009年）18頁、門口ほか・前掲（注14）労働訴訟(2)74頁〔西村康一郎発言〕。

[26] 白石・前掲論文（注23）588頁、593頁、清水・前掲論文（注25）23頁、中垣内・前掲論文（注23）1376頁、1382頁、同・前掲論文（注25）510頁、511頁。

進めていくことが望まれる。

　証拠調べを終えた後の調停勧試の方法は、労働審判委員会、特に審判指揮権を有する労働審判官の裁量に委ねられているが、まずは、調停案を提示する前に、各当事者から審理の結果を踏まえたうえで、紛争解決への希望・意見を個別に聴取するのが一般的であり[27]、それが当事者の希望にも合致する[28]。まず各当事者の希望や意見を聴取することによって、各当事者の事実認識や解雇権の濫用等の規範的要件に関する見方を正確に把握でき、事実審理を踏まえ当事者双方にどのような説得を行うべきかの道筋もみえてくると思われる。その結果、双方の認識に隔たりがある場合には、労働審判委員会においても暫定的な心証を開示しながら[29]、その当否を当事者と討議することによって、紛争の実情に即し[30]、しかも、双方が合意可能な調停案に向けて合意形成を図るべきである[31]。

IV　紛争類型ごとの和解（調停）

1. 総論

(1) 賃金に関する原則との関係

　労働基準法24条は、賃金の全額を直接労働者に支払わなければならないと定めており（直接払の原則）、代理受領による中間搾取を防止して、労働者に確実

---

[27] 白石・前掲論文（注23）581頁、深見・前掲論文（注23）14頁、中垣内・前掲論文（注23）1382頁、清水・前掲論文（注25）22頁、渡辺・前掲論文（注25）142頁、佐村浩之「東京地裁における労働審判の運用状況」自正58巻6号（2007年）36頁、山田陽三「大阪地方裁判所における労働審判事件の処理の実情」ジュリ1331号（2007年）63頁。

[28] 棗一郎ほか「〈座談会〉労働審判制度の現状と課題」自正68巻2号（2017年）48頁、49頁〔棗、浅野高宏発言〕。

[29] 手続の期限が切られていることにより、この時点の心証に基づく調停案の勧試が正当化され、それが、当事者にとって訴訟の帰すうを予測する事前鑑定機能をもつことを指摘する文献として、清水響「労働事件の現状と労働審判・労働訴訟の課題」法の支配179号（2015年）115頁。

[30] 労働審判法1条。この点の重要性を指摘するものとして佐藤岩夫「労働審判制度利用者調査の概要と制度効果の検証」日本労働法学会誌120号（2012年）30～33頁。

[31] 渡辺・前掲書（注23）278頁、白石・前掲論文（注23）591頁、岩村ほか・前掲座談会（注23）28頁〔渡辺弘発言〕、中垣内・前掲論文（注23）1382頁、渡辺弘「労働審判制度の実務と可能性」菅野和夫ほか編『労働審判制度の利用者調査――実証分析と提言』（有斐閣・2013年）193頁。

Ⅳ 紛争類型ごとの和解（調停）

に賃金を受領させるために、民法の委任・代理等の規定の特例を設けたものとされている。したがって、法定代理人や労働者の委任を受けた任意代理人に支払うことは本条違反になり、委任・代理等の法律行為は無効とされる[32]。

　この点、割増賃金請求訴訟や解雇等の無効を主張して賃金を請求している訴訟等の和解において、解決金[33]はもちろん、賃金であっても、労働者の訴訟代理人口座に振り込む合意がされる場合がよくみられるが[34]、訴訟代理人といえども委任契約に基づく任意代理人である以上、前記条項との適合性が一応問題となる。

　しかし、類型的にみて上記弊害が起こるおそれがない場合には、上記違反とはならないと解されているところである[35]。そして、①通常、労働者は、任意代理人を選任しなくても使用者から賃金の支払を受けられるのと異なり、訴訟等が提起される事案は、使用者において、労働者が主張する賃金等の支払義務を争うなどして、その支払を拒絶しており、そのままでは労働者が前記賃金等の支払を受けられない状態にあること、②弁護士は、基本的人権の擁護と社会正義の実現を使命とし（弁護士1条）、非行を犯した場合には弁護士会により懲戒を受けるなど、類型的に高度な職責を有しているため、民事訴訟や労働審判においても、本人の権利利益の保護を確実にするために、弁護士代理の原則がとられていること（民訴54条、労審4条）、③そのため、労働者も自己が主張する賃金等をより確実に取得するために弁護士を代理人として選任し、労働者側代理人においても、労働者本人の利益確保のために訴訟活動を行い、その結果、前述したような特色を有する労働事件の和解において、労働者が一定の賃金等を得ることができたのも、弁護士の上記活動によるところが大きいこと、④労働者においても、代理人口座に振り込まれた金員から弁護士報酬や費用が控除

---

[32] 厚生労働省労働基準局編『労働基準法(上)〔平成22年版〕』（労務行政・2010年）345頁、350頁、351頁、東京大学労働法研究会編『注釈労働基準法上巻』（有斐閣・2003年）414頁、415頁。

[33] 労働基準法においては、名称のいかんを問わず、労働の対償として使用者が労働者に支払うものは賃金に該当するので（労基11条）、和解において支払われる金員が実質的に上記性質を帯びるならば、直接払いの原則が適用される。

[34] 佐々木ほか編著・前掲書（注23）439頁の条項例参照。

[35] 青木宗也＝片岡曻編『労働基準法Ⅰ（注解法律学全集44）』（青林書院・1994年）339頁、西谷敏ほか編『新基本法コンメンタール労働基準法・労働契約法』（日本評論社・2012年）88頁

されることを前提に、その金額で和解を成立させているのであるから、実務上、上記支払方法が和解において用いられても、前記立法趣旨に反するとはいえないと解される。

(2) **賃金支払条項と源泉徴収義務**

賃金の支払義務に争いがある場合、和解や調停で確認されるべきものは、当事者が合意した賃金債権の額であり、使用者は、給付条項において、その全額または一部を労働者に支払う旨約することになる。その際、使用者は、労働者に支払う給与等については、支払を命ずる判決等による場合であっても[37]、所得税、地方税、社会保険料（以下、「所得税等」という）の源泉徴収義務を負っており[38]、労働者は、賃金の支払を任意に受ける際には、所得税等を賃金から控除されることを受忍しなければならない。しかし、強制執行による場合には執行機関において源泉徴収することは予定されていないため、源泉徴収義務を負っている使用者において、いったん納税したうえ、労働者に求償することで、回収のリスクを負いかねない[40]。したがって、使用者が源泉徴収後の残額を支払う旨を明確にするよう希望した場合などには、支払うべき賃金額を確認したうえで、源泉徴収される所得税等を控除した金員を支払う内容の条項にすることが

36　「給与所得とは雇傭契約又はこれに類する原因に基づき使用者の指揮命令に服して提供した労務の対価として使用者から受ける給付をいう」（最判昭56・4・24民集35巻3号672頁）。したがって、名目が解決金であっても、課税庁から実質が給与等にあたるとされる場合がある（渡辺・前掲書（注23）98頁、99頁）。

37　所得税等につき、最判平成23・3・22民集65巻2号735頁。ただし、強制執行により支払う際に源泉徴収をすることはできない（東京高判平成21・6・29判タ1312号310頁）。

38　所得税法183条、厚生年金保険法84条、健康保険法167条、労働保険の保険料の徴収等に関する法律32条等。

39　労働者が和解を成立させる際の一番の関心事は、実際の受領額であり（佐々木＝横山・前掲対談（注10）46頁）、それに向けて互譲するのであるから、和解条項に基づく金員が任意に支払われる際に、使用者において源泉徴収を行うのか、その場合に控除される金員については、和解の前提条件として明確にしておくのが望ましい（佐々木ほか編著・前掲書（注23）439頁、石井・前掲論文（注10）96頁）。

40　前掲（注37）最判平成23・3・22の事案（仮執行宣言が付された判決に基づき強制執行がされた事例）がまさにそうである。しかし、和解等では、当然使用者が支払を約した賃金等を任意に支払うことが前提とされており、使用者がその際に源泉徴収を行うことで、そのリスクを回避できるのであるから、前掲（注39）の点が明確であれば、源泉徴収の点を必ず条項化しなければならないとまではいえないであろう。

望ましい。[41]

2. 各種紛争類型における和解

(1) 解雇等の労働契約の終了をめぐる紛争

(ア) ポイント

(A) 総 論

前記Ⅰ2で述べたように、この類型の紛争においては、当事者は、不明確な規範的要件をめぐり、紛争期間のバックペイの負担というリスクを双方が負い[42]ながら、攻撃防御を行うことを余儀なくされており、その中間的な解決を探ることにより、リスクヘッジをする要請が高い。労働者にとっても、就労は生活を支える基本的な関係であるため、早期に不確定な状態を解消する必要が高いし、労働者が勝訴する蓋然性が高いケースであっても、現実に復職するには、労働者には就労請求権がない以上、使用者側がそれを受け入れなければ、実際は困難であるところ、使用者から就労継続を拒絶されたことが示すように、そ[43]の勤務態度や健康状態等に何らか問題がある場合も少なくなく、仮に前記Ⅰ2(2)で述べた長い紛争期間を経た後に示された終局的判断により復職できたと

---

[41] 渡辺・前掲書（注23）98頁。ただ、残業代請求訴訟は、労働者が退職後に消滅時効が完成していない2年（労基115条）以内の対象期間について提起する場合が多く、しかも、その和解では、対象が複数年にわたるにもかかわらず、まとめて切りのよい金額を支払う旨の合意が成立することがしばしばみられる。その場合、使用者は、基本的には過去の対応する支給日ごとに支払った賃金を割り付けたうえで源泉徴収額を再計算する必要があるが、それを回避するために、解決金名目で和解をし、労働者の申告に委ねる場合がみられるようである。

なお、確認した金額から額を明記せずに所定の公租公課を控除した残額を支払う旨の給付条項にした場合（東京弁護士会労働法制特別委員会編『新労働事件実務マニュアル〔第4版〕』（ぎょうせい・2017年）505頁、星野雅紀編『和解・調停モデル文例集〔改訂増補三版〕』（新日本法規出版・2011年）453頁、園部厚『和解手続・条項論点整理ノート〔改訂版〕』（新日本法規出版・2015年）107頁ⅱの各条項例参照）、任意に履行する場合には問題ないが、強制執行になった場合には、執行機関において源泉徴収額を計算することは不可能であるから、執行力が認められない可能性が高いことに注意すべきである（佐々木ほか編著・前掲書（注23）439頁）。

[42] 解雇については、「客観的に合理的な理由を欠き、社会通念上相当であると認められない」こと（労契16条）、すなわち解雇権を濫用したことであり、雇止めの多くは、それに加えて、「契約が更新されるものと期待することについて合理的な理由がある」こと（労契19条2号）、すなわち、契約更新の合理的期待の存在である。

[43] 今井・前掲論文（注19）366頁。

しても、就労現場での周囲との信頼関係の回復に相当の困難を伴うことは、容易に予想できる。[44]

　したがって、裁判所が早期に双方の主張する評価根拠・障害事実の有無とその総合評価に基づく結論の見通しを早期につかんだうえで、当事者双方にそのリスクを丁寧に説明しながら、早期に中間的な妥協点を見出すべく、和解を勧試する必要がある。[45]

(B)　休職後の復職をめぐる紛争

　とりわけ、休職期間満了による退職の効力が争われている事案については、同時点での治癒の有無が主要な争点となる。試行的にリハビリ出勤をさせている場合であれば、当該労働者の職務遂行能力に関する事実関係について、双方が共有できる部分も多く、[46]その評価をめぐる争いが主となるが、そのような機会を与えていない場合には、産業医と主治医の診断結果が対立する[47]など、当該労働者の現在の健康状態自体が争いとなり、主張立証責任を負う労働者において、診療録の文書送付嘱託に同意するなどして、従前の状態に回復したことを立証しなければならない。しかし、メンタルの事案については、診療録にプライバシーに関する記載がなされているとして労働者がそれを拒否する場合も多く、審理が膠着する場合もみられる。

　その際には、和解の前提として、実際に一定期間、労働者に試行的に職場に復帰してもらって回復状態を双方が検証したうえで、それを踏まえて復職あるいは退職のいずれの方向で解決するか、和解を検討するのも1つの方法である。[48]

44　石井・前掲論文（注10）96頁、岡芹ほか・前掲論文（注10）82頁、渡辺・前掲論文（注23）1330頁。

45　白石哲「労働契約上の地位確認訴訟の運営」山川隆一＝渡辺弘編『最新裁判実務大系(8)労働関係訴訟Ⅱ』（青林書院・2018年）755頁、整理解雇につき吉川昌寛「整理解雇」白石編著・前掲書（注23）389頁、雇止めにつき多見谷寿郎「有期労働契約の期間満了と雇止め」白石編著・前掲書（注23）361頁。

46　渡邉和義「メンタルヘルスと休職命令、復職可否の判断基準」白石編著・前掲書（注23）254頁、佐々木ほか・前掲書（注23）315頁。

47　渡邉・前掲論文（注46）253頁、佐々木ほか・前掲書（注23）314頁。

48　その結果、現在、従前の職務に復帰するまでは困難であったとしても、短期間で従前の勤務に復帰することができる場合には、一定の勤務軽減期間（その間労働者においては賃金の減額を受忍する）を設けて復帰する方向で検討すべきであるし、配転により他に従事可能な業務がある場

Ⅳ　紛争類型ごとの和解（調停）

(イ)　和解条項作成上の留意点[49]
(A)　地位確認請求

訴訟物について、退職か復職のいずれかが合意される必要がある。

退職方向の合意としては、従前の解雇や退職（辞職や合意退職。以下、解雇とあわせて「解雇等」という）により退職したことを確認する場合のほか、いったん解雇を撤回したうえで、新たに一定の日付[50]で合意退職を確認する場合がある[51]（特に、懲戒解雇の場合には、使用者が断固復職を拒否している場合が多く、自己都合退職扱いの退職金やそれに満たない一定の解決金の支払および懲戒解雇歴の抹消と引替えに、労働者が退職を受忍する和解がしばしば行われる[52]）。この場合の解決金の金額の調整については、当然解雇の有効性についての心証が基本となる

合には、配転を前提として賃金額を調整したうえで復職する方向で検討するのが適当であろう（田子暁志「傷病休職の休職期間の満了」山川＝渡辺編・前掲書（注45）816〜818頁、最判平成10・4・9裁判集民188号1頁）。

49　条項例として、裁判所職員総合研修所監『書記官事務を中心とした和解条項に関する実証的研究〔補訂版・和解条項記載例集〕』（法曹会・2010年）177〜180頁、東京弁護士会労働法制特別委員会編著・前掲書（注41）501〜506頁、佐々木ほか編著・前掲書（注23）438〜440頁、星野編・前掲書（注41）449〜460頁、園部・前掲書（注41）110〜112頁、田中豊『和解交渉と条項作成の実務』（学陽書房・2014年）258〜263頁、渡辺・前掲書（注23）96〜99頁。

50　解雇等の日に退職したことを確認する場合には問題が生じないが、労働者が、職歴の空白期間が生じるのを避けるため、あるいは、解雇撤回を明確にするなどの理由から、和解成立日等をもって退職日とすることを要求する場合がある（水口・前掲論文（注7）139頁）。その場合には、その間の受給済みの失業給付の返還、社会保険資格の取扱いや支払われる解決金の性格、使用者の源泉徴収義務が問題となってくるので（石井・前掲論文（注10）96頁、98頁、渡辺・前掲書（注23）97頁）、それらの点について当事者間で十分交渉させるべきである。なかには、労働者が和解成立日より後の日付を退職日とすることを要求する場合もあるが、労働契約の合意解約に合意をし、現実に就労することも予定していないにもかかわらず、退職する和解が成立した日以降も、解決金等の支払義務以外の労働契約上の権利義務関係が一定期間存続することは、新たな紛争等の生じる余地があり、できるだけ避けるべきである。

51　労働者が退職を受忍する際に、使用者側がいったん解雇を撤回することが一般的で（今井・前掲論文（注19）373頁）、それにより、労働者側は解雇されたという不利益な事実を抹消できる（渡辺・前掲書（注23）97頁）。ただ、他の従業員への影響を考えて、使用者が解雇の撤回に難色を示す場合がある（佐々木＝横山・前掲対談（注10）42頁）。
　また、合意退職するにあたっては、退職金額や離職票の記載、雇用保険の扱い（自己の責に帰すべき重大な理由によって解雇された場合や正当な理由なく自己都合により退職した場合には、待機満了日から1〜3か月支給が受けられないし（雇保33条）、所定給付日数（雇保22条、23条）や基本手当受給資格（雇保13条）でも違いが生じる）等に影響するため、会社都合退職なのか、自己都合退職なのかを明示するのが望ましい（石井・前掲論文（注10）96頁）。

52　三浦隆志「懲戒解雇」白石編著・前掲書（注23）406頁。

291

が、懲戒解雇の場合には、さらに退職金規程の内容も考慮して調整を行うことになる。[53]

なお、特に懲戒解雇の場合に、当事者双方が解決金の授受により退職を確定させることと、その具体的な金額は合意できたものの、労働者が今後の再就職の障害となる懲戒解雇の撤回を求め、使用者が企業秩序維持等の観点からそれが前例となることの影響を考慮して、それに難色を示して和解交渉が膠着することが時々みられる。[54] そういう場合には、和解条項において、労働者が特定の日に退職（労働契約が終了）したことを確認するにとどめ、使用者に対し、対外的に上記和解条項を超えて、労働者が懲戒解雇されたことを主張しないことを口頭で確認しておくことなどの対応をして、和解を成立させることができる。

復職方向としては、解雇等を撤回して、従業員の地位を確認するとともに、使用者が配転権を有しているとはいえ、復職後の部署、職務、就労場所に関する紛争を防止するため、復職日のほか、あらかじめそれらの事項についても特定したうえ、復職を合意する必要がある。[55] また、稀ではあるが、使用者が解雇の撤回に強く反対する場合等に、従前の解雇等の効力が有効であることを確認したうえ、再雇用を合意する場合がある。[56]

さらに、修復司法の観点から、使用者において、労働者に対し、当該紛争の存在を理由として不利益に取り扱わないことを誓約し、労働者においても、勤務態度等に問題があった場合には、過去の言動を反省し、勤務に精励することを約するなどの紳士条項を設けるのが妥当な場合が多いと思われる。[57]

---

53 今井・前掲論文（注19）373頁、三浦・前掲論文（注52）406頁。
　退職金規程上、懲戒解雇あるいは懲戒解雇事由がある場合に、一律に不支給とするものもあるが、情状により減額して支給できることを定めているものもある。懲戒解雇の効力と退職金不支給条項との関係については、村田千香子＝西村康一郎「退職金不支給規定の合理性」白石編著・前掲書（注23）409～411頁参照。
54 石井・前掲論文（注10）95頁。
55 今井・前掲論文（注19）372頁、裁判所職員総合研修所監・前掲書（注49）177頁注(3)。
56 今井・前掲論文（注19）372頁。条項例として、星野編・前掲書（注41）451頁、452頁。
57 田中・前掲書（注49）262頁。
　労働者において再度同様の問題行動をとった場合には、再度解雇されるリスクが高まるので、事実上、労働者の勤務態度を是正する効果が期待できる。

Ⅳ 紛争類型ごとの和解（調停）

(B) 賃金請求

　退職方向の和解であれば、訴訟物となっている解雇等の日から和解での退職日までの賃金や、在職していた場合に上記退職日以降に得べかりし賃金について、名目はともかく、合意する必要がある。また、労働者が解雇等の無効を主張しているため訴訟物とされていない、退職する場合に発生する退職金についても、紛争防止のために合意をしておくことが望ましい。

　復職方向の和解であれば、解雇等の日から復職日までの賃金および復職後の賃金について合意する必要がある[59]。その場合、前者の期間の社会保険料の負担について合意する必要があるし、金額についても、使用者が復職を認める譲歩をしているのであるから、労働者においても譲歩すべきであり、裁判所が心証度に応じて調整すべきである。

(ウ) 仮処分での和解

　賃金仮払仮処分での和解では、暫定的和解[60]と終局的な和解[61]の2とおりがある。

　前者は本案訴訟が確定するまでの一定期間の仮払金額[62]について、互譲[63]による

---

[58] 解雇等の時から、訴えの利益が認められる判決確定の日までの賃金が請求されているのが通例である。

[59] 今井・前掲論文（注19）372頁。

[60] 条項例として、星野編・前掲書（注41）472頁、473頁（それに加えて、暫定的な合意が本案訴訟に影響を及ぼさない旨の確認条項を加えるのが通常である。また、同書473頁注④の記載と異なり、現在においては、和解により民事保全手続は当然終了すると解されているが、手続を明確化するために、本件申立てを取り下げる旨の条項を入れることが多い（深見敏正「民事保全における和解」八木一洋＝関述之編著『民事保全の実務(上)〔第3版増補版〕』（きんざい・2015年）171頁、山口幸雄ほか編『労働事件審理ノート〔第3版〕』（判例タイムズ社・2011年）194頁）。
　「仮処分債務者の仮払金支払義務も当該仮処分手続内における訴訟法上のものとして仮に形成されるにとどまり、その執行によって実体法上の賃金請求権が直ちに消滅するものでもない」から（最判昭和63・3・15民集42巻3号170頁）、本案訴訟における債権者勝訴判決が確定したとしても、仮払金について清算する必要が生じるし、逆に債権者敗訴判決が確定し、事情の変更により仮払仮処分命令が取り消された場合（民保38条1項）には、仮処分債権者は不当利得返還義務を負うことになる。
　暫定的和解に基づく金員の交付が、仮処分命令に基づく仮払金と同じ趣旨であることを明確にするために、金員の趣旨を「仮払金」として明記するとともに、本案訴訟の結果に従い、清算を約する条項をおくのが望ましい（深見・前掲論文171頁）。

[61] 今井・前掲論文（注19）375頁、志水義文「保全訴訟事件と和解」後藤＝藤田編・前掲書（注18）392〜394頁。

293

合意をして保全手続を終了させるものであるのに対し、後者は本案訴訟の訴訟物（被保全権利）について、互譲により終局的な解決を図るものである。

　仮処分が申し立てられる事件は、労働審判を申し立てる事件とは異なり、あくまでも解雇が無効であるとして強く復職を希望したり、解雇無効を前提とする解決金の支払を求めている場合が多い。しかるに、仮処分手続での書面審尋の結果によっても、労働者が本案訴訟で勝訴するのが難しいとの心証を抱いた場合は、当事者双方の訴訟追行の負担をなくし、使用者側の訴訟追行にかかるコストをむしろ労働者に解決金として提供することにより早期解決を図るべく、労働者側にその問題点を指摘するとともに、積極的に譲歩を促して最終的な和解を勧試すべきである。

　また、労働者が相当額の退職金を受領している場合は、債権者が同金員を退職金ではなく、賃金の前払として受領する旨異議をとどめていることを当事者間で確認したうえで、債権者に保全の必要性がなくなったとして、申立てを取り下げてもらうのも1つの方法であろう。

(2)　割増賃金をめぐる紛争

(ア)　ポイント

　使用者側においては、割増賃金の不払が認定された場合は、その額に加えて、退職時から14.6％の遅延損害金（賃金の支払の確保等に関する法律6条1項）および不払額と同額の付加金（労基114条、37条）の支払を命じられるリスクがあるうえに、他の多くの同種労働者への影響を無視できない。特に、管理職の管理監督者性（労基41条2号）が否定される場合や、定額残業代として支給した金員が規定の不備等により明確区分性の要件を満たさないなどとして残業代

62　仮払の終期については、東京地方裁判所労働部では1年、大阪地方裁判所労働部では第1審判決言渡し時までとする例が多いとされている（内藤・前掲論文（注17）1351頁）ので、和解においても、それに準じて終期が合意されていると思われる。

63　仮払金に源泉徴収義務を認めた裁判例がある（岐阜地判昭和58・2・28行集34巻2号327頁）。

64　通常の労働時間の賃金にあたる部分と割増賃金にあたる部分とを判別することができること（最判平成6・6・13裁判集民172号673頁、最判平成24・3・8裁判集民240号121頁、最判平成29・2・28裁判集民255号1頁、最判平成29・7・7裁判集民256号31頁）。上記判別ができる場合には、割増賃金の支払と認めることができ、労働基準法37条が定める割増賃金の算定の基礎となる「通常の労働時間又は労働日の賃金」（基礎賃金）には算入されない（昭和29・7・8基収3264号、昭和63・3・14基発150号）。

の一部弁済と認定されず、基礎賃金にも算入される場合には、多額の割増賃金を支払わねばならなくなるとともに、就業規則の変更等を行うなどして、至急、割増賃金に関する賃金規程を見直す必要に迫られるので、後続訴訟の可能性をにらんだうえで口外禁止条項を用いるなどにより、個別的に和解で解決するメリットも大きい[65]。

　他方、労働者にとっても、未払残業代については、心情的に退職した後に請求する場合が多いうえ、タイムカードの打刻に基づき割増賃金を請求している事案であっても、それは請求期間における各労働日の残業の主張・立証に成功した場合の金額であって、事業場外の活動が大半の営業職の場合や、まして、タイムカードが存在しない事案、さらには、トラック運転手について大量のタコグラフが提出されている事案などでは、残業命令に基づく就労の事実の主張・立証に相当な労力を要する[66]のであって、それを考えたならば、その負担を省く見返りに一定の譲歩をするメリットは否定できない[67]。さらに、明確区分性の要件は満たさないとはいうものの、労働者においても、給与に残業代が含まれている旨認識していた事案においては、一定の譲歩の余地があるはずである[68]。

　前述したとおり、割増賃金請求事件の多くは、すでに労働者が退職しているため、通常の３倍近い遅延損害金が付加されることから、早期に和解の成立を

---

[65] 石井・前掲論文（注10）97頁、岡芹ほか・前掲論文（注10）82頁、藤井聖悟「主張・立証のポイントと訴訟運営の実際」東京弁護士会弁護士研修センター運営委員会編『割増賃金請求訴訟の知識と実務（弁護士研修集中講座）』（ぎょうせい・2012年）272頁、同「残業代請求事件の実務（下）」判タ1367号（2012年）64頁、佐々木＝横山・前掲対談（注10）42頁。

[66] 営業職については、事業場外の活動を、営業日報等の提出を使用者に求めたうえで、それに基づき、労働時間の内容を、訪問先での営業活動時間や移動時間、休憩時間に分けて、各営業日ごとに主張する必要がある。また、内勤職であっても、就業開始時刻前の早出出勤や、最後に当該労働者だけが残って残業していた場合には、それが黙示の残業命令に基づくものであることを業務内容を明らかにしながら主張する必要がある（藤井聖悟「実労働時間の認定・評価・判断に関する諸問題」白石編著・前掲書（注23）65頁、68頁）。タコグラフが大量に提出されるトラック運転手の場合は、タコグラフに基づき、労働日ごとに、具体的な運行状況を場所、時刻とともに特定したうえで、その間の運転していない時間について、目的地での積み卸し時間の程度や休憩時間の有無等の主張を整理していく必要があり、膨大な作業量となる（門口ほか・前掲（注14）労働訴訟(2)73頁〔西村康一郎発言〕）。

[67] 藤井・前掲論文（注65）弁護士研修集中講座272頁、同・前掲論文（注65）判タ1367号64頁。

[68] 白石哲「固定残業代と割増賃金請求」白石編著・前掲書（注23）149頁、150頁。

勧試する必要があり[69]、当事者双方に、自己の主張が採用されなかった場合のリスクを認識させる意味でも、裁判所が具体的な各争点（たとえば、管理監督者該当性の有無、当該定額残業代の解釈を踏まえた残業代の計算方法、始業時刻・終業時刻・休憩時間に関する考え方、基礎賃金に加えるべき手当の種類等）の主張の骨子が出揃った段階で、暫定的な心証を示しながら、証拠調べの結果により有力視される結論をいくつか設定して、当事者にシミュレーションさせて、それに基づき互譲を促す方法が有益と思われる[70]。

あるいは、当事者に自己の主張を踏まえ、最大限譲歩できる条件の下での試算をしてもらったうえで、その結果を踏まえて、裁判所において中間的な和解案を提示するなどの方法も考えられる[71]。

(イ) 和解条項作成上の留意点

和解条項作成上の留意点としては、通常の賃金請求と異なるところはなく、源泉徴収等の関係は、前記1(2)で述べたとおりである[72]。

(3) **配転等をめぐる紛争**

(ア) ポイント

そもそも、当該紛争は、通常、労働者が就労の継続を前提にしているので、当事者が合意により円満に解決する必要性が大きいうえ、労働者においても、労働契約上、特段の合意がない限り、使用者に対して特定の部署での就労を要求できないから、配転等の無効確認訴訟に勝訴したとしても、使用者が新たに別の部署への配転等を命じることは妨げられず、必ずしも就労部署に関する紛

---

69 清水・前掲論文（注29）121頁。

70 深見敏正＝薄井真由子「割増賃金請求訴訟の運営」山川隆一＝渡辺弘編『最新裁判実務大系(7)労働関係訴訟Ⅰ』（青林書院・2018年）429頁。

71 タコグラフ等の資料が膨大な事案においては、請求期間のうち一定期間（期間によって業務量に大きな差異がある場合は、繁忙期、閑散期、通常期に分ける必要がある場合もあろう）を抽出して、当事者双方に前記資料に基づく最低限の説明を付記した譲歩可能な当該期間の割増賃金の概算結果を提出させ（これは双方にとって和解金額を検討するのに必須の作業である）、双方の結果を基に裁判所が和解案を調整していくのが有効である（深見＝薄井・前掲論文（注70）428頁、429頁、藤井・前掲論文（注65）弁護士研修集中講座267頁、273頁、同・前掲論文（注65）判タ1367号64頁、同・前掲論文（注66）69頁、門口ほか・前掲（注14）労働訴訟(2)73頁・74頁〔西村康一郎発言〕）。

72 条項例として、東京弁護士会労働法制特別委員会編著・前掲書（注41）514～515頁、佐々木ほか編著・前掲書（注23）440頁。

争を抜本的に解決することができるとは限らない。また、使用者においても、早期に人事を確立する必要性は高いから、当事者間で合意できる就労部署を調整する必要が大きい[73]。

　ただ、使用者においても、人材育成や人事処遇上の公平性等から労働者の配置につきローテーションを行っている場合が多く、配転命令を出す前に、労働者の希望も聴取したうえで、新たな部署を打診するなどしているケースが多いと思われ、それにもかかわらず、労働者が裁判所の公的判断を求めて訴訟を提起していることに照らしても、双方、譲歩できない事情が存在し、その調整は容易ではないことが多い[74]。

　そのため、まずは、配転命令の権利濫用性の要件である業務上の必要性や労働者が負う不利益について、当事者に具体的に主張を尽くさせる中で、代替的な配転先の有無、ある場合の優劣等についても主張させることにより、和解の可否もおのずとみえてくることがある[75]。

　ただ、配転命令が無効であることを前提とする和解は、使用者側が抵抗を示す場合が多く、労働者側でいったん配転命令が有効であることを承認する代わりに、短い期限を設けたうえで、次の異動先について一定の合意をするなどの調整が考えられる[76]。

(イ)　和解条項作成上の留意点[77]

　配転命令を撤回する方向であれば、従前の勤務場所で勤務する地位を確認するとともに[78]、通常は、異議をとどめたうえで、配転命令に従って就労している場合が多いと思われるので[79]、従前の勤務場所での就労開始日を合意することに

73　西村彩子「配転・出向・転籍命令の有効性」白石編著・前掲書（注23）237頁。
74　石井・前掲論文（注10）97頁。
75　「当該転勤命令につき業務上の必要性が存しない場合又は業務上の必要性が存する場合であっても、当該転勤命令が他の不当な動機・目的をもってなされたものであるとき若しくは労働者に対し通常甘受すべき程度を著しく超える不利益を負わせるものであるとき等、特段の事情の存する場合でない限りは、当該転勤命令は権利の濫用になるものではない」（最判昭和61・7・14裁判集民148号281頁）。
76　石井・前掲論文（注10）97頁。
77　条項例として、裁判所職員総合研修所監・前掲書（注49）178頁、東京弁護士会労働法制特別委員会編著・前掲書（注41）507～509頁、星野編・前掲書（注41）460頁、461頁。
78　新勤務場所で勤務する義務のないことを確認する例もある。
79　浅井・前掲論文（注9）18頁。

なる。

配転命令を承認する方向であれば、配転命令の効力を争わないこと、または配転命令に基づき新勤務場所で就労する義務のあることを確認することになる。

中間的な内容として当事者間で新たに合意した勤務場所に配転する場合は、使用者が合意した就労開始日付けで配転命令をあらためて行い、労働者がそれに従って就労する旨の合意をすることになろうか。

(4) **降格等をめぐる紛争**

(ア) ポイント

降格等は、使用者において、懲戒処分として、あるいは、人事権に基づき、当該労働者に解雇に相当する就労能力の欠如までは認められないものの、職位や役職、あるいは、職能資格に相応する能力を有しないとして、それらを引き下げるものであるから、使用者の当該労働者に対する否定的評価を外部に示すものであり、また、それにより、必然的に当該労働者をめぐる上下関係が、消滅したり逆転するなどで、労働者の自尊心を損ない、周囲との人間関係の再構成とそれに伴う葛藤や、自信喪失による就労意欲の低下等を招くことがある。

そこで、上記行為の無効を争う訴訟は、当該労働者にとって名誉回復訴訟の意味合いが含まれているが、それに敗訴した場合には、労働者において、使用者の上記評価を裁判所に追認されたうえで、降格された地位を受忍するか、転職するかの決断を迫られることになる。

したがって、特に上記請求が認容される見込みが低い事案については、特に労働者のニーズを退職方向も含めて的確に把握したうえで、その上記心情に配慮して調整した和解案を提示する必要がある。[80]

(イ) 和解条項作成上の留意点

和解条項作成上の留意点については、たとえば、勧奨退職扱いとして割増退職金を支払う代わりに退職することで解決する場合には、前記(1)(イ)の退職方向に準じたものになるが、降格を受け入れる場合には、前記(3)(イ)の配転命令を承認する方向に準じたものとなる。

---

[80] 松田典浩「降格・降級の有効性」白石編著・前掲書（注23）218頁、219頁。

(5) 就業規則の不利益変更が争われた事件
　㋐　ポイント
　この類型の紛争は、その結論が、当事者のみにとどまらず、同種労働者にも広く波及することから、一般的に和解が難しい事件である[81]。しかし、不利益変更の合理性という要件は、抽象的で考慮要素も多く、確実に訴訟の帰すうを予測するのが、解雇訴訟以上に困難であり、その結果、使用者側が敗訴した場合の人件費コストの上昇は、上記事情からすれば、極めて大きいともいえるのであって、そのリスクヘッジのために妥協点を探す必要性は、使用者において大きいといえる。

　そこで、上記不利益変更の際には、使用者においてあらかじめ労働者側へ説明したうえで、労働組合等と交渉を経ている事案が多いと思われるので、交渉の経緯と、最終的に妥結できなかった点を確認することで、各当事者のニーズを把握することができる。そのうえで、裁判所において、両者のニーズを調整する方策として、代償措置や経過措置等を積極的に提案するなどして、妥協点を見出す努力をあきらめてはならない[82]。

　㋑　和解条項作成上の留意点
　就業規則の変更は、他の労働者にも影響をもたらすが[83]、使用者側が当初行った不利益変更を全労働者に共通して有利に修正する場合には、当事者以外の労働者から異議が出される可能性はないので、当事者間で、変更する不利益の程度を圧縮したり、代償措置や経過措置等を設けるなどの修正を加えることで、当事者で合意する余地があるかどうかを見極めることになる。

　合意に達した場合には、修正後の就業規則の内容を当事者間で確認したうえ、原告がその余の請求を放棄して和解をすることになろうか。

81　石井・前掲論文（注10）94頁、95頁、協議会報告24頁。
82　西村康一郎「就業規則の不利益変更」白石編著・前掲書（注23）199頁、200頁。
　　ただ、退職年金規程の不利益変更等、すでに退職している者との法律関係が問題となる事案であれば、訴訟を提起して権利を主張した当該退職者との関係に限り、和解により解決することも可能であろう。
83　就業規則の規定の内容が合理的なものである限り、それが具体的労働契約の内容をなす（最判昭和61・3・13裁判集民147号237頁）。労働契約法9条、10条。

(6) セクハラ、パワハラが争点となる事件
　㋐　ポイント
　セクハラ、パワハラが争点となる事件には、①加害者とされた従業員と使用者に対する損害賠償請求事件、②加害者とされた従業員が、解雇や懲戒処分の効力を争う事件、③それに関する使用者の対応に関する損害賠償請求事件等がある。

　セクハラが争点となる事件は、当事者のプライバシーにかかわるもので、和解で口外禁止条項を設けて解決することにより、プライバシーの保護を図る必要が大きいし、和解においては、判決によってはできない、謝罪等の条項を設けることによる人間関係の修復や、関係者の配転等による職場環境の調整を行うことができるメリットがある[84]。その一方で、上記事件においては、加害者とされる従業員は、自己の地位や名誉にかかわるため、その責任を争い、また、被害者においても、訴訟等を提起しても、加害者が上記態度をとっていることで、さらに被害感情を強めているのが普通で、和解の端緒をつかむことが困難な事件といえる。また、パワハラが争点となる事件についても、パワハラを受けたと主張する従業員の申告により、使用者において調査のうえ、パワハラを認定できなかったと判断している事案などでは、注意・指導等を行う管理職への萎縮的効果を避けるためにも、和解には応じない姿勢を示す場合が多い[85]。

　ただ、問題とされた従業員の行為をめぐる事実関係にそれほど大きな争いがなく（特にパワハラは、上司が正当な指導として他の従業員の面前で行っていることが多いため[86]、そのようなケースも相当数ある）、その評価に争いがあるにすぎない場合には、早期に、その言動が、社会通念上許容される限度を超えるか否か[87]、あるいは、正当な職務行為の範囲内か否か[88]の心証度に応じて、和解を勧試するのが適当である。

84　岡芹ほか・前掲論文（注10）83頁、佐々木＝横山・前掲対談（注10）47頁、パワハラについてであるが、石井妙子「労働事件における民事調停の活用」調停時報188号（2014年）57頁。
85　佐々木＝横山・前掲対談（注10）46頁。
86　光本洋「セクハラ、パワハラ、マタハラに関する諸問題」白石編著・前掲書（注23）278頁。
87　龍見昇「セクシュアル・ハラスメント」山川＝渡辺編著・前掲書（注45）536頁。
88　菊池憲久「いじめ・パワーハラスメント」山川＝渡辺編著・前掲書（注45）572頁、573頁、光本・前掲論文（注86）280頁。

この点、特にセクハラ行為は、他に従業員等がいない場面で行われることが多く、それを裏付ける客観的証拠に乏しいため、悪質な事案では、加害者とされた従業員も、その行為を認めたならば、少額にはとどまらない損害賠償を余儀なくされるばかりか、使用者からも懲戒解雇等をされて失職するおそれが高いことも相まって、当該行為自体を否認したり、あるいは被害者が同意していた旨主張するなどして争って被害者と厳しく対立し、人証調べ等の厳格な証拠調べを経ないと、確定的な心証を形成できない事案も相当数ある。[89]その場合には、人証調べ終了後に、それによって形成した心証に基づき、判決内容を前提とする和解を勧試するしかないと思われる。そのような厳しい事実認定を迫られる事案については、判決内容の説得力がそのまま和解の成立につながるので、主張整理の段階から、双方の供述の信用性に関する事情について精密な主張整理を行ったうえ、人証調べにおいて供述の信用性を十分吟味すべきである。

　特に、前記①の事案で、使用者が従業員とともにセクハラ行為を否認し、解雇や懲戒処分を行っていない場合に、請求を認容する判決が確定したならば、労働者においては、損害賠償金を支払わねばならないうえ、使用者から前記解雇等の措置を受けることになるし、使用者側にしても、いったん被害者側に損害賠償金を支払ったうえ、労働者に求償したり、前記措置をとる必要が生じるが、その際、再度従業員から争われる蓋然性も高い。そこで、そのリスクを軽減するために、将来必然的に発生する紛争をも含めた和解による解決を勧試してみるのが有益な事案もあるのではないだろうか。[90]

　しかし、特に継続的なセクハラ行為については、事案の経緯に関する主張整理を行っていく中で、一方当事者の供述内容が大きく変遷したり、客観的事実

89　光本・前掲論文（注86）272頁、274頁。
90　たとえば、懲戒解雇されなければ退職金が支給される事案では、心証度により判決より減額した解決金を従業員が被害者に支払うことを約し（この点は、加害従業員にとっては判決よりもメリットがあるし、使用者は支払確保のために連帯債務者とするが、退職金を支給することとの関係で、負担割合はゼロとする。また、被害者にとっても、早期に解決するメリットがあるし、判決と異なり、争っていた従業員が自ら解決金の支払を約した意義が大きいことを強調すべきであろう）、使用者との関係では、合意退職する代わり、減額した退職金の支給を受けるなどの内容が考えられるのではないか。

と齟齬するなど不自然な点が判明するなどして、その供述の信用性が低いと思料される事案も認められる。その場合には、その時点で、適宜、暫定的心証を開示しながら、和解を勧試すべきであろう。

　(イ)　和解条項作成上の留意点

　セクハラに関する事件について、使用者において、再発防止措置を約した和解条項例が、紹介されている文献[92]がある。

(7)　退職後の競業行為が争われる事件

　(ア)　ポイント

　退職後の競業行為については、競業避止義務の根拠、退職者の職業選択の自由との関係で、その範囲の限界（場所、期間、代償措置の要否等）、さらには、不法行為に基づく損害賠償請求における違法性の判断要素（退職の経緯、行為の目的・方法・時期・態様、使用者側の利益侵害の程度等）[93]等をめぐって争われ[94]、就業規則の不利益変更と同様に、必ずしもその判断基準が確立されているとはいいがたい。

　ただ、退職後の競業行為については、通常、当事者間で事前に何らの交渉も行われていないと思われるので、裁判所が前記種々の点に関する当事者の主張を整理しながら、暫定的心証を示しつつ、その妥協点を調整する役割が期待されている事件といえよう。

　特に、競業行為を行わない方向の和解は、損害につき解決金の支払を求めている場合であっても、裁判所がその金額の調整さえできれば、和解が成立する蓋然性が高い[95]。一定の範囲の競業行為を禁止する方向の和解は、禁止行為の範囲や期間を必要最小限度に限定する形で調整をすべきである。

　(イ)　和解条項作成上の留意点

　和解条項としては、労働者の退職後の競業行為に関するものではないが、フランチャイズ契約に基づく脱退後の競業行為の差止めを求めた仮処分事件につ

91　光本・前掲論文（注86）272頁。
92　星野編・前掲書（注41）470頁、471頁に紹介されている。
93　最判平成22・3・25民集64巻2号562頁は、当事者間に特約がない場合に、退職した従業員の行為が社会通念上自由競争の範囲を逸脱するか否かという基準で判断している。
94　松田典浩「退職後の競業避止義務」山川＝渡辺編著・前掲書（注45）919頁。
95　内藤・前掲論文（注17）1359頁。

いての条項例が、文献に紹介されている。[96]

(8) 不当労働行為が争点となる事件

(ア) ポイント

今日、不当労働行為該当性が解雇等の有効性の主たる争点になる事件は少なくなったが、労働組合員の不利益処分について、不当労働行為である旨主張される事件は、依然存在する。

不当労働行為該当性が問題となる事件は、双方の感情的対立も強く、和解による解決が一見難しいと思いがちであるが、今後の労使関係を見据えたときに、互譲により合意で解決することが望ましいことは論を待たず、実質5審制といわれる救済手続の追行に伴う長期の過重な負担を回避し、団体交渉や便宜供与についてのきめ細かな合意をすることにより、全面的に紛争を解決して労使関係の正常化が図れることから、[97]平成29年における労働委員会の不当労働行為事件の統計[98]によると、初審手続では約6割余り、再審査手続では約5割余りと、その多くが取下げ・和解で終了している。

このように、労働組合においては、労働委員会に対し、不当労働行為の救済を申し立て、同委員会で並行して審理が進められているケースが多い。

その事件の和解協議を進める際には、いずれの手続において協議を行うかがしばしば問題となる。不当労働行為該当性が中心的争点である以上は、基本的には当事者の意思を尊重すべきであるが、[99]審理が先行し一応の主張整理が終わり、一定の心証を形成できた手続において、和解協議を行うのが相当と思われる。[100]

和解期日には、労働者側は労働組合の役員の、使用者側は担当者の、それぞれ出席を求める場合があるが、不当労働行為が中心的争点である以上、団体交

---

96 星野編・前掲書（注41）367～369頁。
97 今井・前掲論文（注19）366頁、宮里邦雄「不当労働行為事件と和解」自正41巻6号（1990年）66頁、山川隆一「不当労働行為事件における要件事実」中央労働時報1179号（2014年）19頁。
98 中央労働委員会ウェブサイト〈https://www.mhlw.go.jp/churoi/shinsa/futou/futou03.html〉。
99 今井・前掲論文（注19）369頁。
100 不当労働行為該当性が争点となっている事案について和解勧試をする際には、一定の心証形成が前提となる旨指摘する文献として、原田賢司「和解」日本労働法学会編『現代労働法講座⒁労働争訟』（総合労働研究所・1985年）236頁、237頁。

303

渉を通じてよくその事情を知る者の出席は、当事者の納得の観点からいっても、認めざるを得ないと考える。[101]

利害関係人との調整等については、今井・前掲論文（注19）370頁、371頁を参照されたい。

　(イ)　和解条項作成上の留意点

和解条項例としては、他の文献を参照されたい。[102]

Ⅴ　まとめ

以上、労働事件における和解について述べてきたが、和解は、当事者の利害を適切に調整し、長期化しがちな労働紛争を最終的に条理に従い妥当に解釈することができる紛争解決手段であることを明らかにした。[103]労働事件の早期かつ円満な解決のために、本稿がその一助となれば幸いである。

（中垣内健治）

101　今井・前掲論文（注19）369頁、370頁。
102　星野編・前掲書（注41）474～480頁に記載がある。
103　草野芳郎「裁判所における労働事件と訴訟上の和解」日本労働研究雑誌436号13頁以下。

第10章
労働災害事件と和解

Ⅰ　はじめに

　労働災害事件[1]は、裁判所が扱う民事訴訟事件の中で常に一定数の割合を占める事件であるが、人身損害の発生を前提とした訴訟事件であり、原告となる被災者あるいはその遺族にとって深刻な被害の救済を訴えるものであるとともに、被告となる企業等雇用者にとっても、企業等のあり方や社会的影響を踏まえた対応を迫られる重大な意味をもつものであり、厳しい対立を生じている事件も少なくない。

　したがって、労働災害事件の審理においては、当事者間の厳しい見解の対立の中で、裁判所が複雑、困難な判断や対応を求められる場合もある。訴訟事件を担当する裁判所においては、当事者の意向を十分に理解し、適切な配慮をしながら、審理の進行や和解の方向性を主導することが必要である。

Ⅱ　労働災害事件における訴訟上の和解

1.　労働災害に関する訴訟事件

　労働災害事件として裁判所で取り扱われる事件は、建設現場での重機使用中

---

[1] 労働災害事件（民事損害賠償事件）に関する参考文献として、山川隆一＝渡辺弘編著『最新裁判実務大系(8)労働関係訴訟Ⅱ』（青林書院・2018年）659頁以下、林豊＝山川隆一編『新・裁判実務大系(17)労働関係訴訟法Ⅱ』（青林書院・2001年）308頁以下、菅野和夫ほか編『論点体系判例労働法(3)人事・労災補償・安全衛生』（第一法規・2014年）275頁以下、冨田武夫＝牛嶋勉監『改訂2版最新実務労働災害——労災補償と民事損害賠償』（三協法規出版・2015年）214頁以下などがある。

や高所作業中の事故や工場機械の操作中の事故などによる受傷・死亡事案、粉塵や振動等に継続的に曝露することによる疾病に罹患した事案、長時間労働や高低温環境などの過重なストレスによる脳心疾患・精神疾患の発症事案など多種多様である。

　訴訟形態としては、通常は、被用者が労働契約に基づく安全配慮義務違反による債務不履行責任または不法行為責任を主張して、雇用者に対して損害の賠償を求める損害賠償請求事件として争われることが多い。

　その他の形態としては、近時、社会問題として広く認知されているアスベストじん肺に関する国家賠償請求事件のように、国の規制権限不行使等による賠償責任が問われる場合もある。また、労災保険給付の受給申請に対する不支給処分の取消しを求めるなどの行政訴訟事件として争われる場合もある。

　以前は、地方裁判所のうち一部の大規模庁などでは、交通専門部・集中部が、労働災害に関する損害賠償請求事件も担当していた[2]。これは、後述のとおり、人身損害の認定や算定の手法が共通することなどによるものであったが、労働災害事件には多様な契約関係や事故態様の事案が含まれ、損害についてはいわゆる包括一律請求[3]とし、もっぱら原告の就労関係や被告の責任が争われるなど、交通事故損害賠償請求事件とは異質な争点が中心となる場合も多い。そうした事件の性質による事情や交通損害賠償事件の大幅な増加という背景もあって、交通専門部・集中部では労働災害事件を取り扱わなくなり[4]、最近では民事通常部で広く担当されるようになっている。

　本稿では、主に、労働者がその就業に係る建設物、設備、原材料、ガス、蒸

2　加藤新太郎「特殊損害賠償等請求事件」後藤勇＝藤田耕三編『訴訟上の和解の理論と実務』（西神田編集室・1987年）299頁。

3　人身損害の算定は、交通事故訴訟に代表されるように、財産的損害と非財産的損害（慰謝料）を項目ごとに合算する積み上げ方式で行われることが多いものの、事例によっては、被害者が、損害項目としては慰謝料のみをあげるが、これを他の費目の損害を総合した損害として包括して請求（包括請求）する場合や、多数当事者訴訟で、多数の原告が一律に同一金額または同一基準額による損害賠償を請求（一律請求）する場合があり、これらを総称して包括一律請求ともいう。労災事件では、アスベスト等のじん肺訴訟等でみられる（田中敦＝上村海「大阪地裁における労災事件の審理」判タ1328号42頁、加藤新太郎「包括一律請求をめぐる諸問題」塩崎勤編『現代民事裁判の課題(8)交通損害・労働災害』（新日本法規出版・1989年）884頁以下等）。

4　大阪地方裁判所では、平成21年7月31日まで交通専門部（当時は交通・労災部）が担当していた（田中＝上村・前掲論文（注3）36頁）。

気、粉塵等により、または作業行動によって、心身に疾病、障害等、場合によっては死亡という被害を受けたことを原因として、雇用者に対する安全配慮義務違反による債務不履行ないし不法行為責任を問う一般的な労働災害損害賠償請求事件の和解について述べる。

2. 労働災害事件の和解の特徴

　労働災害事件は、冒頭に述べたとおり当事者間に厳しい対立が存在する場合も少なくない。また、事故態様等の事実認定上の争点、契約関係に関する法律上の争点、因果関係や後遺障害認定などの医学的争点など、争点が多数に及ぶことも珍しくない。このように、労働災害事件は、決して審理、判断が容易な事件類型ではないが、一般には比較的和解率が高いとされている。

　その理由としては、第1に、労働災害事件の評価的性格、すなわち、過失相殺率、慰謝料の算定等は、裁判所の裁量の範囲が広く、大多数の事件は、請求が全部認容または全部棄却されるのではなくその中間に落ち着くものであるため、当事者も和解的解決を予期する傾向にあるし、裁判所の勧告する和解案も重みをもつことが指摘される。

　第2に、原告である被災労働者は、被告ないしその下請等の従業員であることから、法的責任もさることながら、道義的な観点から被害者救済を考慮するという気運が生じやすいとされる。また、判決ではなく和解によって紛争解決を得ることは、原告にとって、和解の過程における協議を経ることで、心情的な納得につながりやすい面があるといえるし、被告においても、企業としての社会的影響なども含めて、和解による解決が望ましいと考える事例は決して少なくない。

　第3に、労災保険等社会保険の存在、すなわち、労災保険等の給付（労災12条の8）によって基礎的な損害填補がされ、またはそれが継続しているため、被告はこれに上積みしていくことを考えれば足りるし、原告側も年金を受給している場合などは、将来（生活費）の不安が少ないという特質があることなどが指摘される。[5]

5　加藤・前掲論文（注2）302頁、308頁。

また、労働災害事件では、被告が一定規模の企業であったり労災事故に備えた損害保険に加入していたりするといった事情があって、被告に支払能力のあることが和解になじみやすい理由として指摘されることもある[6]。ただし、この点については、被告が個人事業者や中小企業である場合には必ずしもあてはまらず、被告の資力の面で和解が困難な事例も珍しくない。

3. 労働災害事件の審理と和解勧告のタイミング

労働災害事件の審理においては、労災認定手続関係の資料、場合によっては刑事事件記録、カルテ等の医療関係資料など類型的に重要な証拠資料が存在し、これらの資料が、当事者の手持ち証拠ないし嘱託文書の形で提出されるのが一般的である。これらの資料が早期にまとまって提出されて争点整理が進められると、裁判所は、比較的早期に心証形成をすることができるため、証拠調べ（証人等尋問手続）の前に和解勧告を行うことが少なくない。

ただし、労働災害事件という事案の性質上、和解を進めるにあたっては、裁判所が事故の具体的状況などの事案の内容を十分把握して、事件の見通しをもつ必要があるのはもちろんであるが、それだけではなく、当事者、とりわけ被災者ないし遺族の納得という観点も重要である。そのため、事案によっては、進行協議期日などを用いて、裁判所が事故現場の状況を見分したり、原告本人を中心とする人証を先行させたりするなどして、当事者の言い分を直接聴いたうえで和解案を示すことが望ましい場合もある。そこまで至らない場合であっても、少なくとも、当事者が希望する限りは、陳述書を書証として提出させたうえで和解勧告を行う場合が多いと思われる[7]。

4. 和解において裁判所に期待される役割

裁判上の和解一般に共通することであるが、「裁判所が、事件に対する的確な評価に基づく落ち着きのよい和解案を用意すること」が、和解的解決を図る

---

[6] 山口浩一郎『労災補償の諸問題〔増補版〕』（信山社・2008年）39頁。なお、同書38頁によれば、弁護士に対するヒアリングで、和解率は正確には不明だが、感じとしては80〜90％という意見が得られたとされる。

[7] 田中＝上村・前掲論文（注3）45頁。

ための基礎的条件の第1であり、「訴訟代理人が、事件に対して適切な見通しを有し、裁判所と共通の認識を持ち、かつ当事者を説得できる技量と信頼関係があること」が第2であるとの指摘は、誰しも異論のないところであろう。

　特に、労働災害事件には、前述したように、裁判所の裁量の範囲の広さや、当事者間に厳しい対立がありながらも、双方に和解に期待する気運もあるケースが一般的には多いこと、審理の早い段階でまとまった証拠資料が提出されることが少なくなく、裁判所が比較的早期に心証を形成して、主導的に審理の方向性や和解のタイミングを計りやすいことなどといった特徴がある。これらの特徴を踏まえれば、労働災害事件は、裁判所が和解において積極的にイニシアティブをとることが可能な事件類型であり、当事者からも期待されているということができよう。

　また、和解の協議に入っても、賠償金額や支払方法の調整を要するのみならず、双方からその他の多様な要望が出される場合もあり、和解協議が長期に及ぶこともある。そのような場面でも、根本的には当事者に和解に期待する気運があることを忘れず、裁判所がイニシアティブをとって粘り強く協議を進める必要がある。裁判所としては、事案に対する評価をしっかり踏まえたうえで、当事者の要望をよく聴き、和解に盛り込むことができるのか、調整可能な点はどこなのかを検討して積極的に調整案を提示し、場合によっては当事者（代理人）に裁判所の考え方を説明して説得することも必要であろう。労働災害事件においては、裁判所の意欲的な和解への取組みが、当事者からも特に期待されているといってよいと思われる。

III　類型別にみた和解において留意すべき点

1.　一般的な事件の場合

　工場や建設現場での受傷事故などの一般的な労働災害損害賠償請求事件で争点となるのは、主に、過失割合と後遺障害等級などの後遺障害の程度その他の

8　加藤・前掲論文（注2）312頁。
9　山口・前掲書（注6）38〜39頁。

損害額である（ただし、じん肺などでは労災補償保険給付等を受給していることを前提に、訴訟においては包括一律請求などによる慰謝料のみを請求する場合もある）。

後遺障害の程度については、訴訟においても、『労災補償障害認定必携』（一般財団法人労災サポートセンター発行）などに詳述されている労災補償認定実務を踏まえて判断されるのが一般的である。

損害額の算定については、人身損害の賠償という意味で共通する、交通事故損害賠償請求事件における損害算定方法が、おおむねあてはまるものであり、交通事件に関する文献等に基づいて、同様の基準で損害が算定されている[10]。

これらの人身損害の考え方などについては、文献や判例、裁判例の積み重ねによって、裁判所と当事者代理人など訴訟関係者の間で一定のコンセンサスが得られているのが一般的であり、このことが、和解案の受け容れやすさにつながっている。また、過失割合や慰謝料等の損害については、前述のとおり裁判所の裁量の範囲が広く、和解になじむ要素となっている。

和解金額の提示は、総額で行われる場合もあるが、人身損害に関する交通事故損害賠償請求事件と同様に、各費目の損害額を示し、これを積み上げて算定した合計額を提示する方法がとられる場合もある。この場合、和解においては、早期解決という趣旨から、一般的に弁護士費用や遅延損害金は、当然には費目として計上しないものの、事案の内容や事故からの経過年数その他一切の事情を考慮したうえで、ある程度の額を調整金として上積みするという運用がされることも少なくない。

このような調整金の上積み方式も、さらに裁判所に裁量の幅を増やし、個別事案において、妥当な和解金額を提示することに役立っているということもできる。和解にのぞむ当事者において、各費目の金額を重視するか、和解金総額を重視するかという立場が異なることもあり、そのような場合にも調整金を活用して妥当性を図ることが可能となりうる。

---

[10] 裁判実務上参考とされている損害算定に関する文献としては、『民事交通事故訴訟損害賠償額算定基準』（公益財団法人日弁連交通事故相談センター東京支部発行、いわゆる「赤い本」）、大阪地裁民事交通訴訟研究会編著『大阪地裁における交通損害賠償の算定基準〔第3版〕』（判例タイムズ社・2013年）、『交通事故損害額算定基準――実務運用と解説』（公益財団法人日弁連交通事故相談センター発行、いわゆる「青い本」）などがある。

実務上、裁判所が和解案を提示するにあたっては、当事者の意向、すなわち、過失割合や後遺障害等級などのいかなる争点に特に関心があるのか、場合によっては、どの点については妥協が可能であるのかなどの意向を聴取することが多いと思われる。もちろん、和解案自体は当事者の意向にすべて沿うものではないが、当事者の意向を踏まえたうえで、裁判所が、その時点における暫定的心証を示して、問題点を指摘し、どのような考え方で各損害費目を算定したのかなどについて、適宜口頭または書面で要旨を説明するのが一般的である。このような手順を踏むことが、和解案に対する当事者の納得を得るうえでも有用と思われる。

2. 被告が複数の事件の場合

　建築業等の元請・下請や、派遣先・派遣元がかかわる場合など、被告が複数である事件では、多くの場合それぞれの事業者の責任の有無が争点となるが、判決では、双方に責任が認められる場合は共同不法行為と認定されるのが通常であるから、責任の分担割合が問題となることは少ない。しかし、和解の場面では、一応すべての被告が和解に応じることを前提として、終局的一体解決のため、各被告の和解金の負担割合を明確にするよう要望されることがある。そのため、裁判所としては、原告に対してだけでなく、被告らの間でも調整を図っていくことになるが、その調整が難航することも少なくない。この負担割合も評価的側面の強いものであり、各被告の労働者に対する指示監督関係の実態などについて認定できる事実を総合的に考慮して、裁判所の裁量により判断されるものであるから、暫定的な心証を示しながら、被告らの力関係、資力、利用できる保険の有無などを勘案して調整を図ることが必要となる。

　それでもなお一部の被告は和解に応じるが、一部は応じないというときには、分離して一部和解とすることができるか、当事者双方の意向を確認して調整する必要を生ずる場合もある。[11・12]

---

11 田中＝上村・前掲論文（注3）45～46頁。
12 たとえば、国と企業が被告となっている場合に、国を除いて和解を成立させることもないではない。

第2編　第10章　労働災害事件と和解

3. じん肺関係等の大規模事件の場合

　鉱山、トンネル工事、アスベストなどの各種じん肺等事件のように全国的に多数の同種事件が存在する労働災害事件は、多くの場合、同種事例の判例や和解事例がすでに数多く存在し、こうした積み重ね（当該代理人自身が、豊富な和解経験を有していることがある）に基づいて、原告側も被告側も主張を構築している。このような事案では、和解を行うについても、当事者双方が先例として認識している和解事例の考え方を踏まえて、個別事案に沿った和解案を提示する必要がある。そのためには、事前に当事者双方に対し、どのような方針であれば、和解を行うことができるのか、率直に質問をすることが望ましい。当事者から、和解の方針に関する資料（先例となっている和解事例で指針として示された裁判所見解等の集録）が提供されることも珍しくない。

　また、たとえばトンネル工事のじん肺事件などでは、労働者が長年にわたり多数の工事現場で作業に従事しており、かつ多数の被告企業が関与しているという場合もある。このように、多数の被告が関与している事件では、主張も錯綜しがちであり、時には被告らの間で事実関係や責任負担割合をめぐる対立が

	原告関係		下請・所属班	関係する被告	施工	下請	就労	被告主張要旨	写真	離職票	その他の証拠	裁判所案	月数
1	S47.11〜48.12	○○トンネル	A班	甲社	○		△				乙7 A1〜3	S47.11〜48.11.30(12か月)	12
2	S50.11.12〜51.5.31	●●ダム	B班	(乙社)→取下	○		×				甲A17	(隧道工事施工無し) ×(施工の事実認められず)	0
				甲社	×								
3	S52.9〜53.1	△△ダム	C班	丙社	○		△					S52.9〜53.1 (4か月)	4
4	S53.2〜55.7	鉄道つけかえ(A県)	D班	甲社	○		△				甲A11, 乙A4	S54.1下〜55.2下(13か月)	13
5	S55.8〜56.11	▲▲トンネル	D班	甲社	○		△				甲A4.24	S55.8〜56.11(15か月)	15
6	S58.3〜6	□□トンネル	E班	甲社	×						甲A23	×(工事時期整合せず)	
7	S59.5〜6	■■建設用地掘削			○	×	×	粉塵作業でない			甲A21, 乙A2	×(露天工事)	0
8	S59.12〜60.6, 6.7.3〜11	××トンネル	F組	丁社JV 65% 丙社35%	○		○		甲A9	甲A6(3)	甲A9.10, 14, 甲A14 A2	S59.12〜60.5(5か月)(丁社3.25月、丙社1.75月に配分)	5
9	S61.6〜12.5	国道○号道路トンネル	F組	丙社	○		○	粉塵作業でない		甲A6(4), (5)	甲A10, 乙14 A1.3〜5	S61.9後〜11 うち1か月	1

312

顕在化する場合もある。そして、和解手続に入っても、被告らの間におけるこうした利害対立は、なお続くため、損害の負担割合の割付けも、複雑かつ困難なものとなる。したがって、上記のような労働災害事件では、裁判所が、前記のような一覧性のある表を活用して、当事者に主張立証で足りない部分を埋めてもらうなどして、和解および判決手続に必要な争点整理を進めていき、争点整理状況や証拠状況について当事者と認識を共有していくことが重要であり、そうした共通認識を適宜確認しながら、和解案を調整する必要がある。

Ⅳ 和解条項作成上の留意点

　労働災害事件は、その事案の特質に照らし、和解条項作成にあたって、留意すべき事項がある。ここでは、こうした留意点について言及することとする。

1. 意見の表明などの条項を設ける場合

　労働災害損害賠償請求事件は、労働者が受けた被害に対する金銭賠償を求めるものではあるが、和解においては、原告から、被告らに対し、謝罪や遺憾の意の表明、あるいは業務管理の改善に努めるといった努力文言を付加することなどが求められる場合もある。

　和解金につきおおむね合意に達した後に、こうした条項の付加が検討課題となり、和解交渉が暗礁に乗り上げる場合もないではない（このような場合、原告としては、和解金額が決まったところから、次の段階として具体的な和解条項を考え始めるのに対し、被告としては、基本的な和解案が決まった後になって他の要望を出された、という感覚になる場合が少なくない）。

　したがって、裁判所においては、和解を進めるにあたって、当事者の心情に配慮しつつ、あらかじめ原告から金銭給付条項以外の文言等を盛り込むことの要望があるか否か、これに対する被告の意向はどうであるのかなどを確認しておくのがよい場合もある。また、このような条項を入れる方向での協議に入っても、当事者に厳しい対立のある場合などは、文言について微妙な調整を要することもある。そのような事例では、当事者の意向を聴きつつ、裁判所がある程度主導して文言案を提示するほうがよいものと考えられる。

また、直接的な謝罪や遺憾の意の表明などの条項を合意しがたい場合には、さらにそれに代替する文言を考慮することがある。[13]

このほか、ある程度大規模な事件などで、当事者が和解の合意に至った経緯や、和解を行うについての裁判所の見解を和解の前文の形で示す場合もある。

2. 原告である労働者が引き続き被告に在籍する場合

職場復帰や勤務の継続を前提とする場合、原告から、その処遇や原告以外の労働者を含む健康管理に関する条項を入れることが希望される場合もある。原告の処遇などについては、調整可能な範囲で具体的条項を設けることも考えられるが、労働災害で障害を負った原告が、職場に復帰後、どの程度の就労が可能であるかは、和解成立時点では必ずしも明らかではないことが少なくないので、和解条項で固定的に定めるのは難しい場合も多い。また、従業員一般の処遇に関する具体的な条項を定める困難性も同様であり、今後の労使間交渉などに委ねたほうが適当であることもある。このような場合、「今後、従業員の健康に留意する」といった抽象的な文言のみが定められることもある。[14]

また、在籍はしているが現実の職場復帰が困難であるなどの事情により、和解を機に雇用関係を終了させることで合意する場合には、雇用関係の終了に関する当事者の合意や、その他の清算的条項を設け、権利義務関係を残さないようにすることが求められる。

3. 労災保険給付との調整

労働災害事件の原告は、労災保険給付金を受領している場合が多いところ、労災保険給付は、労働者の労働災害事故による損害の一部の費目（休業損害、逸失利益等）を塡補するものと解されるので、原告が和解により被告から当該労働災害事故に関する完全な損害賠償を受けるとすると、労災保険給付金との二重塡補の問題を生じる。もっとも、上記のとおり労災保険給付は、すべての

---

[13] たとえば、被告が遺憾の意の表明に応じられない場合に、「被告は、本件労災事故で原告が重篤な障害を負ったことを強く認識し、（あるいは重く受け止めて）」などの表現も考えられるところである。

[14] 星野雅紀編『和解・調停モデル文例集〔改訂増補版〕』（新日本法規出版・2007年）89頁。

損害賠償費目を塡補するものではないし、また、労災年金給付額の算定方法は損害賠償額の算定方法と異なるため、保険給付額は損害賠償金を完全にカバーするものではない。したがって、労災保険給付でカバーされない部分の損害を使用者が損害賠償金として支払うこととすれば、二重塡補の問題は解消される。

そこで、労災保険年金給付を受給している事例では、和解金が労災保険年金給付によって塡補されない損害について支払われる金員であり、二重に損害の塡補を受けるものではないこと、したがって、労働者災害補償保険法64条2項の支給調整条項の適用を受けないことを明確にすることが要請される。

このような場合、「原告と被告は、本和解条項が将来の労災保険給付金に何ら影響を及ぼさないことを確認する」といった条項を入れることが考えられる。[15]

このほか、労働者災害補償保険法64条1項（二重塡補による法律関係の複雑化を防ぐため、所定年金の受給権者の年金受給権が消滅するまでの間、事業主は前払一時金の最高相当額の法定利率による現価の限度で、損害賠償の履行をしないことができる旨定められている）の定める履行猶予の対象となる損害金との関係をも明確にする条項を入れる場合もある。具体的には、「原告と被告は、本件和解金には被告が労働者災害補償保険法64条1項の規定に基づき事業主として履行を猶予することができる損害賠償金○○円を含まないこと及び本和解条項が将来原告が労災保険給付を受ける権利を何ら害するものではないことを確認する」といった条項を入れることも考えられる。[16]

V　まとめ

以上のとおり、労働災害事件は、複雑で厳しい紛争類型であるにもかかわらず、和解に適した事件類型であり、裁判所がイニシアティブをとって和解を進めることに適した事案も多いというべきである。

15　星野編・前掲書（注14）90〜91頁。
16　星野編・前掲書（注14）90頁、園部厚『和解手続・条項論点整理ノート〔改訂版〕』（新日本法規出版・2015年）113頁。

事案によっては双方の対立が厳しく、和解に至る過程で双方の意見をぎりぎりの場面で調整することを求められたり、調整に時間を要するなど、合意形成が困難な場合もあろう。しかし、当事者双方にそれぞれの見解や立場の対立はありつつも、被災者の救済の意味をもつ和解解決に向けた気運は、ほとんどの事例で存在する。

　労働災害事件が本質的に和解になじみやすい事件であることを考えれば、裁判所としては、いかに厳しい対立のうかがわれる事案であったとしても、和解による解決をぜひとも一度は検討すべきであろう。

〔池町知佐子〕

第11章 近隣事件と和解

I はじめに

　隣接する土地の所有者または占有者の間においては、日常生活に密着した形でさまざまな紛争が生じる。たとえば、隣接する土地の境界や所有権の範囲をめぐる紛争、通行権をめぐる紛争、いわゆる相隣関係に関する紛争などである。これらの紛争は、それぞれ単独で問題になることもあるが、これらが組み合わされた形で紛争が生じることも稀ではなく、しかも、感情面を含めた全人格的な紛争といった様相を呈することも多い。これらの紛争は、権利の存否が問題になるという意味では法的な紛争ではあるものの、当事者が隣接する空間に居住しており、日常的に顔を突き合わせて生活をするという環境から逃れるのが困難であることから、些細な言動が、さまざまな派生的な紛争を生み出すことが多く、法的な紛争それ自体よりも、感情面の対立が先鋭化し、双方共に合理的な発想の下で折り合いをつけて紛争を解決することができない状態になって、裁判所に紛争がもち込まれることが多いということができる。

　したがって、これらの紛争は、感情面の対立の調整も必要になることが多いという性質上、本来的には和解や調停によって解決するのが相当な事案であるということができるものの、実際には話し合いによって紛争を解決しようという雰囲気をつくること自体が非常に困難である場合が多い。

　そこで、これらの近隣事件の紛争について、いくつかの典型的な類型を取り上げて、和解を行う場合の手法等について検討することとする。

Ⅱ 和解を行うに際しての基本的な考え方

　前記Ⅰのとおり、近隣事件の紛争は、感情面の対立の調整が必要になることが多いということができるものの、紛争の本質は、権利または法律関係（以下、「権利等」という）の存否に関するものである。したがって、これらの紛争を解決するためには、当然のことながら、紛争の原因になっている権利等の存否について、的確な判断を行うことが前提となる。そのため、まずは、当該訴訟における当事者の請求が、どのような権利等に基づくものであるのかを明らかにしたうえで、当事者双方にその点についての認識を共有させることが必要である。また、それとともに、当事者間の紛争の背景事情を理解し、どのようなきっかけで紛争が生じるに至ったのかや、当事者が実質的に何にこだわっているのかを理解するよう努めることも重要である。

　そして、当事者双方が提出した、当事者の主張する権利等が認められるのか否かを判断するための資料を検討し、必要に応じて求釈明を行って主張・立証の追加を求める中で、当該権利等の存否についての裁判所としての一定の心証を固め、そのうえで、法的な観点からも実質的な観点からも、事案にふさわしい解決策を提案する必要がある。特に近隣事件においては、当事者間に感情的な対立があることにも配慮しなければならないうえ、今後も当事者双方の関係が継続することが想定されることから、後日の紛争の発生を避けるための配慮も必要になる。

Ⅲ 隣接する土地の境界や所有権の範囲をめぐる紛争

1. 境界確定の訴えの法的性質等

(1) 境界確定の訴えの法的性質

　境界確定の訴え（不動産登記法147条では「筆界確定の訴え」とあるが、以下、便宜上、「境界確定の訴え」という）の性質については諸説あるが、現在では、性質上非訟事件に属するが民事訴訟の形式で処理される形式的形成訴訟に属す

ると解するのが通説になっている。境界確定訴訟は、「公簿上特定の地番により表示される両土地が相隣接する場合において、その境界が事実上不明なため争いがあるときに、裁判によって新たにその境界を定めることを求める訴え」であって、「明治初年に設定された地番の境界を、現地においてどこに存するかということを確定することにその本質がある」が、「常に裁判上の形成の必要が肯定され、裁判所は何らかの形成をしなければならない反面（したがって請求棄却の余地はない）、原告の主張の内容や範囲に拘束されぬ特殊の形成訴訟」であるとされている。そして、土地の境界線は、関係当事者の合意でも左右できない性質を有している。これは、土地の境界線は、本来国家が行政作用によって定めたもので、公法上のものであり、その公法上の境界線が現実のどこにあたるかは事実であって権利関係ではないから、境界線を勝手に変更・処分することができないと考えられているためである。そのため、境界確定訴訟においては、請求の放棄・認諾・和解はできないと解されており、裁判外の合意（和解）によって、土地所有権の範囲は変動するが、境界線そのものが変動することはない。

(2) 土地の境界と所有権の範囲

以上のような通説的な見解からすると、境界確定の訴えは、理論的には土地の所有権の帰属とは無関係なものになるはずであるが、実際には、土地の境界を争う当事者の関心は、相隣接する土地について、一方当事者が主張する境界と、他方当事者が主張する境界とで囲まれた範囲の土地（以下、「係争地」という）についての所有権の帰属、すなわち自己の土地の所有権の範囲の問題にあることが多く、そのため、境界確定訴訟において、係争地を時効取得したなどといった、誤った主張がされることが少なくない。このような場合には、結局

---

1 兼子一『民事訴訟法体系〔増補版〕』（酒井書店・1965年）146頁、三ケ月章『民事訴訟法（法律学全集35）』（有斐閣・1959年）53頁等（境界確定訴訟の性質に関する説明については、田中永司「判解」最判解民〔昭和38年度〕263頁（〔67〕事件）および大橋弘「判解」最判解民〔平成7年度〕325頁（〔14〕事件）も参照）。
2 最判昭和31・12・28民集10巻12号1639頁。
3 小室直人「判批」民商50巻6号（1967年）912頁、瀬戸正二「判解」最判解民〔昭和42年度〕656頁（〔114〕事件）の解説も参照。
4 前掲（注2）最判昭和31・12・28、最判昭和42・12・28民集21巻10号2627頁。

のところ、当事者間の紛争を解決するために所有権の帰属の問題に踏み込まざるを得ないことになるため、裁判所としては適切な訴訟指揮、釈明権の行使等によって、係争地についての所有権確認請求や、土地所有権に基づく妨害排除請求等の所有権と関連した請求をあわせて追加的に求めるよう促すことによって、その点に関する審理を尽くし、当事者の納得のいく紛争の抜本的解決へと導く必要がある。[5] 実務的にも、多くの場合、そのような処理がされており、その結果、当事者間で、和解によって紛争の解決を図ることが可能になる。

(3) **筆界特定制度の利用**

なお、土地の境界を明らかにするためには、不動産登記法等の一部を改正する法律（平成17年法律第29号）によって新たに設けられた筆界特定制度を利用することも可能である。筆界特定制度は、筆界特定登記官が、土地の所有権登記名義人等の申請に基づき、外部専門家である筆界調査委員の意見を踏まえ、一定の手続を経て、現地における筆界（境界）の位置について判断をする制度である。同制度による筆界の特定は、民事訴訟である境界確定訴訟とは異なり、形式的に筆界を確定する効力を有するものではないものの、筆界調査委員およびこれを補助する法務局または地方法務局の職員が職権で必要な資料を収集することになるため、専門家の知見を生かした適正な判断が示されることを期待することができる。なお、筆界特定の内容に不満がある場合には、当事者はいつでも境界確定訴訟を提起することによって、裁判所による筆界（境界）の確定を求めることができるうえ、筆界特定の結果を、境界確定訴訟の審理をより効率的に進めるための資料として活用することもできる（不動産登記法147条によって、裁判所は、訴訟関係を明瞭にするため、登記官に対し、筆界特定手続記録の送付を嘱託することができる。なお、証拠としての筆界特定手続の記録の送付は、民事訴訟法226条の文書送付の嘱託の申立てによってすることも可能である）。土地の境界をめぐる紛争においては、資料収集の便宜や専門的知見の活用という観点から、まず、筆界特定制度を利用することが検討されてもよいのではないかと思われる。

---

[5] 畑郁夫「判批」民商91巻2号109頁、「境界確定訴訟」法教37号67頁、伊藤瑩子「判解」最判解民〔昭和58年度〕415頁（〔29〕事件）も参照。

2. 審理の進め方

(1) 証拠の提出

　前記のとおり、境界確定の訴えは、法的には公法上の境界を定めるという特殊な訴えであるものの、実際には、当事者の関心は、係争地についての所有権の帰属や、そこから派生する問題にあることが多いことから、境界確定訴訟だけでは、当事者間の紛争の抜本的な解決が図られるわけではない。当事者間の紛争を解決するためには、所有権の帰属の問題に踏み込まざるを得ないし、そうすることによって、和解や調停によって、当事者間に現に存在する紛争や、近い将来において発生することが予想される紛争を予防するためのルールづくりを行うことが可能になる。したがって、裁判所においても、当事者に、境界そのものに関する証拠の提出を求めることはもとより、所有権の範囲・帰属に関する証拠、すなわち、係争地を取得した際の契約書やその際に用いられた図面等の資料や、従前からの係争地の利用状況等に関する資料等についても、証拠として提出するよう積極的に求めていくことが必要である。

(2) 境界線の主張

　また、境界確定訴訟においては、裁判所は原告の主張の内容や範囲に拘束されないものとされていることから、理論上は、被告はもとより原告においても、自らが境界であると主張する線を明らかにする必要があるわけではない。しかし、前記(1)で指摘したような事情もあって、実務上は、境界を争っている双方当事者に、各人の主張線を明らかにするよう促すのが一般的である。これは、当事者の全く意識していない係争地の外側に、当事者の予測すらしていない境界を確定することを避けることを目的とするものでもある。

　そして、実務的には、訴訟の早い段階で、原告に対し、土地家屋調査士等の専門家の協力を得て、実測図面（現地において当該場所や地点を客観的に復元することが可能なもの）を作成してもらい、当事者双方の協力を得て、当該図面に双方の主張線を記載させるのが一般的である。なお、このような図面（以下、「共通図面」という）を作成するために、鑑定を利用する場合もある。現地において復元することが可能な共通図面の作成を怠った場合、たとえ判決や和解等によって当該事件が終局したとしても、結局、どの範囲で紛争が解決した

のかが不明確になり、その結果、再度の訴訟を余儀なくされる場合もあり得る。また、各当事者が別個の図面を作成し、これを１つの図面にまとめる作業が行われなかった場合には、各図面において特定された各地点の対応関係が明確ではなくなるため、審理に際して誤解等が生じやすくなり、判断の誤りを招きかねない。したがって、共通図面を作成することは、必須であるといっても過言ではなく、そのために、裁判所において適切かつ強力な訴訟指揮を行うことが望ましい。

(3) 専門委員の関与

また、事案によっては、土地家屋調査士等の資格を有する専門委員を手続に関与させ、あるいは事件を調停に付して専門家調停委員の関与の下で手続を進めることが、資料の収集や紛争の実情の把握のために有効であり、和解や調停による早期の紛争の解決に資する場合が多い。

3. 和解条項の作成等に関する注意点

(1) 所有権の範囲の合意

境界確定訴訟についての通説的な見解によると、同訴訟においては具体的な請求権は存在しないので、請求の放棄・認諾はあり得ないうえ、境界は国家が定めた区画を示す線であり公法上のものであるから、当事者の合意によってそれを決定することは許されず、裁判上の和解において境界そのものを決めることは許されない。したがって、境界確定訴訟において裁判上の和解をする場合には、境界そのものについて合意をするのではなく、所有権の範囲についての合意をし、必要に応じて、係争地についての明渡しに関する合意をしたり、係争地についての移転登記手続（これに先立って、当該部分の分筆登記を行う必要がある）に関する条項を作成することになる。なお、この場合には、後に、係争地の位置関係が不明確になるなどして紛争が蒸し返されることを避けるために、審理中に実測に基づいて作成された共通図面を使用して、和解の対象となる土地の範囲について疑義が生じないようにすることが必要である。

(2) 訴訟終了の合意、訴えの取下げの合意

境界確定訴訟において裁判上の和解を成立させるに際しては、請求を所有権確認の訴え等の所有権に基づくものに交換的に変更させる場合もないではない

が、裁判上の和解においては、訴訟物以外の権利関係についての和解をすることも可能であるから、そのような手続を踏まないほうが一般的であると考えられる。もっとも、後者の処理をする場合には、境界確定訴訟自体が和解によって終了したのか否かが定かではなくなるという問題があるので、和解条項中に、境界確定訴訟についての訴訟終了の合意が成立した旨を記載するか、あるいは、原告による訴えの取下げと被告が取下げに対して同意した旨を記載する必要があると考えられる。

Ⅳ 通行権をめぐる紛争

1. 通行の根拠となる権利等

(1) 通路の利用関係

通行権をめぐる紛争は、多くの場合、土地の地理的状況等によって、公道に至るために他人所有の隣接する土地を通路として利用しなければならない場合に発生しており、当該通路に塀や柵を設置したり、ごみ箱等の妨害物を置いたりするという態様で通行妨害行為が行われるものが多い。

通行のために他人の土地を通路として使用する権原は、公道に至るための他の土地の通行権(以下、「囲繞地通行権」という)、通行地役権、賃借権または使用借権等の権利関係から発生するが、実際の紛争においては、どのような権原に基づいて通行が行われているのかが必ずしも明らかではない場合が多いうえ、法的な権原に基づくものではなく、近隣の情誼等から事実上通行が許容されているにすぎない場合も存在する。

したがって、通行権をめぐる紛争においては、当該通路の利用関係が法的な権原に基づくものであるのか、法的な権原に基づくものである場合には、どのような権利関係に基づくものであるのかを明らかにする必要がある。また、通

---

6 具体的な和解条項等については、後藤勇=藤田耕三編『訴訟上の和解の理論と実務』(西神田編集室・1987年)中の「境界確定訴訟と和解」266〜267頁、星野雅紀編『和解・調停モデル文例集〔改訂増補三版〕』(新日本法規出版・2011年)199〜203頁、梶村太市=深沢利一『和解・調停の実務〔補訂版〕』(新日本法規出版・2007年)733〜735頁を参照。

行権が法的な権原に基づくものである場合にも、通路の範囲や具体的な通行の内容について争いがある場合もあるので、その点についての当事者の認識も明らかにする必要がある。

そこで、まず、通行権の根拠となり得る権利関係について概観する。

(2) 囲繞地通行権

(ｱ) 囲繞地通行権の主張の根拠

他の土地に囲まれて公道に通じない土地の所有者または地形上これと同様の状況にある土地の所有者は、公道に至るため、その土地を囲んでいる他の土地を通行することができる（民210条1項・2項）。一般に、他の土地に囲まれて公道に通じない土地を「袋地」、袋地を囲んでいる土地を「囲繞地」、地形上、袋地と同様の状況にある土地を「準袋地」とよんでいる。囲繞地通行権の法的性質は、地役権のように所有権から独立した別個の物権ではなく、袋地所有権の一内容とされており、囲繞地の所有者が袋地の所有者の立入りを妨害することは、袋地の所有権そのものに対する妨害と考えられ、この妨害排除請求権としての権能が、同通行権の本質をなすものと理解されている。そのため、袋地の所有権を取得した者は、所有権取得登記を経由していなくても、囲繞地の所有者やこれについて利用権を有する者に対して、囲繞地通行権を主張することができると解されている[7]。

(ｲ) 囲繞地通行権の行使

囲繞地通行権においては、通行の場所および方法は、当該通行権を有する者のために必要であり、かつ、他の土地のために損害が最も少ないものを選ばなければならないものとされており（民211条1項）、当該通行権を有する者は、その通行する他の土地の損害に対して償金を支払わなければならない（民212条本文）。もっとも、分割によって袋地が生じた場合や、土地の所有者がその土地の一部を譲り渡した場合（土地の所有者が一筆の土地全部を同時に分筆譲渡し、これによって袋地が生じた場合も同様である）[8]においては、袋地の所有者は、

---

[7] 最判昭和47・4・14民集26巻3号483頁（同事件の解説である小倉顕「判解」最判解民〔昭和47年度〕20頁（〔4〕事件）も参照）。

[8] 最判昭和37・10・30民集16巻10号2182頁（同事件の解説である安倍正三「判解」最判解民〔昭和37年度〕392頁（〔122〕事件）も参照）。

公道に至るため、他の分割者の所有地のみを、償金を支払うことなく通行することができる（民213条1項・2項）。そして、同条によって通行の対象となる土地（残余地）について特定承継が生じた場合にも、同条による囲繞地通行権は消滅しない[9]。

　(ウ)　囲繞地通行権の成否

　囲繞地通行権の成否に関しては、公道に通じる既存の通路があるものの、自動車等による通行が可能な幅員が確保されていない場合に、囲繞地通行権が成立するか否かが問題になることがある。自動車による通行は、囲繞地通行権の当然の内容をなすものとは考えられていないものの、土地の形状、面積および用途等を考慮して、当該土地にふさわしい利用をするためにその通路が不十分である場合には、当該土地を袋地として囲繞地通行権を認めるのが相当である場合もあり得る[10]。なお、自動車等による通行を前提とする囲繞地通行権を認めるべきか否かについては、他の土地（囲繞地）について自動車による通行を認める必要性、周辺の土地の状況、自動車による通行を前提とする囲繞地通行権が認められることによって他の土地の所有者が被る不利益等の諸事情を総合考慮して判断すべきであるとされている[11]。また、その他、建築基準法43条1項等の行政法規に適合するような内容の囲繞地通行権の成立を認めるべきか否かが問題になることがあるが、袋地の現在の利用に支障がない場合には、これを否定的に解するのが一般的である[12]。

(3)　通行地役権

　(ア)　通行地役権の設定契約

　通行地役権は、一定の土地（要役地）の通行のために他人の土地（承役地）を利用する物権であり、設定契約によって成立するものであるが（民280条）、

---

[9]　最判平成2・11・20民集44巻8号1037頁（同事件の解説である滝澤孝臣「判解」最判解民〔平成2年度〕363頁（〔24〕事件）も参照）。

[10]　大判昭和13・6・7民集17巻1331頁、安藤一郎『私道の法律問題〔第6版〕』（三省堂・2013年）136頁、志田原信三「判解」最判解民〔平成18年度〕348頁（〔15〕事件）の解説も参照。

[11]　最判平成18・3・16民集60巻3号735頁（同事件の解説である志田原・前掲判解（注10）348頁も参照）。

[12]　最判昭和37・3・15民集16巻3号556頁（同事件の解説である田中永司「判解」最判解民〔昭和37年度〕96頁（〔31〕事件）も参照）。

時効によって取得することもあり得る（民283条）。なお、設定契約は黙示的なものでもよく、実務上は、黙示的な設定契約による通行地役権の成立が主張される場合が多い。特に、分譲地内の私道については、関係者の間で通行地役権が黙示的に設定されたとみられる場合が多いが、これには、分譲に際して、売主に留保されて通行の用に供せられる場合（特定人留保型通行地役権）や、通路部分の一部ずつを分譲地の所有者が所有する場合（交錯的通行地役権）等がある。[13]

(イ)　通行地役権の対抗要件

　通行地役権の対抗要件は登記であるが（民177条）、前記のとおり、通行地役権は、黙示的な設定契約によって成立することが少なくないことから、実際には未登記の通行地役権も多く、そのため、通行地役権を承役地の譲受人（特定承継人）に対抗することができるかどうかが争われることがある。この点について、判例は、通行地役権の承役地が譲渡された場合において、譲渡の時に、承役地が要役地の所有者によって継続的に通路として使用されていることがその位置、形状、構造等の物理的状況から客観的に明らかであり、かつ、譲受人がそのことを認識していたかまたは認識することが可能であったときは、譲受人は、通行地役権が設定されていることを知らなかったとしても、特段の事情がない限り、地役権設定登記の欠缺を主張するについて正当な利益を有する第三者にあたらないとしている。[14] また、通行地役権の承役地が担保不動産競売により売却された場合において、最先順位の抵当権の設定時に、すでに設定されている通行地役権に係る承役地が要役地の所有者によって継続的に通路として使用されていることがその位置、形状、構造等の物理的状況から客観的に明らかであり、かつ、上記抵当権の抵当権者がそのことを認識していたかまたは認識することが可能であったときは、通行地役権者は、特段の事情がない限り、登記がなくとも、買受人に対し、当該通行地役権を主張することができるものとされている。[15]

13　安藤・前掲書（注10）268頁以下。
14　最判平成10・2・13民集52巻1号65頁（同事件の解説である近藤崇晴「判解」最判解民〔平成10年度〕86頁〔〔3〕事件〕も参照）。
15　最判平成25・2・26民集67巻2号297頁（同事件の解説である柴田義明「判解」最判解民〔平成25年度〕40頁〔〔2〕事件〕も参照）。

(ウ)　通行地役権の時効取得

　通行地役権を時効により取得するためには、継続的に行使され、かつ、外形上認識することができるものであることが必要である（民283条）。そして、判例は、「継続」の要件として、承役地たるべき他人所有の土地上に通路の開設を要し、その開設は要役地所有者によってされることを要するものとしている[16]。なお、通路の開設が要役地所有者によって行われた場合でなくても、要役地所有者が自己のためにする意思をもって自ら当該通路の維持管理を行い、かつ、引き続き通行してきた場合には、「継続」の要件を備えるとみることも可能ではないかと考えられる[17]。

(4)　**賃借権または使用借権等の債権契約に基づく通行権**

　通行権は、賃借権や使用借権といった債権契約によっても成立する。通行を目的とする無名契約としての土地の利用契約を締結することも可能である。もっとも、通行を目的とする権利は、それが賃借権である場合にも、建物所有を目的とする賃借権のように物権化されてはいないうえ、登記をすれば第三者に対抗することはできるものの（民605条）、賃貸人には特約がない限り登記に協力する義務はないため、登記がされることはほとんどない（賃借権ではない場合には登記することもできない）。したがって、通行権の対象となっている土地の所有者が第三者に当該土地を譲渡した場合には、その第三者に対して通行権を対抗することができなくなるという問題がある。もっとも、当該土地を取得した者が、自己に何らの不利益がないのに通行を拒否する場合には、それが権利の濫用と評価されることはあり得る。

(5)　**位置指定道路について通行妨害が行われた場合の人格的権利としての妨害行為の禁止を求める権利**

　建築基準法42条1項5号の規定による位置の指定を受け現実に開設されている道路を通行することについて日常生活上不可欠の利益を有する者は、上記道路の通行をその敷地の所有者によって妨害され、または妨害されるおそれがあるときは、敷地所有者が上記通行を受忍することによって通行者の通行利益を

16　最判昭和30・12・26民集9巻14号2097頁（同事件の解説である大場茂行「判解」最判解民〔昭和30年度〕265頁（〔139〕事件）も参照）。

17　最判昭和33・2・14民集12巻2号268頁の補足意見参照。

上回る著しい損害を被るなどの特段の事情のない限り、敷地所有者に対して上記妨害行為の排除および将来の妨害行為の禁止を求める権利（人格的権利）を有するものとされている。[18]

2. 審理の進め方

(1) 通路の利用関係

通行権をめぐる紛争においては、まず、当該通路の利用関係が法的な権原に基づくものであるのか否かを検討する必要がある。法的な権原に基づかない場合には、当事者間の話し合いによって新たに利用権原を設定することが可能であれば、そのような方法をとることになるが、それが困難な場合には、権原がないことを前提として、当該通路の利用に関するルールを定めるなどして紛争の解決を図るしかないことになる。

(2) 通路利用の権利関係

当該通路の利用が法的な権原に基づくものである場合には、どのような権利関係に基づくものであるのかを明らかにする必要があるが、通行権は明示的な合意によって設定されることは比較的少なく、また、明示的な合意によって設定された通行地役権は登記されることが多いためか、紛争が生じることは比較的少ない。そのため、通行権をめぐる紛争の場面で、当事者が主張する権原は、囲繞地通行権であるか黙示的に設定された通行地役権であることが多く、また、通行地役権の時効取得の主張がされることもある（なお、これらが選択的に主張されることも多い）。

(3) 囲繞地通行権における考慮事情

このうち、囲繞地通行権については、通行の場所（通行権が認められる範囲）および方法が、通行権者のために必要であり、かつ、囲繞地のために最も損害の少ないものを選ばなければならないとされていることから（民211条1項）、審理に際しては、当事者が囲繞地通行権の存在を主張する具体的な通路について、袋地と公道との位置関係、既設通路の有無やその幅員等、袋地および囲繞地の利用状況、これらの土地の周辺の土地の利用状況、囲繞地の所有者が被る

---

18 最判平成9・12・18民集51巻10号4241頁（同事件の解説である野山宏「判解」最判解民〔平成9年度〕1439頁（〔60〕事件）も参照）。

損害の内容や程度等を明らかにする必要があり、このような観点からみて当該通路の具体的な利用状況が、囲繞地通行権として相当なものといえるか否かを検討する必要がある。

また、土地の分割や、土地の所有者がその土地の一部を譲り渡すことによって公道に通じない土地が生じた場合には、当該土地の所有者は、公道に至るため、他の分割者や土地の譲渡人の所有地のみを通行することができるとされていることから（民213条1項前段・2項）、囲繞地および袋地を含む周辺の土地の分筆の経緯や譲渡時の経緯等についても早期に確認する必要がある。

(4) 通行地役権における考慮事情

通行地役権については、前記のとおり黙示的な設定契約がされたといえるか否かが問題になることが多いところ、その多くは土地の分譲に伴うものである。したがって、この場合も、土地の分筆の経緯や分譲時の経緯等を早期に確認する必要がある。また、通行地役権の時効取得が問題になる場合には、当該通路の開設の時期や開設者、通路の維持管理の状況等を確認する必要がある。

(5) 実測図面の作成

なお、通行権をめぐる紛争においても、後に紛争が再燃することを避けるために、訴訟の早い段階で、専門家の協力を得て実測図面を作成し、その中で当該通路の位置や範囲を明確にしておくことが望ましい。

3. 和解条項の作成等に関する注意点

(1) 通行権の法的性質等の明確化

通行権をめぐる紛争において和解をする場合に、通行権があることを確認する条項を作成するに際しては、後に紛争が生じることを避けるため、その法的性質を明確にしておくことが望ましいと考えられる。なお、通行権の性質が地役権である場合には、地役権にはさまざまなものがあることから、それが通行を目的とするものであることも明確にしておく必要がある。また、和解や調停調書には、実測図面を添付して通行権が存在する位置や範囲を明らかにするのが相当である。

(2) 第三者への和解条項の承継

通行権の中でも、所有権の一内容である囲繞地通行権や、物権である通行地

役権については、当事者のいずれかが所有地を第三者に譲渡した場合でも、その権利を第三者に対抗したり、第三者において当該権利を主張することができるが、債権契約に基づく通行権については、当事者のいずれかが所有地を第三者に譲渡した場合には、当該権利や義務は第三者には承継されないことになる。そのため、債権契約に基づく通行権が問題になる場合は、当事者双方が、各所有地を第三者に売却する際に、その買主に対し、和解（調停）条項によって定めた権利・義務を承継させる義務を負う旨の条項を設ける場合が多い。このような条項を設けた場合であっても、当該義務の履行がされない場合には、和解（調停）条項によって定めた権利・義務が承継されることにはならないものの、後に紛争が生じることを避けるためには、このような条項を設けておくことが望ましく、当事者にその旨を十分説明したうえで、理解を求める必要がある。[19]

Ⅴ　その他の相隣関係および近隣関係に関する紛争

1.　導管設置権をめぐる紛争

(1)　紛争の性質

現代の生活においては、水道、下水道、ガス、電気、電話等は必要不可欠なものであるところ、その利用のための導管および導線等を公道に埋設されている公共の水道管、下水道管、ガス管、電線および電話線等に接続するために他人の土地を使用しなければならない場合について、民法にはその点に関する規定が存在しない。近時は土地の細分化が進み、公道に接しない土地が多数生じていることから、隣接する土地の所有者の間で、水道管や下水道管等の設置をめぐる紛争が発生することが増加している。

(2)　導管設置権の根拠

一般に、水道管、下水道管、ガス管、電線および電話線等の設備を利用するための導管等を設置するために他人の土地を使用しなければならない土地の所

19　具体的な和解条項等については、星野編・前掲書（注6）737〜739頁を参照。

有者は、他人の土地を使用して導管等を設置する法律上の権利を有すると解されている（なお、下水道については、下水道法11条が、公共下水道への排水設備の設置等について、土地所有者に受忍義務を課しており、最も損害の少ない場所、方法を選ぶべきこと（同条1項後段）、その結果、他人に損失を与えた場合には、土地を使用した者はその損失を補償しなければならないこと（同条4項）に関する規定が設けられている）。この権利は、「法定導管設置権」とよばれている。判例は、宅地の所有者が他人の設置した給排水設備を当該宅地の給排水のため使用することの可否について、民法220条、221条の類推適用としてこれを認めており、①宅地の所有者が、他の土地を経由しなければ、水道事業者の敷設した排水管から当該宅地に給水を受け、その下水を公流、下水道等まで排出することができない場合であること、②他人の設置した給排水設備を当該宅地の給排水のため使用することが他の方法に比べて合理的であること、③その使用により当該給排水設備に予定される効用を著しく害するなどの特段の事情のないことの、各要件を具備した場合に、宅地の所有者に既存の給排水設備の使用権を認めている[20]。なお、給排水設備の使用権が認められた場合には、設備の所有者は、設備を使用する宅地所有者に対し、別途設備の設置および保存の費用の分担を求めることが可能である（民221条2項）。

(3) 囲繞地通行権との関係

なお、囲繞地通行権が認められる袋地については、当該通行権の対象土地の地下または地上に導管を設置すれば足りるとも考えられるが、囲繞地通行権の対象となるべき土地と導管を設置すべき場所とは必ずしも一致するわけではなく、導管を設置すべき場所の選定は、囲繞地通行権とは別個、独立に検討されるべき問題であると解される。

また、水道管やガス管等の敷設に関しては、当事者間で合意が整えば、これを目的とする地役権を設定することも可能である。

---

[20] 最判平成14・10・15民集56巻8号1791頁。なお、最判平成5・9・24民集47巻7号5035頁は、隣地使用権それ自体は肯定しながら、当該事案については権利の濫用にあたると判断した（これらの事件の解説（太田晃「判解」最判解民〔平成14年度〕832頁（〔34〕事件）、滝澤孝臣「判解」最判解民〔平成5年度〕871頁（〔39〕事件））も参照）。

2. 境界付近の利用の仕方に関する紛争

　土地の所有権は、当該土地の全面に及んでおり、所有者は、所有物を自由に使用できるのが原則である。しかし、特に土地の境界付近については、その使用の仕方次第で、隣接地の使用に大きな影響を生じることがある。そのため、民法は、境界付近の利用の仕方に関する規定（民223条〜238条）を定めている。

　境界付近の利用の仕方に関しては、塀等の囲障の設置（民225条）や、境界付近の建築の制限（民234条）、窓やベランダ等における目隠しの設置（民235条）が問題になるほか、隣接する土地の一方にある樹木の落ち葉が他方の土地に侵入することをめぐって紛争が生じ、竹木の枝の切除や根の切取り（民233条）が問題になることも少なくない。

3. 近隣騒音等に関する紛争

　マンションおよびアパート等の共同住宅や、分譲住宅地等における騒音（生活音、子どもの声、ペットの鳴き声および楽器の音等）に関する紛争や、分譲住宅地における共同通路の利用方法（ごみの出し方、自動車の駐車方法および子どもの遊ばせ方等）をめぐる紛争に関して、人格的な利益の侵害または所有権侵害による不法行為に基づく損害賠償等を求める訴え等が提起されることがある。[21]

　この種の紛争は、加害者・被害者の立場に互換性があることや、建設工事等に伴って発生する騒音等と比較すると騒音等のレベルが高くないうえ、騒音等の発生が多くの場合一過性のものであることなどから、従前は、訴訟提起にまで至るものはそれほど多くはなかったが、近年、権利意識の高まりとともに、訴訟提起がされる事案が増加している。これらの紛争では、騒音等の迷惑行為があるのか否かおよびそれが受忍限度を超える程度に至っているのか否か等が争われることになるが、ほとんどの場合、被害者側・加害者側の双方の事実認識に齟齬があり、その結果、当事者双方が、自宅に監視カメラ等を設置するなどして、相互に行動を監視するような事態になることも稀ではない。また、加

---

[21] 近隣騒音等に関する紛争については、山口和男編『裁判実務大系(16)不法行為訴訟法(2)』（青林書院・1987年）181頁の「近隣の迷惑と不法行為責任」を参照。

害者側とされる住民が、近隣住民らから、いわゆる村八分のような扱いを受ける状態になることも多く、訴訟等に至るような事案では、当事者双方の悪感情がエスカレートし、全人格的な紛争といった様相を呈し、審理に困難を伴うことが極めて多い。

4. 審理の進め方

(1) 導管設置権をめぐる紛争

　導管設置権をめぐる紛争においては、前記1(2)において指摘した判例の要件を満たしているか否かについての審理を行うことになる。なお、同(3)で指摘したとおり、囲繞地通行権が認められる袋地についての導管を設置すべき場所の選定は、囲繞地通行権とは別個、独立に検討されるべき問題である。特に、公道に埋設されている公共の水道管、下水道管およびガス管等の位置等との関係で、どの位置に導管等を設置するのが合理的かが問題になることから、当事者において、特に技術的な観点から、導管等を設置する工事業者との打合せを行い、その結果を踏まえてその位置等の選定を行う必要がある。

(2) 境界付近の利用の仕方に関する紛争

　境界付近の利用の仕方に関する紛争に関しては、当該現場の客観的状況を的確に把握することが必要である。したがって、当事者から現場の図面や写真を提出させることが必要であり（写真については、どの部分をどの方向から撮影したのかを図面を用いて明確にさせておく必要がある）、場合によっては、進行協議期日を指定するなどして、現地の状況を事実上確認することも有用である。

(3) 近隣騒音等に関する紛争

　近隣騒音等に関する紛争については、前記のとおり、騒音等の迷惑行為があるのか否かや、それが受忍限度を超える程度に至っているのか否か等がまず問題になることから、この点についての審理を行うことが必要になる。

　もっとも、この種の事案では、紛争が生じるに至った経緯をはじめとする事実認識が当事者双方で大きく食い違っていることが多く、また、加害者側とされる当事者から、相手方当事者においても同様の迷惑行為を行っている旨の主張がされることも多い。そのため、当事者双方に事実関係を明らかにするための立証を行わせる必要があるものの、実際に立証を行わせた場合、周辺の住民

等を巻き込む形で紛争が拡大することが避けられず、感情的な対立が激化して、新たな紛争を惹起する可能性が高い。本来、この種の紛争は、住居ひいては生活そのものの平穏にかかわるものであることから、他の近隣紛争以上に和解等による解決を図ることが望ましいということができるので、この種の事案では、双方にある程度の主張を行わせ、事実関係についての当事者双方の認識がおおむね明らかになった段階で、話し合いによる解決の方法を模索するのが相当である。そのためには、できるだけ早期に和解のための期日を設けたうえで、当事者双方から直接話を聴くなどし、その中で、当事者双方に対して、個々の事実関係の有無を探求するよりも、むしろ近隣住民同士が、今後安心して平穏に生活することができるようなルールづくりをする方向での検討を促すのが妥当な場合が多いのではないかと考えられる。

5. 和解条項の作成等に関する注意点

(1) 相隣関係に関する紛争

　相隣関係に関する紛争は、日常生活に密着しているものであることから、法的な紛争ではありながら感情面の対立が中心になることが多く、また、当事者の関係が将来的にも継続することから、和解条項等を作成する場合にも、この点に配慮する必要がある。

　もっとも、将来生じる可能性のあるあらゆる紛争を念頭において和解条項等を作成することは困難であることから、和解条項としては、現時点で解決しなければならない問題に関する条項のほかに、近い将来に生じる可能性がある問題について、一定のルールを設けておくことも必要である（たとえば、竹木の枝の切除や根の切取り等が問題になる事案では、今後同様の問題が生じた場合の手順等をあらかじめ定めるなど）。なお、相隣関係に関しては、当事者間であらかじめ合意をしなくても、民法の規定によって種々の効力が生じるが（たとえば、境界付近において障壁または建物を築造等する場合の隣地の使用権（民209条）や境界に設置された囲障の設置および保存の費用の負担割合（民226条）等）、和解条項等を作成するに際しては、当事者に対するわかりやすさや法律関係の明確化のために、あえてこれらを記載することも多い。[22]

　また、相隣関係に関する紛争に関する和解条項等は、相隣接する土地の所有

者が交替した場合には、これをその承継人に及ぼすことが困難なものが多いことから、承継人との間で紛争が蒸し返されることを防ぐために、承継人に対して和解条項等を承継させることを義務づける条項を設けることもある。

(2) 近隣騒音等に関する紛争

近隣騒音等に関する紛争においても、相隣関係に関する紛争と同様、感情面の対立が中心になることから、和解条項等を作成する場合にはこの点にも配慮する必要があり、当事者の一方にのみ義務を課すような条項にするよりも、当事者双方が了解のうえで、相互に遵守すべき一定のルールを取り決めるという形の条項にするほうが望ましい場合も多いように思われる。

もっとも、和解等を行う場合には、権利義務を明確にし、当事者の一方に侵害行為をしないことを約束させたりする（不作為義務を課す）、侵害に関する一定の防止設備を設置することを約束させたりする（作為義務を課す）ことが必要になる場合もあり、これらの場合には、和解条項等を債務名義（民執22条7号）として強制執行を行うことも想定しなければならないことになる。したがって、当事者に不作為義務を課す場合には、当該義務の内容が抽象的なものにとどまっていると、間接強制を行う段階で違反状態の確認が困難になるので、そのような事態を避ける必要があるし、また、作為義務を課す場合には、代替執行または間接強制をする関係で、当該義務の内容を客観的に特定することが可能となる表現を使用する必要がある。[23]

Ⅵ まとめ

近隣事件は、本来、当事者による話し合いの中で解決されるのが相当な類型の事件ではあるものの、実際には、感情的な対立から、話し合いを行う雰囲気が醸成しにくい場合が多い。そのため、裁判所としては、まずは法律関係を的確に整理し、これを踏まえて紛争の解決のための方向性を決定することが必要

---

22 具体的な和解条項等については、星野編・前掲書（注6）176～184頁、梶村＝深沢・前掲書（注6）739～742頁を参照。

23 作為・不作為義務を課す和解条項等を作成する場合の注意点および具体的な和解条項等については、星野編・前掲書（注6）315～319頁を参照。

となるが、それとともに、当事者双方が何を問題視しているのかや、どのようなきっかけで紛争が生じるようになったのかを把握するように努め、その点についての認識を双方で共有化することも必要であると思われる。なお、実際には、これらの問題点についての双方の認識が最終的に一致することは少ないものの、和解等の手続を行う中で、双方が問題視している事項を和解条項等の中に織り込む工夫をすることによって、当事者双方が一応納得し、和解等によって事態を収拾しようという気持になる場合も少なくはない。したがって、近隣事件に関しては、特に、当事者間の紛争の背景事情にも関心をもつことが必要であると考えられる。

(金地香枝)

第12章 保全関係事件と和解

Ⅰ 保全事件における和解の活用

1. 保全事件における和解

　保全事件においては、一定の法律関係を緊急かつ暫定的に作出するために、迅速な処理が求められている。そのため、速やかに決定をすることによって終局する事件が多いものの、他方、事件の種類・内容・進行段階によっては、和解による解決が有効であり、和解を活用することが決して少なくない。

　かつては、保全事件においては、（特に本案の権利または権利関係について）和解ができないとする説もあったが、民事保全法制定の頃には和解をすることができるというのが実務[2]、通説[3]であったため、同法制定にあたっては、わざわざ和解が可能であるとの規定を設ける必要性が乏しいとの理由で、和解に関する規定は設けられなかった[4]。現在は、民事保全法7条が民事訴訟法89条を含む和解についての同法の規定を準用しているとの解釈により、和解が活用されている[5]。

　もちろん、和解をするためには、当事者双方が手続上出頭していることが前提となる。原則として債務者審尋（民保23条4項）を実施する仮の地位を定め

1　法曹会決議昭和15・5・8「強制執行及び競売に関する法曹会決議」民事裁判資料53号（1956年）299頁、菊井維大ほか『仮差押・仮処分〔三訂版〕』（青林書院新社・1982年）53頁。

2　福岡高決昭和30・1・31高民集8巻1号66頁、大阪地判昭和30・1・30下民集6巻1号6頁。

3　兼子一『増補強制執行法』（酒井書店・1955年）307頁、吉川大二郎『増補仮処分の諸問題』（有斐閣・1968年）137頁以下等。

4　法務省民事局参事官室編『一問一答新民事保全法』（商事法務研究会・1990年）42頁。

5　山崎潮監『注釈民事保全法(上)』（民事法情報センター・1999年）141頁。

る仮処分においては、決定前の当初の審理の段階（以下、「発令段階」という）から、和解を視野に入れて手続を進めることになる。他方、実務上原則として債務者審尋をせずに発令する類型である仮差押えと係争物に関する仮処分においては、発令段階で和解をすることは現実的に不可能であり、保全異議、保全取消しの審理において和解が検討されることになる。

　保全事件における和解の活用状況であるが、平成29年に全国の地方裁判所で終局した保全事件のうち、発令手続において債務者審尋をした仮処分事件2357件についてみると、認容決定が762件で32.3％、却下決定が292件で12.4％、和解が676件で28.7％、取下げが616件で26.1％、その他が11件で0.5％である。また、同年に全国の地方裁判所で終局した保全異議・取消事件537件についてみると、認可決定が130件で24.2％、変更決定が13件で2.4％、取消決定が150件で27.9％、却下・棄却決定が7件で1.3％、和解が62件で11.5％、保全命令申立ての取下げが62件で11.5％、保全異議・取消しの取下げが100件で18.6％、その他が13件で2.4％である。債務者審尋をした仮処分の約3割弱、保全異議・取消事件の約1割強が和解で終了しており、紛争解決手段の重要な地位を占めているといえる。

2.　保全事件の和解における2つの方向性

　保全事件においては、民事保全法が定める一定の暫定的な措置をとることが申立ての内容となる。しかし、債権者も債務者も、後で本案訴訟が係属した場合に負担を余儀なくされる時間、費用、労力を考慮し、あるいは感情的な対立が激化して隣人関係が将来的にこじれるのを避けたいとの思いなどから、保全事件が係属したことを契機に、本案の訴訟物やそれに関連した権利関係も含めて、紛争全体を終局的に解決させることを望むことが少なくない。紛争が生じて比較的早い保全事件の段階で紛争が終局的に解決することは、当事者の社会生活・経済活動にとって大きなメリットになろう。このような考慮から、紛争全体の終局的な解決を図る内容の和解（「本案訴訟の訴訟物に関する和解」などといわれることもある。以下、「終局的和解」という）をすることがめざされることになる。

　もっとも、保全事件においては、早期に暫定的な法律関係を形成しないと債

権者の救済が図られないため、紛争全体の終局的な解決を模索する時間的な余裕がない場合や、疎明(民保13条2項)においては即時に取り調べることができる証拠に限定されるという証拠上の制約(民保7条、民訴188条)から、保全事件の審理では被保全権利の存否について裁判所や当事者のコンセンサスが得られず、当事者が本案訴訟での事実の解明を望む場合など、保全事件では紛争全体の終局的な解決に至ることが難しい場合がある。この場合には、次善の策として、紛争全体の終局的な解決を本案訴訟に委ねて、保全事件においては、本案訴訟による解決までの暫定的な措置として、たとえば、本案判決の確定まで一定の範囲内に限った債権者の権利行使のみを認めるなど、当面の措置を講じたり、現状の法律関係や事実関係を凍結・維持したりといった、いわば暫定的な内容の和解(「保全訴訟の訴訟物に関する和解」などといわれることもある。以下、「暫定的和解」という)をめざすことがある[6]。

Ⅱ 和解の進め方と留意点[7]

1. 申立て当初の段階の進行

(1) 早期に紛争の実態を把握する必要

　債務者審尋をする保全事件を処理する場合、裁判所としては、和解による解決も念頭におきながら審理を進めることになる。裁判所が和解を勧試するか、どのタイミングでするかは、通常の訴訟事件と同様に、事案の性質、当事者の意向、裁判所の心証形成の状況などによって異なる。

　保全事件において留意すべきは、迅速処理を要する性質上、申立て当初の早い段階から、紛争の実態の把握に努めることである。被保全権利および保全の必要性の各疎明について見通しをもつことの重要性はいうまでもないが、紛争

　6　保全事件の和解におけるこのような2つの方向性を示すものとして、志水義文「保全訴訟事件と和解」後藤勇＝藤田耕三編『訴訟上の和解の理論と実務』(西神田編集室・1987年) 393頁、田代雅彦「双方審尋手続と和解」菅野博之＝田代雅彦編『裁判実務シリーズ(3)民事保全の実務』(商事法務・2012年) 13頁以下、原井龍一郎＝河合伸一編著『実務民事保全法〔三訂版〕』(商事法務・2011年) 171頁など。

　7　主として、債務者審尋をする保全事件の発令段階での和解を念頭において論じる。

339

の実態を把握することは、事案の実相を踏まえた適切な法律構成を当事者に促すうえでも、その事案にふさわしい解決方法を模索するうえでも、極めて重要である。

(2)　申立て直後の債権者との面談等──紛争の実態の把握

裁判所は、申立てがされた段階で、早期に記録を検討し、債権者に対し、面談や電話等により、主張・疎明の問題点を指摘するとともに、今後の主張・疎明の予定を確認するなどして、その段階での心証を形成する。その際に、紛争に至った経緯、申立てまでの交渉状況、関連するほかの訴訟の有無などを聴取して、紛争の実態を把握するよう努め、あわせて、和解の可能性の有無や内容など、解決方法についての意向を確認する。

保全事件は訴訟に比べて審理時間に制約があることから、この最初の段階でなるべく率直に債権者と意見交換ができると、その後の審理や和解協議が円滑になりやすい。債権者は、疎明が十分にできると思っている場合に、早期の決定を求めるばかりではなく、今後の近隣関係等を考慮して和解による解決を望むケースがあるし、疎明の見込みに難がある場合に、債権者自身がそのことを認識し、早期の和解による解決を望むケースもある。特に代理人がいる場合には、債権者が考えている解決の方向性について、率直に話してもらえることが少なくないように思う。

(3)　発令の見込みが乏しい申立てに対する対応

申立段階における難しい問題は、発令の見込みが最初から乏しい申立てに対する対応である。申立ての中には、発令を得ることが難しいことを債権者自身が理解しながら、裁判所による法的手続である保全事件を利用することで和解を優位に進めることを狙って申し立てているのではないかと思われる事案がある。

債権者・債務者間に紛争が現に生じている以上、保全事件の段階で早期の和解による紛争解決が図られることは有益である。しかし、審尋期日に呼び出された債務者は、適切に対応しないと保全処分が発令されるかもしれないとの不安の中で、弁護士に委任するなどして主張・疎明をする負担を事実上強いられる。この債務者の負担・不利益を軽々に無視することはできない。したがって、一般論としては、面談等の結果を踏まえても、今後の審理によって被保全

権利または保全の必要性を疎明することができないことが明らかである場合には、審尋期日を指定せず、取下げを勧告するのが相当であろう[8]。

もっとも、申立書の内容が主張自体失当である場合は別として、債務者の認否反論を聴かないこの段階で、被保全権利または保全の必要性を疎明できないといいきれるかは、慎重に見極める必要がある。特に、紛争の発端や債権者の窮状が債務者側の言動に何がしか起因している場合には、債務者から事情を聴いて初めて紛争の実態が判明するので、その段階でようやく却下の心証が確実になることがあるし、逆に、実態が判明することで、適切な法律構成の変更等を経て発令に至ったり、妥当な和解による解決に結びついたりすることもある。したがって、硬直的な対応ではなく、紛争全体を俯瞰し、その帰すうをも見据えながら、事案に応じて柔軟に対応する必要があろう[9]。ただ、このような観点から債務者審尋を行う場合、留意すべきことが2点ある。1点目は、いたずらに審理が漂流して債務者の負担が大きくならないようにするため、債権者に対し、現時点の主張・疎明の状況からみて発令の見込みが乏しいことを伝えたうえで、一定の審尋期日を経ても疎明ができず和解にも至らない場合には、申立てを取り下げる旨を事実上約束させ、あるいは取り下げない場合には申立てを却下することをあらかじめ伝えるなどの工夫が必要である[10]。2点目は、発令の見込みが乏しい事案の性質上、仮に和解協議をするとしても、債務者を説得する材料に乏しく、裁判所がイニシアティブを発揮しがたい状況になることが想定されるから、債権者に対し、主張・疎明も和解に向けた利害調整も、債権者自身が積極的かつ主体的に行う必要があることを伝えておく必要がある。

8　田代・前掲論文（注6）15頁も同旨。

9　塚原朋一元判事は、裁判所による強力な和解の勧試のみを目的とする申立てにおいて、裁判所が債権者の思惑どおりに和解勧試を熱心にするかどうかは、「当該裁判所の一般的な運用や、担当裁判官の仕事に対するフィロソフィーと執務上の繁閑如何によるであろう」とし（塚原朋一「保全命令手続における和解」塚原朋一＝羽成守編著『民事保全の申立手続と審理・執行』（ぎょうせい・1994年）150頁）、地上げに絡む保全事件において、悪質なケースは別として、できるだけ和解をしたいとの債権者（家主側）の意向を尊重して、債務者（借家人側）を呼び出し、債務者の立場を配慮したうえ、和解を試み成立させていた事例を紹介する（塚原朋一「地上げ屋に与して抗して」ジュリ923号（1988年）54頁）。

10　瀬木比呂志「民事保全の申立てと審理に関する理論上、実務上の諸問題」東京地裁保全研究会『詳論民事保全の理論と実務』（判例タイムズ社・1998年）54頁参照。

2. その後の進行

　裁判所は、最初の債務者審尋において、被保全権利および保全の必要性に関する債務者の主張・疎明を把握するとともに、債務者からも紛争に至った経緯等を聴取して紛争の実態を把握するよう努め、あわせて和解を含めた解決方法についての意向も聴取する。これによって、和解による解決の可能性を含めた事件処理の方向性を検討することが可能になる。

　その後は、必要に応じて当事者双方に主張・疎明を促しつつ随時心証を形成し、各時点での当事者の意向も踏まえながら、事案に応じて、和解に向けた調整を適宜行うことになる。

　その際に留意すべきことの1点目としては、和解協議に時間をかけるあまり、債権者に差し迫った危険が現実化しないように留意すべきことである[11]。保全事件の中には、抵当権実行禁止の仮処分、募集株式発行差止めの仮処分、工事禁止の仮処分などのように、一定の時期を過ぎ、あるいは工事等が完成してしまうと、債権者に差し迫っていた危険が現実化してしまい、債権者が仮処分命令を得る意味を失うものがある。そこで、このような事案では、競売事件や工事の進捗状況を常に把握することを心がけ、和解協議をする場合には、その危険が現実化する前に和解を成立させるか、それが難しい場合には和解協議を打ち切って決定をすべきことが求められる。また、多少時間をかけてでも保全事件において和解協議をするのが相当な事案で、それが、たとえば、面談強要禁止や工事禁止の仮処分のように、禁止を求められる行為を行うか否かが債務者の意思に事実上委ねられている場合には、保全事件の係属中は当該行為を行わないことを債務者に任意に約束してもらうなどして、和解協議のための時間を確保することも有用である。

　留意すべきことの2点目は、和解協議を行う場合であっても、基本的には、被保全権利や保全の必要性についての審理を継続することである。保全事件は、迅速な処理が求められることから、和解協議のみにあまり時間をかける余裕はない。保全事件の中には、上記のように一定の時期を過ぎると債権者の危

11　須藤典明ほか『リーガル・プログレッシブ・シリーズ(1)民事保全〔三訂版〕』(青林書院・2013年) 156頁。

険が現実化するもののほか、通行妨害禁止の仮処分を求める事案のように、現に債権者に不都合な状態が生じているものもある。そこで、和解協議を進める場合であっても、他方では、和解に至らなかった場合に速やかに決定をすることができるよう、並行して当事者双方に必要な主張・疎明を行わせることが必要である[12]（その結果として、和解期日を別途設けることなく審尋期日の中で和解協議をもせざるを得ないことから、1回の審尋期日の途中で和解協議に移行する場合には、当事者に対してその旨を明示して、手続を明確にしておくのが相当であろう）。

　留意すべきことの3点目は、債務者が意図して行う引き延ばしに乗らないように注意することである[13]。発令が可能な事案であっても、合理的な終局的和解を模索して和解協議を行う場合があるが、債務者が、債権者に不利益を与え続けようとするなどの意図から、和解協議の引き延ばしを図ることがある。債務者にそのような態度がうかがわれる場合には、和解協議を打ち切って、速やかに発令することを検討すべきである。

3. 和解条項の事前検討

　保全事件では、迅速性の観点から、和解条項の検討のみのために次回期日を指定することが難しい場合がある。そこで、和解協議の結果、紛争解決の方向性がみえてきた場合には、早期に和解条項の確定ができるように、裁判所があらかじめ和解条項の案文を検討・準備しておいたり、審尋期日で解決のおおまかな方向性についての共通認識を確認したうえで、期日間に代理人間で協議して細部を含めた具体的な和解条項案を作成するよう依頼することが考えられる。

12　和解協議をする場合でも、審理の迅速性に留意すべきことを指摘するものとして、志水・前掲論文（注6）397頁。
13　逆に、発令後の異議審での和解においては、保全執行がされた状態をなるべく維持したい債権者が引き延ばしを図る可能性がある。異議審での審理状況に鑑みて取消しが相当と思われる場合に、いたずらに和解協議が長引くことによって、債務者が不当な不利益を被らないように留意する必要がある。

4. 事実上の解決に基づく取下げ

　取下げで終了する事件の中には、審理あるいは和解協議の結果、債権者が申立ての目的を達して取り下げるものがある。そのプロセスや機能は和解に類似している。

　たとえば、妨害行為や面談強要の禁止の仮処分を求める事案において、債務者が当初は自己の行為の正当性に固執し、今後も同様の行為をする意向を示していたが、審理を踏まえた裁判官の説得等によって当該行為に問題が含まれることを理解し、今後同様の行為をしないことを債務者が了承した、ただ、立場や感情に由来して、一方的に不作為義務を負う内容の和解条項にすることを債務者が拒んでいる、というケースである。実質的な解決の方向性について両当事者の認識は一致し、債権者の危険が今後現在化するおそれはない状況になったものの、両当事者が折り合える和解文言が見出せない結果、和解が成立しないこととなる。このような場合には、同様の行為をしない（あるいは、するつもりがない）旨を記載した債務者の主張書面や上申書等の書面を提出させるか、審尋調書[14]にその旨の債務者の陳述を記載したうえで、債権者が申立てを取り下げて事件が終了する（債権者としても、債務者の行為を止めさせるという申立ての本来の目的を一応達したこと、裁判官が当該陳述を信用できると考えた場合には申立てが却下される結果となること、万が一債務者が当該陳述に反して同様の行為を繰り返した場合には、再度申立てをすることができ、この場合には速やかな発令が一般的には期待できることから、取下げに応じることが通常である）。

　この場合に留意すべきこととしては、債務者の上記の陳述は、当該行為をするつもりがない旨の当事者の意向を表明したものであり、法的な約束をする趣旨ではないのが通常であるから、審尋調書の記載にあたっても、執行力を有する法的な合意との誤解が生じないように留意する必要があり、当事者にもその旨を告げておく必要があろう[15]。

---

[14] 発令段階の審尋調書は、裁判長が作成を命じたときを除き、作成することを要しないとされており（民保規8条1項）、実務では、特別な事情がない限り作成しないのが一般ではないかと思われる。したがって、この場合には、作成を命じることになる。

[15] 瀬木・前掲論文（注10）56頁、瀬木比呂志『民事保全法〔新訂版〕』（日本評論社・2014年）240頁参照。

III 和解成立と和解条項

1. 和解成立と保全事件の終了

　和解が成立すると、審尋調書を作成して、和解内容を記載する。調書に記載された和解内容は、確定判決と同一の効力を有する（民保7条、民訴267条[16]）。

　和解が成立した場合、保全事件の申立てを取り下げる旨の和解条項を設けることが少なくないが、和解が成立したときには、それが申立ての一部についての和解である場合を除き、保全事件は当然に終了することになると解される[17]。

2. 和解条項における留意点[18]

　保全事件の和解も、訴訟上の和解として給付条項が執行力をもつことから、通常の訴訟上の和解の場合と同様に、執行不能となることがないように留意する必要がある。

　そのほか、保全事件の和解条項に特有の留意点として、次のことが指摘できる。

　① 本案訴訟の訴訟上の和解においては、和解調書に請求の趣旨および原因を記載して訴訟物の特定がされるが、保全事件の場合にはそのような記載がされず申立書の引用がされるにとどまることもあるから、いかなる実体法上の権利について和解が成立したのかが、和解条項の記載において明確になるようにする必要があろう[19]。

　② 交通事故の被害者に対して一定期間、一定額の金員を仮払する和解をした場合のように、暫定的和解をした場合には、次の点に留意する[20]。

16　民事訴訟法267条の準用については否定説もあるが（山本和彦ほか編『新基本法コンメンタール民事保全法』（日本評論社・2014年）36頁〔山本和彦〕）、肯定説が通説である（山崎潮監・前掲書（注5）146頁、八木一洋＝関述之編著『民事保全の実務(上)〔第3版増補版〕』（きんざい・2015年）171頁）。

17　塚原・前掲論文（注9）保全命令手続における和解151頁、瀬木・前掲書（注15）238頁。

18　具体的な記載については、後述Ⅲもあわせて参照されたい。

19　塚原・前掲論文（注9）保全命令手続における和解150頁。

ⓐ　暫定的和解に基づく給付が実体法上の権利関係にどのような影響を与えるかが問題になるから、その給付の効果（たとえば、金員の支払が弁済の効力を有する趣旨か、本案訴訟で権利の存在を否定された場合に給付した金員の返還を要する趣旨かなど）を明確にする必要がある。

　ⓑ　定期金の給付や取引関係の継続等を定める場合には、本案訴訟との関係で適当な給付期間・取引期間（たとえば、6か月間、第1審判決言渡しの日までなど）を定める必要がある。

　ⓒ　そのほか、必要に応じて、暫定的な和解であり紛争を本案訴訟で解決すること、暫定的な合意が本案訴訟に影響を及ぼさないことのほか、本案訴訟が未提起の場合には、本案訴訟の提起期間や、本案訴訟を提起しなかった場合の対応（たとえば、1か月以内に本案訴訟を提起しなかった場合には、和解が効力を失うなど）を定めることが考えられる。

③　仮差押えや係争物の仮処分の法律上の効力を合意によって作出することはできないから、当該効力と同内容の効力を生じさせる旨の合意（執行官が係争物を保管する、あるいは執行官が不動産に公示書を掲示するなど）をしたとしても、その合意に基づいて民事保全法に定める保全執行をすることはできない[21]。

④　和解条項の中に、債権者が保全事件の申立てを取り下げる旨の条項を設けることが実務上少なくない。保全事件において和解が成立すると、上記のとおり保全事件は当然に終了するから、和解内容が保全事件の審理対象と異なる場合があることを想定してこのような条項を設ける必要はない[22]が、手続の明確化に資するため、なお一定の合理性は有しよう[23]。他方、保

---

[20] 原井＝河合編著・前掲書（注6）173頁、草野芳郎「民事保全における和解」中野貞一郎ほか編『民事保全講座第2巻』（法律文化社・1996年）320頁、322頁、須藤ほか・前掲書（注11）157頁。
[21] 塚原・前掲論文（注9）保全命令手続における和解147頁。
[22] 塚原・前掲論文（注9）保全命令手続における和解151頁。
[23] 不動産や債権の仮差押えが申し立てられた事案、あるいは不動産の処分禁止の仮処分が申し立てられた事案において、原決定が発令されて当該保全処分の執行がされた後に、異議審で和解が成立した場合をみると、原決定に基づく執行の解放（保全処分の登記の抹消の嘱託や、第三債務者に対する取下げの通知）をするために、仮に和解条項に保全事件の取下げが記載されていたとしても、債権者が別途保全事件の取下書（申立ての取下書であるが、執行申立ての取下げも包含するものとして扱われる）を提出するのが通常と思われる。しかし、債権者が取下書を提出しな

全事件の審理対象は本案訴訟の訴訟物自体ではないから、「その余の請求を放棄する」旨の条項を入れるのは相当でなく、権利関係を明瞭にする趣旨であれば、清算条項で対応すべきであろう。

3. 紛争類型に応じた和解内容および和解条項[24]の留意点

(1) 仮差押えに関する和解

仮差押事件においては、異議審で、債務者が債権者に対して一定額を支払う内容の終局的和解が成立することがある。この場合、上記のとおり支払の根拠となる実体法上の義務を明示する（たとえば「令和○年○月○日に締結した別紙物件目録記載の土地の売買契約の代金として」など）とともに、保全異議における和解では、保全事件を取り下げる旨の条項と、債務者が担保取消しに同意し、取消決定に対する抗告権を放棄する旨の条項を加えるのが通常であろう。なお、保全事件の取下げについては、債務者の支払義務の履行を事実上促す観点から、「債務者が債権者に対して前項の支払をしたときは、債権者は、○○地方裁判所令和○年㈲第○号仮差押命令申立事件の申立てを取り下げる」とする例もある。

(2) 係争物の仮処分に関する和解

建物明渡請求権を被保全権利として建物の占有移転禁止の仮処分が申し立てられた事件の異議審において、一定の明渡猶予期間を定めたうえで債務者が当該建物を明け渡す内容の終局的和解が成立することがある。この場合、

い場合、債務者が和解調書を執行取消文書（民保46条、民執40条1項、39条1項3号）として執行機関に提出して、その執行の取消しを得ることが考えられるから、和解条項に保全事件の取下げを明記することによって、当該和解調書が上記文書に該当することが明確になるというメリットがある（このような見地から保全事件の取下げを和解条項に記載することに一定の合理性があるとするものとして、瀬木・前掲書（注15）239頁。なお、債務者による一定額の支払がされた場合に申立てを取り下げるなど、取下げに条件が付されているときは、執行取消文書に該当しないとするものとして、八木一洋＝関述之編著『民事保全の実務（下）〔第3版増補版〕』（きんざい・2015年）184頁）。

24 保全事件における各種和解条項の例を記載したものとして、裁判所職員総合研修所監『書記官事務を中心とした和解条項に関する実証的研究〔補訂版・和解条項記載例集〕』（法曹会・2010年）158頁以下、星野雅紀編『和解・調停モデル文例集〔改訂増補三版〕』（新日本法規出版・2011年）344頁以下などがある。なお、保全事件の和解でも、終局的和解の場合には、本案訴訟における和解条項に近似する。

> 1　債権者は，債務者に対し，本件建物の明渡しを令和○年○月○日まで猶予する。
> 2　債務者は，債権者に対し，前項の期日限り，本件建物を明け渡す。

との条項を記載するが、明渡しの履行を円滑に行わせるため、

> 3　債務者は，第1項の明渡猶予期間中，本件建物についての占有を他人に移転し，または占有名義を移転しない。
> 4　債務者が前項に違反したときは，債務者は，第1項の期限の利益を失う。

という条項を加えることも考えられる[25]。

また、建物の明渡断行の仮処分[26]が申し立てられた事件において、本案判決確定まで債務者に建物の使用を許すが、その間債務者は建物の占有を移転させないという内容の暫定的和解をする場合、上記のとおり、占有移転禁止の仮処分等の法定された保全処分の内容と同一の合意をしても、当該保全処分と同じ法律上の効果を発生させることはできないから、占有移転の禁止を合意して、その違反に対して違約金を定める条項を設けたり、別途占有移転禁止の仮処分を申し立てるとの条項を設けることになる[27]。

(3)　仮の地位を定める仮処分に関する和解
　(ア)　金員仮払仮処分、建築工事差止仮処分、明渡断行の仮処分

これらの仮処分が申し立てられた事案では、発令された場合に債務者に与える影響が大きいこともあり、暫定的和解が活用されることが少なくない。この場合の和解条項においては、前記2②に記載した各点に留意する必要がある。

たとえば、金員仮払仮処分事件において暫定的和解をする場合には、

> 1　債務者は，債権者に対し，○○（支払名目）として，○○（時期）から本案判決言渡しまで，毎月末日限り金○○円を仮に支払う。

---

[25]　裁判所職員総合研修所監・前掲書（注24）158頁。
[26]　厳密には仮に地位を定める仮処分である。
[27]　塚原・前掲論文（注9）保全命令手続における和解147頁。

> 2 債権者が1か月以内に本案訴訟を提起しなかった場合，又は，本案訴訟が判決以外の原因で終了した場合は，本和解は効力を失い，債権者は債務者に対し受領した金員を返還する。
> (以下省略)

とすることや、[28]

> 1 債務者は債権者に対し，本件交通事故による損害賠償金の仮払として，令和〇年〇月から令和〇年〇月まで，毎月〇万円の割合による金員の支払義務があることを認める。
> 2 債務者は，債権者に対し，前項による金員を，毎月末日限り，債権者方に持参または送金して支払う。
> 3 債権者と債務者は，令和〇年〇月以降の仮払については，別途協議する。

に続けて、

> 4 債務者は，債権者に対し，本案判決により債務者の本件損害賠償義務のないことが確定した場合においても，第1項の金員の既払分に関し，裁判上一切の返還請求をしない。

としたり、[29]

> 4 本案判決により損害賠償金の額が確定し，第1項の仮払金が上記確定金額を超過したときは，債権者は，債務者に対し，直ちに上記超過額を返還する。[30]

とすることが考えられる。また、支払義務があることに争いはなく額に争いがある場合には、争いのない額の範囲内で、仮払ではなく一部弁済とすることもある（この場合には、本案判決の結果による清算を問題とする必要がない）。

また、債権者所有地にある債務者所有建築物の撤去を求めた仮処分事件にお

28　草野・前掲論文（注20）322頁。
29　裁判所職員総合研修所監・前掲書（注24）166頁。
30　星野・前掲書（注24）363頁。

いて、それが土地の境界争いに起因しているため、本訴でその争いが決着するまで現状を維持する内容の暫定的和解をする場合には、

> 1　債権者及び債務者は，別紙物件目録記載1（土地1）及び同2（土地2）の各土地に関する，債権者を原告，債務者を被告とする境界の確定に関する訴訟が終了するまで，別紙図面のイ，ロ，ハ，ニ，イの各点を順次直線で結んだ範囲の土地に，塀その他の建造物を設置するなど，現状を変更する行為をしない。
> 2　債権者は土地1を，債務者は土地2を，それぞれ前項記載の訴訟が終了するまで，第三者に譲渡しない。
> 3　債権者が，本和解成立後3か月以内に，本件各土地の境界に関する訴訟を提起しなかったときは，本和解はその効力を失う。
> 4　債権者は，本件申立てを取り下げる。
> 5　債権者及び債務者は，本和解が双方の既往の権利義務及び法律関係に何らの影響も及ぼさないことを，相互に確認する。
> （以下省略）

などとすることが考えられる。

　(イ)　インターネット関係の仮処分

　近時増加しているインターネット関係の仮処分においても、和解で終了する事件が多いが、和解が成立するかは事件類型や債務者による差が大きい。発信者情報開示の仮処分については、開示したことによって後に債務者が投稿者から損害賠償を請求される可能性があることから、債務者が和解に応じることが期待しづらい類型と思われる。

　他方、発信者情報消去禁止仮処分は、投稿者に直ちに不利益となるものではなく、債務者の不利益も少ないので、和解に応じることも多い。この場合、発信者情報を消去しない期間としては、「本件発信者情報の開示を求める本案訴訟において，請求棄却判決が確定するまでの間，又は，当該本案訴訟において裁判所が本件発信者情報の全部又は一部の開示を命じたときは，債務者が当該判決に従って本件発信者情報の全部又は一部を開示するまでの間」とし、本案不提起の場合の債務者の不利益を避けるため、「ただし，令和○年○月○日ま

でに、上記本案訴訟が提起されなかったときは、この限りではない」旨の規定を設けることが考えられる。[31]

また、投稿記事削除仮処分においては、債務者によって和解に応じるか否かの対応が大きく分かれるが、和解をする場合には、

> 債務者は、債権者に対し、令和○年○月○日限り、別紙投稿記事目録記載の記事を削除する。

との条項のほか、債務者の希望等によって、

> 債権者は、債務者に対し、本件記事に関し、名目のいかんを問わず、金銭その他一切の請求をしない。

> 債権者は、債務者に対し、本件記事に係る発信者情報の開示請求をしない。

などの条項を設けることがある。[32]

　(ウ)　仮の地位を定める仮処分

　仮の地位を定める仮処分は、非定型的で多様な類型があるほか、紛争が生じた経緯あるいは保全の申立てに至った経緯もさまざまであるから、和解にあたっては、両当事者のニーズや心配にしっかりと耳を傾け、必要かつ可能な範囲で和解条項に盛り込むことが、紛争の解決にとって肝要ではないかと思われる。

Ⅳ　まとめ

　保全事件においては、事案に応じて終局的和解あるいは暫定的和解による解決をめざすとともに、本案訴訟との関係にも配慮した和解内容・和解条項を検討することが求められる。

（谷口哲也）

31　関述之＝小川直人編著『インターネット関係仮処分の実務』（きんざい・2018年）280頁。
32　関＝小川編著・前掲書（注31）281頁以下。

第13章 執行関係事件と和解

I 執行関係事件の特徴——紛争類型[1]

1. 民事執行をめぐる手続の概要

(1) 民事執行の意義

　民事執行は、民事の実体法上の権利の個別的、強制的な実現を目的とする国家作用に係る手続の総称であり、民事執行法において、①強制執行、②担保権実行、③換価のための競売および④財産開示の4種類の手続が規定されている（民執1条）。実体法上の権利や法律関係の存否を判断することを目的とする訴訟手続が権利判定機関（判決裁判所）によって慎重・公平に審理されるのに対し、民事執行の手続（以下、本章では「執行手続」という）は、執行機関（民執2条。執行裁判所・執行官）によって、迅速性、実効性を重視して実施される。執行機関は、強制執行では債務名義（民執22条）に基づき、担保権実行では担保権の登記に関する登記事項証明書等の文書（民執181条1項）が提出されることにより、それらに表示された権利が存在するものとして、その実現のために手続を開始し進行させる。また、執行の対象である財産の帰属も、執行機関は、登記（不動産）・占有（動産）等の外観により執行債務者の権利の存在を推定することとし、原則としてその実体関係につき調査・判断しない。[2]

---

[1] 本章では、以下の1(1)～(3)の執行手続等や訴訟を総称して「執行関係事件」の呼称を用い、そのうちの(2)(イ)および(3)の訴訟を総称して「執行関係等訴訟」の呼称を用いる。また、執行関係等訴訟のうち、(2)(イ)の訴訟を「権利救済型訴訟」、(3)の訴訟を「権利実現型訴訟」と呼称する。

[2] 後藤勇＝藤田耕三編『訴訟上の和解の理論と実務』（西神田編集室・1987年）377頁。

353

(2) 違法、不当な執行を是正するための手続

　執行手続の迅速性、実効性は、執行手続が手続に関する法令に適合し、かつ、実体法上の権利関係に合致していることが前提であり、執行手続が民事執行法等の手続法の定めに違反する場合（違法執行）や、手続上は適法であっても、その結果が実体法上の権利関係に合致していない場合（不当執行）には、これらを是正する手続が必要となる。[3]

　(ア)　違法執行

　違法執行については、民事執行法上、執行手続内の不服申立手続として、執行抗告（民執10条）、執行異議（民執11条）、執行文付与等に関する異議（民執32条）が設けられている。

　(イ)　不当執行

　不当執行については、民事執行法上、その救済のための執行手続外の訴訟手続として、執行文付与に対する異議訴訟（民執34条）、請求異議訴訟（民執35条）、第三者異議訴訟（民執38条、194条）、配当異議訴訟（民執90条、188条）が設けられている。民事執行法以外でも、担保権実行については、執行手続外の通常の訴訟手続である、担保権不存在確認訴訟や担保権設定登記抹消登記請求訴訟により救済を受けることが可能である。

(3) 執行手続における権利実現を助力するための手続

　また、民事執行法は、執行手続における権利の実現を助力するための手続として、執行文付与訴訟（民執33条）や取立訴訟（民執157条）等の執行手続外の訴訟手続を設けている。[4]

2.　執行関係事件において和解が問題となる手続

　執行裁判所の裁判は、決定の形式で行われ、口頭弁論を経るか否かは任意であり（民執4条）、実務上は口頭弁論を開くことなく、原則として書面審理が行われ、当事者・利害関係人を審尋することがあっても、対立当事者を同席させることはほとんどない。したがって、理論上、和解することが可能であるが、執行手続内の不服申立てを含め、執行手続において訴訟上の和解に至るこ[5]

　3　後藤＝藤田編・前掲書（注1）377頁。
　4　内田義厚『執行関係訴訟の理論と実務』（民事法研究会・2016年）5頁、6頁。

とはほとんどない。

実際上、執行関係事件において訴訟上の和解をする場面は、当事者双方が対席する口頭弁論が開かれる執行関係等訴訟におおむね限定される。[6]

3. 執行関係事件における和解のメリット

後記Ⅲで詳述するが、和解のメリットとして、当事者の互譲に基づき、執行手続よりも早期に権利を実現したり、執行手続により財産を強制的に失う事態を回避できるなど、事案に即した妥当な解決を図れることがあげられる。

Ⅱ 執行関係等訴訟における和解の方向性等

1. 当事者が執行関係等訴訟を提起した目的や関心を有する事項

執行関係等訴訟は、すでに執行手続が開始され、あるいは、執行の申立てが予定されている状況の下で提起されるため、執行手続の扱いは当事者の重大な関心事であり、受訴裁判所が和解において執行手続の取扱いを検討することは必須である。

また、執行関係等訴訟は執行手続から派生する手続であるが、民事執行の多くは金銭債権の実現を直接の目的としている。

執行債権者である一方の当事者にとっては金銭的満足が大きな関心事であるし、執行債務者その他執行手続によって財産を失う等の不利益を受ける立場にある他方の当事者にとっても、金銭的負担の有無、程度が大きな関心事であり、これらは、受訴裁判所が和解においても配慮すべき重要な事項である。金

---

[5] 岩松三郎＝兼子一編『法律実務講座民事訴訟編第3巻第一審手続(2)』(有斐閣・1959年) 105頁、後藤＝藤田編・前掲書 (注2) 378頁。

[6] ただし、訴訟上の和解の成立は本案訴訟に限られない。担保権不存在確認訴訟等を本案訴訟とする担保権実行禁止の仮処分や競売手続停止の仮処分は、仮の地位を定める仮処分 (民保23条) であるから、原則として口頭弁論または債務者が立ち会うことのできる審尋の期日を経なければならず (同条4項本文)、審尋手続において、訴訟上の和解が成立することもある。滝澤孝臣編著『実務に学ぶ執行訴訟の論点』(青林書院・2017年) 181頁、182頁参照。なお、保全関係事件における和解については本書第2編第12章参照。

銭債権の実現以外を直接の目的とする執行手続（不動産の明渡執行、妨害物の除去等の代替執行など）についても、金銭支払による調整が和解の重要な内容となることがある。もっとも、債権者と債務者の関係は、金融機関と顧客、売買その他の取引当事者、親族知人など、多様であり、そこに検討すべき事項があることも少なくないし、判決では解決できないが、和解によれば解決が期待できる問題があることも少なくない。

2. 執行手続との関係について留意すべき点

(1) 和解の内容を執行手続に反映するためには

　執行関係等訴訟は、執行手続から派生する訴訟手続であり、執行手続と密接な関係にある。しかし、執行機関が執行手続に専念して権利の実現に邁進できるように、執行機関と権利判定機関とを分離したことから、執行関係等訴訟が提起されても、執行手続が当然に停止・取消しとなるわけではない。当事者が請求異議訴訟等の提起に伴う民事執行法上の仮の処分（民執36条、38条4項）の正本、民事保全法上の仮の地位を定める仮処分（民保23条2項）である担保権実行禁止の仮処分や競売手続停止の仮処分の謄本、あるいはこれらの本案訴訟の原告勝訴判決の正本等を執行機関に提出することによって初めて、執行手続が停止・取消しに至る（民執39条、40条、183条）。そこで、配当異議訴訟を除く権利救済型訴訟（前記Ⅰ1(2)(イ)）において、原告は執行手続の開始や進行を防ぐため仮の処分等を得ておくべきであるが、その資力から担保を立てることが困難で仮の処分等が申し立てられないまま、訴訟が提起される場合もある。執行関係等訴訟の受訴裁判所は、訴訟提起の段階から、執行手続の有無、進行状況、仮の処分等の有無について、当事者から情報収集に努める必要がある。また、執行関係等訴訟が判決・和解等により終局しても、その結果が当然に執行手続に反映されるものではないことにも注意する必要がある。和解を成立させる場合、停止・取消文書としての要件を備えた条項を記載した和解調書（民執39条1項4号、40条1項、183条1項1号・3号）を作成し、その正本等を当事者が執行機関に提出して初めて、和解の内容を執行手続に反映させることができる[7]。

(2) 時間的制約

前記(1)と関連するが、執行の迅速性、実効性との関係で、和解の成立には時間的制約があることに注意する。民事執行法上の仮の処分等がされないまま、執行手続が一定の段階に進行し、たとえば不動産競売で買受希望者などの利害関係人が出てくる段階になると、和解調書等の当事者の合意に基づく停止・取消文書の提出があっても、執行手続の進行、完結を阻止することができず、和解の効力を執行手続に反映させることが不可能になることがある。[8]

III 訴訟の進行や受訴裁判所の心証形成に応じた和解のポイント、ノウハウ

1. 取立訴訟以外の執行関係等訴訟

(1) 訴訟の早期の段階での和解

権利救済型訴訟は、執行手続の排除や是正を求める訴訟類型であり、当事者間に事実関係に争いがある場合が多く、原告は、訴訟での執行手続の排除や是正を望んで和解を望まず、被告も、和解よりも勝訴して執行手続により満足を図ることを希望するため、訴訟の初期(特に第1回期日前)における和解は、困難な場合が多いと思われる。また、権利実現型訴訟の執行文付与訴訟は、後記IV6のとおり、執行を行うために特殊執行文の付与を求める訴訟であるが、原告は勝訴して執行手続により満足を図ることを希望し、被告も特殊執行文の付与要件の具備を争うため、訴訟の初期における和解は困難な場合が多いと思われる。しかし、事案にもよるが、権利救済型訴訟の原告や執行文付与訴訟の被告から条件次第では任意の履行により解決したいという意向が示されることもあり、相手方も、任意の履行を期待できるような場合には、費用と時間を要する執行手続によることなく和解による解決を希望することもある。このような場合には、比較的早期に和解することも可能である。受訴裁判所にとっては、この段階で当事者に対し、和解の意向を確認することに意味があり、[9]ま

---

7 後藤=藤田・前掲書(注2) 378頁、379頁。
8 後藤=藤田・前掲書(注2) 379頁、380頁。

357

た、当事者が示す和解のサイン[10]を見逃さないように心がける必要がある。
(2) 受訴裁判所が心証を形成した段階での和解
　受訴裁判所としては、心証開示の時期、方法に留意しながら当事者双方に対し、心証に応じた和解のメリットを提示して和解を試みる。
　㋐　権利救済型訴訟の被告や執行文付与訴訟の原告に有利な心証の場合
　この場合は、判決の後に執行手続が開始され、あるいはすでに申し立てられた執行手続が続行され、債権者の権利が実現される事態が想定される。
　(A)　権利救済型訴訟の被告や執行文付与訴訟の原告の側にとっての和解のメリット
　執行手続よりも和解によることにより、早期に、あるいは多額の弁済を受けられる可能性があることや、判決では解決できない、当事者をめぐる他の法律関係を含む紛争の抜本的解決が図れる可能性があること、当事者が同じ業種や関連業種の事業を営んでいる等、今後も関係が継続する可能性がある場合に互譲による解決が将来の良好な関係の維持形成に適することなどが、和解による紛争解決のメリットとしてあげられる。
　(B)　権利救済型訴訟の原告や執行文付与訴訟の被告の側における和解のメリット
　執行手続により財産を強制的に失われることを避け、対外的な信用の喪失や低下を防げることや、弁済の猶予等を受けることにより、資力に見合った弁済を行うことができ経済活動を継続すること、さらに、上記(A)と同様に紛争の抜本的解決の可能性や将来の良好な関係の維持形成の可能性などが、和解による紛争解決のメリットとしてあげられる。
　㋑　権利救済型訴訟の被告や執行文付与訴訟の原告に不利な心証の場合
　この場合、配当異議訴訟以外の訴訟では、判決がされた後は、現に開始されている執行手続は停止・取消しとなり、また、今後、問題となった債務名義に基づく執行等が不可能あるいは困難となるなどの事態が想定される。また、配当異議訴訟では、執行裁判所が作成した配当表が変更される事態が想定され

9　裁判所職員総合研修所監『和解への関与の在り方を中心とした書記官事務の研究』（司法協会・2003年）132頁。
10　本書第4編第2章の座談会参照。

る。

　双方にとっての和解のメリットとしては、上記(ア)と同様に、紛争の抜本的な解決の可能性や将来の良好な関係の維持形成の可能性などがあげられる。

2. 取立訴訟

　取立訴訟は、後記Ⅳ7のとおり、その請求内容が通常の金銭請求訴訟と変わらないから、被告の意向によっては早期和解も可能であるが、訴訟当事者以外の債権差押事件の執行債務者（被差押債権の債権者）が利害関係人として和解に参加しないと、猶予や一部免除等を内容とする和解ができない制約があることに注意する[11]。そのため、このような和解が成立することは少ないが、執行債務者の参加を得られれば、和解において、原告と被告の間で、猶予や一部免除等を含む柔軟な内容の和解ができるうえ、原告と債権差押事件の執行債務者の間でも、抜本的に紛争を解決することができるメリットがある。

Ⅳ 和解条項等

　以下、訴訟類型ごとに、和解の内容（和解条項等）を取り上げる。

1. 請求異議訴訟（民執35条）

　請求異議訴訟は、債務名義に表示された請求権の存在・内容について異議を主張して当該債務名義の執行力の排除を求める訴訟であり、さらに、債務名義のうち裁判以外の債務名義については、その成立についての異議を主張し、当該債務名義の執行力の排除を求めることもできる。通説・判例は請求異議訴訟の法的性質を、判決により特定の債務名義に基づく強制執行の不許を宣言し、債務名義の執行力を排除する形成訴訟であり、その訴訟物を訴訟法上の異議権と解しており[12]、判決主文によって形成されるのと同一の内容（「強制執行を許さない」等）を和解で定めることはできないと解されている。しかし、訴訟物以

11　裁判所職員総合研修所監・前掲書（注9）132頁。
12　後藤＝藤田編・前掲書（注2）380頁、鈴木忠一＝三ケ月章編『注解民事執行法(1)』（第一法規出版・1984年）576頁、香川保一監『注釈民事執行法(2)』（金融財政事情研究会・1985年）374頁。

359

外の、当事者が自由に処分できる実体法上の権利関係について合意することは許されるので、債務名義に表示された給付請求権の存否の確認や給付に関する合意が、和解における最も重要な合意となる。[13]

(1) 債務名義に表示された給付請求権の存否・内容についての確認・給付の合意の条項

(ア) 債務名義に表示された給付請求権の存否・内容についての確認の条項

〈条項例1〉 債務名義に表示された給付請求権が存在しない旨確認する場合

> 被告は、原告に対し、○○地方裁判所令和○年(ワ)第○○号売買代金請求事件の判決主文第○項に基づく原告の被告に対する債務は存在しないことを確認する。[14]

このような合意がされる場合、執行手続がいまだ行われていなくとも、後記〈条項例4〉のような債務名義の執行力を排除する合意がされることも多い。

〈条項例2〉 債務名義に表示された給付請求権が存在しその額を確認する場合

> 被告は、原告に対し、○○地方裁判所令和○年(ワ)第○○号売買代金請求事件の判決主文第○項に基づく原告の被告に対する債務は○○万円であることを確認する。[15]

(イ) 新たな給付の合意の条項

〈条項例2〉のように残債務が確認された場合、履行を確保するための新たな給付の合意がされることも多い。その場合、この新たな給付合意に基づく給付条項を記載した債務名義である和解調書と従前の債務名義とが併存することになるので、執行手続がいまだ行われていない場合でも、後記〈条項例4〉のような従前の債務名義の執行力を排除する合意がされることがある。

〈条項例3〉 新たな給付の合意の条項

---

13 後藤=藤田編・前掲書（注2）379頁、380頁、381頁、原田和徳=富越和厚『執行関係等訴訟に関する実務上の諸問題』（法曹会・1989年）133頁、134頁、内田・前掲書（注4）67頁。

14 後藤=藤田編・前掲書（注2）381頁、裁判所職員総合研修所監『書記官事務を中心とした和解条項の実証的研究〔補訂版・和解条項記載集〕』（法曹会・2010年）156頁、同監・前掲書（注9）133頁。

15 後藤=藤田編・前掲書（注2）381頁、裁判所職員総合研修所監・前掲書（注9）135頁、同監・前掲書（注14）155頁。

Ⅳ 和解条項等

> 　原告は、被告に対し、前項（筆者注：たとえば、上記〈条項例2〉の条項）の金員を、次のとおり、分割して、被告方に持参又は送金して支払う。[16]

(2) 執行手続の取扱いについての合意の条項

　すでに執行手続が開始されている場合、和解の内容を執行手続に反映させるため、執行の停止または取消しの文書として要件（強制執行をしない旨またはその申立てを取り下げる旨の記載が必要である。民執39条1項4号、40条1項）を備えた、以下の〈条項例4〉または〈条項例5〉の条項が必要である。これらの条項を含む和解調書正本を執行機関に提出すると、強制執行は停止され、すでになされた執行処分は取り消される。

〈条項例4〉　強制執行をしない旨の条項

> 　被告は、原告に対し、第1項の公正証書に基づく強制執行をしない。[17]

〈条項例5〉　執行手続の申立てを取り下げる旨の条項

> 　被告は、原告に対する○○地方裁判所令和○年(ヌ)第○○号不動産強制競売事件を取り下げる。[18]

(3) 執行停止事件の担保取消しに関する合意の条項

　強制執行が先行した状態で請求異議訴訟を提起した場合は、原告が担保を立てて執行停止の裁判（民執36条）がされている場合が多い。この場合、和解において、簡易に担保の取戻しを実現するために、〈条項例6〉のような条項を設けることが相当である。

---

[16] 後藤＝藤田編・前掲書（注2）381頁、裁判所職員総合研修所監・前掲書（注14）155頁、同監・前掲書（注9）135頁。

[17] 後藤＝藤田・前掲書（注2）381頁、裁判所職員総合研修所監・前掲書（注14）155頁、156頁、同監・前掲書（注9）134頁、135頁。

[18] 後藤＝藤田・前掲書（注2）381頁、裁判所職員総合研修所監・前掲書（注14）155頁、156頁、同監・前掲書（注9）134頁、135頁。

〈条項例６〉　執行停止事件の担保取消しに関する合意の条項

> 被告は，原告に対し，当庁令和○年㈲第○○号強制執行停止事件につき原告が供託した担保（○○法務局令和○年度金第○○号）の取消しに同意し，その取消決定に対し抗告しない。[19]

(4)　訴えの取下げの合意、訴訟終了の合意の条項

　和解の対象を訴訟物である異議権としないが、訴訟物について合意したかどうかを問わず、訴訟で和解が成立したことによって訴訟終了の効果が発生するから、和解条項において訴訟終了を明示する必要性はないと考えられる。もっとも、後日の紛争を防止する意味から、訴訟終了について疑義を残さないために、〈条項例７〉の訴え取下げの合意あるいは〈条項例８〉の訴訟終了の合意があれば記載する。[20]

〈条項例７〉　訴え取下げの合意

> 原告は，被告に対する本件訴えを取り下げ，被告は，この取下げに同意する。

〈条項例８〉　訴訟終了の合意

> 原告及び被告は，本日，本件訴訟手続を終了させる。

(5)　小　括

　以上が請求異議訴訟の和解の基本的な条項であるが、事案に応じて、債務名義に表示された給付請求権以外の債務（和解金支払債務等）についての給付条項、人的・物的担保の条項などが付加されることもある。清算条項や訴訟費用の負担に関する条項は、通常の民事訴訟の和解と同様である。[21]

---

[19] 後藤＝藤田・前掲書（注２）382頁、裁判所職員総合研修所監・前掲書（注14）155頁、同監・前掲書（注９）134頁。
[20] 裁判所職員総合研修所監・前掲書（注14）155頁、156頁、同監『民事実務講義案Ｉ〔五訂版〕』（司法協会・2016年）339頁。
[21] 清算条項や訴訟費用の負担に関する条項については本書第１編第７章参照。

2. 執行文付与に対する異議訴訟（民執34条）

　執行文付与に対する異議訴訟は、執行文付与機関（裁判所書記官または公証人）が特殊執行文（条件成就執行文（民執27条1項）、承継執行文（同条2項）等）の付与要件の存在を認めて執行文を付与した判断を争って、当該執行文の付された債務名義の正本に基づく強制執行の不許を求める訴訟である。判例・通説は、執行文付与に対する異議訴訟の訴訟物は訴訟法上の異議権であるとして形成訴訟説の立場をとり[22]、判決主文によって形成されるのと同一の内容（「……執行文の付された債務名義の正本に基づく強制執行を許さない」等）の条項を和解で定めることはできないと解されている。もっとも、訴訟物以外の、当事者が自由に処分できる実体法上の権利関係について合意することは許され[23]、当該訴訟の基礎にある実体法上の権利関係についての合意が、和解における重要な合意となる。

　その他、請求異議訴訟と同様に、執行手続の取扱いについての条項（〈条項例4〉〈条項例5〉）、執行停止の手続がある場合の担保取消しに関する条項（〈条項例6〉）を設けることが適切である。また、訴訟終了に疑義を生じさせないために、訴訟終了に関する合意の条項（〈条項例7〉〈条項例8〉）を設けることがある。清算条項や訴訟費用の負担に関する条項は、通常の民事訴訟の和解と同様である。

3. 第三者異議訴訟（民執38条、194条）

　執行機関は、外観主義（不動産については登記、動産については占有）で執行の対象である財産を認定するが、その結果、目的物に対する第三者の権利（所有権等）を不当に侵害することがあり得る。第三者異議訴訟は、第三者が実体法上の権利に基づいて、不当な執行手続の取消しを求める訴えである。判例・通説は、第三者異議訴訟の訴訟物は訴訟法上の異議権であるとして形成訴訟説の立場をとり[24]、判決主文によって形成されるのと同一の内容（「……の物件につ

---

[22] 後藤＝藤田編・前掲書（注2）380頁、鈴木＝三ケ月・前掲書（注12）561頁、香川監・前掲書（注12）339頁。
[23] 内田・前掲書（注4）86頁。

いてした強制執行を許さない」等）の条項を和解で定めることはできないと解されている。もっとも、訴訟物以外の、当事者が自由に処分できる実体法上の権利関係について合意することは許され、〈条項例9〉のような執行の目的物の帰属に関する合意が和解における重要な合意となる。

〈条項例9〉　執行の目的物の帰属に関する合意

> 被告は，原告に対し，別紙物件目録記載の動産につき，原告が所有権を有することを確認する。

その他、請求異議訴訟と同様に、執行手続の取扱いについての条項（〈条項例4〉〈条項例5〉）、執行停止の手続がある場合の担保取消しに関する条項（〈条項例6〉）を設けることが適切である。また、訴訟終了に疑義を生じさせないために、訴訟終了に関する合意の条項を設けることがある（〈条項例7〉〈条項例8〉）。清算条項や訴訟費用の負担に関する条項は、通常の民事訴訟の和解と同様である。

4.　配当異議訴訟（民執90条、188条）

執行裁判所は、配当期日において、民事執行法87条所定のすべての債権者につき、それぞれの債権の元本、利息その他の附帯債権および執行費用の額・配当順位および配当額を定めることになる（民執85条1項本文）。配当期日において、すべての債権者間に合意ができれば、その合意に基づき配当の順位および額が決まるが（同条1項ただし書）、このような合意が成立することは稀であり、大多数は民法・商法などの法律に定められるところによる（同条2項）。そして、このようにして定められた内容は、裁判所書記官によって配当表として書面化され、配当期日調書に添付される（同条5項）。これに対し、配当期日に出頭した債権者、債務者・所有者（担保権の実行における物上保証人）が、各債権または配当の額に不服があれば、配当異議の申出を行い、異議申出がさ

24　後藤＝藤田編・前掲書（注2）384頁、鈴木＝三ケ月・前掲書（注12）658頁、香川監・前掲書（注12）499頁。
25　後藤＝藤田編・前掲書（注2）384頁、内田・前掲書（注4）125頁、126頁。

れた部分については配当が阻止される（民執89条）。しかし、配当異議の申出により不利益を受ける債権者が異議申出に応じない場合、異議を完結させるため、異議申出者による訴えの提起が必要となる。そして、①配当異議の申出をした債権者および執行力ある債務名義の正本を有しない債権者（配当を受けるべき一般先取特権者、質権者、抵当権者、国税債権等の交付要求債権者）に対して配当異議の申出をした債務者・所有者は、配当異議訴訟を提起しなければならない（民執90条1項、188条）。また、②執行力ある債務名義正本を有する債権者に対して配当異議の申出をした債務者・所有者は、請求異議訴訟または定期金賠償判決変更の訴え（民訴117条）を提起しなければならない（民執90条5項、188条）。

配当異議訴訟の判決が確定すれば、その内容に応じて配当表の変更や取消しによる別の配当表が形成され権利が確定する。判例・通説は、配当異議訴訟を判決による配当表の変更あるいは別様の配当表の形成を求める形成訴訟であるとし[26]、判決主文によって形成されるのと同一の内容（配当表の変更等）の条項を和解で定めることはできないと解している。しかし、配当異議訴訟は、その実態が異議ある配当額の分配の争いであるので、最も和解になじむ紛争であるといえるし、訴訟物以外の、当事者が自由に処分できる実体法上の権利関係について合意することは許される[27]。そして、実質的な問題は、異議ある配当額の分配の前提となる実体法上の権利の存否および内容であるので、このような権利を処分する内容の合意が、和解における重要な合意となる。

(1) 債権者が提起した配当異議訴訟における条項

債権者が原告である配当異議訴訟では、実質的には、原告と被告である他の債権者との配当額の争いにすぎないから、判決による配当表の変更等の効力は、当事者以外には及ばない。和解においては、次の〈条項例10〉のように、「配当表を変更する」等の表現を避けたうえで配当受領額につき合意するか、〈条項例11〉のように、配当額は配当表どおりであることを確認したうえで別に和解金（解決金）等の形式で金銭給付を合意することが相当である。これら

---

[26] 後藤＝藤田編・前掲書（注2）386頁、鈴木忠一＝三ケ月章編『注解民事執行法(3)』（第一法規出版・1984年）393頁。
[27] 原田＝富越・前掲書（注13）260頁、内田・前掲書（注4）155頁。

の和解条項を記載した和解調書正本が執行裁判所に提出されると、その内容に則った配当が実施される。[28・29]

〈条項例10〉 「配当表を変更する」等の表現を避けて配当受領額につき合意した条項

　　原告及び被告は，○○地方裁判所令和○年(ケ)第○○号担保不動産競売事件について，同裁判所が同年○月○日に作成した配当表中，被告に対する配当額○○円のうち本件配当異議訴訟における係争配当額×円に関し，原告が×円，被告が×円を取得するものとする。

〈条項例11〉 配当額は配当表どおりであることを確認したうえで別に和解金（解決金）等の形式で金銭給付を合意した条項

1. 原告及び被告は，○○地方裁判所令和○年(ケ)第○○号担保不動産競売事件について，原告及び被告の配当額は，同裁判所が同年○月○日に作成した配当表のとおりであることを確認する。
2. 被告は，原告に対し，本件解決金として×円の支払義務があることを確認する。
3. 被告は，原告に対し，前項の金員を令和×年×月×日限り支払う。

(2) 債務者・所有者が提起した配当異議訴訟における条項

　債務者・所有者が原告である配当異議訴訟の原告勝訴判決は絶対的効力があり、配当異議の申出をしなかった他の債権者に判決の効力が及び、満足を得ていない債権者が他にあるときは、敗訴した債権者を除いて追加配当することになる（民執92条2項、188条）。もっとも、和解においては、被告以外の債権者

---

[28] 後藤＝藤田編・前掲書（注2）386頁、裁判所職員総合研修所監・前掲書（注14）157頁、158頁、同監・前掲書（注20）301頁、同監・前掲書（注9）137頁。
[29] なお、債権者が提起した配当異議訴訟では、異議のある配当部分の分配に限定され、原告債権者の請求債権または被担保債権に見合った配当額を超える額を配当することを内容とする和解は許されない。また、配当実施は執行裁判所の権限であるから、配当実施の方法を訴訟上の和解で変更すること（配当異議の申出以外に配当留保の事由がある者に直ちに配当を実施することを合意すること、配当などを受けるべき地位にない者への配当を実施すること、債務者からの配当異議において、配当表の絶対的変更をしない旨の合意をすることなど）は許されない。原田＝富越・前掲書（注13）262頁、内田・前掲書（注4）155頁、156頁。

は、追加配当を受ける利益が反射的利益にすぎないから、和解に参加させる必要はないと解されている[30]。和解の内容としては、以下の〈条項例12〉または〈条項例13〉のように、異議のある配当額についての和解となる。これらの和解条項を記載した和解調書正本が執行裁判所に提出されると、その内容に則った追加配当が実施される（〈条項例12〉の原告の受領部分および〈条項例13〉の被告の受領放棄部分は原告である債務者・所有者に交付されず、配当財団に還元され他の債権者のために配当される）[31]。

〈条項例12〉 異議のある配当額についての和解（被告の受領放棄部分がない場合）

> 原告及び被告は、○○地方裁判所令和○年(ケ)第○○号担保不動産競売事件について、同裁判所が同年○月○日に作成した配当表中、被告に対する配当額を×円とし、残余の×円について原告に帰属するものとする。

〈条項例13〉 異議のある配当額についての合意（被告の受領放棄部分がある場合）

> 被告は、原告との間で、○○地方裁判所令和○年(ケ)第○○号担保不動産競売事件について、同裁判所が同年○月○日に作成した配当表中、被告に対する配当額○○万円のうち××円については、その受領権限がないことを確認する。

(3) その他の条項

その他、請求異議訴訟等と同様に、訴訟終了に疑義を生じさせないために訴訟終了に関する合意の条項を設けることがある（〈条項例7〉〈条項例8〉）。清算条項や訴訟費用の負担に関する条項は、通常の民事訴訟の和解と同様である。

5. 抵当権不存在確認訴訟、抵当権設定登記抹消登記請求訴訟

担保権の実行の申立ての大半は、担保不動産競売（民執180条1号）、なかでも抵当権（以下、根抵当権も含む）に基づく競売である。担保不動産競売の申

---

[30] 香川保一監『注釈民事執行法(4)』（金融財政事情研究会・1983年）345頁、内田・前掲書（注4）155頁。
[31] 後藤＝藤田編・前掲書（注2）386頁、裁判所職員総合研修所監・前掲書（注14）158頁、同監・前掲書（注20）302頁、同監・前掲書（注9）137頁。

立ては、強制執行と異なり、債務名義を必要とせず、民事執行法181条所定の書面（法定書面。最も多いのは、同条1項3号の担保権の登記に関する登記事項証明書である）を執行裁判所に提出すれば足りるとされている。抵当権設定者（所有者）や被担保債権の債務者は、登記に表示された抵当権等の不存在や消滅を理由として、執行手続内において執行異議を申し立てることができる（民執182条、11条）。しかし、審理を尽くさなければその主張の当否が判明せず異議の目的を達成できないことが多いため、このような場合の救済方法として、執行手続外で、通常訴訟である抵当権不存在確認訴訟や抵当権設定登記抹消登記訴訟が提起される場合が多い。これらの訴訟は、通常の確認訴訟や給付訴訟であるから、訴訟物（抵当権、所有権に基づく抵当権設定登記抹消請求権）自体を和解の対象とすることができ、和解では訴訟物に関する合意が最も重要である。

(1) 訴訟物に関する合意の条項
〈条項例14〉 原告勝訴の判決主文と同旨の合意の条項[32]

1. 被告は，原告に対し，令和○年○月○日限り，別紙物件目録記載の土地についてなされている○○法務局令和○年○月○日受付第○○号の抵当権設定登記の抹消登記手続をする。
2. 原告と被告は，前項の登記に係る令和○年○月○日付抵当権設定契約及び金銭消費貸借契約に基づく抵当権及び貸金債務が存在しないことを確認する。

〈条項例15〉 抵当権およびその被担保債権が存在し同債権の額を確認する合意の条項

被告は，原告に対し，別紙物件目録記載の土地についてなされている○○法務局令和○年○月○日受付第○○号の抵当権設定登記に係る令和○年○月○日付抵当権設定契約及び金銭消費貸借契約に基づく抵当権及び貸金債務が存在し，同債務は○○万円であることを確認する。

---

[32] 後藤＝藤田編・前掲書（注2）383頁。

(2) 執行手続の取扱いに関する合意の条項

〈条項例14〉2.の条項を含む和解の和解調書謄本は停止・取消文書(民執183条1項1号・2項)にあたるので、これを執行裁判所に提出すれば執行手続が停止・取り消される。

他方、〈条項例15〉のように抵当権およびその被担保債権が存在し同債権の額を確認する条項を含む和解においては、担保権実行の手続の取扱いに関する条項が別に必要となる。この場合、債務者の任意の履行に委ね当面は担保権の実行を行わないのであれば、不動産競売申立事件を取り下げる旨の条項や被担保債権の弁済を猶予した旨の条項を含む和解調書謄本が、停止・取消文書(民執183条1項3号・2項)にあたる。

(3) その他の条項

その他、原告が抵当権実行禁止または競売停止等の民事保全法上の仮処分を得ている場合には、〈条項例6〉と同様の担保取消しに関する合意の条項を設けることが適切である。清算条項や訴訟費用の負担に関する条項は、他の通常の民事訴訟の和解と同様である。

6. 執行文付与訴訟(民執33条)

債権者が、特殊執行文(条件成就執行文、承継執行文)の付与要件(条件成就、承継)を証明する文書を提出できない場合、執行文付与機関(裁判所書記官または公証人)は、これらの執行文を付与しない(民執27条)。執行文付与訴訟は、このような場合に、債権者に上記の証明文書の代わりとなる判決を得させるために認められた訴訟である。執行文付与訴訟の性質については見解が分かれるが、債務名義が執行文付与の要件を具備していること(債務名義に執行力が存在すること)の確認を目的とする訴訟法上の確認訴訟とする見解が通説である。[33]この見解によると、訴訟物は、条件成就執行文または承継執行文によって公証されるべき執行力の存在であり、このような効力の問題は当事者間の合意になじまない。したがって、和解において、訴訟物自体に関する合意はできず、債務名義に表示された実体法上の権利関係の存否を確認するなどの合意を

---

[33] 後藤=藤田編・前掲書(注2)380頁、鈴木=三ケ月編・前掲書(注12)551頁、香川監・前掲書(注12)310頁。

することが相当である[34]。また、請求異議訴訟等と同様に、訴訟終了に疑義を生じさせないために訴訟終了に関する合意の条項（〈条項例7〉〈条項例8〉）を設けることがある。清算条項や訴訟費用の負担に関する条項は、通常の民事訴訟の和解と同様である。

7. 取立訴訟（民執157条）

　金銭債権に対する強制執行は、差押債権者（執行債権者）が執行債務者の有する金銭債権を差し押さえ、差押債権者が差し押さえた金銭債権（被差押債権）の債務者（第三債務者）に対して被差押債権を取り立てることにより行われる（民執155条）。しかし、第三債務者が取立てに応じず任意に弁済しなかった場合、差押債権者が原告となり第三債務者を被告として訴訟によって被差押債権を請求し、勝訴判決によって第三債務者に対し強制執行することが認められており、この訴訟を取立訴訟という（民執157条）。

(1) 差押債権者の権限の限界による和解内容の制約

　取立訴訟の訴訟物は、被差押債権である給付請求権であり、この点では、執行債務者が第三債務者に対して提起する給付訴訟と異ならない。しかし、差押債権者には、被差押債権に対する処分権はなく、被差押債権を取り立てる以上の行為はできない。原告である差押債権者が、被告である第三債務者と被差押債権に関する債務免除や弁済猶予等について合意したとしても、これを執行債務者に対抗することはできず、差押債権者が有する取立権に基づく取立方法の制限としての意味しかないと解される。したがって、取立訴訟において、被差押債権について、免除、放棄、期限の猶予などの和解をする場合は、債務者を利害関係人として参加させ、債務免除等を承諾する旨の合意をさせる必要がある[35]。

34　後藤＝藤田編・前掲書（注2）380頁、内田・前掲書（注4）202頁。
35　大阪地判平成17・11・29判時1945号72頁、原田＝富越・前掲書（注13）383頁、東京地裁債権執行等手続研究会編『債権執行の諸問題』（判例タイムズ社・1993年）155頁、裁判所職員総合研修所監・前掲書（注14）11頁、同監・前掲書（注20）302頁、同監・前掲書（注9）138頁、139頁、内田・前掲書（注4）225頁。

(2) 第三債務者の供託義務による和解内容の制約

(ア) 供託による支払をする合意の必要性

　差押えが競合している場合（民執156条2項）、取立訴訟において、原告の請求を認容するときは、その請求に係る金銭の支払は、供託によりすべき旨判決主文に掲げなければならない（民執157条4項）。このような供託判決をすべき事情がある場合における和解では、第三債務者の支払については供託により行うべきとの合意がされることになる。条項としては、〈条項例16〉のようなものが考えられる[36]。

〈条項例16〉　供託による支払をする合意

　被告は、原告に対し、○○万円を支払う。この支払については供託の方法によるものとする

(イ) 各債権者に直接支払をする合意の可否

　供託判決をすべき事情がある場合でも、配当を受けるべき債権者全員が訴訟上の和解手続に参加し、被告である第三債務者の供託を経ずに、合意により配当を実施することができるかが、義務供託制度との関係で問題となる。配当の順位および額について、配当期日における債権者間の合意により決めることができるという点からすれば（民執166条2項、85条1項ただし書）、供託を経ることなく行われた訴訟上の和解による配当（分配）も、許容されるものと解される[37]。

Ⅴ　まとめ

　権利の強制的な実現を目的とする民事執行をめぐる紛争についても、当事者の互譲に基づく和解により事案に即した妥当な解決が可能であるから、裁判所および当事者は、執行手続の進行状況を踏まえつつ、和解による解決を検討する必要がある。

（黒野功久）

---

[36]　裁判所職員総合研修所監・前掲書（注9）139頁、140頁、内田・前掲書（注4）226頁。
[37]　原田＝富越・前掲書（注13）384頁、裁判所職員総合研修所監・前掲書（注9）140頁、内田・前掲書（注4）226頁。

第14章 倒産事件と和解

I 倒産手続の類型と倒産手続にかかわる和解の特徴

1. 法的倒産手続の概要

　法的倒産手続としては、①破産法が規定する破産手続、②民事再生法が規定する民事再生手続、③会社更生法が規定する会社更生手続、および④会社法が規定する特別清算手続の4類型があげられる。そして、一般に、①破産手続と④特別清算手続は清算型、②民事再生手続と③会社更生手続は再建型として整理される[1]。このように、それぞれの手続では、法規制の内容やその目的も異なっているから、各手続において和解を行う主体や、裁判所の許可を要するか否かといった手続面はもとより、和解の目的や留意点も異ならざるを得ない。

　そこで、以下では、破産手続と民事再生手続に絞って記載することとし、なかでも、最も広く利用され事件数も多い破産手続に関する和解について中心に述べ、その対比として民事再生手続に触れることとする。

2. 破産事件において和解がされる場面

(1) 破産管財人による換価業務に伴う和解

　破産手続では、裁判所に選任された破産管財人が破産者の財産を換価し、換価された金銭を債権者に配当することが、基本的な流れとされており、破産手続開始の決定があった場合には、破産者の破産財団に属する財産についての管

---

[1] 民事再生手続および会社更生手続も、事案に応じて実質的には清算目的で利用される場合があり、他方で、破産手続も、事業譲渡等による事業の再建目的で利用される場合も存在するため、本文中の記載はあくまでも原則論にすぎない。

373

理処分権は、破産管財人に専属する（破78条1項）。破産管財人は、善良な管理者の注意をもって職務を行わなければならず（破85条）、全債権者の利益のため、破産財団の増殖をめざし、換価業務を行うこととなる。こうした換価業務に際して和解が問題となる典型的な場面としては、商人であった破産者が有する在庫品を売却する場面や、取引先に対する売掛金を回収する場面などがある。仮に、破産管財人が取引先に売掛金を請求したにもかかわらず、その債権の成否や反対債権の存在等に争いがあるなどのため、任意に支払が行われなければ、破産管財人により訴訟が提起され、当該訴訟手続の中で、受訴裁判所の関与の下、和解が行われることとなる。

なお、破産手続開始の決定前に、破産者が取引先に対して売掛金の支払を求めて提訴するなどして、破産財団に属する財産に係る訴訟が係属していた場合には、同決定により当該訴訟は中断し（破44条1項）、破産管財人において当該訴訟を受継するか否かを選択することとなる（同条2項前段）。

(2) **破産法の定める特別の手続における和解**

上記(1)の換価業務と同様に、破産財団に属すべき権利を迅速に実現させる簡易手続として、破産法は、①否認請求手続や②役員責任査定手続を特別に定めている。すなわち、①否認請求手続は、破産者に否認対象行為がみられ、破産管財人がその相手方に対して否認権を行使するに際して、訴訟ではなく、破産手続上の否認の請求（破173条）を行うことにより、破産裁判所において審理・判断がされる決定手続である（同条2項、174条2項）[2]。他方、②役員責任査定手続は、破産者が法人である場合で、その役員の善管注意義務違反等が問題となるときに、破産裁判所[3]が、役員の責任に基づく損害賠償請求権の査定の裁判を行う決定手続である（破178条、180条2項）。

そして、これらの手続においても、和解を行うことは可能と解されている（破13条、民訴89条、267条）[4][5]。これらの手続は、審尋[6]による決定手続で審理され

---

[2] ここでいう「破産裁判所」とは、破産事件が係属する地方裁判所を意味するにすぎないが（破2条3項）、通常、当該破産事件を担当する裁判官または合議体が担当しているものと思われる（島岡大雄ほか編著『倒産と訴訟』（商事法務・2013年）43頁）。

[3] 「破産裁判所」の意味等については、前掲（注2）と同様である。

[4] 否認請求手続につき、伊藤眞ほか『条解破産法〔第2版〕』（弘文堂・2014年）1175頁。

[5] 役員責任査定手続において裁判上の和解ができるか否かについては見解が分かれているものの、

るため(破174条3項、179条2項)、人証が必要となるような証拠構造の場合や、相手方が激しく争っており、異議の訴え(破175条1項、180条1項)が予想されるような場合には、当初から訴訟を選択することが望ましい。もっとも、破産管財人による任意の交渉が膠着しているものの、これらの手続において認容決定がされる見通しがあり、和解による解決が見込まれるような場合などに、短期間での解決を期待し得るこれらの手続が利用されることがある[7]。いずれにせよ、否認請求手続や役員責任査定手続を申し立てるか否かについては、破産手続の進行に影響する場合が多いことから、事前に破産管財人が破産裁判所と十分に協議する必要がある。

(3) **破産者に対する債権に関する和解**

他方、破産者に対する債権に関する争いにおいても、和解が利用される場合がある[8]。破産法上、破産債権(破2条5項)については、債権届出・調査が行われ、そのうえでの配当手続によらなければ弁済することができないのが原則であるところ、債権者は、届け出た債権の額などにつき、破産管財人が認めず、または他の届出債権者から異議を述べられた場合には、破産債権査定の申立てをすることができ(破125条1項本文)、その決定に不服がある者は、破産債権査定異議の訴えを提起することになる(破126条1項)[9]。

このように、破産債権についての争いについても、破産法上、破産債権査定手続という特別の決定手続が定められており、その手続中で和解が行われるこ

実務上、和解は可能であり、それを調書に記載すれば債務名義になると解されている(伊藤ほか・前掲書(注4)1200頁、島岡ほか編・前掲書(注2)273頁)。

6 電話会議の方法による審尋も可能と解され(破13条、民訴170条3項。なお、非訟47条参照)、その期日において裁判上の和解を行うことも可能と解される(秋山幹男ほか『コンメンタール民事訴訟法Ⅲ〔第2版〕』(日本評論社・2018年)542頁参照)。

7 否認請求手続について、大阪地方裁判所・大阪弁護士会破産管財運用検討プロジェクトチーム編『新版破産管財手続の運用と書式〔第2版〕』(新日本法規・2018年。以下、「運用と書式」という)176頁以下。

8 これとは異なり、財団債権(破2条7項)については、債権調査の対象とはならず、配当以外の方法により随時弁済が可能であるが、財団債権に関する争いについても、和解がされることはあり得よう。また、大阪地方裁判所倒産部では、一定の場合、租税等の請求権および労働債権のうち優先的破産債権部分について、配当手続によらず和解契約により支払う方法を許容している(運用と書式273頁)。

9 なお、破産手続開始当時に当該破産債権に関する訴訟が係属していた場合などには、破産債権査定手続によることとはされていない(破125条1項ただし書)。

とも少なくないが、その場合、訴訟手続における和解の場合とはやや異なり、破産債権の届出時点から債権者と直接やりとりを行っている破産管財人が、手続外で主体的に和解交渉を進めることが多いものと思われる[10]。

3. 和解についての法的倒産手続上の規制

(1) 破産手続

破産手続においては、破産管財人が、破産財団に属する財産の管理および処分をする権限を有していることから（破78条1項）、このような財産に関する和解を行う主体も、破産管財人となる。

また、100万円を超える価額の和解の場合には、訴訟上の和解であるか否かを問わず、破産裁判所の許可を得る必要がある（破78条2項11号・3項1号、破規25条）。この価額は、合理的な資料や根拠に基づいた破産管財人の適正な評価額を基準として判断されるべきであるところ、訴訟上の和解の場合、訴訟物の価額が100万円以上であるときは、和解について破産裁判所の許可が必要となる（たとえば、訴訟物の価額が150万円である訴訟を提起した後、30万円で和解する場合であっても、破産裁判所の許可が必要となる）[11]。もっとも、破産管財人が和解をしようとする場合には、それが要許可行為にあたるか否かにかかわらず、破産裁判所に対する事前の報告または相談が行われているのが一般的である。

破産裁判所の上記許可は効力要件と解されており、要許可行為であるにもかかわらず許可を欠く和解は無効となるが、善意の第三者は、その有効性を破産管財人に主張することができる（破78条5項）。

なお、裁判外の和解については、破産管財人があらかじめ破産裁判所から一定の範囲で内諾を得たうえで相手方と交渉し、破産裁判所の許可を条件とする内容の和解契約を締結した後に、破産裁判所の許可を得る例が多い（後記Ⅳ参照）。しかし、訴訟上の和解については、許可を条件とすることは和解の無効やその効力に疑義を生じさせかねないから、事前に破産裁判所の許可を得てお

---

10 運用と書式268頁。
11 運用と書式126頁。なお、不動産の売却（破78条1項1号）、営業または事業の譲渡（同項3号）、商品の一括売却（同項4号）などについては、価額の多寡にかかわらず破産裁判所の許可が必要となる。

くべきである。[12]

(2) 民事再生手続

　民事再生手続では、破産手続と異なり、再生債務者がその手続において財産に関する管理処分権を当然に失うものではない[13]。しかし、裁判所が指定した場合、和解を行うためには裁判所の許可または監督委員の同意を要することになる（民再41条1項6号、54条2項）。大阪地方裁判所倒産部では、通常、再生手続開始の決定と同時に、再生計画認否の決定までにする和解（常務にあたるものおよび日常生活に関するものを除く）につき監督委員の同意を要する行為として指定したうえで、監督委員による監督を命令している[14]。

　監督委員の同意が必要であるにもかかわらず同意を得ずにされた和解は無効であるが、善意の第三者には対抗できない（民再54条4項）。

　なお、あまり例はないが、民事再生手続においても、否認請求手続（民再135条）や役員責任査定手続（民再143条）の制度が設けられている。管理命令が発令されている場合には、いずれも管財人（民再135条1項、66条、143条1項、2条2号）が、そうでない場合には、否認請求については監督委員（民再135条1項、56条1項）が、役員責任査定については再生債務者または再生債権者（民再143条1項・2項）が、これらの手続について申立権者となる[15]。これらの手続においても、和解を行うことは可能と解されている[16]。

12　後藤勇＝藤田耕三編『訴訟上の和解の理論と実務』（西神田編集室・1987年）408頁。
13　裁判所が特に必要と認める場合には、再生債務者の業務および財産に関して管財人による管理を命ずる処分をすることができ（民再64条1項）、これによって、再生債務者の業務遂行権や財産の管理処分権はすべて管財人に専属するが（民再66条）、管理命令の発令は制限的に運用されている（森純子＝川畑正文編著『民事再生の実務』（商事法務・2017年）100頁、東京地裁破産再生実務研究会編『破産・民事再生の実務〔第3版〕民事再生・個人再生編』（金融財政事情研究会・2014年）190頁）。
14　森＝川畑編著・前掲書（注13）106頁、108頁。
15　法人である再生債務者が役員責任を追及して査定申立てまたは訴訟を提起する場合には、当該法人を代表する者につき会社法等の規律が及ぶと解されるため、注意を要する。
16　園尾隆司＝小林秀之編『条解民事再生法〔第3版〕』（弘文堂・2013年）733頁、777頁以下、島岡ほか編著・前掲書（注2）273頁。なお、本文中の記載は、いわゆる通常再生手続を念頭においており、個人再生手続（民再第13章）の場合には、否認請求や役員責任査定といった制度は適用除外となる（民再238条、245条）。個人再生手続において和解が問題となる場面としては、別除権協定が考えられるが、かかる問題については、鹿子木康ほか編『個人再生の手引〔第2版〕』（判例タイムズ社・2017年）279頁以下参照。

Ⅱ 倒産事件における和解の方向性

1. 総論

　以下では、主に破産事件を念頭におき、破産管財人が和解する場面における特徴・留意点や、めざすべき和解内容の方向性等について述べる。

(1) **時間的制約、早期解決の要請**

　破産事件においては、その処理に費やすことのできる時間におのずから限度がある。破産者の経済生活再生という観点はもとより、債権者からしてみても、早期に債権回収や回収不能債権についての損金処理等を行う必要があるという事情がある。こうした事情を考慮すると、破産手続を社会経済の動きの一環としてとらえ、円滑な経済活動を維持するためにも、破産手続の早期解決が要請される。一般論としては、比較的換価業務の少ない事案では破産手続の開始決定後半年以内、相当程度複雑な事件でも配当手続を含めて１年以内には手続を終結させる必要があると考えられる[17]。

　したがって、破産管財人は、換価等の業務に際しても早期解決の要請を無視することはできない。たとえば、破産管財人が、破産者の取引先に対して未回収の売掛金を請求する訴訟や、破産者から金銭を借り入れた者に対して貸金の返還を請求する訴訟などを提起した事例を考えてみると、仮に認容判決を得たとしても、相手方から上訴された場合、当該判決の確定まで相応の期間がかかることになり、ましてや、相手方が任意の弁済をせず、執行手続も行うことになるのであれば、その解決にはより長期間を要することになる。このような事態も想定すれば、他の換価業務に要する期間との兼ね合いもあろうが、額面額全額の回収に固執するのではなく、破産手続の早期終結をめざし、相手方から任意に弁済される金額での和解的解決を図ることには、十分な合理性がある。

　こうした早期解決の要請は、破産手続のみならず、他の法的倒産手続に共通したものといえよう。

---

[17] 運用と書式122頁。

(2) 債権者に対して説明できる適正さ

他方、破産手続の目的の一つは、「債務者の財産等の適正かつ公平な清算」（破1条）、すなわち、破産債権者に対する公平な配当の実施である。破産管財人は、その目的を達成するために、破産財団を本来あるべき財団の範囲に一致させるべく、財団増殖のために換価等を行うこととなり、これは、破産債権者の利益の実現という側面をもつ。破産債権者としても、自身が配当を受けられるか否かは、重大な関心事である。

このような観点から、破産管財人が和解するに際しては、上記目的にかなっているかが重要な視点となる。端的にいえば、その和解の内容について、一般的な破産債権者に対して説明がつくか、その納得を得ることができるか、という視点である。上記(1)で述べた早期解決の要請を強調すれば、ともすれば相手方に足元をみられ、安易かつ安価な内容で和解に応じることになりかねないが、そのような和解は、とうてい適正な処理とはいえず、破産債権者の理解を得ることなどできない。また、たとえば、破産債権者の中に破産者の同業者が含まれていることも多々あるところであり、破産管財人の換価の処理が当該業界において適正とみられるか否かについても、十分な配慮が必要であろう。破産管財人としては、早期解決の要請に応えつつも、債権者に説明可能な、適正な内容で和解することが求められる。

(3) 和解が要請される場面

上記(1)および(2)で述べたとおり、破産手続では、早期解決の要請に応えつつ、破産財団の増殖をめざすことになる。ところが、現実の破産事件では、多種多様な経済活動が紛争の場面となり得るため、先例のない法解釈上の争点や、社会問題・経済問題が顕在化することもままある。また、破産法や民法をはじめとする実体法の解釈が争点となる事例も少なくないが、限られた配当原資の中で行う清算の場面では、一義的な解釈を導くことが妥当な結果と齟齬することもあり得る。[18]

---

18 たとえば、破産管財人が、破産手続開始後、破産者の賃借物件に係る賃貸借契約を破産法53条1項に基づき解除した場合における明渡しの際の原状回復費用請求権の性質については、財団債権と解する見解と破産債権と解する見解とがあるところ、実際の破産管財業務においては、円滑な明渡しを含む賃貸借関係の清算を早期に行う必要から、破産管財人が賃貸人との間で和解的解決を図っていることが多い（運用と書式115頁、116頁）。

したがって、このような場面においては、統一的な判断や解釈を追求することよりも、事案ごとの妥当な解決を優先すべきことも多く、そのような場合は和解になじむといえる。

(4) **立証の限界**

破産事件においては、争点となる事実関係についての資料が不十分であることが少なくない。自己申立ての破産事件では、破産管財人は、通常、破産手続開始の直前に破産者またはその代理人から関係資料を引き継ぐことになる[19]。しかし、たとえば、否認対象行為がある程度以前に行われたものであれば、その弁済の事実や、相手方の悪意を立証するための資料がすでに廃棄されていたり、破産者側の関係者の記憶が曖昧であることもあるし、倒産の混乱によって資料が散逸していることもある。また、相手方が、倒産を見越して有利な資料を作出している場合もないとはいえない。さらに、破産者から知人に対する無償譲渡が行われていたような場合や、破産者自身が隠匿していた財産が偏頗弁済の原資とされていた場合等には、破産者自身から積極的な協力を得ることはそもそも困難であろう。

こうした場合であっても、破産管財人としては、安易に諦めることは相当でなく、少ない資料を十分に検討したうえで訴えの提起を行う必要があると判断される事案はあろう。このような事案では、手元にある資料や新たに調査した内容を基に、全体の事実の流れや、大枠からみて間違いがないといえるところにつき主張・立証に努めるなどすることとなろうが、主張・立証を尽くすことが困難な場合や、相手方の主張・立証によって不利な事実が明らかになる場合もあろう。このような事案では、破産管財人としても全面勝訴を見込むべきではなく、適宜、柔軟に和解に応じるべき場合が多い。

(5) **破産管財人の役割、公益的観点**

破産管財人は、当該破産事件の破産者や破産債権者等とは利害関係を有しない中立的立場にあり、破産管財人の担う管財業務の目的や役割も明確であるから、破産管財人は、紛争となっている事案を客観的に検討することができ、紛争解決について合理的な方針を立てることができるといえる。また、相手方当

---

19 運用と書式27〜28頁、91頁。

事者や受訴裁判所にとっても、破産管財人がめざそうとする紛争の解決方針がどのようなものであるかをうかがうことは、困難でないことが多いであろう。そのため、破産管財人が当事者である訴訟においては、和解を試みるに親しむ場合が多いと思われる。

　もっとも、破産管財人は、単に破産債権者の利益を実現するだけでなく、破産者を含めた利害関係人全体の利益、さらには倒産法秩序の維持を考慮して職務を遂行しなければならず、このような目的から訴訟が提起される場面も少ないながら存在する。具体例としては、倒産時の混乱に乗じて商品を持ち去るといった違法行為の是正や、一部の債権者に利益を図った偏頗弁済といった債権者間の不平等の是正を目的とした訴訟、また、破産会社代表者による違法行為を追及する訴訟、産業廃棄物の放置等が問題となる紛争などが考えられる。このような紛争においては、破産債権者の利益という視点に加えて、倒産法秩序の維持といった観点から、安易に和解することは相当ではなく、和解をするにしても、「筋の通った」和解をすることが肝要であろう。[20]

(6)　破産手続への影響の把握の重要性

　破産管財人が破産財団に属する財産に関して和解を行う場合、破産手続上への影響にも留意する必要がある。

　たとえば、和解額によって破産債権者に配当することができるか異時廃止で終わるかが決まる場面は少なくなく、破産管財人はその点についての見通しをもって、和解に応ずるか否かを検討すべきである。また、事案に応じて和解成立後に破産手続において問題が生ずることがないかを、十分に検討しておく必要がある。たとえば、本来、別除権者は、別除権の行使による弁済を受けることのできない不足額につき、破産債権者として破産手続に参加することができるところ（破108条1項）、破産管財人が、破産債権（被担保債権）を有する別除権者の別除権が付いた不動産を、別除権付きのまま第三者に任意売却すると、当該別除権者の不足額は確定しないため（破65条2項）、配当を受領することができない（破198条3項）。そのため、このような場合、破産管財人は、別除権者に対して上記不利益も伝えたうえで交渉し、当該別除権者が配当手続に参加

---

[20]　後藤＝藤田編・前掲書（注12）405頁。

しない旨の合意を取り付けておくことが望ましい[21]。

以上は一例であるが、破産手続においては、実体法と手続法が交錯する場面が少なくなく、和解の場面でも、破産手続への影響を十分に留意する必要がある。

2. 類型ごとの留意事項

(1) 破産財団に属すべき財産が訴訟の対象である場合[22]

この類型は、破産管財人が破産財団に属すべき財産（すなわち配当原資）を確保しようとする場面であり、具体的には、破産管財人が売掛金を回収し、あるいは否認権を行使したりする場面である。前述のとおり、この類型に関する訴訟における和解では、破産手続の目的の中でも、より早期に、より多くの配当を実現するという観点に加えて、債権者に対して十分な説明ができるかという観点が重要である。

まず、訴訟で勝訴判決を得て執行したとしても、回収が不能または困難という事態になっては、時間やコスト（印紙代等の費用は破産財団から捻出されることになる）ばかりがかかってしまい、配当原資にとってはかえってマイナスとなりかねない。破産手続では、配当を期待する破産債権者のために、破産管財人としては、可能な限り、配当原資の確実な回収、つまり、執行等を要さずに履行が確保できるようにするために、和解を選択することが考えられる。

次に、配当原資を早期かつ確実に回収を実現するためには、和解成立時点において現金決済をすることが望ましく、和解期日後に弁済を受ける場合であっても、一括弁済を求めることが基本となる。分割払を認めるとしても、早期解決の要請からすれば、原則として、長期の分割は避けなければならない。他の換価業務が残っているなどの理由から、一定程度の期間にわたる分割払を認めるとしても、将来的・継続的な履行が十分に見込まれることが前提となる。

どの程度の和解額をめざすのかについては、事案に応じて判断するほかないが、請求額を減額する要素として、相手方の資力を考慮するのであれば、相手方に対し、その資力がわかる客観的な資料の提出を求めるべきである。この点

---

[21] 後藤＝藤田編・前掲書（注12）406頁、407頁。
[22] 後藤＝藤田編・前掲書（注12）411頁以下。

については、相手方が破産管財人に対して資力に関する資料を開示することを拒絶する場合もあるため、当該資料を受訴裁判所限りで事実上見てもらい、相手方がいうとおりの資力を有しているかを確認してもらうという方策もあり得よう。

また、破産会社の有する在庫等の処分に関する紛争では、その価額が相当低下していることを覚悟せざるを得ない場合が多い。品質保証等のアフターサービスを提供することができないことはもとより、破産というイメージの低下は避けられず、また、長期の保管や保管状況の劣悪化による品質の低下や、流行の移り変わりといった問題があるうえ、保管料の発生等の問題により早期の売却をめざす必要があるからである。このような場合、和解条項として、破産管財人が契約不適合責任（瑕疵担保責任）を負担しない旨の特約を付すことが必要であろう（後記Ⅳ参照）[23]。

他方、他の破産事件における同種の処理への影響も無視することはできない。たとえば、大阪地方裁判所倒産部では、破産者が有する別除権付き不動産を任意売却する場合、その不動産が別除権の負担により無剰余の状態であっても、別除権者の協力により、売却価額の5％から10％程度を破産財団に組み入れ、3％を下回る場合には許可しないという運用を行っているところ[24]、この基準に反する処理をすることは、他の事件処理に与える影響が大きく、相当ではないと考えられる。

否認権を行使する場面での和解においては、債権者平等の原則に留意する必要がある。とりわけ、偏頗否認が問題となる場面は、一部の債権者が他の債権者より不当に利益を得ている場合であり、和解内容いかんによっては、一部の破産債権者を利するとみられる結果となりかねず、債権者平等の原則に抵触する可能性がある。他の債権者の納得が得られる内容の和解であるかを、十分に検討する必要があろう。また、先に述べたように、否認権の行使の場面や、不正に財団から流出した資産の回復を求める訴訟の場面では、倒産時の混乱時に起きた不適切な行為の排除、取引秩序の維持という側面を有しており、特に整

---

[23] もっとも、売却の相手方が個人の場合には、消費者契約法により当該条項が無効とされるおそれがあり得る（岡伸浩ほか編著『破産管財人の財産換価』（商事法務・2015年）114頁）。

[24] 運用と書式133頁。

理屋、占有屋、闇金、反社会的勢力等を相手方とする訴訟においては、筋を通すことが重要であり、相手方に不適切な利益を得させないといった慎重な配慮を要する[25]。

なお、実務では、破産者自身に自由財産から一定額を破産財団に組入れさせることにより和解的解決を図ることがある。たとえば、破産者が倒産直前に親族等に対して無償譲渡を行っていた場合、当該受贈者から返還を受けることに代えて、破産者自身に一定額を破産財団に組み入れさせたうえで、当該受贈者に対する請求権を破産財団から放棄するなどである。

役員責任査定手続やその異議訴訟においても、相手方（役員）の資力を考慮するなどして、和解による解決がされる場合が相当程度ある。この点に関連して、株式会社が取締役の責任を追及する訴訟において、会社と当該取締役との間で訴訟上の和解をする場合、総株主の同意を得る必要はなく（会社850条4項）、また、異議訴訟で和解調書を作成するにあたり、査定の裁判の効力等に言及する必要はないと考えられる[26]。

なお、否認請求手続や役員責任査定手続等では、破産管財人を監督する立場にある破産裁判所がその審理を行うことになるため、裁判官としては、その審理の中立性・公平性に誤解を生じさせないよう注意を払うべきである。たとえば、審尋であるため、書面のみのやりとりによって手続を進めることもできるものの（いわゆる書面審尋）、事案に応じて、期日に両当事者を呼び出したうえで、通常の訴訟と同様に進行し、釈明事項については双方同席のうえで行うなどといった工夫が考えられるところである。

(2) 破産債権が訴訟の対象である場合

破産債権に該当する権利が訴訟の対象である類型では、和解に際して、確認条項のみにとどめ、給付条項を入れてはならないことに注意を要する。破産債権の弁済は、破産手続内での配当以外に行い得ないからである（破100条1項）[27]。

破産債権査定手続内で和解的解決をする場合には、当事者間の合意内容に

25　後藤＝藤田編・前掲書（注12）414頁。
26　島岡ほか編・前掲書（注2）273頁。なお、同書では、事案によっては、債権者集会等で破産債権者の意見を聴取したうえで和解の可否を判断するのが相当な場合がある旨指摘されている。
27　給付条項を入れた債務名義を作成しても、強制執行することはできない（破42条1項）。

沿って、届出額の一部取下げや異議の撤回等で処理されることが多く、和解を成立させる場合は多くない。他方、異議訴訟の場合には、破産管財人が届出額の一部を認めて異議を撤回し、債権者はその余の届出額の取下げをするといった内容の裁判上の和解が成立することのほうが多いと考えられる。

なお、優先的破産債権たる労働債権に関する和解の場合には、労働者保護の観点から、破産法101条に基づく弁済許可に関する条項が盛り込まれる場合もある。[28]

III 和解がスムーズに進まないケースとその対応

1. 和解になじまない類型

これまでに述べたとおり、破産管財人が、倒産法秩序の維持、公益的観点から訴訟を提起している場合には、そもそも和解による解決自体が困難という類型も考えられる。こうした類型では、破産管財人は、上記のような目的を達することができるか、相手方に不当な利得が生じていないか、などを検討して、和解に応じるか否かを判断することとなろう。

2. 立証が困難な類型、相手方の資力が問題となる類型

各類型における留意点については、前記IIで述べたところであるが、破産管財人としては、当該訴訟のみに拘泥することなく、破産手続全体の流れ、見通しを踏まえたうえで、どこまで訴訟追行を継続すべきかという点について、破産裁判所に適宜相談することが肝要であろう。

立証の観点、相手方の資力の観点等から、このまま訴訟を維持しても時間とコストを空費するばかりというのであれば、当該請求権を破産財団から放棄せざるを得ないケースもあり得よう。ただし、放棄を検討するにせよ、債権者に対して納得できる説明が可能かという観点が重要になることは、これまでに繰り返し述べたとおりである。

---

[28] 以上につき、島岡ほか編・前掲書（注2）137頁。

3. 破産財団に属する財産の換価を早期にすべき類型

破産管財人が換価業務のために、早期に和解による解決を試みる必要が高い場合がある。たとえば、破産者が有する商品が倉庫に保管されており、その商品が一部の債権者のために譲渡担保に供されている場合に、担保権者の了解を得て商品を売却し、その代金の一部を担保権者に支払うことで、早期に処理しようとする場合などである。このような場合、その処理に時間を要すれば、それだけ保管料（倉庫代）等の管理費用がかかることになりかねないし、破産財団に属する財産には多種多様なものがあり、劣化のスピードが速い商品もある。かといって、当該財産を極端に安価な値段で売却してしまうことは、同種商品の値崩れが生じかねず、関係者への配慮等の事情からも控えるべき場合もある。このような問題から、当該商品を当該担保権者に安価で引き取らせる等の方策も考えられようが、上記２と同様、その際には、債権者に対する説明という視点は忘れないようにしなければならない。[29]

4. 否認請求手続、役員責任査定手続等の類型

破産手続の中で審理される否認請求手続や役員責任査定手続等においては、本来的に迅速な審理・判断が予定されているところ、これらの手続において早期に和解的解決がめざされることがある。しかし、相手方が強く争っており、決定に対する異議が見込まれる場合、事実関係に争いがあり人証調べが必要な場合、複雑な争点整理が必要であり審理が長期化しそうな場合など、和解的解決が困難とみられるに至ったときには、これらの手続の申立てを取下げ、訴訟を提起することにより、これらの決定手続ではなく訴訟手続を選択することが、かえって紛争の早期解決に資するのではないかを検討しなければならない。和解のために、手続が遅延することのないよう留意すべきである。[30]

---

[29] なお、事案によっては放棄による解決もあり得よう。もっとも、自然人の場合と異なり、破産者が法人の場合は、破産財団から放棄しても法人の所有財産となり、別途清算手続が必要になることに留意する必要がある。また、自動車の場合には運行供用者責任も問題となり得る。

[30] 島岡ほか編・前掲書（注２）46頁。

IV 和解条項

　破産手続に関する和解の場面での、代表的な留意事項や実務上の工夫を述べることとする。

1. 破産手続への配慮

　前述のとおり、裁判上の和解では、事前に裁判所の和解の許可を要する場合があり、また、裁判外の和解では、裁判所の売却許可に先立って契約を締結する場合があるが、その場合には、裁判所の許可が得られることを停止条件とする条項を設けることとなる。

　破産管財人が売掛金を回収する場面や、否認権を行使する場面などにおいて、相手方が破産者に対して反対債権を有する場合が少なくない。そうした場合には、当該相手方が、破産手続において破産債権者として権利を行使しない（債権届出をしない）旨の条項を設けることが多い。なお、破産管財人側からの相殺については裁判所の許可が必要であり（破102条）、和解の内容によっては、金額にかかわらず、この点についての裁判所の許可を要することがあることに留意すべきである。

2. 財産処分の場面

　破産管財人の財産の処分に関する紛争において和解する場面では、現状有姿、契約不適合責任（瑕疵担保責任）免除[31]の特約を設けることに留意するべきである。具体的な条項やその留意点については他書を参照されたい[32]。

　また、反社会的勢力の排除のための条項も設けられることが一般的である。

---

[31] 消費者保護との関係で問題となり得ることについて、前掲（注23）。
[32] 岡ほか編著・前掲書（注23）113頁や野村剛司ほか『破産管財実践マニュアル〔第2版〕』（青林書院・2013年）198頁以下が詳しい。

Ⅴ　まとめ

　以上のとおり、破産事件に関して破産管財人が和解を検討する場面においては、主として、①早期解決の必要性、②債権者の納得、③倒産法秩序の維持といった3つの要素を考慮し、和解すべきか、また、和解内容についての検討をすべきであろう。

（川畑正文／檀上信介）

第15章
簡易裁判所事件と和解

Ⅰ　総論

1. はじめに

　訴訟上の和解とは、訴訟の係属中両当事者が訴訟物に関するそれぞれの主張を譲歩したうえで、期日において訴訟物に関する一定内容の実体法上の合意と、訴訟終了についての訴訟法上の合意をなすことをいい[1]、この合意が調書に記載されると、確定判決と同一の効力が認められる（民訴267条）。

　市民に親しみやすい裁判所として、民事の少額事件を簡易な手続により迅速に処理する役割を担っている簡易裁判所では、和解についても独自の制度がある。これを以下紹介する。

(1) 簡易裁判所に係属する民事訴訟事件

　簡易裁判所に係属する民事訴訟事件（以下、「簡易裁判所事件」という）は、①通常訴訟事件、②少額訴訟事件に大別され、通常訴訟事件は、さらに、貸金業者、信販会社等が原告となって訴訟を遂行する「消費者信用関係事件」（以下、「業者事件」という）と、一般市民が当事者の一方または双方になって自ら訴訟を遂行する「市民型訴訟事件」とに分けられる。なお、大阪簡易裁判所では、一般市民が訴えを提起した通常訴訟事件の訴額が、少額訴訟事件の上限である60万円を超えている場合であっても、争点が比較的単純で、1、2回の審理で終局の見込まれる事件を「市民型訴訟事件」として、少額訴訟に準じた訴訟運営に取り組んでいる[2]。

---

[1] 伊藤眞『民事訴訟法〔第5版〕』（有斐閣・2016年）475頁。
[2] 立脇一美「市民型訴訟の取組みについて」大阪地方裁判所簡易裁判所活性化研究会編『大阪簡

市民型訴訟事件のうち交通物損事件は、件数が増加傾向にあり、弁護士の関与率も高まっているが、客観的な証拠が少ないことに加え、保険会社との対応等、和解において検討すべき点が少なくないという特殊性があるので、別項目で言及したい（後記Ⅱ参照）。

(2) **和解の種類**

和解には、①裁判外の和解と②裁判上の和解とがあるが、後者は、さらに、訴え提起前の和解（民訴275条）と訴訟上の和解（民訴267条）とに分けられる。

訴え提起前の和解は、民事上の争いについて、当事者間で合意の成立が見込まれる場合に、簡易裁判所に対して和解の申立てをし、合意の結果を調書に記載することによって、訴訟上の和解としての効力（民訴267条）が得られる簡便な方法である。通常、1回程度の期日で和解が成立することから、「即決和解」とよばれることもある。

2. 簡易裁判所の役割、審理の特色等

(1) **簡易裁判所の役割**[3]

簡易裁判所は、日本国憲法と同時に施行された裁判所法によって、民主的な司法制度の一環として発足した第1審の裁判権を有する裁判所である（裁2条1項）。簡易裁判所は、その名称の示すとおり、比較的少額軽微な事件を、簡易な手続により迅速に解決することを目的として新設された裁判所であり（民訴270条）、①市民に親しみやすい裁判所として民事の少額事件を簡易な手続により迅速に処理するという役割と、②第1審訴訟事件を訴額に応じて地方裁判所と分担するという役割がある。

(2) **簡易裁判所の審理の特色（簡裁特則の活用）**[4]

上記役割を推し進めるために、簡易裁判所の訴訟手続に関しては、特則が設けられている。その規律としては、原則的には地方裁判所以上の裁判所と同一の訴訟手続によることとし、利用しやすく、わかりやすい訴訟指揮が、簡易、

　易裁判所少額訴訟集中係における少額訴訟手続に関する実践的研究報告」（判例タイムズ社・2006年）15頁。

3　兼子一＝竹下守夫『裁判所法〔第4版補訂〕（法律学全集34）』（有斐閣・1999年）211頁。

4　加藤新太郎編『簡裁民事事件の考え方と実務〔第4版〕』（民事法研究会・2011年）5頁。

390

迅速に行われることを担保するために、民事訴訟法270条以下で特則を定める（以下、「簡裁特則」という）という方式がとられている。

また、少額訴訟手続は、簡易裁判所が扱う訴訟の中で、60万円以下の金銭の支払を求める訴えについて簡略化を図った特別の訴訟手続である（民訴368条～381条）。

(3) 簡易裁判所事件の和解の特色

簡易裁判所事件の和解についても、いくつかの特色があげられるが、①司法委員という地方裁判所にはない制度を利用できるという点（民訴279条）、②少額訴訟を利用すれば、原則として第1回口頭弁論期日で紛争を解決できるという点（民訴368条～381条）、③和解に代わる決定を使って簡易、迅速に和解成立と同様の効果が得られるという点（民訴275条の2）などが特筆される。

(4) 司法委員制度

㋐ 司法委員

司法委員制度は、国民の中から選ばれた司法委員が簡易裁判所の民事訴訟手続に関与することにより、審理に国民の健全な良識を反映させ、より社会常識にかなう裁判を実現するために設けられた制度である。裁判所は、必要があると認めるときは、和解を試みるについて司法委員に補助をさせ、または司法委員を審理に立ち会わせて事件につきその意見を聴くことができる（民訴279条1項）。

㋑ 司法委員となるべき者

地方裁判所は毎年1月1日付けで「司法委員となるべき者」[5]（以下、「司法委員候補者」という）を選任（任期は12月31日まで）し、簡易裁判所の裁判官は、その中から、必要に応じ、1人以上の司法委員を指定する（民訴279条）。

司法委員候補者の資格基準について、司法委員規則1条は、「良識のある者その他適当と認められる者の中から、これを選任しなければならない」と規定しているが、特別な資格等は必要なく、①弁護士、司法書士、不動産鑑定士、建築士、公認会計士、税理士、土地家屋調査士、社会保険労務士などの専門家

---

[5] 司法委員は、非常勤の国家公務員であるが、裁判官から特定の事件について担当を命ぜられると司法委員たる身分を取得し、その担当からはずれると司法委員たる身分を失う。「司法委員となるべき者」という用語が使用されているのは、このような意味からである。

から選ばれる者（専門家司法委員）と、②会社員、専業主婦、各界の OB などの一般民間人から選ばれる者（一般司法委員）とがある。

司法委員候補者の多くは、在職中の知識、経験、あるいは定年後の余暇等を活用して社会に貢献したいという動機で司法委員を志しているが、国民の司法参加という観点から、今後とも、幅広い層から、意欲ある有能な人材が司法委員候補者に選任される運用をすべきであろう[6]。

(5) 少額訴訟手続

(ア) 意 義

少額訴訟手続は、60万円以下の金銭の支払請求を目的とする訴訟について、1回の口頭弁論期日で審理を完了し、その後、直ちに判決を言い渡すことを原則とする手続であり、平成10年1月1日に施行された民事訴訟法により創設された（民訴368条〜381条）。比較的少額な金銭請求事件を訴額に見合った経済的負担で済むように、簡易、迅速な訴訟手続で解決することを目的としている。少額訴訟事件を担当するうえでは、常に、この手続創設の趣旨を意識する必要がある。

(イ) 要 件

①60万円以下の金銭の支払請求を目的とする訴えであること（民訴368条1項本文）、②原告は、訴え提起時に、少額訴訟による審理および裁判を求める旨の申述をしなければならないこと（同条2項）、③同一の簡易裁判所において、同一年に10回を超えて提起できないこと（同条1項ただし書、民訴規223条）などが要件である。

(ウ) 手続の特徴

少額訴訟では、特別の事情がある場合を除いて、最初にすべき口頭弁論の期日において、審理を完了しなければならず、当事者は、その期日前またはその期日において、すべての攻撃または防御の方法を提出しなければならない（民訴370条。一期日審理の原則）。これが、少額訴訟手続の最も重要な特徴である。一期日審理を効率的に実施するためには、事前準備に裁判所書記官が果たす役割が重要であり、担当書記官は、当事者との関係では後見的な立場に立ちつ

---

[6] 横田康祐「司法委員制度の趣旨、活用状況、今後の課題及び方策等」岡久幸治ほか編『新・裁判実務大系㉖簡易裁判所民事手続法』（青林書院・2005年）60頁。

つ、当該事案に応じた適切かつ効率的な準備をすることが求められる[7]。

証拠調べは、即時に取り調べることができる証拠に限りすることができる（民訴371条）。

判決の言渡しは、相当でないと認める場合を除き、口頭弁論の終結後直ちにする（民訴374条1項）。少額訴訟では、弁論終結後、直ちに判決を言い渡す場合であれば、当事者間に実質的に争いがあり、原告の請求の一部認容、あるいは請求を棄却する場合でも、調書判決が可能であるとされており（同条2項、254条1項参照）、この点においても、簡略化が図られている。

(エ) わかりやすい審理の実現

少額訴訟の審理は、当事者の納得が得られる審理でなければならず、個々の事案に応じて柔軟に行う必要がある。そして、その実現のためには、①当事者にとってわかりやすく簡潔な審理、②事前準備などで得た情報を活かした審理、③裁判所の適切な訴訟指揮を心がけることが重要である[8]。

少額訴訟の審理の最大の特徴は、弁論（主張）と証拠調べ（当事者本人尋問）とを明確に区分することなく、当事者から、紛争に関する事実関係を聴きながら、裁判所が弁論事項と証拠資料とを適宜拾い出していくという審理方法（一体型審理）をとっていることである。この一体型審理は、一般市民にもわかりやすい審理方法であり、明文規定はないものの、実務上定着している。

そのほかにも、少額訴訟の審理においては、当事者が発言しやすい法廷の雰囲気をつくるため、たとえば、①法廷は、原則としてラウンドテーブル法廷を使用し、その際、法服は着用しない、②当事者を「原告」「被告」といわず名前でよびかける、③法律用語や手続について説明する際も、日常的な言葉づかいでわかりやすく説明するなどの工夫を行っている。

(6) 和解に代わる決定（民訴275条の2）

和解に代わる決定は、事実に争いのない金銭請求事件について、裁判所が、和解的解決が相当であると判断したときに、原告の意見を聴いたうえで、職権で当該金銭の支払時期ないし分割払の定めをすることによって、和解と同様の

---

[7] 近藤基『簡裁民事ハンドブック②少額訴訟編』（民事法研究会・2011年）62頁。
[8] 司法研修所編『少額訴訟の審理方法に関する研究――よりやさしい運営を目指して（平成12年度司法研究）』（法曹会・2001年）60頁。

効果をもたらそうとするもので、平成15年民事訴訟法改正により簡裁特則の一つとして新設された。

　和解に代わる決定は、簡便な手続ではあるが、その適用にあたっては、①金銭の支払の請求を目的とする訴えであること、②被告が口頭弁論で原告の主張した事実を争わず、その他何らの防御の方法をも提出しない場合であること、③被告の資力その他の事情を考慮して相当と認められること、④原告の意見を聴くこと、⑤原告の請求に係る金銭の支払を命ずるものであることなどの要件を充足しているかに留意すべきである。

3.　簡易裁判所事件の和解の手法と実践

(1)　簡易裁判所事件と和解

(ア)　市民型訴訟事件と和解

　市民型訴訟事件（少額訴訟事件を含む）は、簡易裁判所の少額裁判所たる役割に最もかなった類型の事件であり、各裁判官は、わかりやすく、親しみやすい訴訟運営をめざして、さまざまな取組みを行っているが、なかでも、和解は、①事案に応じた柔軟な解決を図ることができる、②訴訟を早期に終結させることにより訴訟費用節減につながる、③当事者の合意を基礎とするため、任意の履行が期待でき、早期に権利内容が実現されるなどの長所があり、事件を簡易、迅速で柔軟に解決できる極めて重要な終局事由と位置づけられているから（民訴89条参照）、裁判官は、和解の手法と実践について、日頃から、工夫、研究を重ねておくことが求められる。

(イ)　業者事件と和解

　業者事件は、簡易裁判所事件の圧倒的多数を占めるが、事案の内容は画一的であることが多く、事実関係が争われることは少ない。そこで、裁判官としては、基本的には、大量の事件をいかに適正、迅速に処理するかということに主眼をおいて訴訟運営をすることとなる。

　ただし、許可代理制度（民訴54条1項ただし書）および約款の管轄合意条項により、業者事件のほとんどが簡易裁判所に提起されており、また、被告は一般市民である消費者であり、応訴の手続も、弁護士や認定司法書士などの法律専門家に依頼せず、本人で行うことが多いという実情にあるから、簡易裁判所

の少額裁判所たる役割などをも勘案すると、簡易裁判所が市民型訴訟事件（少額訴訟事件を含む）と同じく、後見的立場から主張立証を促したり、積極的に和解等による紛争の解決を図るべき事案も少なくない。[9]

(ウ) 簡易裁判所事件の和解の特色

このように、簡易裁判所事件は、和解による早期の円満な解決になじみやすいといえるから、裁判官は、和解による早期の円満な解決をめざした訴訟運営に努めるべきである。ただし、簡易裁判所に係属している多くの事件においては、弁護士や認定司法書士などの法律専門家が関与しておらず、一般市民が利用者であるから、前記２(1)に述べた簡易裁判所の役割を踏まえた訴訟運営が求められる。

(2) 司法委員と和解

(ア) 司法委員の立会方式（開廷日立会方式と事件指定方式）

司法委員の立会方式には、①開廷日立会方式（あらかじめ開廷日ごとに司法委員を割り当て、その期日の全事件について法廷立会をさせておき、必要に応じて司法委員を指定する方式）と、②事件指定方式（特定の事件について司法委員を個別に指定する方式）がある。

実務では、事案の内容、被告の出頭の見込み、争い方、一期日に指定されている事件数等の実情に応じて、司法委員指定の要否や人選を判断し、①、②の方式が、適宜、使い分けられているが、一般的には、業者事件は①の方式で、市民型訴訟事件（少額訴訟事件を含む）は②の方式で指定されることが多い。しかし、特に専門的知見を必要としない市民型訴訟事件や業者事件であっても、健全な一般市民の良識を反映することが相当と認められるなど、司法委員の関与がふさわしいと認められる事案については、一般司法委員を②の方式で指定する場合も少なくない。裁判官は、当該事案にふさわしい司法委員の効果的な活用方策を常に念頭におきながら、司法委員の指定の要否や人選を検討している。

9　岡久幸治「簡易裁判所の理念と現状」岡久ほか編・前掲書（注６）12頁参照。

(イ)　司法委員の関与
　(A)　事前協議
　上記(ア)②の方式で司法委員を指定した場合、裁判官は、事前準備の結果等を踏まえ、期日前に司法委員、裁判所書記官と全件事前協議を行い、争点を整理、把握したり、審理方針等を打ち合わせるなどして、事件についての共通の認識をもつように努めている。
　(B)　立　会
　司法委員は、法廷では、裁判官の隣に着席することが多いが、プレートを立てるなどして、司法委員であることを明示するほか、開廷に際し、裁判官から、司法委員を紹介し、その役割を説明したうえで、司法委員から直接質問することがある（民訴規172条）ことを告げている。
　(C)　発　問
　以上のとおり、司法委員は、裁判官の許可を得て、証人等に対し、直接問いを発することができる。これは、司法委員が、事件について適切な意見を述べるためには、単に審理に立ち会うだけでなく、特に、証人等を調べるときに、自ら証人等に対して問いを発することが有益であるため、設けられたものである。
　(D)　和解の補助、意見聴取[10]
　裁判官は、事件の見立て、証言の信用性、事実をどのように認定するか、損害額をいくらと認定するのが相当であるかなど、さまざまな点について、司法委員から意見を聴取している。
　裁判官は、司法委員の関与によって、豊かな社会経験や健全な常識を補ったり、自己の判断の妥当性を検証して、適正な判断の一助とすることができる。特に、交通事件、建築事件、労働事件、コンピューター・システム関係事件など、専門的知見を要する事件では、当該専門的知見を有する司法委員が関与することにより、裁判官の専門的知見が補われ、裁判の結果に対する信頼性と納得性が高まることが期待できる。また、当事者としても、無用の緊張から解放され、十分に話を聴いてもらったという満足感や、親しみのもてる訴訟指揮が

10　横田康祐ほか『新・書式全書簡裁民事手続Ⅰ』（酒井書店・2001年）80頁。

行われ、身近で親しみやすく常識的な解決が得られるとの期待を抱くことができる。それゆえ、司法委員が、有効に活用された場合には、少額裁判所たる役割を担う簡易裁判所の意義は、さらに大きなものになるであろう。

(ウ) 司法委員の役割の変化

大規模簡易裁判所において、一期日で多くの事件を審理することができるのは、上記(ア)①の方式での司法委員による和解の補助があるからである（たとえば、大阪簡易裁判所においては、係によるばらつきはあるものの、一期日に数十件の事件が指定されているのが実情である）。

司法委員は、昭和50年代頃からの業者事件の増加傾向と相まって、業者事件の和解の補助の場面で積極的に活用されてきたが、司法委員制度が調停委員制度と並んで国民の司法参加としての意義を有するものであること、単独制である簡易裁判所の判断作用を補完する意義を有すること、今日の社会経済情勢の急激な変化や、国民の価値観や考え方の多様化という状況を踏まえ、審理に国民の健全な感覚を反映させる需要がより高まっていることなどから、近年は、意見聴取の面でも積極的に活用されるようになっている。また、今日の簡易裁判所には、訴額は小さいものの労働事件、交通物損事件、インターネット取引関連事件など、専門的知見を要する事件が増えているので、これら各分野の専門的知見を有する司法委員から意見を聴取する必要性も、ますます高まっている。

(エ) 司法委員のさらなる活用をめざして

このように、司法委員が、簡易裁判所における審理にとって、重要な役割を担っているという実情に鑑みれば、簡易裁判所においては、欠席判決により終了することが見込まれる事件など、司法委員を指定するまでもない事件を除き、原則として、すべての事件について司法委員を指定したうえで、これを活用した訴訟運営をすることが望まれる。

(3) 少額訴訟と和解

(ア) 早期の円満な解決

少額訴訟では、原則として、第1回口頭弁論期日において紛争が解決される（民訴370条1項、374条1項）。民事紛争の解決手段としては、判決と和解があるが、和解のメリット（前記3(1)参照）および少額訴訟の一期日審理の原則に鑑

みるとき、少額訴訟においては和解による早期の円満な解決が最も望ましいと考えられる。[11]

(イ) 訴訟運営

一般市民である当事者は、必ずしも法的知識が十分でないこともあるから、1回の弁論期日で紛争が解決されることに対して、不安等を感ずる可能性もないではないので、裁判官は、こうした当事者の不安等に配慮した訴訟運営を心がけるべきである。

(ウ) 少額訴訟の審理

少額訴訟の審理は、第1回口頭弁論期日が終わるまでという限られた時間の中で争点を整理し、1つの結論を出さなければならず、担当する裁判官にとっては難しい面もある。しかし、反面、ラウンドテーブル法廷で当事者の自由な発言を引き出しながら争点整理を進め、紛争解決の方法（和解相当事案では和解案）を探りながら審理を進めていく過程からは、大きな手応えとやりがいを感じることができる。当事者が裁判所に求めているのは、端的にいうなら、なぜ自分の請求が認められず、相手の請求が認められるのかの説明であるから、当事者の疑問にわかりやすく答えるなどして、親しみやすい審理を心がけながら、早期に、双方が納得できる和解案を提示、成立させて紛争を解決することこそ、簡易裁判所に託された少額裁判所たる役割を果たすことになると考えられる。

(エ) 少額訴訟事件の和解の特殊性

同じ市民型訴訟事件でも、通常訴訟事件の場合と少額訴訟事件の場合とでは、司法委員の関与のあり方に違いがあると考えられる。すなわち、少額訴訟では、一期日審理の原則がとられており、第1回口頭弁論期日で和解が調わなければ、審理を終え（民訴370条1項）、直ちに判決をすることになるが（民訴374条1項）、提示した和解案の内容と判決の結論とが大きく離齬するようで

---

[11] 中島寛＝岡田洋佑編『少額訴訟の実務』（酒井書店・2008年）267頁。なお、交通事件における和解による解決の重要性について加藤編・前掲書（注4）378頁、和解条項案について塩谷雅人＝近藤基『簡裁民事ハンドブック①通常訴訟編〔第2版〕』（民事法研究会・2018年）165頁、少額訴訟による審理の進め方等について近藤基「ケースでみる実務・損害賠償請求」市民と法33号（2005年）89頁、同「交通事故に基づく物損請求事件(1)、(2)」市民と法34号96頁、同35号124頁（いずれも2005年）。

は、当事者からの不信を招くおそれがあるから、裁判官と司法委員の評議も、より丁寧に行われるべきであると考えられる。

　(オ)　少額訴訟のノウハウの活用

　一般市民にも、わかりやすく、親しみやすい審理を行い、訴額に見合った経済的負担で、適正、迅速な紛争解決を図るという少額訴訟の制度は、前述した簡易裁判所の目的に合致する。そうであれば、少額訴訟の運用によって培われたノウハウは、少額訴訟事件以外の市民型訴訟事件にも活かすことが期待される。

　たとえば、少額訴訟で行われる一体型審理は、市民感覚に合った、わかりやすい審理方法であるので、少額訴訟事件以外の市民型訴訟事件にも採用され、活用されている。

(4)　和解に代わる決定の活用例

　和解に代わる決定は、業者事件で活用されることが多い。たとえば、遠隔地に住んでいる被告が、分割払を求める答弁書を提出して欠席している場合に、原告の意見を聴いたうえで、分割払を内容とする和解に代わる決定を行うことで、分割払を求める被告の意思および分割払でかまわないとの原告の意思を尊重しながら、被告の出頭を求めることなく、紛争を迅速に解決することができる。

(5)　その他の手法と実践

　(ア)　和解相当事案か否かの見極め

　和解を進める場合、まず、訴訟物は何か、要件事実の主張立証は足りているかなどの基本を意識し、裁判所が示そうとする和解案の根底にある法的判断、和解相当事案であると考える理由、和解で解決することのメリット等を当事者にわかりやすく説明し、理解してもらう必要がある。

　当事者から訴訟物以外の紛争を取り込んで、包括的に和解することや、通常の和解条項とは異なるやや特殊な条項を入れることを求められる場合は、当事者から当該別件紛争に関する正確な情報や、当該条項を盛り込む必要性等を聴取するなどして、後日紛争の火種を残すことのないよう慎重に検討、対応すべきである。

(イ) 信頼の確保

　当事者に対し和解を試みる場合に大切なことは、裁判官が当事者から信頼されるということである。

　信頼の確保に苦慮する事案も少なくないが、冷静、沈着、公平に、かつ、穏やかさ、親しみやすさをもって訴訟運営することで、結果として、当事者の信頼を得られるのではないかと考えられる。具体的な方策としては、①穏やかに話を聴く、②話の要点を素早く呑み込む、③わかりやすい言葉づかいで話しかける、④的確な質問をして、明確な回答を与える、⑤できないことはできないとはっきり伝えることなどが考えられる。①ないし④は当然として、⑤も大きな意味をもつことがある。言い方を配慮・工夫する必要はあろうが、主張自体失当と考えられるような主張に拘泥している当事者に対し、事件の見通しを率直かつ的確に伝えることも、譲歩を引き出し、和解による解決を図っていくうえで必要なことであろう。

　当事者に信頼されるためには、公平な審理を行うことは当然であるが、公平らしさ、すなわち、公平にみえるような審理を行うことも必要である。和解を試みる場合も、どちらの立場にも偏しないよう、一言一句、気をつけながら調整を進める必要があるが、さらに、当事者が心の中で不公平感を感じていないかについても注意を払うべきである。当事者が裁判所や裁判官に対して、不公平感を口にすることは、必ずしも容易なことではないと思われるから、裁判官は、当事者から苦情等が出ていないからといって慢心することなく、自己の言動を謙虚に自省し、裁判所書記官や司法委員の言動にも注意を払って、訴訟運営をすべきである。

　各裁判体の審理方針、庁の規模、一期日に指定される事件数等の要因いかんと思われるが、和解を試みる場合には、司法委員任せにせず、可能な限り、裁判官も同席することが望ましい。裁判官の顔が見えることは、当事者にとって、より親しみやすく、わかりやすい訴訟運営になると考えられる。

　このように、事件の早期解決という大局観をもちつつも、きめ細かく目配り、気配りしながら個々の事案に臨むことで、当事者から信頼されることとなると考えられる。

　和解に応じるか否かは当事者が最終的に決めるべきことである。初めに和解

ありきというような、当事者の意向や気持を無視した訴訟運営は好ましくない。まして、判決を書くのが嫌さに和解を押しつけるということがあってはならないのは当然のことである。

なお、簡易裁判所では、起案に多大の労力を要する事案はそれほど多くないから、証拠調べの前後を問わず、和解を試みる前までに、判決の骨子部分の起案を済ませておくことは有用である。和解の席上で、判決ならこういう結論になるであろうという見通しを、具体的な根拠、理由を示しつつ、説明できれば、当事者に対する説得にも厚みが増すであろう。

(ウ) 説得の手法

和解を試みるに際しては、当事者の本音を聴き出すことが必要であるが、当事者の本音を聴き出すことは容易ではない。裁判所という慣れない場所に来て、必要以上に緊張したり、訴訟の相手方の顔を見て感情がたかぶることもあるし、紛争の相手方に譲歩すること自体が心情的に受け入れがたいと感じている当事者も少なくないからである。しかし、本音を聴き出すことで解決の糸口がみえてくる場合もあるから、できるだけ和やかな雰囲気を保ち、リラックスして自由に発言、質問等してもらいながら、当事者に本音を語ってもらえるよう訴訟を運営すべきである。また、譲歩を求める際も、一方にだけ譲歩を求めているわけではないことを伝えることも大切である。

和解の試みに着手するタイミングを見誤らないことも大切である。十分に言い分を聴いてもらったと思うより前に和解を試みると、当事者には、十分に話を聴いてもらえなかったという不完全燃焼感が残ったままになるが、一方、いつまでも言い分を聴き続けていると、時間ばかりを費消することにもなりかねない。

また、心証を開示しつつ和解を試みることは、場合によっては、判決の見通しをちらつかされて和解を無理強いされたという不満を抱かれる可能性もある

---

12 たとえば、1個のオレンジをめぐって姉妹がけんかをしたのでオレンジを半分に分けることで折り合いをつけたが、姉はその半分の中身だけを食べて皮を捨て、妹は残り半分の中身を捨てケーキをつくるのに皮だけを使ったという寓話などからも、本音を聴き出すことによって、双方当事者が真に求めていた解決を導き出すことができるということが理解されるのではないだろうか(ロジャー・フィッシャー=ウィリアム・ユーリー『ハーバード流交渉術』(三笠書房・1990年) 103頁)。

401

ので、留意すべきである。

　説得の目的は当事者に納得してもらうことである。和解を試み、当事者を説得しようと決めた場合は、コミュニケーションを尽くし、粘り強く説得にあたるべきである。当事者に反対されてすぐ和解の提案を引っ込めると、当事者からかえって不信感を抱かれる場合がないではないから、和解で解決することのメリット等を丁寧に説明し、粘り強く説得にあたることが望ましい。

　コミュニケーションの技法としては、さまざまなものがあげられるが、和解を試みる際には、特に、それらの技法を意識する必要はない。当事者は、裁判所がわかりやすい訴訟運営をしたうえで、納得のできる解決をすることを求めている。当事者の納得を得る最善の方法は、双方当事者にとって受け入れやすい和解案を策定、提示することに尽きると考えられる。

　　(エ)　最後まできめ細かな気配りを

　和解条項の最終調整を進めてきて、当事者が非常に細かい事実や争点にこだわるなどの事情に気づいた場合は、このまま和解成立としてよいのか、今一度、検討する必要がある。そのような事案は、実は、当事者間の真の紛争が別にあったり、当事者が真に和解に納得していなかったりして、そもそも和解による解決になじまないことが少なくない。そのような場合に無理に和解をすると、後日和解の効力が問題とされる場合がないではないので、注意を要する。

　当事者に最終的な検討の時間を確保することが相当と認められる場合は、期日を続行することが望ましい。

　和解が成立したときは、当事者に対し、ひとこと言葉をかける裁判官は多いが、そのひとことにより、当事者が裁判所に対しより一層親しみを感じることもあるし、紛争が解決できたことについての満足感を感じることもあるだろう。

　　(オ)　親しみやすく、わかりやすい手続

　このように、裁判官が、審理の当初から和解の勧試、そして和解のための説得、和解条項の選択など、最後まできめ細かく心配りした訴訟運営や審理を行うことで、当事者から、より一層の信頼が得られ、ひいては、自己が体験した簡易裁判所の手続は、親しみやすく、わかりやすい手続であったという感想を抱いてもらえる事件処理となるのではないかと考えている。

4. まとめ

　簡易裁判所は、社会、経済の変化や、国民の権利意識の高まりなどの状況を受けて、もち込まれる事件も、訴額は少ないものの、複雑、困難な事案が増えている。また、利用者に対し、利用しやすさ、わかりやすさといった視点を今まで以上に意識した司法サービスを提供していくことが重要になっている。

　簡易裁判所では、今後とも、係属するすべての民事訴訟事件について、簡裁特則や、少額訴訟のノウハウを活用しつつ、利用者にとって、利用しやすい、わかりやすい訴訟運営を、簡易、迅速に行っていくとともに、特に、和解相当事案では、当事者の満足度の高い和解を早期に成立させ、紛争を解決することができるよう取り組んでいきたいと考えている。

（加藤　優）

Ⅱ　各論——交通事件

1. 簡易裁判所の交通事件の特徴

(1) 簡易裁判所における交通事件の増加

　簡易裁判所の訴額が改正された平成16年4月1日以降、一時的に増加した過払金返還請求事件を除くと、簡易裁判所の新受件数に大きな変化はない。その状況の中で交通事件は、近年、交通事故の発生件数が減少しているにもかかわらず、激増している。その要因としては、国民の権利意識の高まり、損害保険会社が小さな損害額についても求償権を行使するようになったことなどが考えられるが、最も大きな要因は、弁護士費用特約、すなわち、交通事故でかかった弁護士費用を自己が加入する保険会社が負担してくれる自動車損害保険の特約が、社会的にも認知され、広く利用されるようになったことにあると考えられる。

(2) 簡易裁判所の交通事件の特徴

　簡易裁判所は、訴額が140万円以下であることから、大多数の交通事件は、比較的少額の物的損害（物損）に関する訴訟となる。それゆえ、本項では、以

下、物損の交通事件を中心に述べる。

　業者事件は、総論で述べたとおり、もっぱら債務者の支払能力に応じた分割支払の方法が問題となる事案が大半であるのに対し、交通事件では、被告が出頭せずに欠席判決となったり、支払能力が問題となる事案はほとんどなく、事故態様、過失割合および損害額などが実質的に争いとなる。また、弁護士費用特約によって弁護士が関与することが増え、しかも、保険会社の意見を無視できないことから、少額であっても詳細な主張、立証がされることが多い[13]。そのため、簡易裁判所事件としては、他の事件より審理期間が長くかかる傾向にある。

　その結果、簡易裁判所における未済事件に占める交通事件の比率は、かなり大きなものとなり、交通事件を一期日に十数件指定せざるを得ないこともある。それだけに、業者事件や市民型の訴訟に混じってこれら交通事件の弁論をするには、効率的で効果的な訴訟運営をする必要性が、非常に高くなっている。

2. 簡易裁判所の交通事件の和解の方向性

(1) 審理の充実と和解

　総論で言及したとおり、簡易裁判所は、国民にとって最も身近で親しみやすく、少額軽微な事件を簡易迅速に処理する裁判所という、国民のニーズと期待に十分応える必要がある。交通事件においても、訴額、紛争の性質、実体に見合った経済的負担と方法によって、紛争の適正・迅速な解決を図るため、さまざまな工夫をする必要がある。

　平成27年度の司法研修所の司法研究[14]（以下、「平成27年度司法研究」という）は、増加する簡易裁判所における交通事件について、弁護士関与訴訟にも対応できる簡易迅速な審理のあり方および簡裁特則（民訴270条以下）を踏まえた判決書のあり方を研究したものである。大阪簡易裁判所においても、交通事件の適正・迅速な解決を図るため、さまざまな運用上の工夫、研究が重ねられてい

13　梶村太市ほか編『プラクティス交通事故訴訟』（青林書院・2016年）417頁。
14　司法研修所編『簡易裁判所における交通損害賠償訴訟事件の審理・判決に関する研究』（法曹会・2016年）はしがき。

る。具体的には、双方に弁護士が代理人として関与する場合の交通事件の審理上の課題、効率的な審理のための方策、第1回口頭弁論期日（以下、「第1回期日」という）前の事前準備はいかにすべきか、実質的な第1回期日やその後の期日の審理のあり方、和解勧告の方法、判決書の工夫などについて検討、研究が行われてきた。

　もちろん、交通事件の適正・迅速な処理には、個々の裁判官が、交通事件に関する基本的な事項を理解し、争点整理、事実認定を適切に行う必要があることは、いうまでもない。しかし、知識を有するだけでは、具体的な訴訟をスムーズに進行させることはできない。簡易裁判所の交通事件は、平成27年度司法研究などを参考に、適切で簡易・迅速な審理を行うことにより、効率的効果的な和解が可能となるといえよう。

　そもそも交通事件は、交通事故によって生じた損害の公平な負担を決める手続といえる。違法な行為である不法行為に基づく請求であるが、特に、少額の物損であれば、ほとんどの場合、感情的な対立もそれほど大きくならない性質の紛争類型である。また、自動車を運転する者なら、誰でも、交通事故の当事者となりうるので、交通事件においては、損害の公平な負担を話し合いで決めることは、本質的な解決であるともいえる。したがって、交通事件は、和解勧告に適する事件が比較的多い類型の事件であるといえる。そして、ほとんどの事件で損害保険契約が締結されているため、その履行はほぼ確実で、支払が問題となることはほとんどない。

　和解は、判決と異なり、訴訟のいかなる段階でも試みることができ（民訴89条）、しかも、早期に、柔軟に、円満に解決を図ることができる。簡易裁判所の交通事件は、金額的に少額な場合が多いので、多数回の弁論や詳細な証拠調べ手続を経て判決をしたり、その判決に対し、控訴をするなどにより、費用や時間の負担をかけることは、訴訟経済的に合理的とはいえない。したがって、和解を活用することは、非常に有益である。

(2) 和解勧告の前提

　(ア) 訴訟進行に関する情報の取得

　早期に和解勧告するためには、当該交通事件の争点、その争点に関する当事者の主張、その主張を裏付ける立証の有無などを迅速に把握する必要があり、

受理後、第1回期日までの準備段階において、どのような情報を得るかが問題となる。

　このことについて、平成27年度司法研究では、弁護士に対する照会の書式が掲載されている。[15]大阪簡易裁判所においても、訴訟提起後直ちに、裁判所書記官を通じて、原告代理人弁護士に訴訟進行に関する次の事項について、照会を求める取扱いとしている。

① 訴え提起前の事前交渉や調停申立ての有無、事前交渉があったとすると事前交渉の相手方は被告本人か、保険会社担当者か、弁護士または司法書士か

② 被告は争う見込みかどうか、被告に弁護士または司法書士が選任される見込みがあるか

③ 予想される争点は事故態様か、責任の有無か、過失割合か、損害額(修理額、代車費用、評価額)か、因果関係か、その他か

④ 被告の任意保険の加入の有無

⑤ 和解の希望の有無

　(イ) 重要な証拠の提出等

　早期和解の前提として、裁判所は、当事者からの主張により迅速に争点の把握をするとともに、交通事故証明書、自動車検査証、事故現場の図面・写真、事故車両(原告・被告車両)の損傷状況の写真および事故車両(原告車両)の修理見積書等の重要な証拠を[16]、できる限り早期に提出してもらう必要がある(民訴規55条2項、56条)。調査嘱託(民訴186条)や送付嘱託(民訴226条)が必要な場合には、第1回期日前や期日間においても、早期に採用して進行すべきである。

3. 和解勧告の実施

(1) 和解勧告の時期

　当事者間に事実関係の主張に大きな違いがないとき、訴訟提起まで何らの交渉がされておらず、出頭した本人が早期解決を望んでいるとき、事案として多

15　司法研修所編・前掲書(注14) 166～171頁参照。
16　司法研修所編・前掲書(注14) 21頁、22頁。

くはないが、形式的に争っているものの、実質は、被告の支払原資が問題となっているときなどは、第1回期日から和解を試みるのが妥当である。

　争点が過失割合のみで、判例タイムズ別冊38号（以下、「別冊38号」という）に記載されている基本割合どおりの過失相殺率で合意ができそうなとき、別冊38号の修正要素の有無および程度に多少の争いがあるものの、損害額で調整することにより合意が得られる見込みがあるとき、損害額に争いがあるものの、提出された書証により、容易にその損害額を認定できるとき、事故態様や過失割合に争いはあるものの、ドライブレコーダその他の書証から容易に心証が得られるときなどには、陳述書の提出や人証調べをする前でも、和解を試みることが可能である[17]。

　当事者の主張する事故態様が全く異なるとき、別冊38号のどの類型に該当するか争いがあるとき、別冊38号の修正要素の有無の主張の対立が強いとき、当事者が判決を望む意思が強いとき、訴訟に至る前に代理人同士で示談を試みたが対立が大きく容易に合意を得られなかったときなどには、当事者等の陳述書の提出を求め、その段階で、一応の心証が得られれば、和解を試みるべきである。それでも和解ができない場合や心証を得られない場合には、人証調べをした後に和解を試みるべきである。この段階では、裁判官は、ほとんどの場合、最終的な心証を得ているはずであるから、それを前提に和解勧告することになるし、本人が出頭しているので、説明や説得が容易である。なお、人証調べ前に和解勧告をしていた場合、人証調べ後に、その心証が変わったときには、その内容と理由を説明して、再度和解勧告をすべきであるし、心証が変わらなかったときでも、人証調べをしても心証は同じであるとして和解勧告すると、和解が成立することも少なくない。

　尋問後の和解勧告は、当事者に直接話しかけて説明できる機会であるから、当事者としても、最も納得しやすい状況であり、この時点での和解勧告は、効果が上がることが多い。ただ、最近では、保険会社が損害額を負担することとなることが多いため、当事者本人が他人事として、尋問が終わると、直ちに

---

[17] ドライブレコーダにつき、松川まゆみ「映像記録型ドライブレコーダに記録された情報と交通損害賠償訴訟における立証」公益財団法人日弁連交通事故相談センター東京支部編『民事交通事故訴訟損害賠償額算定基準（下巻）〔2015年版〕』（赤い本）55頁以下。

帰ってしまうこともあるので、事前に、尋問後和解勧告をする旨伝えて、当事者に残ってもらうという配慮が必要である。

和解勧告は、ある程度争点が明確となり、それに対する主張や客観的な証拠が提出され、暫定的な心証が得られた段階で行うのが相当であるが、事案によっては非常に早期に解決する場合もあるので、主張、立証のほか、訴訟進行に関して得られた情報を参考にして、どの段階においても、代理人に対して、和解の意向を確認することは有益である。

(2) 弁論準備手続の活用

簡裁特則では、続行期日における準備書面の擬制陳述が認められている（民訴277条）ので、隔地者間の交通事件の場合でも、遠方の当事者が出頭することなく口頭弁論を進めることができる。しかし、裁判所の準備手続室の設備、裁判官、裁判所書記官の執務態勢が許すなら、できる限り早期に、弁論準備手続（民訴168条）に付したうえ、電話会議（民訴170条3項）を活用して、争点および証拠の整理をし、和解勧告することが効率的である。

(3) 和解案の提示方法

上記和解勧告に際しては、人証調べを終え、最終的に和解勧告する場合を除き、あくまでも暫定的心証によること、すなわち、和解勧告をする時点で出ている主張、証拠を前提としている旨を、明確にしておくべきである。

簡易裁判所の交通事件では、比較的争点が少ないので、簡易迅速な処理のためには、口頭で足りることも多い。

口頭によって和解案を示す場合には、過失割合および損害額について根拠を示して説明すべきである。弁護士費用特約の代理人の場合には、裁判官から直接本人に説明してほしいとの要望を受けることもある。そのような場合には、本人にも出頭してもらい、直接説明することで和解が成立することがある。

弁護士費用特約の代理人の場合、保険会社が書面による和解案を希望することもあり、また、当事者と代理人との関係が希薄なため、当事者が代理人の説明に容易に納得しないこともある。したがって、代理人が書面による和解案を希望するのであれば、書面によるほうが有効で効果的であろう。

書面による和解案について、その根拠をどの程度記載しなければならないと決まっているわけではないので、当事者の要望により適宜記載することで足り

る。特に、当事者からの要望がなければ、主たる争点についての裁判所の考えを簡潔に記載すれば足りる。過失割合については、別冊38号の判断基準を参考にして、基本割合、その修正要素の有無を記載するのが簡便である。損害については、損害項目とその金額、根拠の証拠番号を記載し、過失相殺後の金額、結論を記載する程度でよい。[18]

(4) 和解勧告の内容

反訴または別訴が提起されていない段階でも、和解の機が熟すと、反訴または別訴的内容を取り込んで、和解をすることができる。当該交通事故に関する債権債務を一挙に解決できるのであれば、それらの内容を取り込んで和解していくほうが望ましいであろう。同一の交通事故に関係する者が他にある場合、たとえば、自動車の所有者と運転者が別であったり、損害保険会社が一部支払っていたりした場合には、利害関係人としての参加を認めるべきである。

ただし、物損のほかに、高額の人損がある場合や、症状固定が未了の人損があるような場合には、物損部分のみ切り離した内容としないと和解は難しいし、審理が長引くことになりかねない。

4. 少額訴訟や本人訴訟の場合

弁護士代理人がつかない当事者本人による通常訴訟（本人訴訟）または少額訴訟の場合には、主張すべき内容、立証すべき事柄、何を証拠とするか等について、知識をもち合わせていない人が多い。したがって、裁判所も適宜、当事者を後見的にサポートする必要がある。特に少額訴訟の場合には、1回の期日で結論を出す（民訴370条）のであるから、第1回期日には、証拠関係が揃っている必要がある。

訴訟の準備段階では、原告本人から、被告の言い分との違い（争点）を聴き出すとともに、たとえば、証拠の一覧表を交付するなどして、基本書証および争点に対応した重要な証拠の提出を促すべきである。また、第1回期日までに、被告から原告の請求を争う旨の書面が提出されたときにも、連絡がとれるのであれば、被告に対し、証拠の準備を促すべきであろう。

---

18 司法研修所編・前掲書（注14）35頁、36頁。

口頭弁論は、証拠を確認しながら、双方の運転状況、損害の発生状況についての主張を確認していく、弁論と証拠調べの一体型審理が妥当である。たとえば、ラウンドテーブル法廷であれば、図面や写真をテーブルに広げて、道路状況、車両の位置関係、運転動作状況の説明を求めるとともに、車両の接触箇所、損傷状況などを順次、確認していく方法がわかりやすい。場合によっては、図面に書き込ませてもよいし、ミニチュアの車の模型を用いて説明させてもよい。ドライブレコーダがあれば、再生しながら説明を聴くこともできる。少額訴訟では、一期日審理の原則の下で、結論を出すのであるから、主張と証拠調べを明確に区別する方法は、効率的ではない。

一体型審理の方法をとるためには、当事者と運転者が異なるなら、運転した人にも出頭してもらうのが望ましく、特に少額訴訟の場合には、重要である。

なお、当事者に対しては、過失や過失相殺という文言を使用するより、落ち度があったと説明したり、もう少しこのようにしていたら事故は避けられたと思う点はないか、などの言葉を使って確認や、説明をしたりするほうがわかりやすく、また心情的にも受け入れやすいようである。

少額訴訟の場合、弁護士が代理人について通常移行した場合は別として、第1回期日で和解成立となることが多い。弁護士が被告から受任した場合、受任後間がないとの理由で、形式的な請求棄却の答弁書とともに通常移行の申述をすることがあるが、少額訴訟であれば、早期に和解で解決することが多いので、検討の時間がないのであれば期日変更の申請をし、事件内容を検討したうえで、通常移行の申述をするかどうかを決めるべきであろう。

5. 司法委員制度の活用

総論（Ⅰ2(4)）で述べたとおり、司法委員は、審理に立ち会って、裁判官の求めに応じて意見を述べ、また、和解を勧試するに際しても、その補助をすることができる（民訴279条1項）。交通事件においても、司法委員が関与することにより、早期に妥当な解決を得られることが多い。

(1) 司法委員の指定

アジャスターの資格をもつ司法委員候補者がいる場合、その者を司法委員に指定することは、非常に有益である。

アジャスターは、事故の原因、損傷部位と事故との因果関係、車両の損害額などの調査をする業務を行う人で、事故や自動車について豊富な知識を有している。一定の試験、研修を経て与えられる資格であるが、研修では、事故態様を確定してから実験的にその態様に沿った事故を生じさせて、どのような損傷がどのように生じるかなどの検討が行われる。そして、アジャスターは、多数の事故処理の経験があり、現実に多数の事故車を見ている。このようにアジャスターの多くは、事故と車両の損傷との関係について習熟しているから、損傷状況からどのような事故態様が想定されるかにつき、その意見を聴くことは参考になる場合が多く、裁判官の独断を避けることができる。

　ただし、アジャスターの資格をもつ司法委員候補者の人数は多くなく、アジャスターを司法委員に確保できていない裁判所も少なくない。

　弁護士である司法委員のほか、元副検事やアジャスターの資格はないが損害保険会社を退職した人など、在職中に交通事故または交通事故に伴う損害賠償に何らかのかかわりがあった専門家司法委員は、交通事故またはその損害賠償の実務に精通しているから、交通事件の司法委員として活躍を期待できる。ただし、これらの経験をもつ司法委員についても、それほど多くないのが実情である。

(2) 経験を通じた判断

　簡易裁判所の交通事件の場合には、法的解釈というより、事実関係がどうであったかがまず問題となるところ、こうした判断は、社会的な経験を通じて培われるものであり、そのことは、司法委員も裁判官も同じである。また、一般の司法委員であっても、多くの人が、自動車を運転しているから、当該事故ではいずれの落ち度が大きいかの検討や、事故と損害との因果関係の判断は十分可能である。さらに、多くの裁判所では、司法委員に対し、種々の研修を実施しており、司法委員自身も、日頃から研究会等の自主研鑽を実施している。こうした研修などを通じて、一般の司法委員であっても、交通事件に関する知識を有している人は、少なくないので、有効に活用すべきである。

　地元の司法委員であれば、現場に詳しい場合があるというメリットもある。たとえば、司法委員が、写真や図面ではわかりにくいが、この付近は道路の傾斜があるとか、道路幅が狭いので、行き違いがしにくいとき、地元の人は、手

前で待機しているのが通常であるとか、当該道路における交通事故のあった時間帯の交通量はかなり多い交差点であるから、一時停止することもなく交差点に進入できることは少ないなどの実情を知っていたため、このことが、事案の解明や和解につながったことがある。

(3) 司法委員と裁判官との評議

司法委員を指定した場合には、必ず、事前に司法委員と評議して、争点、それに対する当事者の主張、争点に対する証拠の有無やその信用力の程度、主張や証拠から争点についてどのように考えられるかなどを確認し、和解勧告に際しては、事故態様、過失割合、損害とその額などに関する方向性を一致させておく必要がある。訴訟の初期の段階では、過失割合や損害額について、ある程度幅をもたせることもあり得るが、証拠調べをすべて終えているような場合には、過失割合をかなり明確に打ち合わせておく必要がある。司法委員が勧めた和解案が功を奏さず判決になったとき、その結論が和解案と全く異なるようでは、裁判所の信頼を失ってしまうので、そのような事態は、絶対に避けなければならない。

司法委員は、裁判官と評議するにあたっては、その意向を確認するだけでなく、自らの経験、知識などに基づき、事件に対する考えや、思いを遠慮なく述べるべきである。これらを疑問ないし曖昧にしたまま、和解にのぞむと、裁判所の立場を示すことも、当事者を説得することも困難である。司法委員が疑問とするところは、当事者にとっても同様であるかも知れず、裁判官も司法委員の指摘を受けることにより、自己の考えを再確認し、時には、考え直すきっかけとなることもあり、解決案の検討がより緻密になる。これは、合議制のない簡易裁判所にとっては非常に大切な制度である。

(4) 司法委員の補助による和解

司法委員の補助による和解は、司法委員のみ和解の席に入る方法でも裁判官と共に入る方法でもよく、事案に応じて選択すればよい。

6. 和解条項その他和解について注意する事項

(1) 和解条項に関する問題

簡易裁判所の交通事件においては、複雑な内容を和解条項に盛り込むことは

少ないが、司法委員による和解に活用するため、和解条項の文例をあらかじめ準備しておくと、事案に応じて、当事者の意向に沿った適切な和解条項が作成できる[19]。

なお、不法行為により生じた債権を受働債権とする相殺は禁止されており（民509条）、同一交通事故における損害賠償請求権相互間であっても同様であるが[20]、和解における相殺は、当事者間の合意による相殺契約であり許される。したがって、反訴や別訴相当分がある場合、和解条項においては、クロス支払でもよいし、当事者の合意があれば、相殺をしたうえで、その残額を支払うことでも差し支えない。

(2) 和解の対象事項

前記3(4)記載の物損部分のみについて和解をした場合には、和解条項で、人損を含んだ解決でないことを明確にしておくべきである。たとえば、支払義務については、「物的損害賠償債務として」とか、「物損に関する解決金として」などのように記載し、清算条項についても、「本件交通事故の物損について他に債権債務のないことを確認する」など、その内容を明確に記載し、事後に紛議の生じることのないようにする必要がある。

(3) 少額訴訟と反訴

少額訴訟で審理する場合、反訴は許されない（民訴369条）ので、被告は反訴の意向のあるときは、通常移行の申述をすることになる。しかし、通常移行せずに審理をした場合には、反訴に該当する部分も含めて和解をすることは許される。

(4) 訴額と司法書士代理

簡易裁判所特有の問題として、司法書士が代理人の場合には、反訴や別訴に相当する内容が、和解条項に含まれるときには、訴額に相当する部分が140万

---

19 髙橋良一＝渡部哲也「簡易裁判所における交通事故による物損の損害賠償請求事件の和解・調停条項の文例（試案）と説明について」会報書記官7号（2006年）155頁、裁判所職員総合研修所監『書記官事務を中心とした和解条項に関する実証的研究〔補訂版・和解条項記載例集〕』（法曹会・2010年）53頁。

20 最判昭和49・6・28民集28巻5号666頁。なお、平成29年法律44号による改正後の民法では、人損については、従前と同様であるが、物損については、悪意の場合を除き、相殺禁止が適用されない（改正民509条）。

円を超えることにならないか注意を要する（司法書士法3条1項6号イ、裁33条1項1号）。もし、140万円を超える可能性がある場合には、訴訟代理権の有無に疑義を残さないため、本人の出頭を促し、本人同席のうえで和解をするよう配慮すべきである。

(5) **当事者が出頭しない場合の手続**

交通事件では、当事者が遠方に居住することも少なくない。この場合、当事者の出頭なく和解をする場合には、前記3(2)のとおり弁論準備手続で電話会議を利用する方法、受諾和解（民訴264条）を利用する方法、調停に付したうえで17条決定をする方法（民調20条、17条）が考えられるが、請求に争いがある場合がほとんどであるから、和解に代わる決定（民訴275条の2）を利用することは困難である。

7. まとめ

以上述べたように、交通事件については、審理や和解にあたって困難な面があるものの、裁判所が、その特性を十分に考慮するとともに、司法委員を活用して、和解によって柔軟かつ円満な解決を図ることが、要請されるところである。当事者、代理人など訴訟関係人の協力を得て、簡易裁判所の特色を活かした、当事者が納得できる解決をめざしていきたいものである。

（西田文則）

第3編

各論──調停

第1章 借地借家関係事件と調停

Ⅰ 借地借家関係事件

1. 借地借家関係事件とは

借地借家の契約の流れは、おおむね、以下の①ないし④のような時系列となる。借地借家の契約に関する調停が利用される主な紛争は、「②の場面における賃料（地代・家賃）の増減額請求の事案」と、「④契約の終了場面の土地・建物の明渡請求の事案」である。これら不動産の賃貸借契約当事者間の紛争を総称して、借地借家関係事件という。

① 借地借家契約（賃貸借契約）の締結
② 賃料（地代・家賃）の支払
③ 借地借家契約（賃貸借契約）更新
④ 借地借家契約（賃貸借契約）の終了

2. 典型事例と特色

(1) 賃料増減額請求

典型事例の一つである賃料の増減額請求の事案は、賃貸借契約締結中に、賃料が実情と見合わなくなった際に、賃貸人あるいは賃借人から、賃料の増減額の請求がされることを契機にして起こる。これらの事案は、まさに、賃貸借契約継続中の当事者同士の紛争であることから、話し合いによる円満な解決が望まれる。そこで、宅地建物の賃料増減額請求事件においては、調停前置主義

---

1 賃料増減額請求権の根拠は、地代については、借地借家法11条、建物賃料について、同法32条。
2 田村洋三「賃料（家賃）」稲葉威雄ほか編『新借地借家法講座(3)借家編』（日本評論社・1999年）

417

（民調24条の2）が採用されている。

賃料増減額請求事件は、基本的には、現行賃料が適切か否かというシンプルな事件類型であるため、争点の絞り込みがしやすく、早期解決が期待できる事件類型である。地方裁判所における付調停事件であれば、先立つ訴訟手続で、主張立証がある程度尽くされていることが期待できる。このように主張立証が尽くされているケースでは、あたかも労働審判のように、短期で調停の進行ができる可能性もある。たとえば、①第1回調停期日で、双方当事者からの事情の聴取りを行い、その後、すぐに、調停委員会で評議を行い、②第2回調停期日で、双方当事者に調停案を提示し、③第3回調停期日で調停を成立させるという、3回の調停期日での早期解決も期待できる事件類型である。

賃料増減額請求事件の調停の進行例については、後記Ⅱにて詳述する。

(2) 土地・建物明渡請求

もう1つ、紛争が起こりやすい局面としては、契約の最終局面である「④の借地借家契約（賃貸借契約）の終了」の場面があげられる。具体的には、賃料の不払等が原因となり、借地借家関係が終了した場合に「土地・建物の明渡しに関する紛争」が生ずるのである。この紛争類型は、さらに細分化され、そのうち、「立退料の算定が問題となる事件類型」と「賃貸借契約終了に伴う原状回復の範囲が問題となる事件類型」が、よく調停手続を利用される紛争類型である。いずれの類型も、「立退料の算定」や「原状回復の範囲・金額」といった争点について、専門的な知見が求められる事案であることから、専門的知見を有する調停委員で構成される調停委員会が主導する調停手続が活用できる事案である。

土地・建物明渡請求事件の調停の進行例については、後記Ⅲにて詳述する。

3. 調停をもってのみ解決できる借地借家関係事件の類型

このほか調停においては、継続中の賃貸借関係の当事者間の権利関係の調整を行う内容の紛争も扱うことができる。

98頁においても、「家賃の増減額をめぐる紛争は、……信頼関係を前提とする継続的契約関係である賃貸借契約当事者間の紛争であり、話し合いによる解決が適していること……等の理由から、調停による解決が望ましい」と指摘されている。

たとえば、賃貸借契約の目的の変更に伴う敷金（保証金）の増額を求めたいケースが考えられる。また、賃貸借物件の破損・汚損による修繕が必要となった場合に、修繕義務の範囲を定めたいというケースもありうる。これらは、訴訟物が具体的に観念できず、通常訴訟の提起が困難な事件類型である。

しかし、調停事件の申立ての際は、「申立ての趣旨」が、訴訟事件の訴訟物のように厳密に特定がされていなくても、紛争の要点がある程度特定されており、調停で協議したい範囲が明確にされていれば、事件として受理をし、調停で話し合うことが可能である。

なお、調停においては、通常訴訟の提起が困難な事件類型も取り扱えるとはいえ、借地借家の事件類型に属する調停を成立させる場合には、調停において合意された条項が、強行法規に反することのないよう留意する必要がある。[3]

Ⅲ 典型事例の調停の進め方1──賃料増減額請求のケース

1. 調停前置主義

民事調停法24条の2の規定においては、宅地建物の賃料増減額請求について、訴えを提起しようとする者は、まず調停の申立てをしなければならない旨、定められている。すなわち、宅地建物の賃料増減額請求においては、調停前置主義がとられている。

かかる条項が定められた趣旨については、
① 借地借家関係は、当事者間に将来にわたって継続的な契約関係が存続することを前提とするものであり、いきなり訴訟を提起するよりも、できる限り当事者間の話し合いで解決するほうが、今後の円満な借地借家関係の形成に資すること
② 賃料増減額請求事件は、迅速かつ低廉な紛争解決が要求され、訴訟にな

---

[3] この点について、佐藤歳二「借地借家紛争の解決の実務」稲葉威雄ほか編『新借地借家法講座(2)紛争解決手続・借地編2』（日本評論社・1999年）13頁以下において、調停条項と強行法たる法規の適用関係等について、調停条項ごとに詳細な検討がなされている。

れば、時間と費用がかかること
③ 不動産鑑定評価に関する民事調停委員の専門的な知識経験を活用できること
などがあげられる。[4]

(1) 調停前置主義の実際

しかし、宅地建物の賃料増減額請求についての、調停前置主義は、訴訟要件とまではされていない。すなわち、調停前置主義に反して、調停を経ずに、訴訟提起をしても、必ずしも、訴え却下判決を受けるものではない。[5]調停を前置せずに、訴訟提起がなされた場合には、民事調停法24条の2項本文の規定により、受訴裁判所が、その事件を調停に付さなければならない旨定められているにすぎない。

しかも、受訴裁判所が、事件を調停に付することを適当でないと認めるときは、調停に付する必要もない（民調24条の2ただし書）。[6]

(2) 簡易裁判所で調停不成立となったことのある事件について、地方裁判所で調停に付する決定を行うことの是非

民事調停事件のほとんどは、簡易裁判所で行われている。他方で、地方裁判所で調停事件が行われるのは、①当事者が地方裁判所に合意管轄をした場合、②訴訟係属中に地方裁判所が調停に付する決定をした場合、そして、稀であるが、③事件の複雑性等に鑑みて、簡易裁判所から地方裁判所に移送された場合である。

宅地建物の賃料増減額請求事件については、調停前置主義が定められていることから、簡易裁判所での調停を経ることが一般的である。簡易裁判所で、いったん調停不成立となった事件について、原告が、地方裁判所に賃料増減額請求の訴えをした場合、このとき、地方裁判所で再度、「調停に付する決定」

---

[4] 山下寛ほか「賃料増減請求訴訟をめぐる諸問題(下)」判タ1290号（2009年）46頁、橋本和夫「地代・家賃紛争の調停制度」ジュリ1006号（1992年）118頁。

[5] 山下・前掲論文（注4）56頁。

[6] 稲本洋之助＝澤野順彦編『コンメンタール借地借家法〔第2版〕』（日本評論社・2003年）357頁においては、調停を申立てすることなく訴えが提起された場合の処理について、具体的に調停に付するのが適当でない例（相手方が調停に付することを頑強に拒否している例等）があげられている。

(以下、「付調停決定」という）を行うことは有意義であろうか。

　このような付調停決定がなされた場合、同じ賃料増減額請求事件について、簡易裁判所と地方裁判所において、二度も調停が行われることになる。同じ事件で調停を二度行っても、無意味ではないかとも考えられるが、二度目の調停を行うことは、以下のとおり有意義であると考えられる。

　㋐　**簡易裁判所の調停段階では当事者が、代理人弁護士を選任していないことが多いこと**

　簡易裁判所で一度調停が行われたものの、地方裁判所が付調停決定をすることが有意義なケースとして、「簡易裁判所での調停の際、代理人弁護士が就任していなかったケース」があげられる。

　簡易裁判所での調停段階では、当事者が、訴訟手続まで望んでおらず、話し合いによる早期解決を望んでいることが多い。したがって、訴訟手続とは違い、調停手続では、自らの主張する賃料の妥当性を立証するための資料として、多額の費用をかけてまで私的鑑定書を取得することまでしないことも想定される。また、調停手続は、話し合いが主眼であるため、賃料の妥当性に関する主張の法的構成も、訴訟手続ほど厳密なものが要求されない。そのため、簡易裁判所の調停手続の段階では、双方当事者ないしは、一方当事者が、代理人弁護士を選任していないケースも多く見受けられる。

　このように、簡易裁判所において、代理人弁護士が関与せずに当事者間の話し合いを中心として調停が進行され、不成立となったケースであっても、訴訟提起段階は、厳密な主張立証が要求されることから、本人訴訟は困難であるため、その段階で、初めて代理人弁護士が選任されることもまま見受けられる。

　そうすれば、おのずと、簡易裁判所の調停段階よりも、賃料の妥当性に関する主張の法律構成が厳密になり、立証資料も多種多様なものが提出されることとなる。このような経緯を経て、地方裁判所において付調停手続が進められた場合には、簡易裁判所の調停段階よりも、厳密な法的主張や充実した立証資料に基づき、専門的な知見を中心とした調停の進行を行うことで、調停成立が期待できる。

　㋑　**判決見通しを踏まえた付調停手続の有用性**

　調停専門部がない地方裁判所では、付調停事件は、訴訟事件を担当する裁判

官自らが調停主任として関与する。調停専門部がある大規模地方裁判所（東京地方裁判所と大阪地方裁判所）では、付調停事件は調停専門部（東京地方裁判所では民事第22部、大阪地方裁判所では第10民事部。ただし、執筆時現在）の裁判官ないし民事調停官が調停主任となり調停を進める。

　(A)　訴訟事件を担当する裁判官が調停主任の場合

　地方裁判所においては、簡易裁判所と違い、調停が不成立となった後には、判決手続が控えている。当事者双方も主張立証を尽くし、判決がどのようになるかの見込みが、簡易裁判所の調停段階よりも現実味を帯びている。訴訟事件を担当する裁判官自らが調停主任として関与する場合には、訴訟における和解の際の説得同様、判決見込みを踏まえた説得が期待できる。この場合、当事者も、敗訴リスク等を考慮し、判決による解決よりも、調停による解決を望む可能性も大きくなっている[7]。

　したがって、簡易裁判所でいったん調停が不成立となったケースでも、再度の地方裁判所の付調停手続において、調停成立が見込めるのである。

　(B)　調停専門部がある大規模地方裁判所の場合

　一方、調停専門部がある大規模地方裁判所（東京地方裁判所と大阪地方裁判所）の付調停手続においては、訴訟事件を担当する裁判官は、調停手続に関与しない。調停主任となるのは、訴訟手続とは別の調停専門部の裁判官あるいは民事調停官である。この意味では、上記(ア)の「訴訟事件を担当する裁判官自らが調停主任として関与するケース」とは異なり、判決をする裁判官自らが調停手続に関与するわけではないから、訴訟上の和解の際の説得と同様の説得の効果が得られるとまではいいがたい。

　しかし、調停専門部の調停委員会が関与した付調停事件において、調停が不成立となった場合には、調停の経過（調停委員会による調停案がどのような内容であったかも含まれる）を、調停不成立となった調停期日の期日調書に記録する運用が行われている。当事者は、この調停不成立の際の調停期日調書を閲覧謄写することができる。一般的には、その調停期日調書の内容を自己に有利で

　7　山下ほか・前掲論文（注4）57頁においても、「地裁における調停では、訴訟事件を担当する裁判官みずから調停主任として関与することが多いため調停委員会として当事者を説得する際の意見の『重み』が、簡裁の場合とはおのずと違うということもできよう」と指摘されている。

あると考える当事者が、調停手続終了後に、本案事件において書証として提出することができる。このような形で、調停の経過が、訴訟手続の主張立証の手段として用いられ、訴訟事件の裁判官が、調停委員会の調停案等の調停の経過を判決内容に反映することができる。

このような経緯があることから、当事者も、調停専門部の調停委員会が提示する調停案が今後の訴訟において重要性を有することを認識し、判決見通しを踏まえて、地方裁判所での再度の調停手続において、早期の解決を望むことが期待できる。

2. 調停委員の選定

賃料増減額調停においては、調停主任（裁判官もしくは民事調停官）と専門家調停委員2名の合計3名の調停委員の構成で、調停委員会が構成されることが一般的である。不動産の賃料評価が問題となることから、専門家調停委員には、通常、「不動産鑑定士」が選任されることが多い。[8]また、案件数は少ないが、「宅地建物取引士」が調停委員として選任されるケースもある。

このような不動産鑑定士の調停委員や宅地建物取引士の調停委員は、管轄裁判所内のいわゆる「地元」で鑑定実務を行っているため、ある程度の賃料の相場観をその専門的知見として有している者が多く、この知見が調停の進行にとって有用となる。ちなみに、宅地建物調停の管轄裁判所は、民事調停法24条により、合意管轄がなされない限り、紛争の目的である宅地建物の所在地を管轄する簡易裁判所である。したがって、宅地建物が所在する地元の簡易裁判所で調停手続が行われ、そこで、調停委員会を構成する調停委員も、地元で業務を行っている不動産鑑定士等であるのが一般的である。

以下、地元に精通する調停委員を選任することが、うまく機能し、調停になじむ事案の例をあげる。

(1) 調停になじむ事例①——費用対効果に問題があるケース

専門家調停委員の知見が調停の進行にとって有用となるケースの一つとしては、「対象物件の賃料が低廉であり、当事者の資力が乏しく、私的鑑定書を取

---

8 田中敦「和解と調停」塩崎勤＝中野哲弘編『新・裁判実務大系(6)借地借家訴訟法』（青林書院・2000年）274頁、山下ほか・前掲論文（注4）57頁。

得したり、鑑定したりすることに費用対効果がないケース」があげられる。

　賃料が低廉である賃料増減額請求の事案においては、賃借人の資力が乏しいことがある。そのような場合、賃借人自らが、不動産鑑定士に依頼し、自ら費用を支出し、賃料の妥当性について、私的な鑑定書を取得して、疎明資料として提出することについては、費用対効果を考えると、躊躇される場合が多い。

　調停においても、訴訟手続のように、鑑定人を選任し、賃料の鑑定をすることができるが、当事者間の話し合いによる解決を模索する手続である調停において、鑑定を行うことは一般的ではない。もちろん、裁判所において鑑定を行う場合も、私的鑑定書の取得の場合と同様に、高額の鑑定費用を当事者間でどのように負担するかといった問題が生じることから、当事者の資力が乏しく、賃料が低廉な事案の調停手続においては、やはり、鑑定を行うことをすすめることは非現実的である。

　このようなケースでは、賃借物件の現行賃料が妥当な金額かどうかについての相場を知りうる手がかりが、調停記録上は、おのずと少なくなる。そのようなときに、不動産鑑定士の調停委員や宅地建物取引士の調停委員の「地元」物件の賃料の相場観（専門的知見）が、調停を進めるために有用となる。

　たとえば、一方当事者の主張する賃料があまりにも高きに失する、あるいは、低きに失する場合には、地元の賃料相場に精通した専門家調停委員が、「賃貸借物件の付近の賃料相場は、せいぜいこのくらいではないか」と具体的な数字を提示することで、現実的な賃料相場での話し合いを進めることが期待できる。中立な立場の専門家調停委員の意見により、当事者の納得感が得られ、調停成立に向けての話し合いを進めることができる。このように、早期に相場観を知ることで、紛争を解決できるというメリットがある。

(2) 調停になじむ事例②──双方当事者からすでに私的鑑定書が証拠提出されているケース

　専門家調停委員の知見が調停の進行にとって有用となるケースの2つ目としては、「双方当事者からすでに私的鑑定書が証拠提出されているケース」があげられる。

　大型ショッピングモール、地下街の大型賃貸物件、スポーツジム、パチンコ店、デパートなどといった大規模施設の賃料増減額請求の事案では、賃料額も

大きく、双方当事者に、一定の資力があることが期待でき、通常、私的鑑定書が、調停手続開始の段階で、疎明資料として提出されているケースがほとんどである。

このようなケースでは、専門家調停委員が、双方当事者からすでに提出されている私的鑑定書について、中立の立場で、その内容を精査することができる。

継続賃料の算定方法には、スライド法・差額配分法・利回り法といった方法がとられることが一般的である。どの算定方法が使われており、その算定にあたり、どのような数値を用いるのかといった点において、当事者の一方に有利になっている点などがみられた場合には、その点が、当事者の歩み寄りの隘路になっていると思われるため、専門家調停委員から「この数値は実情との乖離が大きいのではないか」等と具体的に指摘することにより、調停成立に向けての話し合いが期待できる。

3. 解決案の提示

(1) 不動産の賃料鑑定と調停案の相違

ところで、賃料増減額請求調停事件において、不動産鑑定士の調停委員が関与する場合、当事者が、調停を利用することにより、無償で「鑑定」と同様の効果を得られるのではないかとの期待を有している場合がある。しかし、調停手続において、不動産鑑定士の調停委員に、「鑑定」と同様の精度の賃料算定を行ってもらえると安易に期待するのは誤っている。すなわち、継続賃料の算定は、差額配分法・スライド法・利回り法・賃貸事例比較法といった算定方法が用いられることが一般的であるが、調停委員に不動産鑑定士が選任されているからといって、継続賃料について、不動産鑑定士の調停委員に対し、これらの算定方法を用いた厳密な賃料の算定を求めることは、過度な作業負担を与えることとなり、妥当ではない。

たとえば、双方または一方当事者から、私的鑑定書が提出されている場合は、その私的鑑定書を精査して、数値や資料等を使い、不動産鑑定士の調停委員の意見を聴くことができる。具体的には、当事者双方が折り合える継続賃料を算定し、調停委員会から、双方当事者に対し、調停案を提示することで、早

期に当事者が具体的な金額の検討をする機会をもつことができる。双方または一方当事者から提出された私的鑑定書に用いられている数字や事例が、極端に一方当事者に有利になっている場合も、その点を、不動産鑑定士の調停委員から指摘することができる。

　他方で、私的鑑定書が提出されていないケースでも、費用をかけずに、継続賃料の手がかりを得ることができる。たとえば、当事者から、類似物件の賃料相場に関するインターネット情報や広告チラシなどを疎明資料として提出してもらい、それを基に、調停委員会において評議し、不動産鑑定士資格を有する調停委員の専門的意見を基に、調停案を提示するということもできる。

　このように、調停委員会を構成する調停委員に不動産鑑定士がいるからといって、調停委員会から提示される調停案が、「鑑定」手続を経た賃料額と全く同一の金額になるとは限らない。調停案はあくまでも、当該事案に即して、個別具体的な紛争解決のために調停委員会が提示する案である。調停開始時に、当事者が、調停において、安価で鑑定同様の効果が得られると誤解している場合には、調停委員会において、手続の違いをきちんと説明すべきである[9]。

(2)　調停に代わる決定・不成立調書の活用

　調停期日を繰り返しても、当事者双方に条件の譲歩が期待できない場合には、①裁判所が相当であると認めるときに、調停委員会を構成する調停委員の意見を聴き、事件の解決のために必要な決定を行う調停に代わる決定（民調17条。いわゆる「17条決定」）の方法を用いたり（決定が確定すると、裁判上の和解と同一の効力がある（民調18条の3））、また、②賃料増減額請求につき、調停委員会が事件の解決のために適当な調停条項を定めることのできる制度である、調停委員会が定める調停条項（民調24条の3）の制度を利用することを検討すべきである。

　当事者間で譲歩がみられない場合でも、賃料増減額請求のように、賃料額が

---

[9]　澤野順彦「地代・家賃改定手続」澤野順彦ほか編『借地借家法の理論と実務』（有斐閣・1997年）433頁においても、「調停委員としての活動には限界があるから、訴訟手続のように当事者双方が攻撃・防御を尽くし、裁判官が当事者の主張とその提出された証拠に基づいてなされる判決のような結果を期待することはできない。しかし、調停委員の日頃の研鑽と資料提供や調停の準備に当事者の協力が得られれば、迅速で安価な、かつ、公平妥当な調停が期待しうるであろう」と、訴訟手続と調停手続の違いが指摘されている。

明確に明示できるような案件であれば、調停委員会が「決定」や「調停条項」の形で、具体的に金額を明示することで、「調停委員会が示した案であれば納得する」と受け入れられることもあるため、調停の進行度合いに応じて、これらのどの方法が効果的であるかを検討すべきである。

他方で、当事者間に全く譲歩の余地が期待できない案件は、早期不成立とし、提示した調停案を不成立調書に添付し、訴訟事件で当事者から書証として提出してもらうことで、調停の経過を後の訴訟手続の進行の一助とすることができる。

(3) 調停条項の工夫

そして何より、賃料増減額請求の事案は、今後、賃貸借関係を継続していく当事者間での紛争を解決するものであるから、なるべく円満に、そして、今後、再度紛争が蒸し返されないように、手当てをしておくことが肝要である。

賃料増減額請求は、判決となれば、増減額請求時から賃料が増減額され、実際に支払った賃料との差額賃料の清算の問題が発生する。しかし、調停であれば、このような差額賃料の清算問題も含めて、当事者の話し合いの調整要素として協議することができる。たとえば、調停条項において、①差額賃料について、調停成立前に既発生の分は遡及して清算することは要しない、②調停成立の翌月から改定賃料を支払うといった条項を盛り込み、柔軟な解決方法をとることもできるのである。

III 典型事例の調停の進め方2——賃貸不動産の明渡しに関する事件

借地借家関係事件のうち、調停が利用される代表的な事件類型について、2番目にあげられるのは、「賃貸不動産の明渡しに関する事件類型」である。

この事件類型は、①「立退料の算定が問題となる事件類型」と、②「賃貸借契約終了に伴う原状回復の範囲が問題となる事件類型」がその典型例としてあげられる。以下、それぞれの典型例について、調停を進めるうえでの留意点を述べる。

1. 立退料の算定が問題となる紛争類型

(1) 調停における立退料の意義

建物所有目的の借地権は、定期借地権等の例外を除き、期間が満了しても当然には終了せず、契約の更新を拒絶し、使用継続に異議を述べなければならない（借地借家5条1項）。そして、この異議には、正当事由が必要とされる（借地借家6条）。

また、建物賃貸借についても、定期建物賃貸借等の例外を除き、更新拒絶ないし解約には正当事由が必要とされる（借地借家28条）。

そして、この正当事由の判断の一要素として、立退料の提供が考慮される（借地借家6条、28条。財産上の給付をする旨の申出）。

立退料の算定にあたっては、借地・借家それぞれについて、借家権価格あるいは借地権価格が基準となる。借地権価格・借家権価格の算定にあたっては、専門的な観点を踏まえた算定方法があるが、調停が利用されるような案件においては、厳密な計算の内容が問題となるというよりは、むしろ、「実際に土地明渡しないしは、建物退去をするのに、『どの程度の費用が必要となるのか』『借主側がどの程度の損失を負うのか』」というような個々具体的な事案に即した解決方法を調停における話し合いで模索していくことが、調停成立への近道である。

(2) 立退料が問題となるケースの調停の進め方

(ア) 調停委員の選任

立退料算定が問題となるケースでは、弁護士や裁判官経験者・大学教員などの法律家調停委員と「不動産鑑定士」の調停委員を選任すると、調停手続の進行にとって有用であると考えられる。

まず、法律家調停委員には、主に、賃貸借契約の終了の正当事由の有無が問題となった際に、当事者の法的主張を整理する際の意見調整の役割を果たしてもらうことができる。賃貸借契約の終了の正当事由は、大きく分けて、賃借物件の①自己使用（居住または営業）、②別途の有効活用、③老朽化による修繕や建替えが大部分を占める。法律家調停委員に、これらの正当事由の有無について、当事者から提出された資料や事情の聴取から、どの程度、立退料による正

Ⅲ 典型事例の調停の進め方2——賃貸不動産の明渡しに関する事件

当事由の補完が必要かという点について専門的意見を出し合ってもらうことが、立退料が問題となるケースの調停を進めるうえでの第一歩である。

他方で、立退料の算定にあたっての意見調整をする際には、借家権価格や借地権価格についての不動産鑑定士の専門的知見を活用することになる。しかし、賃料増減額事件において、不動産鑑定士の調停委員に、鑑定と同様の作業を強いるのが妥当ではないのと同様に、立退料の算定が問題となる事件においても、借家権・借地権価格の算定について、過度の作業を強いることは適切ではない。当事者双方から提出された私的鑑定書や移転経費等に関する資料を基に、個別具体的事案の解決に必要な立退料について、一方当事者の主張が高き、あるいは低きに失しないか否かという観点に立って、数値の精査をしてもらうのが適当である。

なお、昨今では、地震等の自然災害の影響から、③の老朽化による修繕や建替えの際に、賃貸人が「耐震診断」を受け、その診断で建物の修繕や建替えを示唆されたことを理由に、賃貸借契約の終了を主張するものもみられる。このようなケースでは、「耐震診断」に精通している一級建築士の調停委員を選任することが、調停の進行の助けになる。

(イ) 調停案の提示

上述のように、訴訟における立退料の算定と違って、調停では、借家権価格や借地権価格の厳密な算定が問題となるというよりも、実際に、「どの程度の金額を支払えば、明渡し・退去を履行できるのか」といった、現実的に支出される金額をベースに話し合いをするほうが、具体的な協議が進む場合がある。

以下、借地事件と借家事件に分けて、調停案をうまく提示するために、当事者から聴取すべき事実関係のポイントをまとめる。

(A) **借地事件の立退料を検討するにあたっての事情聴取のポイント**

借地事件の場合は、①建物の買取費用、②引越費用等の移転費用、③営業損失に関する具体的資料を当事者に提出してもらい、他の正当事由の有無との関係で具体的事案に即した立退料を算定して、調停案として提示することが考えられる。

---

10 澤野順彦『借地借家の正当事由と立退料 判定事例集』(新日本法規出版・2001年)においても、立退料の事例が、これらの視点を用いてわかりやすく区分され紹介されている。

たとえば、長年、借地としていたが、今後、駐車場利用をしたいと貸主側が検討しており、他方で、借地上には老朽化した建物があり、そこには、少額の年金収入しかない高齢者が居住しているというケースが想定される。

　このようなケースでは、①建物価値はほとんどなく、②引越費用もさほどかからず、③営業損失がないため、立退料が僅少となってしまう。しかし、借地人側は、資力も十分ではなく、明渡し後の賃貸住宅へ転居できない懸念もある。その場合、賃貸人側に次の入居先探しに協力してもらうというような調停も進めることができる。調停では、そのような柔軟な解決が期待できる。

(B) 借家事件の立退料を検討するにあたっての事情聴取のポイント

　他方で、借家の場合であれば、①造作費用、②引越費用等の移転費用、③営業損失に関する費用に関する資料を収集し、上記と同様の観点から立退料を算定し、調停案を提示することとなる。

　たとえば、老朽化したビルの一室で長年飲食店で生計を立てている借家人のケースを想定する。このようなケースでは、立退きを希望する賃貸人側の事情・資力・今後の不動産の利用方法を聴取する。立退きを余儀なくされる賃借人側の事情聴取は必須である。特に、退去することで、事業を閉鎖しなければならないとか、生活の基盤が失われるというケースでは、慎重な事情聴取が必要である。

　ところで、昨今、地震や台風・豪雨などの天災による被害が相次いでおり、建物の老朽化を危惧した賃貸人が、一級建築士から独自に建物の修繕や建替えの意見書を取得し、賃借人に退去を求めるケースがみられる。

　建物の老朽化による建替えや修繕の必要性については、やはり、一級建築士の調停委員の関与が不可欠である。建物の修繕や建替えの意見書が、単に、賃借人の退去目的のみに利用されているケースも考えられるため、その意味でも、専門家である一級建築士を調停委員に選任し、客観的に建物の状態を精査してもらうことが有用である。

2. 賃貸借契約終了に伴う原状回復範囲が問題となる紛争類型

(1) 原状回復範囲が問題となる事件の2類型

　賃貸借契約終了に伴う原状回復範囲が問題となる事件は、主に、以下の2類

型が考えられる。それは、
① 賃借人が原告となる「敷金（保証金）返還請求事件」
② 敷金（保証金）をもってしても、なおカバーできないくらいの原状回復が必要となった場合に、賃貸人が原告となり、賃借人が被告とされる「損害賠償請求事件」

である。

(2) 調停委員の選定

この2つの事件類型のいずれも、ⓐ原状回復の範囲がどこまでかという契約の内容の法的判断が必要であることと、ⓑ原状回復工事内容や支出額の妥当性という建築の専門的な観点が必要である。特に、上記(1)②の類型では、賃借人が原状回復に乗じてリフォームをしていたり、華美な工事をしたりといったように、工事範囲が「原状回復」の範囲を超えるものであるかというⓑの点が争点となることが多い。

そのため、賃貸借契約終了に伴う原状回復範囲が問題となる調停事件の調停委員には、前者の点（ⓐ）についての専門的知見を有する法律家調停委員（弁護士や元裁判官や大学教員等）と、後者の点（ⓑ）についての専門的知見を有する一級建築士の調停委員が選任されることが多い[11]。

(3) 調停の際に有用となる資料の収集

原状回復の範囲の争点となる調停事件においては、契約書の内容を精査するのは当然のことながら、当事者から、契約締結の経緯を聴取し、契約当時の不動産の状態について、写真や図面等の資料を提出してもらうことが有用である。この点の資料精査や事情聴取は、法律家調停委員が得意とするところである。

民間賃貸住宅の原状回復の範囲が問題となっているのであれば、国土交通省の「原状回復とトラブルのガイドライン」[12]を用いて検討するのも話し合いの一助となる。

---

[11] 横山匡輝ほか「〈座談会〉民事調停の諸問題」判タ932号（1997年）35頁において、浦野真美子判事補（当時）が「原状回復が問題となる場合などには、建築士が指定されることもあります」と発言されておられる。

[12] 国土交通省住宅局「原状回復とトラブルのガイドライン（再改訂版）」（平成23年8月）〈http://www.mlit.go.jp/jutakukentiku/house/torikumi/honbun2.pdf〉。

原状回復範囲が問題となる事件においては、その箇所とその補修費用の特定のため、当事者双方に、「原状回復工事一覧表」を作成してもらい、問題となっている箇所・費用の対比を当事者それぞれが記入し合う方法で調停を進めると整理が早く済む。ここにいう「原状回復工事一覧表」は、裁判所で定められているような一定の書式はないが、その作成にあたっては、大阪地方裁判所第10民事部のウェブページに紹介されている建築関係訴訟における「瑕疵一覧表」の書式が参考となる。[13]

(4) 現地調停の活用

　原状回復の範囲が問題となる事件の多くの場合は、通常損耗の範囲かそれとも賃借人の故意過失による傷や汚損であるのかが問題となることが多く、このような場合には、現地調査は紛争解決にとって非常に有効である。この現地調査を比較的容易に行えるというのが、原状回復が問題となる事案で調停を利用する最大のメリットであるといっても過言ではない。

　賃借物件がすでに改装されていたり、新たに賃貸された場合には、現地調査をすることはできないが、そうでない場合には、なるべく現地を見に行き、「原状回復工事一覧表」の当事者のいずれの主張が妥当であるのか、実際に目で見て判断ができるし、現地調査を行うことにより、当事者の納得感も高まるという副次的な効果がある。

　現地調査が不可能な場合は、明渡し当時の現場の写真や動画を提出してもらうという作業を経て、一級建築士調停委員を中心に、原状回復の範囲を特定し、調停案を作成していくことになる。

(5) 調停案の提示と不成立調書の活用

　この場合、調停案は、当事者が作成した、「原状回復工事一覧表」の対比表に「調停委員会意見」欄を設けて、調停委員会の意見（原状回復の範囲であるかどうか、費用は妥当であるかどうかという点の簡潔な意見）を付すという方法が簡便である。また、このような運用を行えば、やむなく調停不成立となった場合でも、作成した「原状回復工事一覧表」に調停委員会意見を付した書面を不成立調書に添付し、当事者がそれを謄写請求して、訴訟において、書証として

---

[13] 最高裁判所ウェブサイト〈http://www.courts.go.jp/osaka/saiban/kentiku/index.html〉。

活用することができる。

Ⅳ　まとめ

　借地借家関係事件は、長年にわたって契約関係が継続されてきたことから、賃料増減額請求や土地建物明渡請求という事件名であっても、背景には、日々の生活上の迷惑行為（生活騒音・楽器の演奏・動物の飼育）や当事者間の個人的な感情のもつれ等の背景事情がある場合があり、これらの背景問題も含めた解決が求められるケースも少なくない。それだけに、調停における解決率を上げるためには、丁寧な事情聴取、資料収集を経て、当事者双方に納得感のある合理的な内容の調停案を提示していくことが重要である。

（山浦美紀）

第2章 建築関係事件と調停

Ⅰ 建築関係事件の特徴

　建築関係事件とは、広くは建物の建築工事に関する紛争一般をいうが、主として、①建物建築に関する施工者、設計者または監理者に対する請負工事代金、設計料または監理料の支払を求める事案（建築請負代金等請求事件）、②建物建築に関する施工、設計または監理につき瑕疵[1]があったと主張し、瑕疵担保責任または債務不履行責任（不完全履行）に基づく損害賠償を求める事案（建築瑕疵損害賠償事件）、③建物の建築または解体工事により生じた振動、地盤沈下等により、隣地上の建物等に損傷を及ぼしたこと等を理由とする不法行為等

---

[1] なお、平成29年法律第44号に伴う民法（債権関係）改正（以下、本章において本法による改正後の民法を「改正民法」という）により、売買における現行民法570条の「隠れた瑕疵」との文言は削除され、これにより、売主がいわゆる瑕疵担保責任を負わなくなるとともに、これに代えて「引き渡された目的物が種類、品質又は数量に関して契約の内容に適合しないものであるとき」、すなわち契約不適合の場合に、目的物の修補等の追完、代金の減額、損害賠償等の担保責任を債務不履行責任として負うものと整理された（改正民562条〜564条）。そして、請負における瑕疵担保責任についても、現行民法における請負に関する「瑕疵」との文言その他請負における瑕疵担保責任の特則に関する規定（現行民634条および635条等）は削除され、請負の目的物が契約不適合、すなわち「種類又は品質に関して契約の内容に適合しないものである」（改正民636条参照）場合に担保責任を負い、その規律については、売買の担保責任の規定が準用されるものと整理された（改正民559条）。もっとも、請負における担保責任の発生原因である瑕疵と契約不適合との関係については、現行民法の下でも、瑕疵の意義につき、契約当事者が契約において予定した使用適性の欠如を基準に判断すべきであるとする主観説が一般的であると解されていたことからすると、瑕疵と契約不適合とは、ほぼ同じ意味をもつものと解して差し支えないと思われる。したがって、以下、改正民法の下では、本文の「瑕疵」との用語を「契約不適合」と読み替えられたい。なお、現行民法634条の「瑕疵」の意義については、小久保孝雄＝德岡由美子編著『リーガル・プログレッシブ・シリーズ⑭建築訴訟』（青林書院・2015年。以下、「LP建築訴訟」という）89頁以下および山地修「請負人の瑕疵担保責任における『瑕疵』概念について」佐々木茂美編『民事実務研究Ⅰ』（判例タイムズ社・2005年）32頁以下を参照。

435

に基づく損害賠償請求事件（第三者による解体等損害賠償請求事件（いわゆる隣地被害型））の類型が考えられる。このうち①の類型の事件では、追加変更工事代金や追加変更業務報酬の有無および額が問題となるほか、施主側から施工、設計または監理の瑕疵等を理由とする損害賠償請求権の存在が主張されることもある。また、設計や工事が中途終了した場合における出来高割合や、これに応じた報酬額が問題になる事案もある。

　建築関係事件は、いわゆる複雑困難事件の代表例であり、紛争が長期化しやすい類型とされる。その理由としては、争点の解明に専門的知見を要すること、争点が多数に及ぶこと、実体法の解釈に未解明な部分が多いこと、客観的証拠が不足しており、契約内容等の事実認定が困難であること、当事者の感情的対立が深刻であることなどが指摘されている。

Ⅱ　建築関係事件における調停の方向性

1. 合理的期間内に合意による紛争の全体的抜本的解決をめざすべきこと

　建築関係事件における専門的知見の獲得方法には、主として専門家調停、専門委員関与および鑑定の3つの方法があるが、上記Ⅰで述べた特徴を有する建築関係事件については、合理的な期間内に合理的な内容で全体的抜本的に解決することが期待され、そのための手段としては、鑑定や専門委員関与に比べて手続が柔軟で機動的な対応が可能であり、最終的に互譲による話し合いでの解決をめざす専門家調停が最も適しているものと考えられる。建築紛争につき、当初から訴訟ではなく、民事調停の申立てが選択されることが少なくないの

2　東京地方裁判所では、建物の買主から売主に対する購入した建物の瑕疵等を理由とする損害賠償請求事件も建築事件として取り扱っているとされる（齋藤繁道編著『最新裁判実務大系(6)建築訴訟』（青林書院・2017年。以下、「最新大系建築訴訟」という）21頁〔齋藤繁道〕）。

3　平成28年における建築関係訴訟全体の平均審理期間は18.8月、そのうち瑕疵主張のある事案では24.3月となっており、民事事件全体における8.6月の2倍以上となっている（最高裁判所事務総局「裁判の迅速化に係る検証に関する報告書（第7回）―概況編―」（平成29年7月）〈www.courts.go.jp/vcms_lf/hokoku_07_02minnji.pdf〉（以下、「第7回報告書」という）36頁以下）。

4　最新大系建築訴訟72頁〔熊谷聡〕および同頁脚注1で引用されている各文献参照。

も、上記のような理由によるものと考えられ、訴訟が選択され、専門的知見の獲得が必要となった場合には、獲得手段として付調停が第一選択と位置づけられている[5]。したがって、建築関係事件における調停（以下、「建築調停」という）においては、最終的な認容額等に大きく影響するような中心的な争点に議論の対象を絞り込み[6]、適時に現地調査や評議を行って心証を早期に形成し、これを踏まえた合理的な内容での解決案を策定・提示し、合意に向けての調整を図っていくのが相当である。建築専門部である東京地方裁判所民事第22部や大阪地方裁判所第10民事部でも、多くの事件が調停や和解などの合意によって解決されていることが紹介されている[7]。

2. 当該事案に適切な調停委員を選任すること

建築調停では、裁判官が調停主任裁判官となり、建築専門家調停委員1名および法律家（弁護士または元裁判官）調停委員1名の3名で調停委員会を構成する委員会方式によるのが原則的な形態である[8]。そのうち、建築専門家調停委員については、大別して、意匠、構造、設備、積算、施工監理等に分けられる建築士の各専門分野においても専門化・細分化が進んでいるため、当該事件で必要となる専門的知見を獲得するために適しているかを十分に吟味し、ミス

---

[5] 逆にいえば、建築関係事件であっても、争点整理の結果、単に合意の有無が問題となっているなど、必ずしもその解明に専門的知見を要せず、裁判官による事実認定および法律判断で解決できる事案であれば、専門家が関与する調停に付す必要はない。付調停の活用が広く知られているあまり、特に必要性を吟味しないまま、建築関係事件だからという理由で調停に付すことは、いたずらに手続を重くし、関与いただく専門家を混乱させることにもなるから、避けるべきである。

[6] 建築瑕疵損害賠償請求事件では、早期の段階では責任論（瑕疵該当性）が主張立証の中心的な対象になりがちであり、損害を構成する補修費用相当額およびその前提となる補修方法については、瑕疵を一括して補修した場合の補修費用の見積書が提出されているものの、見積書上どの瑕疵の補修費用であるかが明確でない場合も少なくない。争点の絞込みとの観点からは、各瑕疵の補修方法および補修費用相当額（損害額）を個々の瑕疵ごとに主張させておくことが重要である。

[7] 東京地方裁判所民事第22部や大阪地方裁判所第10民事部では、7割ないし8割程度の事件が調停、和解等合意によって解決されているようである（最新大系建築訴訟73頁〔熊谷聡〕、LP建築訴訟6頁〔徳岡由美子〕）。筆者が大阪地方裁判所第10民事部に勤務していた間の合意による解決率も、おおむね同様であった。

[8] 比較的単純な事案などでは、期日指定の機動性を重視し、裁判官の単独調停（民調5条1項ただし書）としたうえで、民事調停規則21条、18条1項に基づき、専門的な知識経験に基づく意見を述べるべき調停委員として建築専門家を関与させる場合もある。

マッチが生じないよう配慮する必要がある。また、たとえば、意匠上の瑕疵と構造上の瑕疵の双方が問題とされており、後者については高度な構造計算に関する知見が必要となり、構造設計一級建築士に関与を求める必要がある場合など、必要となる専門的知見が複数の分野にまたがる場合には、各分野に精通した専門家調停委員を2名以上選任することもある。

3. 調停委員の負担軽減への配慮の重要性

建築関係事件は、契約書のほか、各種図面や写真が証拠として提出されるため、記録が大部なものになることも少なくない。したがって、事前に瑕疵一覧表、追加変更工事一覧表、時系列表等を作成する[9]ほか、裁判官においてメモ[10]などを作成し、これらを調停委員に交付して、調停委員による事案の理解を促進できるようにするなど、その負担軽減に配慮すべきであり、ましてや、事件を調停委員に丸投げするようなことは厳に慎むべきである。

なお、建築調停では、本案裁判官が基本的に自ら調停主任裁判官となり、すべての調停期日に立ち会って手続指揮を行い、当事者双方が同席の下で進行しており、解決案を提示し、これに対する意見を聴取するなどの解決に向けての調整場面では、和解と同様、交互面接方式をも活用している。そのため、調停主任裁判官は、調停手続における主張立証の内容をすべて把握しており、後日不成立になった場合に、一から主張および証拠の整理を行う必要はなく、その点での審理の遅滞を招くおそれはない。

---

9 したがって、調停に付す時期は、瑕疵一覧表や追加変更工事一覧表の各項目がおおむね埋まり、争点が一覧できるようになるなど、争点整理が一応終わった時点が多い（松本克美ほか編『専門訴訟講座(2)建築訴訟〔第2版〕』（民事法研究会・2013年）481頁〔日下部克通〕、最新大系建築訴訟75頁〔熊谷聡〕、LP建築訴訟57頁〔德岡由美子〕も同旨）。なお、瑕疵一覧表や追加変更工事一覧表の作成を2往復、3往復とかけて完成をめざすと、それだけで審理が長期化してしまいかねない。作成を打診する前に作成の趣旨や記載上の留意事項を丁寧に説明したうえで、一往復または一往復半程度させ、争点が一覧できるようになった段階で付するのが相当であろう。もっとも、争点の理解に非常に高度な技術的知見を要する場合には、その意味内容についての説明を受ける必要もあるため、より早期に調停に付することが検討されてもよい。

10 事案の内容に応じ、担当裁判官が事前に事案の概要、争点、その時点の心証、進行の見通し、協力を求める内容、必要な専門的知見等を記載したメモを作成し、調停委員に配布することも多い（最新大系建築訴訟76頁〔熊谷聡〕、LP建築訴訟58頁〔德岡由美子〕、407頁〔齋藤毅発言〕）。

4. 訴訟手続の中止等

　訴訟事件を調停に付した場合、受訴裁判所は、調停事件が終了するまで訴訟手続を中止することができる（民調20条の3第1項本文）。ただし、付調停後も訴えの変更や一部取下げ、反訴の提起、調査嘱託の申出等が行われることがあり得るため、中止まではしない運用もある。

　中止しない運用では、さらに、訴訟手続については期日を指定しない（追って指定）運用と、弁論準備手続と調停手続期日を同一日時に指定し、並行して進める運用（並進方式）とがある。並進方式による場合、準備書面や書証は弁論準備手続において陳述、提出され、そのつど訴訟資料となる。他方、期日を指定しない運用においては、訴訟手続と調停手続は別個の手続であるから、調停手続においてされた主張立証は直ちには訴訟資料とはならないが、調停手続において、準備書面に訴訟事件の事件番号を併記するとともに、書証についても訴訟手続における書証番号に続けて番号を付すこととし、仮に調停が不成立になった場合、準備書面および書証を訴訟記録に綴り代え（扱いは陳述予定または提出予定のもの）、訴訟手続に戻った最初の期日において、これらの準備書面および書証をまとめて陳述・提出してもらい、そのまま訴訟記録の第一または第二分類に綴り込むという運用を採用すれば、準備書面および書証を重複して提出する手間を省くことができる。いずれにせよ、当該事案の性質等に照らし、付調停後に、これらいずれの方式を採用するかを検討しておく必要がある。

5. 現地調停の積極的な活用

　建築調停では、調停委員会が現地で建物の状況、瑕疵、その他係争物の実情を見分することによって、建物の瑕疵等を含め、当該事案における争点が明確になるとともに、これに対する判断も可能となることが多いことから、積極的に現地見分を行っている。手続としては現地調停（民調12条の4）として行うのが一般的であり、調停主任裁判官も同行して立ち会うことが多い。

　見分の方法は基本的に目視で行うが、床の傾斜や隣地被害型で建物の傾斜が問題となる事案などでは、器械で測定することもある。コンクリートのひび割

れが問題になる事案では、ひび割れの幅を測定したりもする。また、雨漏りが問題になる事案では、散水実験を行って漏水の経路を確認することもある。外壁や床のタイルの浮きが問題になる事案において、打診棒で問題とされる外壁等の一部を打診し、その音の状況から浮きの状況を確認することもある。

　他方、破壊検査までは行わないのが基本である。これを行う必要がある場合には、鑑定等別の方法による立証を検討する必要があろう。

　見分の際には、施工者等の担当者の立会を求め、不明な点については、事実確認を行うことも多いが、当事者双方は、現地見分の際、専門家調停委員の言動に多大の関心をもっており、現場における指示説明の際、自己に有利な説明をしたり、相手方を非難したりするなど、自己に有利な発言を引き出そうとし、その結果、当事者同士で言い争いに至ることもある。調停委員会としては、中立公正性を疑われることのないよう、見分の際には互いの説明を丁寧かつ冷静に聴くことに努め、調停委員会としての心証の形成および開示は、その後の評議を経て調停期日で行うべきであり、見分の際には各人の意見、心証等の開示を極力行わないことを、調停委員会内で事前に確認しておくのが相当である。

　現地見分の結果は、後日調停委員会または専門家調停委員の意見書という形で記録化され、当事者に交付されることがあるが、裁判所書記官が調書を作成するなどの記録化を行うことは少ない。

6.　調停案の提示

　争点について心証が形成され、一定の調停案が策定されると、これを当事者に伝えるとともにその根拠を説明して心証を開示する。最初の段階で確度の高い心証が形成されている場合には、解決金額も含めて提示することもあるが、当事者の反論反証によって心証が変わる可能性があるときは、まずは争点についての心証の開示とおおまかな解決の方向性を示し、金額についても幅のある形で提示するにとどめる場合が多い。そのうえで、当事者の反論反証の有無を確認し、ある場合にはこれを提出させ、これを踏まえて再度評議を行うなどしてより心証の精度をより高めるとともに、紛争の背景事情、当事者の意向、支払能力、感情面での不信感を和らげる方法等幅広く事情を聴取し、これを勘案

して、より合理的で納得の得られる受入可能な調停案に近づけていく調整作業を行う。

上記3のとおり、調停案の内容、趣旨等の説明は、基本的には調停主任裁判官が行い、これに加え、専門家調停委員が建築専門家の立場からの補足説明を行ったり、法律家調停委員が弁護士としてのこれまでの活動経験等を踏まえ、当事者本人だけでなく、代理人弁護士に対しても、現時点で調停案に従って解決することのメリットについて補足説明を行ったりしながら、解決に向けて調整を行う。

なお、瑕疵については、検討の結果、たとえば、直接の当事者である施工者ではなく、設計者または監理者が責任を負うのが相当である場合や、設計者または監理者の責任と競合しているとの心証を得ることがある。そのような心証を開示すると、施工者が設計者等の引込みを求めたり、自らの責任に応じた負担を希望したりすることもある。

7. 調停と訴訟の架橋的運用

(1) 成果物の作成

調停が不成立になる場合、調停手続で得られた専門的知見(現地見分等における調査結果を含む)を訴訟手続において利用することができるよう、調停委員会による意見書、理由が記載された書面を提示して行う調停案、専門家調停委員作成の意見書または報告書等を、不成立となる調停期日調書に添付し[11]、これを当事者が謄写のうえ、訴訟手続において書証として提出すること[12]により、上記調停の成果を訴訟手続において利用できるよう配慮している。なお、後記Ⅲ3の調停に代わる決定がされた場合には、その理由中の記載も利用している。

(2) 具体的な利用のあり方

書証として提出された意見書等により、当該事案において必要となる専門技

---

11 これらの意見書等は、調停手続中において、調停委員会から当事者に交付され、その反論反証の機会が付与されていることも少なくないと思われる(LP建築訴訟426頁〔島戸真発言〕参照)。
12 通常、意見書等の記載が自己に有利な側の当事者に提出をしてもらうが、当事者双方にとって不利な部分を含む場合には、双方から書証としての提出に消極的な姿勢を示されることがある。

術的な知見や経験則、これらを適用して得られた結果を直ちに認定する考え方もあるが、専門家調停委員の作成した意見書であればまだしも、当該事件の担当裁判官自らが調停主任として関与し、作成した調停委員会意見書や調停案、調停に代わる決定等により、そのような認定を行うことは、意見書等の記載に専門家調停委員による専門的知見が反映されていることを考慮しても、異論がありうるところである。記載された内容につき、具体的な反論および反証がないか、反論および反証があるとしても、意見書等の記載内容が不合理であることを示すことができない場合には、そのことを弁論の全趣旨として意見書等の記載内容のとおりの経験則やその適用結果を認定するのが相当と考える。なお、東京地方裁判所民事第22部では、調停委員に意見書を作成してもらい、これを当事者に交付するとともに、調停不成立調書に添付し、弁論準備手続期日等において、調停手続における調停委員の意見が意見書のとおりであったことを確認し、この旨を調書に記載し、意見書を添付しているようであり、そのうえで、受訴裁判所は、当事者から意見書につき書証として申出があり文書の取調べがされれば証拠資料として、申出がなければ弁論準備手続期日等調書添付の意見書につき、当事者の反論等も加味しながら、弁論の全趣旨として、意見書を考慮することが可能であるとされているようである[13]。上記のような取扱いは、意見書等を書証として提出することに消極的な姿勢が示された場合に備えての工夫として参考になる。

(3) **当事者が調停手続のブラックボックス化に懸念を示している場合**

調停委員会内部でどのような内容の評議がされ、解決案の提示に至っているかが不明である、調停案に対する反論反証の機会がない、などといわゆる調停手続のブラックボックス化に懸念が示され、時には成果物の利用に反対する旨の指摘を受けることもある。そのような懸念は、やむを得ないものであって、評議の秘密は当然守りつつも、調停案を策定するに至った経緯や理由を適宜当事者双方に開示・説明し、それに対する反論反証の機会を与え、そうした疑念を払拭する必要があり、また、そのような吟味を通じてより説得力のある調停案につなげていくべきであって、最初に提示した調停案に必ずしも固執しない

---

13 最新大系建築訴訟79頁〔熊谷聡〕。

III 調停がスムーズに進まないケースとその対応

1. 当事者が付調停に反対する場合

　当事者の少なくとも一方が、①判決による解決を希望する、②調停委員が争点化されていない問題点を取り上げる危惧があることから、評価的な説明の範囲が当事者に異議がない範囲に限られる専門委員関与を希望する[14]、③調停不成立の場合、終局までにさらに長期間を要するとの危惧がある、などとして調停に付すことに反対する場合がある。こうした場合、基本的には円滑な手続の進行が期待できないから、調停に付すのは相当ではないが、次のような説明をしてその懸念を取り除く努力をすることにより、了解が得られることもある。

　まず、①の場合、建築関係事件における調停手続の審理のあり方についての理解が十分でない場合が少なくない。すなわち、建築調停では、建築関係事件の特質に照らし、裁判官が調停主任として建築専門家委員と法律家委員各1名とで調停委員会を構成し、全期日に立ち会うとともに、必要に応じて現地を見分したうえで、専門的知見を要する争点のみならず、事実上法律上の争点についても十分に議論し、判決になる場合の心証を形成し、これを基礎に実情に応じた解決案を提示するものであり、単に互譲のみを求め、足して二で割るような解決案を提示するものではない。調停主任は、このような実際の審理のあり方を説明することになる。

　次に、②の場合については、確かに、専門家調停委員から、当事者が主張していない瑕疵の存在が指摘されるとともに、その補修には高額の費用が必要になる場合や、補修方法および補修費用の検討が必ずしも十分でないため、施主側が主張するものと異なる方法による補修が必要であり、かつ、そのために施

14　専門委員により、当該事案の具体的事実関係に専門的経験則をあてはめ、評価的な要素を加えた「説明」（評価的説明）を受けることの可否やその場合の手続面での配慮等、専門委員の関与のあり方につき、林圭介「専門委員の関与のあり方　理論的考察と関与モデルの紹介」判タ1351号（2011年）4頁参照。もっとも、建築関係事件では、争点についての見通しをつける等の目的で、口頭または書面による評価的説明を聴取することが広く行われていると思われる。

主側主張の額より相当高額の補修費用を要する場合が指摘されるなど、当事者が主張していない重要な問題点が指摘される可能性はないではないが、その場合、当該問題点をどのように取り扱うかは、当事者に対する不意打ち防止や公平の観点から慎重に判断する必要がある。仮に、当該問題点を解決案の策定にあたって考慮しようとする場合には、少なくとも不利益を受ける当事者に対し、理由の説明を含めて心証を開示し、当該当事者の要望に応じて反論の機会を付与すべきであり、そのような方針を説明することになる。

さらに、③の場合については、先に述べたとおり（上記Ⅰ7）、調停において得られた専門的知見等の成果物を訴訟手続で活用できるようにすることにより、調停段階でのやりとりが無駄になることはなく、一から手続をやり直すなど、終局までにさらに長期間を要することはない旨を説明することが考えられるほか、訴訟手続との並進を行う旨説明することも考えられる。

2. 中小規模庁で適切な専門家調停委員がみあたらない場合

任命されている建築専門家調停委員が少ない中小規模庁の場合、専門分野のほか、利害関係の問題から適当な調停委員がみあたらないことも少なくないと思われる。もっとも、専門委員については、当該専門委員が所属する裁判所以外の他の裁判所における事件の処理のために特に必要がある場合には、当該専門委員に当該他の裁判所の専門委員の職務を行わせることができる（いわゆる職務代行。専門委員規則5条）。また、遠隔の地に居住する専門委員については、電話会議の方法により、専門委員の説明を聴取することもできる（民事調停法22条が準用する非訟事件手続法33条4項）。したがって、こうした場合には、専門委員関与を選択することが考えられる。そして、訴訟手続において専門委員を関与させた場合には、専門的な知見に基づく「説明」を受けることができるにとどまり（民訴92条の2第1項前段）、その説明内容も直ちには訴訟資料とならないと解されているのに対し、民事調停事件その他非訟事件における専門委員は、「意見」を述べることができる（非訟33条1項前段）。したがって、事件を調停に付したうえで裁判官の単独調停とし、専門委員を関与させるとの方法を選択することも検討されるべきである。

もっとも、その場合でも、専門委員に過重な負担をかけることがないよう留

意する必要があり、求める意見の内容が複雑なものとなる場合や意見を述べるために特段の調査や作業が必要である場合など、専門委員に過重な負担がかかることが見込まれる場合には、鑑定によるのが相当な場合もあろう。なお、専門委員からの意見は、書面または口頭で聴取することができるが、口頭で聴取する場合には、当事者が立ち会うことができる期日において聴取する必要がある（非訟33条1項）ほか、非訟事件手続規則が手続保障の観点から手続の細目を規定していること（非訟規24条～26条）に留意する。[15]

3. 調停案自体は受け入れる姿勢を示しているものの、調停の成立に踏み切れないとの意向が示される場合

　感情的対立が深刻な場合が少なくない建築関係事件においては、調停案自体には納得しているものの、相手方と合意することに躊躇がある旨の意思が示されることも少なくないところ、このような場合には、調停に代わる決定（民調17条）の活用が考えられる。[16] 簡易裁判所の民事調停における調停に代わる決定では、理由の要旨は簡潔に記載される例が多いと考えられるが[17]、建築調停において同決定を行う場合には、後日の訴訟手続における利用も考慮し、詳細に理由を記載する場合もある。

---

[15] 専門的な知識経験に基づく意見を述べるべき民事調停委員（民調規18条1項）については、同条2項が調停委員会に出席して意見を述べるものとすると規定しており、同法21条は、裁判官単独調停の場合にも同法18条を準用しているから、期日外で裁判官が当該民事調停委員から意見を聴くこと自体は違法ではないと解される。もっとも、聴取した意見の内容については、相当な方法で当事者に開示し、反論反証の機会を付与するのが相当である。

[16] 齋藤隆編『建築関係訴訟の実務〔第3版〕』（新日本法規出版・2011年）390頁は、調停に代わる決定を活用すべき場合として、①調停案の大綱については合意が成立したが、細部について合意が調わず、調停を成立させることができない場合、②当事者双方が調停案を受諾する意思を有しながら、感情的対立から相手方と合意するという表明ができないでいるとき、③当事者が調停を成立させるという意向を有しているが、調停の結果について利害関係を有する第三者との関係で、裁判所の決定の形式によることが望ましいとき、④当事者が調停案を受諾するか、拒否するか、明確に示すことができず、決断できないでいるとき、などをあげる。

[17] 伊藤眞ほか「〈座談会〉簡裁民事調停の機能強化について」判タ1383号（2013年）25頁の増田和夫東京簡易裁判所判事の発言参照。司法研修所編『簡易裁判所における民事調停事件の運営方法に関する研究（司法研修報告書）』（法曹会・2014年）94～96頁においても、調停に代わる決定の決定書に記載される「理由の要旨」は、簡潔に記載すれば足りる旨の運用モデルが示されている。

4. 合意の成否に関する心証について納得が得られない場合

　瑕疵や追加変更工事に関する争点については、合意の成否が問題になるものの、客観的な書証が乏しいことが多いため、その成否に関する調停委員会の心証に必ずしも納得を得られず、尋問を実施する必要があると考えられる場合が少なくない。この場合、調停を不成立にして訴訟手続のみを進行させることもありうるが、尋問の結果に基づく合意の成否に関する心証を踏まえ、補修工事の内容や補修費用につき、専門家の意見を踏まえて解決案を検討する必要がある場合もある。そのような場合には、調停手続をいったん中断して期日を追って指定とし、尋問の結果を踏まえて再度調停による解決への調整を行うこともある。調停委員に尋問を傍聴してもらい、証拠調べ期日後に評議を設け、尋問の結果を振り返るなどしながら、その後の調停の進行について検討することも考えられよう。[19]

IV　調停条項

1. 典型例

　請負人が施主に対し、工事残代金を請求する本訴を提起したのに対し、施主が瑕疵担保責任に基づく損害賠償請求権との相殺を主張した事案での和解条項は、以下が考えられる。

> 1　被告は、原告に対し、本件請負残代金として〇〇円の支払義務があることを認める。
> 2　原告は、被告に対し、本件工事につき、別紙瑕疵一覧表の番号1、2、4お

---

[18] 前掲（注1）のとおり、瑕疵の意義につき主観説を前提とすると、瑕疵の有無の判断にあたっては、実際の施工内容と契約当事者が契約において予定した施工内容とが一致しているか否か、すなわち、契約における具体的な合意内容を認定判断する必要が生じる。この点は、瑕疵が契約不適合に置き換えられた改正民法の下でも同様である。

[19] ただし、単に傍聴のみをしてもらうだけでは、旅費等の支払ができない。もっとも、その後に評議を行う場合には、旅費等の支払が可能となる場合がある。

よび6の瑕疵につき，瑕疵担保責任に基づく修補に代わる損害賠償債務として○○円の支払義務があることを認める。
3　原告と被告は，第1項の債務と前項の債務とを対当額で相殺する。
4　被告は，原告に対し，第1項の金員のうち前項による相殺後の残額○○円を，令和○○年○○月○○日限り，持参又は送金して支払う。送金の場合の送金手数料は，被告の負担とする。
5　原告は，その余の請求を放棄する。
6　原告と被告は，原告と被告との間において，本件に関し，本調停条項に定めるもののほか，他に何らの債権債務のないことを相互に確認する。
（以下，略）

2.　補修工事を約する条項

　建築調停では，施工者側が、金銭賠償によるよりも自社で補修工事を行ったほうが経済的負担が小さくなることを理由に、補修工事による解決を希望する場合が少なくない。しかし、建築紛争では、すでに施主側と施工者側との信頼関係が損なわれている場合が多く、施主側が、瑕疵等を生じさせた施工者自身による補修工事を拒否する場合が多い。また、施主側がこれに同意する意向を示す場合でも、補修する瑕疵部分や補修方法の特定に困難を来す場合が少なくないほか、施主側が補修工事の仕上がりに納得せず、再度紛争を生じさせるおそれもある。したがって、紛争の抜本的解決との観点からは、補修工事による合意はできる限り避け、施工者等が一定額の金銭の支払を約する形で合意を図るのが相当であり、実際にもそうした内容で解決される場合が大半であって、補修工事を約する条項を設けることはあまり行われていない。
　仮に、補修工事を行う旨を給付条項として定めるのであれば、施工者が補修工事に応じない場合に、施主側で授権決定を得て代替執行または間接強制を行うことが可能となるよう、補修の対象となる瑕疵部分を具体的に特定するとともに、補修工事の内容についても、補修工事仕様書などを添付して具体的かつ明確に定める必要がある。[20]しかし、実際にはこれが困難なことも少なくないた

20　裁判所職員総合研究所監『書記官事務を中心とした和解条項に関する実証的研究〔補訂版・和解条項記載例集〕』（法曹会・2010年）43頁参照。

め、「次の方法により補修工事を行うことを確認する（約する）」などの表現により、確認条項にとどめざるを得ない場合がある。

3. 清算条項（「本件に関し」との文言）

　一般に、調停が成立する場合、調停条項に「原告と被告は，原告と被告との間において，本件に関し，本調停条項に定めるもののほか何らの債権債務のないことを相互に確認する」とのいわゆる清算条項が定められるのが通例である。同条項は、当事者双方が、調停条項に定められたもの以外の相手方に対する請求権を放棄し、これが存在しないことを確認する趣旨で定められるものであり、そのうち、「本件に関し」との文言は、訴訟物または訴訟物と社会的・経済的に密接に関連する範囲等を指すと解される。

　もっとも、建築調停では、当該建築工事についての紛争を抜本的に解決するため、「本件に関し」との限定を外した包括的な清算条項が定められることがあり、施工者側が、自らが支払う解決金額の増額に応じる条件として、同条項を定めることを希望する場合も少なくない。

　しかし、包括的清算条項は、後日、その効力の及ぶ範囲が問題となりうる。すなわち、建築請負契約においては、瑕疵の修補に関し、特約として住宅保証（瑕疵保証）が定められている場合があるため、包括的清算条項を定める場合には住宅保証との関係に留意する必要がある。また、強行法規に反する調停条項については、合意の効力を認めることはできないと解される[21]ことから、たとえば、住宅の新築工事の請負人が注文者に対して負う住宅の品質確保の促進等に関する法律（品確法）94条1項に基づく瑕疵担保責任については、包括的清算条項によってもこれを免れることはできないと考えられる（同条2項）。他方、不法行為責任については、これを放棄する合意を成立させることに直ちに問題があるわけではないが、合意時においてその存在を予見することが不可能であり、かつ瑕疵が重大である場合には、包括的な清算条項の効力は及ばず、依然として施工者等は不法行為責任を負うと解するのが、合意の合理的な解釈として相当であるように思われる[22]。いずれにせよ、包括的清算条項を定めるに

---

[21] 調停については、一面で私法上の契約たる性質を有すると解される以上、契約の一般有効要件を充足する必要があり、これに反する合意は無効と解される。

あたっては、後日の紛争を防止すべく、放棄される請求権の内容を注意的に明記しておくことが望ましく、「原告と被告は，本件和解（調停）により，当事者間において本件請負契約により生じる瑕疵担保責任，債務不履行責任及び不法行為責任による債権債務をすべて清算することを確認し，本和解（調停）条項に定めるほかは，他に，一切，何らの債権債務を負わない」との条項案も紹介されている[23]。

Ⅴ　まとめ

　建築関係事件は、その解決にあたって調停が活用される事件類型の最たるものといって過言ではない。その理由は、以上に述べた建築関係事件の特質もさることながら、建築専門家をはじめとする調停委員の献身的な貢献によるところが非常に大きいというのが実感である。今後も、各地の建築専門家や各建築団体と協力・連携しつつ、多くの建築関係事件を合理的期間内に合理的な内容での解決を図るべく、調停が活用されることを願ってやまない。

（窪田俊秀）

22　たとえば、合意当時、施主側がその存在を全く予見していなかった構造耐力上の瑕疵が存在し、これにつき施工者等が不法行為責任を負うべきことが後日判明したが、判明時点で瑕疵担保期間が経過していた場合に、包括的な清算条項を定めていたことによって、施工者等が一切の責任を免れるものと解することの合理性には疑問があるといわざるを得ず、その点は、不法行為責任が放棄の対象であることが注意的に記載された場合であっても同様である。

23　最新大系建築訴訟83頁〔熊谷聡〕。

第3章

地方裁判所における相続等関係事件と調停

Ⅰ　はじめに

　親族間事件は、感情的対立が激しい事件が少なくないため、調停による解決は必ずしも容易ではないが、他方で、親族間事件であるからこそ、当事者も話し合いによる解決を希望しており、調停による解決になじむという事案も決して少なくないように思われる。また、親族間における調停事件としては、もっぱら家庭裁判所における家事調停が想起されるが、地方裁判所に係属する親族間紛争についても、調停に付すことが相当な事案は少なくない。[1]

　大阪地方裁判所第10民事部（以下、「第10民事部」という）は、建築事件と調停事件の専門部であり、地方裁判所に調停が申し立てられた場合はもちろん、[2] 民事通常部に係属していた事件が調停に付された場合も、商事事件、倒産事件、医事事件等の一部の専門事件を除き、調停事件は第10民事部で審理されることになる。[3] 近年、親族間の紛争、とりわけ相続紛争が背景にあると思われる付調停事件が増加傾向にある。具体的には、親族間の共有土地分割請求、遺言無効確認、遺言無効を前提とする共有持分権移転登記請求、同族会社の株式買

1　なお、民事調停と家事調停の関係をどのように解するかについては見解の対立があるものの（梶村太市＝深沢利一『和解・調停の実務〔補訂版〕』（新日本法規出版・2007年）185頁以下参照）、たとえば、親族間で行われた金銭消費貸借に関する事件のように、家事調停事件にも民事調停事件にもなり得る事件については、いずれの裁判所にも職分管轄があると解されている（金子修『逐条解説非訟事件手続法』（商事法務・2015年）437頁以下参照）。第10民事部においても、地方裁判所に係属している事件が調停に付された場合に、その事件が、家事調停の対象にもなり得る事件であったとしても、原則として、同部で処理している。

2　民事調停事件の管轄は原則として簡易裁判所であり、当事者の合意がある場合に限り地方裁判所に申立てができる（民調3条1項）。

3　民事通常部は、調停部である第10民事部との関係から「本案部」とよんでいる。

取請求といった類型である。そこで、第10民事部に所属する裁判官として、実際の事案を基に、地方裁判所における相続等に関係する親族間紛争と調停について考察したい。もっとも、実際の事件といえども具体的事件が判明するような紹介は適切でないので、いくつかの事件を組み合わせて紹介することとするが、そのため、事例としてやや無理のある紹介もないではないことおよび意見や運用にわたる部分は、いずれも筆者の個人的見解や理解に基づくものであることをご了承いただきたい。

Ⅱ 各種調停

1. 共通する審理

まず、調停事件に共通する審理部分について述べるに、調停とは、調停主任1名と民間から選任される民事調停委員2名以上からなる調停委員会の関与の下、当事者双方の話合いと互譲によって、条理にかない実情に即した適切な解決を図ろうとする手続である。地方裁判所に調停が申し立てられた場合や通常部等の本案部が調停による解決が相当であるとして職権で事件を調停に付した場合（民調20条1項。これを「付調停」という）、第10民事部裁判官または民事調停官が調停主任となって、調停を担当することになる。[4]

民事紛争の場合、当事者双方に相応の言い分があり、判決手続で勝敗を決めるのではなく、双方の言い分を聴いたうえで、実情に即した柔軟な解決を図るほうがより適切な事案が少なくない。また、専門的知見を要する事案においては、的確な専門家の意見を聴いて適正に事案を解明し、合理的な解決を図ることが望ましいといえる。そのような中で、地方裁判所に調停が申し立てられた場合や、訴訟係属後本案担当裁判官の判断で専門的知見を要する事案等について調停に付して第10民事部で調停手続が行われる場合においては、通常、第10民事部において、裁判記録を検討するなどして、当該事案に適した専門家調停委員や弁護士調停委員を指定し、調停委員会を組織することとなる。[5] 調停委員

---

4 この場合、本案事件の口頭弁論期日または弁論準備手続期日は、中止または追って指定とされることとなる。

会は、裁判官も基本的に全期日に立ち会って、手続保障に配慮しながら争点整理を進め、当事者からじっくりと意見を聴取し、必要に応じて証拠調べをするなどしたうえで、専門家調停委員によって提供された専門的知見を、裁判官や弁護士調停委員が法的観点から吟味して調停委員会としての所見を形成し、これを適宜当事者双方に示しながら解決を図ることとなる。

そのうえで、調停成立という形で事件の解決ができれば望ましいものの、他方で、当事者間の積極的な合意という形での解決には応じられないが、裁判官から合理的な解決案を裁判（決定）として示されれば、異議を述べないという形での解決には応じられるとの意見が述べられる場合等もあり得る。そのような場合には、調停に代わる決定（民事調停法17条に根拠があり「17条決定」などとよばれることもある）を活用することも考えられる。親族間事件では、感情的なわだかまり等から積極的な合意という形での解決には応じられないものの、裁判官から専門的知見を踏まえるなどした合理的な解決案を決定として示された場合に、異議までは述べないということも十分考えられるため、調停に代わる決定の積極的な活用が検討されてよいように思われる。

以下、事件類型ごとに考察したい。

2. 共有物分割

(1) 親族間における共有物分割

最初に、親族間における共有物分割について整理する。民法898条に規定する相続財産の共有は、同法249条以下に規定する共有とその性質を異にするものではない（最判昭和30・5・31民集9巻6号793頁等）が、関係当事者の協議が

---

5 専門家調停委員および弁護士調停委員各1名を指定するのが一般的であるが、当該事案の解決に必要な専門分野が複数にわたる場合等では、たとえば、不動産鑑定士と建築士というように、各専門分野の専門家調停委員を指定することもある。また、裁判所が相当であると認めるときは、裁判官だけで調停を行うことも可能である（民調5条1項ただし書）が、その場合は、専門的な知識経験に基づく意見を述べるべき民事調停委員を指定することが通常である（民調規21条、18条）。

6 調停委員会は必要な調査を官庁等に嘱託できる（民調規16条）ほか、民事調停においては、非訟事件手続法における証拠調べの規律（非訟53条）が準用されるため（民調22条）、各種の証拠調べ手続の活用が可能である。

7 梶村太市「共有物分割調停」判タ932号（1997年）186頁も参照されたい。

調わない場合の共有関係の解消方法は、通常の共有については共有物分割（民258条）であるのに対し、遺産共有については遺産分割（民907条2項）であるといった差異がある。

また、共同相続人間における遺産共有状態の解消は、遺産分割によるべきであって、共有物分割によることはできないとされる（最判昭和62・9・4裁判集民151号645頁参照）。さらに、遺留分減殺請求権を行使した結果、共有関係が発生した場合などには、地方裁判所に親族間における共有物分割訴訟が提起されることもある。[8]

(2) 共有物の分割方法──判例

ところで、共有物の分割は、「民事訴訟上の訴えの手続により審理判断するものとされているが、その本質は非訟事件であって、法は、裁判所の適切な裁量権の行使により、共有者間の公平を保ちつつ、当該共有物の性質や共有状態の実状に合った妥当な分割が実現されることを期したものと考えられる。したがって、右の規定（筆者注：民258条2項）は、すべての場合にその分割方法を現物分割又は競売による分割のみに限定し、他の分割方法を一切否定した趣旨のものとは解されない。そうすると、共有物分割の申立てを受けた裁判所としては、現物分割をするに当たって、持分の価格以上の現物を取得する共有者に当該超過分の対価を支払わせ、過不足の調整をすることができる……のみならず、当該共有物の性質及び形状、共有関係の発生原因、共有者の数及び持分の割合、共有物の利用状況及び分割された場合の経済的価値、分割方法についての共有者の希望及びその合理性の有無等の事情を総合的に考慮し、当該共有物を共有者のうちの特定の者に取得させるのが相当であると認められ、かつ、その価格が適正に評価され、当該共有物を取得する者に支払能力があって、他の共有者にはその持分の価格を取得させることとしても共有者間の実質的公平を害しないと認められる特段の事情が存するときは、共有物を共有者のうちの一人の単独所有又は数人の共有とし、これらの者から他の共有者に対して持分の価格を賠償させる方法、すなわち全面的価格賠償の方法による分割をすることも許されるものというべきである」として現物分割のほか、全面的価格賠償の

---

[8] 遺留分減殺請求後の共有関係の解消は基本的に共有物分割訴訟であることについて、梶村太市＝徳田和幸編著『家事事件手続法〔第3版〕』（有斐閣・2016年）405頁〔稲田龍樹〕。

方法による分割をすることが認められている（最判平成8・10・31民集50巻9号2563頁）。

調停手続においても、当然、現物分割のほか、全面的価格賠償などによる柔軟な解決が考えられる。

(3) **調停による共有物の分割**

(ｱ) 総　論

不動産の共有物分割訴訟においては、とりわけ価格賠償の場合に不動産の価格が主要な争点となるのが通常であるところ、調停委員として不動産鑑定士を指定することにより、価格について専門的知見を導入することが可能となり、調停成立が促進されるといったことが考えられる。たとえば、当事者双方が不動産鑑定士作成の鑑定書を提出しつつ、相手方の鑑定書に対して反論がされている事案等において、調停委員として不動産鑑定士を指定し、同調停委員から、それぞれの鑑定書についての意見を聴取するといった調停運営が考えられるところである。このように、共有物分割は、親族間の紛争か否かにかかわらず、類型的に調停による解決に適している事案であるといえる。もっとも、不動産鑑定士である調停委員に不動産価格についての簡易な鑑定を期待して事件を調停に付すことは避けなければならない。専門家調停委員は当該分野の専門的知識や経験を活かして事情聴取し、妥当な調停案作成に尽力してもらうのが役割であり、事実上の鑑定作業を強いることは慎まなければならないからである。

一方で、付調停に反対される当事者から、調停不成立となった場合に、時間や労力が無駄になるという意見を聴くことが多い。そのような意見に配慮して、付調停決定がされた調停事件が不成立となった場合、調停手続がいたずらに時間を浪費したものとならないように、調停手続で得られた専門的知見を訴訟手続において利用できるよう、次のような配慮をしている。すなわち、①調停手続において作成した意見書を当事者に交付する、②不成立となる調停期日調書に調停委員会による意見書を添付し、当事者に膳写してもらう。このような方法により、当事者が訴訟手続において調停手続における成果物を利用できるよう配慮している。当事者の一方（通常は、自己に有利な側の当事者であろう）は、訴訟手続において、意見書を証拠として提出することにより、調停手続で

得られた専門的知見を訴訟手続において利用できることになる。もっとも、調停手続で得られた専門的知見に対する反証の機会が十分に保障されなければ、かえって付調停に対する当事者の理解が得られないということにもなりかねないことから、本案部においては、当事者に対して十分な反証の機会を与えるのが相当であろう。

　(イ)　事　例

　ここでは、調停が成立しなかった事例と成立した事例を紹介する。

　　(A)　調停が成立しなかった事例

　1つ目は、姉弟である被告と原告との間で提起された共有不動産（土地建物）の競売請求訴訟で、すでに双方から不動産鑑定士による鑑定意見書が提出されていたが、大阪市内の一等地にある古い家屋と20坪程度の敷地について、被告である高齢の姉がその家屋に居住し続けたいと希望して価格賠償の提案をしたため、調停に付された事案である。

　不動産取引に堪能な弁護士と不動産鑑定士を調停委員に選任して調停委員会を構成し、双方からの鑑定意見書を検討して価格賠償の提案をしたところ、原告が有名な不動産業者の買付証明書を持参して調停案を拒絶した。買付証明書の金額は調停案の2倍であった。

　調停委員会も原告代理人も、単純売買ではなく形式競売を前提とした価格が相当である旨を説明したが、原告本人は聞く耳をもたず、調停は不成立となった。なお、調停案については、本案部からの要請もなく、双方の代理人から口頭でよいとの了解を得ていたので口頭説明にとどめた。

　　(B)　調停が成立した事例

　2つ目は、兄弟である原告と被告との間で提起された土地の共有物分割請求訴訟であり、被告が本訴に先立ち遺留分減殺請求訴訟（前訴）を提起し、前訴において原告と被告がそれぞれ共有持分を有することを前提とする和解が成立していた事案である。

　原告は、訴訟の早い段階から付調停を希望し、被告も付調停に異議がなかったため、本案部において、訴訟の比較的早い段階で調停に付された。また、調停に付された段階から、土地の価格等が問題となることが見込まれたため、調停委員として、不動産取引に堪能な弁護士および不動産鑑定士を選任して調停

委員会を構成した。

　調停期日においては、まず共有持分割合に基づく現物分割を試みたが、土地の形状が不整形であるうえ、土地上の大部分に原告所有建物が建築されているといった土地の利用状況もあり、単純に面積のみに着目して分割するという案では、被告と原告との間で新たな土地賃貸借契約の締結等が必要となるといった問題が生じるため、そのような方向での調停成立は困難であった（なお、同建物に原告および被告のいずれもが居住しているため、従前の土地の賃料や建物の賃料、水道光熱費の負担といった問題が潜在的に存在していたほか、そもそも被告は、登記上原告所有建物ではあるが、その原資は原告および被告の親の援助であり、実質的には原告所有建物ではないなどといった主張もしており、双方代理人とも、その点に立ち入った場合には解決は不可能であるとの認識を共有していた）。

　そこで、原告の従前の土地建物の使用状況に照らして、原告が使用するのに適した形状で分割したうえで、被告の共有持分に食い込む部分については価格賠償の方法により解決するという方法が模索されたものの、被告の土地の形状が極めて使いづらいものになることなどから分割方法や買取価格の点で意見が折り合わず、結局、原告が被告の持分をすべて買い取り、被告は、同建物から退去するという方法での解決を検討した。

　この結果、金銭による解決に一本化されたため、土地全体の価格を算出し、持分割合を掛けることにより持分価格を算出することが可能となり、調停案の方向性が見えやすくなり調整も容易となり、結果的に、調停が成立した。なお、調停条項においては、単に賠償価格のみならず、被告が係争不動産から退去するに際しての条項も定められることとなり、円満な解決が可能となった。ちなみに、最後の調整に苦労したのは、測量費用と登記手続費用の負担割合であった。

3.　遺言の有効性

(1)　遺言と遺言能力

　遺言無効確認訴訟においては、遺言無能力、遺言書の偽造、方式違背等多岐にわたる無効原因が主張されるのが通常である。そこで、まず、遺言と能力の関係について考察する[9・10]。

遺言について、15歳に達した者は、遺言をすることができる（民961条）が、15歳に達した者であっても遺言をするときにその能力を有していなければ、その遺言は無効となる（同法963条）。そして、意思能力の判断は、法律的判断事項である。もっとも、事柄の性質上、遺言作成時における遺言者の精神上の障害の存否、内容および程度は、遺言能力の存否の判断にあたって最も重要な事情である。

そして、精神上の障害の存否、内容および程度は、精神医学的観点およびこれを補完する行動観察的観点から検討すべきである。[11] 具体的には精神医学的観点については、精神医学的疾患の存否、内容等について、遺言時またはその前後の診断書および精神心理学的検査の結果等から、行動観察的観点からは、遺言時またはその前後の症状、言動等について、入院診療録、看護記録等のような証拠から認定して検討することになるとされるところ、その証拠の読み方およびその証拠からどのような事実を認定するかについては、精神医学についての専門的知見が有用である。

そこで、調停委員に精神科医等がいるのであれば、証拠の読み方等について専門的知見が必要な事案では、自庁の調停委員を確認のうえ、調停に付すことを検討することも有用である。なお、能力の問題については、精神科医のみならず脳神経外科医または脳神経内科医からも、有用な専門的知見を得られるようである。

(2) **専門委員の活用**

ところで、非訟事件手続法33条は、「的確かつ円滑な審理の実現のため、又は試みるに当たり、必要があると認めるときは、当事者の意見を聴いて、専門的な知見に基づく意見を聴くために専門委員を非訟事件の手続に関与させるこ

---

9 遺言の有効・無効の問題は、遺産分割あるいは遺留分減殺請求の事件の前提問題となるので、これらの問題とあわせて全体的・根本的な解決を図るため、調停で解決するのが望ましいとされる（梶村＝徳田編著・前掲書（注8）130頁〔梶村太市〕）。もっとも、この記述は、家事調停を前提とした記述であると思われる。

10 遺産分割関係調停全般につき、梶村太市「遺産分割関係調停」判タ932号（1997年）168頁も参照されたい。

11 東京地方裁判所民事部プラクティス委員会第二小委員会「遺言無効確認請求事件を巡る諸問題」判タ1380号（2012年）11頁参照。

とができる」（同条1項）と規定するところ、非訟事件手続法は、その性質に反しない限り調停手続にも準用される（民調22条）ため、調停手続においても専門委員を指定することが可能である。そこで、調停委員には適切な者がいない場合であっても、専門委員に適切な者がいるのであれば、専門委員として調停手続に関与させることが可能である。

また、専門委員は、「当事者、証人、鑑定人その他期日に出頭した者に対し直接に問いを発することができる」（非訟33条3項）ので、専門委員自らが事実の調査ができることになる。

さらに、民事訴訟において専門委員の述べた説明は、原則として、裁判の資料とならないと考えられているのに対し、非訟事件において専門委員の述べた意見は裁判資料となることを想定しているため、専門委員に意見を求める場合の手続の細目が、最高裁判所規則に定められており、特に当事者や利害関係人の手続保障の観点からは、非訟事件手続規則24条、26条の規定が重要である[13]。調停手続においても、専門委員の意見は、適宜の方法で証拠化され[14]、調停が不成立となった場合、特に付調停とされた場合には本案に戻った後に、専門委員の説明が裁判資料となることが想定される。そのため、調停手続において専門委員に意見を述べてもらう場合は、事前に、当事者双方に対し、民事訴訟との差異や証拠化の可能性について説明しておくことが望ましい。

(3) 調停による遺言無効確認

(ア) 総　論

遺言無効確認請求事件は、原則として固有必要的共同訴訟ではないと解されているため、必ずしも相続人全員が当事者となっているとは限らない。もっとも、調停の内容いかんによっては、相続人全員が合意し当事者とならなければ

12　金子・前掲書（注1）129頁。
13　金子・前掲書（注1）129頁。
14　証拠化の最も簡明な方法としては、専門委員に意見書の作成を依頼することであるが、それでは期日でのやりとりにおいて当事者や裁判所に疑問が生じた場合にそれに対する回答が得られにくいうえ、専門委員によっては多忙等を理由に口頭で意見を述べることを希望することも少なくない。そこで、そのような場合は、専門委員の同意を得たうえで、口頭で述べられた意見を録音し、音源を当事者に交付することで録音反訳書を提出してもらうという方法が考えられる。他方、専門委員の同意が得られない場合には、専門委員の意見を記載した調書を作成するといった方法等が考えられる。

実効性が担保できない場合もある。そこで、調停に際しては、必要に応じて相続人全員が当事者となっているかを確認し、相続人全員が当事者となっていない場合には、利害関係人として調停手続への参加を促すべきであろう。

さらに、遺言が無効であることを前提として調停条項を検討する場合は、単に遺言が無効であることを確認するのみの調停条項ではなく、具体的な遺産の分割方法等に踏み込んだ検討がされることが一般的であると思われる。もっとも、遺産分割は、家庭裁判所の専属的職分管轄であり、その本質は非訟事件であるから民事訴訟法の準用はなく、共有物分割とは異なって訴訟上の和解は許されないとするのが学説の大勢とされている。[15]このような考え方に配慮して、訴訟上の和解で遺産分割まで解決を図る場合には、一般に「遺産を分割する」との表現ではなく、「遺産を分割することに合意する」との表現が使用されており、注意を要するとされ、地方裁判所での調停においてもその点の留意が必要である。[16]

なお、遺言無効のみならず生前贈与が無効であることを前提とする訴訟についても、生前贈与の無効原因として意思無能力が争点となる事案においては、上記と同様の進行が有用であろう。

　(イ)　事　例
　　(A)　遺言無効確認の調停が成立した事例
　ここでは、調停が成立した事例を1つ紹介する。

兄弟3人が相続人であり、父親である被相続人が平成19年頃から三男に多額の金銭贈与をしたほか、平成20年に財産全部を三男に相続させる旨の自筆遺言書を作成したのは、能力のない状態での贈与、遺言であると主張し、長男と二男が贈与・遺言の無効確認を求めた事案である。

訴訟の早い段階から調停に付されたため、家庭裁判所長の経験がある弁護士と精神科医の調停委員を選任して調停委員会を構成した。精神科医の調停委員の見解を基に評議した結果、調停委員会は、「平成19年から平成20年にかけて被相続人の記銘力、遂行能力、判断能力の障害は相当程度進行しており、自ら

15　裁判所職員総合研修所編『書記官事務を中心とした和解条項に関する実証的研究〔補訂版・和解条項記載例集〕』(法曹会・2010年) 11頁。
16　東京地方裁判所民事部プラクティス委員会第二小委員会・前掲論文 (注6) 20頁)。

の財産をどのように処分するかに関して正常な判断をするには困難を伴う」との判断を当事者に対して書面で示したところ、被告代理人は被告本人とも相談した結果、調停手続内では贈与・遺言を無効とすることを前提に遺産の再配分をすることに同意した。

不動産が多いうえ、ローン、税金の問題のほか、技術的な問題もあったことから、当事者間で再分配表を作成して合意し、調停手続では、その合意内容を大筋で確認する（債務名義性のない）内容の合意ができ、調停は成立した。

(B) 能力が問題となった事例

なお、遺言の問題ではないが、能力の有無が実質的争点となっためずらしい事例を2つ耳にしたので紹介する。

2つとも、能力の程度が問題となった事案であり、意思能力の判断は、本来、法律的判断事項であり、調停主任は判断できない事項ではないが、当事者に医師がいる場合、医学的には素人である裁判官が判断しても医師である当事者が納得しない場合が多い。その点、専攻分野は異なるものの、医師である専門委員または調停委員であれば、その判断を受け入れやすい。

(a) 訴訟能力が問題となった事例

1つ目は、相続財産をめぐる紛争で、原告は被相続人の妻とその娘、被告は被相続人の息子であり、被告からみれば、母と妹が訴訟を提起した事案であるが、関係者全員が医師であることに特徴がある。

調停に付されたので、遺産分割に堪能な弁護士と不動産鑑定士を調停委員に選任して調停委員会を構成し、財産評価を中心に調停手続を進めていたところ、被告から原告である母の訴訟能力に疑問が呈された。確かに、母親である共同原告は高齢であり、施設に入っているとのことで、原告代理人も妹である共同原告を通じて、事件の委任を受け、打合せをしてきたため、直接本人と話をしたことがなかったようである。

訴訟当事者に精神科医がいたので、脳神経外科医である専門委員を選任して、実際に原告本人（母）と調停室で面会してもらうことにした。専門委員は、朝何時に起きて、朝食は何を食べて、どうやって裁判所まで来たのか、出身大学はどこで、何科を専攻し、いつまで勤務医を務めたのか、大きな財産は何があり、被告である息子に何を主張したいのか……といった質問をし、それ

に対する回答ぶりを観察して、初期のアルツハイマー型認知症ではあるが、財産管理はできるようであると判断した。

それを受けて、調停主任である裁判官が、調停手続においては、訴訟能力があることを前提に手続を進めるが、この判断に異論があるようであれば、調停は不成立にして本案部に戻すので、本案部において鑑定の申出をされたいと宣言したところ、被告は、訴訟能力については争わないとして主張を撤回した。

　(b)　意思能力が問題となった事例

2つ目は、医療法人の開業資金について、原告の父親は貸金であるとして返還を求め、被告の子は税金対策上貸金にしただけで実質贈与であるとして争った事案である。双方とも医師である親子間の問題であることから、訴訟の早い段階で調停に付された。

元裁判官の弁護士と地元大学の医学部教授を調停委員に選任して調停委員会を構成したところ、審理の途中で、被告は、「贈与であるのに貸金と主張するのは認知症が進行した影響であり、能力に問題がある」旨の主張をした。極めて親子関係が対立していた事件であり、毎回、原告も被告も調停期日に立ち会っていたところ、医学部教授である調停委員から被告本人に対し、「父親の対応はしっかりしており、専攻分野は異なるものの、医師の常識として能力に全く問題はない」などと諭した結果、被告は、能力に関する主張を撤回した。

4.　遺産分割

遺産分割協議には、相続人全員の参加が必要であり、相続人の一部が遺産分割協議に不参加である場合、その遺産分割協議は無効とされる。また、遺産分割協議においても民法の意思能力が要求される結果、上記2と同様、遺産分割協議の者が意思無能力である場合は無効となる。

まず、遺産分割協議に参加した者の意思能力が問題となる事案においては、上記3と同様、調停に付したうえで、精神科医等を調停委員に指定する方法が有用であろう。これに対し、相続人の一部が、自己に無断で遺産分割協議が行われたと主張する場合、当該相続人が、遺産分割協議に参加していたか否かが主要な争点であって、この点は、まさに事実認定の問題であるから、この点を調停手続において解決することは一般的には困難である[17]。

もっとも、事案によっては、遺産分割協議の有効無効に立ち入らず、あるいは、とりあえず遺産分割協議が有効であることを前提に、その遺産の一部を自己に無断で遺産分割協議が行われたと主張する相続人に対して取得させるなどの解決策があるか否かを模索することはあり得る。ただし、当初の分割により共同相続人等に分属した財産を分割のやり直しとして再配分した場合の納税額については、専門家に相談することが適切であろう。

5. 遺留分減殺

　遺留分減殺請求事件は、得てして高額となる不動産価格が主たる争点となることが多いため、比較的調停になじむ類型といえる[18]。これは、遺留分減殺請求事件が付調停となる場合のほか、遺言無効確認請求事件において審理の結果遺言が有効であると判断された場合に、それを前提に遺留分価格が問題となるといった事案も想定される。このように、不動産の価格が主たる争点である場合は、共有物分割の際に述べたのと同様に、調停委員として不動産鑑定士を指定し、不動産価格について専門的知見に基づいて検討することが有用となることが多い。

　なお、事案によっては、建築事件の瑕疵一覧表に準じて、遺産の一覧表を作成していただけるよう当事者にお願いしている例もあると聞いている。建築事件の瑕疵一覧表は、施主側が瑕疵と主張する場所等を指摘し、現状、あるべき姿、補修費用を記入するのに対し、施工者側が、現状とあるべき姿の認否、瑕疵と認定された場合の補修費用を記入する。さらに、調停委員会が後に記入するための瑕疵の判断と補修費用額の欄を設けてもらう。これが瑕疵一覧表であり、Ａ３用紙数枚で紛争が一覧できる。これを遺産分割に応用して、原告が主張する遺産の範囲、評価額を不動産、金融資産、動産、債務等の大項目に分け

17　よほど確たる証拠がない限り、尋問もせずに、調停委員会において、遺産分割協議の有効または無効を前提に調停案を提示したとしても、不利となる当事者がそのような調停に応じるとは考えにくい。

18　遺留分減殺請求事件につき、遺贈がある場合は遺言の有効・無効の問題と関連し、また生前贈与がある場合には特別受益の持ち戻しの問題とも関連するので、これらの問題とあわせて全体的・根本的な解決を図るため調停で解決するのが望ましいとされる（梶村＝徳田編著・前掲書（注８）131頁〔梶村太市〕）。もっとも、この記述も家事調停を前提とした記述であると思われる。

て記入し、被告が遺産に含まれるかの意見と含まれると判断された場合の評価額を記入し、さらに、調停委員会が後に記入するための遺産の可否、評価額の欄を設けてもらう。このような遺産の一覧表を作成できれば、この一覧表が実質的に主張整理となり、調停委員会は、その記入欄に遺産の可否と評価額を理由とともに記載すれば、書面による調停案となる。極めて利便性の高い一覧表である。

6. 本人訴訟

　親族間紛争で、原告・被告とも代理人弁護士が選任されていない事件も少なからず存在する。この類型の訴訟では、主張が書面にしっかり書かれておらず、書面も手書きによるものが少なくないから、当事者からじっくりと話を聴くことが大切である。そのような特徴から、この類型の事件は、調停主任を民事調停官にお願いし、調停委員も2人とも弁護士を選任して、実質弁護士3人の調停委員会で審理してもらうという運用もあり得ると聞いている。調停委員会は、時間をかけて、当事者の感情のもつれをほぐしながら穏当な解決策を模索する。調停成立率はあまり芳しくないが、成立したときには、当事者から大変感謝されると聞いている。

III　まとめ

　親族間事件は、その多くが長年にわたる事実経過を経ており、双方の当事者の意見の対立も鋭く、また、感情的なわだかまりもあって、調停による解決は必ずしも容易ではない。しかし、上記で考察したように、専門的知見を導入することなどによって紛争の解決が促進できる事件は決して少なくないし、場合によっては、専門的知見の導入により、裁判上の和解よりもよい解決を図ることも可能であると考える。地方裁判所における親族間事件についても、事案に応じて積極的な調停の活用が期待されるところである。

（澤田博之）

第4章 近隣事件と調停

Ⅰ はじめに

　まず、大阪地方裁判所第10民事部（以下、「10民」という）で扱われた具体的事件をいくつか紹介し、近隣紛争への調停の活用余地について概観する。次に、当時大きな社会問題となった隣人訴訟を紹介したうえ、この問題に対する識者の評価について考察してみたい。そのうえで、近隣紛争に関する民事調停の利用のメリットについて言及してみたい。

Ⅱ 実例の紹介

　近隣紛争は、境界確定といった伝統的な紛争類型から日照、騒音、振動をめぐる争いといった比較的新しい紛争類型まで、日常生活にありふれた紛争類型であるが、これらの紛争類型に該当する事件が調停として扱われる件数、とりわけ、地方裁判所への調停の申立てによる件数は低調である。地方裁判所に対して民事調停の申立てをするには、相手方との間で管轄の合意をする必要があるため、これが近隣紛争の調停事件数が全体として伸びない原因の一つであるとはいえる。もっとも、地方裁判所の調停事件の大部分は本案部からの付調停によるものであるところ、これらの付調停事件の中で類型別に比較してみても、相対的に、近隣紛争といった類型に該当する事件の数は多くなく、近隣紛争の解決に調停が活用されているとはいいがたい状況にある。しかし、近隣紛争は、適切な解決のために、専門的な知見を導入する必要がある場合があるだけでなく、近隣同士の争いゆえに感情的な対立が鋭く、調停によりこれを解きほぐしていくというプロセスが必要となる場合が多いなど、本来、調停による

第3編　第4章　近隣事件と調停

解決に親和性がある事件類型といえる。そこで、近隣紛争についての調停の活用余地を検討するため、以下、付調停事件として近隣紛争が扱われたものを紹介する。なお、10民は、調停部であるとともに建築専門部でもあることから、紹介する実例は、建物工事に関連する近隣紛争が多くを占めていることに留意されたい。

1.　境界確定（筆界特定）

　隣接するXの土地とYの土地とは、5m程度の高低差があり、境界線付近には水路がある。段差の下にある土地所有者であるXは、水路全部が自己の土地であると主張しているのに対し、段差の上にある土地所有者であるYも、水路全部が自己の土地であると主張している。自らが主張する筆界が正しいと考えるXは、Yを相手方として境界確定訴訟を提起した。本案部の裁判所は、専門家を入れて、現地調査を経たうえで解決策を検討するのが妥当であると考えて、調停に付する決定をした。これを受け、調停部は、調停主任のほか、弁護士の調停委員および土地家屋調査士の調停委員から成る調停委員会を構成し、調停委員会は、訴訟記録の検討、当事者からの事情聴取、現地調査を経て、それらの結果を踏まえ、筆界は当事者間の合意があっても確定することはできないが所有権界は合意することができるので、現実的には水路の中央線を所有権界とすることで折り合ってはどうかと提案した。次の世代にまで争いを残したくないと考えたYは、調停委員会の提案を受諾する意向であったが、Xが納得しなかったので、調停不成立となって、本案部に戻された。ちなみに、現地には、かつてこの付近を調査した土地家屋調査士が、原始筆界と思われる場所に鋲を打ち込んでおり、これに従うとXの主張線よりも後退することなる。Yもこの事実を知っていたようであるが、大幅に譲歩して調停委員会の提案を承諾した。しかし、自らの主張以外は受け入れないXが拒絶した。
　境界確定の調停は、1年に4、5件あるが、すべてが付調停事件である。このうち、筆界特定制度を利用した後に提訴されたという事案は少数であり、大半が筆界特定制度を利用しないままに提訴している事案である。ここで、筆界特定制度の影響について考察する。平成18年に筆界特定制度が創設された。その結果、境界確定訴訟が一時期激減したが、最近は、増加傾向にある。提訴さ

れた事件のうち、筆界特定制度を利用した事案については、筆界特定書が証拠として提出されるのが通例であり、その場合であっても、裁判所は、不動産登記法149条所定の釈明処分としての送付嘱託により、筆界特定事件の一件記録をすべて見ることができる。筆界特定制度を利用しないで提訴された事件については、本案部の裁判官からのすすめにより、訴訟係属中に筆界特定の申請をする事例が散見される。ところで、境界確定訴訟は、形式的形成訴訟と解されており、当事者の主張にかかわらず、裁判官が必ず境界（筆界）を確定させなければならない。担当裁判官としては、法務局が集めた客観性の高い資料に基づいて境界（筆界）を確定したいと考えるので、当事者に筆界特定の手続をとるようにすすめることになる。

2. 連棟長屋の一部取壊し

　Yは、築60年余りの木造2階建ての居住用の建物が5戸連なっているいわゆる連棟式長屋のうち中央の建物およびその直下の土地を所有していた。なお、Yの所有していた建物の両隣は、それぞれXとZが所有していた。Yは、建物が老朽化したため、一応、XとZに事情を説明して理解を得たうえで業者Aに依頼してその所有する土地を更地とすべく、自らが所有する建物を取り壊したが、XとZに相談することなく、それぞれが所有する建物の壁面にトタン板による補修を施した。Zは、自らが所有する建物もXと同じように近々取り壊すことを計画していたことから、Yが実施したトタン板による補修に異を唱えずそのまま放置していたが、Xは、自らが建物に居住していたことから、Yに対し、自らも費用の半分を負担するので、壁面のトタン板を撤去したうえでサイディングボードに変更する補修を実施してほしいなどと求めた。しかし、Yは、トタン板の設置は補修方法として不相当なものとはいえず、Zが何も不満

1　梅津和宏「筆界特定制度と筆界（境界）確定訴訟」日本土地家屋調査士会連合会研究所編『土地家屋調査士の業務と制度〔第2版〕』（三省堂・2010年）262頁では、「例えば、筆界確定訴訟が係属しているが、当事者に地図に関する知識や資料収集能力がないような場合には、いったん訴訟を中断し、筆界特定の申立てをさせ、筆界特定委員による測量や実地調査等の事実調査、さらには、筆界特定登記官による判断を得て、その後に審理を再開して判決し、あるいは所有権界について和解するなどの方法が考えられる」と紹介されているように、筆界特定制度創設当初からの訴訟指揮の工夫例とされている。

を抱いていない中で、Xだけが不満を抱いているからといってその要求に応じることはできないなどとして、Xが求める補修を拒んだ。Xは、不満を募らせ、自ら壁面をサイディングボードに変更する補修を行い、Yに対し、補修費用の全額の支払を求めたが、Yは、その支払を拒んだ。そこで、Xは、壁面をサイディングボードに変更するための補修費用相当額の負担は、Yがその所有する建物を取り壊した不法行為により生じたものであるなどとして、Yを相手方として、同額の支払を求める訴えを提起した。これに対し、Yは、取り壊した建物は自らが所有するものであるから取り壊した行為は不法行為を構成しない、建物を取り壊した後にトタン板を設置して適切に補修したからXは損害を受けていない、Xが施したサイディングボードに変更する補修は高額に過ぎるなどと主張して争った。本件の訴えは、もともと、建築事件として10民に係属していたところ、事案の内容、性質等にかんがみ、本件を調停に付する決定がされ、これを受け、調停主任のほか、弁護士の調停委員および建築士の調停委員から成る調停委員会が構成された。調停委員会が調停手続を進める中で、弁護士の調停委員は、Yからの事情聴取においては、自らの所有物を解体しているとはいえ、Xの建物の内壁を外部に露出させる行為は不法行為にあたることにつき理解を得るように努める一方、Xからの事情聴取においては、連棟長屋全体が老朽化していることは否定できず、取壊しの後先が逆になっていた可能性もあったのではないかなどとして、いわばお互い様の状況という側面があることにつき理解を得るように努めた。また、建築士の調停委員は、現地調査の結果等を踏まえて補修費用の算定などを行った。これらに加え、XとYの解決内容に関する意向等も踏まえ、調停委員会は、YがXに対してサイディングボードに変更するためにXが負担した補修費用額の半分を支払うという内容を提案したところ、XとYは共にこれを受け入れて調停が成立した。

3. マンションのリフォーム

Y_1は、築30年になる分譲マンションの一室を所有するものであるが、間取り、内装、設備等を全面的に改修したうえでこれを売却するために、改修工事を業者Y_2に依頼した。なお、Xは、Y_1の所有する一室の隣室を所有し、そこに暮らすものであるが、長年勤めていた会社を定年で退職した後は無職であ

II 実例の紹介

り、時折外出することはあるものの、自宅で時間を過ごすことが多くなっていた。Y_2は、Y_1からの工事の依頼を受け、その際、Xに対して工程や騒音等の発生につき説明を十分することを約束したが、Xと面会することなく工程や騒音等の発生の可能性があることを記載した書面をXの部屋の郵便受けに入れ、間もなく改修工事に着手し、約1カ月後に全工程を終えた。Xは、Y_2が改修工事を行った間、間仕切りや設備の撤去作業、設置作業等に伴って生じた振動や騒音にさらされ、神経症に罹患するなどの精神的苦痛を受けたとして、Y_1およびY_2を相手方として、慰謝料相当額の支払を求める訴えを提起した。Y_1は、改修工事の注文者でありY_2の行った工事に関する責任を負うものではないなどと主張し、Y_2は、改修工事を行うにつき騒音を伴う工事の時間帯を午前9時30分から午後零時までの間および午後1時30分から午後6時までの間に限定し、工事に伴う振動や騒音も通常生ずべき程度のもので不可避であったから、不法行為を構成するものではないなどと主張して争った。本件の訴えは、もともと、建築事件として10民に係属していたところ、事案の内容、性質等にかんがみ、本件を調停に付する決定がされ、これを受け、調停主任のほか、弁護士の調停委員および建築士の調停委員から成る調停委員会が構成された。当初、XとY_1、Y_2の立場は、感情的な対立もあって鋭く対立したが、建築士の調停委員からXに対し、Y_2は、工法の選択や騒音を伴う工事を実施した時間帯等につき一定の配慮をしており、技術水準等を逸脱した態様の工事では必ずしもなかったことの説明を行い、さらに、調停委員会から騒音等の程度は証拠からは必ずしも明らかでないことなどにつき、理解を得るように努めた結果、Xは、Y_1、Y_2が事前の説明が不十分なままに工事を行ったことに憤慨していることが次第に明らかとなった。このことに加え、XとY_1、Y_2の解決内容に関する意向を踏まえ、調停委員会からはY_1が10万円、Y_2が20万円を支払うことなどを内容とする解決案を提示し、XとY_1、Y_2は、これを受け入れて調停が成立した。

4. マンション敷地内の樹木

敷地内に1階住人の専用庭があるマンションにおいて、新築当時にその庭に植栽された樹木が20年も経過すると大きくなり過ぎて、2階、3階の住人に日

照被害、虫鳥害が生じた。そこで、マンションの管理組合Xは、専用庭のマンションを新たに購入した所有者Yに樹木の伐採をお願いしたところ、Yがこの要請を拒否したことから、伐採を求めて提訴した。Yは、もともと、自らが植栽したものではないうえ、この樹木が気に入ったこともマンション購入の理由の一つであること、森に隣接したマンションであれば、この程度の日照軽減や虫鳥害は日常的に存在するのであるから、当該マンションだけが問題となることではなく受忍限度の範囲内であるなどと主張した。

本案部において、近隣問題は話し合いによる解決が望ましいとの理由で調停に付された。これを受け、調停部では、調停主任のほか、弁護士の調停委員2人から成る調停委員会を構成し、調停委員会は、訴訟記録の検討、当事者からの事情聴取、現地調査をした。その結果、調停委員会は、近隣関係の円満な話し合いの重要性を説いてXとYに歩み寄りを促したところ、XとYは、樹木は高さ2m程度で伐採すること、その費用は折半することで譲歩し、合意に至った。

Ⅲ 隣人訴訟の衝撃

1. 隣人訴訟[2]の概要

(1) 判決の言渡し

A夫婦とB夫婦は、昭和49年、農業用ため池に隣接して造成された団地に移り住み、町内会の役員をしたり、両家の子どもが同じ幼稚園に通うようになったことから親しくなった。昭和52年5月、A妻は、子ども（3歳）を連れて買い物に行こうとしてB方を訪れたところ、その子どもは、B方の庭でBの子ども（4歳）と遊んでいて買い物に同行するのを嫌がった。A妻は、B夫から「自分も妻も見ているから大丈夫ではないか」と言われたこともあり、子どもを連れて行かないことにして、B妻によろしく頼むとお願いした。B妻は、2

---

2 「幼児水死隣人訴訟」（好意で預かった近所の幼児がため池に落ちて水死した事故につき、幼児を預かった近所の夫婦の監護に過失があったとして損害賠償責任が認められた事例）として、判タ495号（1983年）64頁に特報（以下、「特報」という）として紹介されている。

人で遊んでいるので大丈夫でしょうと告げたものの、大掃除に専念していたため、2人が付近で自転車に乗って遊んでいるのを見た程度であった。その後、B夫婦の子どもが戻ってきて、A夫婦の子どもが池に潜ったまま帰ってこないと告げた。池を探すと水際から約5m沖で沈んでいるのが見つかり、すでに死亡（死因は溺死）していた。

A夫婦は、昭和52年12月、B夫婦を相手に損害賠償請求の訴えを提起した。請求額は約2885万円である。その後、A夫婦は、国、県、市、池を掘削した会社に対しても同様の訴訟を提起し、これらの訴えは併合審理された。津地方裁判所は、昭和58年2月、契約責任は否定したものの、子どもの監護義務に違反したとして不法行為責任を認め、B夫婦に対して、A夫婦が被った損害のうち、一部の賠償を命じた。ただし、A夫婦にも責任があるとして、過失相殺の法意を類推して、損害の賠償額を合計約526万円と算定した。

(2) **マスコミの報道**

この判決に対して、地元紙は、見出しに「"近所の善意"に厳しい判決」[3]、「近所の付き合いに"冷や水"」[4]、「隣人の好意につらい裁き」[5]、「隣人の好意にも責任」[6]、「子供預かったら監督責任、"善意の隣人"敗訴」[7]といったタイトルを付けて大きく報道し、テレビでも取り上げられた。

新聞記者は、原告敗訴を予想していたことから、このようなタイトルになったのではないかと推測されている。なお、今日からみると、A夫婦もB夫婦も実名報道であったことが[9]、社会問題化を助長した側面があったことは否定できない。森島昭夫教授[10]（座談会当時、名古屋大学教授）も、「記者の価値判断（センチメンタリズム）をむき出しにして読者の感情をあおった記事が少なくな

---

3 中日新聞、木村治美＝星野英一＝森島昭夫＝矢郷恵子＝六本佳平「〈座談会〉隣人訴訟と法の役割(下)」（以下、「座談会(下)」という）ジュリ795号（1983年）87頁。
4 朝日新聞、座談会(下)87頁、大村敦志「無償契約——近隣関係とヴォランティア」法教299号（2005年）61頁には、「母の留守、預かった子が水死」「近所の夫婦に過失」とある。
5 毎日新聞、座談会(下)87頁、米倉明「法律行為(六)」法教49号（1984年）72頁。
6 読売新聞、座談会(下)87頁。
7 日経新聞、安西明子「隣人訴訟」法教350号（2009年）19頁。
8 木村治美＝星野英一＝森島昭夫＝矢郷恵子＝六本佳平「〈座談会〉隣人訴訟と法の役割(上)」（以下、「座談会(上)」という）ジュリ793号（1983年）12頁。
9 座談会(下)88頁。
10 森島昭夫「隣人訴訟」ジュリ900号（1988年）270頁。

かったという点で、ジャーナリズムの扇動のおそろしさを見た想いがする」と述べられている。

(3) 世間の反応と当事者の行動

　提訴したA夫婦には、全国から嫌がらせの電話や匿名の手紙[11]が殺到した。電話は判決直後から鳴り始めて翌朝午前4時までに約300本、午前6時30分から再び鳴り始め、数日間で約600本かかってきた。手紙や葉書も55通送られてきた。A夫は電気工事の下請けをしていたが、元請会社から仕事に来なくてよいといわれたうえ、子どもが学校でいじめられたりする事態に至ったため、A夫婦は訴えを取り下げた。さらに、判決から1年4カ月後に引越しをした。[12]控訴したB夫婦にも、非難の電話が相次いた。A夫婦が取り下げるといっているのにおまえはまだやるのかという非難の電話が次々にかかり、なかにはおまえたちのような人殺しは死んでしまえという内容もあり、B夫婦も非常な苦痛を感じて、訴えの取下げに同意した。その結果、裁判自体が消滅することとなった。

　法務省（人権擁護局）は、昭和58年4月8日、次のような意見を公表した。[13]「裁判を受ける権利は、国民の権利を保護するための有効かつ合理的な手段として近代諸国においてひとしく認められている最も重要な基本的人権のひとつである。このような多数の者によって裁判を受ける権利が侵害されるに至ったことは人権擁護の観点からは極めて遺憾なことというほかない。本件を契機として、国民ひとりひとりが、法治国家体制のもとで裁判を受ける権利の重要性を再認識し、再びこのような事態を招くことがないよう慎重に行動されることを強く訴えるものである」。

　なお、A夫婦の代理人は、「私の20数年の弁護士活動の中で、原告代理人として勝利しながら、これほど屈辱的で悲惨な思いをしたことはなかった。マスコミから勝利したことを非難され、訴えを提起したこと自体を非難され、和解をしなかったことを非難された。マスコミに追随する学者もこぞって非難する

11　座談会(上)20頁には、「当事者に送られた"いやがらせ"の手紙の山」という写真が紹介されている。

12　特報コメント、竜崎喜助「裁判をめぐる市民と弁護士──隣人紛争と市民の戸惑い」判タ500号（1983年）33頁注9参照。

13　座談会(下)84〜85頁、特報コメント。

側にまわり、談話や書物や論文で、日本の情緒性を強調し、判決を非難した。しかし、こうしたマスコミや学者の非難や論調は全く的はずれの間違いである。判決はわれわれ法曹の間では決して珍しい新しい判決ではなく、極めて常識的な判決であった」と述懐している[14]。

2. 隣人訴訟の評価

隣人訴訟における津地裁の判決については、準委任契約の債務不履行責任を認めなかったことの可否、不法行為責任を認めたことの可否、市、県、国、池を掘削した会社の責任を否定したことの可否、和解を強力にすすめなかったことの可否といった実体法上の問題、手続法上の問題もあるが、ここでは、提訴前に調停の申立てをしなかったことの可否を検討してみたい。

ジュリストが主催した座談会では、調停を経ないでいきなり提訴したことに疑問が提示されている。たとえば、六本佳平教授[15]（座談会当時、東京大学教授）は、「紛争があると当事者は弁護士に相談する、弁護士がその問題をどう扱うかというのが重要、この種（隣人紛争を指す）の事件は果たして訴訟をすることが事件の性質に適しているかをプロフェッションとしての裁量で慎重に判断しなければならない」としたうえで、「裁判所に持って行くにしても調停という道があったはずで、調停を経ないですぐに訴訟にした」ことに疑問を呈している。森島教授も、ある弁護士の発言を引用しながら、「こういう事件の場合には調停もある」ことを強調している[16]。司会者の星野英一教授[17]（座談会当時、東京大学教授）も、「Ａさんの弁護士のやり方には問題がありそうですね」と発言している。また、星野教授と対談した青山善充教授[18]（対談当時、東京大学教授）は、「調停委員会の中に２人の民間人が入っておりますから、その調停委員が法律の条文にこだわらない生きた法、健全な常識を解決策の中に導入することができれば、調停というのは紛争解決にとってきわめて有効な制度ではな

---

14 中村亀雄「事件の現場から——いわゆる『隣人訴訟』の顛末」法教119号（1990年）96頁。
15 座談会(下)80頁。
16 座談会(下)81頁。
17 座談会(下)81頁。
18 星野英一＝青山善充「〈対談〉隣人訴訟と法」（以下、「対談」という）法教40号（1984年）47頁。

いかと思います。また、判決のように当然に当事者を拘束するわけではありませんので、調停の過程においては、調停委員会は当事者の生の声をきき、自分たちの考えを述べ、相手方の言い分を伝えるということになるわけで、説得と納得の機能が最大限に発揮されることになり、ひいて裁判の場合のようなしこりを残しませんので、本件なども調停がもし利用できたら調停で解決するというのが一番よかったのではないかと思います」と発言している。

さらに、損害賠償請求することにも疑問が示されている。たとえば、エッセイストの木村治美さん[19]は、「Aさんは、この事件で結局、お金を取りたかったのではないと想うのですが、こういうことで訴えると、結果として出てくるのはお金ですね。それが日本人的な感受性にはいろいろコチンとくるところがあるのではないかと想うのです。非難の手紙の3分の2はお金を手に入れた怒りで、子どもを殺してその金で家でも買うのかとかいう怒りです。それも日本人的な反応だなと思うと同時に、本当はAさんが訴えたのはお金を取りたいのではなく、責任の所在をはっきりさせてもらいたい、Bさんに済まないと思ってもらいたい、そんな心情があったのではないかと思うのです」と発言している。

竜崎喜助弁護士[20]は、近隣関係について、「内心の意思はともかく、善意とか好意とかいわれる行動を示さなければ、日常生活を維持できにくい構造になっている。そこでは物事をあいまいに処理することが人間関係の潤滑油になっている。しかし、善意とか好意が発端で事故が発生した場合、市民は隣人愛と法律問題の選択に迫られ、その去就に戸惑う」と分析している。

畑郁夫弁護士[21]は、隣人訴訟と同様の社会現象として、「マツイの5打席連続敬遠」をあげる。同論考等に紹介されたこの事件の概要は、次のとおりである。高知県代表の高校は、石川県代表の星陵高校と夏の甲子園で対戦したとき、強打者松井秀喜（後に、読売巨人、ニューヨークヤンキース）選手に対して連続5回1球のストライクも与えず四球敬遠した。この作戦に対して、外野席からグラウンドに紙コップが投げ込まれたり同高校勝利後の校旗掲揚中に「帰

19　座談会(上)20頁。
20　竜崎・前掲論文（注12）34頁。
21　畑郁夫『文化としての法と人間——一裁判官の随想』（学際図書出版・2004年）274頁。

れ」コールがあったり、抗議電話が2000本、高知県産品の不買運動を宣言する電報が来たりした。試合後も、同高校の宿舎には抗議の人が来たりして、翌日以降の練習にはパトカー付きとなった。さらに、次の試合では大敗した。ところが、当時の公益財団法人日本高等学校野球連盟会長は、連続敬遠の当否や是非には触れず、最後の打席くらいは勝負してほしかったとコメントした。連続敬遠は、ルール上は許された作戦であるが、度が過ぎた場合にはスポーツマンシップに反するということを、不文の規範が成文法を破ると譬えている。そして、これは、わが国における8世紀以来の固有法と明治から100年に過ぎない継受法とのせめぎ合いといえるとしている。

倉田卓次弁護士[22]は、畑弁護士の著書『文化としての法と人間——一裁判官の随想』に対する書評の中で、隣人訴訟とマツイの5打席連続敬遠を並べて論じた点を、「わが国における社会規範の二重構造性、すなわち普遍的合理的な西洋文明に由来する生活規範と伝統的な日本固有の根深い慣習的規範の共存を一般人に説明し理解させる文章としては、適切無比と感じた」と記している。

池田正章教授[23]は、「継受法は、一般的にも決して民衆のものではなく、官僚や裁判官・法学者など法律家の観念の中にだけ存在していたのではないかと思われる」としている。

3. 調停利用に関する提言

先ほどの識者での反応として紹介したように、森島教授、星野教授、六本教授は、いずれも、調停を経ないで提訴した手法に疑問を呈している。また、青山教授[24]は、結果論から非難するのはよくないかもしれないが、と前置きしつつ、「本件の場合に最終的には原告の意図に反するような結果になってしまったわけですし、被告のほうもその意図に反していろいろな投書がきたりして心の痛みを受けたと思うので、弁護士の責任というのはあるのではないか、この点は私も法律家のはしくれとして言っておく必要がある」として、暗に調停と

---

22 倉田卓次「ブックレビュー」判タ1144号（2004年）40頁。
23 池田正章「文化としての法を考える——隣人訴訟・古都税問題を機縁に」判タ548号（1985年）28頁。
24 対談48頁。

いう選択肢を考慮しなかったことに疑念を提示している。さらに、竜崎弁護士は、「しかし、やはり灰色部分の生活には和解がもっとも適していると考える」[25]と指摘して、和解、ひいては調停の長所を強調する。

　このように、固有法（畑弁護士）、慣習的規範（倉田弁護士）が支配的な近隣紛争では、調停による解決が望ましく、提訴する場合であっても、まず、民事調停の申立てを検討すべきであると考える。特に、事実関係が知りたい、相手方に謝罪してほしい、反省の姿勢をみせてほしいと願うような、いわば金銭請求になじまない事案こそ調停にふさわしいといえる。これらの認識は、隣人訴訟とその後の社会問題を通じて、法律家、とりわけ弁護士の常識となっているはずである。しかし、近隣紛争に調停が利用されていないのは残念でならない。継受法（生活規範）と固有法（慣習的規範）が相克する分野の紛争こそ、民事調停による柔軟な解決が望ましいといえよう。

Ⅳ　まとめ

　以上述べてきたように、近隣事件は、当事者間において権利義務関係を確定させることそれ自体が適切であるのかどうか等のデリケートな問題を内包しており、その解決は、時として非常に困難な紛争類型であるといえよう。その一方で、近隣事件は、その解決にあたって専門的な知見を必要とするものでもある。

　こうした近隣事件の多種多様な特質に照らせば、これを民事調停で解決することは、紛争解決手段として相当であると考えられる。今後とも、調停の活用が求められるところである。

（髙嶋　卓）

25　竜崎・前掲論文（注12）38頁。

第5章 特殊調停事件

Ⅰ はじめに

1. 特殊調停事件

本章が取り上げる特殊調停事件とは、調停の対象となる紛争の種類により、その特則が定められた調停のうち、借地借家調停、商事調停および一般調停を除く調停事件のことを指す。

2. 特殊調停事件の沿革

調停に関する法規は、借地借家調停法（大正11年）を先駆けとし、小作調停法（同13年）、商事調停法（同15年）、金銭債務臨時調停法（昭和7年）、人事調停法（同14年）の各制定、鉱業法の一部改正による鉱害調停規定の新設（同年）、すべての民事紛争につき調停による解決を盛り込んだ戦時民事特別法の制定（同17年）および人事調停法に代わる家事審判法の制定（同22年）と、順次制定された。このように、民事調停法制定当時には、裁判所の行う調停事件は8種に及び、それぞれが大同小異の内容の別個の法律によって規律されていた。しかも、大同部分は準用規定が多いため、その理解および利用に不便であり、小異の部分についても、調停手続に共通する性格からみて、そのような違いを設ける合理的理由に乏しいと思われるものが、少なくなかった。そこで、昭和26年10月1日施行された民事調停法は、上記各調停のうち、家事調停事件を除くものに関する法規を統合整理した。[1]

---

[1] 調停の沿革については、最高裁判所事務総局民事局編『民事調停法規の解説（民事裁判資料25号）』（1951年）1頁、6頁、石川明＝梶村太市編『注解民事調停法〔改訂〕』（青林書院・1993

民事調停法は、第1章総則、第2章特則および第3章罰則によって構成されるが、第2章は、調停の対象となる紛争の種類により、特則を定めつつ、その他の点については、すべて第1章の規定が適用される。その後、社会情勢の変化を踏まえ、交通調停（民調33条の2）および公害等調停（民調33条の3）が、第2章に新たに追加された。

また、民事調停法への追加ではなく、単行法が制定されたものもある。特定債務等の調整の促進のための特定調停に関する法律は、平成11年に特別法として整備された。

3. 本章の概要

前記1で取り上げた特殊調停事件は、特定調停以外は必ずしも多く利用されていないものの、以下においては、制度趣旨、特則および現在の運用状況を個々に概観し、今後の活用などについて若干の提言を行うものである。[2]

II 各種調停

1. 農事調停[3]

(1) 内　容

農事調停とは、農地または農業経営に付随する土地、建物その他の農業用資産（以下、「農地等」という）の貸借その他の利用関係の紛争に関する調停事件のことである（民調25条）。なお、農地等の所有権に関する紛争も、広義では農地等の利用関係の紛争ということができるから、民事調停法25条の農事調停事件として処理することができる。[4]

　　年）、小山昇『民事調停法〔新版〕（法律学全集）』（有斐閣・1977年）、梶村太市＝深沢利一『和解・調停の実務〔補訂版〕』（新日本法規出版・2007年）、矢尾和子「動態としての簡裁民事調停」民訴雑誌65号（2019年）55頁参照。

2　個別の引用文献のほか、本章は、石川＝梶村編・前掲書（注1）、小山・前掲書（注1）、梶村＝深沢編・前掲書（注1）を参照した。各種調停についても、各項目の冒頭にあげた文献のほか、これらの各該当箇所を参照されたい。

3　農事調停については、伊藤博「農事調停」『民事調停の諸問題〔別冊判タ4号〕』（判例タイムズ社・1977年）228頁、堀内照美「農事調停」判タ932号（1997年）147頁。

この調停は、小作調停に淵源を有し、農地に関する紛争を解決するための特殊調停として規定されたものである。

(2) 規　定

農事調停に関しては、民事調停法25条ないし30条、民事調停規則28条ないし33条の規定がある。手続上の特色としては、事物管轄が原則的に地方裁判所とされ、土地管轄が農地等の所在地に限定され、当事者の合意によっても動かすことができないこと（民調26条）、手続に小作官または小作主事（以下、「小作官等」という）が関与すること（民調27条等）があげられる。小作官は、農林水産省経営局農地政策課におかれ、地方農政局の管轄区域内における小作関係その他農地の利用関係の争議の調停に関する事務を行う国家公務員であり、小作主事は、都道府県におかれ、上記民事調停法に規定する事務を行う地方公務員である。小作官等の関与は、国の農業政策との調和・調整を図るために行われるものである。

このほか、調停委員会は、農業委員会に和解の仲介をさせることもできる（民調規29条）。もっとも、この農業委員会による和解には、私法上の効力しかないから、執行力を付与するには、新たに調停期日を指定し、上記和解と同じ内容の調停調書を作成する必要がある。

(3) 運用上の留意点

農地とは、登記記録上の地目の表示いかんにかかわらず、現実の状況が農地であるかどうかによる（現況主義）ため、登記記録上は、田・畑等の農地となっていても、現況が宅地化していて完全に農地としての実態を失い、農地への容易なる復元が困難になっているときは、その土地の利用関係の紛争は、農事調停ではなく、宅地建物調停となる。

また、農事調停は、上記(2)のとおり、小作官等が手続に関与するが、この点に関し、以下の点に留意が必要である。小作官等は、調停手続の期日に出席

4　昭和33年6月30日法曹会決議（法曹95号（1958年）99頁）。石川＝梶村編・前掲書（注1）386頁。

5　この制度は、小作調停法11条と同旨の規定であり、農業委員会に私法上の対立を調整させるというものである。その淵源は、明治の「勧解」制度に由来するとされる（小山・前掲書（注1）227頁）。

6　堀内・前掲論文（注3）148頁。

し、または期日外で調停委員会に対して意見を述べることができ（民調27条）、調停を成立させるためには、小作官等の意見を聴取しなければならない（民調28条）が、小作官等に対しては、意見陳述の機会を与えれば足り、現実に意見の陳述がなくても、民事調停法27条の手続が履践されたことになる。また、裁判所書記官は、裁判所が農事調停事件を受理した場合には、遅滞なくその旨を小作官等に通知しなければならず（民調規28条）、事件が終了したときや民事調停法18条4項により調停に代わる決定が効力を失った場合には、小作官等に、遅滞なくその旨を通知しなければならない（民調規33条）。加えて、事件を移送する場合にも、小作官等から意見を聴かなければならない（民調30条）。

(4) 現代的意義

農事調停は、その制度発足後現在に至るまでに、都市部を中心とする急激かつ大規模な都市化によって、その性格を大きく変容させてきた。たとえば、すでに平成当初では、地代家賃の増減額請求に対応し、宅地並み課税（市街化区域内の農地に対する固定資産税等の額を周辺の類似住宅の課税標準に比準する価格を基に算出する制度（地方税法附則19条の2以下））の結果、固定資産税等の額が小作料の額を大きく上回るようになったこと（いわゆる逆ざや現象）の解消を求める小作料（農地賃料）の増減請求や、離作料（離作補償）をめぐる紛争が紹介されていたが[7]、現在の大阪地方裁判所では、その大部分を占めるのが、上記逆ざや解消を求める事件である[8]。

前記(2)のとおり、農事調停では、関係行政機関の意見が考慮され、調停と農業政策との調整が図られているため、農事調停により農地または採草放牧地に関する権利の移動や賃貸借契約の解約が行われる場合には、都道府県知事または農業委員会の許可を要しない（農地3条1項10号）。農業委員会の開催日は限られているため、早期に農地の移動等を行いたい場合に、農事調停が利用される場合がある[9]。このように、農事調停は、種々の利害を調整のうえ、事案に応じた適正な解決が望まれる。

---

[7] 堀内・前掲論文（注3）148頁。
[8] 本書第4編第2章〔杉浦徳宏発言〕。
[9] 本書第4編第2章〔中村仁子発言〕。

2. 公害等調停[10]

(1) 内　容

　公害等調停とは、公害または日照、通風等の生活上の利益の侵害により生ずる被害に係る紛争に関する調停事件のことであり（民調33条の3）、公害（昭和41年に制定された公害対策基本法2条1項に定義・列挙されており、当時社会問題にもなっていた大気汚染、水質汚濁、土壌汚染、騒音、振動、地盤沈下および悪臭のいわゆる典型7公害）紛争の増加に鑑み、昭和49年に制定された特殊調停である。

(2) 規定および事件の性質

　公害等調停に関しては、民事調停法33条の3、民事調停規則37条ないし39条の特則がある。民事調停法3条に規定する原則的管轄裁判所のほか、損害の発生地または損害が発生するおそれのある地を管轄する簡易裁判所にも管轄が認められていること（民調33条の3）、公害等調停は、当事者が多数に上り、紛争の解決について、利害が一致するのが通常であることなどから、調停事件の簡素化を図るために代表当事者を選任したり（民調規37条）、調停委員会が、調停の成立を著しく困難にし、またはその円滑な進行を妨げる行為を合意により一時停止すべきことを勧告（合意による暫定的措置の勧告）したりすることができること（民調規38条）が特徴である。

　上記(1)のとおり、公害等調停は、公害対策基本法2条1項に定義・列挙されていた典型的な公害事件と生活上の利益の侵害事件とを、対象事件としている。しかし、実際に申し立てられた事件は、ほとんどが後者の類型であり、前者については、公害等調整委員会の手続がもっぱら利用されていると考えられる。しかも、後者についても、制度発足直後の昭和52年当時は、公害等調停として受理された事件の大部分が、相隣関係的な日照阻害もしくは建築工事による騒音、振動、建物損傷に関するものであったのに対し、平成8年当時は、日

10　公害等調停については、今中道信＝大沼容之「公害等調停」前掲（注3）別冊判タ4号247頁、田中敦「公害等調停」判タ932号（1997年）150頁、佐久間重吉「公害等調停について」日本法律家協会編『民事調停の研究』（東京布井出版・1991年）450頁、「〈座談会〉民事調停の諸問題」前掲（注3）別冊判タ4号125頁を参照。

照、通風、採光阻害という相隣的な生活利益の侵害や騒音・振動に関するものが、大部分であったとされる[11]。そして、現在では、日照権侵害が公害等調停として申し立てられる件数は多くないと考えられ、公害の中身が時代とともに変遷していると考えられる。

(3) 調停運営上の留意点

公害等調停では、時として申立人と相手方の利害が鋭く対立するため、調整が調停委員会に求められる。また、関係当事者が多数に上ることがあるが、調停室等の施設上の制約もあるため、当事者との間で十分な調整が行われるべきである。大阪地決平成14・3・12判タ1126号278頁は、この点を考えるにあたって参考となろう。これは、調停委員会が調停室に入室を認める人数に反発した申立人側が、これ以上手続を進めることができないと発言したことを理由に、調停委員会が、民事調停法13条に基づく調停をしない措置をとり、これに対してされた申立人の異議を棄却したため、同決定に対して申立人が行った抗告についての抗告決定である。この事案は、抗告の適否という理論上の問題があったが[12]、その点はさておき、抗告審が認めた事実関係は、調停の進め方の難しさを物語っている。

この問題は、本来は、当該施設の規模、事案の性格等を勘案し、調停委員会の健全な裁量によって定められるべきであった。当該事件は、この調整が難渋したと考えられるが、調停委員会、当事者いずれの側も、調停手続に入ることを最優先に、調整を行うべきであった。決定に現れた事情による限り、調停委員会の対応は、やや柔軟さを欠いていたようにも思われる。なお、上記(2)のとおり、公害等調停では、当事者が多数の場合に、円滑な調停の進行を図るため、代表当事者を選任する方法もある。

さらに、公害等調停では、事案および被害状況を把握するために、調停委員会が現地で見分を行う必要のある事案が少なくないと考えられる。そして、公害等調停は、一般的には当該地域住民の間で関心が高い事件であるため、現地

---

11 前者につき、今中＝大沼・前掲論文（注10）247頁、後者につき、田中・前掲論文（注10）151頁。

12 調停をしない措置に対する不服申立てについては、裁判例・学説の多くはこれを否定する（最高裁判所事務総局編『民事調停法規逐条解説（民事裁判資料98号）』(1970年) 46頁、梶村＝深沢編・前掲書（注1）504頁）。

見分の際に、マスコミの取材等が行われることもあり得る。しかし、調停の手続は、原則として非公開である（民調22条、非訟30条）から、見分状況を撮影するなどの取材等が行われれば、これに反することになる。したがって、調停委員会としては、当事者に対し、調停の非公開手続原則に反することから、現地見分についてマスコミの取材等が行われた場合には、現地見分を中止するということを事前に申し入れるなどの措置を講じておくことが相当であろう。[13]

(4) 調停条項の例

公害等調停の調停条項は、以上述べた種々の事情を勘案する必要がある。筆者（田中）が、以前大阪地方裁判所第10民事部（建築・調停部）に在職中（平成13年4月から同17年3月まで）に担当した公害等調停における調停条項（【条項例1】）と、調停条項案（【条項例2】）を参考までに紹介する。いずれの事件も現地見分を実施した。余談ながら【条項例1】の事例では、早朝における車両の出入りおよび騒音の見分、【条項例2】の事例では、多数の関係者とともに広範囲の土地を順次移動して見分したことが、印象に残っている。

【条項例1】 工場の隣地の住民が、騒音の差止め等と損害賠償を請求した訴訟の付調停事件における調停条項（調停成立）

1　被告は、原告に対し、平成○年△月□日限り、別紙図面記載のハ点とニ点を結ぶ位置に、別紙図面記載の防音壁を設置する。
2　被告は、原告に対し、次の作業については、午後9時以降、翌日の午前8時までの間にはこれを行わない。
　(1)　被告所有地東南角付近に存するクレーン使用による資材の積卸し及び運搬
　(2)　金属裁断ないし研磨用の電動カッターを使用した建築材料及び廃材等の裁断ないし研磨加工作業
3　被告は、原告に対し、被告本店営業所所在地内における金属製足場材等金属製材の積卸し作業を、別紙図面のイ点とロ点を結ぶ直線よりも南側で行わない。
4　被告は、原告に対し、その営業に関して行う積卸し及び加工作業を、別紙図面のハ点、ニ点及びホ点を結ぶ直線上から5メートル以上北側で行い、原告所有不動産（地番略所在）の東側に存する原告と被告代表者の共有に係る私道

13　本書第4編第2章〔田中敦発言〕。

(地番略，別紙図面ニ点，ホ点，ヘ点，ト点及びニ点を順次直線で結んだ範囲の通路）上，あるいは同私道の南側入口付近で行わない。
5　原告と被告は，相互に，各所有する車両を，前項記載の原告所有不動産の東側に存する原告と被告代表者の共有に係る前項記載の私道上に駐車しない。
6　被告は，原告に対し，その本店営業所所在地内での作業について，A条例で定める規制基準を尊重し，これを上回る騒音を排出しないよう努める。
7　原告は，その余の請求を放棄する。
8　訴訟費用及び調停費用は，各自の負担とする。

【条項例2】　地方自治体の施行する土地区画整理事業の事業区域内の住民が、自然環境悪化や道路公害のおそれがあるとして、計画の見直しを求めた申立調停事件の調停条項案（調停不成立）

1　道路について
　(1)　申立人らは，後記2において検討するものを除き，相手方1（地方自治体）が本件事業に基づいて道路新設をすることに異論を述べない。
　(2)　相手方1は，本件事業によって新設される道路工事の実施に当たっては，道路予定地上の物件の移動が最小限に止められるよう配慮するものとし，新設された道路の交通規制については，申立人らを含む沿線地元住民らの意見を踏まえ，所轄警察署を通じ，A公安委員会に要望するよう努める。
2　B（生物）等について
　(1)　相手方1は，別紙図面赤斜線記載の部分の全部又は一部並びに同区域の北側通路については，C神社周辺に生息するBの保全を図るという観点から，本件事業全体の整合性及び工事の遅延が本件事業全体に及ぼす影響を踏まえつつも，北側道路の設置及び舗装・幅員を含め，可能な限り現状による保存ができないかどうかを再度真剣に検討する。
　(2)　相手方1は，上記検討に当たっては，申立人らを含む地元住民らの意見を聴取するものとする。同意見聴取は，あくまでも上記(1)の見直し及びこれに当然随伴するものに限定され，本件事業全体の見直しを意味するものではない。
　(3)　相手方1は，本件事業区域内のB及びD（生物）については，上記(1)及び(2)に定める他，今後とも専門家の意見・指導を得ながら，その保護に努める。
3　その他

(1) 相手方1は，申立人らを含む市民に対しては，本件事業の内容等の周知に努める。
(2) 相手方1は，本件事業によって新設される道路沿い及び公園内の樹木の選定・配置等については，申立人らを含む市民の意見を聴く機会を設け，可能な限りこれを尊重する。
(3) 申立人らは，相手方1に対し，本件事業について，これを実力をもって妨害しないことを確約する。
(4) 相手方2（施工業者）は，本件事業に基づく工事を実施するに当たっては，本調停の趣旨を十分理解したうえ，周辺環境の保全に配慮するものとする。

4 調停費用の負担

調停費用は，各自の負担とする。

3. 交通調停[14]

(1) 制度の趣旨

交通調停とは、自動車の運行によって人の生命または身体が害された場合における損害賠償に関する調停事件である。交通事故の激増およびこれが深刻な社会問題となったことを踏まえ、昭和49年法律第55号により、上記類型について、管轄の特則（民調33条の2）が、民事一般調停事件から分離独立することになった。

(2) 規 定

交通調停に関する上記管轄の特則は、管轄裁判所として、民事調停法3条に規定する原則的管轄裁判所のほか、損害賠償を請求する者の住所または居所の所在地を管轄する簡易裁判所にも特別な管轄を認める（民調33条の2）ものである。これは、いうまでもなく、被害者の便宜を図る観点からおかれた規定である。

(3) 運用上の留意点

---

14 交通調停については、最高裁判所事務総局編『交通調停の手引き』（1975年）、杉浦康彦「交通調停の進め方」前掲（注3）別冊判タ4号232頁、福永政彦「交通調停における損害額の算定方法」前掲（注3）別冊判タ4号238頁、齋藤大巳「交通調停」判タ932号（1997年）153頁、「〈座談会〉民事調停の諸問題」前掲（注3）別冊判タ4号110頁を参照。

第3編　第5章　特殊調停事件

　交通調停は、前記(1)のとおり、「自動車の運行」によって「人の生命又は身体」が害された場合に限ることから、列車・船舶・飛行機の運行の場合や物損のみの損害賠償請求は、ここにいう交通調停には含まれない[15]。もっとも、このような損害賠償請求は、多数存する。したがって、その運用は、基本的には、交通調停と同様に考えるべきである（以下の記載は、両者を念頭においている）。

　また、交通調停では、民事調停法や民事調停規則が規定する種々の嘱託を活用する場面もある。すなわち、当事者が遠方に在住して管轄裁判所に出頭できない場合には、事情聴取の嘱託（民調22条、非訟51条1項）、信号の色のサイクルなど、調停を行うにあたって必要な証拠については、公私の団体に対する嘱託（民調規16条）を行うことなどが考えられる。

　なお、交通事件は、責任の有無、範囲についてはもちろん、損害額を算定するときにも、過失の程度等さまざまな事情を考慮して、調停委員会が積極的に妥当な額を判定する等、あらゆる面からみて合理的と思われる数字を基礎とした調停案を示すのでなければ、当事者を納得させて適正に紛争を解決することは困難である[16]。したがって、調停では、特に調停主任が、交通事件に関する十分な知識を備え、適切な解決案を示すこと[17]、時には、調停に代わる決定を検討すること[18]が重要になってくることと思われる。

---

[15] 梶村＝深沢編・前掲書（注1）243頁。

[16] 最高裁判所事務総局編・前掲書（注14）5頁。

[17] 福永・前掲論文（注14）238頁には、損害に関する当時の実務の見解が概観されている。また、東京簡易裁判所や大阪簡易裁判所など大規模簡易裁判所では、各地方裁判所の交通専門部との連携の下、勉強会などを開催して調停主任のスキルアップを図ることも考えられる。大阪簡易裁判所では、平成28年以降そのような試みが行われている（本書第4編第2章〔神山義規発言〕）。

[18] 佐々木吉男「調停に代わる裁判」鈴木忠一＝三ケ月章監『実務民事訴訟講座(7)非訟事件・審判』（日本評論社・1969年）284頁は、交通調停の制定以前の論考であるが、交通事故調停について、調停に代わる決定が活用されるべきであるとし、最高裁判所事務総局編・前掲（注14）133頁は、今後、調停委員会の調停判断の内容的充実等を図り、適切な事案については調停に代わる決定を積極的に活用することにより、紛争の簡易迅速な解決を図るべきであろうと指摘する。また、矢尾・前掲論文（注1）81頁も、アジャスター等の専門家委員等が関与し、調停案で調整したが不成立となった場合にも積極的に活用することを推奨する趣旨の記載がある。その理由の記載については、志村宏ほか「民事調停の紛争解決機能を強化するための方策について」判タ1369号（2012年）4頁以下に、東京簡易裁判所における交通事件調停の実際の決定内容が記載されている（同13頁）。

4. 特定調停[19]

(1) 制定の経緯、運用の実績

特定債務等の調整の促進のための特定調停に関する法律（以下、「特定調停法」という）は、支払不能に陥るおそれのある債務者等が負っている金銭債務に係る利害関係の調整を裁判所の民事調停手続で行い、当該債務者等の経済的再生を図るために、民事調停法の特例である特定調停の手続を定める（特調1条）議員立法であり、平成11年12月13日成立し、平成12年2月17日に施行された[20]。

特定調停事件は、申立件数のピークであった平成15年には、簡易裁判所で約53万7015件、地方裁判所で約56件に及んだが、その後は減少し、平成29年には簡易裁判所で約3368件、地方裁判所で約26件と激減した[21]。また、その内容も、上記ピーク時に全国で最も申立件数が多かった大阪簡易裁判所を例にとると、当時は、消費者金融から借入れをした多重債務者が申立人のほとんどを占めていたのが、現在では、ほとんどの申立人が、カードローンの多重債務者であるなど、時代とともに変遷している[22]。

(2) 規定

特定調停は、経済的に破綻するおそれのある者が、その経済的再生を図るための債務の調整を求めて申し立てる事件であるから、簡易、迅速で柔軟であるという調停手続の特色を保ちつつ、多数の関係者の集団的な処理や調停委員会の職権による調査権限の強化等、倒産手続に類した取扱いをすることが望まし

---

19 特定調停については、特定調停法研究会『一問一答特定調停法』（商事法務研究会・2000年）7頁、林道晴「いわゆる特定調停法・同規則の制定とその運用について」判タ1017号（2000年）26頁以下、大阪地方裁判所簡易裁判所活性化民事委員会編『大阪簡易裁判所における民事調停事件の諸手続と書式モデル（判タ1130号）』（判例タイムズ社・2003年）、岡久幸治「東京簡易裁判所における特定調停法の運用状況について」民訴雑誌49号（2003年）67頁、矢尾・前掲論文（注1）81頁参照。

20 林・前掲論文（注19）26頁以下。

21 前者につき最高裁判所事務総局「平成15年司法統計年報1民事・行政編」、後者につき同「平成29年司法統計年報1民事・行政編」。

22 本書第4編第2章〔神山義規発言〕によれば、平成29年度の大阪簡易裁判所の既済事件の内訳は、調停成立が約44％、17条決定が7％、取下げが約17％、不成立が約30％で、実質的な解決率は約7割であった。

いという側面がある。具体的には、特定調停は、金銭債務を負って経済的に破綻するおそれのある債務者（特定債務者）からの申立事件（特調2条1項・3項）に限られ、特定調停の内容は、債務者の経済的再生に資するとの観点から、公正かつ妥当で経済的合理性を有するものでなければならない（特調17条2項参照）とされている。また、そのために、当事者には、債権債務の発生原因・内容等に関する事実を明らかにする責務があるとされる（特調10条）ほか、事件の一括処理や特定調停の成立を容易にするための措置（特調4条、6条、9条、16条、17条）や、民事執行手続の停止（特調7条）、調停委員の指定（特調8条）、調停委員会による資料等の収集（特調12条、14条、24条）等の特則が設けられている。

(3) 運用上の留意点

調停委員会は、特定調停のために特に必要があると認めるときは、当事者または参加人に対し、事件に関係のある文書または物件の提出を求めることができ（文書提出命令。特調12条）、当事者または参加人が正当な理由なく提出に応じない場合には、裁判所は、10万円以下の過料に処する（特調24条）とされている。もとより、調停委員会は、債務者の資力、弁済原資等に照らし、調停が成立するめどが全くないのに、安易に文書提出命令を発することは控えなければならないが、他方、審理のために、真に文書が必要とされる事件では、特定調停法12条の趣旨に照らし、文書提出命令に従わない当事者に対しては、裁判所が、過料の制裁を発動させることも必要であろう（大阪地決平成14・8・21判タ1136号253頁参照）。

また、特定調停は、前記(1)で言及したように、倒産処理の側面を有しているから、関係者が多数に及び、不動産鑑定士や公認会計士などの専門的な知識経験を有する調停委員（特調8条）が関与し、合理的に検討された再建計画や弁済案などを前提とした調停案を提示したのに、一部の債権者が受諾しない場合などには、特定調停に代わる決定をすることも考えられる[23]。

(4) 現代的意義

---

[23] 東京地決平成16・10・25判時1884号144頁は、県住宅供給公社の申し立てた特定調停事件につき、一部金融機関が調停案を受諾しなかったことを受け、特定調停法20条、民事調停法17条により、特定調停に代わる決定をした事案である。

特定調停は、前述のとおり、当初の立法の趣旨であった多重債務者の更生を図るほか、破綻のおそれがある第三セクターの債務処理に用いられるなど、倒産処理の一面を有している。

　そして、日本商工会議所と一般社団法人全国銀行協会を事務局として設置された「経営者保証に関するガイドライン研究会」は、中小企業者等に対する金融の円滑化を図るための臨時措置に関する法律の終了に伴う中小企業の再生支援のために、平成25年12月5日、経営者保証に関する中小企業、経営者および金融機関による対応についての自主的かつ自律的な準則である「経営者保証に関するガイドライン」を公表した。[24]同ガイドラインでは、保証債務整理の一つの方法として、特定調停手続を利用することが想定されている。また、日本弁護士連合会は、同ガイドラインに基づいて保証債務を整理する手法として、簡易裁判所の特定調停手続を利用するスキームを公表している。

　さらに、前記全国銀行協会を事務局として設置された「自然災害による被災者の債務整理に関するガイドライン研究会」は、平成27年12月25日、同年9月2日より後に災害救助法（昭和22年法律第118号）の適用を受けた自然災害の影響により、住宅ローンや事業性ローン等の既往債務の弁済に困難を来している個人の債務者について、その生活や事業の再建を支援するための債務整理を行う場合の指針となる「自然災害による被災者の債務整理に関するガイドライン」を公表した。同ガイドラインでは、破産手続等の法的倒産手続によらず、債権者（金融機関等）と債務者の合意に基づき、債務の全部または一部を減免すること等を内容とする債務整理を、特定調停手続を活用して行うこととされている。[25]

　このように、特定調停は、経営者の保証債務の整理や、自然災害による被災者の債務整理等新たな場面においても、その活用が期待されるところである。[26]

24　金融庁「『経営者保証に関するガイドライン』の公表について」（平成25年12月9日）。
25　ガイドラインについては、石毛和夫「『自然災害による被災者の債務整理に関するガイドライン』の概要(上)(下)」銀法796号25頁、797号30頁）（いずれも2016年）を参照。
26　矢尾・前掲論文（注1）59頁、小久保孝雄「一実務家から見た最近の民事調停事件の実務的な課題」木内道祥先生古稀・最高裁判事退官記念論文集『家族と倒産の未来を拓く』（きんざい・2018年）294頁。

5. その他

(1) 鉱害調停

　戦前における鉱業の発展に伴い、深刻な被害が発生した。そして、鉱業法は、こうした鉱害の立証の困難性に鑑み、すでに無過失責任および調停制度を設けていた[27]。これが前記民事調停法の制定とともに、同法に取り入れられた。

　鉱害調停とは、鉱業法に定める鉱害の賠償の紛争に関する調停事件である（民調32条）。規定としては、管轄の特則（同条）および農事調停の規定の準用（民調33条）である。鉱害調停は、小作官等を経済産業局長と読み替えたうえで、農事調停における前記意見聴取や和解の仲介等の規定を準用しているため（同条、民調規35条）、農事調停の運用上の注意事項を参考にされたい。

(2) 震災調停[28]

(ア) はじめに

　震災調停は、法令上の用語ではなく、大規模地震を契機に申し立てられる調停の総称である。わが国では、地震による大規模な災害が、全国で不可避的に発生する。古くは、大正12年9月に関東大震災が起こり、借地借家に関する紛争が一時に頻発したため、借地借家調停法が活用されるなど、震災後に調停手続が利用されてきた経緯がある。震災に起因する法的紛争は、当事者にとって予想外の出来事であり、その性質上迅速な解決が不可欠の案件も多いため、そのほとんどは、条理にかなった互譲による解決が望ましい事件といえよう[29]。

　調停が特に顕著に活用されたのは、平成7年1月17日に発生した阪神・淡路

27　鉱害調停については、石川＝梶村編・前掲書（注1）404頁、鉱害賠償制度については、徳本鎮「鉱害賠償」西原道雄＝沢井裕編『現代損害賠償法講座(5)公害・生活妨害』（日本評論社・1973年）285頁を参照。

28　震災調停については、小島正夫「阪神・淡路大震災に伴う調停」判タ932号（1997年）191頁、中本敏嗣「震災関係調停・罹災都市借地借家臨時処理法による非訟事件の実情と問題点」判タ879号（1995年）6頁を参照。なお、大規模な災害が発生した被災地における借地権者や建物の賃借人の保護のための措置を定めた法律である罹災都市借地借家臨時処理法は、阪神・淡路大震災や平成16年の新潟県中越地震にも適用されたが、東日本大震災では適用が見送られ、平成25年6月19日に成立した大規模な災害の被災地における借地借家に関する特別措置法の制定に伴い、廃止された（同法附則2条。岡山忠広「大規模な災害の被災地における借地借家に関する特別措置法について」NBL1005号（2013年）8頁）。

29　小島・前掲論文（注28）191頁。

大震災であった。震災後平成8年末までの神戸地方裁判所管内における震災関係調停事件の受理件数は、合計約3200件であり、その7割程度が宅地建物調停と、一般の調停事件に比して、その割合は相当高く、一般調停事件でも不動産関係の事件が多かった。震災調停は、解決率が60％をある程度上回ると考えられ、相当数の事件が調停で解決されたといえる。[30]その後の東日本大震災や熊本地震でも、上記のような調停が申し立てられている。[31]

　(イ)　申立手数料の特則

　民事調停の申立手数料に関しては、特定非常災害の被害者の権利利益の保全等を図るための特別措置に関する法律（平成8年法律第85号）が制定され、当該非常災害が特定非常災害として政令で指定された場合には、同法7条に基づき、上記非常災害に起因する民事に関する紛争について調停の申立てをする場合の申立ての手数料は納めることを要しないとされるなど、費用負担の面からも調停の利用が促進されている。

　(ウ)　特定調停の利用

　また、前記4(4)のとおり、自然災害による被災者の債務整理に関するガイドラインでは、特定調停手続を活用して債務整理を行うこととされている。平成29年の特定調停事件は、前年度から約9.2％増加したが、これは、平成28年4月に発生した熊本地震を踏まえ、熊本簡易裁判所において、上記ガイドラインを利用した特定調停事件の申立てが急増したことによるとの指摘もある。[32]

6.　特殊調停事件の位置づけ

　特殊調停事件は、簡易、迅速で柔軟に手続を進めることができるという調停一般の利点を活かしつつ、特則が設けられており、事案に即した解決ができるよう制度設計がされている。また、農事調停および鉱害調停では、所管行政庁

30　小島・前掲論文（注28）192頁。平成18年12月末日までの既済事件数は、合計2900件であり、内訳は、成立が約52.5％、取下げ約20.6％、その他（うち17条決定例1％）となっている。しかも、取下げは、相当部分が実質的に紛争解決したものと考えられる。

31　東日本大震災については、「東日本大震災と調停」調停時報183号（2012年）74頁以下、熊本地震については、調停時報200号（2018年）の記念座談会における山本拓民事局第二課長発言（同88頁）を参照。

32　座談会・前掲（注31）88頁〔山本拓発言〕。

の意見を聴く制度がとられているが、平成25年1月から施行された新しい非訟事件手続法により、専門的な知見に基づく意見まで聴くことができる専門委員を活用できるようになった（非訟33条）ため、調停委員以外の専門家から専門的知見を取得することができるようになった。他の地方裁判所または簡易裁判所に事実の調査を嘱託することができること（非訟51条）等は、特定調停事件を活用するためのツールとして有用と思われる。特殊調停は、これらの制度を適宜活用することにより、より事案に即した解決が可能となろう。そして、このように専門的知見を取り入れる以上、交通調停および特定調停において言及したように、当事者が調停案を受諾しない場合には、裁判所が調停に代わる決定をするのが相当な事案も少なくないと考えられる。

　また、特殊調停事件の中には、農事調停や公害等調停のように、時代とともに、その取り扱う紛争の内容や運用が変遷しているものもある。そうすると、特殊調停は、当初の制度趣旨に拘泥することなく、現代のニーズに即した形で、適宜運用することが相当ではないだろうか。

　さらに、特殊調停事件で新設された特則（たとえば、民調規37条、38条等）は、今後新たな調停の類型を創設または改訂する際には、制度設計の参考になるものと思われる。労働審判手続は、当事者の合意による紛争解決を促進するための事情聴取や説得などの働きかけを主眼とする民事調停手続とは性格を異にするものの、調停手続の要素が組み込まれ、民事調停法の規定の一部を準用しており（労審29条2項）、ある意味では、特殊調停事件の一種ともいえなくもない。

　なお、裁判外紛争解決手続の利用の促進に関する法律（いわゆるADR法）の施行に伴い、特殊調停事件と類似あるいは共通した分野でも、ADR（裁判外紛争解決機関）が設置されている。近時のADRは、特定分野における専門性を「売り」にして、その活用を図っているが、特に、東日本大震災後の原子力損害賠償紛争解決センターの事件処理は、その件数および解決内容に照らしても特筆される[33]。このようなADRの運用のあり方等は、特殊調停事件の運用のみならず、法規の整備や新たな調停類型の創設等を検討する際に、参考になる

---

[33] 團藤丈士「原子力損害賠償紛争解決センターにおける和解仲介手続について」法の支配178号（2015年）60頁。

のではないだろうか。

Ⅲ　まとめ

　以上のとおり、特殊調停事件の申立件数は、現在は、特定調停を除いては、それほど多くないものの、各事件類型には、事案に応じて適切な解決ができるよう、種々の規定が整えられている。今後、さらなる社会情勢の変化に基づき、紛争も特殊・専門化することが考えられる。その際には、特殊調停事件が、これまでの解釈・運用を踏まえて、新たに生じたニーズに合う形で活用されたり、さらに、新設されたりすることを切に願うものである。

（田中　敦／中村仁子）

第6章 地方裁判所における調停事件

I　はじめに

1. 地方裁判所に調停が申し立てられる場合（申立調停事件）

　地方裁判所における調停事件（以下、「地裁調停事件」という）の特徴としては、調停の管轄が原則として簡易裁判所にあるため、地方裁判所に直接調停が申し立てられる事案が限られるという点がある。すなわち、民事調停法は、「調停事件は、特別の定めがある場合を除いて[1]、相手方の住所、居所、営業所若しくは事務所の所在地を管轄する簡易裁判所又は当事者が合意で定める地方裁判所若しくは簡易裁判所の管轄とする」（民調3条1項）と定めており、調停事件の管轄は原則として簡易裁判所にある。地方裁判所に調停が申し立てられるのは、当事者が事前に管轄の合意をしている場合に限られている。

　平成29年における大阪簡易裁判所と大阪地方裁判所に対して申し立てられた調停の件数を比較すると、大阪簡易裁判所が1300件程度であるのに対し、大阪地方裁判所は約30件である[2]。このように、直接地方裁判所に申し立てられる事件は、調停事件全体のごく一部である。

---

[1] 「特別の定め」とは、民事調停法第2章の特則（24条～33条の2）に規定されている宅地建物調停、農事調停、鉱害調停、交通調停、公害等調停の管轄規定であり、そのうち、農事調停は原則的に地方裁判所の管轄とされ（民調26条）、鉱害調停は地方裁判所のみに管轄があり、簡易裁判所は管轄を有しない（民調32条）。

[2] ただし、債務整理を目的とする特定調停手続（地裁申立ての事案は大阪地方裁判所においては倒産部（第6民事部）が取り扱う）は除くこととする。

495

2. 地方裁判所に係属する訴訟事件が調停に付される場合（付調停事件）

　地方裁判所における調停事件の大多数を占めるのは、地方裁判所に提起された訴訟事件について、民事調停法20条の規定に基づき、事件が調停に付される場合である。すなわち、地方裁判所に提起された事案について、「受訴裁判所は、適当であると認めるときは、職権で、事件を調停に付」することができ（民調20条1項）、このようにして係属する調停事件を、申立調停事件と対比して、付調停事件という。

　大阪地方裁判所第10民事部（建築・調停部）における申立調停事件と付調停事件の割合は、平成29年において、申立調停事件が約30件であるのに対して付調停事件が約300件であり、調停手続が訴訟事件の解決のために積極的に活用されていることがわかる。

　調停に付するのが「適当であると認め」られる場合というのは、必ずしも当事者による話し合いでの解決を主とするものではなく[3]、その多くは、専門的知見を要する事件について、専門家調停委員の関与の下で、専門的知見を活用して争点または主張の整理や証拠の評価を行うことにより、当該事案にふさわしい紛争の解決を目的とするものである。

3. 高い解決率

　地裁調停事件は、その大半が紛争解決のために専門的な知見が必要な事件であり、その分野に適した専門家調停委員が関与して手続が行われることで、高い解決率を維持している。大阪地方裁判所第10民事部に係属した調停事件のここ数年の実質的解決率[4]は、70％前後で推移している。

---

[3] 話し合いについては、訴訟手続の中で、さまざまな和解の進め方が試みられている。第1編第3章、第2編参照。

[4] 実質的解決率とは、調停不成立以外の事由で終局した場合を指す。調停成立はもちろん、17条決定が確定した場合に加え、取下げも手続外で合意ができた場合があるので、解決率に含めている。そして、本多俊雄「大阪地裁建築・調停事件における現況と課題」判タ1381号（2012年）61頁によれば、平成19年度から平成24年6月までの終局区分でみた場合、成立56.6％、17条決定1.6％、取下げ14％で、実質的に解決につながった事件数の割合は72.2％とされているが、平成29

付調停事件については、調停が不成立に終わり、訴訟手続に戻る場合であっても、専門的知見を踏まえた争点整理が進められているので、主要な争点は明確になっていることが多い。また、主要な争点について専門家調停委員の見解が示された調停委員会意見書や当事者に提示された調停案が、本案訴訟において証拠として提出されることによって、当該事案に固有の専門的知見も明らかになり、その後の訴訟の進行に有益となる。さらに、調停に代わる決定がある場合には、専門的知見を踏まえた争点も証拠に対する専門家の評価も理解できるようになり、やはり、その後の訴訟の進行に有益である。

Ⅱ 近時の地裁調停事件の特徴──大阪地方裁判所第10民事部の実例から

1. 申立調停事件の特徴

申立調停事件の種類としては、事件の大半が民事一般調停または商事調停であり、一定割合で宅地建物調停(地代、賃料の増減額請求事件がそのほとんどである)および地方裁判所が原則管轄を有する農事調停事件が係属している。

これらの地方裁判所に直接調停が申し立てられる事案は、おおまかに分けると2つの類型がある。

1つ目の類型は、専門的知見を要する事件について、当事者双方が、専門家調停委員の関与の下での紛争解決を望み、専門家調停委員が多数所属する地方裁判所を管轄とする合意をして、調停を申し立てるものである。たとえば、宅地建物調停において、当該不動産の適正賃料額について双方の意見の対立が激しい場合に、不動産鑑定士の資格を有する専門家調停委員の関与を求めて、当事者が地方裁判所で調停を行うことに同意し、調停を申し立てる場合や、建築

年度までの数値もそれほど変化はない。
5 調停委員会意見書や調停案は、訴訟手続において書証として提出されることも多い。第1編第4章4参照。
6 民事調停法17条に基づく決定であり、通称「17条決定」と呼ばれている。付調停事件について調停に代わる決定がされ、同決定に異議が出た場合、事件は受訴裁判所による本案訴訟手続に戻ることになる。

紛争について、一級建築士の資格を有する専門家調停委員の関与を求めて、当事者が地方裁判所で調停を行うことに同意し、調停を申し立てる場合などである[7]。

2つ目の類型は、企業間の紛争などで、当事者双方が、紛争の内容を対外的に明らかにしたくないなどの理由から、手続の公開が法的に要請されている訴訟手続ではなく、非公開の手続で行われる調停手続を選択するものである。大企業同士の紛争で、請求額が大きい、法的な観点からの争点整理や高度な法律解釈が必要となるなどの場合に、簡易裁判所ではなく、事前に当事者間で合意して地方裁判所に調停を申し立てるケースが目立つ。地方公共団体同士の紛争も、合意によって申立てがある。

ここで、2つの類型のいずれの要素もある大企業同士の事件について紹介する。関西の郊外に商業ビルを所有するある企業が、商業ビルの敷地を所有するある企業を相手に賃料減額の申立てをした事案である。申立人と相手方との間で管轄の合意をして地方裁判所に申立てをした。申立人には大阪でも有数の法律事務所の弁護士が代理人となった一方で、相手方には東京の有名な法律事務所の弁護士が代理人となった。申立て時には、すでに、契約書も鑑定意見書も提出され、相手方の答弁書にも鑑定意見書が添付されていた。当然、鑑定意見書の結論は正反対のものであり、話し合いではおよそ合意は難しいと思われるほど金額の開きがあり、専門家である不動産鑑定士が手続に関与する必要性が高い事案であった（1つ目の類型要素）。申立てを受けて、裁判所は、不動産取引に精通した弁護士とベテラン不動産鑑定士を調停委員に選任して調停委員会を構成して調停にのぞんだ。当事者は、第1回調停期日において、すでにこれ以上の主張、立証はないとのことであり、調停委員会としても現地調査も必要ない事案であった。そこで、調停委員会において、早速、評議期日を重ねたところ、申立人の主張に近い金額で評議ができ調停案がまとまった。調停案に

7　訴額の問題について付言する。申立ての趣旨において、「1億円支払え」とあれば1億円に相当する印紙（ただし訴訟の場合の半額）を貼用してもらう必要がある。しかし、「当事者間の関係調整を求める」とあれば算定不能として160万円に相当する印紙を貼用してもらうべきか、それとも申立て内容を審査して経済規模に応じて相応の印紙を貼用してもらうべきか、については大阪地方裁判所第10民事部においても部内で相当議論した。結局、同部では、平成29年当時は、処分権主義を尊重して、申立ての趣旨のみで判断することとし、追貼を求めない扱いとしていた。

は、金額算定の根拠について双方の鑑定意見書の内容を踏まえた説明を記載し、この調停案を双方に提示した。申立人は受諾したものの、相手方は、調停案には合理性があると思うが、そのまま調停案を受諾した場合、ステークホルダーに対する減額の説明が困難であるため、金額以外の条件も含めて申立人と協議し、ステークホルダーに説明可能な形での解決を図りたいとの意向を示した（訴訟で鑑定を行った場合に、このような内容の判断が公に示されるリスクも考慮して、あらかじめ地裁調停に合意したとのことである。2つ目の類型要素）。その後、代理人間で数か月協議した結果、合意に達したので、調停成立となった。

2. 付調停事件の実情

前記のとおり、地方裁判所の事件が調停に付される場合、その多くは、専門的知見を要する事件について、専門家調停委員の関与の下で、専門的知見を活用して紛争を解決することを目的とするものである。大阪地方裁判所の調停委員名簿に登録された約250人[8]の中には、一級建築士54人、不動産鑑定士26人、公認会計士11人、税理士9人、技術士（土木、機械、化学、IT）21人、土地家屋調査士5人、アジャスター8人、医師22人、社会保険労務士・看護師・薬剤師各1人がおられる。また、法律家として、弁護士59人、元裁判官7人、大学教授（民事訴訟法専攻）2人がおられる。

また、本案部に対しては、付調停にふさわしい事件類型として、次のように紹介している。

① 建築関係事件（設計、施工または監理上の瑕疵を理由とする損害賠償請求権の有無が争いとなる事件、追加変更工事該当性や相当代金額が争点となる事件）

② 借地借家関係事件（地代家賃増減額請求事件、敷金返還請求事件、土地建物明渡請求事件）

③ 不動産関係事件（境界確定事件、共有物分割事件）

④ コンピュータ関係事件（ソフトの瑕疵等の紛争）

---

[8] 平成29年当時の人数で平成30年4月には243人に減少している。ちなみに、平成5年10月には131人であった（松本克己「大阪地裁調停部の現状と課題」判タ842号（1994年）4頁）が、平成21年4月には252人に増えている（林圭介「大阪地裁建築・調停事件における現況と課題」判タ1300号（2009年）39頁）。

⑤　人格訴訟事件（親族間紛争、隣人間紛争）
⑥　その他、専門家調停委員（不動産鑑定士、税理士、弁理士、公認会計士、技術士、医師等）が関与するのに適した事件

　このうち、①の建築関係事件は第2章において、②の借地借家関係事件は第1章において、③と⑤のうち相続等関係事件は第3章において、⑤のうち、近隣紛争事件は第4章において、詳しく紹介されているので、ここでは、これらの類型に含まれない近時の特徴的な事件を紹介することとする。

3.　IT関係

　IT関係事件の具体的な紛争をあげると、①個人事業主（ユーザー）が、自己が経営する店舗を宣伝するためにホームページを開設しようとして、業者（ベンダー）にホームページのデザイン、設計を依頼したところ、イメージと全く違う成果物が提出されたとして、契約の債務不履行解除を求める事案、②ソフトウェア開発業者（ベンダー）が、ある企業（ユーザー）から業務上使用する基幹システム（ソフトウェア）の開発の依頼を受けたところ、作業工程が大幅に遅れ、作業のやり直しによる開発規模がふくらんだため、請負報酬の見直し協議（追加作業についての報酬の提示）をしたが合意を得られず、開発を途中で止めて、出来高分の報酬の支払を求める事案、などがあげられる。

　これらのIT関係事件の審理については、すでに審理手法についてすぐれた提言[9]もされているので、本章でその手法について詳細に述べることはしないが、一般的に、この種の事件については、争点整理に際して専門用語や証拠書類の理解が容易ではないうえ、事実認定に特殊経験則が必要な場合があるなど専門的知見を導入する必要性が高い事件であるといわれている。また、この種の事案では、ユーザー側の「こういうものをつくってほしい」「こういうことができたらいいな」という抽象的な要望（しばしば正確に言語化することが困難である）を「必要なものはこれである」という具体的なレベルに落とし込んでいく（いわゆる要件定義を行う）際に、明確な合意ができていないことも多く、

---

[9]　田中俊次ほか「ソフトウェア開発関連訴訟の審理」判タ1340号（2011年）4頁、東京地裁プラクティス委員会第二小委員会「ソフトウェア開発関係訴訟の手引」判タ1349号（2011年）4頁参照。

II 近時の地裁調停事件の特徴——大阪地方裁判所第10民事部の実例から

さらに、中小規模のベンダーにおいては、契約締結時には完成すべきソフトウェアの仕様が確定しておらず、開発作業中に使用の追加変更が行われることもあるなど、当事者の合意内容を事後的に確定することが困難である。

このような場面で、システムエンジニアの資格を有する調停委員が、争点整理段階から関与することで、以下のとおり専門的知見の欠如による争点整理の混乱が解消され、紛争の核心を早期に把握した紛争解決が可能になる。すなわち、調停委員会において、開発工程の一般的な手順や通常作成される書類を示して当事者と共有することにより、当事者（必ずしも、この種の事案に精通していない代理人弁護士を含む）に基本的な書証を早期に提出させることができる。また、当事者が主張する当事者間の具体的なやりとりについて、その開発工程上の位置づけを適切に整理することが可能になる。さらに、提出された証拠書類に記載されている内容やその証拠価値について、調停手続において当事者と議論をし、契約時や交渉時に作成された書面上示されているソフトウェアの仕様（「仕様が未確定である」という内容も含む）を確認しながら争点整理を進めていくことで、専門的知見の欠如や技術的な誤解に基づく主張の錯綜を早期に解消することができる。

実際に、①、②の事案については、早期に専門家が争点整理に関与したことにより、①ユーザーが過剰な期待を抱いていたもので、契約内容に照らしベンダーに債務不履行責任を問うことは難しい、②作業のやり直しが増え、作業内容がふくらんだ原因としては、ユーザー側のベンダー側に対する説明（当該システムに必要な機能についての説明）が不十分であったことによるところも大きい、という認識を当事者が共有することができ、紛争の円満な解決が実現されたものである。

〈資料〉の意見書は、①②以外の事件についてであるが、IT関係の調停委員2名が共同で作成し、調停委員会の意見として当事者に交付したものの抜粋である。上記のようなIT関係事件の特色を端的に指摘しているほか、原告および被告がそれぞれ用意すべき証拠等にも言及され、かつコンパクトにまとまっているので、参考まで掲げる。

〈資料〉 IT関係における調停委員会の意見として当事者に交付したもの（抜粋）

意見書

1 合意の有無

　原告は、被告との間で事前に合意した仕様書がないのに業務を開始しているが、依頼された業務内容についての合意があったと判断することは困難である。一般に、ソフトウェア開発では、最初に、要件（仕様）を定義する。次に、その仕様のシステム化に要する必要な工数等を基に金額を算定する。そして、双方で仕様と金額の打合せを行い、双方が合意した後に開発が開始される。ところが、本件では、要件定義された仕様書は存在せず、事前に打合せ等は行われず、仕様及び金額面での合意が行われないまま業務が開始されている。両者の合意は従事した時間を基にした費用の支払を行うものであり、原告は、それを請求の根拠としているにすぎない。

2 作業量

　原告が被告に請求した委託料の前提となる作業量について、調停委員会としては、その妥当性を判断することは困難であると考えている。その理由として、合意した仕様がなく、また何を開発するかの双方の主張が一致しないこと、委託業務が開発済みのソフトウェアの一部修正であること、委託業務が終了していないため成果物（又は作業量）の把握が困難であるからである。

　原告と被告の合意は従事時間による費用算定であり、その合意を交わした文書が存在する。調停委員会は、これをベースとして、原告と被告の調停を図ろうと企図した。しかしながら、開発すべき仕様や開発した成果を基にした費用の算定を行う調停案では、双方からの理解が得られないと判断した。

　従事した時間を基にした費用を請求するためには、従事した［時間］に対する納得性が必要である。これだけのことをしたら、これくらいの時間になるという実績を受注者は発注者に説明する必要がある。そして、日報等で資料を残すことは受注者の責務である。調停では、原告が主張する請求金額の元となる費用算定の根拠の主張は十分でないばかりか、被告を納得させるだけの日報等の資料もない。また、調停委員も原告が主張する請求金額は妥当であると判断できない。技術の難易度の主張や提示されたプログラムの変更は、従事時間の根拠とはならない。

原告は、被告から依頼された作業に係る原告の技術的評価について測定できていない。すなわち、被告のチューニング業務を認識していない。被告は、確かに、「〇〇」のシミュレーションシステムの変更・改良のための仕様を具体的に示しているものの、原告と情報の共有化がされていない。原告が開発に長時間を要しているのは、原告内部のサポート体勢を活用しきれていないことにあると考える。

3　提言

　調停委員会としては、会議体（進捗会議）設置の重要性について指摘したい。本件のような業務内容は、双方の思いが交差することが多々あるので、これを統一する必要がある。つまり、開発者等（本件では原告関係者）及びシステム開発者等（本件では被告関係者）が一同に会して、チューニング業務の内容確認（重要事項）、改修作業の各段階での進捗度合・課題の確認を、会議を開催して、会議毎に行うべきである。そして、当事者双方で確認できた進捗内容・課題について会議録として作成し、次回開催時に前回の課題に対する検討内容や今後の改修内容の確認を行う。また、前回会議録については、次回会議で出席者全員が進捗会議録に押印したうえで、その都度、情報の共有化を図る。こうすれば、本件のようなトラブルを未然に防ぐことができると考える。

　また、先行する開発（ソフトウエア修正）依頼業務で従事時間を基準とした費用請求が行われた経緯があるにしても、原告が根拠を示さず費用請求したことや、被告が事前通告なく支払を停止したことは、信頼を損ねる行為である。そこで、原告及び被告の責務や課題を整理しておく。

　原告
　ア　仕様を確定させる努力を怠ったこと
　イ　従事したことの証拠となる日報等の作成を行っていないこと
　ウ　担当者任せで、上司からの管理・監督が十分でないこと
　エ　業務内容や成果物の管理がされていないこと
　オ　先行した委託業務の担当者による有効なサポートを怠ったこと
　カ　顧客（被告）の技術を理解する努力を怠ったこと
　被告
　ア　確定させた仕様を承認する努力を怠ったこと
　イ　適切な進捗管理を怠ったこと
　ウ　事前通知することなく支払を打ち切ったこと

4. 農業関係

　農事調停については、年間4、5件あるものの、その大半が農地所有者である申立人が宅地並み課税による逆ざや（小作料収入より当該土地に課せられる固定資産税の支出が大きい状態）解消を図るために土地の賃貸借契約（小作契約）の解消を申し入れたのに対し、小作人である相手方が当該土地の実勢価格の4割程度の離農料の支払を受けない限り解消には応じられないと反論することから調停申立てに至ったとする事案が多い。たとえば、農地の所有者から小作人である相手方に対して土地賃貸借契約の解除を求める事件では、農地評価であれば土地の固定資産評価が10万円程度であったため、地代が年1万円弱とされていたところ、宅地並み評価をされたことにより、土地の固定資産評価が8000万円超となり、これを基礎として課税されることにより、毎年逆ざやが生じるようになったことから貸借関係を解消したいという申立人の申入れに対して、小作人である相手方は、実勢価格（1億円超）の4割相当の離農料と引替えでなければ解消には応じないというような事案である。また、地元自治体の道路拡幅に伴い、道路部分にはみ出している農業用小屋の撤去と農地の買収を要請されたことから、地主が土地の賃貸借契約の解消を求めたのに対し、小作人ら（相続関係が複雑で、相続人が数十人存在する）の大半は解消に応じたものの、3人だけが離農料の支払を求めて解消には応じないため調停申立てをしたという事案もあった。

　そのほかにも、水路の上流で相手方が仕切板を勝手に使用したため、下流である申立人の田に十分な水が来なくなったことから、仕切板を撤去せよという水利権利用関係の調整を求める伝統的な調停も1件申立てがあった。

5. 中古物件関係

　中古の建物を購入した原告が、雨漏り、構造耐力の欠如、建築基準法、消防法等の法令違反を発見して、これらが建物の隠れた瑕疵にあたるという損害賠償請求する事例が少なからず見受けられる。中古建物の瑕疵は新築建物の瑕疵とは異なり、建築事件として建築部に配てんされず、通常事件として配てんされる。受訴裁判所としては、原告の主張のうち、どれが瑕疵であるかの判断

は、専門的知見がないと容易に判断できない。そこで、専門家による争点整理と証拠の評価を踏まえた解決をめざして、調停に付することがある。

ところで、中古建物の取引では、現状有姿の引渡しという慣行があるので、合意に反した場合には直ちに瑕疵になる可能性が高い建築事件とは性質を異にし、瑕疵があるからといって直ちには賠償義務が生ずるものではなく、それが隠れたものといえなければならない。また、新築建物の瑕疵についての審理においては一級建築士がまさに専門家としてその専門的知見を発揮できるのであるが、一級建築士は、建築の専門家ではあるが、建物取引の専門家ではない。中古建物取引については、宅地建物取引士[10]が専門家となるが、大阪地方裁判所においても、一級建築士の調停委員は多くおられるが、宅地建物取引士の調停委員は2人しかおられず、適切な専門家に関与してもらうことが難しいという面がある。

もっとも、一級建築士の中には、中古建物の取引の前に物件を査定してほしいという依頼があり、それに応じて中古建物の調査をするなどして、中古建物の取引に詳しい方も数名おられる。このような調停委員のお力で、これまでの中古建物取引に関する調停事件は順調に解決が図られてきたが、早晩、実務経験のある宅地建物取引士の資格を有する調停委員の選任が必要となろう。

6. ペット関係

現代社会においてペットは飼い主にとって「家族の一員」としてかけがえのない存在(コンパニオンアニマル)であることが多く、動物病院におけるペットの医療事故などについて、慰謝料請求がされるケースも少なからず見受けられる。ペット治療において獣医師に求められる標準的な医療水準については、文献を探すこと自体困難であり、専門的知見を獲得することが困難な事件類型であるということができる。また、審理自体も人の医療訴訟と同様であることを望む原告もおられる。東京地方裁判所医療部ではペット関係訴訟も扱う[11]の

---

[10] かつての宅地建物取引主任者であり、平成27年4月1日から現在の名称になった。
[11] 東京地方裁判所医療部が医療事件だけでなく獣医療事件も担当していることについては、中園浩一郎=一花有香里「東京地方裁判所医療集中部(民事第14部、第30部、第34部、第35部)における事件概況等(平成29年)」曹時70巻7号(2018年)53頁参照。

で、事実上、人の医療訴訟と同様の審理がされることになるが、大阪地方裁判所医事部はペット関係訴訟を扱っていないので[12]、通常事件として配てんされることになる。大阪地方裁判所では、上記のような動物病院におけるペットの診断および治療方針の過誤により死亡したと主張する原告らが獣医療機関に対して提訴した事件について、調停に付された事案があった。

　当時は、大阪地方裁判所においても、獣医師の資格を有する専門委員、調停委員がおらず、医事事件と同様に、被告側において診療経過一覧表を作成してもらい、調停主任において主張整理案を作成して、当方から合意を得たことから、本案部に戻したものの、専門家の関与は得られなかった。

　その後、今後、同様の事件について適切な専門家に関与してもらうため、大阪府獣医師会に依頼して、獣医師の調停委員を2人推薦いただき、調停委員に就任していただいたほか、大阪高等裁判所管内において唯一獣医系の学部を有する大阪府立大学に依頼し、同大学の教授4人に協力いただき、専門委員に就任していただいた。

　近時の事件傾向を踏まえ、専門家の専門的知見を反映した紛争解決を図るべく、専門委員、調停委員の幅が広がった一例である。

III　まとめ

　以上紹介したとおり、地裁調停事件は、紛争解決のために専門的な知見が必要な事件について、その分野に適した専門家調停委員が関与して手続が行われることで、専門的な知見を活かし、事案に即した紛争の解決を図ることによって、高い解決率を維持している。

　もっとも、裁判所に持ち込まれる紛争は、近時ますます多様化しており、その中で必要となる専門的知見、経験則も多岐にわたっている。大阪地方裁判所第10民事部としても、近時の事件傾向を踏まえ、新たな類型の専門事件にも対

---

[12] 大阪地方裁判所医事部が集中して担当する事件が、医師または歯科医師および医療補助者の患者に対する診断、検査、注射、手術、麻酔、管理等の医療行為に基づく被害を理由とする損害賠償請求等の通常事件であることについては、德岡由美子「大阪地裁医事事件における現況と課題」判タ1381号（2012年）85頁参照。

Ⅲ　まとめ

応できるよう、さまざまな資格を有する専門家に調停委員または専門委員への就任を働きかけており、紛争解決のために事案に即した良質な司法サービスを提供できるよう努めているところである。

（向　健志）

第7章

簡易裁判所における調停事件

Ⅰ 簡易裁判所の調停事件の特徴

1. 総論

　簡易裁判所の民事に関する主な紛争解決手続として、民事訴訟手続と民事調停手続がある。民事訴訟は、簡易な手続により迅速に紛争を解決することをその役割とし（民訴270条）、訴訟の目的の価格（訴額）が140万円以下とされており（裁33条1項1号、24条1号）、国民に身近な簡易裁判所の紛争解決手続として、少額軽微な事件を簡易迅速に解決する役割を担っている。これに対し、民事調停は、申立ての価格に制限はないから、申立ての価格が何億円という高額の事件も係属する。また、その事案も、医療過誤や建築瑕疵を理由とする損害賠償請求など、複雑困難な事件、市民間の少額軽微な事件、親族間や男女間の紛争などの人間関係の調整要素の高い事件、実体法上の権利、義務に関する紛争ではない事件、将来の紛争の防止を目的とする事件など、多様な事件が係属する。

　近年、民事調停の新受件数は、全国的に減少傾向にある。大阪簡易裁判所を例にとると、新受件数は、特定調停事件が減少傾向にあるものの、特定調停事件を除く調停事件（以下、「一般の調停事件」という）は、ここ数年、ほぼ横ばいの状況が続いている。事件類型をみても、一般の調停事件のうち、一般調停事件（事件符号「ノ」）が約半分、商事調停事件（事件符号「メ」）が約25％、宅地建物調停事件（事件符号「ユ」）が約15％、交通調停事件（事件符号「交」）が約10％を占めている。近年、簡易裁判所の民事訴訟においては、交通事故損害賠償請求事件が増加しているが、一般の調停事件においては、ここ数年、上記

事件類型の占める割合や各新受件数に目立った変化はみられない。しかし、国民の権利意識の高揚や厳しい社会経済情勢を反映して、複雑困難な調停事件や、民事調停による解決になじむような紛争が増加していると思われる。

　民事調停は、簡易、低廉、迅速性があり、国民の負担が軽く、紛争の全体的解決が図れるなど、紛争解決手続としてさまざまな利点を有し、多様な紛争を民事訴訟よりも柔軟に処理することが可能である。国民に利用しやすい身近な裁判所といわれている簡易裁判所の紛争解決手続である民事調停では、上述したさまざまな民事紛争に対し、民事調停の利点を活かし、利用者のニーズにも十分配慮した、納得性の高い紛争の解決を図るための調停運営が求められている。

2.　大阪簡易裁判所の取組み

　大阪簡易裁判所では、これまで大量の事件を適正かつ迅速に処理するための事務処理体制を整備してきた。すなわち、簡易裁判所内に事件の性質ごとに複数の係を掌理する3つの室を設け、調停については、第3室とし、調停係室長裁判官をおき、室の運営を担当させたり、受付に手続案内係を設け、訴訟や調停の申立手続の相談等に応じたり、調停係書記官室とは別に調停センターを設け、調停室の管理、出席当事者の受付や調停室への案内、調停委員の出勤管理など、調停期日の円滑な進行等を図るなどしてきた。このほか、平成12年には、大阪簡易裁判所と大阪地方裁判所との連携の下、大阪地方裁判所簡易裁判所活性化委員会が発足したが、その中におかれた調停分科会では、民事調停事件処理要領の作成や特定調停事件の処理態勢の検討など、民事調停手続の運用改善に取り組むとともに、適宜その取組みの情報を発信してきた。[1]

　平成25年12月、司法研修所から、司法研究報告書66輯1号「簡易裁判所における民事調停事件の運営方法に関する研究」(以下、「司法研究報告」という)が刊行された。近年、国民の権利意識の高揚、価値観の多様化に基づく紛争の当事者意識の変化や、高度情報化社会がもたらす法的情報の入手の容易化などから、民事調停の利用者の意識としても、法的判断や専門的知識に裏付けられた

---

[1]　大阪地方裁判所簡易裁判所活性化民事委員会編「大阪簡易裁判所における民事調停事件の諸手続と書式モデル」判タ1130号(2003年)5頁。

合理的なあっせんを求めるニーズが高まっている。そこで、このような利用者のニーズを踏まえ、訴訟と並ぶもう1つの紛争解決の手段である民事調停の紛争解決機能を強化していくことが必要である。司法研究報告は、そのために、事実認定や法律判断、法的評価（以下、「事実認定等」という）に争いがあり、その争いが調整活動のポイントになる事案（以下、「法的観点を踏まえた調停運営になじむ事件」という）については、事実認定等をしたうえで、解決案を策定、提示して、調整活動を行い、成立に至らない場合は調停に代わる決定（民調17条）の活用も検討するという、法的観点を踏まえた調停運営のあり方を、実証的な提言として示した。

司法研究報告を受けて、大阪簡易裁判所では、調停運営の改善を調停分科会のテーマとして取り上げ、取り組んできた（後記Ⅱ2参照）。また、調停係内に宅地建物調停事件と交通調停事件との各集中係を設置した。大阪簡易裁判所の事件類型の中で、後遺障害の認定等が争点となる交通調停事件や賃料増減額請求事件が半数弱を占める宅地建物調停事件は、専門的知見を要する複雑困難な争点が多く、法的観点を踏まえた調停運営になじむ事件といえる。また、これらの事件類型の弁護士関与率は高い。すなわち、申立人では、交通調停事件が90％以上、宅地建物調停事件が60％以上の関与率となっており、相手方の関与率も比較的高いため、当事者双方に代理人弁護士がついて、事実認定等について攻撃防御が繰り返される事件も多い。そこで、大阪簡易裁判所では、調停係の5係のうち、3係を宅地建物調停事件集中係、残り2係を交通調停事件集中係とした。そして、集中係では、地方裁判所裁判官の協力を得て研究会を実施するなどして、調停運営能力等の向上と適正迅速な事件処理の改善に取り組んでいる。

Ⅱ 紛争類型ごとの調停運営

1. 総論

近年、事実認定や法律判断を争う事件は増加しており、司法研究報告の提言は、多くの調停事件において、基本となる調停運営のあり方を示している。他

方、簡易裁判所に係属する事件は多様であり、そもそも事実認定等が争点とならない事案類型や事実認定等が争点となっていても、司法研究報告で示された調停運営とは異なる調停運営によって、紛争の解決につながる事案類型がある。

そこで、次の２の事案類型において、司法研究報告の提言が示す調停運営について述べ、続いて、法的観点を踏まえた調停運営になじむ事案類型とは異なる４つの事案類型の調停運営に関し、大阪簡易裁判所の調停運営の実情を中心に述べることとする。

2. 事実認定等の争いが調整活動のポイントとなるもの

(1) 総論

司法研究報告では、調停委員会が事実関係を整理、認定したうえで、法律判断や法的評価を行い、合理的な解決案を策定し、場合によっては適宜の時期に解決案を提示して調整活動を行い、成立に至らない場合でも、必要に応じて調停に代わる決定（民調17条）の活用を検討するという、調停運営を示している。大阪簡易裁判所では、その調停運営を実施するために、次のような調停運営の改善に取り組んできた。

(2) 調停運営のあり方

(ア) 記録編成

これまで編年体で編成されていた調停事件記録を、主張と証拠を記録上も分けて編綴する、民事訴訟手続と同じ３分類および調停委員作成の経過表等を編綴する「記録の一部としない書類群」の４つに分けて編成することとした。

(イ) 当事者からの情報収集

当事者からの情報収集として、受付担当者や係書記官が得た事件に関する有用な情報は、電話聴取書や事務連絡書面、口頭など、情報の価値の軽重に合ったツールにより、調停委員会に伝達する。

(ウ) 証拠提出の促し

受付担当者、係書記官および調停委員は、当事者に対し、証拠書類一覧表を示すなどして、証拠書類の早期提出を促す。

(エ) 調停委員の指定

　調停事件が担当の係に配てんされると、担当裁判官は、当該事件の内容や性質等を踏まえて、事件を担当するのにふさわしい調停委員を通常は2人、事件の内容や規模によっては3人、調停委員の経歴、資格、専門分野、特に得意な分野などのデータを活用して、指定する。事実認定等が争点となる事件、専門的知見や難しい法律判断等を要する事件では、専門家調停委員や弁護士委員を指定する。たとえば、医事調停では、弁護士委員と医師委員を、建築瑕疵関係の調停では、弁護士委員と建築士委員を指定するといった例が多い。

(オ) 事情説明書の送付

　相手方に対し、第1回期日の呼出状、許可代理の申請書、調停制度の説明書および事情説明書を送付する。事情説明書は、相手方の言い分や紛争の解決案等を記載し、裁判所に返送してもらうよう依頼した、相手方に対する裁判所からの照会文書である。返送された事情説明書を申立人に見せるか否かは、相手方の判断に委ねている。相手方の多くは、申立人にみせない裁判所限りの書面として返送してくることが多い。

(カ) 評議の充実

　大阪簡易裁判所では、同一の調停期日に複数の調停事件が指定されているため、調停主任が期日に立ち会えないことも少なくない。したがって、簡易裁判所の調停においては、調停を適切に進めていくうえで、調停委員会の評議が重要な手続となっている。

　調停委員会は、調停主任と調停委員2人以上から成る合議体（民調6条、民調規19条）である。評議の場では、法律の専門家である裁判官と社会経験や知識を異にする2人以上の調停委員が、それぞれの知識経験等に基づき、意見交換を行い、調停運営の方針や解決の方向性等について意思統一を図っている。評議には、期日開始前の事前評議、期日終了直後の事後評議、期日途中の中間評議、評議だけを目的とした評議期日があるが、いずれの評議においても、当該事件の各進行場面における評議の目的、必要性等を認識することが大切である。

(A) **事前評議**

　大阪簡易裁判所では、第1回期日開始直前（通常は10分から15分前）に、全

事件について事前評議を行っている。評議の目的は、事件によって異なる。事実認定等が争点と予想される事件では、当事者双方の言い分や争いとなる具体的事実は何かなどを確認し、当事者から聴取すべき事項や提出を促すべき書類等を検討し、今後の進行方針等について意見交換を行うことによって、調停主任と調停委員が事件の進行方針等について認識を共有するよう努めている。また、男女間の紛争など感情的対立の激しい事件では、調停委員会として、進行にあたって特に留意すべき点を話し合ったり、第1回期日に相手方の欠席が予想されるような事件では、欠席した場合の事件の進行や相手方に対する今後の具体的対応等を検討している。その他、DV関係の事件では、不測の事態に備えて、調停委員会と書記官との連携等を打ち合わせたり、争点が明確で当事者間の感情的対立が激しくないと予想される事件については、対席方式で事情聴取することの相当性などを検討している。

前回期日と次回期日との間に、当事者から新たな主張や証拠が提出され、次回期日の前に事件の進行方針や解決の方向性の再検討が必要となった場合、次回期日直前に事前評議を開き、解決の方向性等について調停委員会で検討している。

(B) **事後評議**

大阪簡易裁判所では、全事件について事後評議を行っている。期日が終了した直後に、調停主任は、調停委員から、当日の聴取内容と今後の検討課題等について報告を受け、それらを踏まえ、次回期日にどのような進行を行う予定なのか、などについて検討する。

(C) **中間評議**

事情聴取の中で、全く新しい主張が出てくるなど、調停委員会として、調停の進行方針等を再検討する必要が生じた場合には、事情聴取を一時中断して、中間評議を開き、調停委員会として意見交換を行い、意思の統一を図っている。

(キ) **事情聴取**

調停委員会の事実の調査（民調12条の7）の中で大切なものは、当事者からの事情聴取である。調停委員の事情聴取は、多くの場合、交互面接方式（当事者から別々に事情を聴取する方式）で行われている。これに対し、対席方式（当

事者双方を同席させて事情を聴取する方式）は、あまりとられていない。しかし、対席方式には、手続の透明性を確保できる、双方の言い分を対比しながら聴取することによって心証がとりやすい、時間の有効活用を図れるなどのメリットがある。したがって、感情的対立が激しくない事件や、主張整理の段階など、事件の性質や進行場面に応じて、当事者の意向も尊重しながら、対席方式の活用を図っている。

　(ク)　解決案の策定、提示

　事実認定等が争いとなる事件は、調停委員会が、事実関係を整理、認定したうえで、合理的な解決案を策定し、場合によっては適宜の時期に解決案を当事者に提示して積極的に説得調整を行う[2]。解決案の策定にあたっては、「法的観点を踏まえた解決」と「背景事情や関連事実を踏まえた柔軟で落ち着きの良い解決」の両方の観点を踏まえる必要がある[3]。また、評議において解決案を検討するに際しては、当事者双方のこれまでの言い分や主張の隔たりの理由などを踏まえ、誰が、どのような手順で、どのように説明していくのか、といった解決案の説明方法等も検討している。

　(ケ)　調停に代わる決定（民調17条）の活用

　これまでの実務において、調停に代わる決定は、①当事者双方が大筋で合意しながら、途中から一方当事者が出頭しなくなったため、調停を成立させられない場合、②わずかな違いや感情的対立により、最終合意には至らないが、裁判所が決定という形で判断を示せば、当事者は受け入れるであろうと予想される場合、③代理人が決定を利用して本人を説得できる可能性がある場合などに利用されてきた。

　司法研究報告では、調停委員会が的確に事実認定を行うことができ、解決案の合理性や根拠を当事者に十分説明できた事件については、積極的に調停に代わる決定を活用することが望まれるとしている[4]。大阪簡易裁判所では、調停に代わる決定の活用がふさわしい事件については、記録のビニールカバーに「17」と記載した札を入れるなどして、積極的活用を意識した調停運営を図る

---

[2]　司法研究報告50頁。
[3]　司法研究報告82頁。
[4]　司法研究報告92頁。

よう努めている。

　実例としては、医療過誤に基づく損害賠償請求調停事件において、調停委員会は、相手方である医師の過失を認め、医師の専門家調停委員らと調停案の説明を行い、解決案を提示したが、相手方は受け入れなかった。そこで、解決案と同じ内容の調停に代わる決定をしたところ、異議は出ず、確定した事件がある。また、詐欺を理由とする売買代金返還請求調停事件において、相手方である売主は、詐欺を行ったことを積極的に否認せず、売買代金の返済方法について検討する時間がほしいと述べ、期日は続行となった。ところが売主は、その後の続行期日に欠席を続けた。そこで、裁判官は、売主が代金を分割で支払う旨の調停に代わる決定を出したが、売主から異議の申立てがあった。その後、買主から、再度同様の調停の申立てがあり、第1回期日に売主が出頭して、分割払いの調停が成立した事件があった。後者の事件は、調停に代わる決定は確定しなかったものの、同決定が後押しをして、売主の自主的判断による紛争解決に寄与した事例といえよう。

　㋺　不出頭当事者に対する対策[5]

　大阪簡易裁判所で、相手方の不出頭が理由で調停不成立となる事件は、不成立事件の約4分の1を占めている。その中には、調停手続や期日当日の流れなどを理解していないため、出頭しない相手方も多い。

　相手方が第1回期日に欠席した場合、調停委員は、申立人から、相手方が出頭しない理由などを聴取する。その聴取した理由や事件の内容などを踏まえて、調停委員が電話連絡をしたり、係書記官が出頭促しの事務連絡書面を作成し、第2回期日の呼出状とともに郵送する。相手方の中には、期日当日の事情聴取の仕方を誤解し、申立人と話し合うのを避けるために欠席したものの、調停室では別々に当事者から話を聴くからという事務連絡書面の送付を受けた結果、出頭する当事者も少なくない。

5　東京地裁民事調停実務研究会編「民事調停の実務」判タ932号（1997年）70頁。

3. 当事者が法的知識に乏しいので、必要な主張や立証が尽くされないもの

(1) 総　論

　簡易裁判所の調停のうち、申立ての価格が比較的少額の市民間の紛争は、一般調停事件が多く、その約7割は本人申立てである。これらの事件では、申立書の記載が十分でなかったり、証拠書類が提出されないものも多く、簡易裁判所の後見的役割が求められる。すなわち、調停委員会が職権で積極的に事実の調査を行い、調停委員会の解決案を基礎とした調整が行われるなど、調停委員会主導の調停運営が行われている。

(2) 調停運営のあり方

　　㋐　申立て

　申立書の記載事項である申立ての趣旨は、争いの対象となっている権利関係等について、どのような解決を希望するのかを記載する。訴状の請求の趣旨にあたるものであるが、当初から具体的に記載することが困難な場合もあるので「適切な内容の調停をしてほしい」、「損害額として相当額の支払を求める」といった程度の記載でも差し支えない。紛争の要点は、紛争の経緯や内容等、当事者間で争いとなっている実情のあらましを記載する。また、紛争の要点に関する証拠書類があるときは、その写しを添付しなければならない（民調4条の2、民調規3条）。

　もっとも、本人申立ての事件では、紛争の要点の記載内容に不明瞭な点があったり、添付すべき証拠書類が提出されていなくても、補充書面や証拠書類の提出を求めることは、本人にとって過度の負担となることもあるので、あまり行われていない。紛争の実情等が十分明らかになっていなくても、第1回調停期日において、調停委員から事情を聴取し、これを明らかにすることが多い。

　　㋑　事実の調査

　調停委員会は、当事者に対し、紛争の実情を的確に把握するため、積極的に

6　加藤新太郎編『簡裁民事事件の考え方と実務〔第3版〕』（民事法研究会・2005年）371頁。
7　石川明＝梶村太市編『注解民事調停法〔改訂版〕』（青林書院・1993年）495頁。

事情聴取を行う。また、必要な証拠については、当事者に対し、具体的にその有無を確認し、早期提出を促す。

　(ウ)　解決案の策定、提示

　調停委員会は、事実の調査の結果、認定した事実については、当事者双方に対し、その旨の説明を行い、調停委員会の策定した解決案を基礎に、実情に即した解決に向けて調整を行う。[8]

4. 申立書には表れてこない困難な紛争が背景にあるもの

(1) 総論

　相続人の１人が管理しているアパートの賃料を、全相続人の間で、適正に分配してほしいという調停の申立てがあった。第１回調停期日において、他の裁判所で、そのアパートも遺産分割の対象とされている遺産分割事件が係属していたことが明らかとなった。その後、２、３回の期日を重ねたが、調整は困難であった。このような、人間関係と金銭関係が複雑に絡みあった紛争が背景にある事件では、当該紛争を調停事件から切り離し、相続人全員の利害が対立しない解決に向けた、調停委員会の方向づけが求められる。

(2) 調停運営のあり方

　調停委員会は、当事者に対し、調停が暗礁に乗り上げ、このままでは不成立になってしまうという現状認識を開示する。そして、賃料の具体的な分配という利害対立が生じるような調整は行わず、たとえば、今後は賃料の管理等を第三者に委ねるなど、賃料に関する紛争防止のために、適正な管理のルールをつくるなどの、共同の利益につながる解決の方向性を示し、理解を得る。

5. 申立ての趣旨に沿った解決だけでは当事者間の紛争解決につながらないもの

(1) 総論

　家主が家屋の賃借人に対し、未払賃料の請求の申立てをしたところ、賃借人の勤務先の会社が倒産し、賃借人はアルバイトによる収入しかない状態であっ

8　林隆峰編著『簡易裁判所民事調停の実務』（日本加除出版・2014年）7頁。

た。このような事件では、たとえ、賃借人の親族の援助を得て、未払賃料の支払方法を合意しても、紛争の抜本的解決には結びつかない。本件では、賃借人が現在の収入で支払可能な賃料の安い賃貸物件を探し、賃借人の転居を条件に、引越費用等の必要諸経費を未払賃料から免除するなど、調停事件の発生原因自体を解消することが求められる。

(2) **調停運営のあり方**

調停委員会は、賃借人のおかれている経済的状況を裏付ける資料等を提出させ、家主に対し、賃借人が賃料の安い賃借物件に転居し、早期に新たな賃借人を入居させることが、双方の共通の利益につながることを説明する。その目標に向かって、お互いが知恵を出し合い、当事者双方にとってプラスになる解決案の合意に向けて話合いを進めていく。

6. 実体法上の権利、義務に関する紛争でないもの

(1) **総　論**

①金銭の借主が、貸主に対し、約定に基づく返済が困難であるとして、返済方法等について協議を求める債務弁済協定や、継続的取引における販売価格の適正な値上げ額を売主、買主間で調整することを求める調停など、実体法上の権利等に基づくものでない当事者間の調整を目的とした調停事件がある。また、上記事案とは異なり、②申立人を採用しない会社の判断は間違いであるとして、採用試験に不合格になった申立人が、会社を相手方にして、自分を雇うよう求める事件など、申立人が自己の請求を法的権利に基づくものであり、請求が容易に認められると思い込んでいる調停もある。

①では、調停委員会に対し、紛争当事者間の私的取引に関する合理的なあっせんが求められるし、②では、そもそも、紛争の自主的解決によって民事紛争の解決を図る民事調停の対象になるのかどうかの判断が求められる。

(2) **調停運営のあり方**

㋐　(1)①の事案

民事調停の対象となるべき紛争は、民事に関する紛争である（民調1条）。ここでいう「民事」は、一般に「刑事」に対する意味の最広義の概念であって、広く法律的な処理が可能であり、当事者の合意的解決に親しむ一切の紛争

を包含する[9]。したがって、将来の紛争の防止を含み、経済的、社会的利益に関する紛争でも、当事者間の合意的解決に親しむ紛争は、民事調停の対象となり得ると考えられる[10]。

　債務弁済協定や継続的取引における適正な値上げ額の調整申立事件では、申立ての趣旨にある調整は、当事者双方にとって大きな利害関係があり、この調整ができることは双方にとって利益となる。調整に際しては、債務者側の支払能力、売主側や買主側の経営状況の見通し等について、関係資料の提出を促し、当事者双方が双方のおかれている状況や意向等について共通認識をもち、その認識を基礎として調整を進めていく。

　(イ)　(1)②の事案

　一件記録から判断して、請求自体が、実体法上の権利の行使として認められるものでなく、道義的にも相手方の譲歩の見通しが立たない申立てである。こうした事案では、第1回期日は、申立人の事情聴取期日として、相手方は呼び出さず、申立人から請求内容等について詳しく聴取する。その結果、合意的解決に親しまない申立てであることが明白になった場合には、申立人にその旨をわかりやすく説明して、取下げを促すとともに、取下げに応じない場合には、調停をしない措置（民調13条）を検討する。

III　調停条項

　調停条項の作成に際しては、事件類型、事案の内容、解決の方向性等に応じ、作成すべき条項があるし、履行の確保の観点からは、債務名義となる給付条項の作成に注意しなければならない[11]。

　他方、調停は、当事者の自主的判断により合意形成される紛争解決手続であるので、給付内容の特定ができないなど、合意内容を給付条項にすることが困難な場合であっても、当事者が希望し、任意の履行が期待できるときには、調

9　石川＝梶村編・前掲書（注7）56頁。
10　石川＝梶村編・前掲書（注7）75頁。
11　具体的な調停条項については、梶村太市＝深沢利一『和解・調停の実務〔補訂版〕』（新日本法規出版・2007年）613頁、星野雅紀編『和解・調停モデル文例集〔改訂増補3版〕』（新日本法規出版・2011年）6頁を参照。

停を成立させるのが相当な場合がある。そのような事案では、当事者の要望や履行内容の明確化に配慮して、履行の時期や履行内容等を詳細に記載した任意条項を作成する。

　賃貸借関係や相隣関係など、将来にわたり法律上や事実上の関係が継続していく当事者間の紛争において、将来の紛争の発生防止の条項を作成することがある。将来発生するおそれのあるすべての事態に対応できる条項の作成は困難であるとしても、将来発生するおそれのある事態に対処し、紛争発生をできる限り防止する措置を任意条項に盛り込むよう当事者が求めるときは、当事者が道義的に責任を負うべきものとして、その要望に沿った条項を作成することがある。また、当事者間の信頼関係がある程度維持されている事件では、「後日紛争が発生した場合、紛争の解決に向けて協議し、互いに円満な近隣関係の維持に努める」という道義条項で当事者が満足し、円満な関係を維持していこうという気持になり、調停が成立する事件もある。

　その他、当事者が相手方の謝罪に強いこだわりをもち、調停の席上での陳謝を求めることがある。しかし、対面して口頭で陳謝することに相手方が抵抗を示すことも多い。このような場合には、「本調停の席上で、遺憾の意を表明した」といった条項にすることで、受け入れられることがある。

　多様な紛争を解決するためには、こうした任意条項等の役割は小さいものでなく、事案によっては調停の成立に不可欠な場合もある。民事調停にあっては、これが積極的役割を果たすものとして、適宜の条項を用いて有効に活用し、より良い紛争解決につなげていくことが肝要である。[12]

Ⅳ　まとめ

　調停については、その機能強化を提言する司法研究報告書が刊行され、大阪簡易裁判所でも、調停運営の改善に取り組んできた。しかし、取り組むべき課題は多く、改善された調停運営の定着もこれからというところである。あわせて、組織や配置人員、事件数や事件の傾向、調停委員の人数等が、本庁併置簡

---

[12] 日本法律家協会編『民事調停の研究』（東京布井出版・1991年）759頁。

第3編　第7章　簡易裁判所における調停事件

易裁判所とは大きく異なる独立簡易裁判所にあっては、提言の趣旨を、どのように当該裁判所の実情に即して実現するのかについての課題も多いものと思われる。調停運営の改善に向けた取組みは、引き続き継続していく必要がある。

　法的観点を踏まえた調停運営になじむ事件は、民事調停事件の中核に位置する事件類型であるが、その周りには、前記Ⅱ3以下で少し触れたように、当事者間の利害調整や将来の紛争防止を求める事件、行政紛争に関する事件、宗教活動の紛争に関する事件など、これまで調停の代表的な事件とされてきた事件類型とは異なる、さまざまな事件類型がみられる。これらの事件については、民事調停の対象の範囲や調停運営のあり方等について、これまでにはなかった問題が生ずることがあり、しかも、これらの中には、法解釈上や運用上困難なものもなくはない。しかし、これらの事件は、まさに現代における新たな紛争類型であり、これらの事件が調停として申し立てられるということは、民事調停に対して、国民のさまざまなニーズがあることを物語っている。民事調停が、これからも国民にとって魅力的な紛争解決手続であり続けるためには、これらの事件に対する民事調停の関与のあり方や解決に向けた取組みを不断に検討していくことが、今後の裁判所、とりわけ、国民に身近な存在である簡易裁判所に求められる大きな課題の一つであると思われる。

　　　　　　　　　　　　　　　　　　　　　　　　　（神山義規）

第4編

座談会

第1章
和解の実際と今後の展望

I　はじめに

田中　最初に、本座談会の目的等について簡単にお話をさせていただきます。

　和解は、民事訴訟における解決の手段として、判決と並んで重要な手続です。そのため、本日参加の皆さんも、和解については、判決作成上の工夫と同じく、それぞれのお考えの下、事案に即した和解の場を構築されていることと思います。

　しかし、和解の手法は、個々の裁判官の個性やものの見方を反映したものでありますし、また、性質上、公表される機会は必ずしも多いわけではありません。今から30年ほど前に、『訴訟上の和解の理論と実務』（西神田編集室・1987年）の中で、現職裁判官が座談会をされていますが、当時としては、非常に画期的なことではなかったかと思います。私もいろいろ参考にしました。その後も、個々の裁判官による和解の論考が発表されており、皆さんもご覧になったことと思います。しかしながら、座談会形式で和解の話をするといったことは、必ずしも多くなかったように思います。

　そこで、今回は、民事裁判の経験が豊富であり、和解による紛争解決に積極的に取り組んでおられる皆さんにお集まりいただき、和解の実践、あるいは和解に際しての率直な感想を述べていただきたいと思っております。

　まず私から自己紹介をさせていただきます。大阪高裁で部総括をしております田中です。任官して38年目で、ほとんど民事事件を担当しております。なお、専門部ということでは、大阪地裁を含む複数の庁で、行政部、建築・調停部、交通労災部、いずれも当時の名称ですが、各4年から5年担当しております。高裁の経験も、裁判長、右陪席、左陪席、合わせて10年を超えま

した。自分では、さほど和解が上手なほうではないと思っていますが、ただ、年の功ということで、本日の司会進行を引き受けました。よろしくお願いいたします。

濱本 大阪地裁の濱本と申します。任官して27年目でして、20年以上、民事訴訟事件を担当してまいりました。通常事件のほかに、建築・調停部で1年、医事部で3年、それぞれ専門的な事件を扱った経験がありまして、平成28年4月からは、大阪地裁の交通部の部総括として交通事件を専門的に担当しております。

地裁の民事事件は、それなりの数を経験してきたつもりですけれども、今でもよりよい紛争解決に向けて、日々頭を悩ませています。本日は、これまで悩んできた経験を基に、お話しできればと思っております。

福田 福田でございます。私は大阪地裁の通常部の部総括をしております。平成5年4月に裁判官に任官して以来、約16年間民事訴訟事件を担当してまいりました。大阪地裁以外に、広島地裁、高松地裁にもいた関係で、多くの地裁に係属するような大型事件もわずかながら経験しております。

若い頃には、当時の裁判所書記官研修所で民事教官をやっております。これらの経験を踏まえて、本日はお話をさせていただきたいと思います。よろしくお願いいたします。

山地 大阪地裁の山地と申します。私は裁判官になって現在24年目で、これまで主に民事訴訟事件を担当してまいりました。専門部では、建築・調停部で3年間、それから医事部で約2年間事件を担当してまいりました。

和解については、難しさと同時に、やりがいも感じながら日々取り組んでいるところです。本日は、失敗談も含めた私自身の経験や、諸先輩からお聞きしたことなどを踏まえてお話ししたいと思います。よろしくお願いいたします。

齋藤 大阪高裁の齋藤でございます。任官して24年目になりまして、山地さんと同期になります。これまで主として民事訴訟を担当してまいりました。専門事件としては医事部に3年弱いた経験がございます。現在は大阪高裁で田中部長の陪席を務めております。

和解については、苦手意識がございますが、そういった立場から本日は皆

中武 大阪地裁の中武と申します。任官して16年目でして、この座談会のメンバーの中では若手ということになります。弁護士職務経験制度で2年間弁護士として職務を行った経験があります。これまでほぼ民事事件を担当してきておりまして、大阪地裁に赴任する直前は、知財高裁で、知的財産権訴訟を担当しておりました。

和解はとてもクリエイティブな作業で、楽しいと感じています。先輩方のご経験を踏まえたアドバイスをいただいて、より良い和解ができるよう勉強させていただきたく思います。本日はよろしくお願いいたします。

増田 大阪簡裁民事公判係の増田と申します。大阪簡裁には平成29年4月からですので、約1年2カ月になります。20数年ほど裁判所書記官を経験した後の平成13年8月に大阪簡裁で任官いたしましたので、17年目になります。本日は、簡裁における和解などについて紹介をさせていただき、あわせてご理解を賜ろうと思っております。

また、平成7年から3年間、裁判所書記官研修所、現在の裁判所職員総合研修所で、教官をしておりましたので、裁判所書記官の立場からの発言もできればと思っております。よろしくお願いいたします。

Ⅱ 和解について──総論

1. 和解のメリット

田中 それでは、具体的なお話に入りたいと思います。まず、和解についての総論的なことを議論していただきます。

和解は、非常に有用な紛争解決方法でありますが、和解にはどれだけのメリットがあるのかということを、最初にお話いただきたいと思います。

濱本 和解のメリットとしてまずあげることができるのは、その事件が終局的に解決するという点だと思います。判決であれば、仮に全面勝訴であっても上訴される可能性がありますが、和解であれば、それ以上に裁判が続くことはありません。

また、任意の履行が期待できるという点もメリットではないかと思います。和解条項では、任意の履行を促すための種々の工夫が可能だと思います。たとえば、分割払であったり、支払義務を認めた金額の一部を怠ることなく支払った場合にそれ以外の債務を免除するといった条項ですとか、利害関係人が連帯保証人となるといった、債務者の実情に合わせた給付条項というものを設けることで、その給付の実効性や履行の確実性が、判決よりも高いという場合が多いと思います。

　また、判決ではできない柔軟な解決策を盛り込むことができるのも、判決とは違った和解のメリットだと思います。たとえば、謝罪や遺憾の意を示す条項、あるいは口外禁止条項といったものが典型的なものかと思います。

　私自身の経験としては、パワハラや学校事故の事件などで、和解の前提として、双方協議のうえで具体的な再発防止策を検討し、そのうえで和解に至った経験もございます。

　さらに、訴訟物だけではなく、関連する紛争の一体的解決を図ることができる場合もあります。総じて、紛争解決に対する当事者の納得や満足度というものが高い場合が、多いのではないかと感じております。

2.　和解の限界

(1)　和解すべきでない事案

田中　逆に、和解について限界はあるでしょうか、和解すべきでない事案というものがあるのでしょうか。あるとすれば、どのようなものが考えられるでしょうか。

福田　和解すべきでない事案というものは、よほどのものに限られると考えています。たとえば、交通事故の当たり屋ですとか保険金詐欺事案、その他、反社会的集団に不当な利益を与えるような和解はしてはならないと考えています。

　それから、本人訴訟ですと、強行法規違反（利息制限法違反や労働基準法違反など）の合意内容を含む事案が考えられます。そういった事案でも、当事者から「和解をしますよ」と言われることがありますが、それは止めなければいけないだろうと考えています。

他方、主張自体失当という事案でも、直ちに和解にメリットなしとは考えておりません。訴訟物を変えれば認容の余地がある場合もありますし、相手からすると、この機会にこの人とは縁を切りたいということで、いくらかの解決金を払って清算条項を入れて縁を切るというような和解をすることもございます。

(2) 控訴審の視点

田中　今福田さんからお話いただきましたように、和解をすべきでない事案というのは、かなり限られるのかなと思います。ところが、高裁で仕事をしておりますと、意外に、和解が相当であるのに、あるいは和解すべきであるのに、第1審で和解が勧試されていない事案が結構あるように思われます。

齋藤　同感です。原審で和解を勧試しなかったことについては、さまざまな事情があると思いますが、そういった事件の1つの傾向としては、争点整理をし、証拠調べをしてもなお当事者の言い分が最終段階まで対立して、解消に至らずに、和解の機運が生じなかったのではないかと思われるものがございます。

　こういった事件を担当する裁判官の立場としては、非常に困難が伴うものだと思いますけれども、やはり、適時適切に心証を開示しながら和解を試みていくことが肝要ではないかと思います。その場合には、不利な心証を察した当事者、代理人からは強い反発を受けることもあるでしょうが、最終的な判断権を預かるものとして、冷静に対応していくことが有益ではないかと思います。

　話は少し変わりますが、控訴審において、代理人に対して原審での和解の経過を尋ねると、記録上、和解勧告をした経緯がうかがわれる場合であっても、「原審では和解を勧められませんでした」と言われる場合が結構あります。これは、和解を進めようとする裁判官の意図に代理人が気づいていない可能性を示唆するものでして、裁判官としては、和解を勧める旨を、相当はっきり口にする必要があるのではないかと思います。

田中　やはり、和解をするという裁判官の意欲、熱意が当事者に伝わらないと、なかなか和解はできないのかなという感じがいたします。

　また、齋藤さんからお話があったように、当事者との意思疎通が難しいと

なかなか和解がしにくい。これは若手裁判官の悩みとしてあるようです。この点は、後ほどあらためて議論させていただきます。

(3) 和解に対する当事者の意向をどの程度勘案するか

田中 当事者が和解を希望する事案は少なくないかと思います。和解に対する当事者の意向、これをどの程度勘案していくのかという問題、これも裁判所として大事な問題かなと思いますが、その点についてはいかがでしょうか。

山地 和解に対する当事者、代理人の意向というものは、非常に重要なものであると考えています。当事者の意向としては、次のようなものがあげられると思います。第1に、和解を希望するかしないかという点です。これは、「和解の席に着くことにやぶさかではない」というスタンスも含みます。第2に、和解を希望するとして、どの時期に希望するか。たとえば、争点整理終了後、尋問後、控訴審、あるいは別訴等の次の裁判手続といった、時期の問題があるかと思います。時期の関係では、「機が熟する」、あるいは「機を逸しない」といった観点も重要だろうと思います。第3に、和解を希望するとして、どのような内容の和解を希望するかという問題もあると思います。いずれについても、当事者、代理人の意向をさまざまな機会に聴取して勘案していくことが大事かと思います。

和解という言葉に、当事者、代理人が抵抗感を示す可能性がある場合には、「進行について協議する」、「進行についてご意見をお聞きする」といった言い方をすることもあります。もっとも、事案によっては当事者、代理人の意向を聴取することなく、職権で和解を勧告する場面もないわけではありません。

少し話は変わりますが、記録に現れていない和解に関する情報を当事者がもっていることが相当多いと思われますので、裁判官としては、あまり思い込みをもたずに、謙虚に当事者の声を傾聴するという姿勢が大事だろうと思います。

また、『ハーバード流交渉術』（三笠書房・1989年）でも紹介されている有名なオレンジの話にもあるように、当事者の表面的な希望だけでなく、その理由、背景まで丹念に聴取していくことが大事だろうと思います。記録検討に加えて、そのような聴取を通じて事案の核心に近づいていき、和解による

解決に至ることも少なくないように思います。

　このほか、受容と反論のバランスが大切であるといったこともいわれますが（伊藤博「和解勧試の技法と実際」司法研修所論集73号37頁）、そのとおりであると感じています。ただ、その見極め、バランスのとり方は、個別事件ごとに、実際には非常に難しい問題であると感じます。

田中　山地さんからは、当事者の意向をどのように勘案するかということについて、詳しくお話をいただきました。

　一方、当事者としては和解のメリットをわかっていながら、自分から和解を言い出すと、何か自分が不利なように思われるのではないかということで、なかなか言い出しにくいともいわれています。練達な訴訟代理人は、明言せずに暗に和解を求めるサインを出してくるともいわれています。裁判官としては、どのようにして、こうしたサインを感じ取るのかということも重要かなと思われます。福田さん、いかがでしょうか。

福田　私の思うところを申し上げたいと思います。①訴状あるいは準備書面に、やたらと事情が記載されている。たとえば、訴え提起に至るまでの交渉経過でこういう提案があったけれどできなかったといったものであるとか、②相手方に対して一定の敬意を表するかのような書面が提出されている場合（「……の点は感謝している」など）。あるいは、③期日の口頭議論の中で、「ちょっとこの点、立証が難しいんですよね」というような、つぶやきみたいな話がある場合。それから、④勝訴判決が出たといって直ちに紛争が解決しない、したがって、勝訴判決はあまり欲しくないのではないかと客観的に思われる場合。たとえば、共有物分割で競売しなければいけないとか、遺留分減殺で不動産の持分を寄こせというような事案、所有権移転登記の抹消登記請求なのに、利害関係人——たとえば、後に抵当権が設定された場合の抵当権者——には承諾請求を求めていない場合とか、土壌汚染などの立証活動に相当費用がかかりそうな事案、あるいは強制執行の費用がかさむだろうというような事案ですと、やはり和解を勧めたくなります。

　また、⑤急に、ある種の主張を一部撤回したり、あるいは、重要な間接事実、補助事実の認否を一部変更したりする場合もあげられます。それまで、「こんな出金、全部認めない」と言っていたのに、「その出金はもっともなの

で主張を引っ込めます」というような場合や、「この書証は偽造だ」と言っていたのに、「印鑑を押したことを認めます」というようなときには、その瞬間に和解のサインが出ているように感じることがあります。もちろん例外があることはいうまでもありません。

田中 中武さんは弁護士職務の経験当時、このようなサインを出したことはありますか。

中武 そうですね。確かに、和解をしたいとはなかなか言いにくいので、たとえば、「今日は本人を連れて来ておりますので、本人から少しお話を聞いてもらえませんか」というような形で、こちらの希望を聞いていただいて、場合によっては柔軟な解決もあり得るというサインですとか、あるいは訴訟物としては金銭請求の形をとっておりますけれども、本人の本当の思いは、「ひとこと、ごめんねと言ってほしかった」というような事案もありますので、そういったところで裁判官に和解の希望をお伝えするようなことはありました。

Ⅲ 和解について——各論

1. 和解の進め方

(1) 和解の時期

田中 では、各論に入らせていただきます。まず、最初に和解の進め方についてお話をお願いいたします。

　和解については、やはりそれを行う時期が非常に重要かなと思われます。各事案によって違うといえばそれまでかもしれませんが、どのような時期に和解をするのが相当かということにつきまして、お願いいたします。

濱本 今ご指摘があったように、事案によるところが非常に大きいかと思うのですが、一般的な場合としてあげられるのは、争点整理を行っている事案で、裁判所が争点について暫定的な心証を形成できた時点、多くの場合は争点整理がほぼ終わりに近づいた時点で、尋問の前に和解を勧めるという場合が非常に多いと思います。その時点で和解が成立して尋問を経ないという事

案も、相当数経験したことがあります。

　また、尋問後に和解を勧める場合というのも多いと思います。その場合には、基本的には判決を見据えての和解勧試ということになると思います。

　これに対して、争点整理をするまでもなく原告の主張について争いがないとか、あっても書証によって容易に認定できるという場合だけれども、被告の支払能力が乏しくて、支払の猶予を求める趣旨で請求棄却を求めているというような場合には、早期の段階、事案によっては第1回口頭弁論期日の場で和解を勧めるということも少なくありません。

　その中間というわけではないのですが、先ほどお話がありました和解のサインが出ている場合には、争点整理が終わっていなくても、やはり和解に入るタイミングなのだろうと思います。たとえば、争点整理がまだ完全には終わっていない中で、釈明を何度もしているのに思うような回答が出てこないとか、あるいは、立証の準備をしているけれども、何度も期日を重ねても、なかなかその立証がされないというような場合であれば、争点整理がまだ終わっていなくても、和解に入ることはあるのではないかと思います。

福田　個人的には、裁判官が交替する時期というのも1つのポイントだと考えています。たとえば、自分が転勤する直前に提案して、早期解決を望む当事者から納得を得られれば、それでまとまることがあります。ただ、この裁判官はどうせ判決を書かないのだから応じないでおこうという当事者もおり、まとまらないこともあります。

　逆に、新しくその事件を担当するというタイミングで、前任者がどのような和解の提案をしていたのかを聞いたうえで、その提案内容がもっともだと思えば、セカンドオピニオンではありませんけれども、同じような提案をしたり、若干変えて提案したりすることがあります。前任者が、100万円と提案したところ、高すぎるとして拒絶されていたというような場合、「では、90万円ならどうですか」と伝えると、意外とまとまった経験があります。

　ただし、従前の和解の経緯については、きちんと引き継がれていると助かるのですが、記録上、試みたことしかわからない、和解案まではわからないということもあり、そんなときには、当事者から教えてもらうことが多いです。

田中　わからないことは聞くということが大事ですね。やはり裁判所は、わからないことを、わかったような顔をするとよくないように思います。

(2) 心証開示

田中　続きまして、心証開示についてのお話をいただきます。以前は、裁判官は心証についてはポーカーフェイスがよいと、判断で示せばよいなどといわれていました。私などは正直者ですので、若い頃から、麻雀と同じで、すぐに顔に出ると先輩裁判官からよく注意をされたものでした。

　それに対して現在、多くの裁判官は、心証開示をかなり積極的に行っておられ、また、代理人の側でもその旨要望されるというのが実情ではないかと思われます。

　そこで、あらためてこの心証開示の問題につきまして、実施の是非、するとしてその程度、また、心証開示するにあたって留意すべき事項がどのようなものであるかについてお話をお願いいたします。

山地　裁判上の和解である以上、心証開示は常にあり得るところだろうと思います。ただ、その程度については、訴訟の時期によっても異なりますし、事案の内容、当事者、代理人の意向によっても異なります。

　心証開示にあたって留意すべき事項としては、現段階の暫定的なものであることを示すことや、当事者、代理人の意向、受け止め方を常に意識しておくことなどがあげられます。一般化はしにくいのですが、最初から明確な心証開示をするよりは、当事者双方の意向聴取、調整を進めていって──これは自主的な解決を促すための調整といえます──次第に、和解案の提示も含め、必要に応じた心証開示をしていくというほうが、和解成立に至ることが多いように感じます。言い換えると、和解の方向づけ、条件の調整、和解案の提示という一連の流れの中で、適時適切な心証開示がされることが望ましいと思われます。ただ、このあたりは裁判官によってもかなり違うところかもしれません。

　また、訴訟における和解の重要性に鑑みると、訴訟の早期の段階から、最終的なゴールを和解に見据えたうえで審理を進めていくといった観点も、大事ではないかと思います。

田中　今の点は、当該事件をどのように見据えるか。解決を和解にするのか判

決にするのか、ある程度見通しを立てたうえで、審理を行っていくということでしょうか。

山地 そうですね、和解相当と思われるような事案については、そういうことを早期に意識していくような訴訟審理のイメージというのもあるのではないかという趣旨です。

中武 諸外国では、トライアルを担当する裁判官と、その前の争点整理をする段階の裁判官が異なっていたり、和解をする際にも別の裁判官や調停官が担当するということが多いと聞いているのですけれども、日本の場合は、争点整理をしながら、その書証の取調べを通じて心証をとりながら、和解も主宰するというのが、裁判上の和解の特徴だと思っています。特に、判決の先取り型の和解、判決で得られるような結論を先取りするような和解については、心証開示が重要になってくると思います。

　ただ、いきなり結論を当事者に提示すると、当事者側から無用な反発を招くおそれもありますし、提示の時期が早過ぎますと、裁判官が予断を抱いているのではないかと思われることもありますので、その点について留意が必要だと思います。

　弁論準備手続の中で、争点整理に関する暫定的心証開示をしておりますと、争点や争点に対する証拠構造、証明力の強弱について、裁判所と当事者との間に共通認識が形成されていきますので、双方に訴訟代理人が付いていれば、おのずから結論に対する見通しがついて、予測が立ち、その予測の範囲内での結論に対する心証開示には、あまり反発を招くことはないように感じています。

　また、結論に対する心証開示の際に、最も注意を要する点は、双方当事者が判決の見通しについて誤解を抱くことがないこと、あるいは、誤解をさせたまま和解に至ることがないことであり、これらには非常に注意を配っているところです。

田中 この結論に対する心証開示、これはどういった表現で伝えられるのでしょうか。

中武 結論を提示するだけではなく、理由を伝えることが大切だと思います。理由を告げることによって、現時点で出ている証拠関係によるものであるこ

とが明らかにされることになりますから、さらなる書証の追加や、法的な議論によって変わり得るものであることも理解してもらえると思います。また、その時点の証拠関係を前提とするという意味では暫定的ですが、心証度としてはある程度確定的な心証を得ている部分について、当事者双方対席の下で、あるいは書面で示すというのも一つの方法だと思います。

田中 それから、誤解という点について、「双方当事者が」と言われました。これは、双方とも誤解する場合、あるいは一方の代理人が誤解する場合、両方含むのでしょうか。

中武 そうですね、両方あり得ると思います。

田中 そうすると、代理人が理解をしているかどうかを何らかの形で確認する必要が出てくるということになりますね。

中武 そうですね。やはり、心証開示後に議論といいますか、代理人に対して何らかのリアクションを求めたほうがよいと思います。

田中 心証開示というと、控訴審の場合は、一般的には原審で審理が尽くされており、ある程度、記録を通じて心証は形成できる場合が多いのではないかと思われますが、齋藤さん、いかがでしょうか。

齋藤 そうですね、やはり控訴審ですと、和解勧試をするにあたって、当事者からは、合議体の明確な心証に基づくものであることを期待されていると感じることが多いです。今ご指摘があったように、多くは原審で必要な審理が尽くされておりますので、控訴審では、記録を通じて心証が形成できる場合が多いこと、それから、控訴審の手続としても、第1回の期日で即日結審することも少なくないですので、控訴審の場合には、「暫定的な心証ですが」とはもはや言えない点が、厳しいところではないかなと思います。それだけに、予定する判決の結論と和解案との間にずれがないかどうかという点や、結論だけではなく、根拠まで十分に説明できるかどうかといった点が気をつかうところです。

田中 控訴審の場合には、弁論終結後、かなりの割合で和解を勧試していますが、多くの場合には、受命裁判官で行っています。私は、これから和解を勧試しますというときに、ある程度心証を明らかにしたほうがよい事件については、法廷で双方当事者に対し、「合議を十分にしていますので、受命裁判

官の発言は、合議体の発言と理解してください」ということで、いわば、合議体で、一定の見解が示せる状態であることを明らかにしています。

2. 裁判所書記官の役割

田中 和解にあたっては、裁判所書記官の役割が非常に重要ですが、この点について増田さん、いかがでしょうか。

増田 裁判所書記官の役割と申しますか、和解手続への裁判所書記官の関与のあり方についてですが、新民事訴訟法、現行の民事訴訟法が施行されて4年が経過した平成14年に、平成13年度の裁判所書記官実務研究報告書として、『和解への関与の在り方を中心とした書記官事務の研究』という報告書が刊行されていますので紹介させていただきます。

　報告書では、裁判所書記官が和解に関与する意義として、①裁判官との協働態勢の必要性および②事案解明行為と和解関与の関連、ということがあげられており、その前提として、裁判所書記官が裁判官と密接、緊密な連携の下で情報の共有と認識の共有化を図り、協働態勢を築いていくという視点が必要であるとしています。

　そのうえで、和解の合意形成過程において裁判所書記官がどのように関与すればよいのかということを主要テーマにあげ、「和解に関する書記官事務を事案類型別に具体化する」とし、貸金関係訴訟等の10類型について、各類型の特徴を踏まえ、裁判所書記官の和解に関する具体的な関与のあり方を、訴訟の進行に沿って提示しています。

福田 確かに、裁判所書記官が機敏に当事者双方の意向を聴取してくれていると、和解が早期に成立するという傾向があると思います。

　ただ、裁判官としても、当事者のどちらに、どのように働きかけるか、いかに調整するかというような和解の進め方については、思惑があることが多いので、裁判所書記官としては、意向聴取に際して、裁判官との情報共有、認識の共通化が大事だろうと考えます。

3. 和解手続

(1) 交互面接方式か対席方式か

田中 続きまして、和解手続に関するお話をお願いいたします。まず、最初に交互面接方式か対席方式かについての議論を行いたいと思います。なお、ここで申し上げる対席方式とは、当事者双方が同席した場で和解期日を進める手続をいいます。それから、交互面接方式は、当事者に交替してもらいながら個別に話を聞く方式です。各方式のメリット・デメリットについて、齋藤さん、いかがでしょうか。

齋藤 和解で合意に至るためには、建前論に終始するのではなくて、ある程度本音の話をしなければなりません。この点から交互面接方式のメリットを考えますと、相手方は待合室にいて、和解室にはいませんから、当事者としては相手方に聞かれたくない本音を言いやすいですし、裁判官としても、相手方にはあまり聞かせたくないけれども、目の前の当事者にはぜひとも理解してもらいたいという類いの話を、言葉を尽くして説明することができます。たとえば、その当事者が訴訟上不利な立場にあることを裁判官が説明する場面を思い起こしていただければと思います。

　他方、交互面接方式では、その場にいない当事者は、相手方が裁判官に何を言っているのか、裁判官が相手方に何を言っているのかわかりませんから、和解の進行に不安を覚えることもあると思います。この点が交互面接方式のデメリットでして、裏を返すと、対席方式の場合には、裁判官と相手方当事者の発言を直接聞くことができるというメリットがあるといえます。

　もっとも、相手方が同席している場では本音を言いにくいばかりでなく、もともと言い分の違う者同士が同じテーブルで冷静に話をすること自体が、なかなか難しいものです。これは、代理人弁護士同士による和解であっても難しく、まして、当事者本人の場合にはより一層難しいことだといえます。

　このように、当事者間の感情的対立の激しい事件では、万が一にも事故につながることのないよう、むしろ、本人同士が接触しない配慮が必要となりまして、対席方式は採用できないことになります。

　それぞれの方式にメリット・デメリットがあるので、私の場合は、当事者から意向を聴取して裁判官が解決策の説明をする場面では交互面接方式をとりますけれども、それ以前に、当事者双方の共通認識を形成しておいたほうがよいという場面では対席方式で、双方揃っている場面で説明をし、双方の

言い分を聞くようにしております。

　たとえば損害賠償で、主に過失相殺の割合が争われている場合に、それ以外の損害費目ごとに認定できる数額とか既払金の充当関係といった点は、あらかじめ双方の面前で説明しておくと、和解にあたっての共通認識となると思います。

田中　この問題は、原則論でどうだとか、どちらがよいとはいえない問題だろうと思います。個別の事件でどのように方式を選択し、対応していくのかということであると思っています。

(2) 争点整理手続と和解手続

田中　争点整理手続と和解との関係についてお話をお願いします。

　旧民事訴訟法下では、弁論兼和解手続という、非常に便利で、「ぬえ的」ともいわれる手続がありまして、これが広く運用されていました。福田さんは、弁論兼和解手続のご経験もおありかと思いますので、お話をお願いいたします。

福田　旧法下の弁論兼和解手続ですと、裁判官の考えだけで、争点整理をメインにすることも、和解をメインにすることもできてしまいます。もちろん、交互面接方式、あるいは対席方式の選択も随意です。

　そこに、和解と争点整理とをメリハリなく行う素地があったといえます。たとえば、交互面接方式で和解の話をしていたら、いつの間にか争点について、この点の心証はこうですよ、あるいは立証可能性はこうです、争点の判断のポイントはこのあたりです、だから和解しましょう、あるいはこんな和解は望めません、といった話に発展することもありがちなことです。確かに、争点についての立証可能性を抜きに和解を考えることはできませんが、和解の話をする中で心証をとっているのではないかという批判が根強くありました。逆に争点整理の途中で、「ところで、被告の資力はどうですか」といった和解の話に脱線してしまって、争点整理が疎かになるというような意見もございます。

　そこで、現在、仮に争点整理手続の中で、途中で和解の機運が出てきたという場合には、「今から和解の話をします」というように、メリハリをつけるべきだと言われております。なかには、次回期日ではもっぱら和解の話を

するというときには、争点整理手続の期日でなく、和解手続、和解の期日を指定すべきだという人さえいます。

また、進行協議期日でも、事実上、和解協議をすることは可能といわれておりまして、確かに、進行協議期日では電話会議も可能である一方、和解期日では電話会議がないということもあるので、特に遠方の当事者との和解協議をするときには、進行協議期日の電話会議を使うこともあります。もちろん裁判官によっては、和解期日だけれども、事実上、電話をかけてしまうという人もいますが。

ただ、本来の進行協議は、訴訟の進行に関し必要な事項についての協議をする場ということなので、和解が成立するというときには、進行協議期日のままでは望ましくないともいわれております（菅野雅之「進行協議期日」ジュリ1108号（1997年）31頁）。ですから、進行協議のままでは和解できないので、和解を成立させたいときには、弁論準備等に切り替えることになります。進行協議中に和解の話を途中から忍ばせたりすると、旧法下の弁論兼和解に対するのと似たような批判を浴びることになるように思います。

田中 この弁論兼和解手続は、当時便法として編み出され、かなり柔軟に運用されていましたが、逆に福田さんからご紹介があったように、いろいろ問題がなくはなかったということで、現時点では、きっちりと手続を行うべきものではないかと思われます。

(3) テレビ会議システムを利用した和解手続

田中 和解手続にもいろいろな形があるかと思うのですが、濱本さんは、テレビ会議システムを利用した和解手続のご経験があったとうかがっております。ご紹介をお願いいたします。

濱本 当事者が多数で、複数の代理人が付いていた事件を担当したのですが、その代理人の弁護士事務所の所在地が何か所もの遠隔地にある場合に、多地点接続のテレビ会議システムを利用して争点整理手続を進めて、最終的に和解成立に至った経験がありました。

事案は、物流の大動脈というような高速道路での多重衝突事故で、車が何台も衝突しているというケースです。関連する事件が次々に提訴されて、その複数の事件を併合審理していたのですが、そのために、当事者が非常に多

く、その代理人の事務所所在地も、大阪、新潟、長野、高松、東京などとばらばらだったのです。現行の電話会議システムでは、裁判所を含めて、最大で３地点での通話しかできないのですが、テレビ会議システムを利用すれば、それ以上の多地点を接続することが可能でしたので、その事件では、最大で５つの裁判所をつないで手続を行いました。

　もちろん、利用に際しては、遠隔地の代理人に、テレビ会議システムを設置している最寄りの裁判所まで出頭していただく必要がありますし、また、そのシステムが設置されている法廷の空き状況の確認や、システムの操作、代理人の出頭確認など、さまざまな点において、それぞれの裁判所の担当者の協力が不可欠であるために、関係者の間での緊密な連絡、大阪の担当書記官と別の裁判所の担当者との間の連携が非常に重要になってくるわけですが、数回先の日程を予約しておく等、いろいろな工夫をすることで、円滑に進行することができ、訴訟の遅延を避けることができたのではないかと思っております。

　そのような形で争点整理を続けた結果、和解の話ができるかなという段階になったところで、テレビ会議システムを使って和解をしたのですが、その際にもいくつか工夫をしました。当事者が非常に多くて複数の訴えが併合されていたことに加え、通常の事件では先ほど出ていた交互面接方式ができるのですが、テレビ会議の期日だと、これを行うことは非常に困難で、いったん切って、またそれを接続してというのは、なかなか大変です。そこで、期日間に、まず合議体で和解案を検討して、草案のようなものをつくりました。和解案の内容としては、それぞれの請求に対して裁判所がどのように判断するか、認定できる損害額といったものを算定して、一覧表形式にしたうえ、債務者となる当事者が用意できる総額が限られていたため、その総額をどのように割り振るかということも記載しました。これを、あらかじめ電話で各代理人に伝えて、それぞれの意向をうかがいました。その結果、損害費目の中で修正したほうがいいなというものがあった場合にはそれを修正して、そのうえで正式な和解案という形にして、ファクシミリで期日前に送信しました。実際のテレビ会議の期日では、全員がいる場で、裁判長から、全員に対して、和解案の内容について口頭で説明するとともに、すでに電話で

541

のやりとりで応諾しますという意向をうかがっていた代理人には、その旨をその場で確認して、まだ応諾されていない、検討中ですという代理人には、「ほかの方は皆さん応諾されています」と申し上げて、いわば、「前向きなご検討をお願いします」ということで進めて、最終的には全員、裁判所の和解案どおりに応じていただいたということがありました。

田中 今ご紹介いただいた事例ですと、お互い面識がなく、住所の異なる複数の当事者が事故に巻き込まれ、そこから紛争が発生するという、まさに交通事故独特の審理上の隘路があった事案ではないかと思われますが、これを和解にもっていった、すばらしい解決事例であると思われます。現在、民事裁判手続のIT化が議論されていますが、こういった観点からも、非常に運用上参考になる事例といえましょう。

(4) 現地における和解手続

田中 続きまして、現地における和解手続ということですが、いかなる事件が現地での和解をするのに適しているのか、また、現地で行う手続はいかなるものか、それから現地における和解手続のメリットはどういった点にあるか、まずこの3点について山地さんからお願いいたします。

山地 現地における和解手続に適した事件類型としては、建築訴訟、土地境界紛争、近隣紛争、不動産関係事件、労働災害事件などがあげられます。それ以外にも、現地に赴く必要性が高い事案であれば、適しているといえると思います。たとえば、人身被害の事案の和解協議の中で、被害者本人が後遺障害のために外出が困難な場合に被害者宅に赴いて、本人から現在の生活状況や被害感情についてお話をお聞きするというようなことも、現地に行ってお話を聞くのに適した事案だろうと思います。

裁判所から当事者、代理人に、現地での手続はどうか、と話をもちかけると、協力してもらえることが多いですね。ぜひ来ていただきたいという反応をしていただくことが多いと思います。

メリットとしては、当事者、裁判所の間に共通認識が得られ、当事者双方に協調的雰囲気が形成されやすく、現地を見たうえでの和解案であれば当事者の納得も得られやすいということ。それから、裁判官としても、記録や裁判所での手続からは理解しにくい事柄を、現地で五官の作用を用いて理解で

きること、それによって紛争の実情にかなった和解案を考えやすくなることなどがあげられると思います。

　手続としては、検証の期日が用いられることは現在では少ないと思います。実際には、裁判所外における進行協議期日（民訴規97条）または裁判所外における和解期日（民訴規32条1項）が用いられることが多いと思います。実例としては、裁判所外における進行協議期日の場合に、現地でそのまま和解協議に入るということは、私自身の経験では少ないかなと思っております。現地での手続の結果を踏まえて、後に和解協議に入ることが多いように思います。

田中　私からも一例を紹介させていただきます。まさに、今山地さんからお話があった人身被害の事案です。交通事故により脊髄損傷の後遺障害を負われ、四肢が動かせない原告、つまり被害者の本人尋問を被害者宅で実施しました。後日、最終段階で和解案を提示したところ、被害者がどうしても過失割合について難色を示したために、その説得のためにもう一度被害者宅を訪れて、被害者に対して直接に説得をしたことがあります。これは和解手続として行いました。

　私自身も、これまでにさまざまな事件を担当しましたが、被害者宅に二度うかがった事件は、今のところこの事件だけです。被害者の原告代理人も、裁判官が二度も自宅を訪れるということはそうそうないのだから、せっかくだから和解したらどうかと、本人の背中を押してくださり、幸い和解が成立しました。

　このように、いろいろメリットがある現地における和解手続ですけれども、実施にあたって留意すべき事項があります。山地さん、よろしくお願いいたします。

山地　実施にあたって留意すべき事項としては、事前準備が非常に大切だろうと思います。どの程度の時間で、誰が立ち会って、どの順序で何を見て、どのような指示説明をしてもらって、どのように記録化するか。それから、当事者、裁判所が準備しておく機材等は何か。あるいは当事者のプライバシーへの配慮など、留意すべき事項は何か。これらの点を事前に当事者、代理人とよく打ち合わせておく必要があるだろうと思います。事前準備を入念にし

ておけば、当日の進行も円滑に進むだろうと思います。

　当事者間の対立が激しい事案では、現地で議論にならないよう留意することも必要かと思います。記録化をどこまで行うかというのは事案によりますが、共通認識が事後的、客観的に検証できるかどうかという観点や、当事者に対する透明性の確保という観点、それから裁判官の異動や控訴審のことを配慮した観点、そういったものを考えたうえで、必要かつ相当な記録化を図っていくことになるのではないかと思います。

田中　現地の和解手続を行う際、今山地さんがおっしゃったように、種々の事情を考えておかなければいけませんが、その1つとして、裁判所書記官の負担にも配慮する必要があるかと思われます。増田さん、いかがでしょうか。

増田　裁判所書記官としては、先ほど山地さんからのお話にもありました記録化ということが、重要な関心事になります。どのような形で、どのような内容の記録化を行うかということについて、事前に、裁判官、当事者双方、裁判所書記官との間で調整をしておく必要があります。

　裁判所書記官の負担ということではありませんが、事実上のこととしては、裁判所から外に出て行くことになりますので、出張に伴う手続書類の準備、記載、作成、民事予納金の納付の要否から始まり、交通手段について、官用車を使う場合も含め、現場までの順路、所要時間の調査把握、また、事件記録を現地に持参するのか、全部でいいのか一部でいいのか、写しで済ませることができるのかといったことなど、通常の検証に伴うのと同様な事前準備が必要になってきます。

山地　私の場合は、現地に行く前に、増田さんが言われたような事項について協議をする際には、裁判所、代理人の協議に裁判所書記官にも加わってもらうということをしております。

福田　昔は、裁判所書記官研修所で山林検証というものが必修科目だったのですが、今はありません。やはり負担という面があったと思います。

(5)　関連事件も含めて一挙解決を図る場合に留意すべき事項

田中　それでは引き続きまして、関連事件も含めて一挙解決を図る場合に留意すべき事項ということで、中武さんからお願いいたします。

中武　一体的な紛争解決というのは和解の大きなメリットで、裁判官にとって

は和解の醍醐味の一つであると思います。記録を読む際に、訴訟物についての心証をとるだけではなくて、何かその訴訟物を超えて、当事者がWin-Win の関係になれるような和解の種がないか、それを探す作業はとてもやりがいもあり、楽しい作業だと思っています。

　もっとも、一体的紛争解決をめざしたために訴訟が遅延して、全体的解決がかえって遅れることがないように、配慮することも必要だと思っています。関連紛争の事案の複雑性や、それに関する立証の容易性、当事者の解決意向などを考慮して、関連紛争を含めた解決の見込みの程度について、十分な見通しをもつ必要があると思います。

　たとえば、遺言無効確認訴訟などでは、遺留分減殺請求権の行使や、後に行われる遺産分割を含め、これらを和解の中で一挙解決するということがあります。この場合には、遺産の事件で10年近くかかりそうなものが一挙解決するということで、非常にメリットが大きいのですが、対立が激しい場合には、かえって無理をせずに、遺言の有効無効という前提的根本的問題について、迅速に判決をしたほうがよい場合もあると思います。

　また、関連紛争がすでに複数の部にまたがって訴訟係属する場合もありますが、枝葉ではない紛争の根本がどこにあって、全体紛争が見渡せる訴訟をどこが担当しているか、あるいは当該訴訟の進行度などを考慮して、和解をリードするのに適切な裁判官が、主導権を握って進行させることになると思います。

　また、いずれかの事件が控訴されている場合には、その訴訟の進行度や、高裁における心証開示のタイミングなども考慮し、一挙解決のタイミングをつかむということも重要だと思います。

田中　紛争全体について十分な知識をもち、事案を把握したうえで、その一方で、事案を広げすぎないということに尽きるのでしょうね。

中武　そうですね、そこのバランスが難しいと思っています。

田中　高裁からの観点として、齋藤さんはいかがでしょうか。

齋藤　中武さんのお話の最後のほうにもありましたけれど、関連事件が高裁と地裁に分かれて係属している場合には、一般に高裁における審理期間のほうが短いですので、高裁で和解に関与できる機会が、どうしても限定的になっ

てしまいます。また、高裁に係属している事件が、紛争の全体像の中で必ずしも重要なポジションを占めていないということもあるところです。

ですから、高裁係属事件が全体解決の鍵になる場合には、積極的に和解に取り組むことになるでしょうが、逆に、付随的、派生的な位置づけの事件であるときには、早期に高裁での判断を示して、後に続く1審係属中の事件における解決を期待するということもあり得るところです。

濱本　関連する紛争がある場合に一挙解決を図るかどうかの判断においては、関連事件の訴訟係属の有無、その進捗状況について、代理人からこまめに情報収集することが大事なのではないかと思います。

また、手続面では、関連する事件を併合すべきか否かの判断も重要です。同じ審級にかかっている場合、同じ裁判所の別の係にかかっている場合といったことですけれども、事案によっては、自分の同じ係に係属していても、併合はせずに、同時進行させる場合もあります。関連する事件を併合すべきか否かという見極めが非常に大事かなと思います。併合したほうがまとめて解決しやすい場合もありますが、なかには先行している事件だけ先に終局させたほうが、残りの事件が解決しやすくなる場合もあります。

また、関連事件が高裁と地裁に係属している場合には、その高裁に係属している事件の地裁の判決を当事者の一方、または双方が入手しているのであれば、それをいずれかから書証として出してもらうこともあります。もちろん、その別の事件の判決の内容に拘束されることはないのですけれども、一体的な解決を図るためには、先行事件でどのような判決が出ているかを把握しなければ、有効な解決案を検討することができない場合も多いのではないかと思います。

先ほどお話したテレビ会議システムを使った事件でも、審理中に、関連事件が、別の遠隔地の地裁で先行して判決となって、遠隔地の高裁に係属したのですけれども、共通する争点、具体的には事故態様と、事故態様の認定に基づく過失、責任の所在が、争点として共通していたのですが、その部分の認定が、こちらの合議体の心証と共通であり、また、こちらの当事者の一部が先行事件の当事者でもあったことから、こちらの事件で和解案を考える際に、先行事件の1審判決の認容額も踏まえて、全体での和解案を考えようと

III 和解について——各論

思いました。

　具体的には、先ほど申し上げたとおり、債務者が用意できる原資の総額、これだけしか用意できませんという額が限られていたため、先行事件を含めてトータルでいくらという形で考えなければ解決ができないだろうということで、こちらの事件の和解金額を考える際に、こちらの事件の請求されている請求額に対して、裁判所が認定できる金額はこれだけですよというものを算出して、それに、先行事件の1審判決の認容額も合わせて、合算して合計の認容額というものを計算しました。いわば、破産事件の債権者一覧表のような形で、こちらの草案を作成したのです。

　そのうえで、当事者に、こちらの合議体として示す一覧表には、先行する関連事件の分の額を「参考」という形であげました。つまり、全体の中での認容額というものが、どれくらいの割合で支払を受けられるのか、いわば配当率のようなものがどのくらいになるのかを考える段階で、その先行事件の認容額も勘案して計算して、同じ配当率で考えた場合、こちらの事件の各当事者のもらえる和解金額は、これくらいの金額になりますよというものを出し、かつ、先行事件は、同じ配当率で考えた場合にはこのくらいの金額になりますよということを、「参考」としてあげて、和解案を示したのです。

　そうしましたところ、先行事件の当事者双方が、こちらが示した和解案の「参考」を前提に協議をされて、それをそのまま、この金額で和解しますということで高裁のほうに上申されまして、高裁でもその金額で和解をしていただきました。

　先ほどお話したように、一部まだ応諾していない代理人もおられましたが、先行事件についても高裁で和解が成立したことが、こちらの事件で検討中であった代理人を後押しした形になって、こちらの事件でも和解が成立しました。

田中　地裁で提示された和解案が、高裁も動かし、その高裁を動かした結果を踏まえ、全体的解決に至ったということですね。すばらしい解決だと思います。

(6) 簡易裁判所における和解の特徴

田中　それでは、簡裁における和解の特徴について、特に、司法委員と和解に

代わる決定の観点から増田さんにお話をお願いいたします。

増田 司法委員制度は、国民の中から選ばれた司法委員が、簡裁の民事訴訟手続に関与することによって、審理に国民の健全な良識を反映し、より社会常識にかなう裁判を実現するために設けられた制度です。司法委員の職務は、意見陳述と和解の補助が規定されています。簡裁が扱う民事訴訟事件は、請求額が比較的少額で、国民に身近な事件が多いため、国民から選ばれた司法委員の良識を反映した常識的な解決に親しみやすく、裁判官が審理において、司法委員の意見を聴き、その豊かな社会経験や知識を活用することによって、適正、妥当な解決を図ることが期待でき、簡裁の民事訴訟事件の処理にとって不可欠な制度です。

和解に代わる決定は、原告の請求を全面的に認容する判決ができる場合に、裁判所が和解的解決を図ることができるようにということで、平成15年の民事訴訟法の改正により、簡裁の訴訟手続に関する特則として新たに設けられました（施行は平成16年4月1日）。簡裁における民事紛争解決メニューの多様化を図ったという制度であり、簡裁の、特に業者事件（簡裁に係属する金銭請求事件で、原告が貸金業者や信販業者で、被告が一般市民の訴訟）の解決にとっては、なくてはならないものです。業者事件では、遠隔地に居住している被告から、請求原因事実をすべて認めるが、1万円とか2万円の分割払を希望する答弁書が提出され、口頭弁論期日に欠席する例が少なくありません。原告についても、全面的な勝訴判決を得られる場合であっても、強制執行手続の負担等を回避するために、被告の希望を受け入れて、早期に解決をしたいと望んでいる場合も多く、和解に代わる決定は、そのような場合に、金銭の支払時期、あるいは、分割払の定めを内容とする決定をすることによって和解的解決を図るものです。

4．紛争類型ごとの和解

田中 続きまして、以下、紛争類型ごとに和解の内容、あるいは和解の方法などについてお話をお願いしたいと考えています。まず、借地借家事件についてのお話をお願いします。

(1) 借地借家事件

中武 賃貸借終了に基づく建物明渡請求事件が、地裁では非常に多いですけれども、この事件は強制執行に手間暇がかかるうえ、仮執行宣言が第1審で付されないことも多いのです。そのため、第1審判決後に直ちに執行に着手できないことから、一定程度、金銭請求の部分を譲ってでも早期に任意の明渡しを受け、次の賃借人を早く探したほうがよいこと、明渡し後の残置物の所有権について賃借人側の権利放棄を得ておくほうが望ましいことなどから、勝訴する賃貸人側の当事者にとっても和解のメリットが大きいものだと思います。

　また、債務不履行に基づく賃貸借終了が争われている場合でも、これが認められる見込みの程度によっては、解約申入れの場合の立退料相当額を1つの目安として、これを算定して金銭と引換えに明渡しを受けるとの和解に至る場合や、いずれかが不動産を買い取る方向で、賃貸借関係自体を解消するといった和解もあります。

　このほか、賃料増減額訴訟では、最終解決までに正式鑑定をするといったケースが多いのですが、その費用等を考慮しますと、継続賃料についての私的意見書等を基に、早期解決をめざす場合も多いと思います。

　継続的契約ですので、賃貸借期間中にいろいろな紛争が生じておりまして、これらの関連紛争を一挙解決できるということも多いかと思います。

福田 建物明渡しの場合で、残置物の所有権放棄をしていないと、強制執行するときにそれらを倉庫で保管することになって、費用が莫大になるということもあげられると思います。

　ほかに、建物の朽廃が争われる借地権の事案ですと、やはり判決だとリスクが高いので、一定期間の明渡し猶予を認めるという和解をすることが多いです。建物自体ある程度古いものですので、何十年も居住を望む当事者はいないということも関係するのかなと思っております。

増田 簡裁の敷金返還請求事件で原状回復義務が争点となる事案については、特別損耗か通常損耗かについての振り分け、主張・立証、さらには判断が困難であるということに加えまして、労力、費用等の負担が大きい強制執行によって権利の実現を図るよりも、当事者の任意の履行が期待できる和解による解決を積極的に活用することが、簡裁の訴訟においては望ましいといえま

す。
　　そこで、消費者問題や建物賃貸借関係についての知識経験が豊富な司法委員を指定し意見聴取を行い、和解手続においては、国土交通省住宅局の作成に係る、原状回復に係る契約関係ですとか、費用負担等のルールのあり方を示したガイドライン（「原状回復をめぐるトラブルとガイドライン〔再訂版〕」）を示しながら、司法委員の補助の下に和解の成立をめざすといった運用をしております。

田中　借地借家事件については、解決の方法がたくさんあるように思われます。当該事案、あるいは予想される結論、それから当事者の意向に応じて、これらを使い分けることが大事かなと思います。裁判官として経験を積んでいくと、そういった和解の引き出しができてまいります。その意味では、この借地借家事件は、和解の活用場面が多い領域だという感じがいたします。

(2) 建築事件

田中　続きまして、建築事件についてお願いいたします。

山地　建築事件の和解についてですが、建築事件の特色にも関連しますが、建築技術上の専門的知見を取り込みながら、段階的に進行していくことが多いと思います。たとえば不具合があるかどうか。次に、不具合が瑕疵といえるかどうか。さらに、瑕疵の補修方法、補修費用はどうなるか。こういった点について、順次協議を進めていくことが多いと思います。このようなことから、建築事件の和解については、専門家調停委員を交えた付調停手続になじみやすい面があるといえると思います。もちろん、専門委員の関与も考えられるところです。

田中　要は、いかなる形において専門的知見を取り入れるか、これが非常に大事だということでしょうかね。それに応じて妥当な和解をめざしていくということですね。

山地　そう思います。

(3) 交通事件

田中　交通事件は地裁、簡裁、それぞれ性質が異なる面もありますので、まず濱本さんから、地裁の交通事件についてお話をお願いいたします。

濱本　地裁で扱う交通事件は、多くの場合は人身損害が請求されているケース

Ⅲ 和解について——各論

が多いかと思います。交通事件の場合には、争点の種類が比較的定型的です。事故態様、過失割合、それから損害の費目や額、相当因果関係といったことが争点です。また、各争点で必要な主張・立証というのも比較的明確であって定型的ですので、そういった主張・立証を揃えていただいたうえで、話合いの解決になじむものだと思います。

　また、過失相殺率の基準や、損害賠償額算定の基準というものは公刊されていますし、加害者側が任意保険に加入していて支払に問題がないという場合が大多数ですので、和解になじむ類型かと思われます。実際にも和解率が高く、平成29年度の大阪地裁第15民事部（交通部）の和解率は7割を超えています。

　もっとも、死亡や、それに匹敵する重大な結果が生じた事案など、ご遺族やご本人、あるいは家族の被害感情が峻烈な場合には、もう和解勧試すらさせていただけないというケース、和解のテーブルにもつきたくないとおっしゃって、そのまま判決に至るということもあります。

　それほどの重大な結果ではなくても、やはりけがをされた本人にとっては、事故によってけがをしてしまったということ自体で、非常に被害者意識が強いケースもありますので、そういったケースの場合は、なかなか和解ができないということもあります。

　他方、被告が加入している保険会社が、保険金詐欺を疑っている事案、よくモラル事案などと申しますけれども、そういった事案も和解が難しいと思います。

　また、地裁でも、最近は訴額の少ない物損事故の事案も係属するのですが、そういった事案の場合、事故態様や過失割合が激しく争われているケースがあり、和解が難しい場合があります。

　交通事故の和解案というのは、多くの場合、損害の費目が複数あるので、一覧表の形式で、各損害費目、過失割合、あるいは素因減額、損益相殺等について、それぞれの項目の数字を示したうえで、和解金額を算出して提示する場合が大半ですが、事案によっては、書面を出さずに口頭で示すこともあります。損害の費目が少ない場合などは、口頭でやりとりするケースもあります。

いずれのケースであっても共通していえるのは、和解案を提示するまでに双方とよく話をして、それぞれの当事者が、それぞれどの項目、どの争点を重視しているのかを把握して、受け入れやすい形の和解案を示して提示すると、成立しやすいのではないかなと思っています。

田中 今お話いただいたように、地裁の交通事件は、基本的には、和解になじむ事件が多いわけですが、中には当事者が和解を希望しない事件、あるいは和解すべきでない事件、これが含まれているということ。それから、死亡事故等でご遺族の被害感情が厳しい事件について和解をする場合には、基準を強調して、遺族から相場に従って金額を算定しているといった非難を受けない、また、言動、表現についても配慮する点が必要だということになるのですね。

濱本 そうですね。やはり遺族や被害者にとっては、命が失われた、あるいは重度の後遺障害が残ったということは、お金では補われない損害だという気持が強いですね。そういう気持に対して配慮のないことを申し上げるのは、絶対にしてはいけないことだろうと思っております。

田中 今ご指摘いただいた点は、和解をする際に、特に留意すべき事項だと思われます。

増田 簡裁における交通事件の多くは物損事故事件ですので、より和解になじむ事件類型といえると思います。一方でそれなりの特徴があり、実況見分調書が作成されないために、客観的な証拠資料が少なく、裁判官が事実認定に悩むことが多く、また、弁護士が関与する割合が増加してきており、地裁の審理や判決に慣れた弁護士に、簡裁は適切に対応できていないのではないかといった意見もみられます。

平成27年11月に、司法研究報告書として、『簡易裁判所における交通損害賠償訴訟事件の審理・判決に関する研究』が刊行され、その中で、物損事故事件は国民に身近な紛争の一つといえるので、簡裁の特色を活かしながら、弁護士が関与する訴訟事件についても対応できるように、あるべき審理プラクティスを検討する必要があるとの提言がされました。

簡裁では、提言を実務に定着させる取組みを続けるとともに、しっかりとした争点整理を行って、審理の充実を図り、和解においては、アジャスター

等の職歴を有する交通事故事案に精通した司法委員を有効に活用し、審理への立会を求め、意見聴取を行う中で、事実認定や過失割合についての暫定的な心証についての共通認識を、裁判官と司法委員でもったうえで、和解の成立をめざすという訴訟審理を行っているのが今の簡裁の実情になります。

濱本 1点、補足させていただきますと、この司法研究報告書の刊行を受けて、地裁からも簡裁の交通事件の審理についてサポートをすべきであろうといわれるようになりまして、おそらく全国の地裁でそういった動きをしているかと思われます。もちろん、大阪でもやっております。先日、大阪弁護士会の交通事故委員会の弁護士とお話をする機会がありましたが、最近、簡裁において適切に審理をし、積極的に和解をされる裁判官が増えてきたというご意見もいただきましたので、今後もそういった働きかけを通じて、簡裁の審理のさらなるレベルアップを図れたらいいなと思っております。

(4) 医事事件

田中 続いて医事事件につきまして、山地さんからお話をお願いいたします。

山地 医事事件の和解につきましては、医事事件の特色にも関連しますが、事案にふさわしい医学的知見を取り込んだうえで和解協議をすることが多いといえます。和解の内容面では、相当程度の可能性、説明義務違反などの判例法理が、和解においても中間的な解決の指針として機能することが少なくないと思われます。

　また、当事者だけではなく、関係者、具体的には、原告側であれば家族、被告側であれば保険会社や医師会などですが、そうした関係者の意向の確認が重要になる場合もあります。

　和解条項の面では、解決金の条項だけでなく、謝罪条項や、医療態勢見直し条項が入ることも少なくありません。医療紛争解決方法の一つとして裁判所の和解があるといった観点も、有益になることがあると思われます。

田中 先ほど濱本さんから交通事件について、和解を当事者が希望しない事件、あるいは、和解をする際に非常に配慮を要する事件があるというお話がありました。医事事件ではいかがでしょうか。

山地 患者側の被害感情とか、医療機関側の事情とか、そういったことがあって、和解の動機づけ、テーブルにつくというところから困難を極める事件が

あります。そういった場合には、やはり時間をかけて丹念に和解の動機づけなどをしていくといったところに配慮しています。

濱本 医事事件の場合には、患者側が医療機関に対して不信感を抱いているというケースが少なくないので、そういった点を何らかの形で解消できるような方策を探すことが、医事事件において和解を進める場合に必要な、求められることの一つだと思います。

たとえば、患者側が謝罪条項を求めているけれども、医療機関側がこれに難色を示すということがあります。特に過失とまでは認められないけれども、医療機関の事務的な対応に対して患者側が不信感をもっておられる場合はよくあるところ、そういった場合、医療機関側はなかなか謝罪条項というものについて難色を示します。この場合には、裁判所において、双方の意向を勘案しつつ、双方共にこれなら受け入れることができるかなというような表現を考えたうえで、裁判所から双方へ、和解条項としてではなく、和解勧試の表現という形で前文をつくり、和解条項に記載することで和解が成立したこともあります。

田中 患者の方々のそういった心情にも配慮して話し合いができるという、その動機づけをしていくということになるのでしょうね。

齋藤 いくつか謝罪の度合いに応じた謝罪条項案を腹案として用意しておきながら、当事者双方の意向とすり合わせていくということは、実務的にはままあることではないかなと思います。

(5) **知的財産権訴訟**

田中 知的財産権訴訟についての和解ということで、中武さんからお願いをいたします。

中武 知的財産権訴訟における和解率ですけれども、通常事件と比較しまして、約6割と高く、また、和解の中で差止めや損害賠償等の給付文言が入る、いわゆる勝訴的な和解が多いという特徴があります。知的財産権訴訟では、審理を侵害論と損害論とに二分いたしまして、侵害の心証を得た場合にのみ損害の審理に入るという訴訟プラクティスが定着しておりますので、損害論に入る前に心証開示がなされておりますし、特許や実用新案に関する第1審の訴えについては東京・大阪の専属的管轄となっておりまして、専門的

Ⅲ　和解について――各論

に集中して審理が行える体制が整っております。また、当事者の側でも企業の知財部など調査能力や分析能力が高く、結果の予測可能性が高いということが影響しているように思われます。

　通常訴訟と異なる点としては、製造禁止等の差止請求については、和解により、将来の設計変更までの時間的猶予を設けて、権利者側が許容する範囲での変更を定めることによって、設計変更後のさらなる侵害をめぐる紛争が防止できるということや、ライセンス契約により将来の紛争を防止できること、商圏のすみ分けが可能な場合があること、海外において紛争になっている同種の特許紛争を一挙解決することができるといったメリットがあると思います。

　また、特許権侵害訴訟では、被告の抗弁として特許無効が主張され、これと並行して、特許無効審判請求や、審決取消訴訟が提起されることがあるのですが、侵害訴訟の和解の中で、無効審判請求を取り下げるとともに、今後無効主張をしないといったことを盛り込むなどして、原告の特許権についての不安定性を除去するということもできます。特に、審決取消訴訟と、特許侵害訴訟の控訴審は、知財高裁の専属的管轄に属しておりますので、双方の事件を同じ部が担当することが多いです。そのため、特許無効に関して、心証を踏まえた解決が可能となっています。

　さらに特許訴訟の和解では、その情報に営業秘密にかかわるものが多いので、口外禁止と閲覧制限決定が必要な場合が多くあります。たとえば、ライセンス契約の当事者自体であったり、ライセンス条件、設計変更の内容や、あるいは権利を争わない旨誓約したこと自体についての秘密性を求められる場合もあります。

　また、これらの事件と違って、著作権の事件ですとか、あるいは誰が発明したかといったことが争点になるような事件に関しましては、その名誉感情に配慮すべき事案がありまして、特に著作者への配慮を要する事件というのは一定程度あります。

(6)　労働災害事件

田中　引き続いて、労働災害事件について齋藤さんからお願いいたします。
齋藤　労働災害事件として被用者が使用者の安全配慮義務違反を主張して損害

賠償を求める事案を念頭におきますと、使用者と被用者という立場の違いですとか、金銭的補償によっては回復することのできない被害が生じているということもあります。こういったことから感情的対立が激しい事件も多いと思われますけれども、訴訟による解決としては、最終的に金額の調整に帰着するので、本来的には、和解に適した事件類型であると考えられます。

私の担当した事件では、責任原因の存否、過失相殺、後遺障害の程度、労災給付の具体的内容とその充当関係といった点が争点となりまして、使用者側は徹底して争う姿勢をみせていたため、合意に達するのはなかなか容易ではないと思われましたが、責任原因、労災給付とその充当関係といった点から順に心証を示しつつ、当面の和解をするにあたっての共通認識を確認していくと、調整する項目としては過失相殺のみが残り、その段階で最終的に裁判所から金額を提示して合意形成に至ったといった経験がございます。

中武 労働災害事件では、責任原因自体が争われるということも多いのですが、労災補償給付を受けている事案では、労災関連資料から一定の心証が得られることもありまして、心証開示のうえで和解勧告をする場合があります。

自殺や過労死について被告側が責任原因を争う事案においては、遺族側が、そうした被告側の訴訟態度によってさらに傷つくという場合がありますので、裁判所が責任原因を認めるとの心証を抱いた場合には、和解文言を工夫して、遺族側の気持に配慮することがあります。たとえば、責任原因を認める旨の確認条項を入れるとか、あるいは当該労働者の会社に対する貢献について感謝の意や謝罪の意を表わすような条項、今後の事故の防止措置や労働条件の改善についての方策について、条項を入れるなどの工夫が考えられます。

損害論のみが争点となる事案や、責任原因があるとの心証開示後は、交通事件と同じく、詳細な費目を記載した和解案を提示するといったこともあります。

田中 労働災害事件というのは、いわば交通事件と類似した面がなるように思います。現に大阪地裁では、私が在職中は、交通部が労災事故を担当し、いわゆる交通・労災部として仕事をしていたわけですけれども、中武さんのお

話があったような和解というのも、実際にたくさんあったような覚えがあります。何よりも、原告が和解による解決を望むような条件づくり、これが大事かなと思います。

　それから、詳細な費目を記載した和解案を提示する際には、労災控除の点がなかなか難しく、この点については多くの最高裁判例が出ていますから、十分に注意をする必要があるのかなと思われます。この点も、和解案を提出する際の、留意すべき事項の一つかなと思われます。

山地　労災控除の点については、最高裁判例がかなり詳細に形成されております。今ご指摘があったように、和解といえども、その判例を踏まえていないということになりますと、和解が成立しないのみならず、裁判所に対する信頼といったところにもかかわってくる面がありますので、そのあたり、慎重に調査をしたうえで和解案を提示するということが重要ではないかと思います。

(7) 合議事件

田中　続きまして合議事件ということで、合議体における和解の進め方、誰が和解を実施するのか、また和解にあたっての工夫について、濱本さんからお願いいたします。

濱本　私が今部総括として担当している合議体では、争点整理は受命裁判官が行っている場合が多いですけれども、その受命裁判官は、裁判長と左陪席という受命もあれば、左陪席の単独もあれば、右陪席の単独受命という場合もありますし、時々は右陪席と裁判長の受命という形もあります。合議体全員で争点整理を行うことは少なく、少なくとも争点整理の段階までは受命裁判官が行っています。

　和解案作成の前の事情聴取も受命裁判官が行っていることが多いのですが、和解勧試という段階では、全員で合議して和解案を完成させて、多くの場合は、全員の連名による書面で勧試しています。そのうえで、実際の手続の中での説得というようなことは受命裁判官が行っていまして、その受命裁判官が口頭で、その和解案についてさらに説明したり説得したりするということをやっている場合が多いです。

　それで和解に至る場合もあるのですけれども、なかなかそれでは説得でき

ていないというようなケースの場合には、必要に応じて全員で期日に入るということもありますし、尋問後の和解の場合は、全員で臨むということもむしろ多いかなと思っています。

福田　通常部でも、ここ最近、合議強化ということで、社会的な影響のある事件、波及効果のある事件については、合議に付するようにしています。そういった事件ですと、もともと、たとえば右陪席の単独事件であったとしても、和解を提案するにあたり、合議体での和解提案ということであれば、当事者の受け止め方も違ってくるように思われます。このような場合、和解期日の手続も合議体でやるという選択肢もありますし、陪席裁判官だけがもともとの受命裁判官であった場合でも、裁判長も受命裁判官に加えて、裁判長の口から和解勧告をするという選択肢もあります。陪席裁判官だけが受命裁判官として行う場合であったとしても、合議体の連名の書面で和解案を提案するということも多いです。

　それから、複数の受命裁判官で和解手続を進めるというシチュエーションを考えますと、その間で役割分担をして、当事者に厳しいことを言う人、同情して優しいこと、理解していますよというようなことを言う人、それから一般論を発言する者、経験談を述べる者と、事件に即した細かい指摘をどのように伝えるかによって役割を分けることがあります。

齋藤　特に高裁の場合、全件合議事件ですので、合議体での意見であるということをはっきり伝えることが有益であろうと思います。和解に入る冒頭に裁判長から、「合議体としては結論をもっておりますので」ということを強く匂わせていただいているというのが、和解をスムーズに進める１つのきっかけになっているのではないかなと思います。

(8)　**大規模事件**

田中　大規模事件は、一般には和解は困難であるともいわれるわけですが、他方、和解で解決することも少なくないように思われます。大規模事件で和解をする際に留意すべき事項等について、お話いただきたいと思います。

福田　大規模事件ほど判決となった場合のリスクが大きいので、本当は和解のメリットがあると思います。ただし、和解するにしても、複雑な利害関係の調整を要することが多いということもありますし、時間がかかることもあり

ます。また、多数当事者の事件ですと、横並びなど同じ立場の当事者相互の関係も考えなければいけないので、和解が成立しない事件が多いように思います。

　ただ、被害者救済の見地から、判決だと間に合わないというときには和解を試みるということもありますし、和解だと時間がかかるということで和解を断念して判決をせざるを得ないという場合もあります。事案に応じて早期に和解勧告すべきものもあれば、判決をにらみ、弁論終結後に和解勧告するということもあります。

　多地裁係属型の事件ですと、ほかの裁判所での判決が出たということを契機に和解の勧告をすることもございます。さらに、高裁の判決が出た場合ですと、往々にして和解ができることが多いと実感しています。

　企業相手の事件ですと、その会社の業績の良し悪しとか、企業再編のタイミングとか、下請け、孫請け、あるいは商流といった関係、その他諸般の事情、労働災害（過労死）の事件ですと社会問題になることもございました。そういった諸々のことが、和解に対するモチベーションに関係するので、結論としては、ケース・バイ・ケースになっています。

山地　大規模事件では、通常の合議事件以上に、合議体で綿密に和解の進行等について議論しておくことが重要であると思われます。合議体の議論や当事者からの意向聴取によって、考えられる論点を幅広く拾い出して、それを1つずつ検討し、当事者と丹念に協議していくことが必要になると思われます。

田中　私からもひとことお話します。大規模事件は、一般的には責任論、損害論、さらには和解の表現と、和解成立に向けていくつも関門があって、なかなか難しい事件です。とはいえ、和解をまとめていく際には、まずは大筋で合意できる部分から最後の詰めへと移行させていくというのがよいのかなと思われます。

　また、被告が複数の場合には、やはり温度差があるように思われます。和解に積極的な被告もあれば、判決を希望する被告もある。このあたりを洞察して、被告ごとに適宜の対応をとる必要が生ずるということも考えられます。

裁判所が当事者に確認してこうした作業をしていくと、最初は対立関係が激しいのですが、次第に一定の信頼関係ができてきます。また、ある程度すると、細かいところはなお残るものの、最終的に、もう今さら後戻りして和解を不成立にはできないというような雰囲気ができてくる。そうなると、非常に良い解決に導けるように思われます。そのうえで、そういった場合には、最終的には裁判所が和解の具体的文言、それから当事者、特に原告に対する重要、適切な表現の前文等を提案して和解の成立に至る必要があるかなと思われます。もっとも、あくまでも判決を求める当事者、あるいは訴訟自体からみて、判決を求めることが目的と思われる案件も少なくないですから、いずれにしましても、大規模事件の和解というのは非常に難しい作業かなと思われます。

(9) **控訴審における和解**

田中　それでは、控訴審における和解、高裁からみてさらに付加すべき点はないでしょうか。

齋藤　控訴審は事実審の最終段階ですので、裁判所としては積極的に和解を勧めることが多いと思います。控訴審の当事者としても、話し合いをする最後の機会という意識も強いせいか、和解の協議には積極的に応じてもらえておりますし、実際和解が成立することも多い印象です。それは、控訴審の段階ですと、事件の審理が熟していますから、担当裁判官として、明瞭な心証を開示できることが多いからだと考えられます。

　また、当事者にとっては、すでに第1審の判決が示されているということも大きいと思います。簡裁からの控訴事件についても、地裁における審理の最終段階に至れば同様ではないかなと思います。

濱本　地裁の控訴事件のうち、交通事件について若干補足させていただきます。簡裁に係属する交通事件の多くは、先ほど増田さんからもお話があったように、物損事故の事案でして、判決に至る事件というのは、ほとんどが事故態様と過失割合に争いがある事件です。最近は、自動車保険の弁護士費用特約の利用が増えているためではないかと思うのですけれども、請求額が数万円程度の少額の物損事故事件でも弁護士が付いて提訴をされて、かつ簡裁で一部でも敗訴した場合には控訴するという事案が増えているように感じて

います。こういった事案は、当事者が事故態様や過失割合に関する自らの主張をなかなか譲らないうえに、損害額も少額であるため、損害の部分で調整する余地が乏しいものですから、和解が非常に難しいということも少なくありません。

　他方で、高裁の場合と同じように、事実審の最終段階ということになりますので、控訴審としての和解案というものを積極的に示して、その理由を詳しく説明する、いわば判決と同じようなイメージで説明することで和解成立に至ることもありますので、その手間を惜しまないことが大事なのかなと思います。

(10) **簡裁事件における和解**

田中　それでは引き続いて簡裁事件における和解ということで、増田さんからお願いいたします。

増田　これまで、簡裁の和解ということで司法委員の活用について紹介させていただきましたが、少し違う場面での活用についても紹介させていただきます。

　通常訴訟においては、大都市の簡裁では、業者事件については、同一期日に30件以上の事件が指定、審理されていますので、和解を試みるために別の期日をあらためて指定することは、当事者の意向等からも困難ですし、また当日、法廷で裁判官が和解を行うということになると、他の事件の進行を止めることになります。そこで、被告が定型的な答弁書とか支払督促に対する異議申立書などで、分割払の意思を明らかにしている場合に、原告・被告の当事者双方が出頭すれば、直ちに司法委員を指定し、和解の補助を求め、和解室で話し合いを行うという運用を行っています。実際、そういった場合、ほとんどの事案で当日に和解が成立しております。

　簡裁の特徴である少額訴訟については、制度発足当初から、法律知識が十分でなく、訴訟手続にも慣れていない一般市民が利用者として想定されており、実際にも本人訴訟の割合が高くなっています。そうしますと、労力や費用の負担が大きい強制執行によることで権利の実現を図るよりも、任意の履行を期待できる和解という解決が望ましく、少額訴訟においては、通常訴訟以上に司法委員を積極的に活用する運用を行っています。

561

争いのある事件においては、一体型審理——制度利用者として、法律的知識を十分にもち合わせていない一般市民が想定されていますので、通常訴訟のように弁論と証拠調べを明確に区別することなく、裁判官が当事者から紛争に関する事実関係を聴取しながら弁論事項と証拠資料を拾い出して整理していくという、弁論と証拠調べを一体化した審理方法——を行い、それを終えた後、当事者が和解を望まない、判決を求めるという事件であっても、裁判所が和解による解決が相当だと判断した場合は、司法委員から意見を聴取し、その補助を得ながら和解を試みます。それでも和解が成立する見込みがないときは、和解を打ち切り、一期日審理の原則に従い、直ちに判決を言い渡すという運用を行っています。

田中 少額訴訟の場合、裁判官の訴訟指揮も大変だろうと思うのですけれども、特に苦労されている点はあるでしょうか。

増田 一般国民から選ばれた司法委員が訴訟に参加することで、利用者からは満足度への期待感というものがありますので、司法委員を有効に活用することが求められます。裁判官と司法委員は、いわば合議体を形成しているかのようになりますので、心証のすり合わせなど事前準備を丁寧に行うことが重要ですので、そういったことを最も心がけています。

5. 和解における説得

(1) 各自の体験談、説得の技法

田中 それでは、和解における説得についてお話をお願いいたします。まずそれぞれの体験談、あるいは説得の工夫についてお話をうかがいます。

濱本 一般論として説得の工夫というのはなかなか難しくて、事案にもよるかとは思うのですが、私が感じているのは、まず当事者がその事案で重視していること、これは、その紛争の核となったことが何なのか、こだわっているところが何なのかという言い方もできるかと思うのですが、それについて、当事者が裁判所に最も伝えたいと思っていることが何なのかを、記録を丹念に読むのはもちろんですけれど、代理人や当事者のお話から見つけ出すということがまず必要なのではないかと思います。

加えて、当事者が大事に思っていること、重要視していることが、裁判所

に伝わったということを、裁判官が直接、あるいは代理人を通してでもよいのですが、当事者に対して言葉で示すということが大切だと思っています。

　後者の点が、非常に重要なのではないかなと思います。言い方はいろいろあると思うのですが、たとえば裁判官が、当事者、本人から話を聞いて、その発言を要約するような形で、「これこれこういうことをおっしゃりたいのですね。あなたがこの裁判で裁判所に伝えたいと思っておられるのはここですね」ということを言うと、その方は、自分の言いたいことが裁判官に伝わったことを実感してくださると思うのです。その過程があってようやく、その次の段階である具体的な解決策、どうしたらいいのかということを検討できるようになる気がします。自分が言いたいことが裁判官に伝わったということを自覚してくださる段階がないと、解決策を考えようという段階に本人が至ってくださらないような、そういう感じを受けることがよくあります。記録を読んだり話を聞いたりして、こういうことが言いたいのだなということを裁判官が内心でわかっているだけでは、わかってもらえたということを本人自身が実感できないのですね。そうすると、次に進めずに、同じ話を何度も繰り返されてしまうような、そういう気がいたします。

田中　よく代理人や本人が、この裁判官は記録をよく読んでいる裁判官だ、そうでないという話が出てきます。当事者、代理人は、まさにどういった点から、裁判官は記録を読んでいると理解するのでしょうか。中武さん、弁護士の経験を通じて、裁判官がどういったことを考えているか、どういったことが伝わってくるか、など感想でもいいのですが、いかがでしょうか。

中武　たとえば依頼者は、主張書面や証拠を出しているということを認識せずに、伝えたいことを、わっと話し始めるのですけれども、そのときに、「あなたが言いたいのは、もしかして陳述書で書かれていた、この話ですよね」とか、ある事柄を言い出したとき、名前を出したときなどに、「その人は○○さんですね。こういう関係の△△さんですね」というように裁判官からおっしゃっていただくと、「この裁判官はきちんと記録を読んでいて、自分の言い分もわかったうえで、今ここで話を聞いてくれているのだ」と思うことが多いのではないでしょうか。そこで、依頼者が言いかけたことをふっとやめて、裁判官の言うことに耳を傾けようという姿勢になるということはあ

るかと思います。

田中 私は、地裁の裁判長時代から、主任裁判官のつくられる手控えとは別に、登場人物表というものを別につくりまして、それに、事件における主な登場人物と当事者本人との関係、あるいはどの陳述書を作成されたのかを書いておきます。それで今、中武さんがおっしゃったように、出てくる方、あるいは和解の席に来られる方に、真っ先に、「何号証をつくられた○○さんですね」とか、「あのときに立ち会った△△さんですね」と申し上げる。お名前を正確に呼ぶと驚かれます。その点は大きいのかなと思います。これは、1つの技法なのかもしれませんが、やはり裁判官がどういった点をわかっているのかを伝えることも大事なのだと思います。記録の中で、当事者が何を大事にしておられるのかということを裁判官がつかむことが大事なのかなという感じがいたします。

齋藤 私には、皆さんにお役に立つような説得の技法があるわけではなく、当たり前のことばかりになってしまいますけれど、3つ申し上げます。1番目は、裁判所からの提案が、当事者の双方からみて的外れにならないように、双方の求める解決案をよく聞いて、それまでの交渉経過まで含めて具体的に事情を聴くように心がけています。2番目は、審理の進展の度合いに応じて心証の程度には差があるわけですので、そのときそのときに提案する和解案の内容と、その合理性を理解してもらえるようにする、たとえば、「暫定的な心証ですが」ということを伝えながら説明をするようにしています。3番目ですが、本人の理解を得るためには、あらかじめ代理人に伝えたうえで、それを代理人を通して本人に説明してもらったうえで直接本人に語りかけるほうが、本人の理解を得やすいと思われます。

　裁判所からの考えを十分伝えた後は、即断即決を求めるのではなく、考える時間を十分にとってもらうように、いったんはもち帰ってもらうということを心がけております。

濱本 最後におっしゃった、いったんはもち帰ってもらいますという点ですが、実は私はもち帰ってもらわないことが多いのです。

　あらかじめ和解案に対しては代理人にお話をして、代理人から説明をしていただくという点は、齋藤さんと同じですが、それで説得できていないとき

に本人に来てもらうということが結構多いですよね。そうすると、裁判所からお話をすると、「1回代理人と話したいのですが」とおっしゃるのです。そのときに私は、「では、この部屋を使ってください」と言って、そこで、弁論準備室やラウンド法廷の場でお話をしていただくことが多いのです。じっくり相談したいのだけれども、廊下などでは相談しにくい、けれどきちんとした部屋の中で相談をするのなら、本人も代理人も、ほかに気をつかうことなくお話ができるのではないかと思うのです。

　このように和解を進めたケースでは、その期日に成立しなくとも、大概次の期日には成立しています。

(2)　説得のノウハウ、説得に用いるのが相当ではないフレーズはあるのか

田中　次に、説得のノウハウ、逆に、説得に用いるのが相当ではないフレーズはあるでしょうか。

山地　まず説得のノウハウから申し上げますと、説得技法、和解技術などとしてさまざまなスキルが紹介されているわけですけれども、スキルとマインドは、いわば車の両輪の関係に立つといった意識が重要だろうと思います。スキルを知っていれば解決のための引き出しは増えるという面がある一方で、それだけでは、直ちに目の前の事件が解決できるというものではないように思われます。

　説得に関しては、行動経済学や社会心理学で議論されているような各種の知見、たとえば「ヒューリスティック」、「返報性」、「コミットメントと一貫性」、「フット・イン・ザ・ドア・テクニック」といった知見、これらを自覚しておくと、影響力を他者に行使して説得するという自らの行為を、そこに内在する危険性も含めて、客観視するための1つの手がかりになるように思われます。

　説得に用いるのが相当でないフレーズとしては、一般論でいうと、当事者や代理人の、裁判所に対する不信感を生じさせるようなものが考えられます。自分自身の自戒も込めていうと、裁判所が紛争解決のためにはこの裁判所和解案が合理的であると確信しているのに、当事者が当該和解案に消極的な場合において、時として強引な説得になりやすいように思われます。そのような場合には少し視点を変えて、当該当事者の立場で考えた場合の和解案

受諾に対する支障の原因を考え、その解消方法を考えてみるといったことも必要かもしれません。

　説得というと、一方的な働きかけのように聞こえますが、実際の和解は双方向の意見交換で進んでいくことがほとんどであると感じます。また、それぞれの当事者に対し、和解とほかの解決方法との比較をして、そのメリット・デメリットをわかりやすく説明して、和解するかどうかの判断に必要な情報を提供する側面もあるように思われます。

中武　説得のノウハウについてですけれども、私は、代理人を説得する場面と本人を説得する場面とは少し違うかなと思っております。代理人を説得するという場面では、争点整理手続で、私は、エクセルでの整理をよくやるのですけれども、争点ごとに書いて、証拠の状況がどうなっているかとか、動かせない事実がどうなったかというようなものをビジュアルにしておきますと、その期日ごとに代理人が、ここはちょっとこちらの分が悪いな、ここはおそらく勝っているといったことを、ある程度ビジュアルで見えるようになります。そのようにして、結論への予測可能性をもたせるよう争点整理で進行しておくようにしています。そうすると、和解を提案したときに代理人が当事者を説得するにあたって、まさにその表を使っていただいて、ここが弱いからこうしたほうがいいよという形をとっていただける、つまり、説得材料を提供することにつながるように思います。

　本人に対しては、和解の前に弁論準備期日に担当者がいらっしゃるときとか、ポイントとなる期日に本人がいらっしゃる際に、この人はどういう力学で動くのかなとか、この訴訟で何を求めておられるのかなといったことを観察します。人によっては、もっぱら経済合理性を重視される場合もありますし、事案解明で正義を実現したいという方もいらっしゃいますし、仕事や自分がしたことを認めてほしいとか、あるいは、紛争の当事者が別にいて、任侠心でやっているような場合もあります。そういうことを事前に、数期日前から観察をしておいて、いざ説得という場面になったときに、その人に響くような言い方というか、表現でお話をすることがあります。

　相当でないフレーズというのは、私が経験したわけではないのですけれども、弁護士同士で話をしているときに出たものですが、あの裁判官は、もし

かしたら双方に、負けるよとまでは言っていないのかもしれないけれども、同様の誤解を与えるような表現を用いているような場合です。最も問題なのは、両方に負けるよと言っていること、また、たまに、「結論がこうだから、判決だったらこうですよ」というような言い方で、受け入れなかったらこうなりますよといった脅迫のような形で言われるのはやはり反発が強くて、そこは理由もあわせて言っていただかないと、単に権力を振りかざされただけというように受け止める場合があるかと思います。

田中 相当でない表現というのは、要は裁判官の発言を、その状況を抜きにして、カギカッコでそのまま表現してみて、それをみた場合どうなのか客観的にみることが大切な気がします。「これは少し……」や「心ない発言」だと評価されるようであれば、避けたほうがよいのだろうと思います。いかに、そのときの状況はこうだったとか、そのような趣旨ではなかった、といった事情があったとしても、裁判官は弁解できませんから、常にその点を想起すべきだと思います。言葉が独り歩きして、それで、人から、いかがなものかと思われるということだけは避けるべきであると思っております。私もよく失言をしますので、心しなければいけないなと思っています。

(3) 若手裁判官が和解について悩む問題

　(ア) 当事者が裁判所の説得に反発する場合の対応

田中 ここまで、いろいろ和解に関するお話を皆さんからおうかがいいたしました。皆さんは、和解の達人ともいうべき方なので、難しい事件も解決されてこられたと思うのですが、若手裁判官は、和解をするにあたっていろいろ悩みがあろうかと思われます。中武さんには、若手裁判官の悩んでおられる事項をいくつか集めていただきました。個別の問題について、これから皆さんのご意見をお聞かせ願いたいと思います。

中武 この座談会に参加するにあたって若手裁判官からのヒアリングをさせていただきました。何か困っていることはないかということで集約させていただいたのですが、若手裁判官としては経験が未熟なので、和解をする際に、判決が書けないのではないかと当事者に思われたくないという思いと、判決の内容とかけ離れた和解をしてはいけないのではないかという思いにとらわれていると聞いています。ですので、若手裁判官は、意欲があってよく記録

を読み込んで、心証と合致した和解を進める際には積極的に自信をもって和解勧試ができるのですが、そうではない場合に萎縮してしまったり、逆に心証からすればこうなりますよということを真正面からぶつけてしまって反発を受けたりするということもあると聞いています。当事者や代理人からの信頼を損ねることのないよう、紛争解決として真摯に和解が望ましいということを伝えるようにするにはどうすればよいのか等、先輩の経験を踏まえたご意見をいただけると大いに有意義だと思います。よろしくお願いいたします。

田中 それでは具体的な問題に入っていきましょう。当事者が裁判所の説得に反発する場合どうするか、それからそういった場合に、当事者にさらなる説得を行う場合には、どういった点に留意すればいいのかという点はいかがでしょうか。

濵本 当事者が説得に反発する場合ですが、反発の理由によるのではないかと思います。尋問前の段階で、暫定的心証に基づく和解案に対して反発された場合には、その心証の理由を証拠に基づいて説明をするということが1つだと思います。

先ほど中武さんから、心証からすればこうなるということに対して反発されるというお話がありましたけれども、この点に関しては、言い方の問題かなという気がいたします。原告あるいは被告側に、「こうこうこういうご主張をされておられますけれども、今の証拠関係からすると、まだちょっとハードルが高いかな、と思います」とか、「もう少し何かないと難しいような感じがしますね」みたいな、少しソフトな言い方をすると、まだ、立証の余地を残しながら、コミュニケーションをとりつつ、その立証のハードルがどの程度なのかということを、さらに伝えていくということができるのではないかと思います。

それでも、なお納得できないと言われたら、あるいは、もう尋問をしてくださいということを言われるのであれば、尋問を実施したうえで、さらなる主張・立証がもうないということになれば、その段階で再度チャレンジする。その段階はもう判決を見据えたうえでの和解勧試ということになると思います。

Ⅲ 和解について──各論

　その際、気をつけないといけないなと思うのは、尋問によって、暫定的心証と尋問後の心証とが変わってしまった場合には、そのこととその理由を双方に伝えるべきではないかと思います。尋問前の段階で判決になったら不利だなと思っていた側に、その心証が変わったということを伝えないまま和解を進めてしまうと、当事者は誤解をした状態で和解に臨むことになりますが、それで和解ができなかった場合に、以前、伝えていたことと全く違う形の判決をしてしまうとなると、そのこと自体でその裁判官に対する不信感を抱いてしまうので、心証が変わった場合はきちんと説明をすることが大事ではないかと思います。
　話を戻しまして、尋問後の判決を見据えた心証に基づく和解案、それ自体について反発された場合には、やはりその心証の理由を説明するわけですが、それでもどうしても受け入れがたい、控訴審で争うと言われれば、判決せざるを得ないと思うのです。先ほど、心証からすればこうなると伝えたことに対しての反発のお話がありましたが、暫定的心証の場合と、尋問後もう判決するという段階では、また違うのではないかなと思います。
　もう判決しか残っていないという段階で、ある程度ストレートな心証を伝えるのは、それはむしろしようがないことで、逆に、その段階になっても、心証に基づく和解案を出せないと、そのこと自体が、代理人や当事者からは不信感をもたれてしまうのではないかと思うのです。もちろん、「負けますよ」というようなストレートな言い方をするのはどうかと思いますけれども、少なくとも、「今の状況で私が判決するとなると、そちらに不利な判決が出るということは覚悟していただいたほうがいいと思います」というような言い方で、ある程度サジェスチョンをしなければ、なかなか和解の話し合いもスムーズにはいかないのではないかと思います。
　他方、尋問後であったとしても、まだ結論がみえない、判決を書き出してみないとわからないというときもあると思うのですけれど、そのときは、むしろそれをストレートに伝えたほうが和解しやすいように思います。この期に及んでも裁判官は悩んでいるという事案は、当事者としてもリスクがあるので、それを伝えることで和解しやすくなるのではないかと思っています。
　また、違う視点からいくと、説得の際の裁判官の言葉や態度そのものに反

569

発された場合、これは、反発している当事者や代理人、あるいは裁判官もそうかもしれないのですが、冷静さを欠いていることがあるのではないかと思うのです。そういうときは、その期日での説得は諦めて続行して、次の期日で仕切り直したほうがよいのではないかと思います。私も若い頃は、結構熱くなりやすくて、代理人との言葉の応酬になってしまったりしたこともあったのですけれど、そういうときはいったん引いて、もう1回期日を入れると、意外と、代理人も、「あのときはちょっと言い過ぎました」というようなことを言ってくださって、「いや、こちらもすみませんでした。ちょっと冷静さを欠いていました」と伝えて、それで、その期日で和解できるケースもあります。

　本来、裁判官としてあってはいけないのでしょうけれど、反発されたことについて、相手方ではなくて、裁判官が悪いという場合、裁判官の側に非があったなと思うときは、率直に謝ったほうがよいと思うのです。そのうえで、あらためて当該和解案での解決が最も望ましいということを、その理由を、具体的に丁寧に説明する、そのほうがよいと思います。そこで自分に非があったことを認めなければ、そのことで、よけいに関係が悪化してしまうというリスクがあるかと思います。

山地　今ご指摘のあった当事者と議論になってしまう、押し問答のような形になってしまうという点は、自分自身の反省点でもあるので、そうならないようにしたいなと思いながら、時々そのような状況になってしまうこともないわけではありません。あらかじめ、議論をする趣旨ではないということを断ってから発言するとか、あるいは、拠って立つ前提が異なるような説得になると反発されることが多いので、仮に原告（被告）の見解、言い分を前提としても、こういう考え方もできるのではないか、というような発言をするなどの工夫も必要かもしれません。

　また、当事者が裁判所の話を聴くという構えができているかどうかの見極めも大事かもしれません。構えができていないところで一方的に話をしても、なかなか当事者には響かないということがあると思います。

　また、手持ちの説得材料を最初から全部出し尽くしてしまうと、それを拒否された場合、次の説得がなかなかしにくくなることもありますので、どう

いった順番でどのように説得していくかということも、考えておくことが大事かもしれません。

　当事者が和解をすること自体や裁判所の和解案を拒否している場合には、なぜ拒否しているかを聴いて、その原因の解消方法があるのであればそれをさらに考えていくということが考えられます。他方で、その拒否の原因の解消が難しいのであれば、和解については打ち切らざるを得ないのではないかと思いますが、実際にはその見極めが難しいのではないかと思います。

　裁判所の和解案を一方当事者が断った場合に、新しい事情も出ていないのに、裁判所がそれを踏まえて第2案を出すということは、裁判所の和解案を受諾した他方の当事者との関係では問題となることが多いと思われます。これは、裁判所案だということで検討してくれた相手方当事者に対する信頼を損なう危険があります。もっとも、当初の和解案の枠組みの中での若干の修正という形で最終的な調整ができる場合や、和解案は和解案で維持したうえで、相手方当事者に、それとやや異なる観点から任意の検討を促すといったことはあるかと思います。要するに、和解案については原則的な考え方を重視しながらも、一定範囲の柔軟性を確保しておくというような観点なのかと思います。

　それから、和解に行き詰まったときにどうするかという問題ですが、これも正解があるわけではないのですが、経験的には、記録に立ち戻ることや、事案を一般化したうえで、同僚や先輩裁判官と議論してみることでヒントが出てきたこともあるように思います。言い換えると、少し前のめりになっているときとか、近視眼的な思考になっているときは、少し引いて発想を転換してみるということも大事かもしれないと思います。

田中　濱本さんや、山地さんでも議論になることがあるとは意外な感じがいたしました。私も最近は、少しは枯れてきたのではないかと思うのですが、若い頃は結構当事者とやり合ったものです。やり過ぎはよくないと思うのですが、他方、あまり裁判官が萎縮するのもどうかなという感じもいたします。和解の中には説得という作業が入りますので、ある程度は、裁判官があえて当事者にとって耳の痛いことを指摘することも、やむを得ない面があるかもしれません。裁判官が指摘しないと、当事者としては、本当に耳を傾けて対

応することができないということもあります。結局は、程度問題なのかなという感じもいたします。

　先ほど来、濱本さんのお話にも出てきましたけれども、当事者、代理人から、信頼を得られないということが一番怖いことかなと思っています。「この裁判官は馬鹿だ」と言われるならまだしも、「この裁判官は信頼できない」「この裁判官は不公正だ」と言われることは、裁判官にとっては、自らの資質にかかわる問題かなと考えています。

　また、代理人と会うことは、当該事件だけではありませんので、この裁判官はこの事件では解決ゾーンが違っても、よく考えてくれている、記録をよく読んでくれている、当事者のことをわかってくれている、そういった信頼関係を代理人とつくることは大事かなと思っています。そうであれば、もしも行き過ぎたと思ったときは、いきがかりはともかくとして、裁判所のほうでも謝ることは大事なことかなと思います。そういった反省材料をいろいろと蓄積していって、より良い和解をしていくための参考になればよいのかなという感じもしております。

　言うのは簡単で、行うのは難しいかもしれませんが、やはり裁判官は信頼が第一ということを、この場を借りて、あらためてお考え願いたいなと思います。

　　(イ)　当事者の意向等から心証と離れた和解をすることの是非、するとした場合の留意事項

田中　当事者の意向等から心証と離れた和解をすることはどうか、是非の問題。それから、これを仮に行うとした場合、どういった点に留意すればよいのかという点。まず福田さんから実例も含めて紹介をお願いいたします。

福田　判決だと勝訴するとわかっていると思われる側から、あえて不利な和解を提案したり、あるいは、裁判所から勝訴する側にとって不利な和解を提案したりというような場合がございます。当事者からの提案の場合には、それは自由だと割り切って考えることもできますが、ただ、その理由が、相手方からの後難を恐れてということだと、恐喝の片棒を担いでいるような趣もあって、躊躇しないこともなくはありません。ただ、そういった場合でも、和解をしなかったために、もし懸念していたことが現実化してしまったら、

Ⅲ　和解について──各論

　それはそれで問題だろうと思い直して、そのケースでは和解成立となりました。
　一方、当事者が勝手に、自分が不利だと考えてしまって、不利な内容の和解を提案するというケースですと、これはこれで成立させてよいかどうか躊躇があります。ただ、後で錯誤などと主張されるような類いの誤解がある場合はともかく、訴訟の行方についてシビアに考えているだけという評価も可能ですので、あえて裁判所から何かするというのも変かもしれません。私の心証と異なり、控訴審で逆転するという可能性がないこともありません。最終的には当事者の判断に委ねるということになろうかと思います。
　心証どおりだと結論としてはちょっと落ち着きが悪いかなということで、裁判所から、心証から離れた提案をするときの留意点としては、くれぐれも当事者の真意について勘違いがないように留意をいたします。
　1つの事例として、不貞の事件で、すでに元夫から十分な離婚給付を得ていたことから請求棄却事案だったのですが、被告（不貞相手）が、原告（元妻）からの後難を恐れて200万円を分割で払いたいという和解を希望されたことがあります。原告自身が、被告の家を写真撮影して、立証趣旨を、不貞の現場だとして証拠として提出するなど、大変原告は執念深い（恨んでいる）と思われる事案でした。
　そういったケースにとどまらず、不貞の事案ですと、慰謝料としてそこまで認容できないケースであっても、意外に、早期に離婚してくれるならばということで高額の解決金を支払うということも多いかなと思っております。
　2つ目の事例ですが、親族関係ですと、ほかにもたくさんの紛争、あるいは火種を抱えているため、ある訴訟物では、原告敗訴事案だとしても、勝手に被告が譲歩して和解するということがあります。たとえば、親子間のマンションの賃貸借契約に基づく明渡請求事件だったのですが、争点が、このマンションは、親が買ったのか子が買ったのかが争点となりまして、判決するなら負けると思われる側がマンションに住んでいました。しかし、勝つと思われる側は、相手方と縁を切りたいと思っていたようで、相手方にそのマンションを取得させる代わりに、管理費は自分で払いなさいという和解をしようとしていました。

ほかに、遺留分減殺の事件で、きちんと弁護士が関与して遺留分減殺の順序を定めている遺言があったのに、それを度外視して、平等に相続人間で解決金を払うということを定めた事案もございました。

それから3つ目の事案としては、交通死亡事故の加害者が任意保険に入っていない状態で、破産免責を得たということで、遺族側はもはや賠償を求めることができない事案だったのですが、故人の冥福を祈るということで、解決金を長期分割して支払うという和解を進めたこともございます。

田中 心証と離れた和解というのは難しい面もあるのですが、他方、当事者には、裁判所には表立って言えない事情が何かある場合もありますので、そのあたりもバランスの問題かなと思われます。どうあっても不合理だなという場合には、たとえば代理人にそれとなく「何か特段の事情があるのでしょうか」といった聴き方で探ってみるということが妥当な場合もあるかもしれません。しかし、あまり台所事情等を、裁判所が根堀り葉掘り聞くということは、相当ではないのかなという感じもいたします。

錯誤に陥っているかどうか、ここは非常に難しい問題ですけれども、そこは事案の内容、それから代理人あるいは本人の性格その他を踏まえて総合的に考えるしかないのかなと思います。裁判所が後見的なことで行き過ぎると、かえって当事者のためにもならないのかなという気もします。

齋藤 基本的には、事案についての心証と提示する和解案は同一線上にあるべきだと考えています。と申しますのは、残念ながら和解に至らなかった場合に判決で示す結論が、和解協議で示した心証とかけ離れているとすれば、判決に対する信頼が損なわれるからです。ですが、当然のことながら、判決を離れてこそできる解決もあるわけで、判決の結論と和解案とが一致ないし近似することが、必ず要求されるものでもないと思います。要は、一定の心証を前提としつつ、それと一見異なる解決策を示す場合には、心証について誤った受け取られ方をしないような、きちんとした説明をしておくことが重要だと思います。

　(ウ)　裁判所が本人または代理人の力量不足をどこまで補ってよいのか

田中 裁判所は本人または代理人の力量不足をどこまで補ってよいのでしょうか。

齋藤　当事者の訴訟活動が不十分な場合に、裁判所としてはそれを放置することなく、通常は求釈明していると思います。それでも十分な訴訟活動がされない場合に、判決をするならば、不十分な訴訟活動が当事者に不利に働くということが避けられない事態もあるところです。たとえば、法的な構成を改めれば勝訴の余地があるのに、原告が気づかないような場合がこれにあたると思います。そのような場合に、和解においては、事案の実相に照らして、あるべき結論を想定して解決案を提示することは、あってもよいのではないかと考えています。もっとも、その場合には相手方との公平さを損なう事態にもなりかねないので、相応の配慮が必要だろうと思います。

福田　弁論終結をした後、実はこういう訴訟物であればこうなったかもしれないので、解決金としていくらか払ったらどうですかといった提案をすると、一方の当事者は、訴訟物の選択を間違ってしまい、まずいと思って和解してくれるかもしれないし、もう一方も、原審では勝つけれど控訴審でひっくり返るかもしれないと思って、やはり、まずいと思って和解してくれるかもしれないという期待を抱くということがあります。

　(エ)　代理人と本人との関係について配慮すべき点

田中　代理人と本人との関係について配慮すべき点はないかという点ですが、いかがでしょうか。

濱本　和解を進めていくうえで、代理人と本人の信頼関係が損なわれないように配慮するというのは当たり前のことかなと思います。これが損なわれてしまうと、代理人の解任であるとか辞任という大変なことになってしまうので、注意が必要だと思います。

　代理人と裁判所が解決策について共通認識を抱いているものの、その代理人が本人を説得できないという場合には、どうしたら代理人が本人を説得しやすくなるかを考えて、代理人に対して、裁判所はこういった理由で、この和解がよいと思っていますという、代理人が本人に伝えやすいような形で話をしています。代理人の中には、その裁判所の言った言葉をそのまま本人に伝えようとして、メモをしておられる方もいらっしゃいます。

　ただ、その際に、どうしても、代理人からの説得だと、本人との信頼関係の点でこれ以上難しいということであれば、無理はなさらないでくださいと

申し上げることもあります。そういうときは、もう裁判所が直接お話ししますから、どうぞご同行ください、そのときには事前に電話1本くださいねというようなことを言って同行していただくこともあります。

　そのうえで、本人にお話をする際に気をつけたほうがよい点というのは、代理人の訴訟活動が駄目だったから不利な形になっていると本人が誤解しないよう配慮する必要があるということです。代理人は、本人——あなた——のためにとても一所懸命真摯に訴訟活動されたけれども、それでもなお、証拠が足りないから、あなたの思うような解決にはなっていないということをお話することもあります。

　これとまた別で、代理人自身が裁判所の和解案に理解を示していない場合にどうするかというのは、結構悩ましい問題だと思います。そういう場合で、代理人が本人を連れて来てくれて、代理人の了解を得たうえで、本人に直接お話をするのですが、本人が納得されるのだったら、代理人は納得できていないけれど、まあそれでもいいですよという場合はよいのですけれども、時には、本人が納得しかけていて、かなり和解に傾いておられるのに、代理人が納得されずに和解が不成立になってしまうというケースも全くないわけではありません。そういうときには、「控訴審でもひっくり返らない判決を書いてやるわ」と覚悟して判決します。

山地　代理人と本人との関係というのは、和解を勧めるうえでは重要なポイントの一つだろうと思います。さまざまな情報から両者の関係を注意深くみていって、それを踏まえながら和解を勧めているというのが実情かと思います。そういった観点から、本人同行の適否とか時期というのもよく考えていく必要があるのではないかと思います。

　本人と代理人の関係だけではなくて、代理人と裁判所とか、本人と裁判所とか、やはり関係者それぞれの信頼関係が、和解を進めていく際には鍵になっていくのではないかと思います。

田中　昨今の代理人をみていると、本人に対する関係がやや希薄なのではないかと思われます。以前はかなり本人の意に反しても本人を説得してくる、あるいは、「何としても説得してきます」と言い切った代理人も結構おられましたが、最近は、「裁判所の意向は本人に伝えます」などと、説得ではなく

伝言のみをされているのではないかと思われる対応をする代理人も少なくないようです。本人から懲戒請求を受けるおそれ等もあって、微妙な場合もあろうかと思うのですが、そのあたりが、今後、裁判所が、対代理人と接する場合、対本人と接する場合、どのようにしていくのか、なかなか解答は出てきませんが、裁判所としても留意していったほうがいいのかなと思っています。

それから、先ほど申し上げたように、やはり「この裁判官は信頼できる」と言われるように、日々努力すべきかなと強く思う次第です。

中武 代理人と本人の関係について配慮するようになったことは、私が弁護士の職務経験をして最も変わったところだと思います。初任の頃は依頼者の前でも、法的構成がおかしいとか、あれがおかしいといったことを指摘してしまっていたのですが、それをされると代理人もつらいですし、裁判所側としても、本人と代理人は一枚岩で、本人が訴訟代理人を尊敬して信頼している関係が継続していないと良い解決ができないということは、すごくよくわかりました。

ですから、濱本さんが先ほどおっしゃったように、代理人は、あなたのことを一番に考えて、あなたのためにこれだけの立証をしたと、これだけ証拠も集めたけれどもどうも難しいというようにもちかけて本人を説得するということはあります。ほかの代理人を付けたらうまくいくのではないかという余地を残すと、やはり本人は踏ん切りがつかないということもありますので、その点に配慮した説得を試みるようになったというのは、職務経験で非常に意義があったところだなと思っています。

濱本 今の中武さんのお話はそのとおりだなと思っています。本人というのは、自分が依頼した代理人が言っていた言葉と裁判官が言ったことが同じだということを確認して、ようやくこの解決案に踏み切ろうかなという気持になってくれるのではないかという気が、最近よくするのです。ですから、代理人と裁判所の解決についての意見が一致していないケースを和解させるのはなかなか難しいなと思います。

(オ) 和解を続けるために訴訟手続が遅延しないか――遅延させないための工夫

田中　和解を続けるために訴訟手続が遅延しないか、遅延させないための工夫についてお願いいたします。

福田　和解を続けていくと訴訟手続がある程度遅延する、これはやむを得ないかなと考えています。2～3カ月くらいは仕方がないと思います。ただ、それ以上に長期化しそうな場合は、当事者の意向を勘案し、たとえば、年末までやって駄目なら諦めましょうと、和解手続にかける時間を定めるという場合もあります。逆に、難しくない事案ですと、判決期日と和解期日を同時に指定して、駄目なら判決ですよとすることもあります。

それから、弁論準備手続の終結から尋問の実施まで時間があることが多いので、そこで和解を試みることがあります。

齋藤　重なる部分が多いのですが、和解による解決は、当事者から歓迎されることが多いと思いますけれども、ただ、協議と合意というプロセスを経なければならない以上、和解ができるかどうか、いつできるかというのは、事前に確実な見通しをもつことが難しいところだと思います。

比較すると、判決に関しては期日指定によってあらかじめ、ある程度の見通しがもてるわけで、その意味では、事件終局の時期は当事者にとっては、よりわかりやすいものであると思います。そう考えますと、和解協議をする場合には、いつまでに事件を解決するかという点を含め、和解協議を続ける期間に関しても、当事者とのすり合わせをしておくことが望ましいのではないかと思います。

田中　和解をたとえば合議体で受命裁判官にお願いする場合、熱心に和解をすすめるわけですが、案外、裁判長は人が悪いものですから、別の観点を考えないでもありません。すなわち、和解の続行によって解決が先延ばしになる、それにメリットを感じる当事者も、残念ながらいないわけではありません。したがって、進行に関して当事者の両方に聴いておく必要があるのかなと思います。時には続行があまりにも続く、あるいは非常に時間をかけているにもかかわらず、一方当事者からなかなか踏み込んだ具体的な解決についての話が出てこない、やたらに条件だけが広げられる、時にはゴールが先に

移されるということすらある。そういった場合には、和解を打ち切る勇気も必要なのかなと思います。和解を打ち切れば判決を書かなければなりませんが、やはり、そういうときには相手方当事者の立場も考えなければなりません。ですから、時には毅然とした対応が必要なのかもしれません。またそれが、当事者のほうで、考え直すきっかけをもたらすことがあるかもしれません。あえてひとこと付言いたしました。

　㋕　本人訴訟、その他簡易裁判所の和解について特記すべき事項

田中　本人訴訟、その他簡裁の和解について、増田さんは、いろいろ本人訴訟でご苦労されている点があるかと思います。

増田　簡裁ですと、原告、被告双方ともに本人という訴訟も多く、そういった場合に個人的に心がけていることを紹介させていただきます。

　当事者双方の主張に丁寧に耳を傾け、その中からどのような解決を求めているのかということを整理することから始めます。

　本人訴訟の場合、訴え提起前から自分が直接に紛争当事者としてかかわっていますので、当初からの感情的な対立が生身のまま法廷にもち出され、交渉段階での不満や人間関係の議論のやりとりに時間が費やされ、主張が拡散してしまうことがあります。なかにはお互いに、相手の話にもう耳を傾けないといったことも多くあります。そこで、ルールを確認するということを実践しています。

　たとえば、「双方とも訴訟で解決することに納得して、裁判所に来ているのですから、訴訟手続のルールに従いましょう」「お互いに相手の話に真摯に耳を傾けることが一番のルールですから、相手が話をしているときは誠実に耳を傾けましょう」と伝えています。また、「裁判所は一方のみの言い分を聞くということはしません。原告が主張しているときは、被告の主張を聞くための時間を同じだけ設けます」といったことを説明しています。

　すべてではありませんが、相手が話を始めると、肩に力を入れて前のめりになってファイティングポーズをとるような当事者もいますが、ルールを確認した後は、相手方の主張に耳を傾け、頷くといった姿勢がみられる場合があります。そういったときは、先ほど話が出ていました和解へのサインということではありませんが、舞台が変わったということで、「原告、被告、裁

判所、司法委員のみんなで解決しませんか」などと話しかけをし、和解を試みるなどしています。

　司法委員の活用ということで何度も紹介させていただいていますが、本人訴訟においてこそ司法委員の活用が有用であると考えられます。当事者と同じ立場、同じ目線で物ごとを考える司法委員が審理に立ち会い意見を述べることで、当事者にとっては、親しみやすい常識的な解決が得られるという期待感をもつことができます。和解にあっても、司法委員が裁判所の補助として当事者に話しかける形で解決案を提案することがあります。司法委員には、当事者の主張をじっくりと聞くことを心がけてもらっていますので、当事者にとっては自分の言い分をしっかり聞いてもらっているということで満足感をもつことができると思います。また、当事者本人が女性の場合は、女性の司法委員を指定して、同じ女性の立場から意見を述べてもらったり助言してもらったりということもできますので、やはり司法委員は、簡裁にとっては、なくてはならない制度となっています。

6．和解における専門委員、司法委員の利用

田中　和解における専門委員、簡裁は司法委員ですが、の活用について、山地さんから特に利用のメリット、利用の実例、それから配慮などを踏まえてお話をお願いします。

山地　専門委員の利用のメリットとしては、法的観点以外の専門家の観点、専門的知見、これが和解に反映されることで、当事者に対する説得力が増すということがあげられます。専門的知見を要する事件では、当事者の納得を得るためには専門的立場からも、説得的な根拠を示しながら和解協議を行うことが必要な場合が多いので、専門調停と並んで、専門委員制度はそのための有用な手続であると思われます。

　利用の実例としては、争点整理や証拠調べに専門委員に関与していただいたその延長で、和解にも関与していただくということが多いかと思います。

　配慮していることとしては、専門委員制度の制度趣旨を踏まえた運用を心がけるということがございます。事案の内容や当事者、代理人の意向も踏まえながら、専門的な知見に基づく説明を聴くために、どこまでのかかわりが

許容されるかを常に意識する必要があると思います。

田中 運用として、和解手続のみの専門委員の関与というのは今のところどうなのでしょうか。

山地 私自身はあまり経験がなくて、争点整理の延長で和解手続に入っていただくことが多かったのですが、ただ、事案によっては、和解を協議する中で、専門的知見のところを解明しないと和解が難しいということで、そこから入ってもらうというケースはないわけではないと思います。

田中 ただ、一般的にはやはり、当該専門委員も、どのような事案かということのご理解があったほうが、当事者に対する説得は、違ってくるのでしょうね。

山地 そうですね。争点整理段階での専門委員の説明を通して、当事者が専門委員の説明、あるいは専門委員に対して、信頼をもっていただくことがおそらく次のステップにおいて重要なので、そういう意味では、一連の関与というのが多いのは、そういうところに理由があるのではないかと思います。

田中 増田さん、専門家司法委員という観点からお話をお願いいたします。

増田 専門家司法委員とは、専門的知識や経験を有する司法委員であり、たとえば弁護士、司法書士、不動産鑑定士、土地家屋調査士、公認会計士、社会保険労務士、税理士、建築士、元副検事などをいいます。活用のメリットは、専門家司法委員が裁判手続に関与することによって、裁判官の専門的知識を補完することのほか、専門家として有する専門的、もしくは特殊な知識、経験を活かして、適正かつ妥当な解決に資するということがあげられます。

　活用の実例として、簡裁においては、事件数が増加傾向にある交通損害賠償請求事件について、損害保険会社勤務とかアジャスター、元副検事等の職歴を有する専門家司法委員を指定し、審理への立会を求めて意見聴取を行い、和解の補助を求めて豊富な知識経験を活用した運用を行っています。

　配慮していることは、裁判官と司法委員が、事案の内容および争点等について共通の認識をもつ必要がありますから、期日前、期日後に必ず協議を行うということです。

7. 和解案の作成・提示

(1) 和解案作成段階における工夫——書面か口頭か、文言上の工夫

田中 引き続いて、和解案の作成、提示ということで、和解案作成段階における工夫、これは口頭であるか書面であるか。それから文言による工夫、特に当事者に配慮する文言等につきまして、福田さんからお願いします。

福田 事案によりけりだとは思いますが、金額を確定額で提案するのか幅をもたせるのかという問題があります。確定額であれば、応じるか応じないかの二者択一で話が早いのですが、それでは、提案に応じない当事者も多くなると思います。

　反面、幅をもたせれば、当事者の一方は上限、あるいは下限で検討していただけるので、提案に応じてくれたとしてもさらなる検討・調整が必要にはなりますが、少しでも譲歩してもらえればさらなる譲歩も期待できるので、一度に大幅な譲歩を求めるよりも和解成立の可能性が高いと思います（このことは、フット・イン・ザ・ドアの手法としても知られています）。

　それから、分割払か一括払なのかという提案ですが、たとえば、200万円の金額のうち一括払は90万円だけで、残りは利息を含めて120万円を分割払とするなどの工夫も考えられるところです。また、原告がメンツを重視し被告が実利を重視する場合、額面は200万円だけれど、100万円を払えばよいとするようなバリエーションもあるでしょう。

　これらを複数提案するのか、1案だけにするのかという問題もあります。説得が難しそうな当事者に先に示して、その様子をうかがって、第2案、第3案を考えるかどうかという提示のタイミングについても、いろいろな考え方があります。

　また、書面か口頭かという点については、書面で提案するほうが当事者は歓迎するように思いますが、これをやってしまうともう引っ込みがつかないので、タイミングを慎重に考えなければいけません。それから原告と被告とで、和解に対するメリットが違う、あるいは説得すべきポイントが違うという場合、和解案として同じ書面を渡すのは躊躇します。

　文言上の工夫という点については、給付条項、形成条項、確認条項、これ

は一義的に確定、多義的な解釈は許されないと思うのですが、それ以外の条項は、意外と融通を利かせるところもあろうかと思います。その中でも、当事者に配慮するという意味では、たとえば、亡くなられた事案ですと、ご冥福をお祈りする、あるいは、被害者の方がおられたらお見舞いを申し上げる、この件で散々苦労された方がいらっしゃるときには労いの言葉もあってもよいかと思います。ただ、相手方が反発する可能性もあります。それから当事者としては、今回の件を無駄に終わらせるよりは、何らかの今後の教訓として活かせるというようなことを期待する当事者の方はいらっしゃるので、そういった面にも配慮した文言があってもよいかと考えています。

田中 書面での和解案の提示について、当事者それぞれに異なる書面を交付するわけにはいかないので、裁判官が、和解案についての解説を行うこととして、その文言は、あなたの側からするとこのように理解されたらどうでしょうかとか、このように読むことでご本人にお伝えしたらどうでしょうかとか、そのあたりを裁判官は、いわば同じ文言の解釈をそれぞれに別個に伝えるということで、玉虫色というのかもしれませんが、そういったことができるのかなとも思います。

福田 そう思います。やはり書面での提示と口頭での説明とを併用しないとうまくいかないだろうと思います。

田中 当事者それぞれに違った書面が出てきたことが双方に伝わると、信頼を失いかねませんから、それはやはり望ましくないのかなという感じがしますね。

濵本さんは、和解案作成段階における工夫について、いかがでしょうか。

濵本 和解案を作成する段階といいますか、和解案を作成する前段階としての双方の意向聴取の段階と、実際に和解案をつくる段階、あるいは提示する段階、いろいろあるかと思うのですが、最近は、交通事故の事件で和解をしていくとき、特に尋問前の暫定的心証に基づく和解の際には、意向聴取をする前の段階で、いくつかの和解案を考えて、期日、あるいは電話で双方の意向を確認して、受け入れやすいなと思われる和解案、場合によっては、考えていたものをさらに修正したものを和解案として提示することが多く、そのような形のほうが成立しやすいかなという感じをもっています。

交通事件の場合は、争点が事故態様、過失割合、損害と複数あって、かつ損害に関しても、事故との因果関係や、傷害や後遺障害の内容や程度（等級）、治療の相当性とか休業の必要性や期間、基礎収入の金額など、非常に多岐にわたる場合がありますので、そういった事案では、それぞれの争点についてどう認定するかによって、さまざまなバリエーションが生じうるわけです。もちろん、争点によってはすでに心証が相当程度固まっているものもありますし、そうでない争点であっても、ある程度の幅の範囲内で心証をもっていることが多いのですけれども、その幅の中でどこにするかは非常に悩ましいですね。

　判決に至った段階では、どれか1つに決めなければならないのですけれども、暫定的心証に基づく和解協議の段階では、そういった悩みを、複数の和解案という形で整理したうえで、それぞれの当事者がどの部分を最も重視しているのかをうかがって、その意向を踏まえて調整を図ると、双方の納得が得られやすいように思います。

　また、これは交通事件に限らないですが、書面か口頭か、書面にどの程度詳しく書くかということも代理人に尋ねて、意向を確認しています。理由について詳しく書いてほしいという場合もあれば、詳しくないほうがよいという場合も、あえて書面がないほうがよいと言われる場合もあります。ですから、それぞれの事案に応じて、代理人がそれぞれの依頼者、交通事件だと保険会社も説得しなければいけないのですけれども、そういった人たちを説得しやすい形で和解案を出すようにしています。

田中　まず書面をつくるかつくらないか、これを先行させて、それから、先ほどおっしゃっていた複数の和解案を提示するということになるのでしょうか。

濱本　私は、交通事件の場合、ほとんどの案件で、あらかじめエクセルで和解案というか、草案をつくっています。それを何パターンもつくっているのですけれども、それを基に代理人と話をしたうえで、それではこの和解案、バージョン○でいきましょうであるとか、第1案、第2案、第3案とあって、この中の第2案でいきましょうといった形で、ある程度合意したうえで、書面が必要ですかとお尋ねして、いると言われたらそのエクセルの表を

きちんと形に整えたものをお示しするとか、あるいはそこで、たとえば事故態様についての裁判所の認定をもう少し詳しく書いてほしいとか、治療期間が争点になっている事案で、症状固定日はここまでだという認定の理由を書いてほしいと言われたら書きますし、逆に、交通事件の場合は特殊かもしれませんが、保険会社の側は書面がいる、他方で本人は、むしろ、書面で細かな項目についての認定を書くと、そこで説得が難しくなるケースもあるので、そこは代理人の側で、トータルの金額はこうだけれど、ここは裁判所がこう考えてくれてこうなっているということを、説明しますと言われる場合もありますので、その意向をうかがったうえで書面として出すかどうかを考えるという感じです。

(2) 和解内容の秘匿、口外禁止条項

田中 続いて和解内容の秘匿、口外禁止条項について、和解は非公開で行うわけですけれども、さらに秘匿、口外禁止の文言を入れることを当事者が希望することがあります。この点については、この文言を入れるか入れないか、また入れるとして、どの程度入れるか争われることが少なくありません。場合によっては、和解の内容自体は合意ができているけれども、この口外禁止条項いかんによって、このことだけで和解が決裂したというような経験も控訴審でも少なくないのですけれども、この点について、中武さんからお話をおうかがいしたいと思います。

中武 当事者が和解条項の中で口外禁止条項を求める場合は多いのですが、何について、どの範囲で口外を禁じるのかで紛糾することがありまして、和解の最後のハードルになることもございます。

口外禁止の対象については、紛争自体、訴訟の経過、和解の経過、和解内容、和解金額等、それぞれ段階がありまして、また、その秘密を開示できる人的範囲や方法についても幅がありますので、範囲を明確にし、また条項は抽象的になりますので、和解条項の読み上げの際に、許される範囲について口頭で補足しておくと将来の紛争になりにくいかと思います。

稀に、すでに公になっているような事項について、口外禁止を入れてほしいと求められる場合があるのですが、これを入れてしまうと、当事者の言論を不必要に制約することにもなりかねないため、過度な制約にならないよ

う、たとえば、単に口外しないという記載にとどめずに、インターネットやSNSを利用する等の方法で口外しないという形で、媒体を限定するなど配慮することがあります。

　また、和解条項の中で口外禁止条項を入れたとしても、民事訴訟法91条による閲覧請求があった場合には、92条の閲覧等制限の要件である私生活への重大な秘密や、不正競争防止法26条に規定する営業秘密が記載された場合でない限り、訴訟記録として閲覧の対象になってしまい、秘密を守ることができません。裁判官は閲覧等請求の問題について、和解の際にいちいち確認しないこともあると思いますが、弁護士の側としては、口外禁止条項を入れたとしても、民事訴訟法91条による閲覧等のあり得ることは想定しておくべきかと思います。

　知的財産事件や企業間の紛争については秘密性の高い場合がありますので、まずは和解条項中に秘密を記載する必要がないものは、できるだけ調書記載しない方向で検討すべきだと思います。たとえば知的財産訴訟で、ライセンス契約を締結して紛争解決する場合に、「ライセンス条件については別途協議して定める条件による」などと抽象的に記載しておくなど、本当はライセンス料や契約当事者などはすでに決まっているのですけれども、あえて記載しないよう配慮することがあります。

　また、和解調書に対する閲覧等制限が同時に申し立てられることも多いですし、場合によっては、特許法105条の4の秘密保持命令が発令されることもあり得ます。極端な場合には、和解をしたということすら知られたくないということで、訴訟の終了原因を和解にしないために、取下げをしたうえで、訴訟外の和解をするなどということもあり得ます。

齋藤　和解条項に口外禁止条項を入れるかどうかを協議し始めると、本来付随的な条項であるはずなのに、協議の焦点となってしまい、口外禁止条項のために交渉が長期化するという事例もままありまして、逆に考えてみると、そのようなケースというのは、本当に和解が成立した後に口外禁止条項が守られるのかという疑念を生ずる事案だということもいえます。

　ですので、二次的な紛争、口外禁止条項をめぐる将来の紛争を抑えていくためには、当該条項を採用したほうがよいのか、表現ぶりをどうするかと

いった点について十分検討したうえで、場合によっては、思い切って、口外禁止条項を入れないという決断をすることが適切な場合もあるのではないかと思います。

(3) 和解内容の実現性

田中 続いて、和解内容の実現性について中武さんからお話をお願いします。

中武 和解条項を作成する際には、執行できないような給付条項や登記文言を作成することのないよう、裁判官としても気を配る必要があると思います。特殊な行政手続が絡むような事案では、関係部署にあらかじめ確認しておくよう当事者にお願いをすることもあります。

　また、最終的に執行できるとしても、条件成就執行文ではなく単純執行文の付与により執行できるような表現にするなど、権利の実現場面で債権者が困らないように配慮するということもあります。

　履行に不安のあるケース、特に破産手続の開始の可能性があるような場合で、心証としては認容筋の事案では、和解条項の第1項で請求の趣旨と同額の支払義務を確認しておいて、一部履行すれば免除、期限の利益を喪失すれば1項の債務を復活させるような条項にすることもあります。また、給付内容の特定性を欠いたり、執行できないような条項を入れることによって、後に紛争を先延ばしにしたりすることのないよう、この点についても気を配っています。

濱本 ほとんど中武さんがおっしゃったとおりですけれども、付け加えますと、土地の事件で和解条項に図面を添付するような事案では、現地復元性のある図面でなければならないことに注意を要します。何年経った後であっても、その図面に基づいて現地のどの点なのかということがわかる図面でなければならないのですが、そのような現地復元性のない図面であったとすると、後に非常に困った事態となることがあります。実際の執行が和解成立後すぐに行われていればよいのですが、そうでない場合には、何年も経った段階でその和解調書に基づいて確認しようとした場合に、現地のどの点かが確認できなくなって、再び紛争が発生してしまうということになりかねません。そういったことのないように注意する必要があります。

　また、登記関係の条項については、中武さんがおっしゃっていたように、

法務局が受け付けてくれる条項であることが大切です。やはり、あらかじめ代理人から法務局や司法書士に確認しておいてもらうということが大事ではないかと思います。

　それと、実現性という点とは異なりますけれども、登記関係の条項の場合に、どのような登記原因にするかによって、その後の税務処理、税金の関係が変わる場合があります。そういったことが懸念されるようなものの場合には、やはりあらかじめ代理人から税理士に確認しておいてもらって、その登記原因でよいのかを確認しておかないと、後になってもめてしまうということがあるので、そこも注意する必要があります。

田中　増田さんからは元裁判所書記官として、福田さんからは元裁判所書記官研修所の教官として、和解条項に関して何か付言することはないでしょうか。

増田　裁判所書記官として肝に銘じていましたことは、和解調書は確定判決と同一の効力を有し、和解条項は主文に相当するので、解釈に二義を許さない明確な表現がされなければならないということです。

　特に気をつけていましたのは、先ほども中武さんの話にありましたけれども、条件付きの給付条項を作成する場合、条件成就執行文が必要になってきますが、条件成就執行文を付与するのは、その給付条項を作成した裁判所書記官ではなく、条件が成就した段階で執行文の付与をするわけですから、条件付きの給付条項を作成する裁判所書記官は、後で執行文を付与する裁判所書記官のため、どういった証明文書が提出されれば条件成就を証明できるのかということまでも考えたうえで、条件が成就したことが明確にわかるように、具体的に記載する必要があるということです。

福田　重なるところも多いのですが、確認条項、形成条項、給付条項、これはもう二義的な解釈は許さないということと、条件なのか期限なのかわからないという条項も避けたほうがよいと思います。

　それから条件ということで、執行文付与の訴えを提起しなければならなくなるような条項も、やはり避けたほうがよいと思います。

　また、特定物動産の引渡しでは、目的物の特定には細心の注意が必要です。これは私の体験した事案で、失敗例なのですが、母親の形見の壺という

ことなので大丈夫だろうと思って、大きさや色で特定したものの、後に、こんな壺ではなかったということでもめたことがあります。

(4) 和解案提示にあたっての留意事項

田中 それでは、和解案提示にあたっての留意事項ということで、山地さんからお願いいたします。

山地 先ほどの福田さん、濱本さんのお話にも出てきましたけれども、どのタイミングで、どのような内容の和解案を、どのような方法で提示するかは、当事者の意向や、合議事件であれば合議体の議論を踏まえながら慎重に考えていくことになるかと思います。その際には、できるだけ多角的な検討が必要になるかと思います。

そして、和解案提示の際には、提示というのは和解手続の中の最重要局面ともいえる場面ですので、裁判官がこの和解案を提示するにあたってどのように考えたのかが、各当事者にきちんと伝わるように丁寧に説明をしていくところがポイントになってくるのではないかと思います。なお、その提示した後ですけれども、和解成立に至るまでは、直ちにまとまる場合もあれば、少し紆余曲折を経る場合もあります。和解条項を読み上げるまでは、さまざまな事態の生ずることが考えられますので、成立見込みの局面に入った場合であっても、最後まで気を緩めることなく進めていくことが大事であろうと思います。

田中 私の経験した事件で、和解条項の読み上げの段階で本人が嫌だと言い出したため、あらためて和解期日を続行し、さらに代理人が説得してようやく和解できたということがありました。ある条項の内容を説明したところ、自分の考えていたことと違うということで、「嫌だ」とおっしゃって、代理人が、慌てて説得しても拒否し続けたというものです。そういうとき、裁判所は、「何を今さら」という気持になることもあるかと思いますが、いかにも裁判官が怒っているという雰囲気を示すのはよくないだろうし、気をつける必要があります。

齋藤 和解案として示すものは、厳密には判決の結論、あるいは理由づけと一致しないことが通常でしょうから、その際には、和解における解決として提案するものであるということを、しっかりと当事者に伝えておくことが肝要

かと思います。

　また、和解ならではの切りのよい数字で提案する場合もあろうかと思いますけれども、その切りのよい数字の理由が当事者によく伝わるよう、言葉を尽くしたわかりやすい説明をつけるのが適当な場合も多いと思います。

8. 和解における裁量・手続規制

(1) 手続適正の観点

田中 次は、和解における裁量・手続規制という難しい問題です。これはご承知のとおり、和解に関するブラックボックスというような議論ですが、和解をする者とすると、避けて通れない問題です。

　和解については代理人も、その効用は理解しながら、今なお、まあまあ和解があるのではないか、足して二で割る和解があるのではなかろうか、双方に異なることを言っているのではなかろうかといった批判があります。また、和解手続が、要するに裁判所以外からは非常に見えにくいと、説得過程等など一種のブラックボックスになっていないかという批判があり、和解における裁量手続について、手続の適正という観点を和解手続に反映させるべきであるということを強く主張される研究者がおられます。こういったことを踏まえて、この和解における裁量・手続規制をどのようにしていくことが相当かについて議論をお願いしたいと思います。

山地 ご指摘のとおり、この問題は理論的にも実務的にも非常に難しく、かつ重要な問題であると思いますが、私自身は、和解手続において適正手続というのは非常に重要なものであろうと考えております。それは、和解手続や、あるいは和解を主宰する裁判所の公平性・中立性に対する信頼にかかわると考えているからです。

　また、先ほどからも出ておりますが、1件の和解における裁判所の対応が、ほかの事件の和解に及ぼす影響ということにも意を払う必要があると思います。もっとも、一方当事者から聴き取った話をどこまで相手方に伝えるかといった問題もあるのですが、これは、適正手続という問題とはやや異なる問題を含んでいるのではないかと思われます。また、適正手続の確保という観点からは、裁判所書記官のかかわりも重要になるのではないかと考えま

す。

田中 裁判所書記官のかかわりというお話が出ました。裁判所書記官の役割としては、当事者、特に代理人と裁判官との連絡、調整が考えられるところです。通常はそれぞれからそれぞれへ伝えるという仕事が多いように思われますが、大規模事件、あるいは現地における和解の準備について、すでに紹介いただきましたが、こういった場面では裁判所書記官の役割が重要になってくるものと思われます。

　適正手続、あるいは時には手続を公に証する公証官の立場という観点から、裁判所書記官の役割について、増田さんからご意見をお願いしたいと思います。

増田 先ほど裁判所書記官の関与ということで、裁判所書記官実務研究報告書の紹介をさせていただきましたが、この場面においては、公証官としての裁判所書記官が和解手続の適正といった場面でどう関与していくのか、もしくは関与が求められているのかということで、難しい問題ではないかと思います。たとえば、交互面接方式で和解が進められているといった場合においては、手続の公証を行う公証官である裁判所書記官が立ち会って和解期日調書を作成することで手続の公正を担保するということがあると思います。また、和解期日で中間合意がされた場合は、裁判所書記官が和解協議に立ち会い、その結果を反映した和解期日調書を作成するといった場面を考えることができるかと思います。

中武 和解調書ではありませんが、中間合意が成立したことを弁論準備期日調書に記載してもらった経験があります。遺産確認等が争点の中心となった事案ですが、双方ともに気持がよく揺れる当事者同士で、お互いに疑心暗鬼になっている一方で、相手がこれでフィックスするならば受けるというような場合でした。そうはいっても、和解条項の細かい詰めについては、遺産の確認の範囲などが問題になり、代理人の助力を得ても一期日では終わらず、時間が必要だったものですから、中間合意ということで、支払う金額についてはもうこれで固めましたよと、それから、和解ではない、終了原因にはならないけれども、合意としては効力のあるものですよということを双方に説明して、お互いここは動かさない前提で細部を詰めていきましょうという形で

進めたことがあります。

　それから、先ほどからお話に出ている適正手続の問題に関しては、訴訟上の和解というものは、判決という強制権力を行使できる裁判所が仲介しておりますので、制度必然的に当事者に対する強制の契機があるということは、裁判官として肝に銘じておくべきかと思います。そういったところから適正手続ということがいわれていると思います。ただ、和解というのは、規制やルールを厳しくしてしまいますと、事案に応じた柔軟な解決の機会を失わせることにもなりかねないと思います。

　もっとも、裁判官の裁量の限界のようなものはあると思います。たとえば、当事者が裁判所の心証を誤解していることに気づいたにもかかわらず、説明をすることなくそのまま和解を成立させるようなことはしないとか、先ほどから出ておりますように、公平性が疑われるようなことはしないとか、和解手続や交互面接で得た情報を後の事実認定に影響させないとか、そういった裁量の限界はあるかと思います。

田中　他の ADR における準則、規則などの条項の中には、手続関係を規制するものがあるわけです。それを訴訟上の和解手続においても採用する余地があるのか、あるいは採用すべきなのかという、そういった方向性を有する議論ともいえます。諸外国の動静なども踏まえて提言をされる研究者もおられますが、各国とも必ずしも一致していません。それから、ADR 手続で用いられている準則はそもそも準則たり得るのか否かという問題も、これは和解のみならず調停においても議論のあるところです。この点、私たち、日々和解をしている者からすると、誠実であろうと心がけて取り組んでいるわけですけれども、当事者等からみてどう見えるかという問題もあるかと思います。今すぐに成果が出るわけではありませんが、裁判所に対する信頼にかかわる問題ですので、各自でお考え願いたいと思います。

中武　和解は、裁判官が主宰しているところで、裁判官に対する信頼が基礎になっていると思うのです。各 ADR は裁判官が主宰してはいませんよね。裁判官については、廉潔性もそうですし、職務に対する気概であったり誇りを皆さんが信頼してくださっているので、今までそこまでの規制というところまでは至っていませんでした。ですから、裁判官としても信頼維持に努める

ように、もし、信頼を損ねれば、直ちに規制論という話が進む形になると思うので、日々の私たちの姿勢が問われているのではないかなと思います。

山地 今の中武さんのご指摘に関してですが、制度的担保が脆弱であるという見方と十分に機能しているという見方とがあり得るところで、ここは非常に難しい問題だと思います。

(2) **和解という合意形成手続そのものに内在する制約としてはいかなるものがあるか、それをどう調整していくか**

田中 和解は合意形成手続であるわけです。これに内在する制約にはどのようなものがあるか、また、これをどう調整していくのかという問題について考えてみたいと思います。

中武 先ほどのブラックボックス論にもつながると思うのですけれども、判決の見通しを開示して、予測される判決に近い和解を勧告する場合であれば、当事者双方同席の下で、その説得過程を双方にオープンにすることも差し支えはないと思います。ただ、和解は当事者に対する説得を要するので、双方当事者の言い分を聞いて、それぞれの当事者について裁判官が共感を示しながら説得する場合も多く、このような場合には、常に同席の下で説得内容や手続過程をオープンにすることはできず、かえって紛糾する場合も多いと思います。また、和解の過程で、いずれかを先に説得したうえで、相手方のほうに水を向けるという場合もありまして、その際にもやはり個別に話をするようなことになると思います。

　調整の方法ですけれども、不透明感の払拭という意味では、すべてを伝える、過程を全部伝えるわけではありませんが、こういった説明を相手方にしましたよというような概要を伝えたり、あるいは最終の同席の下で、概要を双方当事者に伝えたりすることが大切ではないかと思うのです。裁判所案として金額を提示した場合には、説得は交互面接であっても、最後に金額を同席の下で伝えたうえで、こういった案について検討するようにと、検討事項について明らかにしたりするというような工夫が考えられるかと思います。

　それから、先ほど増田さんのお話にもありましたけれども、本人を連れて来ている場合の説得の際には、公平性への配慮として、ヒアリング時間を同程度にするとか、あるいは一方の説得に時間がかかった場合には、その相手

方に、あなたの意向に沿うような形に解決するために、こういった点の説明をして時間がかかりましたよということなどを伝えて、一方に肩入れしているのではないかといった不信感を抱かれないように配慮することもあります。

福田 これまでの話とかなり重なる部分が多いのですが、二枚舌は使わないということが、信頼のためには大事だと思います。ただ、双方の説得するポイントが違うことは、ある程度やむを得ないので、双方の弱点、それぞれ違うところを指摘する、これは問題ないと思います。ただ、終結間際で、心証が固まりつつあるのに、どちらが勝つかわからないと伝えることには躊躇があります。実際には、判決を書き始めないとわからない場合もありますが。後は、控訴審でどう転ぶかわからないと伝える、これは第1審段階での言い訳になりますが、実際、高裁で請求や主張が追加されることもあるので、そういったことは言ってもいいのではないかと思います。

田中 福田さんのお話に関連して、要は当事者のニュアンス、どういった形で相手方に伝えるかという問題ですね。場合によれば一部に限っては、すべて開示することもあり得るのかなという感じもいたします。やはり当事者は、当該事案で、裁判所がどのような心証をもったか、知りたいのだろうと思います。

　また、ある程度は駆け引きの領域もあるのだろうと思われます。たとえば、一方当事者が「ふっかけてほしい」と言っている事案で、裁判官は、たとえば「100万円では厳しいですね」と言うことはどうでしょうか。それは範囲を超えるのでしょうか、超えないのでしょうか。

福田 それは反しないような気がしますね。

田中 まさにそういった形で、ある程度は駆け引きの要素はあるのでしょうけれども、程度問題でもあるわけです。要は、事案によって、行き過ぎないように工夫するということに尽きるようにも思われますが、いかがでしょうか。

福田 そうですね。そのまま伝えてしまうと、相手が感情的になってしまって決裂することもありますので、難しいと思いますね。

濱本 確かに田中さんがおっしゃったように、「100万円では難しいですね」と

いう言い方は、非常に有用なのだと今あらためて思いました。

　本当にふっかけてきている場合に、そのふっかけている数字をそのまま伝えてしまうと、もうそこで和解がつぶれてしまうというケースもあるので、そういうときは一方の金額をストレートに伝えるのではなくて、「相手方はあなたの考えている金額とはかけ離れた金額をおっしゃっているのですけれども、裁判所としても、それではなかなか和解できないですよという形でお伝えはしているのですけれどね」といった感じでやんわりと伝えることもあります。

(3) 実践例の紹介

田中　それでは、これまでの裁量・手続規制に対する問題提起を踏まえてどこまで手続をオープンにできるのだろうか、またどのような工夫ができるのだろうかという点、ご意見ないし実践例についてのご紹介をお願いします。

山地　和解期日では、同席で進めるか交互面接で進めるかについて、当事者双方の意見を聴きながら進めています。その結果として、実際には当事者双方とも交互面接を希望することが多いというのが実情です。その場合であっても、適正な手続という観点は重要だと考えますので、たとえば期日の冒頭で、双方同席の場面で、「基本的には個別におうかがいしていきますが、双方いらっしゃるところで何かありますか」などと聞いたり、期日の最後で、双方同席の場面で、期日のまとめと次回までの課題を確認したりしています。この同席のときのまとめと課題については、その説明、言い方の表現に配慮しています。事案によっては、和解協議の中で、先ほども出たような中間合意を調書化することもあります。手続の透明性というのは、和解手続に対する信頼にかかわる問題だろうと考えております。

　それから、私自身は、仮に相手方、今廊下で待っている相手方当事者に、和解のやりとりが聞こえたときでも、裁判所がアンフェアだと思われない言葉づかいをしようと心がけています。抽象的にはいろいろな基準があるのですけれど、相手がこれを聞いたらどのように思うかというようなところは、一定の歯止めにはなるのかなという感じはしています。

田中　この問題は、なかなか難しい問題かなと思います。先ほども触れましたが、やはり、カギカッコで言葉が出たときに、その言った言葉をどう受け取

られるか。ある意味では、この言葉だったら、何とかクリアできる、というものがあろうかと思います。ですから、人前で言われたり人前で聞かれたりしたら困ることはやはり言わないという、そこを日々気をつける必要があるのかなと考えています。

増田 調停係におりましたとき、調停委員には、相手方に聞かれても困らないお話をしてください、と常に伝えておりました。自分の中でも自戒していました。

濵本 基本的には、山地さんと同意見ですが、ある庁の和解室の扉が薄くて、和解室の中で話していることが、廊下で待っていたら聞こえると代理人に言われまして、その後、外に声が聞こえてしまう前提でお話くださいと、和解室の中にいる代理人に言ったこともあります。なお、交通事件の場合には、代理人にもよりますが、同席で進めても問題なく和解に至るケースが結構あります。それは、基準がある程度あるということもあると思うのです。特に過失相殺率の話になったときに、事故態様について大きな争いがなければ、過失相殺率について『民事交通訴訟における過失相殺率の認定基準〔全訂5版〕』（別冊判タ38号）のどの類型になるのかまず合意をし、次に、修正要素は何があるのかで合意をして、そこで共通認識をもつというのは、もう同席で何ら問題のないケースがかなりあります。たとえば、治療費は争いないですよねとか、争っていると言っているけれども、和解のときにはどうですかとか、あるいは、自賠責保険の後遺障害等級について主張にこだわるのかとかですね。カルテを証拠提出するのか、しないのであれば、後遺障害等級は自賠責保険で認定された等級を前提に話を進めてもよいかとか、そのあたりのことは、同席で確認しているケースはかなりあるかと思います。最終的に金額まで同席で和解協議をするケースもありますし、結局、最後まで同席で双方が話し合いながら和解が成立するケースもよくあります。

田中 交通事件では、双方が、何を前提としているのかという対応があまりにも多岐にわたるので、それを双方いるところで詰めておかないと、逆に誤解があったら前提事項がひっくり返ってしまいますよね。詰めるべきところを詰めておかないと、和解もできないという面が出てきます。

Ⅳ 和解のノウハウ

田中 和解のノウハウについて、後輩に伝えておきたい事項について皆さんからお願いいたします。

中武 当事者双方にとって判決で得られる以上のものが得られるような和解をめざしたいと思っております。訴訟物を乗り越えて紛争の全体的解決を図ることで、双方当事者が紛争を解決させて、今後は前を向いて生きていけるように手助けをしたいですね。そのような和解ができれば、自身の仕事のやりがいに直結します。

　私の経験になりますが、かつては主治医と信頼関係を築いていた少女が、医療過誤を契機に主治医に憎しみを抱くようになっていたのですが、所在尋問をきっかけに当事者本人同士が接触する機会があったことなどを経て、和解をすることになりました。その和解期日でその場で主治医が謝罪をし、今後の診療において最大限の努力をすることを述べたことで、当事者双方がいっしょに病気と闘っていこうと誓い合ったということがありました。また、男性の原告が、醜状痕の後遺障害が残存したと主張して賠償を求めた交通事件で、和解案を出したところ、双方に受け入れられなかったため、尋問に至ったことがあります。その際、本人の顔を初めて直接見たのですが、書証の写真よりも醜状痕がきれいになっていました。本人尋問の際に、よく見せてほしいと言って、壇上から降りて、傷を確認したところ、やはりきれいになっていて、「私、法廷に入ってきたあなたを見ても、あなたが原告だと、全くわからなかった」ということを告げ、和解案を200万円減額する形で修正させてもらったのです。原告にとっては、金額的には大きな減額でしたが、この和解は成立し、しかも、後日、原告代理人から、あのときの裁判官の発言が本人はとてもうれしかったらしく、前向きに生きるようになっている、と聞いて、私もとてもうれしかったことがあります。

　紛争をしている当事者は、どこかで振り上げた拳を下ろしたいと思っていることが多いので、終局のために気持の整理も含めて助力することがあります。たとえば、医療過誤のために胎内で死産をしたとして損害賠償請求をし

た事案で、裁判官が生きて産まれなかったその子を名前で「○○ちゃん」と呼んでいたことで、訴訟手続の中で「人」として扱われたことがうれしかったから、和解する気持が芽生えたと原告夫妻がおっしゃったということがあります。この和解では、医師が事実関係およびそれに対する過失の評価をも認めて謝罪をし、廃業を決断しました。

　和解に対して消極的な当事者については、和解への障壁を取り除くような工夫ができないかを探るようにしています。詐欺被害者100人以上が訴えを提起した別件訴訟係属中に、その被害者のうち2人が詐害行為取消請求をした事案があります。被告（受益者）は解決金支払による和解をしてもよいが、原告となった2人とだけ和解しても、他の被害者からさらに訴えを提起されるかもしれないと躊躇していました。この点を解決するために、原告代理人が他の被害者から利害関係人としての委任状を取り付けることも考えられますが、あまりに多数であり、実現困難でしたので、詐害行為を知った時から2年の消滅時効が間近だと思われたことから、各被害者らが当該詐害行為を知った時期を示す、弁護士名の報告書およびメール送信歴を和解金と引換えに交付することはできないかを裁判所が打診し、これが功を奏して和解に至ったことがありました。

増田　簡裁の理念である国民に親しみやすく、訴額に見合った経済的負担で、簡易迅速かつ効率的な解決を提供するためには、簡裁の裁判官は、裁判官、裁判所書記官はもとより、司法委員を巻き込んだ「チームワークとしての裁判体」のチームリーダーとしての自覚と責任の下、裁判所書記官との情報の共有と認識の共有化はもちろんのこと、常日頃から、事件処理を通じて、司法委員の知識、能力、技術等の力量を把握しておくなど司法委員についての情報収集に努め、また、裁判所書記官、司法委員の研修等に積極的に参加する意識、姿勢をもち続け、「チームワークとしての裁判体」の底上げに貢献することが大切だと考えています。

齋藤　まずは、訴訟前の協議の経過や、和解金額の希望を含め、双方当事者の認識を虚心坦懐に聴くことが大事です。次いで、心証を適切に開示しつつ、和解案の内容を丁寧に説明したうえ、和解による解決のメリットを、わかりやすく双方に伝えていくことに尽きるように思われます。双方に代理人が付

いているときは、和解案の合理性を代理人に理解してもらえるよう、意見交換を尽くすことも重要でしょう。

山地　和解に関するノウハウとして、ことわざと同じように、一見すると矛盾するようなことが言われることがあります。どちらも一面の真実なのですが、時と場合によって、両者を使い分けることになります。ただ、その使い分けの判断は難しいところです。先日ある同世代の裁判官と和解について話をしたのですが、抽象的な和解観については一致したものの、そこに至る和解の進め方はかなり違っていたということがありました。違いの原因を考えてみると、それぞれの裁判官の「持ち味」のようなところに帰着するように思われました。さまざまな意見を参考にし、イメージ力も駆使しながらも、最後は、「借り物」ではなく、自分自身もストンと納得できるような進め方・内容で、言い換えると「自分の持ち味」で、和解を進めていくしかないと思います。そのことは、自分自身の考え方に「固執する」ということとは違うのだろうと思います。

　　左陪席の頃に和解について左陪席数名、裁判長数名で議論したときの論点の1つに、「和解において若さはハンディか？」というものがありました。その際の議論の大まかな共通認識は、「確かに経験の面ではハンディがあるかもしれないが、誰よりも記録を読み込み、誰よりも熱意をもって和解にのぞめば、若いというだけで直ちにマイナスになるものではない」というものでした。精神論的な話になってしまうのですが、ぎりぎりのところで和解がまとまるかどうかを決めるのは、経験やテクニックというよりも、紛争の適正な解決に対する「熱意」といったものかもしれません。そういう気概で目の前の和解に取り組んでいくことも、大切なことの1つかもしれません。

福田　私からは、和解には、普段から感性を磨いておくことが大事であると申し上げたいと思います。そして、時には思い切った提案をしてみることをお勧めします。

　　私が紹介させていただいた上記交通死亡事故の事案は、息子を亡くした両親が、任意保険に入っていなかった加害者に対し、故意または重過失に基づく行為で損害賠償には破産免責が及ばないとして訴えたものですが、両親のやり場のない悲しみが伝わる一方、加害者も大変申し訳ないと考えていたよ

うで、弔慰金的に、毎年命日限り相当長期の分割払という提案に至ったものです。破産免責の効果を覆すものであるうえ、心証からのかい離も著しく、われながら思い切った提案であり、双方からも驚かれましたが、奏功しました。また、最近では、SNSでの名誉毀損も増えており、これまでのセオリーでは、まず損害賠償で、よほどの場合に謝罪広告というのが通例でしたが、今は、まずSNSでの謝罪というのが損害賠償より受け入れやすいのではないかと感じていたため、その種の提案をしたこともあります。

もちろん、うまくいく場合ばかりではありませんが、何ごとも経験だと思います。

濵本　多くの事案では、当事者も代理人も、話し合いによる紛争の早期解決が望ましいことは理解しており、本音の部分では和解での解決を望んでいる場合も多いと思います。しかし、訴訟に至るまでの経過、感情面、その他のさまざまな事情から、どのような解決策やプロセスであれば和解の余地があるのかを、そもそも考えようとしていないこともあります。裁判所が丹念に記録を読み、当事者や代理人の話に耳を傾けることで、複雑に絡まってしまった紛争を解きほぐすポイントがみつかり、ある時点からは、当事者自身が解決するための方法を、自ら考え始めるように感じることがあります。紛争の解決策は、もとから紛争の当事者自身の中にあり、裁判所は、当事者がそれに気づくのを手助けする立場なのかもしれません。当事者の解決する力を信じ、それを引き出すことが大切なのではないかと思います。

Ⅴ　まとめ

田中　まとめということで、座談会の最後にひとことお願いしたいと思います。

濵本　自分自身の和解のやり方というものを、あらためてこの機会に振り返ることができて非常に良い機会だったなと思います。それと同時に、自分自身が経験できることというのは限られているので、ほかの方のいろいろな経験、その経験に基づく和解のやり方や、和解についての取組み方、考え方というものをうかがうことができて非常に勉強になりました。どうもありがと

Ⅴ　まとめ

うございました。

福田　今回は、私が普段、和解について思っていることをあらためて考え直すきっかけになったと思います。また、ここで私なりに思ったことをいろいろ発言しているのですが、ご批判をいただければ、今後の参考にさせていただきたいと思います。それ以外でも、高裁からみたご指摘、あるいは同じ地裁の実際の例をうかがうことができて、本日は大変有意義だったと思います。ありがとうございました。

山地　本日は和解について意見交換をするという貴重な機会に恵まれ、私自身、大変勉強になりました。和解の進行では、常日頃悩んでいることが多いのですが、その際、ヒントになる考え方や実践例を多くお聞きすることができました。今後の自らの和解に活かしていきたいと思います。ありがとうございました。

齋藤　皆さんのご発言をお聞きしていて、それぞれお気づきの点はさまざまなのだなと、大変驚きました。わが身を振り返りますと、どうしても我流に陥りがちですので、今日うかがったことを参考に、明日からの和解に早速役立ててまいりたいと思います。ありがとうございました。

中武　和解というのは、やり方については教科書的なものもありませんので、経験的に我流で身に付けてきたものが多く、これでいいのかなと思いながらも、なかなかお話させていただく機会もなかったので、今回先輩方からお話を聞けて、ああ、あれでよかったのだと思う面と、この点、もう少し気をつけて進めなくてはいけないなと反省する点も多々ありまして、非常に勉強になりました。

　また、和解は、裁判官一人でできるものではないので、やはり当事者や代理人とのコミュニケーションが非常に大事だなということで、今後もこの点に気をつけて進めていきたいと思います。ありがとうございました。

増田　日々の自己研鑽に努めて、知識、経験を豊かにして懐を深くし、たくさんの引き出しをもつということはもちろん基本だと思いますが、やはり、最も大切なのは、和解に取り組む裁判官の熱意、情熱、マインドであるということをあらためて学ばせていただきました。

　和解のノウハウといったことが話題になる場面に接する機会のない簡裁の

601

裁判官としては、本日は貴重な経験をさせていただきました。この経験を、私一人のものではなく、簡裁にもち帰りまして、明日からの和解の取組みへの裁判官、裁判所書記官、司法委員、皆の共有財産として活かしていきたいと思います。どうもありがとうございました。

田中 では、私から最後にまとめをさせていただきます。

　本日、冒頭にお話をしましたように、和解は現在において、紛争解決の手段として判決と並び、重要な地位を占めております。また、和解の手法、説得のあり方には、個々の裁判官の訴訟観、紛争観などの個性が反映されているところです。

　本日は、和解に堪能な皆さんから、普段はなかなかお聞かせいただけない本音の部分を含んだ、非常に興味深いお話をお聞かせいただきました。私自身勉強になりました。皆さんのお話は、いずれも豊富な経験に裏打ちされており、さすが和解の名人芸ともいうべきものであると思います。この貴重なノウハウや体験談をご披露いただきましたご出席の皆さんに、心からお礼申し上げたいと考えております。

　もっとも、本日は、多岐にわたるお話が出たわけですが、あくまでも和解という大きな分野におけるほんの一例を取り上げたにすぎないものです。また、本日のお話の中には、先ほど山地さんが指摘されたように、それだけを取り上げると相矛盾するかのような話もあります。これは、それぞれの場面を念頭においてご理解願えればと思っています。

　この座談会を読まれた方々が、自分に合った和解の手法を見出し、和解という紛争解決の方法、これを一層活かしていただくことができれば、あるいは、和解について一層理解を深めていただくことができれば、本当に幸いです。本日は本当にありがとうございました。

　　　　　　　　　　（所属は、座談会収録時（2018年6月）のもの）

第2章 調停の実際と今後の展望

Ⅰ　はじめに

田中　最初に、本座談会の目的等につきまして、司会からお話をさせていただきます。

　身近な紛争を柔軟に解決する調停制度が発足いたしまして2022年に100年を迎えます。その間に、調停は、社会情勢の変化に対応し、法改正等や運用の見直しが行われてきました。近時では、後に紹介する非訟事件手続法改正に伴う法改正や、司法研究（司法研修所編『簡易裁判所における民事調停事件の運営方法に関する研究』）を踏まえた、簡裁における調停の運用改善の提案があります。

　本日は、これまで調停に関与し、あるいは制度について検討された経験をおもちの皆さんに、公私ご多忙の中、お集まりいただきました。調停の現状、実務の実践工夫例、さらに、今後の提案等につきまして、個人の立場からいろいろとお話いただこうと考えております。なお、山浦さんには、元民事調停官のご経験に加え、代理人としてのお立場からもお話を願えればと思っております。

　非常に限られた時間ではありますが、よろしくお願いいたします。

　まず、私から簡単に自己紹介をさせていただきます。私は、現在、大阪高裁の民事部で部総括判事をしております田中でございます。民事調停につきましては、東京地裁で約1年半と大阪地裁で4年間、各調停部に在籍いたしました。この間、大阪では平成13年の建築・調停部（第10民事部）発足当時から部総括判事として関与しております。平成14年に日本調停協会連合会主催の調停制度施行80周年記念行事のシンポジウムがあった際には、パネ

ディスカッションで司会を務めさせていただきました。

　以上のとおり、調停に対しては大いに関心と思い入れはありますが、担当してからいささか、時間が経過しておりますので、やや不安な面があります。本日は、皆さんのご協力の下、座談会の進行を図っていきたいと思いますので、よろしくお願いします。

杉浦　現在、大阪地裁建築・調停部の部総括をしております杉浦と申します。

　調停部にまいりまして2年になります。それ以前に調停専門部に在籍した経験はないものの、那覇地裁沖縄支部で3年間、それから札幌地裁で3年間、民事通常事件を担当したときに調停に付したうえ、自分が調停主任として関与したことはあります。また、法務省で訟務検事をしていたときに数件、調停事件の申立代理人または相手方代理人を務めた経験もあります。

　本日は、最近の大阪地裁の調停部における現況を少しお話させていただこうと思います。よろしくお願いします。

神山　大阪簡裁調停係の神山と申します。平成17年8月、簡裁判事に任官し、その後、五條簡裁や枚方簡裁などで調停事件を担当しました。平成27年4月に大阪簡裁調停係に配属となり、調停事件のみを担当し、大阪簡裁の調停運営の改善等に取り組んでまいりました。

　本日は、大阪簡裁の調停運営の取組みについて紹介させていただければと思っております。よろしくお願いします。

徳岡　神戸地家裁姫路支部長の徳岡と申します。私は、平成13年4月から3年間、田中さんの陪席で建築・調停部に在籍しまして、平成24年11月から3年2か月程度、今度は部総括裁判官として建築・調停部に在籍しました。したがいまして、調停との縁は6年余りということでございます。

　本日は、調停の魅力、すばらしさを少しでも皆さまにお伝えできればと考えております。

窪田　鳥取地家裁米子支部の窪田と申します。

　平成29年4月まで3年間、大阪地裁の建築・調停部である第10民事部で勤務しておりました。

　私が調停事件とかかわるようになったきっかけは、前々任の和歌山地家裁新宮支部、これは、一人支部ですけれども、そのときに簡裁の民事調停事件

I はじめに

も自ら直接担当していたことがきっかけでした。ちょうど調停が、制度が始まって90周年ということと、簡裁の民事調停の機能強化というテーマが同時に進行していた時期でしたが、そのときに経験した中で、民事調停事件が本当にすばらしい制度で有用なものだということを実感しておりました。その後、大阪地裁第10民事部で、建築調停事件や簡裁における民事調停事件の活性化の関係でも少しお世話させていただいて、その運用改善の取組みなどにもかかわらせていただきました。

本日は、大阪地裁第10民事部での建築調停事件に携わった際の経験であるとか、現任庁である米子支部でも、建築事件、その他、調停事件は数件担当しておりますので、そういった立場から経験などをお話させていただくとともに、皆さんのお話もお聞きして勉強させていただければと思っております。よろしくお願いします。

山浦 私は、現在、大阪弁護士会に所属する弁護士です。

平成15年10月に弁護士登録し、平成30年で弁護士15年目ですが、その間、主に企業側の企業法務一般を中心とする業務を行ってまいりました。

調停とのかかわりにつきましては、平成24年10月から平成28年9月まで、大阪地裁第10民事部において、民事調停官として、週1回、勤務しておりました。また、日々、代理人弁護士として訴訟になじまない事件等について調停を紛争処理手段として利用しております。

地裁では、本案部で通常訴訟事件として受理した事件についても、調停に付する決定により調停部に事件を係属させるということが行われております。調停官をしていた4年の間に付調停事件を多数取り扱いました。その経験に基づき、調停の活用法について主にお話したいと思います。

中村 神戸地裁で民事通常事件を担当しております中村と申します。

調停とのかかわりで申しますと、現在、担当事件を、付調停にして調停を担当するほか、平成24年4月1日から平成26年3月まで、最高裁事務総局民事局で局付をしていたときに調停を担当しておりました。ちょうど配属された平成24年は、先ほどお話がありました調停制度発足90周年を迎えた年でして、その記念行事などを通じ、また、司法研究で、調停の機能強化の取組みに実際に関与させていただきまして、その中で調停の制度や歴史などについ

605

て学び、調停はとてもよい制度だなと思った次第です。

　本日は、制度を紹介するとともに、調停事件を経験された先輩方から調停についていろいろと学ぶことができればと思っておりますので、よろしくお願いします。

Ⅱ　調停制度

1. 調停の位置づけ

田中　それでは、まず、紛争解決手段としての調停手続の位置づけを確認しておきたいと思います。調停につきましては長い歴史がありますが、ごく最近の歴史について中村さんから紹介をお願いします。

中村　わが国の調停制度は、大正11年に制定された借地借家調停法を起源としたもので、2022年には調停制度施行100周年を迎えます。

　民事調停につきましては、時代のニーズに応じて法改正等が頻繁に行われてまいりました。特に平成以降ですと、平成12年には経済的に破綻するおそれのある債務者の経済的再生に資することを目的として、特定債務等の調整の促進のための特定調停に関する法律が施行され、また、平成15年には弁護士が裁判官と同等の権限をもって調停手続を主宰することができる、いわゆる民事調停官制度が、司法制度改革のための裁判所法等の一部を改正する法律によって創設されました。

　さらに、平成3年には借地借家法の、平成8年には新しい民事訴訟法の、平成23年5月には新しい非訟事件手続法の制定に伴って民事調停法の一部が改正されるなど、時代のニーズに応じた法改正が行われてきたという歴史があります。

田中　同種の紛争解決手段としてADRがありますけれども、ADRと調停との関係につきましても、紹介をお願いします。

中村　今お話がありましたように、平成19年4月に裁判外紛争解決手続の利用の促進に関する法律、いわゆるADR促進法が司法制度改革によってできまして、平成19年4月に施行されました。

ADRは、運営者を基準として、裁判所が設置・運営する司法型ADR、行政機関が設置・運営する行政型ADR、民間機関が設置する民間型ADRに分類されています。調停は、司法型ADRといわれておりまして、他のADRと比較すると、中立公平な裁判所で実施され、法律専門家である裁判官が関与する手続であること、裁判官とともに民間の有識者である調停委員が調停委員会を構成し、法的観点だけではなく社会常識も加味した柔軟で落ち着きのよい解決をめざしている点が、他のADRと異なる特徴であるといわれています。

田中　調停につきまして位置づけを紹介いただいたわけですが、そういったことを踏まえて、現に調停を担当しておられる杉浦さん、いかがでしょうか。

杉浦　確かに、歴史的な経緯からみても、調停は紛争解決手段として非常にすぐれたものだと思います。加えて、最近では、専門家の関与、専門的知見の導入という観点から調停を利用されるということが、多くなっていると思います。合意できれば円満解決となりますが、仮に、紛争解決に至らない場合でも、専門的知見が得られるということで当事者が手続的満足を得られるという側面があるようです。

田中　一方、簡裁はいかがでしょうか。

神山　ちょっと視点がずれるかもしれませんが、裁判所の紛争解決手続の中に1つ大きな柱として訴訟手続があります。調停手続は、訴訟手続では扱うことが困難な紛争を含めたさまざまな紛争を、判決では実現できない妥当な解決に導くことができる、そういう調停手続の位置づけの大切さを最近強く感じております。

2. 調停のメリット

田中　今、神山さんから調停のメリットについて簡単に触れていただきました。調停は、一般的に柔軟かつ妥当な解決を図る制度であるということで、高い評価を受けているものと思われますが、その点について窪田さんのほうで付加してお話されることはありますか。

窪田　調停のメリットということで、今お話いただいた柔軟・妥当という言葉が出てくるところですけれども、先ほど杉浦さんからもお話があったとお

り、特に地裁における調停は、争点の整理・判断のために専門的知見を要する事件というのが、基本的に付調停事件の対象になる場合が多いと思います。

　こういった専門的知見を獲得する方法としては、他に鑑定や専門委員手続といった、専門家が関与する方法もありますが、周知のとおり、鑑定や専門委員ということになると、やや手続が重たく、鑑定の場合には費用的な問題も出てくるところです。しかし、調停の場合には、裁判官と調停委員との間で適宜協議を行い、その結果を適宜当事者双方に開示しながら、必要な専門的知見が提供されたり、争点の絞り込みや軽重の位置づけがされたり、争点に対する心証が形成され、それに基づいて専門家の立場からみた問題意識を踏まえた妥当な解決案を策定し、その提示ができます。

　提示された解決案に基づいて解決に向けた働きかけをしていくという作業を、適宜の時期に行うことができるという点では、非常に柔軟ではないかと思いますし、専門家の関与を受けられるということで、その事案に応じた妥当な解決を機動的に図ることができるというのは、非常にメリットが大きいのではないかと考えております。

田中　ほかには、一般にいわれていることですが、調停のメリットとして、非公開手続であるということがあるかと思います。この点について、具体例の紹介をお願いします。

徳岡　地裁の申立調停の場合は、訴訟物の価格が億単位といった、日本でも著名な大企業同士の商事紛争や、地方公共団体が当事者の事案というものを扱ったことがありました。そういった事件がなぜ申立調停を利用しているかといいますと、訴訟になれば、事実認定だとか法的な観点ということで非常に複雑困難で長期化するような事案を、非公開で迅速に解決できるというところに魅力があるということです。調停事件の醍醐味としては、そういった大きな事件の利用もあるということがいえると思います。

杉浦　私は、先ほども紹介したとおり、法務省で国の代理人をしていたことがありまして、国も民事調停の申立てをしたり、申立てを受けたりしました。もっとも、いずれも管轄の合意をして東京地裁に係属しました。このように、大きな事件について調停を利用したことがあるのですけれども、その最

も大きなメリットは非公開ということで、全件合意解決できたので、行政庁は大変喜んでいました。

田中　山浦さんは、民事調停官のほか、弁護士としては利用者である企業側の代理人としても活躍されているということですけれども、そういった観点から、先ほど来、お話がありました調停のメリットはいかがでしょうか。

山浦　企業の代理人として思うのは、一般の方には、調停という制度について、「専門家が関与し、調停案が提示され、早期に解決できる」というメリットがあまり知られておらず、「足して二で割るような、『なあなあ解決』をされてしまうのではないか」という旧来のイメージを抱いている方が、まだまだ多いのではないかということです。中途半端な解決をされてしまう調停より、訴訟ではっきり白黒つけてほしいという依頼のほうが今なお多いのではないかなと代理人として日々思っているところです。

田中　山浦さんには、今後とも代理人として、調停のメリットの周知方をお願いしたいものと考えております。

窪田　非公開手続の関係について、徳岡さんや杉浦さんからお話がありましたけれども、解決に向けての本音を率直に聞けるところが非常に大きいのではないかと日々思っていたところです。裁判をして勝つかどうかということも、もちろん検討はされると思うのですが、事案によっては早く解決してしまいたいという意向も出てきたりしますから、そういったところを早めに聞けるというのは、調停のメリットなのかなと思ったりもします。

中村　非公開手続の関係では、訴訟手続で和解が成立する予定だった案件があったのですが、口外禁止条項を入れても、民事訴訟の場合は関係書類の閲覧制限がされていない場合、第三者からの閲覧請求に応じなければなりません。そこで、利害関係のない第三者からの閲覧を防止するために、当事者の一方から調停成立という形で紛争解決をしたいという希望を受けて、調停に付して、調停を成立させたという事案がありました。

山浦　依頼者が企業の場合で、多数の類似訴訟が事後に提訴されることが危惧される案件において、付調停手続を活用した解決を行っていると聞いたことがあります。

窪田　口外禁止条項を設けるために調停に付しているという例が最近は増えて

きていると聞きます。実際、私も経験があります。

3. 現行の調停

田中 調停制度の位置づけ、それからメリットについてお話をうかがったわけですが、現行の調停につきまして、大阪地裁は第10民事部、大阪簡裁では調停室という制度の下、運用されています。それでは、現在の状況につきまして杉浦さん、神山さんからお願いします。

杉浦 ごく簡単に申し上げますと、ここ数年は申立調停が30件ぐらい、付調停が300件ぐらいで推移しています。それから、調停成立率がおよそ6割から7割近く、17条決定による確定が数％ありますので、おおよそ7割前後の紛争が、調停によって解決しているということになります。

神山 大阪簡裁では、平成15年に特定調停事件の新受件数がピークを迎え、その後、新受件数は、特定調停事件、一般調停事件ともに減少傾向に移っていきます。大阪簡裁では、ここ数年は全新受事件数が約1600件ぐらいで、うち特定調停が200件ぐらいということで、調停の減少傾向は特定調停に大きく表れています。

　調停の終了事由ですが、17条決定による確定も含めた成立率がおおよそ6割、取下げが約1割、不成立は3割ぐらいです。調停事件において、取下げとなる事件の多くは、自分の申立てに相当な理由がないことがわかったとか、裁判所外で解決できたといったものが多く、取下げなどを含めた実質的な紛争の解決率という意味では、7割近くが解決しているのではないかと思われます。

田中 神山さんから、一時期は特定調停の事件数が非常に多かったというお話がありましたが、特定調停事件について特に付加されることはありますか。

神山 最近は、カードローンの多重債務者が増えてきているのではないかなと思います。昔のように、複数の消費者金融から金を借りて多重債務になり返済不能に陥っているといった事件は、最近はあまりみられません。

田中 本日お集りの方の中には、現在、本案部として付調停を行い、自ら調停を担当している方もおられます。徳岡さんは、現状についてどう感じておられますか。

Ⅱ　調停制度

徳岡　神戸地裁姫路支部の民事事件を担当しておりますが、大阪や東京のように専門部がある裁判所以外は、専門家調停委員といっても、実際には建築士が数名といった実態です。これは、以前勤務した宮崎地裁でもそうでした。実際、本案部として調停で活用するのは、もっぱら建築士委員、すなわち一級建築士を入れた建築調停です。その場合に、地方では法律家調停委員はあまり養成していないので、基本的には専門家を2名入れて委員会を構成します。建築士は2名で作業を分担します。つまり、裁判官と建築士2名で3名の委員会を構成して調停を行うというのが、宮崎や姫路での現状です。

田中　その場合は、建築士委員間で、何か特に役割分担は考えておられるのでしょうか。

徳岡　現地に行った時に写真を撮る役割を決めるといったことがあります。一方で、役割分担ということではありませんが、査定なども1人の目でみるのではなくて、複数の考えを出して評議して決めることがあります。複数ということには、それなりに意義はあるかなと思います。

中村　私も、現在、神戸地裁で担当しておりますけれども、私はむしろ、1人の調停委員にお願いして、その方に意見を述べてもらうという単独調停のほうが多いように思います。

田中　どのような種類の事件について単独調停としていますか。

中村　瑕疵が問題となったり、追加変更工事がある場合の請負代金が問題となったりするような建築事件が多いですが、ほかに、原状回復費用が問題になった事案でも一級建築士にお願いしたという事例があります。

窪田　私が現在勤務している鳥取地家裁米子支部は、非常に小規模ですので、そもそも専門家の方が非常に少ないということに加えて、地元に根付いておられる方も非常に多いので、利害関係の問題で当該事件の調停委員になっていただくことができない場合が少なくないというのが実情です。ですから、米子支部であれば、たとえば鳥取地裁本庁に併置されている鳥取簡裁の専門家調停委員に職務代行という形で関与いただくことがあります。

　ただ、それでも人的には非常に少ないですから、調停委員会まで構成することが難しく、先ほど中村さんからもお話があった、単独調停に意見を述べるべき調停委員ということで関与いただく場合が多いです。また、建築事件

以外でも、不動産鑑定士や土地家屋調査士の方などを調停委員に選任して事件を進めているものがあります。

4. 民事調停官

田中　先ほど、中村さんから調停の担当者として民事調停官の制度について説明がありましたが、何か付加してお話されることはありますか。

中村　この制度ができた目的としては、調停手続の主宰者を多様化することによって調停による紛争解決機能を充実・強化して、複雑、困難な事件を一層的確に対応できるようにするということがあります。また、民事調停官は、弁護士の中でも、法的素養と民事事件の豊富な経験を有していることが不可欠と考えられることから、弁護士の職務経験を5年以上有している者の中から任命すると規定されております。

山浦　5年以上の弁護士経験が要求されるということですが、私は約10年目で民事調停官に任官しました。では、弁護士経験があるという強みがどこに活きたかといいますと、たとえば、調停案を提示した後、当事者がどのように意思決定しているのか、会社内部でどのような決裁過程を踏んでいくのか、依頼者が個人の場合はどういったことに悩んでいるのか、たとえば、訴訟をした場合のコスト、弁護士費用、時間や手間がどのくらいかかるのかといった点は骨身にしみてわかっておりますので、そういったところを説得のポイントとして使ったこともありました。

　また、普段、弁護士として、事件当事者と直接に接していまして、たとえば意思疎通が困難な当事者などもいますけれども、そういった方のヒアリングなどにも慣れておりましたので、調停でどのような方がいらっしゃっても、あまりヒアリングにひるむようなことはありませんでした。そういった点で、弁護士であることの経験を活かせたように思っています。

田中　民事調停官の制度に対する、当事者や代理人の認知度はいかがだったでしょうか。

山浦　民事調停官ということを調停の最初に自己紹介で伝えますが、こと細かな権限まで説明する時間はありませんでした。当事者の代理人弁護士であっても、私が民事調停官なのにもかかわらず、最後まで裁判官であると勘違い

されていたケースもありましたので、まだまだ民事調停官という存在は、認知度が低いのかなと思うことも多々ありました。

田中　山浦さんには、民事調停官についても周知等よろしくお願いしたいと思っております。大阪簡裁も同じく民事調停官が事件を担当されていますが、その点について、神山さんから紹介をお願いします。

神山　大阪簡裁では、民事調停官は6名、定例執務日は週1日となっています。調停官は、主に複雑な事実認定を要する事件や難しい法律判断が必要とされる事件などを、未済事件数15件ほどをめどに担当し、全件期日に立ち会っております。

　事件の終了後、民事調停官には担当裁判官に進行状況に関する報告をしていただいており、担当裁判官としては、難しい事例の場合、どういった観点から、どのように解決に導くのか、といった点等が参考になります。非常に良い制度ではないかと思っております。

　また、広く調停手続を知っていただくため、最近、特定調停事件にも携わってもらうことにしました。すでに何件か割当てしております。

田中　特定調停を担当いただいた感想は、特にお聞きになっておられますか。

神山　私の係に配置されている方ではないので、直接にはお聞きしておりませんが、民事調停官の皆さんに今後特定調停事件を担当していただきますとお話したときには非常に好評でした。

田中　杉浦さんは、民事調停官制度の感想あるいは民事調停官とお仕事を共にされてきた中で何か感想等はありますか。

杉浦　大阪地裁にも民事調停官が3名おられます。週1回勤務で、先ほどの簡裁と同じように、おおよそ15件くらいが目安ですけれども、本人が特に希望すれば、20件から25件を担当していただきました。ただ、週1回ですと20件ぐらいが、最大限になるように思われます。全体でみますと、私は40件くらい担当していて、民事調停官3名で45件くらいですから、民事調停官と裁判官が半々の数を担当していることになります。

　やはり、民事調停官が主宰していただいたほうがうまくいく類型がいくつかありますので、そういった事件は、民事調停官にお願いして、それ以外の稀なケース等は、裁判官が担当したほうがよいのではないかと考えていまし

た。

田中 民事調停官が担当するのに適した類型としては、具体的にはどのようなケースが考えられますか。

杉浦 借地借家関係の賃料増減額請求事件、建物の明渡請求事件などは、専門家の意見を聴きながら、弁護士としてのご経験が活かせるケースだと思われます。また、近隣紛争や代理人弁護士がいない本人訴訟のような事案で、ゆっくり時間をかけて言い分を聴いて当事者間の不満を解消してあげるというのは、民事調停官のほうがふさわしいと思います。それから、最近は弁護士報酬の多寡についての紛争がいくつかありますので、これは、やはり弁護士である民事調停官に担当をお願いしています。

Ⅲ 調停の進め方

1. 調停手続

(1) 調停主任の関与、立会、付調停の説得

田中 調停の進め方についてお話をうかがいます。

まず、調停を適切に進めていくためには、調停を主宰する調停主任が積極的に関与していくことが要請されると思われます。そこで、期日への立会、審理計画の策定という観点から、まず実情をうかがいたいと思います。

窪田 建築事件の付調停ということを前提にお話させていただきますが、付調停一般については、もともと本案の裁判が念頭にあり、さらに、調停が不成立になった場合には判決も控えているということからすると、基本的に裁判官の関与が必要ではないかと考えているところです。

それから、専門的知見以外の争点、特に建築事件については事実認定上も非常に難しい問題が含まれていることが多いですし、法律上の問題についても、民法の規定がそもそも少ない中で、解釈上、いろいろ難しい問題も含まれていますので、調停手続の最初から最後まで基本的に関与するということで、この点では簡裁の実情とは違うところがあるように思っております。

期日についても、基本的には、毎期日立ち会って、自ら手続主宰者として

進行している場合が多いように思います。

徳岡 私の場合、部総括として建築事件や本案部から回ってくる専門の付調停事件を担当していましたが、地裁ですと、先ほど窪田さんがおっしゃったように、事実認定や法律上の問題など、そのつど主宰者として責任をもって目配りをする必要があるので、基本的に立ち会っています。

　ただ、立ち会っているから評議をしないというわけではなく、後ほど言いますが、こまめに評議しております。それから審理計画の策定という点ですが、これも調停主任としては、調停成立まで見据えて最初から考えておかないといけませんから、第1回期日前に争点だとか事案の見通しを立てて、おおよそ何回くらいでこの調停が終局に向かうかを調停委員会で評議します。また、第1回期日の段階から当事者双方にも投げかけて、どのようなスケジュールで進めるか、たとえば、争点整理は終わっているから現地調停を行って、そのうえで調停案を出すといった流れだと、4～5回くらいですねといっためどを立てて、仮に、そのめどが変わったら途中で修正をしています。

山浦 民事調停官としては週1回の勤務でしたが、1日の事件数は最大4件程度で、全件、全期日、立ち会っておりました。したがって、期日の途中で評議だけに来てもらったり成立のときだけ現れたりというようなことをしたことはありません。

　調停委員会を構成するメンバーですが、民事調停官の場合は、たいていは調停委員会3名のうち1名は私よりも先輩の弁護士、調停委員や過去に裁判官を務めておられた方といった法律家調停委員の大先輩の方に入っていただいて、もう1名は、専門家調停委員として、建築士であったり、不動産鑑定士、土地家屋調査士、公認会計士、税理士、システムエンジニア（SE）や医師などが選任されておりました。大体、3名体制で調停委員会を構成して調停を進めていきました。建築事件や不動産関連の事件は、現地調停も実施して現地を見にいくことも多かったです。

　調停官による調停主任としての仕事は、このほかに、調停案の起案や調停調書の原案の作成、不成立調書の原案の作成、経過表の作成、記録の検討、法令や裁判例のリサーチ、書面の督促、期日の管理、17条決定の起案などを

しておりました。

田中 これまでは、地裁の関係で、調停主任の手続関与の話をしていただきましたが、調停事件が圧倒的に多い簡裁では、調停主任はどのような形で関与しているのでしょうか。大阪簡裁における、調停主任の関与、立会についていかがでしょうか。

神山 調停委員会とは、事件の紛争解決という目的を達成するためにチームとして共同作業を行っていく組織であり、そのチームのリーダーが調停主任です。そして、調停主任は、調停運営全体を掌握し、平たい言葉を使えば、調停委員任せにせず、調停主任が期日に立ち会うのが相当な場合には、積極的に期日に立ち会うようにしています。

ただ、簡裁の場合、同一の期日に複数の調停事件が入っており、全件最初から最後まで立ち会うことは困難です。そのため、評議の充実が大切だと考えております。評議の場で、調停委員と調停主任が意見交換を行い意思の疎通を十分に図って、お互いの役割を認識し、その役割を分担し、責任をもって役割を果たしていくことが大切だと思っております。

田中 付調停事件については、当事者に対して付調停とすることの説得が大事かと思いますが、この点については、いかがでしょうか。

窪田 付調停として、事件が回ってきたときに、そもそも当事者が調停に反対であるといった形で回ってきた場合には、非常にその後の手続がやりにくく、調停の成立の可能性も非常に低くなってしまいます。

付調停がどういったものかをご理解いただいていない方も多いと思いますので、付調停のメリットであるとか調停手続の審理の流れをご理解いただいたうえで、当事者双方に丁寧に説明して理解していただくということを考えて、まずは説明しておりました。

そういった説明をすることで、少なくとも反対まではしないという程度の理解を得ることはできると思いますし、ご理解いただくことで、その後の手続がスムーズになるのではないかと思っております。

メリットとしては、先に申し上げたとおり、専門家の知見を獲得するということに加えて、柔軟で妥当な解決が得られますので、この点を説明しておくことを考えておりました。

逆に、デメリットについては、それほどないように考えておりますが、当事者による主張・立証によって判断されるべきことを重視される代理人の場合には、付調停よりは専門委員の関与のほうが望ましいかもしれませんので、そういった点はお聞きしておく必要があると思っております。

(2) 評議

田中　評議について、德岡さん、先ほどの点に加えてお話を願えませんか。

德岡　調停主任裁判官は、基本的に、地裁の場合、立ち会っているという前提ですが、今、力を入れているのは、事前評議です。第1回期日が始まる前が勝負なので、そこで、事案の見通しだとか問題点について、各調停委員に、専門家、法律家といった、それぞれの視点から述べてもらっています。審理計画も大まかに考えておくというところが、まずは最も重要かと思います。

次に、審理が始まって、いろいろ事情聴取したりしていく、それから当事者から意見が出るということになると、ためらわずに、途中でもいったん当事者双方に外に出ていただいて、調停の進行上、評議をしていただくということがあります。

それから、現地に行ったりして調停案を出していく場合は、調停期日以外の別の日に評議期日を設けて時間をかけ、十分に意見を言ってもらっていたことがあります。

田中　簡裁での評議の実情などについてはいかがでしょうか。

神山　大阪簡裁では、第1回の期日前の事前評議とすべての期日における事後評議を全件実施しています。

現在、続行期日における事前評議、それから、期日途中で実施する中間評議、評議を行う評議期日を機動的に設けるなど、評議の充実に取り組んでおります。

調停主任裁判官は、調停委員の方々の要望があれば、できるだけ評議を開き、目的意識をもってメリハリのある評議を実施するようにしております。

(3) 事実の調査、取調べ

田中　事実の調査、取調べについてお話をいただきます。民事調停法、民事調停規則は、この点について、非常に詳細な規定をおいております。至れり尽くせりともいうべき規定かと思います。これらの規定を調停においてどのよ

うに活用するか。これは、いわば調停主任の腕のみせどころかと思います。
　まず、調停における事実の調査、取調べはどのようなものか、また、平成23年の非訟事件手続法の改正に伴う新しい制度の紹介等につきまして、中村さんからお願いします。

中村　事実の調査とは、特別の方式によらず、かつ、強制力を用いる方法によらずに資料を収集することでして、証拠調べは、民事訴訟法で定める一定の法則に則って行われる手続です。非訟事件手続法は、平成23年に、国民社会にとって利用しやすく、現代社会に適合した内容とするために改正されました。民事調停の手続には、特別の定めがある場合を除いて、その性質に反しない限り、非訟事件手続法第2編の規定が準用されていますし、民事調停規則も、非訟事件手続規則の規定を民事調停の手続に包括的に準用することとしているため、非訟事件手続法で規定された電話会議システム・テレビ会議システムを調停手続の期日で行ったり、専門委員を調停手続に関与させたりすることができるようになりました。また、民事調停法も非訟事件手続法の改正に伴って改正されまして、事実の調査と証拠調べは従前は民事調停規則で規定されていましたが、これが法律で規定されるようになりましたし、証拠調べについては当事者の申立てによってもできるようになりました。

　(ア)　現地調停の事前の準備、工夫、留意点

田中　事実の調査というと、現地見分が最初に浮かんでくるかと思います。現地見分は、いかなる事案にいかなる根拠で行っているか、また、その際の事前準備、見分の実情等につきまして紹介をお願いします。

徳岡　百聞は一見にしかずと言って、現場を見たら、争点についての実情とともに背景事情とか人物、人柄とか、そういったこともわかります。ふさわしい事案としては建築調停ですね。ほかに、所有権の範囲が争いになっている境界紛争の事件なども経験があります。

窪田　私は建築事件を中心に担当していましたが、特に瑕疵が問題になる事案では、建築家調停委員である一級建築士の方が、まずは現場で確認したいという意向をおもちの場合が多いので、積極的に現地見分を実施して確認をしておりました。

　条文上の根拠としては、民事調停の手続を行う場所は、事件の実情を考慮

し、裁判所外の適当な場所で行うことができるという民事調停法12条の4の規定がありますので、現地調停期日として通常行っているものと思われます。

田中　現地見分の事前準備について、何か特に工夫されていることはないでしょうか。建築関係で、事前準備をせずに何を見分するのか、どういう手順で行うのか等があいまいなままだと、なかなか円滑に行えないおそれがあるかと思います。

窪田　現地見分を行う場合には、まず何をするのかという目的を明確にしておくことが必要だと思っています。時間は限られていますから、目的を明確にしたうえで、たとえば、順序、どういった意図を達成するためにどのような順序で回るのがよいかについても、事前に詰めておく必要があります。私の場合には、順路図といったものを、図面を基に作成してもらって、それに従って順番で回っていただくということをよくやっておりました。

　また、瑕疵が問題になる事案では、同じような写真がたくさん出てくることもありますので、瑕疵一覧表の番号を用いて、その瑕疵の近くに番号を記載した付箋を貼っていただいて、備忘のために写真を撮影することで、後で見直したときにできるだけわかりやすくするといったことも工夫しておりました。

山浦　調停官担当事件でいえば、原状回復の問題が出てくるような事件で、よく現地調停に行きました。原状回復も、建築関係事件で用いられている「瑕疵一覧表」と同じように、双方当事者に、原状回復に際して問題のある箇所の一覧表を作成していただいて、問題箇所を番号で特定して、現場での問題確認の箇所が多ければそこに付箋で番号をつけていただくというように、時間短縮のための工夫をして、少なくとも、見る順番を決めてから現地に赴くということをやっておりました。

神山　大阪簡裁も建築瑕疵などの事件では、調停委員2名で現地見分を行っております。そのほかに、お店の騒音問題などの事件で活用した例があります。それから、袋地通行権が問題になっている事案で、道路状況などを確認し、実際に現地で当事者から話を聴く等調整を行って成立した例もあります。

田中　次に、現地見分を行うにあたって特に留意すべき事項について紹介をいただけますか。

杉浦　裁判所の証拠調べは、通常、裁判所内で実施するので問題はないのですけれども、現地見分では、裁判所の外へ出て行くことになります。ですから、現地が不便な場所にありますと、交通手段が問題となります。

　それから、費用について誤解している方がいらっしゃるようです。当事者が負担しなければならないと思っていて、現地見分に反対される方もいますが、すべて国庫で負担されますので、この点の制度の説明をきちんとしたほうがよいのかなと思っております。

徳岡　調停担当者としての留意点として、たとえば建築瑕疵の事件ですと、現地に行って、瑕疵についてそれぞれ当事者双方から説明を受けますが、調停委員会としては、専門家も私どもも、その場であれこれ感想や意見を言わないことが必要だと思います。黙って聴いて見て帰ってくるということが肝要かと思います。

田中　私から1点加えさせていただきます。先ほど調停のメリットに非公開という点があげられていました。私は、以前、大阪地裁で公害調停事件を担当していて、現地見分をすることになったのですが、地元では関心の高い事件でしたので、調停委員会の現地見分の様子をマスコミが取材するかもしれないという話が当事者からありました。しかし、非公開手続原則に反するということで、もし取材が行われるようであれば、その場で現地見分を中止するということを当事者に強く申し入れ、善処を求めたところ、ことなきを得たことがありました。

　事案によっては、今お話したように、社会の耳目を集める調停もあるかもしれませんが、それだけに、非公開原則はきちんと守らなければなりません。なかなか難しい問題ですが、調停主任としては、常に念頭におくべき事項ではないかと思っております。

　　(イ)　現地調停——検分結果の記録化

田中　現地見分については、その結果をどのように記録化するかという問題があります。それにつきまして、窪田さんからお願いします。

窪田　これは、誤解をされていることが多いかもしれません。いろいろ考え方

はあると思うのですが、私は、現地見分を行う場合には、特段記録化を行わないということでやっておりました。調停委員会において写真などを現場で撮影する場合がありますけれども、あくまでも備忘のために撮影するということで考えておりましたので、当事者双方に対しては、必要があれば撮影を自らしていただいて、後で書証として提出いただくようにお願いしておりました。

　当事者の中には、調停委員会が瑕疵の写真を積極的に職権で調査・撮影などして記録化し、当事者に配布してもらえると考えておられる場合も少なくないので、そういった点を直接説明しておく必要はあると思いますが、実際には、現場でわれわれが撮影している箇所は、当事者も必要だろうと思って、あらためて撮影していることが多かったというのが正直な感想です。

徳岡　基本的には窪田さんの説明でよいように思います。当事者双方にカメラを持参してもらって、双方が各自の視点で撮影して提出してくださいというのが基本ですが、調停委員も必ずと言っていいほど撮影はしています。

　備忘のためということで基本的によいのですけれども、調停委員が撮影したものを、現地調停が終わった後の説明、当事者に瑕疵の状況だとか共通認識としてもらうために資料として配って、私どもの調停委員会意見書と一体として成果物として添付する場合もあって、それはまた、本案訴訟に使われたりします。事件によっては、意見書と一体として説明するための資料として使う場合もあります。ただ、窪田さんが言ったとおり、職権で証拠化してもらえるということではありません。

田中　調停委員が撮影したものが当然に記録化されるわけではありませんが、事案によっては、それが使われる場合もあるということですね。

　㈦　調停委員による意見聴取制度

田中　調停委員による意見聴取制度、民事調停規則18条という規定がありますが、この実践例について窪田さんから紹介いただけますでしょうか。

窪田　先ほどもお話が出ていますけれど、実際の調停では、専門的な知識・経験に基づき意見を述べるべき調停委員を選任することは、少なくありません。この制度は、もともと調停委員会を構成する調停委員が、当該事案を解決するための専門的知見を有していない場合に、利用することが想定されて

621

いたようですけれども、特に大阪地裁のように幅広い専門分野の方が調停委員に任命されているような庁では、基本的には専門家調停委員を調停委員として選任し、調停委員会を構成すれば足りる場合が多いのではないかと考えられるところです。

　ただ、たとえば、先ほど申し上げたような専門家の確保という問題もありますし、争点となっている瑕疵の個数が少なくて、その点について調停委員から意見を聴取すれば足り、調停委員会を構成するまでの必要がないと考えられる場合であるとか、一方の当事者が本人申立てで代理人が付いていない場合、調停委員会を構成したうえで多人数で期日を開くと、本人が心理的に圧迫感を感じて緊張してしまい、十分な意見を述べられないといった弊害が予想されるときには、この制度を利用することがあるかと思います。

　実際には、調停委員会を構成する裁判官の単独調停としたうえで、意見を述べるべき調停委員を選任することが多いのではないかと思います。

　　(エ)　調停手続における鑑定

田中　調停手続においても鑑定を実施することが可能です。どのような場合に調停手続における鑑定を実施すべきなのか、また、それを実施する際の留意事項について、徳岡さんからお願いします。

徳岡　基本的には、専門的知見を専門家調停委員からうかがうということで調停を行っているので、鑑定を実施することはあまりないと思うのです。したがって、当事者双方から要請があって、真に必要な場合ということになると思われます。

　具体例をあげますと、建築事件で、たとえば、施主が施工者に対し、マンションの外壁がはく落したとして補修費用等の損害賠償を求めている事案の場合、前提となる外壁のはく落の有無・程度（範囲）や原因について厳密に確認してほしいといった要望があって、双方から鑑定を実施してもらいたいと言われた事案がありました。

　これは、実際、専門家調停委員が調停手続の中で無償で行うとなると負担が大きいということでしたし、当事者双方からも、外壁のはく落の範囲や原因について、ある程度調査したうえでないと事案の見通しや解決に結びつかないということでしたから、鑑定を採用することにして準備しました。

留意すべき事項としては、鑑定人の選任です。調停委員に紹介してもらったりするのですが、調停委員には、鑑定が出た場合にその説明の補足や当事者の疑問点に答えるという役割をしてもらうので、鑑定人と調停委員との役割分担が明確になるように考えています。
　それから、途中で頓挫する場合もあり得ますので、費用は当事者に十分予納してもらう必要があります。その前提として、鑑定人に見積りをしてもらうことになります。
　さらに大事なことは、鑑定結果には原則として従ってもらうという合意も必要かと思うのです。訴訟での鑑定のように、鑑定をしても、その結果について争いが続いてしまうと、何のために調停の中で鑑定をしたのかがわからなくなりますので、特段の理由がない限り、原則として結果には従っていただく。いたずらに争わないという合意をしたうえで鑑定を行っていくことが相当だと考えています。

田中　私自身も東京地裁で担当した銀座のビル1棟の賃料改定調停で、鑑定を前任者が採用していた事案で、鑑定結果に対して双方が不満を述べたため、後の収拾に非常に苦労した事件がありました。
　調停手続における鑑定というのは、徳岡さんがおっしゃったような形で十分配慮して、また当事者の納得を得るようにしておかないと、いたずらに時間がかかり、しかも、当事者に鑑定費用を負担してもらいながら、納得を得られず、ひいては調停制度そのものに対する不満や不信にもなりかねないので、留意すべき点かなと思っております。

(4)　調停における事実認定

田中　調停における事実認定の問題、これが手続上の隘路であるという見解もあるようです。調停において、どのように証拠関係を収集して事実関係を認定するのか、その反面、事実認定については、どのような証拠を収集するのかについて、手続上、配慮する必要もあろうかと思います。
　また、付調停の場合には本案部との関係で難しい問題もあろうかと思いますけれども、この点について、いかがでしょうか。

窪田　先に述べたところですけれども、地裁の調停においては、調停委員会を構成する場合には、法律家調停委員として、弁護士の方または元裁判官の方

を選任することが多いだろうと思います。地裁の調停事件では、専門的知見のみならず、事実認定上および法律上の問題も争点に含むことが少なくないというのは、先ほど申し上げたとおりですが、実際に専門家調停委員の方から、専門的知見に加えて、通常はこういった図面等資料が作成されるのではないかとか、この分野における取引慣行はどういうものかというような経験則も、いっしょに提供していただけることが多いかと思います。

　そういった経験則を提供していただいて、必要な資料を当事者からも提出していただいたうえで、日頃から建築事件を担当している裁判官と法律家を加えた3名で、非常に密度の濃い評議も行って、正しく、かつ説得力のある事実認定を行うように努力しているところです。

　事実認定は非常に難しいものも多く、建築に関しては司法研究もあるところですが、3名で議論しながら手続を進めていく調停は、事実認定という点でも、説得力のある結論が得られるのではないかと考えているところです。

　それから、付調停については、本案部である本案裁判所との連携も必要になってくるかと思います。手続を進めていても、本案の裁判の段階でこのように言われたといったことを当事者から聞くときもあります。本案部でどういった事実認定を前提として審理を進めていたかとか、暫定的とはいえ、心証開示があったかどうかについては、当事者双方から聴取したり、場合によっては、本案部の裁判官とも調整したうえで手続を進めることが必要な場合もあろうかと思います。

杉浦　先ほど中村さんから紹介がありましたとおり、民事調停法の改正により、証人尋問の規定が明文化されました。実際にも、申立調停、大企業間の億を超える金額の調停事件で、主張整理をしたうえで人証調べを行い、裁判所書記官に立ち会ってもらい尋問調書を作成してもらいました。調停委員会で評議して調停案を提示しましたが、申立人から不服が出ましたので、調停案を基本とし、ほぼ判決に近い17条決定書を作成して告知したところ、異議申立てがなく確定となりました。この形をとりますと、調停案について当事者に不満があっても、人証調べをしてほぼ判決に近い形の17条決定ができるのでよいように思います。

德岡　基本的には、裁判官なら双方の主張・立証だとか、必要な書証が出れ

ば、集中証拠調べまで実施しなくても、心証がもてているということは、調停においても同じようなことがいえます。けれども建築事件ですと、合意違反があったのか、合意の内容の認定が重要になってきますし、たとえば、追加変更工事の事件などでは設計者も交えて帰責事由がどちらにあるのか、あるいは工事遅延が起きた帰責事由とか、それらの点が問題になっている場合には、書証だとか主張だけではなかなか心証はとりにくいという場合があります。

今、杉浦さんから証人尋問を実施したというお話があって驚いたのですが、そこまでいかなくても、本人や関係者を同行させて一堂に会して集中証拠調べのようなことを行って、調停主任から主に質問して、専門的な知見の観点からは、専門家調停委員や法律家からも質問してもらうことで、当事者にも質問の機会を与えて、少しずつ事実関係を明らかにしていったことがあります。

そうすると、無理筋だった言い分だとかおかしな点というのは、その場で自由な方式で聴いて、明らかにしていくことで撤回されて、事実認定もおおむね共通の認識が得られていくといった過程を経ることがあります。

調停では、複雑困難な事案が多いので、何度か、そういったことを行いました。

田中 今の徳岡さんのお話に関連しますけれども、東京地裁で、いわゆるワラント調停を担当したことがありました。この事案は、本来、購入者の個別性が問題になるのに、多数の原告が多数の証券会社を被告として集団提訴したという、特別な事情がありました。本案部が付調停にあたって、当事者との間で取り決めた事項は、調停部では、必ず原告と会社の担当者の事情聴取を行う、事情聴取は調停委員会が行い、裁判所書記官が調書ではないものの、供述の概略を記したペーパーを作成する、それに基づいて調停案を示して、それに納得いただけない場合には調停に代わる決定をする、それに異議が出て本案部に戻った場合には、本案部は必ずあらためて本人尋問を実施する、事情聴取は基本的には調停主任がまず行うものの、相手方の代理人からも反対尋問的な質問を行う機会を与えるというものでした。調停部には、順次かなりの付調停事件がまいりました。調停が成立した事件もあれば、17条決定

で解決した事件もあります。また、不成立の場合でも調停からの決定に沿ったような形で本案部では解決をしておられました。

　当事者双方に十分主張・立証をする機会を提供するということは、事案によっては非常に有効な点があるように思いますので、紹介させていただきました。

窪田　事情聴取のお話が德岡さんからありましたけれども、地裁の付調停事件だと対席で行っている場合が多いと思いますが、その中で、相手方の代理人や本人も立ち会ったうえで事情聴取をすると、それに対して、基本的に反対尋問のような、逆質問があることも多いのが実情かと思います。

　ただ、狭い調停室の中でそういった形で行うと、口論になったりすることも多いと思いますので、具体的な事情聴取をするにあたっては、口を挟んだり、文句を言ったりしないといったことを当事者に言い聞かせたうえで手続を進めることも大事なのかなと思ったりはします。

田中　この点は、調停主任における適切な調停指揮が求められますね。

　続いて神山さんから、簡裁での事実認定のあり方と、司法研究等も踏まえて、現在、どういった点において工夫しておられるのか、紹介をお願いします。

神山　司法研究でも事実認定が争点になっている場合には、積極的に事実認定を行うというスタンスになっております。したがって、簡裁の場合、本人申立ての事件が多いものですから、基本書証名を記載した証拠一覧表という書面を作成して、受付段階や期日において、本人に示して、こういう証拠はないだろうかということで、証拠の提出の促しを進めております。

　また、第1回期日前の事前評議では、事実認定が争点になっているといっても、どのような具体的事実が争いになっているのか、さらに突っ込んだ評議を行って、調停委員が事情聴取をする際に、争いとなっている点を的確に聴取できるよう努めています。

　ただ、そうはいっても、簡裁の場合、証拠がほとんどなかったりして、難しい事実認定に遭遇する場合があるわけですけれども、簡裁における調停の事実認定は、双方から情報を引き出し、適切な合意形成を図るための一つの契機であると考えておりますので、心証が得られれば、それを調停委員会と

しての心証として開示することもありますし、また、その争点が非常に重要な意味をもつ場合、なおかつ、事実認定が非常に困難な事案の場合には、その事実認定には触れずに、合理性や公平性という観点から調停案を策定し提示する場合もあります。

　具体的には、私が担当した事件ですけれども、建築工事における追加工事契約の存否が争点だった事件で、契約があったのかなかったのか、なかなか認定ができませんでした。そこで、追加工事によって得られた発注者の利益や業者側の負担等を比較考量して、発注者が支払うのが相当な合理的な金額を提示して、成立したという事案がございます。

中村　司法研究が始まった当初、調停委員の中には、事実認定をするという言葉自体への抵抗がありまして、そこを解きほぐすことが非常に大変だったという記憶があります。

　神山さんがおっしゃったように、事実認定の精度は訴訟と調停で違うというところは、調停委員に折に触れて伝えていたという記憶があります。

2. 調停における説得活動

(1) 聴取のあり方

田中　調停における説得活動の点についてお話をお願いします。

　この点につきましては、和解の説得活動に似た面がありますが、ここでは、調停委員会、特に調停委員による説得が、一般的には有効ではないかと思われます。事情聴取のあり方、調停委員会における役割分担等、いろいろな観点があろうかと思いますけれども、まず最初に事情聴取のあり方として、いわゆる同席聴取、交互聴取、これをどのように振り分けていくのかという点についてお願いします。

窪田　先ほど申し上げたとおり、地裁における調停は、解決案の策定段階に至るまでは、基本的に対席方式で行っていることが多いかと思うのですが、その後、解決案を策定したうえで提示に向けての解決の調整ということになると、交互面接方式で行うことが多いのではないかと思います。

　こういったところは、和解の調整場面等に似ているかと思いますが、私自身は必ずこれを交互面接で行っているかと言われると、相手方に対して違う

ことを言っているという疑念を抱かれるのが嫌でしたので、可能な限り当事者双方が立ち会う中で基本的な考え方を示して、それから解決案の策定にあたって、どのような趣旨で考えているのかを確認する場面になると交互面接に切り替えたりして、適宜、対席方式も使いながら調停を行っておりました。

徳岡 今の窪田さんの説明と全く同じですけれども、付調停事案というのは、裁判手続の弁論準備手続的なところがあって、基本的には争点整理、調整だとか調停案の説明というのは同席の下に行っています。事情聴取についても、皆さんで聴いたほうがよいというところは、当事者が一堂に会したところで行っています。

　ただ、調停案を示した後の個別に対応したり意見を聴いたりするところだけ分けるということで、どちらかというと同席が多いといえます。ただ、当事者の希望もきちんと尊重する必要があるときは個別で行うということになります。

田中 簡裁の現状について紹介をお願いします。

神山 これまで大阪簡裁では、交互面接方式、すなわち別々に当事者から話を聞くという方式で事情聴取を行っておりました。

　事情聴取の方式として、交互面接方式には貴重なメリットがあるのですが、対席方式には対席方式のメリットがあります。透明性の確保であるとか、調停委員が、再度、先ほど相手の話はこうでしたといった説明を省略できる、すなわち時間の有効活用が図れる。また、双方の言い分を同時に聴くことによって、主張や事実が整理しやすいという点です。

　でも、対席方式の活用という話を持ち出しても、調停委員に直ちに賛同いただけないことがありましたので、大阪簡裁では、昨年から事案を調停主任が選び、比較的、争点が明確な事件で感情的対立がほとんどないと予想できる事件については、試験的に、第1回期日から対席方式を行うという取組みを実施しております。もちろん、当事者の意向は当然尊重しますけれども、何件か行ってみたところ、非常に評判がよいようです。

　将来的には、紹介がありましたように、事案によって、また場面によって、対席方式と交互面接方式を調停委員の判断で、機動的に、また柔軟にで

きる、そういった力をつけてほしいと思っておりますので、少しずつ対席方式も導入していきたいと思っております。

田中　今後は、たとえば、期日の途中までは同席し、途中からは個別にするなどの運用もありうるということでしょうか。

神山　そうです。

田中　期日すべてを同席とする、あるいは全事件を同席とするということではないということですね。

神山　そうですね。事案を選び、場面を選んでということです。

(2)　説得活動――調停委員会における役割分担など

田中　説得活動については、調停主任が行う場合、調停委員が行う場合、いろいろあろうかと思います。また、説得にあたっては、いろいろと留意すべき事項があることと思われます。この点につきまして、杉浦さんからお願いします。

杉浦　私は、基本的に専門家調停委員に説得していただくことをお任せして、説得が困難な場合に、私が説得を試みるという形をとっております。

　　ただ、調停委員によっては、調停案を作成した後、調停主任である裁判官が説得してくれと言う方もおりますので、その場合には私がやりますけれども、基本的に調停委員がやりたいと言われればそちらにお任せして、調停主任がやれと言われれば対応するというスタンスです。いろいろな方法があると思います。

田中　特に説得活動で留意すべき事項はありますか。

杉浦　利害得失を説明したりします。また、なかなかまとまらない場合によく出てくるのは、相手方の手元不如意といいますか、お金がないといったことですね。散々、専門的知見を駆使して事案解決に適切な調停案が提示できて申立人も納得しているのに、最後に「実はお金がありません」では、これまでの時間が非常にもったいないと思います。このような場合は、私は破産部にいた経験から、債権者である申立人側を説得するようにしておりますけれども、調停事件のほとんどが最後は金銭解決となりますので、そこでお金がないというのでは困るのです。ですから資力の点は、早い段階で確認しておいたほうがいいかなと思います。

徳岡 調停委員会において、役割分担といいますか、説得の場面になってくると、調停案の説明と説得というのは一体となっているので、誰がどのような説明をして、どのような説得をするかは、それこそ事前評議できちんと考えているところです。

おそらく地裁の専門調停では、基本的に調停案の説明であるとか説得の枠組み、つまり判決になった場合との比較であるとか、ここで解決するメリット、さらには判決まで進んで控訴審まで進んだ場合の見通しといったものも伝えなければいけないので、基本的には調停主任が中心になって説明・説得をしているものと思われます。

ただ、調停委員も、専門家の観点からの考えというものの、たとえば、専門的知見の部分はオーソドックスなので、これは動かない、他の専門家の目で見ても動かないという点については専門家調停委員に言ってもらいますし、法律家調停委員には、調停主任が述べている、調停委員会で評議した法的観点というものを、これもまっとうな、合理的な、一般的な考え方であると伝えてもらうようにします。

当事者の説得にあたってそのような役割分担を行っていますが、留意すべき事項として、調停委員による説得になったときに、調停委員の発言は、あくまで調停委員会としての発言であるということです。勝手な発言を個人的な意見として言ってもらっては困るということを、常に事前評議でお願いしているところです。

田中 山浦さん、調停官として説得を行う際に、見通しの関係などどのような点で工夫をされ、あるいは困難だなと思われたか、率直な感想をお願いします。

山浦 普段、代理人弁護士として活動している際に、和解の場面で裁判官に判決の見込みを伝えられたうえで説得をされることがありますけれども、その場合には、このままだと負けるとか、あるいは勝てるといった指標になります。けれども民事調停官として調停の場面で説得する際は、民事調停官は判決をする権限がありませんので、判決になればこうなるのではないかという見込みをお伝えする形で説得することは控えておりました。

特に、民事調停官の権限などについて詳細なことがわからない本人申立て

の事件では、民事調停官が、裁判官であると、勘違いされないように気をつけておりました。

田中 説得にあたっては、本人に対する説得、あるいは、代理人に対する説得のほかに、いわばキーマンにあたる人物に対する説得や、キーマンが当事者本人ではない場合の問題もありますけれども、そういった観点から工夫された点、あるいは、留意された点はないでしょうか。

窪田 建築事件などでは、当事者となっている施主ではなくて、実際には家族の方とか親族の方とかが非常に抵抗を示される場合があります。そのあたりがなかなか見えてこない場合が少なくないのですが、たとえば現地に行った際に、当事者ではない人物が非常に強くお話をされていた、あるいは本人からお話を丁寧に聞いている、本人は納得しているようなのに、実際には妻がなかなか納得してくれないといったことはあります。

　また、打合せ記録などをみてみると、実際には当事者の妻と施工者の担当者がやりとりをしているということがあります。施工者側であっても担当者がまずい説明をしたというようなことがあったりするので、実際にこの紛争の解決を決められる人物は誰なのかということも、手続の中でみておく必要があるように思いました。

3. 調停案の策定・提示

(1) 調停案の策定

田中 次に、調停案の策定・提示について確認しておきたいと思います。特に調停案作成についての準備作業であるとか、調停委員会ではどのような協議をするかなど、この点についてお話ください。

徳岡 地裁調停では、調停官も、それからわれわれ裁判官もそうですけれども、重たい事案では、別期日、評議期日を設けて、しっかりと評議をして、ドラフトは調停主任が書いている場合が多いように思います。専門家調停委員が入った事件でも、結局のところは調停主任裁判官がまとめてきちんと筋道を立てて書いているという場合が多いです。調停案を作成するにあたっては、非常に微妙なところも徹底して協議して、それで決めています。

窪田 ただ、先ほど杉浦さんからもお話がありましたけれども、細かいところを

いろいろ詰めても、結局、金額的に合意できないといった、理屈以外のところで解決の成否が定まることもあります。ですから、どの程度の幅であれば合意できるのかというようなところは、ある程度、聴いておいたうえで、妥当な解決を図ることになるのかもしれません。もちろん、手続の中で聴いているとは思いますが、そういった一般的なことも当然に対応したうえで、調停案を策定することになるように思います。

　ほかには、理屈の問題とは別に、請求権とは直結しない事情が、実はトラブルの発端になっている場合もあるので、よくいわれる紛争の原点についても、できれば調停案の中に反映させたいと考えています。そういったところも確認するようにしています。

(2) 調停案の提示

田中　調停案の提示についてのお話をお願いします。提示をどのように行うのか、提示にあたっての配慮、それから調停案の文言上の工夫などについてお話をいただきます。

杉浦　調停案も評議したうえで決めますが、それを文書で示すのか、口頭説明にとどめるのかが一つのポイントだと思います。専門的な知見が必要となる事案、建築事件などは特にそうですし、ほかに不動産価格が問題になるケース、遺産絡みのケースといったものは、ペーパーで渡さないとなかなか難しいとは思いますが、それ以外のものについては、口頭で伝えたほうがよいのではないかというケースがあります。これは、調停委員会ごと、調停主任ごとにさまざまな考え方があると思います。

　ペーパーも、どの程度、理由を書くのか工夫を要するところです。あっさり書く場合と、当事者間でかなり係争性の高い部分については一定の理由を書く必要がある場合がありますので、その点がポイントになるかなと思います。

窪田　これは、当事者の特性といったらよいのかわかりませんけれど、かなり詳細に説明をしないとなかなか納得いただけない場合と、大まかな方向性を提示すれば、一定程度、譲歩が得られる場合があって、この点は、手続を進める中で何となくわかったりすることもあります。

　非常に多数の瑕疵があって、それについて、1つひとつ、実際に評議の中

では、もちろん認められるかどうかも含めて個別に算定はしているところですけれども、そういったものを詳細にこと細かに提示することは、どちらかというとあまりないのではないかと思うのです。金額を左右する大きな要素を中心に口頭で説明をしたうえで、全体としての大枠の金額を示すといった形が多かったような記憶ですが、なかには、長期化しているものについて、個別に、場合によってはいきなり書面化して提示したということもありました。

田中 まさにケース・バイ・ケースですね。

それから、紛争解決に効果的な文言というものもあろうかと思いますが、工夫された実例等を紹介願えませんでしょうか。

杉浦 わいせつ事案とか、近隣紛争、それから、人の死亡というかなり不幸な結果が生じてきた場合には、事実上の謝罪文言を入れるということがあげられます。その文言をどのようなものにするのかについては、弁護士調停委員の中には豊富な経験と実績をもっておられる方がいますので、調停調書に記載した場合に裁判所の公文書としてふさわしくない文章は除きますけれども、それ以外の文章を記載することによって当事者間の感情がほぐれるのであれば、そのまま調停文言として採用しています。本来は不要な、余事記載ですけれども、当事者間の紛争解決に効果がある場合もありますので、謝罪文言などを入れるケースも事案によってはあるかと思います。

徳岡 守秘義務、口外禁止条項とか誹謗中傷禁止事項、それから謝罪、遺憾の意を表明する、再発防止をうたうなど、事案に応じて、精神条項、道徳条項といったようなものを入れることはあります。

さらに、前文方式といいまして、中立公正な立場で調停委員会が前文を入れることがあります。争いがあって収拾がつかないところについて裁判所はいかなる所見で案を提示したかとか、双方がこれを受け入れて調停合意をすることにしたとか、前文を入れるということもよくやっています。

田中 前文は、たとえば「本件における当事者間の対立は，誠に深刻であると思われるが，当調停委員会は，当事者が本調停案を契機に，早期かつ自主的に紛争の円満・妥当な解決を図ることを切に望むものである。」等といった内容ですね。私も入れたことがあります。

神山 簡裁の場合、当事者双方に代理人が付いていない事件もある程度あるので、当事者間の将来の紛争防止に役立てるために、道義条項や確認条項を使うことがあります。先ほど杉浦さんがおっしゃっていたように、近隣の紛争問題などにおいて、たとえば、今後、円満な近隣の生活関係を培うように努力するといった条項を入れたことがあります。

田中 個別の事案で調停のメリットを活かして、皆さんが、本当に努力されているということがうかがえました。

4. 17条決定

(1) 17条決定の位置づけ、運用の実際

田中 17条決定（調停に代わる決定）のお話をさせていただきます。

紛争解決方法としての17条決定の位置づけとメリットについて中村さんから紹介をお願いします。

中村 紛争解決の内容について当事者双方の意見が大筋で一致しながら、わずかな相違のために完全な合意に至らない場合や、事実の調査などが十分に行われ事件の実情が明らかにされたのに、当事者が自己の主張に固執するため合意を成立させられない場合、特に調停を不成立で終わらせるとそれまでの手続が無効になってしまうということで、調停の経過に照らし、相当と認められる場合には、調停条項に代えて適当と認める解決の内容を裁判所が決定において示すという17条決定があります。

17条決定は、通常の裁判と異なり、当事者の双方または一方が決定の告知を受けた日から2週間以内に異議の申立てを行えば無条件に効力を失いますが、異議の申立てがなく2週間経過すれば、決定は裁判上の和解と同一の効力を有することになります。

田中 調停案を書面で示す場合とどういった点が異なるのでしょうか。

窪田 調停案ということになると、基本的には合意を前提として示すことになります。また、調停案は、事実上の書面という場合も少なくないのかもしれませんが、やはり17条決定は、決定という形で示すということが形式的にはまず異なる点ではないかと思います。

それから、地裁が行う17条決定の場合には理由を付したりすることもあり

ます。どこまで理由を書くのか、判決と同じレベルまで理由を書くかどうかは、事案によって異なるのでしょうけれども、その点は、調停案と異なる点かと思われます。

田中 では、実際にどのような事案で17条決定をしているかについて、紹介をお願いしたいと思います。

杉浦 先ほど中村さんから紹介があったように、当事者の一方がわずかな点で合意に至らないと調停の成果が無駄になってしまうという観点から、ほぼ決定をすれば異議は出ないだろうという事案について17条決定を行うというのがこれまで一般的でした。けれども、最近の大阪地裁の調停部では、専門的知見の獲得という観点を重視して、専門家の意見が出されたにもかかわらず、調停が不成立になったときには本案部に事件を戻さなければならないので、調停委員会の意見を聴いて相当と考えた場合には、当事者の意向にかかわらず、17条決定をするようにしております。

　それは、専門家調停委員から得られた専門的知見を17条決定の形で表現して、それを本案の審理に使っていただくということです。

窪田 基本的には杉浦さんがおっしゃったことと同じですが、本案訴訟で利用していただくという観点であれば、調停が不成立になった期日において調停委員会意見書を作成して、これを期日調書に添付するというやり方もあるかと思います。どのように使い分けるのかが問題ですが、17条決定という決定の形で、専門的知見の利用という面も踏まえて出すということが必要なのではないかと思うことも少なくないので、これからも活用していきたいと考えています。

山浦 事件の内容ではないのですけれども、成立見込みはあるけれども当事者が調停期日に出頭できない事情があるといった場合などでは、17条決定をして成立したのと同じことにするというように、便宜上使ったということはありました。

神山 先ほど紹介があったように、簡裁においても、わずかな部分で争いがあって調停成立には至っていないがもう一押しすれば調停は成立するという事案とか、代理人が申立人に対する説得材料の1つとして使いたいから17条決定をしてほしいとか、支払義務を負う相手方から、17条決定なら全額を保

険会社が保険から支払ってくれるので17条決定をお願いしたいという要望があるときなどに、これまで17条決定が使われてきています。

　一方で、今回の司法研究では、事実認定上の争いの調整を要するような事件や法律判断、法的評価が調整活動のポイントになるような事件については、調停委員会は合理的な解決案を策定したうえで積極的に解決案を提示し、説得調整を行っていくこととされています。そして、提示してもなかなか合意に至らない場合でも、17条決定の積極的な活用を図るように検討するとされています。

　司法研究を踏まえて、17条決定の活用というものを簡裁も考えてはいるのですが、なかなか進んでいないというのが実情です。

田中　私自身も、先ほど杉浦さんからお話があったのと同じような理由から、17条決定はかなり活用してきました。ある程度は判断の理由を示しています。私は、別の機会で「判決に代わる決定」などと呼んでいたこともあるのですが、当事者間で合意が成立しない場合でも、積極的に17条決定をする予定であるという、気合いないし決意を伝えれば、調停委員会の中での評議も活性化されますし、そのうえでの説得ということであると、当事者に対する影響も異なるように思われます。

　また、調停の経緯、争点、争点について考えたこと、あるいは、専門的な知見などが17条決定の中で一定の形で示されるということは、調停委員の方にとっても、それまでの調停の経緯を振り返る機会となって勉強になる、メリットがある、ということをうかがったこともあります。事案をみて活用していただければと思っております。

(2)　**17条決定の諸問題**

田中　17条決定に至るまでの手続というところで、決定に至る手順や調停委員との評議・調整などについて、あるいは、先ほどありました当事者が反対した場合の対応についてお願いします。

杉浦　決定に至るためには、前提として調停が不成立になる見込みが高い、あるいは不成立になる事案であるわけです。申立調停の場合は、不成立になれば、今度は本訴を提起するかどうかは申立人の判断になりますが、付調停の場合は、本案部に戻るということになりますから、その前に17条決定をする

かどうかを判断しなくてはなりません。ですから、本案部の意向、当事者の意向をよく聴いて、調停委員と協議いたしまして、調停委員会の見解を示そうということになりましたら、17条決定をするということにいたします。当事者には一応意見を聴きますが、調停委員が見解を示しましょうということになりますと、当事者に反対されても17条決定をすることにしております。

窪田　17条決定をする前に当事者に意向を聴いて、17条決定をしたいということをまず説明します。決定を出すことに対しては、消極、積極、いろいろ意見がありますが、本案部か、建築事件の場合は私自身が判決をすることになります。基本的に判決になったらこうなりますということを決定という形で示したいということをお話して17条決定を作成したこともありました。また、判決とほぼ同じように、主張・理由も含めてすべて書いたうえで17条決定をして異議が出されて、そのまま尋問して、ほぼ丸写しのような形で判決をしたということもありました。

神山　大阪簡裁では、相手方に第1回期日の呼出状を送る際に調停手続の制度説明を書いたペーパーを同封しているのですが、17条決定の積極的な活用を図るために、その中に17条決定についての説明を入れています。また、調停委員に対しては、調停委員自らが17条決定の説明をせざるを得ない場合も出てきますので、17条決定の説明案や制度趣旨を書いた書面を調停委員に配布しております。

　また、調停主任または調停委員が、17条決定が紛争解決の選択肢の1つではないかと考える事件については、その点を意識して調停運営を行うように、記録のビニールカバーの表紙に17条と記載した札を入れておくといった工夫をしています。

(3)　**17条決定の記載**

田中　すでに若干触れたかもしれませんが、ここで、決定の記載についてまとめてお話をうかがいます。

　民事調停法17条では「当事者双方の申立ての趣旨に反しない限度」とありますが、調停手続はかなり柔軟に行われますので、特に、この点が問題になった事案はあまりないのではないかと思います。皆さんは、まさに事案に応じて17条決定をしていただいているという理解でおります。そのうえで、

どの程度、理由を記載するのかという問題が出てくるかと思います。この点はいかがでしょうか。

窪田 先ほど判決とほぼ同じように、主張・理由も含めてすべて書いたうえで17条決定を行った経験をお話ししましたが、特に建築事件では、一定程度の理由を示さないと当事者に納得していただけない場合が多いように思いますので、かなり理由を詳細に書いているというのが現実ではないかと思います。理由を書くときに意識してきたのは、専門的知見に関する部分は、できる限り専門家調停委員の意見を踏まえているということをあらためて断りを入れて、裁判官だけで考えているのではないということを記載していました。これは、調停委員会意見書の場合も同じですが、理由の書き方は考えてやっていました。

中村 地裁の17条決定は、かなり細かな理由を書かれているようですが、簡裁のほうは、調停運営の中で十分説明をしていることが前提になっているので、17条決定にあたり細かな理由まで記載を求められていないのではないかと思います。

神山 そうですね。簡裁においては、期日において解決案の理由をわかりやすく説明するのが通例ですので、理由の要旨を簡潔に記載している17条決定がほとんどではないかと思います。

田中 地裁では、付調停の場合など、当事者が調停においても、争点に関してかなり主張している場合、あるいは当事者が、当事者なりの専門的な知見を出していたりすると、17条決定の中で一定の理由を書いておいたほうがよいように感じていますが、杉浦さん、いかがでしょうか。

杉浦 おっしゃるとおり、当初は、調停においては、主張は簡単でよい、17条決定にあたっての理由もなくてよいのではないか、とされていましたが、決定が確定すると判決と同じ効力があるので、訴訟物や主張の範囲などは明らかにする必要がありますから、これらを記載する必要があります。調停部に着任する以前は、判断過程は最低限の記載でよいのではないかと考えていたのですが、専門的知見を本案部に提供するという観点からしますと、調停案に至った判断過程をある程度明記しておくべきであるように思います。判決ほど詳細にはしませんけれども、事実上の主張整理をして、事実認定が問題

になる場合には証拠を掲げて事実認定を行い、さらに、法的判断といいますか、根拠となった専門的知見を記載します。

　書き上げた決定文は、調停委員に確認してもらい、記載内容が専門家からみて誤りがないかと聞きます。評議内容を記載しているので修正はないものと思っていますが、大体、手が入ります。時には、かなり手が入って悲しくなって、久しぶりに左陪席の感覚を味わうわけですけれども、それでも専門家が手を入れてくれますので、自信をもって決定文が出せるということになります。

　当事者の主張に対しても、調停委員会ではきちんと評議しておりますので、きちんと判断しているといえます。

田中　今の点は非常に大事な点ですね。調停主任が書いたものを調停委員が一読され、もし修正すべき点があれば指摘をいただく。また、逆に専門家調停委員が、解決のための数値を提示された場合、この数値がどこから出てきたのかということについて、その理由づけを書くとともに、調停主任のほうで内訳等を説明するようにすると、当事者に対しても非常にわかりやすいように思われます。調停委員会の中で専門的知見を検討するにあたって、調停委員会を構成する全員がその内容を理解しているということが必要であると思います。そういった意味では、調停委員間、あるいは当事者と調停委員会との十分な調整が必要となってくるし、また有効なのかなとあらためて実感した次第です。

窪田　私も、事前に、決定書の案を作成した段階で調停委員にみていただいて、さらに加筆、補正、専門用語の使い方の誤りといったことも出てきたりしますので、そういった点を確認していただいたうえで決定書を作成しておりました。

德岡　私は17条決定の経験がほとんどないのですが、調停委員会意見書に理由を付けて、ほぼ判決と同じ内容で当事者に提示していました。

　でも、今、皆さんの17条決定に至る手順だとか内容、専門家の意見も取り入れて綿密に練って決定をして、一定程度、確定させて紛争解決に取り組み、非常に威力を発揮されていたということに感激した次第です。

中村　17条決定に関して、司法研究の研究員であった簡裁判事が、17条決定

は、当事者の判断を後押しするやさしい制度であり、伝家の宝刀のように押しつける制度ではないということをおっしゃっていたことを思い出しましたので、ひとことコメントさせていただきます。

田中　「伝家の宝刀」という懐かしい言葉を聞きました。以前、別の機会で17条決定の活用について、「伝家の宝刀」から「日常の包丁」へと運用を変えるべきであるという趣旨の発言をしたことを、今の言葉を聞いて思い出しました。

(4) 調停成果の利用

田中　それでは、調停成果の利用ということで、ここは付調停を念頭においた議論になろうかと思います。すでにお話に出ました専門的知見あるいは調停の成果、これをどのような形で、どこまで訴訟に活用していくのが相当か。17条決定の記載を参考にできる場合もあると思いますが、その他、付調停が不成立になった本案部では、調停期日調書や専門家調停委員の意見書、あるいは、調停委員会の調停案などにつき、実際には、どういったものをどの程度活用しておられるのかということについてうかがいたいと思います。

徳岡　まずは、調停不成立のときの調停期日調書です。ここで典型的なのは調停委員会意見書です。先ほどから出ているように、専門家の調停委員の意見を踏まえて、詳しく、争点についての見立て、意見を書いたものについて成果物を添付します。

　使い方としては、訴訟に戻ったときに有利に引用したい当事者が謄写して書証として出すことになりますが、相手方は、当然、それについて反論・反証するわけです。

　似たように使われるものとして、調停委員会の意見書ではなくて、専門家委員の意見書を有利に引用したい側が提出するということもあります。

　調停委員会意見書の作成者は、調停委員会ないし調停主任裁判官ですけれども、なかには、個人的に個人名を出して専門家調停委員名で意見を出してよいと言われる方もいらっしゃって、そういう場合は、専門家調停委員の意見書として当事者双方に交付しています。これを訴訟において書証として活用される場合があります。

　また、調停案の活用も考えられるところです。調停案を文書で出した場

合、これが先ほどの調停委員会意見書に記載された認定事実や専門的知見と合わさって、書証として事実認定や法的評価の参考にしてもらう方法があるかもしれません。実際には、調停条項だけしかない調停案を出してもあまり意味はなく、最終的にどういった調停案が示されたかという資料となるくらいにとどまると思いますが。

窪田 私は、今、徳岡さんが言われた各書証における専門的知見を、訴訟での事実認定の際にどのように使うべきかを考えているところです。専門家調停委員自らが作成された意見書は、これに基づいて認定するといったことが可能なのかもしれませんが、調停委員会意見書であるとか、さらに17条決定ということになると、意見としては専門家調停委員の意見が踏まえられても、作成自体は裁判官ということになってしまいますので、これに基づいて直ちに認定してよいのかどうかは、議論の余地があるところだと考えています。

　そこで参考になるのは、専門委員の説明といったものは同様の整理が考えられるところでして、調停委員会から書面で調停案が示されている場合、調停委員会意見書が作成されている場合、17条決定が作成されていてそこで専門的知見が示されている場合に、それに対して具体的な反論・反証がないとか、一応あるけれども功を奏していないという場合に、弁論の全趣旨も加味したうえで、そういった専門的知見を採用するといった方法もあろうかと考えているところです。

田中 今、窪田さんが紹介された例に関連して、私も、以前経験があります。東京地裁の通常部で担当していた賃料改定事件ですが、付調停をしたところ民事第22部で17条決定までされたものの、異議が出されて返ってきたという事案です。この17条決定を前提としつつ、本案部において双方にそれに対する反論の機会を与え、そのうえで最終的に17条決定を相当と認め、これに従った判決を出したという経験があります（東京地判平成9・10・23判タ986号293頁）。理論上はいろいろと議論がありうるところですが、特殊な事案であったので、当該事案の解決としてはよかったのかなと考えております。

中村 私が経験したのは、請負代金の相当額が問題になっていた事案で、現場を見に行くことができず、どのように請負金額を認定するか、非常に審理が難航していました。それを付調停としたところ、調停委員から出来高に対応

して請求金額を確定する方法が提示されて、その金額で調停案を出したのですけれども、調停自体は成立しませんでした。しかし、その後、訴訟に戻ったときに、調停委員が提示した方法で相当額を計算するという方法について当事者双方から同意が得られましたので、調停案を訴訟の調書に添付し、別添の方法で計算することに異議がないと調書に記載し、その計算方法を前提に判決をしたという経験があります。

田中 いわば、調停の成果が争点整理の際に参考となって、それに基づいて審理が行われ、判決に至ったという形ですね。余談ですが、今中村さんが紹介された事件は、控訴されてたまたま私の部に配点されましたが、1回で弁論を終結後、速やかに和解が成立いたしました。出来高で金額を出すという調停委員の考え方は本当に目からうろこでして、その案が出されるまで争点が決まらず漂流していた事件が、調停委員のご意見によって解決の方向が見出されたという例でした。

窪田 調停委員会意見書は、書証で出していただくのですけれども、これが当事者いずれにも有利でない内容を含んでいる場合も少なくなく、両方から提出したくないと抵抗されることがあります。最終的には、説得して出していただいていますが、こういったこともありますから、調停の最初の段階で、成果物は訴訟で出しましょうと納得を得ておくことも、説明としては必要かなと思ったりはするところです。

田中 調停の成果が、当事者双方から反対される場合は使えないのではないかという議論は確かにあって、難しい面もあるかなと思います。

杉浦 逆に、調停の成果を利用する本案部の裁判官の意見をいくつか聞いてきたので紹介させていただくと、まず、窪田さんがおっしゃったように、双方に不利な点があると双方から出てこない、調停手続、専門家に入っていただいたのに無駄になってしまうことがあるということでした。

それから、付調停をよく利用されている裁判官からは、調停の成果物が付いていると、それを踏まえて裁判官の心証を伝えるということで、ほとんどの場合、調停案、もしくは調停案に近い形で和解ができるということです。付調停にした事件は6割から7割は調停が成立して、戻ってきたものはすべて和解ができるという裁判官がいます。調停の成果物は本案部にはかなりよ

い影響を与えるケースがあるようですので、紹介しておきたいと思います。
田中 山浦さんは、民事調停官、もしくは代理人として調停の成果をどのように利用してこられましたか。また、今の議論を聞いてどのように思われましたか。
山浦 民事調停官の時代には、調停の成果物は、たいてい書面で当事者に提示した調停案を調停調書に添付するという形で使っていました。私は、当事者に、それを証拠提出したくないというようなことを言われたことはありません。代理人としても、調停案は、証拠として提出して、本案でも活用できるものとしてとらえておりました。
神山 調停委員会意見書の作成や活用といった事例は、簡裁ではみられないことでして、大変興味深く聞かせていただきました。今後、地裁の運用も勉強させてもらおうと思います。

Ⅳ 個別事件の特性——専門調停

1. 医事調停

田中 それでは、個別事件について、お話をお願いします。建築関係についてはこれまで詳しくお話が出ておりますので、まず、医事調停についてうかがいます。当事者間の対立が厳しく、一般的には調停になじまないともいわれますけれども、実情はいかがでしょうか。また、調停に適する事案というのはいかなるものがあるのでしょうか。実践例があれば、紹介をお願いします。
杉浦 私は、建築・調停部の前は医事部におりました関係で調停について調査をしたことがありますので、記憶の範囲で紹介をさせていただきます。医事部は東京地裁と大阪地裁で平成13年に設けられ、現在の大阪地裁は、専門委員を非常に活用している一方で、医事調停はあまり利用されていません。専門委員制度が創設される前までは、大阪地裁でも、医事調停は結構利用されていましたが、専門委員制度ができてからは専門委員を利用するようになって、ほとんど調停の利用がなくなりました。平成16年頃から平成26年頃まで

の利用実績はゼロに近いものだったと思いますが、平成26年、平成27年頃から医事調停がぽつぽつと利用されるようになり、最近では、歯科の事件、それから本人申立ての事件などについて、医事調停が利用されているようです。

　それから、医事部にいるときに大阪簡裁における医事調停の実情をお聞きしたことがあります。当時の大阪簡裁では、年間24件、月に2件くらいは医事調停があると聞いております。地裁の医事調停と簡裁の医事調停でどこが異なるかについて、両方の調停委員を兼ねている方にお聞きしたところ、簡裁では、まず、医師もしくは医療機関があまり調停手続に協力しない、カルテを出してこないそうです。地裁の場合は、必ず裁判官が調停主任になりますので、カルテを提出させて診療経過一覧表を作成しますから、その点が異なるように思います。ただ、地裁も簡裁も調停成立率はそんなに高くないとのことです。

田中　医療機関側が被告側として、責任を争うわけではないので、非公開である調停で解決したいと希望する事案はないものでしょうか。

杉浦　聞取り調査をした限度になりますが、大阪簡裁における医事調停では、医療機関側は全面的に責任がないという姿勢のようです。また、これは推測ですが、非公開とはいえ、調停で解決する場合、医療機関としてはある程度金銭の支払を伴うものであるから、話し合い自体に応じないのではないかと思います。私が担当した医事事件を調停に付したのは、的確な争点を整理するためでした。

德岡　私も、医事部と調停部を経験しておりますが、過失や因果関係に争いがなくて損害のみの場合や、事案が美容整形とか歯科で損害額が少ない場合などで、医事調停は一定数使われていました。比較的小型の事件なので、解決率も高いということでした。

神山　簡裁では医事調停は散見されます。医事調停では、インプラント関係の事件の占める割合が高いように思います。過失の有無について病院側が無過失を主張して激しく争ってくる事案もありますが、調停ならではというところでは、病院側に過失があるとまではいいませんが、何らかの落ち度を認めて解決できる事案もあります。

Ⅳ　個別事件の特性——専門調停

医事調停の多くは非常に難しい事案で、調停官に担当していただいています。また、地裁に裁量移送したというものもあります。
田中　そういった事件は、申立人は患者側ということになるのでしょうか。
神山　そうですね。医療関係者から相当な額の確定を求めるという調停は、あまりありません。ほとんどが患者側の申立てです。

2. 借地借家調停

田中　借地借家調停のお話をいただきます。借地借家調停は最初にできた調停制度でもあるわけですが、山浦さんから、実際に担当された事件の特色や実情などについてのお話をお願いしたいと思います。
山浦　借地借家調停の中で最も多いのは賃料増減額請求の事案です。ほかに多い類型は不動産明渡しの事案で、その中では、立退料の算定が問題となる事案と賃貸借契約終了に伴う原状回復の範囲が問題となる事案が多かったです。

　前者の賃料増減額請求の事案の中で調停になじむものというのは、賃料が低廉で、私的鑑定書を取得したり鑑定したりする資力がないようなケースです。それと、当事者双方からすでに私的鑑定書が出ており、その当否を判断できるケースかなと感じております。

3. IT調停

田中　それでは、IT調停についてお願いします。
德岡　ITの事件における契約類型は、請負になりますけれど、実情について大阪地裁では、それぞれ通常部が関係事件をたくさんもっています。これらは裁判官１人で審理するのは難しい事件であり、話し合いの見込みもない事件については、専門委員を入れて訴訟の中でやることが多いようです。それ以外の事件は、基本的に付調停にしているという理解でよいかと思います。

　何が問題になるかといいますと、請負類型として、１つは報酬請求事件、それから、成果物に瑕疵があったという類型で損害賠償請求がされて本訴・反訴になっている事件が多いのですけれども、最も問題になるのは合意の認定になります。開発過程でそれぞれ発注者と受注者がいろいろ協議して詰め

645

ていく中で、たとえば要件定義書などの専門的な書証があるわけです。われわれからすると、多くの技術用語が出てくるため、それを言語化してもらわないとそもそも合意内容が読み取れないので、専門家に登場いただくということになります。大阪地裁では、コンピューター技術士をかなり増員して、事件に対応できるようにしています。

　内容も建築事件とよく似ていて、たとえば瑕疵一覧表を出してもらい整理するというようなことがあります。瑕疵とまではいえずにバグだという問題もよくあります。そのあたりも、コンピューター技術士の専門的知見を踏まえて判定していくということになります。

　調停を使うメリットは、コンピューター技術士である専門委員の方に、書証の読み方とか、重要な書証がほかにもあるのではないかという、証拠の所在についてのアドバイスとか、それから契約書の解釈の問題、さらには先ほど言った瑕疵の認定の問題、あるいは開発過程の中での責任割合などについて、アドバイスをしていただくことができます。結局は細かい瑕疵についていちいち判定するのですが、最終的には全体の開発工程とか、納入してからのことも含めて責任割合等を考慮して、大きな視点で調停案を示すことで、たいてい調停が成立するというようなことがあって、IT調停は非常に紛争解決に貢献していたのではないかと感じています。

窪田　私はホームページの制作の瑕疵が問題になっている事案を担当したことがありますが、ホームページの場合にはできあがってみないとなかなか成果物がわからないということで、建築とは違ってさらにトラブルになりやすい類型かなと感じております。それから、機能的な面とデザイン的な面の両方が問題になり得るところですので、その点で、どこまでが瑕疵なのかという判断自体が非常に難しいように思っております。

　そういった事案に、実際に技術者の方に入っていただいて、交渉の過程でのいろいろな記録が出てきたり資料が出てきたりしますので、交渉記録の有無の確認についての求釈明や、瑕疵といえるかどうかの判断にあたり、専門家の技術士の力を借りて対応させていただいておりました。

杉浦　ほぼ徳岡さんが言われたとおりですけれども、1点付け加えさせていただくと、原告または原告代理人がIT技術を理解していない事案がありま

す。もう少し技術的な点を理解したうえで訴状を起案していただかないと審理が進まないというケースですが、IT技術士の調停委員から「要件定義というものはこういったもので、このような書類があるはずです。こういうのはメールでやりとりしているはずです。進捗会議を開いているはずです」などと言われることで、打合せ記録などが提出されることがあります。専門的な訴訟は、原告または原告代理人にもう少し勉強してから申し立てていただいたほうがよいのではないかという感想をもちました。

山浦　原告代理人が技術的な面で理解が足りない場合があるという点ですけれども、現地調停を実施したり、調停にプログラムをもってきていただいてパソコンで再生して、当事者も代理人も調停委員も全員それを見て、内容を確認するということもやりました。その過程の中でシステムエンジニアの調停委員の方に説明していただくことで、当事者本人や代理人弁護士が、技術面においても、納得して調停が成立するというような、副次的な効果があった事案もありましたので、現地検分や、調停において実際にプログラムを起動させるなどといったことを活用するとよいのかなと思いました。

田中　どういった事件で現地に行っておられましたか。

山浦　ハードディスクが大きくてコンピューターを持ち出せないような事案でした。

窪田　システム自体はおそらく当該クライアントのところにあると思いますので、動かせないために現場に行って実際に作動させてみるといった形の現地調停はあるのだろうと思います。

4. 交通調停

田中　では、交通調停についてうかがいます。交通関係の事件は、近時、最も訴訟が増えております。『簡易裁判所における交通損害賠償訴訟事件の審理・判決に関する研究』という司法研究も発表されていますが、そういったことを踏まえて、交通調停の現状につきまして、まず神山さんからお願いしたいと思います。

神山　裁判所の交通損害賠償訴訟事件の新受件数は増加しておりますが、交通調停の新受件数は、ここ数年、ほぼ横ばいで増えていないのです。

その原因がどこにあるのかはよくわからないのですけれども、交通損害賠償請求事件で簡裁の調停に申し立てられる事件というのは、たとえば、申立人の代理人が相手方と話をしようと思ってもそもそも話に応じてもらえないとか、また、事件後何か月も経っているのにまだ通院をしているとか、相手方は休業損害を主張しているけれども、それを裏付ける資料がないとか、それなりの問題を抱えた事案、まさに調停になじむような事案の申立てが多いです。

田中　事件数が横ばいであるとおっしゃいましたが、それは、いわゆるノ号事件、一般調停事件、それから、「(交)」事件、その合計という意味で理解してよろしいのでしょうか。

神山　交通調停、いわゆる事件符号「(交)」の調停で、人身損害が対象の事件です。その新受件数がほぼ横ばいで推移しています。いわゆるノ号事件での交通が占める割合というのも多くはありません。

田中　簡裁の訴訟でも交通事件が増えていて、今申し上げた司法研究などを含め、やり方自体をどうしていくのかという工夫については、大阪簡裁でも行っておられると思うのですが、今のところ、調停では影響は出ていないということでしょうか。

神山　そうですね。あまり影響は出ていないです。

田中　交通調停で付調停というのも必ずしも多くないということですね。

神山　そうですね。簡裁の交通損害賠償請求事件は、物損の事件がほとんどなので、あまり付調停はないですね。

田中　司法委員を活用させるということもあるのでしょうか。

神山　そうですね。司法委員を活用すれば足りるので、あえて付調停まですることはないということでしょう。

德岡　地裁の場合は、交通専門部から付調停にしてこられる事件があって、それは結構パターンが決まっています。自動車が民家に飛び込んだといった事案で、修理費用つまり損害の査定にあたって建築士を使いたいという事件が多かったです。

山浦　修理の範囲を超えて、直し過ぎ、リフォームのし過ぎみたいな事案は多いですね。

田中　私も交通部にいた当時は、建築・調停部に付調停にしたことがあります。ただ、それ以外に後遺障害や逸失利益などいくつか争いがある場合には、自動車が突っ込んだ民家の損害あるいは動産の損害だけで付調停にしようとしても、当事者はなかなか応じてくれないものですから、付調停とする事件は限られてくるという面があるようにも思います。

5．農事調停・その他の調停

田中　それでは、農事調停に進みます。杉浦さん、調停の実情や審理にあたって工夫されている点などについてお話をお願いします。

杉浦　ここ２年、大阪地裁における農事調停を全件担当しましたが、田んぼの水利権を争う事件が１件あった程度で、それ以外は宅地並み課税の農地の逆ざや解消を求める事件でした。相当額の宅地並みの税金を払っておきながら農地の地代が非常に安く、「ほとんど使っていないのだから返してくれ」というような紛争が多くて、たまたま１件、地元の農業委員会に宅地並み課税ではなくて農地として課税した場合にいくらになるかを出してもらったところ、課税金額が1000分の１になったことがありました。相手方の主張は土地の実勢価格の４割を離農料の対価として支払を受けない限り、離農しないという争いがほとんどです。

　農事調停委員は地元農協の幹部の方が多いのですが、離農料については詳しくないようです。大阪府の小作主事の方は調停の席においてほとんど意見を言いません。お金の問題には意見を言いにくいのかもしれません。

中村　私自身の経験ではありませんが、農地の権利を移動するときには農業委員会の許可が必要ですけれども、農事調停で調停が成立した場合には農業委員会の許可は不要とされています。そこで、農業委員会の許可には時間がかかるけれども、農事調停を利用すると時間を短縮できてよかったという話を聞いたことがあります。

田中　以前は農林水産省も関与した農事調停の協議会などもあったのですが、事件としては、様変わりの様相を呈していることを、今のお話をうかがって実感した次第です。

　公害調停は、本当に事件が少なくなりました。公害調停については、民事

調停規則37条、38条には、多人数の申立人がある場合に適用するような特則規定があります。もっとも、先に非公開の箇所でもお話したように、事案がきた場合には、なかなか難しい問題があるかもしれません。

Ⅴ 調停のあり方および改善に関する実践

1. 手続上の問題点

田中　調停については、そのあり方の問題点、手続の点についての透明性について学説から批判があるところですし、また付調停についても、先ほど来、紹介があった点もあります。まず手続上の問題、透明性の問題についてお話がありますでしょうか。

窪田　付調停に対して消極的な見方をされる代理人の弁護士の方からは、調停委員会内部でどういった内容の評議がされ、解決案の提示に至っているか不明であるとして、ブラックボックスなどという指摘を受けることもありました。それから、調停案に対する反論・反証の機会が保証されないのではないかといったことについても指摘を受けたことがあります。

　最初のような指摘の不安感を抱かれるのはやむを得ないと思います。評議の秘密は当然守られるべきですが、具体的にどのようなことを議論しているのか、また、調停案を策定するに至った経緯や理由について、適宜当事者双方に開示・説明して、手続の透明性に関する疑念を払拭する必要があります。

　また、調停案への反論・反証については、今述べたこととも重なりますが、調停案の理由を説明して反論・反証の機会を与えることは非常に重要なことで、そのような吟味を通じ、より説得力のある調停案につなげていくべきです。最初に提示した調停案に必ずしも固執しない姿勢が大事であること、もっとも、安易に変更するようなことは避けるべきであることは、先に述べたとおりです。それから、これは個人的な考えですが、付調停にすると、特に建築事件の場合には、時機後れとの兼ね合いを考えなければなりません。期日調書は基本的には作成しない場合が多いのですが、最終的な弁論

の全趣旨といったところで考えていただくよりは、期日調書を付して期限を明示したり、これ以上、瑕疵を追加しないといったことを約束してもらいながら進めたりするということも考える必要があるのかなということで、そのあたりの手続経過を調停の中で記録上どう残していくかということも考えていかなければならないのかなと感じております。

東京地裁などで行われている並進方式という、弁論準備と調停を同一期日に開催するというのは、そのあたりを意識しているところだと思いますけれども、そういった期限順守は、より考えていかなければいけないのかなと思っております。

中村 私自身は並進方式をすることが多いです。窪田さんがおっしゃったように、期限を区切ったり、手続経過を調書に残すという意味ではよかったのかなと思っております。

窪田 大阪地裁でも並進方式で審理を進めている事件もおそらくあろうかと思うのですが、これも、結局、期日が不明確になるのではないかという指摘もあるところですので、弁論準備をどこまでやる、調停はどこまでするといったことをきちんと明確にして進めていく必要があるのだろうと思います。

徳岡 神戸地裁姫路支部では、並進方式で進めている人がいます。私自身は並進方式はやめて、もっぱら調停に切り替えて、また本案に戻すという方式をとっています。

2. 運用改善の実情

(1) 司法研究の影響

田中 では、引き続いて運用改善の実情についておうかがいします。『簡易裁判所における民事調停事件の運営方法に関する研究』という司法研究が行われるに至った経緯や中身について、中村さんからお願いします。

中村 今、ご紹介いただきました司法研究は、平成25年12月に発表されました。経緯といたしましては、民事調停は、長い期間、広く国民から利用され、これまで長くわが国の国民性に合致するものとして一定の評価を得てきましたが、国民の紛争解決に対する意識の変化や高度情報社会による法的知識等の入手の容易化など、民事調停をめぐる諸情勢が大きく変化してきてい

651

る中で、民事調停が国民にとって魅力的な紛争解決手段であるために機能強化する必要があるのではないかという目的の下にされた司法研究です。研究では、地裁判事2名と簡裁判事2名が研究員となり、4名の調停委員が協力研究員として参加されました。

　簡裁は、ご存じのとおり、全国に438か所ありまして、一般市民にとって身近な裁判所といわれています。調停は、当事者の手続負担が訴訟と比べて軽かったり、解決すべき事項の範囲も、当該紛争に関する一切の紛争を一括解決することができたりするといった柔軟性ももっています。法律上も原則として民事調停事件の事物管轄を簡裁としていますし、件数も地裁と簡裁を比べますと簡裁のほうが多いですので、司法研究では簡裁の調停を対象としました。

　研究では、調停制度の歴史的経緯を探求し、諸外国の制度との比較を行ったうえであらためて民事調停の特徴を明らかにしつつ、全国の簡裁で利用できる実務に即した汎用性のある調停運営モデルを示すことを目的といたしました。

　研究では、ふさわしい事案において調停委員会が事実関係を整理・認定したうえで合理的な解決案を策定し、場合によっては、適宜の時期に解決案を当事者に提示して積極的に説得調整を行い、調停が成立しなかった場合には17条決定の活用も検討するという法的観点を踏まえた調停運営のモデルを示しました。

　ちなみに、この研究結果は、司法研究報告書となり発表されたほか、そのダイジェスト版は英訳されまして、国際訴訟法学会の紀要に掲載されています。

田中　詳細な報告をいただきましたけれども、これについてどのように各簡裁が実践しているかということ、これは事項によっては、すぐに達成できるもの、これから対応していく事項などもあろうかと思われます。

　神山さん、司法研究を踏まえた大阪簡裁における運用実践等について紹介をお願いします。

神山　これまでも説明いたしましたように、大阪簡裁では、この司法研究を踏まえてさまざまな取組みを行ってきています。司法研究では、法的観点を踏

まえた調停運営になじむ事件については、法律判断、法的評価は調停主任が中心となって行うことになります。大阪簡裁の特定調停を除く一般の調停事件の事件類型の割合を説明しますと、いわゆる事件符号ノという一般の調停事件が50％余り、それから商事調停事件は20％余り、そして宅地建物調停事件は15％余り、人身事故の損害賠償が対象の交通調停事件が10％余りです。そのうち、宅地建物調停事件の約半分は賃料増減額請求事件であり、人身損害が対象の交通調停事件とともに、簡裁判事が訴訟事件としてほとんど扱わない事件類型です。私は、大阪簡裁の調停係に来て、全体の約25％を占める宅地建物調停事件と交通調停事件の対応に苦労しました。

　そこで、平成28年1月に大阪簡裁では、宅地建物調停事件の集中係と交通調停事件の集中係をつくりまして、それぞれ集中係で勉強会を開いてきました。交通調停の集中係では、地裁の交通部の裁判官にも参加いただいて勉強会を行っており、調停主任裁判官のスキルアップを図ってきております。

　その結果、宅地建物調停事件の成立率は以前3割くらいの成立率だったのですが、平成29年度は5割弱になりましたし、交通調停は5割くらいの成立率で、調停全体の成立率も徐々にアップしてきているというのが実情です。

　それから、今、最も大切なのは、簡裁の裁判官の意識改革です。今、調停事件の集中係では、難しい事件を選びまして、評議の場に調停主任以外の裁判官が傍聴し、評議後に裁判官の調停運営等について検討会を行うというようなこともやっております。ほかの裁判官の調停運営をみると非常に参考になりますので、そういうことに取り組んでいるところです。

田中　さらに、実践として、司法研究でも17条決定も適宜活用すべきだとありますが、この点は、これから進めていかれることになるのでしょうか。

神山　司法研究では、法的観点を踏まえた調停運営になじむ事件で、合理的な解決策を策定・提示したが合意に達しない事件については、積極的に17条決定することを検討すべきとされています。こうした事件では、代理人弁護士が双方に付いている事件が大半ですが、合意に至らない場合は、訴訟を起こしますので不成立証明をくださいとおっしゃるケースが多いです。そうすると、どうしても17条決定をする事件が増えないというのが実情です。

田中　大阪簡裁のお話をいただきましたが、大阪地裁管内の他の独立簡裁と併

設簡裁についてはいかがでしょうか。

神山 大阪簡裁では、年数回、大阪地裁管内の簡裁判事の協議会を行っています。その協議会で調停事件における調停運営の改善等がテーマになっているときは、調停主任のスキルアップや意識改革、改善の取組みについての話を必ず伝えています。それから、管内の調停委員を集めての研修の際にも、同様にそういった話は今まで何回もしております。しかし、私の感想としては、大阪簡裁と管内の簡裁とでは事件数や事件の傾向、執務態勢等が異なっており、管内の独立簡裁には、まだ十分浸透していないのかなというのが印象です。

田中 司法研究の成果について、簡裁ではいろいろと取り組んでおられて成果もあがっているようですけれども、地裁においても調停の運用上参考となるような事項も含まれているようです。杉浦さんいかがでしょうか。

杉浦 私は、調停を専門に行うのは今回が初めてなので、以前のことはよくわからないのですけれども、10年以上、15年近く調停委員をされている方々によれば、この司法研究があってから調停の進め方に変化があったと聞きました。以前は、事前評議はあまり励行されていなかったが、最近では事前評議はかなり行われるようになったとのことです。

　それから、かつては、書証がないものについては、事実の証明がないものとして扱い、その事実に関する金額については、双方の金額を足して二で割った金額を提示するという調停をしていたらしいのですけれども、現在は、事実の有無を認定したうえで金額を提示するとのことです。つまり、仮に書証がなくても、どういった現状にあるのか、一般的にはどのように考えられるかといったことを調停委員会で評議したうえで、認定された事実を前提にして調停案を出しているとお聞きしまして、司法研究は地裁の調停にも影響を与えているようです。私は影響があった後から調停にかかわりましたので、これが当たり前だと思っておりますけれども、相当の変化があったと聞いています。

中村 司法研究に携わった者としては非常にうれしく思いますけれども、まだまだ徐々に徐々にというところなのかなと思います。司法研究の発表からそれなりに時間が経っておりますので、司法研究については、忘れられないよ

うにしていきたいと考えております。これから定着していくことが最も重要なのかなと思います。

神山 定着という視点では、大阪簡裁で改善した調停運営を踏まえて、大阪簡裁で独自に作成している民事調停事件処理要領の改訂を重ね、それを管内の独立簡裁にも配付しています。

中村 調停を利用してもらうためには成功体験が必要なのかなと思いますので、調停でよい経験をもってもらえば、調停のリピーターも増えるのかなと思っております。

(2) 労働審判の運用を参考に

田中 運用改善とは少し異なるかもしれませんが、労働審判は、ADR、審判制度としては成功しているといわれています。労働審判は、そもそも民事調停を参考にして、17条決定を取り入れて設けられたとうかがっています。

この制度の経緯を踏まえ、調停で参考になるべき点がないかと考えております。まず労働審判制度と民事調停の親和性について、中村さん、紹介いただけることはありませんか。

中村 労働審判手続は、裁判官である労働審判官1名と労働関係に関する専門的な知識と経験を有する労働審判員2名で組織された労働審判委員会が、個別労働紛争を原則として3回期日で審理し、適宜、調停を試み、調停による解決に至らない場合には、実情に即して柔軟な解決を図るための労働審判を行うという手続ですけれども、対象事件が個別労働紛争に絞られていること、調停による解決に至らない場合、労働審判を行うこと、終局まで原則として3回以内という制限があるところは異なりますが、労働審判を17条決定に置き換えると制度設計は相当類似していると思われます。

田中 3回期日、いわゆる労働審判法15条2項の規定が、労働審判の大きな特徴とされています。この運用につきましては、民事調停でも参考にできないだろうかという意見もあるようです。

山浦さん、3回期日という調停の運用等の工夫例について、紹介をお願いします。

山浦 徳岡さんが調停部にいらした時期に3回期日で終わらせようという目標を立てた事件類型がありました。先ほど申し上げた賃料増減額の事件で、い

ずれの当事者も裁判所からの案を期待しているようなケースであれば、3回で成立させられるのではないかという取組みをしておりました。

　1回目の期日で聞取りをして、そのまま評議をその期日でしてしまいます。それから、2回目の期日までに調停案を起案して、2回目の調停期日で調停案を提示する。2回目の期日から3回目の期日までに時間をおいて当事者に検討してもらい、3回目の期日で成立させるということを行っておりました。

杉浦　先日、一級建築士の調停委員の皆さんに集まっていただいて、いろいろな提言をしていただきました。その中で、調停制度について、複数の方から時間がかかり過ぎであるとの指摘を受けました。期日が多い、期日の回数を決めるべきだという意見がずいぶん出ました。

　しかし、東京、大阪、それから大都市を除く地方での建築事件で10年近くかかるものはそんなに珍しくありません。そうはいっても、一級建築士の中には、長くなってしまうと、次回期日には忘れてしまう、それから、皆さん本業のある中で調停委員を担ってくださっているところ、それが疎かになってしまうというようなことがあって、調停でも労働審判と同じように運用すべきだという調停委員は、一定数おられるのではないかと思われます。

3.　平成23年法改正に基づく実践

田中　それでは、いわゆる調停の運用改善と関連するかもしれませんが、平成23年の非訟事件手続法改正に伴う一連の法改正が行われてきました。その点について、中村さんから簡単に説明をお願いします。

中村　平成23年に改正され、同25年1月1日から新しい非訟事件手続法および非訟事件手続規則が施行されました。

　先ほどご説明したとおり、民事調停手続には、民事調停法22条により特別な定めがある場合を除いて、その性質に反しない限り、非訟事件手続法第2編の規定、すなわち、非訟事件の手続の通則の規定が準用されることになります。また、民事調停規則では、非訟事件手続規則の規定を民事調停の手続に包括的に準用することとしているので、民事調停の手続は、非訟事件手続法、非訟事件手続規則の規定の影響を大きく受けているといえると思いま

す。

(1) 専門委員の活用

田中　新しい制度が盛り込まれたわけですが、それを踏まえた新しい運用例についての紹介を杉浦さんからお願いします。

杉浦　ただいま中村さんに説明いただいたように、非訟事件手続法の改正で、調停手続にも専門委員を活用することが認められました。最近、大阪地裁では、相続絡みの付調停事件が多く、遺留分減殺や遺言無効確認といった事件となりますと、意思能力等の判断をする必要があります。ところが、鑑定の申出を敬遠される方がおられますので、そういったときには精神科医の方に専門委員として関与してもらい、説明ないし評価してもらうなど対応するケースがあります。

　また、脳神経外科医の専門委員も意思能力の判断ができますので、アルツハイマー型認知症の方が重要な財産処分をできる状態にあったか否かについての診断を、調停限りでしていただくこともありました。さらに、診断まではできなくても、病状の進行に応じた能力の程度について医学的な説明を聞くことはできます。もちろん、専門委員の意見や説明と調停主任の判断に不服があるのであれば、本案に戻ってあらためて鑑定の申出をしてもらうことにはなります。もっとも、調停では、調停主任が能力の有無について判断したことを前提に手続を進めていくことで合意をいただき、調停委員会を構成して調停案を提示した結果、合意に至ったという事案もありました。

徳岡　専門委員の活用という点では、調停委員は年齢制限があって、70歳までということになっております。ある特殊なケースについて、ぜひとも調停に入っていただきたい方が70歳を超えてしまっている場合には、調停委員の資格はありませんが、専門委員として参加いただくことがあります。

　また、調停委員には、たいてい、汎用性の利く専門家を揃えておりますけれども、特殊な分野については、専門委員として、臨時的、機動的任命ができるものですから、機動的に専門委員を任命して、調停でもピンポイントで活用することができるようになり、実際に活用されています。

　平成23年改正法では、これまで訴訟だと説明しか聴けませんでしたが、専門的知見の獲得方法として調停委員と同じく、意見まで聴けることになった

ので、非常に幅広く使えるようになったと感じております。

窪田 調停委員の場合には、職務代行を含め、他の地裁またはその管内の調停委員については任命できませんが、専門委員については、広域活動ということで、職務代行で他の地裁の専門委員も活用することができます。今、私が勤務しているような小規模庁の場合には、調停委員と当事者との間に利害関係とはいわないまでも、何らかの関係性がある場合もありますので、より透明性を重視する意向を示された当事者の関係では、専門委員を活用していくことが、これから特に地方では増えてくるのかなと思っております。

(2) テレビ会議システム

中村 民事調停でテレビ会議システムを使うことができるようになりました。電話会議も使いますけれども、窪田さんがおっしゃったように、他の地裁の専門委員にテレビ会議システムを利用して手続に参加してもらえれば、説明や意見がよりわかりやすくなり、有意義なのではないかと思っています。

窪田 調停の場合には、書面による準備手続の協議のような形で双方電話による期日を開くこともできます。特に弁護士があまりいない地方の場合、大都市の代理人が付く事件も結構あったりしますので、そういった事件でも電話会議が使える調停手続はありがたいと思います。今後、テレビ会議がさらに広まっていくということになると、より利用しやすくなってくるのかなと思っております。

(3) 借地非訟事件での付調停

田中 平成23年の法改正により、借地非訟事件の付調停が明文で認められました。

　私は以前、東京地裁の調停部で、借地非訟事件の付調停を担当したことがあります。メリットとしては、鑑定委員会の意見が出た後に話し合いを続ける場合、借地非訟事件は、審理に時間を要すると、意見に対する時点修正が必要となるため、再度、鑑定委員会の意見を聞かなければならなくなるという問題があります。しかも、その場合には、同じメンバーで鑑定委員会を構成するのが難しいという運用上の制約がありました。そこで、付調停にして調停委員会を組織したということです。

　当時は、調停委員は、鑑定委員会と同じく、不動産鑑定士、弁護士、それ

から一般調停委員という3名構成をとりました。結果的には、調停が成立しなかったので、17条決定をしました。まさに、借地非訟事件を付調停にして17条決定を行ったというフルコースの経験があるのです。

　その当時も、借地非訟事件の付調停につきましては、積極・消極両説ありましたが、してはならないという規定がない以上、やってもかまわないという肯定説に立って運用いたしました。今回、裏付けができましたので、今後は、このような運用もありうるのかなということで、紹介します。

VI　まとめ

田中　それでは、座談会を終えるにあたって、ひとこと、お話させていただきます。

　本日は、調停について詳細かつ多岐にわたってお話をいただき、制度趣旨、理論上の問題、運用の紹介、さらには調停のあり方など多岐にわたり述べていただきました。特に山浦さんからは、民事調停官および当事者代理人としての貴重なご意見等もいただきました。

　最後に、皆さんから本日の感想をおうかがいしたいと思います。

杉浦　私が着任した平成28年当時、調停専門部が平成13年から創設されすでに15年経過し、その間に、先輩裁判官が運用手順の整備のほか有能で熱心な専門家調停委員を豊富に選任していただいていました。また、山浦さんほか経験豊富で情熱的な民事調停官が、担当された事件をどんどん解決していただいている状態でした。このようによく整備された執務環境で部総括に着任しました。先輩裁判官には感謝しています。

　本日、調停に関する司法研究の経緯、大阪地裁以外での調停の工夫例など、いろいろお聞きして、ずいぶん勉強になる点がありましたので、その成果を普段の執務に活かしていきたいと思います。本日は、ありがとうございました。

神山　私は、平成27年4月に大阪簡裁の調停係に来る前にも調停を担当しておりましたが、大阪簡裁の調停係にまいりまして、日々、調停事件の魅力、利点というものに、はまっていくばかりです。にもかかわらず、調停事件が活

用されていないということは非常に残念なことで、引き続き、調停運営の改善と広報活動に取り組んでいきたいと思っています。

徳岡 本日は、皆さんの調停に対する熱意を感じてあらためて感動しました。

　そこで、今後に向けてのメッセージをお伝えしたいのですけれども、調停手続に入るにあたっては、同意がないのに無理やり手続を行うということはなくて、話し合いによる解決の見込みがある事件、ふさわしい事案について調停手続を利用していただくということをやっておりますし、手続の透明性に関しましても、先ほどの成果物の利用をはじめ、秘匿事項でない事項については、一方から聴いたことについては他方にも伝えるなどの配慮もきちんとやっております。そこはご安心いただければと思います。

　代理人となられる弁護士の皆さまにおかれましては、よくご利用いただく家事調停だけではなくて、民事調停の迅速に非公開で解決できるというメリットを十分理解していただいて、大きな事件であれば、管轄合意をとっていただきますと地裁に申し立てることもできますので、ぜひとも、この座談会を読んでいただいた方に申立調停、付調停を利用していただいて、弁護士の皆さんの手持ち事件の回転をよくしていただきたいと思っております。

窪田 最初に申し上げましたとおり、先ほど神山さんも民事調停がすばらしい制度だということをおっしゃいまして、私自身もずっとそう思っているところですけれども、あらためて皆さんのお話を聞いて本当にすばらしさを再認識したところです。

　ただ、実際の実情をみると、非常に小規模の裁判所では、私が転勤した直後でも付調停は１件も行われていませんでした。転勤した後に、３～４件、付調停にして、今、活用しているところですけれども、裁判所としてもどんどん制度を活用・利用していかなければいけないという必要性も、あらためて座談会を通じて認識したところですので、自分自身も活用して、それから他の裁判官にも手続を利用するメリットなどを伝えながら、広く付調停を通じて事件を解決していきたいと考えています。

山浦 私は、２期４年間、民事調停官を務めさせていただいたのですけれども、調停官になる前は、私自身も、調停というのは、足して二で割ったような解決だとか、ざっくりした解決しかしないのかなという偏見のようなもの

をもっておりました。けれども、民事調停官を経験いたしまして、大阪地裁の調停委員には多種多様な分野の専門家が多数おられまして、調停に関しましても、専門的な知見を用いて調停案を明示されておられ、実情から離れたような調停案を出すようなことは決してしないということがわかりました。

ただ、まだまだ弁護士の間では、付調停の手続自体はあまりなじみのないものとしてとらえられておりまして、手続自体を知らない弁護士もまだまだ多数いるのではないかと思います。こういった広報活動を私自身もやっていきたいと思いますし、裁判所でも、弁護士会などで付調停の活用というようなPR活動をしていかないといけないのかなと思っております。

中村 本日は、いろいろなお話がうかがえて本当に有意義な時間でした。司法研究を担当している際にも調停はすばらしい制度だと思ったのですが、本日、調停の奥深さやその魅力をあらためて確認しました。

司法研究の最後に「来るべき調停100周年に向けて、調停制度が一層発展することを望むものである」という一節があるのですけれども、2022年に向けて、私自身、これから調停を運用していく側として頑張っていきたいなと思います。

田中 最後に本日の総括ということで、ひとこと、お話させていただきます。

先ほど来、皆さんからもお話がありましたように、調停制度は発足後まもなく100周年を迎えるという長い歴史と伝統を有しているところであります。今後とも、ADRの中においても主導的な立場を占めることになればということを念願しております。

調停制度100周年はすぐそこまで来ております。今後、この節目に向けて、そのあり方についてさまざまな議論や検討が行われることでしょう。その際、本日の議論が何らかの指針・参考になれば、非常に幸いであると考えております。

本日は、調停に関する知識並びに経験の豊富な皆さんが、まさに調停手続と同じく、柔軟・妥当な進行を図るべくご協力とご配慮をいただいた結果、すばらしい座談会ができたことを非常にうれしく思っております。本当にありがとうございました。

(所属は、座談会収録時(2018年3月)のもの)

●事項索引●

〔数字〕

17条決定　6, 74, 79

〔あ行〕

遺言　457
遺言能力　457
遺産からの収益の分配　214, 224
遺産管理費用　214, 223
遺産共有　454
遺産分割　454, 462
遺産分割の前提問題　210, 216
医師責任賠償保険　175
囲繞地通行権　324
遺留分　215, 224, 463
医療関係事件　169

〔か行〕

会計帳簿の閲覧等　274
解雇等　291
会社関係事件　265
解除権留保約款　102
解除条件　20
開廷日立会方式　395
確認条項　100
瑕疵　154, 161, 435
株式の価格　271
株式の帰属　270
株式の譲渡　270

仮差押え　347
仮の地位を定める仮処分　348
簡易裁判所事件　389
期日指定の申立て　127
聴取り　69
既判力　125
既判力肯定説　125
既判力否定説　126
給付条項　100
境界確定　318, 466
境界付近の利用の仕方　332
業者事件　389
共通義務確認訴訟　255
業務提供誘引販売取引　251
共有物分割　453
近隣事件　317, 465
クーリングオフ　251
計算書類の閲覧等　274
形成条項　100
係争物に関する仮処分　347
契約不適合　154, 161, 435
懈怠約款　102
原状回復の範囲　430
建築関係事件　151, 435
現地和解　50
現認証明条項　100
権利救済型訴訟　353
権利実現型訴訟　353

事項索引

権利放棄条項　106
後遺障害　309
口外禁止条項　105
鉱害調停　490
公害等調停　481
降格等　298
交互面接方式　24, 69
工事残代金　446
工事代金　155
更新拒絶の正当事由　143
交通事件　185, 403
交通調停　485
抗弁の対抗（接続）　251
効力条項　99
互譲　5, 29

〔さ行〕

祭祀財産の承継　215
裁判所書記官　59
産科医療補償制度　177
暫定的和解　339
事件指定方式　395
事後評議　68, 514
事実認定　71
事実不告知　251
事前評議　68, 513
示談　198
失権約款　102
執行関係事件　353
執行関係等訴訟　353

執行文付与訴訟　369
執行文付与に対する異議訴訟　363
私的自治　17
自動車損害賠償責任共済　189
自動車損害賠償責任保険　188
自動車保険契約　189
使途不明金　212, 221
司法委員　10, 61, 391, 395, 410
私法行為説　15, 122
市民型訴訟事件　389
借地借家関係事件　135, 417
車両保険　193
就業規則の不利益変更　299
終局的和解　338
集団訴訟事件　227
受訴裁判所　21
受託裁判官　21
受忍限度　332
受命裁判官　21
仕様　161
少額訴訟事件　389
証拠調べ　70
消費者関係事件　247
消費者契約　247, 250
消費者信用関係事件　389
譲歩　17, 29
処分権主義　17
震災調停　490
紳士条項　104
心証開示　52

663

人身傷害補償保険　191
新併存説　16
信頼関係の破壊　141
請求異議訴訟　359
請求異議の訴え　128
制限的既判力説　126
清算条項　106
セクハラ　300
説得　53，74
先給付　102
前文　107
専門委員　25，60
先履行　102
騒音　332
葬儀費用　214，224
相続等関係事件　209，451
相続人の範囲　210，216
争点整理手続　23
相当賃料　141
訴訟行為説　15，122
訴訟指揮に関する決定　21
訴訟上の和解　15
訴訟上の和解の効力　26，121
訴訟上の和解の時期　22，45
訴訟上の和解の代理権　21
訴訟上の和解の法的性質　15
訴訟上の和解の要件　16
訴訟代理人　21
訴訟費用の負担に関する条項　107
訴訟物　16

〔た行〕

第三者異議訴訟　363
退職　291
退職慰労金　274
退職後の競業行為　302
対人賠償責任保険　190
対席方式　24，69
対物賠償責任保険　190
立退料　143，428
建物の取壊し　467
断定的判断の提供　252
中間評議　68，514
調停　5
調停案　72
調停委員　5，38，66
調停委員会　5，38
調停委員会が定める調停条項　11
調停合意説　41
調停裁判（公権的判断）説　42
調停主任　5，41
調停条項　73
調停前置主義　12，419
調停に代わる決定　6，74，79
調停に代わる決定の要件　83
調停の申立て　65
賃金　286
賃料増減額請求　141，419
追加変更工事　158
通行地役権　325
通信販売　251

事項索引

停止条件　20
抵当権設定登記抹消登記請求訴訟　367
抵当権不存在確認訴訟　367
適合性の原則　252
出来高　160
電話勧誘販売　251
導管設置権　330
道義条項　104
倒産事件　373
同時履行　102
特殊調停事件　477
特定継続的役務提供　251
特定調停　487
特約条項　103
取締役の地位　271
取立訴訟　370

〔な行〕

任意条項　99, 103
任務懈怠　273
農事調停　478

〔は行〕

配転等　296
配当異議訴訟　364
配当原資　382
破産管財人　373
破産債権　384
破産財団に属すべき財産　382
パワハラ　300

引換給付　102
筆界確定　318, 466
筆界特定　320, 466
否認権の行使　383
評議　36, 67, 513
付款条項　101
復職　292
不実告知　251
付随条項　106
付調停　8
付調停事件　63, 499
不当労働行為　303
併存説　16, 122
包括的清算条項　106
訪問購入　251
訪問販売　251
法律行為の一般的有効要件　19
補修工事　447
保全事件　337

〔ま行〕

末尾3条項　107
未払報酬　273
民事調停官　6
申立調停事件　63, 497

〔や行〕

役員の地位　275

665

事項索引

〔ら行〕

利害関係人　21
リフォーム　468
両性説　16, 122
連鎖販売取引　251
労災保険給付　193, 314
労働契約の終了　289
労働災害事件　305
労働事件　277
労働審判　283
労働審判委員会　283

労働審判員　285
労働審判官　284

〔わ行〕

和解　4
和解案　58
和解条項　99, 108
和解に代わる決定　7, 393
和解無効確認の訴え　127
割増賃金　294

●判例索引●

〔大審院・最高裁判所〕

大判大正6・9・16民録23輯1342頁	123
大判大正9・7・15民録26巻20輯983頁	131
大判大正14・4・24民集4巻195頁	129
大判昭和3・3・7民集7巻98頁	129
大決昭和6・4・22民集10巻380頁	128
大判昭和10・7・25評論24巻民訴340頁	126
大判昭和10・9・3民集14巻1886頁	124, 130
大判昭和13・6・7民集17巻1331頁	325
大判昭和14・8・12民集18巻903頁	124, 130
大判昭和15・6・8民集19巻975頁	17
大決昭和18・5・18民集22巻390頁	87
最判昭和27・2・8民集6巻2号63頁	17
最判昭和29・4・8民集8巻4号819頁	212
最判昭和30・5・31民集9巻6号793頁	453
最判昭和30・12・26民集9巻14号2097頁	327
最判昭和31・12・28民集10巻12号1639頁	319
最判昭和31・3・30民集10巻3号242頁	26, 119, 124
最判昭和31・3・31民集10巻10号1355頁	26
最判昭和33・2・14民集12巻2号268頁	327
最大判昭和33・3・5民集12巻3号381頁	26, 126
最判昭和33・6・14民集12巻9号1492頁	26, 122, 129
最判昭和33・9・18民集12巻13号2010頁	141
最判昭和37・10・30民集16巻10号2182頁	324
最判昭和37・3・15民集16巻3号556頁	325
最判昭和38・2・12民集17巻1号171頁	122, 124, 129
最判昭和38・2・21民集17巻1号182頁	21, 129
最判昭和39・8・28裁判集民75号172頁	148

667

最判昭和40・11・30判時430号27頁 …………………………………… 141
最大決昭和41・3・2民集20巻3号360頁 ……………………………… 211
最判昭和42・12・28民集21巻10号2627頁 ……………………………… 319
最判昭和43・2・15民集22巻2号184頁 ………………………………… 131
最判昭和43・7・5判時529号49頁 ……………………………………… 141
最判昭和44・7・10民集23巻8号1423頁 ………………………………… 272
最判昭和44・7・10民集23巻8号1450頁 ………………………………… 147
最判昭和44・9・25判時574号31頁 ……………………………………… 141
最判昭和46・11・25民集25巻8号1343頁 ………………………… 143, 147
最判昭和46・12・10裁判集民104号607頁 ……………………………… 119
最判昭和47・4・14民集26巻3号483頁 ………………………………… 324
最判昭和49・6・28民集28巻5号666頁 …………………………… 204, 413
最判昭和50・10・20民集29巻9号1379頁 ……………………………… 194
最判昭和51・12・17民集30巻11号1036頁 ……………………………… 147
最判昭和52・10・25民集31巻6号836頁 ………………………………… 194
最判昭和56・2・17裁判集民132号129頁 ……………………………… 160
最判昭和56・4・24民集35巻3号672頁 ………………………………… 288
最判昭和58・4・19民集37巻3号321頁 ………………………………… 194
最判昭和59・3・29裁判集民141号461頁 ……………………………… 278
最判昭和61・3・13裁判集民147号237頁 ……………………………… 299
最判昭和61・7・14裁判集民148号281頁 ……………………………… 297
最判昭和62・7・10民集41巻5号1202頁 ………………………………… 194
最判昭和62・9・4裁判集民151号645頁 ………………………………… 454
最判昭和63・3・15民集42巻3号170頁 ………………………………… 293
最判平成元・4・11民集43巻4号209頁 ………………………………… 194
最判平成2・11・20民集44巻8号1037頁 ………………………………… 325
最判平成5・3・24民集43巻4号3039頁 ………………………………… 194
最判平成5・9・24民集47巻7号5035頁 ………………………………… 331
最判平成6・6・13裁判集民172号673頁 ………………………………… 294
最判平成8・2・23民集50巻2号249頁 ………………………………… 194

最判平成 8 ・10・31民集50巻 9 号2563頁	455
最判平成 9 ・12・18民集51巻10号4241頁	328
最判平成10・ 2 ・13民集52巻 1 号65頁	326
最判平成10・ 4 ・ 9 裁判集民188号 1 頁	291
最判平成11・10・22民集53巻 7 号1211頁	194
最判平成12・ 3 ・ 9 民集54巻 3 号801頁	278, 278
最判平成12・ 3 ・24民集54巻 3 号1126頁	21
最判平成14・ 9 ・24裁判集民207号289頁	164
最判平成14・10・15民集56巻 8 号1791頁	331
最判平成16・ 4 ・20家月56巻10号48頁	212
最判平成16・ 7 ・ 6 民集58巻 5 号1319頁	211
最判平成16・12・20裁判集民215号987頁	194
最判平成17・ 7 ・12裁判集民216号303頁	274
最判平成17・ 7 ・14民集59巻 6 号1323頁	255
最判平成17・ 9 ・ 8 民集59巻 7 号1931頁	214
最判平成18・ 3 ・16民集60巻 3 号735頁	325
最判平成19・ 7 ・ 6 民集61巻 5 号1769頁	166
最判平成22・ 3 ・25民集64巻 2 号562頁	302
最判平成22・ 9 ・13民集64巻 6 号1626頁	194
最判平成23・ 3 ・22民集65巻 2 号735頁	288
最判平成23・ 7 ・21裁判集民237号293頁	166
最判平成24・ 2 ・20民集66巻 2 号742頁	192
最判平成24・ 3 ・ 8 裁判集民240号121頁	294
最判平成24・ 5 ・29裁判集民240号261頁	192
最判平成25・ 2 ・26民集67巻 2 号297頁	326
最判平成27・ 3 ・ 4 民集69巻 2 号178頁	194
最判平成27・11・30民集69巻 7 号2154頁	129
最大決平成28・12・19民集70巻 8 号2121頁	212
最判平成29・ 7 ・ 7 裁判集民256号31頁	294

〔高等裁判所〕

東京高決昭和28・9・4高民集6巻10号603頁……………………………215
福岡高決昭和30・1・31高民集8巻1号66頁………………………………337
東京高判昭和35・3・31下民集11巻3号631頁……………………………29, 30
東京高判平成21・6・29判タ1312号310頁…………………………………288
福岡高判平成24・9・18判タ1384号207頁…………………………………82, 93

〔地方裁判所〕

大阪地判昭和30・1・30下民集6巻1号6頁………………………………337
長野地飯田支判昭和31・4・9下民集7巻4号903頁……………………29
大阪地判昭和50・3・31判時779号26頁……………………………………238
東京地判昭和53・8・3判時899号48頁……………………………………238
岐阜地判昭和58・2・28行集34巻2号327頁………………………………294
東京地判平成5・11・29判タ860号260頁…………………………………91
東京地決平成7・10・30判タ898号242頁…………………………………91, 94, 96
東京地判平成9・10・23判タ986号293頁…………………………………90, 641
大阪地決平成13・3・30判タ1083号276頁…………………………………58, 91
熊本地判平成13・5・11判時1748号30頁…………………………………231
大阪地決平成14・3・12判タ1126号278頁…………………………………482
大阪地決平成14・8・21判タ1136号253頁…………………………………488
東京地決平成16・10・25判時1884号144頁…………………………………58, 88, 488
大阪地判平成17・11・29判時1945号72頁…………………………………370
東京地判平成21・12・22交民集42巻6号1669頁…………………………193
横浜地川崎支決平成30・2・8判時2369号12頁…………………………58

和解・調停の手法と実践

2019年9月14日　第1刷発行
2021年6月10日　第2刷発行

定価　本体 7,000円＋税

編　者　田中　敦
発　行　株式会社　民事法研究会
印　刷　文唱堂印刷株式会社

発行所　株式会社　民事法研究会
〒150-0013　東京都渋谷区恵比寿3-7-16
〔営業〕TEL 03(5798)7257　FAX 03(5798)7258
〔編集〕TEL 03(5798)7277　FAX 03(5798)7278
http://www.minjiho.com/　info@minjiho.com

落丁・乱丁はおとりかえします。　ISBN978-4-86556-305-4 C3032 ￥7000E
表紙デザイン：関野美香

事例に学ぶシリーズ

― 具体的な事例を通して考え方と手続を解説！ ―

2021年1月刊 行政訴訟の具体的イメージがつかめ、直ちに取り組める！

事例に学ぶ行政事件訴訟入門〔第2版〕
――紛争解決の思考と実務――

相談から解決までの思考プロセス、訴状起案、裁判経過までを対話方式を通して平易に解説！　行政不服審査法の全面改正に合わせて、不服申立てに関する解説を充実させ10年ぶりに改訂！

弁護士　野村　創　著

（A5判・284頁・定価 2970円（本体 2700円＋税10％））

2018年2月刊 ドキュメンタリー形式で、臨場感ある刑事弁護の現場を体感できる！

事例に学ぶ刑事弁護入門〔補訂版〕
――弁護方針完結の思考と実務――

起訴前・起訴後の各否認・自白事件を4つのモデルケースを通して事件受任から弁護方針を完結するまでの実況ルポ！　刑の一部執行猶予制度、公判前整理手続に付する請求権等新たな制度を織り込み改訂！

弁護士　宮村啓太　著

（A5判・214頁・定価 2310円（本体 2100円＋税10％））

2013年3月刊 12のモデルケースを通して戦略的事件解決の思考と手法が獲得できる！

事例に学ぶ離婚事件入門
――紛争解決の思考と実務――

熟年離婚、DV、内縁関係の解消などさまざまなケースを通して戦略的事件解決の思考と手法を獲得する実践的手引書！　事件終結に至る思考プロセスをたどり、問題点把握能力や事案処理遂行能力を高め、若手法律実務家のOJTを補完する！

離婚事件研究会　編

（A5判・346頁・定価 3080円（本体 2800円＋税10％））

2013年9月刊 「権利確保」から「権利実現」のプロセスをたどり思考方法と手続の留意点を解説！

事例に学ぶ保全・執行入門
――権利実現の思考と実務――

不動産の仮差押え・強制競売、債権の仮差押え・執行、不動産の明渡しに関する仮処分・執行、仮地位仮処分等事例を網羅！　具体的事案の対応がドキュメンタリー形式で語られるため、臨場感ある保全・執行の現場を体感できる！

弁護士　野村　創　著

（A5判・252頁・定価 2530円（本体 2300円＋税10％））

発行　民事法研究会

〒150-0013　東京都渋谷区恵比寿3-7-16
（営業）TEL 03-5798-7257　FAX 03-5798-7258
http://www.minjiho.com/　　info@minjiho.com

事例に学ぶシリーズ

― 具体的な事例を通して考え方と手続を解説！―

2014年4月刊 紛争解決過程を、代理人の思考をたどり実務のあり方を体感できる！

事例に学ぶ建物明渡事件入門
―権利実現の思考と実務―

依頼者との相談から占有者との交渉、相手方代理人、裁判官とのやりとりなど具体事例を通して実務家としての考え方と解決までの手続を豊富な書式を織り込み丁寧に解説！　実務に取り組む最初の1冊として最適の書！

弁護士　松浦裕介　著

（Ａ５判・244頁・定価 2530円（本体 2300円＋税10％））

2014年5月刊 任意整理・破産・個人再生、小規模企業の民事再生、破産管財業務まで網羅！

事例に学ぶ債務整理入門
―事件対応の思考と実務―

任意整理事件、破産申立事件、企業の民事再生事件、個人再生事件、破産管財事件、過払金回収事件などの債務整理事件を11個のテーマに分類し、ドキュメンタリー形式で実際の事件処理のフローを詳細に紹介！

債務整理実務研究会　編

（Ａ５判・414頁・定価 3960円（本体 3600円＋税10％））

2015年3月刊 超高齢社会に向かって急増する分野の事件対応の経験を獲得できる！

事例に学ぶ成年後見入門〔第2版〕
―権利擁護の思考と実務―

最新の家庭裁判所の運用、改正民法、家事事件手続法、成年後見制度利用促進法等に対応し改訂！　施設入所手続、医療同意、居住用不動産の売却、対立親族への対応、養護者の虐待、死後事務、財産管理、後見監督人等豊富な事例を網羅！

弁護士　大澤美穂子　著

（Ａ５判・255頁・定価 2530円（本体 2300円＋税10％））

2015年3月刊 超高齢社会に向かって急増する分野の事件対応の経験を獲得できる！

事例に学ぶ相続事件入門
―事件対応の思考と実務―

相談から事件解決まで具体事例を通して、利害関係人の調整と手続を書式を織り込み解説！　遺産分割協議・調停・審判、遺言執行、遺留分減殺請求、相続財産管理人、相続関係訴訟、法人代表者の相続事案まで事例を網羅！

相続事件研究会　編

（Ａ５判・318頁・定価 3300円（本体 3000円＋税10％））

発行　民事法研究会

〒150-0013　東京都渋谷区恵比寿3-7-16
（営業）TEL 03-5798-7257　FAX 03-5798-7258
http://www.minjiho.com/　　info@minjiho.com

事例に学ぶシリーズ

― 具体的な事例を通して考え方と手続を解説！―

2016年1月刊 具体事例を通して、労働者・企業側の紛争解決の手続と思考プロセスを解説！

事例に学ぶ労働事件入門
― 事件対応の思考と実務 ―

労働保全、労働審判、訴訟、相談対応、任意交渉、集団労使紛争等の紛争解決手続と思考過程を解説！ 退職金請求、内定取消し、解雇・雇止め、未払賃金、降格処分、時間外手当、配転命令、労災保険給付申請、セクハラ等事例を掲載！

労働事件実務研究会　編

（Ａ５判・366頁・定価 3520円（本体 3200円＋税10％））

2016年9月刊 具体事例を通して、事件解決までの手続と思考プロセスを解説！

事例に学ぶ交通事故事件入門
― 事件対応の思考と実務 ―

人損・物損事故の相談から事件解決までの手続を、代理人の思考をたどり、書式を織り込み解説！ 複合事故、過失相殺、自転車事故での責任、後遺障害、高次脳機能障害、素因減額、外貌醜状等での損害など多様な事例を掲載！

交通事故事件研究会　編

（Ａ５判・336頁・定価 3520円（本体 3200円＋税10％））

2017年5月刊 事件対応をドキュメンタリー形式により豊富な資料・書式を掲げ解説！

事例に学ぶ契約関係事件入門
― 事件対応の思考と実務 ―

典型契約・非典型契約をめぐる成立の存否、解約の有効性、当事者の義務等の事件対応を解説！ 売買、消費貸借、賃貸借、請負、寄託等の典型契約から連帯保証、競業避止義務、下請、フランチャイズ等非典型契約関係事件も収録！

契約関係事件研究会　編

（Ａ５判・386頁・定価 3630円（本体 3300円＋税10％））

2018年3月刊 弁護士、司法書士等に向けてセルフＯＪＴの役割を担う１冊！

事例に学ぶ損害賠償事件入門
― 事件対応の思考と実務 ―

相談から裁判外交渉、訴訟での手続対応と責任論、損害論等の論点の分析を書式を織り込み解説！ 名誉毀損、医療過誤、喧嘩闘争、ペットトラブル、介護施設事故、いじめ、漏水、スポーツ、リフォーム、著作権侵害、弁護過誤等を収録！

損害賠償事件研究会　編

（Ａ５判・394頁・定価 3960円（本体 3600円＋税10％））

発行　民事法研究会

〒150-0013　東京都渋谷区恵比寿3-7-16
（営業）TEL 03-5798-7257　FAX 03-5798-7258
http://www.minjiho.com/　　info@minjiho.com

実践 訴訟戦術シリーズ（全3巻）

2014年2月刊 勝つためのノウハウ・負けないための留意点・和解のための段取り等を詳解！

実践　訴訟戦術
――弁護士はみんな悩んでいる――

法廷マナー、訴状・答弁書の書き方、尋問の手法、控訴の留意点、依頼者との関係のあり方など、訴訟戦術の視点から若手・中堅・ベテランが新人弁護士の質問に答える貴重な研究会の内容を開示！

東京弁護士会春秋会　編　　　Ａ5判・275頁・定価2530円（本体2300円＋税10％）

2016年2月刊 示談・接見・尋問・文書作成の手法から公判・上訴・裁判員裁判に取り組む戦術的視点を詳解！

実践　訴訟戦術［刑事弁護編］
――やっぱり弁護士は悩んでいる――

示談、交渉、刑事文書作成、尋問、上訴から裁判員裁判まで効果的な弁護活動のあり方を検証し、弁護人が刑事事件にどのように取り組むべきかを解説した手引書！

東京弁護士会春秋会　編　　　Ａ5判・391頁・定価3520円（本体3200円＋税10％）

2018年3月刊 ＤＶ事案や渉外離婚といった個々の類型における留意点にも言及し、実務全般をカバー！

実践　訴訟戦術［離婚事件編］
――弁護士はここで悩んでいる――

交渉から裁判手続、執行までの手続上の留意点から子ども、離婚給付等の争点、最近のトピックの渉外離婚まで経験豊富な弁護士が新人弁護士の質問に答える貴重な研究会の内容を開示！

東京弁護士会春秋会　編　　　Ａ5判・349頁・定価3300円（本体3000円＋税10％）

発行　民事法研究会

〒150-0013　東京都渋谷区恵比寿3-7-16
（営業）TEL 03-5798-7257　FAX 03-5798-7258
http://www.minjiho.com/　　info@minjiho.com

■研究のあり方、求められる理論、実務における理論活用の実際を提示！

これからの民事実務と理論
―実務に活きる理論と理論を創る実務―

伊藤　眞　加藤新太郎　永石一郎　編

Ａ５判・429頁・定価4,730円（本体4,300円＋税10％）

▷▷▷▷▷▷▷▷▷▷▷▷▷▷▷▷　本書の特色と狙い　◁◁◁◁◁◁◁◁◁◁◁◁◁◁◁◁

▶「実務は理論に何を期待するか」「理論は実務にしていかなる貢献をなしうるか」。斯界最高の執筆陣が、法学研究者、法律実務家に向けて、理論構築と実務における理論の活用・実践のあり方を、自らの経験を踏まえ考察！

【本書執筆者（執筆順）】
伊藤　眞／加藤新太郎／福田剛久／森　宏司／永石一郎／岡　正晶／早川眞一郎／山野目章夫／大杉謙一／山本和彦／滝澤孝臣／上田裕康／岡　伸浩／伊藤　尚／東畠敏明／後藤　出／四宮章夫／中井康之

❖❖❖❖❖❖❖❖❖❖❖❖❖❖　本書の主要内容　❖❖❖❖❖❖❖❖❖❖❖❖❖❖

第１編　法律学研究のあり方
　　　　―実務から求められる研究とは
　第１章　研究者ノススメ
　　　　―理論と実務の狭間(tiraillé)に半世紀（反省記）
　　　　伊藤　眞
　第２章　実務家にとっての理論研究の価値
　　Ⅰ　弁護士役割論研究の歩み
　　　　―実務家は実用法学研究に寄与できるか
　　　　加藤新太郎
　　Ⅱ　判例の形成と学説
　　　　福田剛久
　　Ⅲ　学説による判例形成とは何か
　　　　森　宏司
　　Ⅳ　要件事実論の変遷
　　　　―IBM事件からみた租税訴訟における要件事実論および証明責任分配論
　　　　永石一郎
　　Ⅴ　立法（民法改正）と学説
　　　　―「契約の解釈に関する基本原則」についての学説と実務の対話に向けて
　　　　岡　正晶

第２編　法学研究の法律実務への活用
　第１章　理論と実務の架橋
　　Ⅰ　比較法研究の意義
　　　　早川眞一郎
　　Ⅱ　実体法研究と実務展開
　　　　山野目章夫
　　Ⅲ　会社法研究と実務展開
　　　　大杉謙一
　　Ⅳ　民事手続法研究と実務展開
　　　　山本和彦
　　Ⅴ　学説（少数説を含む）の存在意義
　　　　滝澤孝臣
　　Ⅵ　理論が実務を変える場面
　　　　上田裕康
　　Ⅶ　実務家と理論研究
　　　　岡　伸浩
　第２章　実務変革の手段としての理論の活用場面
　　Ⅰ　実務家にとっての理論の位置づけと研究者への期待
　　　　伊藤　尚
　　Ⅱ　「法理論」から「法的真理」へ
　　　　東畠敏明
　　Ⅲ　金融取引の組成における理論の活用場面
　　　　―その一例としての仮想通貨の私法上の位置づけについての検討
　　　　後藤　出
　　Ⅳ　私的整理の普及のための研究の必要性
　　　　四宮章夫
　　Ⅴ　別除権協定をめぐる理論と実務
　　　　―倒産手続における担保権の不可分性について
　　　　中井康之

発行　民事法研究会

〒150-0013　東京都渋谷区恵比寿3-7-16
（営業）TEL. 03-5798-7257　FAX. 03-5798-7258
http://www.minjiho.com/　info@minjiho.com